KB275130

박홍순의 사유와 매혹

서양 철학사 강의 2

Art literature philosophy

박홍순의 사유와 매혹 - 서양 철학사 강의 2

1쇄 인쇄   2024년 9월 11일
1쇄 발행   2024년 9월 27일

지은이   박홍순
펴낸이   이재종
펴낸곳   도서출판 아로파
주소   서울시 강남구 도곡로 63길 23, 302호
전화   02-501-1681
팩스   02-569-0660
홈페이지   www.cnaedu.co.kr
전자우편   rainbownonsul@hanmail.net
ISBN   979-11-87252-17-7

박홍순의 사유와 매혹

서양 철학사 강의 2

Art literature philosophy

아로파

또다시 숨을 쉬다

이 책을 세상에 내놓은 지 벌써 10년이 흘렀다. 사실 당시에 두 권의 책을 내면서 걱정이 없지는 않았다. 각 권이 800쪽이 넘는 방대한 분량, 그것도 서양 철학사라는 만만치 않은 내용이 담긴 책을 구해서 볼 독자가 얼마나 될지 가늠하기가 어려웠다. 출간과 함께 주변에서 들은 반응도 내 걱정과 비슷했다. 책이 이렇게 두꺼운데 사람들이 볼 엄두가 나겠느냐는 우려였다. 이른바 '벽돌 책'이라고 타박하는 소리를 여러 번 들어야 했다.

다소 시간이 걸리기는 했지만, 다행히 각 초판 2천 부는 모두 서점을 거쳐 독자들의 손으로 들어갔다. 그즈음 당시 출판사의 편집자에게서 추가로 인쇄할지를 놓고 고심한다는 말을 들었다. 제작 비용이 다른 책보다 훨씬 많이 들어가기에 결국 절판 결정을 내렸다고 한다. 그후 이러저러한 독서 모임에서 교재로 삼아 장기적인 일정으로 공부하고 있다는 이야기를 종종 전해 들었다. 절판 이후에도 중고 서적 가격이 정가보다 몇 배 비싼 웃지 못할 현상도 나타났다.

절판 결정을 내린 출판사의 사정을 충분히 이해할 만하니 서운한 마음은 전혀 없었다. 오히려 비록 한때지만 덕분에 세상에 나와 철학과 인문학의 끈을 놓지 않은 사람들의 벗이 되었으니 고마운 마음이었다. 다만 서점에서 접할 수 없게 된 사실이 너무나 아쉬웠다. 우리 사회에 이런 책이 꼭 있어야겠다는 나름의 소명 의식을 갖고 집필했는데, 필요한 독자들이 구하지 못하니 아쉬움이 컸다. 기존의 서양 철학사 관련 책에 부족함을 느꼈기 때문에 갖게 된 생각이다. 너무 가볍거나 간략해서 사실상 철학사로서의 의미가 없는 책이 적지 않았다. 또 진지하고 충실한 내용을 담은 책도 있지만, 시대·경향·철학자 사이에 어떻게 내용이 이어지고 또한 넘어서고자 했는지를 체계적으로 비교하는 데서는 여전히 갈증이 남았다. 흐름 이해를 넘어, 철학의 세부 영역에서 계승과 단절의 역사를 추적하는 작업이 이루어질 때 풀릴 갈증이었다. 구체적이지 않은 앎은 사실상 앎이 아니니 말이다.

철학에서 세부 영역은 세계에 대한 이해를 담은 '존재론', 인간의 의미를 탐구하는 '인간론', 올바른 사고의 방법을 찾는 '인식론', 아름다움의 본질을 규명하는 '미학', 실천적인 삶의 방향을 모색하는 '윤리 철학', 개인과 공동체·국가의 관계 원리를 밝히는 '정치 철학' 등으로 나뉜다. 세부 영역에서의 구체적 비교에 최대한 충실하도록 개인이 연구하고 집필하는 일은 셀 수 없는 낮과 밤 자신을 감옥에 가두고 몸을 글에 갉아먹는 작업이었다. 그렇게 완성한 책을 새로운 출판사와의 인연으로 다시 출간하게 되었으니 저자로서 기쁜 마음이 남다르다.

재출간하면서 내용상 크게 바뀐 부분은 없다. 다만 조금 더 쉽게 읽히도록 일부 내용을 수정하고 문장을 다듬는 데에 신경을 썼다. 두 권의 벽돌을 세심하게 살핀 편집자에게, 그리고 누구보다도 재출간을 제안하고 끈기 있게 추진해 다시 세상의 빛을 보게 해 준 아로파 이재종 대표에게 고마운 마음이다. 재출간과 함께 저자인 나도 다시 숨을 쉬는 느낌이다. 서양 철학사라는 산맥을 넘는 독자들의 쉽지 않은 발걸음에 도움이 되었으면 한다.

박홍순

어떻게 철학 입구로 들어설 것인가?

'인문학 위기' 현상에도 불구하고 인문학에 갈증을 느끼는 사람은 적지 않다. 서점 신간 코너에 인문학 관련 책이 여전히 한 부분을 차지한다. 도서 관이나 학교의 프로그램, 공무원이나 일반 직장인을 포함하여 각종 연수에 서 인문학 교양 강연이 단골로 들어간다. 하지만 인문학에의 관심을 자극하 는 정도의 입문 차원에서 벗어나지 못하는 실정이다. 철학이나 역사학 등 개 별 분야로 좁혀 들어가는 순간, 혹은 개괄적 소개 수준에서 한 발짝만 더 내 딛는 순간, 관심의 정도가 뚝 떨어진다.

미술도 마찬가지다. 미술을 향한 관심도 부쩍 늘어났다. 매년 세계 유명 화가의 대형 전시회가 열리고, 많은 관람객의 발걸음이 줄을 잇는다. 하지만 판에 박은 듯이 특정 경향의 화가나 작품으로 한정되어 있다. 주로 인상주의 계열의 경향에서 좀처럼 벗어나지 않는다. 전시장을 찾아가 봐도 작가의 일 생이나 해당 미술 사조를 개괄적으로 설명하는 데 머무른다. 마치 한때 유행 처럼 조금은 얄팍하다는 생각이 들 정도다.

이제는 철학이나 예술에 대한 이해 필요성이라는 막연한 문제의식을 넘 어서려는 노력이 필요할 때다. 하지만 무작정 개별 철학자의 저작으로 뛰어 들어가면 미로 속에서 길을 잃고 헤매거나 혹은 자기 내부에 편견만 가득 채 운다. 가장 좋은 방법은 통시적 접근이다. 철학적 사유의 역사로 큰 갈래와 맥락을 이해함으로써 경직된 이해와 근거 없는 비약에서 벗어난다. 전체 흐 름 속에서 주요 경향의 핵심 문제의식을 파악하고 개별 철학자나 저작으로 어떻게 심화해 들어갈지 방향을 잡는다. 통시적 접근 위에서 시공간을 뛰어넘는 공시적 통찰도 비로소 가능해진다. 이때 이성 주의, 즉 이성과 감성을 분리·대립시킨 위에서 철학의 역사를 이성의 역사로 정의하는 관점을 가장 먼저 경계해야 한다.

철학은 이성으로 시작해서 이성으로 끝을 맺어 왔다. 이성과 감성 사이에 만리장성을 쌓고 마치 이성만이 정상적이고, 이성이 감성을 지도하고 규제하는 원리인 듯이 사고하는 편향이 철학사에 그대로 적용되었다. 마치 생선에서 뼈를 발라내듯이 이성에서 감성을 제거하려 했다. 오랜 기간 인간 정신을 생생하고 풍부하게 만들어주던 감성의 역할은 배제되고 그 성과물도 철학적 시민권을 얻지 못했다. 대표적 영역이 주술이나 신화, 종교 혹은 예술에 해당하는 사고다. 항상 신화가 끝나는 곳에서 철학의 첫 삽을 뜨려는 경향이 지배했다. 또한 미술이나 문학과 같은 예술을 철학과 별개로 여기거나 철학의 부산물 정도로만 여겼다.

이성주의는 무엇보다도 감성과 이성을 분리한다는 발상 자체, 또한 그 과정에서 감성이 지닌 인지적 요소를 배제하고 감성을 오직 직접적·현상적 요소로만 국한하는 데서 문제가 나타난다. 정신에서 이성적 요소가 발전했다면 어디에서 비롯됐을까? 과연 감성 말고 다른 영역을 설정하려는 시도가 가능할까?

적어도 인간이 진화의 산물이고 정신 능력이 두뇌 작용과 감각 경험, 오랜 세대를 거치면서 축적된 사회적 경험과 무관하지 않다는 점을 인정한다면 이성 또한 구체적 생활이나 경험 그리고 감성과 불가분의 관계임을 인정해야만 한다. 이성의 출발만이 아니라 전체 전개 과정에서 동반자 관계를 맺는다. 인식은 경험과 감성이 이성과 맺는 일회적 관계만으로 완결되지 않기 때문이다. 구체에서 추상으로, 다시 추상에서 구체로 향하는 과정의 끊임없는 반복이 없다면 인식은 생생함이 사라지고 화석으로 전락한다.

이성과 감성의 유기적 관계는 감성 내에 이성과 일상적 관계를 맺는 인지적 요소가 이미 있음을 의미한다. 왜냐하면 이성이 감성 말고 다른 곳에서 생겨난 것이 아니라면, 이성이 지니는 인지적·합리적 요소가 감성 자체 내에 있어야만 하기 때문이다. 만약 감성이 감각적 느낌이나 기분, 일시적인 생리적 반응이나 충동에 불과하다면 이성은 다시 철학적 창조론에 의존하는 수밖에 없다. 마치 '동정녀' 마리아가 예수를 낳듯이 원인 없는 결과를 설명하기 위해 초월적 존재나 개념에 기대게 된다.

흔히 철학은 존재에 대한 근본적 태도이자 세계관이라고 한다. 세계와 인간 그리고 자신, 나아가서는 이들 간의 관계를 대상으로 한 체계적 인식이다. 하지만 그러한 정의만으로 철학적 사고가 시작되지는 않는다. 또한 무턱대고 철학 관련 책을 읽거나 생각한다고 해서 저절로 철학의 길로 접어드는 것도 아니다. 그렇다면 무엇이 필요할까?

먼저 세계와 자신의 대상화에서 출발해야 한다. 철학적 대상화란 자신과 다른 존재의 단순 구분을 넘어선다. 동물도 자신과 먹이, 자기 종과 다른 종을 구분한다. 철학적 대상화는 일차적 구분을 넘어선다. 자연과 세계의 대상화만이 아니라 자신의 대상화, 나아가서는 자신과 세계의 관계를 다시 대상화하는 작업을 포함한다.

동양 사상, 특히 자연과 인간을 구분하지 않는 노장 사상의 일원론적 관점을 근거로 반론을 펴는 경우가 있을 수 있다.《장자》에는 아내가 죽었을 때

악기를 타고 노래하는 장자 이야기가 나온다. 친구가 의아해하자, 그는 삶과 죽음은 기의 우주적 운동이기 때문에 기뻐하거나 슬퍼할 이유가 없다고 한다. 동물도 어미나 배우자의 죽음을 슬퍼한다. 정말 자연과 구분 없는 사고라면 슬퍼해야 마땅하다. 요컨대 자연을 대상화해 인간과 분리하는 사고 자체를 다시 대상화하고 한층 고도화된 대상화 능력으로 장자를 파악할 때 진정한 의미에 도달할 수 있다.

다음으로 사고와 행위에 부단히 가치 판단을 부여하는 과정이 필요하다. 복잡한 사고 능력이 곧 철학적 사유는 아니다. 동물 가운데서도 열악한 조건이나 상황을 극복하며 생존 모색을 하는 과정에서 단순 대응을 넘어서는 복잡한 사고가 드물지 않게 나타난다. 두뇌 능력과 철학적 사고는 깊이 연관되어 있으나 같은 영역은 아니다. 매우 복잡한 사고지만 철학적 사고가 아닌 경우, 반대로 복잡성은 떨어져도 충분히 철학적 사고인 경우가 얼마든지 있을 수 있다. 예를 들어 고차방정식에 능숙하다고 해서 곧바로 철학적 사고를 할 수 있는 것은 아니다. 반대로 초등학생이라 하더라도 자신과 타인의 판단이나 행위에 대해 옳고 그름의 가치 판단을 내리고, 자기 인식에 의문을 품는 반성적 사고, 정신이 자신에게 되돌아가는 접근을 한다면 그는 이미 철학적 사고 내부로 들어와 있다고 할 수 있다.

마지막으로 언어를 통해 문제의식을 체계화·객관화하는 노력이 필요하다. 철학은 내적으로든 외적으로든 체계화되고 표현되는 것이다. 체계화란 개념화·범주화를 동반하는 추상화 과정이다. 사고의 체계화는 언어 능력을 전제로 한다. 무언가에 대한 구분·종합과 정식화는 언어로 가능하다. 밖으로 드러나지 않고 정신의 내부에서 작업할 때도 언어를 매개로 한 사고 체계가 전제된다. 당연히 외적으로 드러내는 표현도 언어에 의존한다. 하지만 언어가 반드시 문자일 필요는 없다. 언어는 말이나 동작을 비롯하여 그림·문자 등을 모두 포괄한다. 대상화하는 사고, 반성적 사고를 포함한다면 미술·문학·음악 등 예술 영역도 철학에 속한다. 문자가 아닌 그림이나 다른 방식으로도 철학적 사고를 표현하고 또한 그렇게 표현된 것으로 우리가 철학적 성찰을 할 수 있으면 된다.

긴 작업이 이제 마무리됐다. 이 정도로 힘든 과정인 줄 알았으면 아마 시작하지 않았을지도 모른다. 가장 시간을 많이 잡아먹은 것은 각 철학자의 개별 저작을 읽고 정리하는 작업이었다. 주요 내용과 연관된 해당 시대의 미술 작품을 선별하고 연결하는 일은 끝도 없었다. 차라리 해당 철학 경향과 관련된 미술 사조를 전체적으로 연결하고 작품 분석을 하는 일은 상대적으로 나은 편이다. 각 철학 내의 존재론과 인식론, 윤리 철학과 정치 철학을 설명하는 데 필요한 미술 작품을 찾아내 내용을 연결하는 작업은 시간을 한정 없이 써야 하는 고통스러운 과정이었다. 그럼에도 버틸 수 있었던 것은 서양 철학사와 미술사 전체를 통합적으로 정리한 책이 꼭 필요하다는, 사명감 때문이었다. 덕분에 지루한 작업에서 손을 떼고 싶은 유혹에서 벗어날 수 있었다.

박홍순

차례

4 근대 철학과 미술

5 현대 철학과 미술

[일러두기]
* 맞춤법은 국립국어원을 기준으로 삼았습니다.
* 국립국어원에 등재되지 않은 인명, 지명, 작품명은 널리 알려진 표기법을 따랐습니다.
* 인용 도서는 원문을 그대로 싣되 본문 디자인을 따랐습니다.
* 인용 도서명과 사진 저작권은 부록으로 정리했습니다.

4

근대 철학과 미술

대륙의 합리론

합리성에 기초한 근대 주체 성립 + 합리론 미학과 바로크·로코코 미술

영국의 경험론

경험적 지각을 통한 유용성의 실현 + 경험론 미학과 18세기 영국 미술

계몽 시대의 철학

계몽을 통한 인간과 사회의 개혁 + 계몽주의 미학과 신고전주의 미술

독일의 관념론

합리론 중심의 경험론 수용과 변증법 + 관념론 미학과 초기 낭만주의 미술

〈아카데미〉, 17세기경

대륙의 합리론

Philosophy
합리성에 기초한 근대 주체 성립
+
Art
합리론 미학과 바로크·로코코 미술

Philosophy
합리론의 존재론과 인식론

근대 이후 서양 문명은 합리적 이성을 토대로 구축되었다고 해도 과언이 아니다. 그리고 꽤 많은 사람들이 근대 이후 르네 데카르트(René Descartes, 1596~1650)를 중심으로 한 합리적 이성을 이성의 전부인 것처럼 이해하고는 한다. 사실 우리는 근대 유럽에서 정립된 이성 개념에 기초해 세계와 인간을 바라보는 사고방식에 익숙하다. 그만큼 합리주의적 사고방식이 현대에 이르기까지 엄청난 영향력을 미치고 또 우리의 의식을 지배하고 있다. 합리론을 정립한 대표적 사상가로는 데카르트, 바뤼흐 스피노자(Baruch Spinoza, 1632~1677), 고트프리트 빌헬름 폰 라이프니츠(Gottfried Wilhelm von Leibniz, 1646~1716) 등을 들 수 있다.

일반적으로 서양 철학을 근대 이후와 근대 이전으로 구분할 때 데카르트를 경계로 한다. 데카르트는 '서양 근대 철학의 아버지'로 불리기도 한다. 물론 데카르트 한 사람이 근대 철학을 대표한다고 볼 수는 없다. 그동안 다양한 철학적 견해가 제기되고 인간과 사회에 적지 않은 영향을 미쳤다. 그중에서도 합리론은 특히나 근대적 사고 형성에 핵심 역할을 했다. 뿐만 아니라 이에 대한 옹호와 수렴, 반박과 극복 과정에서 다양한 근대 철학 경향이 나타났다는 점에서 결정적인 영향을 주었다고 볼 수 있다. 그 후 합리론은 주류 철학의 자리를 한 번도 놓친 적이 없을 정도다.

합리론의 가장 큰 특징은 이성의 주관화·형식화다. 그리스 철학자는 이성을 각각 다르게 이해했는데, 객관주의적 이성을 주장했다는 점에서는 합리론과 같았다. 소피스트처럼 이성의 객관성보다는 생각하고 논의하는 방법으로 이성을 더 강조하기도 했지만, 그리스 철학을 주도한 이들은 객관주의적 이성관에 충실한 편이었다. 개인적 의식만이 아니라 객관적 세계 속에서, 즉 인간 사이의 관계와 사회 계급 사이의 관계, 사회 제도와 기관 그리고 자연과 그것의 발현 속에서 이성의 현존을 주장한다. 정의와 덕, 아름다움 등 객관적 가치를 인정하고 규명하려 했다. 또한 인간과 인간의 목적을 포함해 존재하는 모든 것의 위계질서 또는 포괄적 체계를 발전시키려는 목표를 가졌다. 한 인간의 삶이 얼마나 합리적인지는 이러한 총체성과 어떻게 조화하는지에 따라 규정될 수 있었다. 주관적 이성은 객관적 이성과 관계를 맺고 그 속에서 자기 역할을 부여받았다.

그런데 데카르트의 "나는 생각한다, 그러므로 존재한다(Cogito, ergo sum)."라는 명제는 객관적으로 어떻게 존재하는지가 아니라 '내가 어떻게 사고한 것인지'도 이성의 역할을 바꿔 놓았다. 또한 계산 가능성과 증명 가능성을 실현하는 수학적 사고 방법을 이성의 핵심으로 규정해 객관적 가치를 내버리고 이성의 형식화를 향한 길을 열었다. 요컨대 합리론은 근대적 주체의 선언이기도 했다. 데카르트는 세계의 모든 것은 의심스럽지만 의심하고 있는 자신의 존재만은 의심할 수 없다고 결론을 내리면서 모든 출발을 의심하는 주체에서 찾는다. 세상의 실질적 주인은 자연도 신도 아닌, 이성적으로 사유하는 인간이다. 엄밀한 의미에서 이론적으로는 아직 신학의 그림자에서 완전히 독립한 상태는 아니었으나 실질적으로는 인간 외부의 자연, 나아가서는 타인에게서 독립한 원자화된 개인, 즉 근대적 주체가 모든 사고와 행위의 출발로 자리를 잡는다.

당시 프랑스 미술에서 뚜렷한 지위를 차지하고 있던 마티외 르냉(Mathieu Le Nain, 1607~1677)의 〈아카데미〉는 합리론 출현 이후 변화된 인식의 한 면을 보여 준다. 탁자를 두고 7명의 남자가 모여 있다. 탁자 위에는 몇 권의 책이 놓여 있고 한 사람은 막 읽던 중일 것으로 보이는 책을 들고 있다. 책의 두께로 봐서 성경은 아닌 것 같다. 탁자 왼편에 앉아 있는 사람이 펼쳐 놓은 책의 한 부분을 손가락으로 짚고 있어서 어떤 구절에 대해 논의하는 중임을 알 수 있다. 실제로 이들은 아카데미 애호가 모임의 회원으로 보인다. 그림의 주인공이 예수나 열두 제자도 아니고 신학자도 아니다. 그렇다고 당대의 특별한 사상가도 아니다. 복장으로 봐서는 일반적인 중간층 정도의 신분에 있는 사람들로 보인다. 이들이 책을 읽으며 토론하고 있는 장면에는 인간의 이성이 새로운 사회의 희망이고, 또한 누구나가 다 이성을 갖고 있는 존재라는 합리론의 특징이 녹아 있는 듯하다.

데카르트의 《방법서설》은 "양식(良識: bon sens)은 이 세상에서 가장 공평하게 분배되어 있다."라는 문장으로 시작한다. 여기에서 양식은 음식이 아니라 참과 거짓을 분별하는 이성적인 능력을 의미한다. 이성은 절대자의 은총에 따라 제한된 존재에게만 부여된 특별한 능력이 아니다. 모든 인간이 태어날 때부터 공평하게 가진 능력이다. 누구나 이성의 사용 방법만 정확히 지킨다면 진리 탐구의 주체가 될 수 있음을 강조한 것이다.

처음에 데카르트는 철학과 법학을 공부했으나 1629년 이후에는 자연 연구에 몰두하게 된다. 그는 철학자만이 아니라 수학자로서도 유명한데, 기하학에 대수적 해법을 적용한 해석 기하학의 창시자로도 잘 알려져 있다. 본격적인 철학 탐구라고 할 수 있는 《방법서설》, 《성찰》, 《철학의 원리》 말고도 자연을 탐구한 《우주론》, 《굴절광학》, 《기상학》,

〈데카르트 초상화〉

《기하학》 등으로 다양한 영역에서 근대 학문의 새 장을 열었다.

프란스 할스(Frans Hals, 1581?~1666)가 그린 〈데카르트 초상화〉는 그의 철학이 당시 유럽에 준 충격을 담고 있다. 할스는 17세기 네덜란드의 최고 인기 화가 중 한 사람이었다. 할스만이 아니라 당시 많은 네덜란드 화가가 데카르트의 초상화를 그렸다. 왜 프랑스 화가가 아니라 네덜란드 화가가 데카르트를 많이 그렸을까? 데카르트는 1629년 프랑스에서 네덜란드로 망명했고, 죽음도 타국에서 맞았다. 그래서 이후 프랑스 사람들조차도 그를 네덜란드 화가의 초상화로 만날 수 있게 되었다.

기존에 진리라고 믿어 오던 모든 사고를 의심해 확고한 것만을 인식의 토대로 삼아야 한다는 주장은 전통적 학문과 세계관에 충격을 주는 위험한 생각이었다. 데카르트가 《방법서설》을 쓸 당시 파리 의회는 아리스토텔레스(Aristoteles, 기원전 384~기원전 322)에 반대하는 내용으로 다른 물리학

주장을 하는 사람을 사형으로 다스릴 것을 결정할 정도였다. 데카르트는 당시 프랑스 상황에 위협을 느꼈다. 그리고 학문적으로 유럽의 어떤 나라보다도 자유로웠던 네덜란드로 망명했다. 프랑스를 비롯해 많은 유럽 국가에 종교적 광풍이 살아 있었지만, 네덜란드는 1579년 건국 헌장으로 종교의 자유를 선언하고 종교적 관용 정책을 폈기 때문이었다. 데카르트에게는 내적 평온을 유지하며 학문 활동에 전념하기에 더없이 좋은 조건이었던 것이다.

실체로서 세계와 인간 이해

자연·인간·신과 실체성

데카르트가 보기에 외부의 물체는 실체에 해당한다. 같은 맥락에서, 자연은 인간 정신과 독립해 객관적으로 존재하는 실체다. 물체는 연장, 즉 길이·높이·크기·깊이 등을 특징으로 하는 실체다. 물체가 존재하기 위해서 다른 것은 필요하지 않다. 물체는 물체 자체로서 독립성을 지닌다. 다만 존재하기 위해 신의 협력이 필요하다는 점에서 유한 실체다. 인간도 신의 협력이 필요하다는 점에서 마찬가지로 유한 실체다. 존재하기 위해 어떤 것도 필요하지 않은 무한 실체는 오직 신뿐이다. 데카르트는 《방법서설》에서 단언한다. "또한 나는 감각적이고 물질적인 많은 것의 관념을 갖고 있지만(왜냐하면 나는 꿈을 꾸고 있고, 내가 보거나 상상하는 것은 모두 거짓이라고 가정해 보았으나 그러한 것의 관념 내 생각 속에 정말로 있다는 것은 부정할 수 없었으므로), 이미 지성적 본성이 물질적 본성과 다르다는 것을 나 자신 속에서 매우 명석하게 인식하고 있었으므로 다시 합성(合成)이라는 것은 늘 의존성(依存性)을 나타내는 것이고, 의존성은 분명히 하나의 결함이라는 것을 생각하고 다음과 같이 판단했다. 즉 이들 두 본성으로 합성된 것은 신이 갖는 하나의 완전성일 수는 없으며, 따라서 신은 '정신과 물체로' 합성되어 있지는 않다고. 그리고 세상에 그 어떤 물체, 모든 점에서 완전하다고는 할 수 없는 그 어떤 지성적 실체(천사) 또는 다른 실체(인간)가 존재한다면 이러한 것들의 존재는 신에 힘에 의존하지 않을 수 없으며, 이들은 신 없이는 한순간도 존속할 수 없을 것이라고."

자연의 모든 사물과 현상은 인식과 무관하게 외부에 존재한다. 우리가 어떻게 생각하는지와 상관없이 물체는 스스로의 본성을 지닌다. 자연은 연장을 특징으로 하는 물체적 본성만을 지닌다. 그런데 인간은 신체라는 물체적 본성에 지성적 본성이 합성된 존재이므로 자연보다 우월하다. 하지만 합성된 존재는 순수하지 못한 결함이 있기 때문에 완전성을 갖춘 존재는 아니다. 그러므로 자연과 인간은 둘 다 유한 실체다. 그런데 불완전한 것은 완전한 것에서 나오기 때문에 완전성을 가진 무한 실체인 신이 존재할 수밖에 없다. 이를 통해 우리는 데카르트가 중세 신학과 완전한 결별하지 못했음을 알 수 있다. 완전한 존재에서 불완전한 존재가 나온다는 유출설이 배어 나온다. 자연을 객관적 실체로 인정하지만 신의 협력을 전제로 하기 때문이다. 하지만 중세 신학 논리와 같지는 않다. 신이 이성적 원리와 맞닿아 있다는 점에서 어느 정도 이지적이다.

데카르트는 수학이나 물리학 법칙의 확실성과 신 존재의 확실성을 같은 맥락으로 이해한다. "그런데 나는 이와 같은 대상을 머리에 그리고, 기하학

〈계단 위의 성가족〉, 1648년

자들의 논증(論證) 가운데서 비교적 단순한 것을 몇 가지 더듬어 보았다. 그리하여 모든 사람이 기하학의 논증에 대해서 인정하는 저 커다란 확실성은 내가 앞에서 말한 규칙에 따라 그것들을 명증적으로 파악하는 데에서만 성립한다는 것을 알았으며, 또 그러한 논증 속에는 그 대상의 현존(現存)을 내게 확신시킬 만한 것이 아무것도 없다는 것도 알았다. 왜냐하면 삼각형이 있다면 마땅히 그 세 각의 합은 두 직각과 같지 않으면 안 되는데, 그렇다고 해서 이 세상에 삼각형이 있다고 내게 확신시키는 것을 이 논증 속에서는 발견할 수 없었기 때문이다. 그런데 다시 완전한 실체 관념으로 돌아가서 음미해 볼 때, 그 관념 속에는 마치 삼각형의 관념에는 그 세 각의 합이 두 직각과 같다는 것이 포함되고, 구(球)의 관념 속에는 그 각 부분이 중심에서 같은 거리에 있다는 것이 포함되는 것과 마찬가지로, 아니 오히려 더 명증적으로 현존이라는 것이 포함되어 있음을 나는 발견했다. 따라서 완전한 실체인 신은 있으며 지금 존재한다는 것이 적어도 기하학의 어느 논증 못지않게 확실하다는 것을 나는 발견한 것이다.”

니콜라 푸생(Nicolas Poussin, 1594~1665)의 〈계단 위의 성가족(聖家族)〉은 데카르트 철학의 과도기적 성격을 잘 보여 준다. 데카르트와 비슷한 시대를 살았던 푸생은 17세기 프랑스 최고 화가로 중세 회화에서 근대 회화로 넘어가는 가교 역할을 했다.

이 작품은 전통적으로 기독교 성화(聖畵)의 단골 주제인 성가족을 그리고 있다. 중앙에 마리아와 아기 예수가 있고 아버지 요셉은 ‘동정녀’ 마리아를 강조하기 위해 그림자 속에 가려져 있다. 왼편으로는 나중에 예수에게 세례를 주는 요한이 그려져 있다. 아기 예수가 아기 요한에게 과일을 주는 구도로 영적인 상하관계를 분명하게 표현한다. 여기까지는 중세나 르네상스 시기의 성가족 그림과 크게 다르지 않다. 중세 화가는 물론이고 르네상스 화가도 성가족을 주제로 많은 작품을 남겼다고 한다. 그렇다면 다른 작품과 구분되는 푸생만의 특징은 무엇일까?

그림 배경을 사세이 보면 이전 성가족 그림과 차이가 뚜렷하다. 중세 회화에서 마리아와 아기 예수는 주로 옥좌에 앉아 있다. 옥좌는 지배를 상징한다는 점에서 세상일을 관장하는 존재로서 그 지위를 강조하려는 의도를 담아낸다. 이와 비교해 르네상스 회화에서는 주로 자연을 배경으로 성가족을 묘사한다. 미켈란젤로는 자연과 인체를 배경으로 성가족을 그렸다. 이는 초월적 존재보다는 현세적 의미와 감성에 친근하게 다가서려는 의도였다.

하지만 푸생의 그림에서 성가족은 생뚱맞게도 그리스·로마풍의 신전 계단에 앉아 있다. 나사렛 마을이 아니라 전형적인 그리스·로마 건축물이라는 점에서 우리는 작가의 다른 의도를 엿볼 수 있다. 서양의 문화 전통에서 그리스·로마는 이성을 상징한다. 푸생은 후세의 추종자들이 '화가 철학자'로 부를 정도로 그리스 고전에 정통했다. 그렇기 때문에 그리스·로마를 배경 삼아 신의 존재를 이성의 원리 위에 세우려 했음을 짐작할 수 있다. 이는 절대적 존재로서 신을 인정하면서도 이를 이성의 원리 위에 세우려는 데카르트의 문제의식과 맞닿아 있다.

17세기 네덜란드 합리론을 대표하는 스피노자는 데카르트보다 더 분명하게 자연의 실체성과 객관성을 강조한다. 스피노자는 《에티카》에서 "정리 15 존재하는 모든 것은 신 안에 있으며, 신 없이는 아무것도 존재할 수도 또 파악할 수도 없다."라고 하면서 신을 유일한 본원적 실체로 인정한다. 하지만 데카르트보다는 신과 자연 사이에 확실히 더 넓은 간격을 둔다. 예컨대 어떤 한 물체가 다른 물체 때문에 움직여진다면, 그 양식은 움직이는 물체 본성과 움직이게 하는 물체의 본성에서 생긴다. 물체의 운동은 물체 자체가 가지고 있는 본성의 산물이다. 실체로서 물체의 독립적 성격을 강화한다.

《정치론》에서는 신과 자연의 관계를 더 분명하게 제시한다. "신이 모든 것에 대해서 권리를 갖고 있고 신의 권리는 절대적으로 자유로운 것으로 생각할 수 있기 때문에, 모든 자연물은 선천적으로 그것이 존재하고 작동하도록 하는 힘을 가지고 있는 것만큼, 권리를 가지고 있다고 말할 수 있다. 모든 자연물의 자연적인 힘, 즉 자연물을 존재하게 하고 작동하게 하는 힘은 절대적인 자유인 신의 힘 외에 다름이 아니다." 자연물은 이제 선천적으로 존재하고 작동한다. 그리고 그만큼의 권리를 독자적으로 지닌다. 중세 신학의 절대적 전제였고, 데카르트에게는 절충적이었던 신의 창조가 볼품없어진다.

　여기서 자연은 초월적 절대자가 일방적으로 만든 것이 아니라 스스로 존재하고 운동하는 지위로 한 발짝 더 다가간다. 심지어 자연물의 자연적 힘이 곧 '신의 힘'이라는 규정으로 나아간다. 창조주로서 기독교적 신이라기보다는 신이 곧 자연이고, 자연의 법칙이 곧 신의 법칙이다. 신이 곧 자연일 때, 신은 자연을 초월하는 존재일 수 없다. 여기서 그는 물체적 실체가 신의 본성을 가질 자격이 없다는 의문에 반론을 편다. 이 모든 의문은 물체적 실체가 부분으로 구성된다는 가정으로 나타나는데, 이는 잘못된 논리다. 신의 무한성을 전제하고 여기에서 물체의 유한성을 이끌어 내는 논리는 부조리한 연역에 불과하다. 자연도 측정할 수 없는 무한성을 지닌다는 점에서 신과 마찬가지의 본성을 지닌다. 그런 점에서 신은 자연을 초월하지 않으며 내재한다. 자연은 능동적·창조적 본성을 지니며, 모든 사물을 생기게 하는 역량이고 물질적 세계를 존재하게 하는 보편 원리다.

　라이프니츠는 신과 자연의 관계를 좁히는 방향으로 데카르트와 스피노자를 비판한다. 먼저 《형이상학 논고》에서 신을 수학적 원리로 증명하는 데카르트를 비판한다. 신 개념 중 가장 널리 받아들여지면서 가장 의미 있는 개념은, '신은 절대적으로 완전한 존재'라는 말 속에 대체적으로 잘 표현되어 있다. "예를 들어 수나 도형의 본질과 같이, 최고의 정도가 불가능한 형상들(formers) 또는 본성들(natures)은 완전성이 아니라는 것이다. 왜냐하면 모든 수들 중에서 가장 큰 수(또는 모든 수의 갯수)는 모든 도형들 중에서 가장 큰 도형이라는 말과 마찬가지로 모순을 포함하지만, 가장 큰 지식과 능력은 어떠한 불가능한 것도 포함하지 않기 때문이다. 따라서 능력과 지식은 완전성이며, 이들이 신에게 귀속되는 한, 어떠한 한계도 갖지 않는다."

수학이나 기하학의 정의는 한정적이지만 신은 어떠한 한계나 불가능도 없는 존재이기 때문에 수학으로 신을 설명하는 것은 성립할 수 없다. 가장 큰 수라든가 가장 큰 도형이라는 설정 자체가 성립하지 않듯이 수학이나 기하학에는 한계가 있다. 하지만 신은 존재나 능력에서 모순이나 불가능이 없다. 그러므로 신과 수학을 연결하는 시도는 오류다.

자연의 원리를 신의 원리와 같다고 말한 스피노자의 주장도 오류다. 특히 자연물을 존재하고 작동하게 하는 힘이 곧 절대적 자유인 신의 힘이라는 스피노자의 논리는 '힘을 잘못 생각한 데서 비롯한 오류'다. 힘을 물리적 특성으로만 파악해서는 안 된다. "그런데 이 힘은 크기, 형태 및 운동과는 다른 무엇이다. 그리고 우리는 이로부터, 근대의 철학자들이 우리를 납득시키려 하는 바와 달리, 물체의 개념이 의미하는 모든 것이 단지 연장과 그의 변형뿐인 것은 아니라는 사실을 추론할 수 있다. 따라서 우리도 또한 그들이 추방했던 어떤 본질 또는 형상들을 다시 도입하지 않을 수 없게 된다." 자연물의 존재와 작동은 물리적 크기나 운동으로만 이루어진 것이 아니다. 힘을 물질적 운동량과 구별해야 한다. 물체의 현상을 설명하기 위해서는 연장의 문제에서 벗어나 있는 형이상학적 문제를 고려해야 한다. 힘에는 자연물의 뒤쪽에서 그들이 존재하고 움직이게 하는, 즉 본질에 해당하는 형상이 작용한다. 당연히 형상은 신과 연결되고 물체는 신이 창조했다. 그러므로 창조된 실체는 "유출과 같은 방식으로 끊임없이 산출하는 신에게 의존한다는 사실은 전적으로 명백하다."

나아가서는 물체를 아무리 '유한'이라는 제한을 두더라도 실체로 규정하는 것도 잘못이다. 연장에서 생긴 개념은 어떤 허구를 포함하기 때문에 물체의 실체를 구성할 수 없다. 연장, 즉 크기·형태 그리고 운동으로만 구성된 것에 실체라는 이름을 붙일 수는 없고, "필연적으로 거기에서 영혼과 관련이 있고 사람들이 흔히 실체적 형상이라 부르는 다른 어떤 것"을 가지고 있을 때 비로소 실체가 될 수 있다.

실체는 공간적 특성을 가져서는 안 되고, 오직 비공간적인 속성 안에서만 규정된다. 그렇다고 해서 물체의 작용 원인, 즉 작용인을 완전히 부정하고 형상에 따른 목적인만을 주장하는 것은 아니다. 데카르트나 스피노자처럼 "자연을 기계론적으로 설명하는 사람들뿐만 아니라 비물체적 본성으로 돌아가는 사람들을 다 같이 만족시키기 위해서 목적인으로 이르는 길과 작용인으로 이르는 두 길의 화해"가 필요하다. 목적인만 주장하는 사람들은 '바보스럽고 미신적인 사람'에 불과하다. 두 가지 방식의 결합이 가장 바람직하다.

라이프니츠는 《모나드론》에서 작용인과 목적인이 결합한 실체를 모나드(Monade)라 부른다. "모나드는 복합된 것 안에 있는 단순한 실체 이외에 다른 것이 아니다. 단순하다는 것은 부분을 갖지 않는다는 것을 뜻한다. … 그러나 부분이 없는 곳에서는 연장도 형태도 없으며 나뉠 수도 없다. 그래서 모나드는 자연의 참된 원자이고 한마디로 만물의 원소다. 만물의 원소들 또한 자신들의 해체를 두려워할 까닭이 없다." 라이프니츠가 '원자'라는 표현을 사용했고 더 나눌 수 없는 최소한이 독립적 단위라는 점을 거론했지만, 모나드는 데모크리토스(Democritos, 기원전 460?~기원전 370?)의 '원자'와는 다른 개념이다. 신이 창조한 모나드는 영혼이라 부를 수 있기 때문에 물질적 개념을 넘어선다. 단순한 실체는 단독의 모나드이고, 복합된 실체는 모나드의 집적이다. 한 모나드가 다른 모나드에 미치는 영향도 물질을 넘어 관념 작용을 포함한다. 관념 작용도 신의 관념 안에서, 신의 매개로만 작용한다.

정신의 실체성과 자유 의지

"나는 생각한다, 그러므로 존재한다."라는 명제는 데카르트의 합리주의 문제의식을 여러 면에서 집약하고 있다. 세계와 인간 이해는 물론이고 인식의 원리가 이 문장 안에 담겼다. 데카르트는 이 명제를 자기 철학의 제1원리로 규정한다. 자세하게 한번 살펴보도록 하자. 우선 데카르트는 정신의 실체성을 강조한다. 정신은 막연하고 추상적이지 않다. 정신은 존재를 규정하는 실체다. "즉 나는 하나의 실체(實體)이며, 그 본질 또는 본성은 다만 생각한다는 것 이외의 아무것도 아니며, 존재하기 위해서 아무런 장소도 필요 없고, 어떠한 물질적인 것에도 의존하지 않는다는 것을. 따라서 이 '나'라는 것, 곧 나로 하여금 나이게 하는 '정신'은 물체에서 완전히 분리되어 있으며, 또 정신은 물체보다 인식하기 쉽고, 설령 물체가 존재하지 않는다고 하더라도 정신은 언제나 온전히 스스로 존재하리라는 것을."

정신은 신체와 다른 독립적 실체다. 신체도 세계도 내가 있는 장소도 없다고 상상할 수 있지만, 그렇다고 해서 내가 전혀 존재하지 않는다고 생각할 수도 없다. 반대로 다른 것의 진리 여부를 의심한다는 사실에서 내가 존재함을 확인한다. 여기서 신체나 장소가 없다는 상상이 물체·모양·연장·운동·장소 등 물체의 특징을 부정하는 것은 아니다. 단지 그렇게 가정할 수 있다는 의미고, 그만큼 정신이 독립적 실체라는 것을 강조하기 위한 비유적·논리적 설정이다.

"내가 영양을 섭취하고, 걸어 다니고, 감각하고, 생각한다는 것이 나타났는데, 이러한 활동을 나는 영혼에 귀속시켰다. … 생각한다는 것은 어떨까? 여기서 나는 그것을 발견한다. 생각이 그것이다. 이것만은 나한테서 떼어 낼 수 없다." 인간의 생존과 감각은 신체를 전제로 한다. 하지만 정신은 신체에서 독립해 있다. 논리적 차원에서 감각이나 자연적 요소, 즉 육체적 요소는 떼어 낼 수 있지만 정신은 떼어 낼 수 없다. 그러므로 정신만은 '있다'고 할 수 있고, '확실하다'고 할 수 있다. 인간에게 가장 중요한 요소는 '하나의 생각', '하나의 정신', '하나의 이성'일 따름이다.

확실한 인식을 위해서는 분석할 수 있는 많은 성질을 내적으로 가져야 한다. "우리가 이 사물 혹은 실체 속에서 상태나 성질을 인식하는 일이 많으면 많을수록 더욱더 명석하게 그 실체를 인식하게 된다는 사실이다. 그런데 우리 정신 속에는 다른 어떤 사물 속에서보다도 훨씬 더 많은 상태나 성질들이 있으며, 우리는 그 성질들을 인식하고 있음이 분명하다."

예를 들어 물이나 대기 중의 공기, 돌멩이 등은 단순한 성질만 가지고 있기 때문에 분석할 수 있는 성질이 적다. 신체도 마찬가지다. 다양한 기능이 있지만, 그 성질이 생존으로 귀착된다는 점에서 단순한 상태에 속한다. 그러므로 확실한 인식이나 진리가 작용하기 어렵다. 대부분의 객관 세계는 거기에 '있다'거나 어디에서 어디로 '변화한다'는 정도의 의미를 넘어서기 힘들다. 하지만 정신은 엄청나게 많은 상태와 성질을 가지고 있다. 분류와 추론 능력이 동원되어야 하는 수많은 요소로 가득 차 있다. 객관 사물은 거기에 그냥

스피노자

있지만, 정신은 수시로 변하면서 우리에게 어떤 판단을 내리게 한다. 그만큼 정신은 관찰과 분석을 해야 할 요소가 많다는 점에서 더 분명하게 존재하는 것이고 확실성을 지닌 실체다. 본질이 확실성을 지닌 정신으로 규명된다면, 인간은 자기 활동의 자유 원인이 될 수 있고, 자유 의지를 지닌 존재일 수 있다.

스피노자도 《정치론》에서 데카르트와 마찬가지로 이성의 중요성과 정신의 독립성을 기본적으로 인정하고 있다. "정신이 이성을 올바르게 사용할 때, 정신은 독립적이다. 오히려, 인간의 힘이 체력보다 정신력에 더 많이 귀속되는 한에서, 그는 가장 독립적인 사람이 될 수 있다. 그는 강한 이성의 소유자가 되며 이성에 의해서 인도되는 사람이 되기 때문이다. 그러므로 나는 인간이 이성에 인도된다면, 인간은 매우 자유로운 존재라고 정의한다. 행동을 결정하는 데 필연적으로 여러 원인이 작용하겠지만, 인간은 자신의 자연적인 본성이 적절히 이해할 수 있는 그러한 원인에 따라 행동을 결정하기 때문이다."

하지만 데카르트와 스피노자는 구체적 내용, 특히 자유 의지와 관련된 내용에서 적지 않은 차이를 보인다. 스피노자의 주장을 면밀하게 검토하면 '정신이 이성을 올바르게 사용할 때', '자연적인 본성이 적절히 이해할 수 있는 그러한 원인에 따라 행동'이라는 식으로 제한을 둔다. 인간은 자유로운 존재일 수 있지만, 그렇다고 해서 데카르트의 주장처럼 독립적 정신을 지니고 있기 때문에 저절로 자유로운 존재로 연결되지는 않는다.

스피노자는 정신 자체가 절대적 자유의 근거가 될 수 없다고 단언한다. 자기 마음대로 할 수 있는 것이 자유 의지일 수 없다. 사람들은 흔히 자유 의지와 욕구를 혼동한다. 그래서 젖먹이가 젖을 열망하는 것을 자유라 생각하며 화가 난 아이가 복수하려는 것, 겁먹은 아이가 도망가려는 것을 자유 의지에 따른 행동이라고 믿는다. 또한 술 취한 사람이 횡설수설하는 것도 정신의 자유에 따른 행동으로 믿고 있다. 하지만 이러한 모든 것은 자유 의지가 아닌 욕망일 뿐이다. 본능을 억제하지 못해서 생겨난 결과다. 순간적인 욕구가 아니라 정신이라고 해도 문제는 마찬가지다.

자유 의지는 데카르트처럼 생각하는 존재, 즉 의심하고 있는 존재로부터 직접 주어지지 않는다. 중요한 것은 어떠한 행위의 결정 원인을 이해하는 일이다. 특히 사고와 행위를 결정짓는 본성의 이해가 중요하다. 인간은 자기 본능을 보존하기 위해 행동한다. "오직 인간 본성의 법칙에 따라 존재하고 작동하는 권력을 가지고 있는 한에서만 인간은 자유롭다고 말할 수 있다."

정신과 신체의 합일과 이원론

데카르트는 인간을 물체라는 신체와 정신이라는 실체의 구분을 전제로 두 실체가 합성된 존재라고 했다. 신체는 자연이 그러하듯이 기계적으로 작용한다. 그는 《방법서설》에서 동물이나 인간의 신체는 정교한 기계와 다르지 않다고 주장한다. 인간과 가장 가깝다고 여기는 원숭이조차 태엽 장치가 있는 기계와 마찬가지다. 심지어 동물의 모양과 기관을 가진 기계가 있다면,

이 기계를 동물이 아니라고 말할 방법이 없다. 요컨대 동물을 기계와 거의 같은 수준에서 다룬다. 그러면서 물체적 실체인 동물과 물질적 실체와 정신적 실체가 섞인 인간은 정도가 아니라 종류의 차이가 있음을 확실하게 밝힌다.

인간의 행동을 모방하는 기계가 있어도 정신 기능인 말[言]이나 신호를 사용할 수 없기 때문에 인간과 근본적으로 다르다. 물론 어떤 부분을 건드리면 말을 하는 기계를 만들 수도 있겠지만 상황에 맞게 '말'을 바꾸지는 못한다. 동물이나 기계는 인간처럼 정신에 따라 움직이지 않고 정해진 본능과 배치에 따라 움직이기 때문에 본질적으로 차이가 있다.

그런데 인간의 신체와 정신 '합성'은 이중적 의미를 가지기 때문에 세심한 주의가 필요하다. 왜냐하면 데카르트의 글에는 언뜻 모순처럼 보이는 대목이 나오기 때문이다.《방법서설》에서 혼(정신)을 신체가 없어도 있는 상태 대로임에는 변함이 없다고 주장했다. 하지만《정념론》에서는 "죽었을 때 영혼이 없어지는 것은 단지 그 온기가 중단되고 몸을 움직이는 데 사용되는 기관들이 손상되었기 때문이라고 반대로 생각해야 했다."라고 말한다. 여기서 정신은 신체가 없어도 존재한다는 규정과 신체의 죽음과 함께 영혼도 소멸한다는 규정이 함께할 수 없을 정도로 다르게 느껴진다.

이러한 곤란함 때문에 데카르트를 그릇되게 해석하는 경우가 많다. 가장 대표적인 오해가 데카르트의 '실체적 구분'을 완전한 기계적 분리의 이원론으로 규정하는 성급함이다. 신체와 정신은 서로 무관하다고 쉽게 단정을 짓고 몸은 완전히 껍데기에 불과하며 정신을 물질에서 완전히 분리하는 기계적 이원론으로 데카르트를 이해한다. 하지만 이렇게 이해하면 데카르트는 소크라테스(Socrates, 기원전 470?~기원전 399)나 플라톤(Platon, 기원전

428?~기원전 347?), 심지어 중세 신학의 반복이나 아류에 불과하게 된다. 이런 식의 기계적 이원론이라면 정신은 신체와 무관하게 독립적 생명력을 지닌다는 발상으로 바로 이어질 수밖에 없다. 그러나 데카르트의 문제의식은 이와 전혀 다르다. 《정념론》에서는 현실적인 검토, 《방법서설》에서는 논리적 차원의 검토로 구분해서 이해할 때 비로소 데카르트의 문제의식에 올바로 다가설 수 있다.

《정념론》에서 그는 영혼이 일방적으로 신체를 지배하고 죽음과 함께 영혼이 신체에서 분리된다는 중세적 오류를 반박한다. 이러한 오류는 시체에 열과 운동이 없는 이유가 영혼이 떠났기 때문이라고 상상한 데에 있다. 하지만 현실적으로 신체의 죽음과 동시에 영혼은 없어진다. 영혼은 홀로 존재할 수 없고 오직 신체와 결합해야만 존재할 수 있다. 둘은 현실적으로는 떼려야 뗄 수 없는 관계다. 《방법서설》에서는 순수한 논리적 설정을 강조한다. "그리고 '나는 무엇인가'를 주의 깊게 검토하여, 다음과 같은 점을 확인했다. 어떤 신체도 내가 갖고 있지 않다는 걸 가상할 수가 있었고, 또한 대가 그 속에 존재하는 어떤 세계나 장소도 없다고 가상할 수가 있으나, 그렇다고 해서 내가 전혀 존재하지 않는다고 가상할 수는 없다는 것을." 이런 설정은 말 그대로 '상상'이지 현실적 분리를 의미하지는 않는다. 생각이야말로 나에게 속한다는 점에서 정신의 실체성과 확실성을 강조하기 위한, 감각을 배제한 순수한 이성적 사고의 가능성을 증명하기 위한 논리적 가정이다. 논리적 추상화를 위해 부차 요소를 없애고 가정하는 '사상 작업'과 비슷한 설정이다.

스피노자는 정신과 신체의 합성에 대한 데카르트의 문제의식을 비교적 정확히 이해했던 듯하다. 스피노자가 보기에 인간이 정신과 신체의 합성이라는 점에서는 데카르트의 견해는 타당하다. 하지만 합성을 시간에 따른 제약으로까지 규정하는 것에는 반발한다. 신체의 죽음과 동시에 정신의 모든 부분이 사라지지는 않는다. 정신에는 신체 상태와는 무관하게 영원성을 지니는 부분이 있다. 이 부분은 사라지지 않을 뿐만 아니라 신체 이전부터 있어 왔다. 이를 기억으로 확인하는 것은 불가능하지만 현실에서 사물을 보고 관찰하는 정신의 눈으로 간접적으로나마 정신 영역을 확인할 수 있다. '사물을 보고 관찰하는 정신의 눈'이란 인식 대상을 관찰하고 분석하면서 적용하는 정신의 도구, 예를 들어 전체와 부분, 보편성과 개별성 등의 관념을 의미한다고 볼 수 있다.

직접 신체로부터 사라지지 않는 정신의 부분을 발견할 수는 없다. 하지만 이러한 관념이 우리의 정신 작용 속에 미리 있다는 것을 근거로 신체의 지속과 상관없는 정신의 영역이 있음을 증명한다. 이마누엘 칸트(Immanuel Kant, 1724~1804)의 '아프리오리(a priori)', 즉 경험 이전에 선행하는 지식이라는 문제의식과 형식상으로 꽤 비슷해 보인다. 물론 칸트와는 문제의식의 출발이 매우 다르다. 스피노자가 신체와 소멸하지 않는 정신 영역을 설정하는 데는 신에 대한 태도가 깊숙이 연관되어 있다.

데카르트는 죽음과 함께 영혼이 사라지면 신과 인간을 연결할 고리가 사라진다고 보았던 듯하다. 스피노자는 이를 미리 막기 위해 영원성을 지니는 영혼 영역을 설정했다. 영혼 전체를 영원성에 두기에는 이미 과학적으로 부인할 수 있는 증거가 많기 때문에 부분적으로 제한해 현실적 곤란함을 피하려 했다. 그러면서 인간과 신의 관계를 데카르트보다 더 좁혀 놓았다. 그런데 여기에서 의문이 생길 수 있다. 앞에서 보았듯이 물체의 실체성

과 관련해서는 오히려 스피노자가 데
카르트보다 신과 물체 사이에 확실히
더 넓은 간격을 두었다. 그런데 왜 신
과 인간의 관계는 더 좁혀 놓았을까?
언뜻 모순되어 보이는 이 논리를 우
리는 이미 중세 신학에서 익숙하게 확
인했다. 스피노자는 물질의 이해에서
는 이성의 힘을 확장하고, 인간과 신
의 관계에서는 이성을 넘어서는 신비

라이프니츠

로운 영역을 설정해 이성과 신학 사이의 조화를 꾀한 아우렐리우스 아우구
스티누스(Aurelius Augustinus, 354~430)와 토마스 아퀴나스(Thomas
Aquinas, 1225?~1274)의 발상법을 부분적으로 빌려오게 된 것이다.

라이프니츠는 《형이상학 논고》에서 정신과 신체의 분리와 합성을 부정
한다. "우리는 한 실체를 둘로 분할할 수 없고 두 개의 실체를 합성하여 하나
로 만들 수도 없으며, 그러므로, 실체들은 가끔 변화되기는 하지만, 그들의
수는 자연 상태에서 증가하지도 감소하지도 않는다." 인간의 본질은 영혼과
신체의 결합이 아니다. 영혼이 홀로 인간을 구성하고 이를 통해 신과 함께
자족한다. 영혼은 독립해 있고, 소멸하지 않는다. 영혼은 세계를 구성하는
모나드에 해당하는데, 세계가 파괴되는 것이 불가능한 것처럼 영혼의 소멸
도 불가능하다.

그렇다고 해서 인간에게 신체는 없고 오직 영혼만이 있다는 주장은 아니
다. "영혼은 오직 점진적으로만 그리고 등급에 따라서만 몸을 변경하며, 몸

의 모든 기관이 한순간에 탈취될 수는 없다. 짐승들에게는 종종 형태 변화가 일어난다. 그러나 영혼 전이 없는 형태변화도 결코 없다. 몸에서 완전히 떨어져나간 영혼도 없고, 몸 없는 초인간적 존재도 없다. 오직 신만이 몸에서 완전히 자유롭다." 문제는 육체의 소멸이 영혼의 소멸과 연결되는 발상이다. 하지만 앞에서도 나왔듯이 하나의 모나드가 다른 모나드에 직접 영향을 줄 수 없다. 영혼은 그의 고유한 법칙을 따르고 육체도 마찬가지로 자신의 법칙을 따른다. 영혼은 욕구·목적·수단으로 목적인의 법칙에 따라 작용한다. 육체는 작용인 또는 운동의 법칙에 따라 작용한다. 모든 실체는 신의 예정된 조화로 서로 합치되어 있다. 작용인과 목적인의 왕국은 서로 조화로운 상태지만, 작용인이 목적인의 존재 여부를 결정할 수는 없다. 모든 모나드는 고유한 육체와 함께 살아 있는 실체를 만들어 낸다. 영혼은 모든 모나드가 그러하듯이 분할될 수 없는 단일한 실체다. 그렇기 때문에 신체의 죽음과 함께 영혼 중에 어느 부분은 사라지고 어느 부분은 영원히 남는다는 스피노자의 견해도 오류다.

라이프니츠가 봤을 때, 신체의 죽음이 영혼의 소멸을 가져온다는 데카르트의 주장은 자연적 사물과 인공적 사물을 혼동해서 발생하는 억측일 뿐이다. 데카르트는 인간의 죽음을 기계가 부서져서 원동력이 사라진 경우와 같다고 보았기 때문에 자연과 기계가 크기의 차이만 있다는 그릇된 결론에 이르게 된다. 라이프니츠는 데카르트를 인공적 기계 장치와는 전혀 다른, 자연의 장엄함을 충분히 이해하지 못했기 때문에 극단적 견해에 이르렀다고 비판한다. 라이프니츠의 논리에 따르면, 인공적 기계와 자연의 신체는 확실히 정도가 아니라 종류에서 차이를 보인다.

그러면 동물과 인간은 어떤 차이가 있을까? 데카르트는 신체를 기계와 같은 것으로 분류해 물체적 신체만을 가진 동물과 신체와 영혼이 합성된 인간을 종류의 차이로 구분한다. 그러나 라이프니츠의 생각은 다르다. "동물의 영혼들도 또한 정신보다 불완전하기는 하지만 전 우주를 표현한다. 그러나 중요한 차이점은, 그들은 자신이 무엇인지 또 자신이 무엇을 하고 있는지 인식하지도 못하고, 따라서 그들은 반성을 할 수 없기 때문에 필연적이고 보편적인 진리를 발견할 수도 없다는 점에 있다." 인간과 동물을 포함해 우주 전체의 실체가 모두 모나드에 근거하는 이상, 인간과 동물은 종류의 차이가 될 수 없다. 모나드가 그러하듯이 동물에게도 영혼은 있다. 결국 인간과 동물은 영혼과 물체를 모두 가지고 있고, 다만 동물의 영혼은 자기반성 능력이 모자라다는 점에서 정도의 차이가 있을 뿐이다. 이 차이 때문에 동물은 도덕적 성질을 가지지 못한다.

원자화된 존재의 인간

"나는 생각한다, 그러므로 존재한다."라는 명제가 독립적인 '나'를 전제로 존재의 본질을 이끌어 낸다는 점에서 원자화된 존재의 인간 이해를 보여 준다. 데카르트가 '인간'은 생각한다가 아니라 '나'는 생각한다는 명제를 제1원리로 삼은 것은 우연이 아니다. 데카르트의 핵심 논리에 따르면 이는 필연적 귀결이다. 현실의 인간은 개인과 개인의 관계를 포함한다. 인간 사회에서 흔히 덕이나 정의로 부르는 가치도 인간과 인간의 관계에서 생겨난다. 인간 행위가 정신을 바탕으로 하는 이상 관계도 인간의 정신을 매개로 이루어질 수밖에 없다.

그런데 모든 불확실성을 제거하고 오직 확고한 명제에서 출발한다는 문제의식에 비추어 볼 때 개인과 개인의 관계에서 나타나는 정신 작용은 확실성을 담보할 수 없다. 타인의 내적 정신 상태를 인식하는 일은 매우 어렵고, 또 그만큼 불확실하다. 타인의 생각은 오직 말이나 행동으로 알 수 있는데, 이는 쉽게 바뀔 수 있을 뿐만 아니라 진위를 확인하는 것도 어렵다. 심지어 말이나 행동은 얼마든지 감추거나 속일 수 있다는 점에서 극도로 불확실하다.

결국 확실한 진리의 규명은 나 자신의 내적 정신이 될 수밖에 없다. 그러므로 '나'는 생각한다는 명제에서 데카르트 철학의 모든 내용은 시작한다. 이성은 개인으로서 '나'에게 속하고, 이를 정확하게 사용할 때 인간 본질에 가까워질 수 있다. 독립적인 '나'로 진정한 의미의 자유를 되찾고 세상의 주인으로서 모든 것을 규명하고 소유할 수 있다는 근대적 주체 선언이다. 그러한 의미에서 데카르트는 인간을 관계 속에서 규정되는 존재가 아니라 고립되고 원자화된 존재로 한정한다.

방법론적 회의와 연역적 방법으로서의 인식

방법론적 회의

"나는 생각한다."에서 '생각'이 방법론적 회의를 나타낸다는 점은 잘 알려져 있다. 또한 여기에서 '회의'라는 표현도 흔히 생각하는 회의주의, 즉 절대적 진리나 도덕·가치를 부정하는 관점과는 전혀 다른 의미라는 점도 이제는 상식처럼 여겨진다. 방법론적 회의의 의미는 "하지만 이제 오직 진리 탐구에만 몰두하고자 했으므로 전혀 반대되는 일을 해야 한다고 생각했다. 즉 조금이라도 의심할 수 있는 것은 모두 절대로 거짓된 것으로 팽개치고, 그런 다음에 전혀 의심할 수 없는 무엇이 내 신념 속에 남는지 어떤지 보아야 한다고 생각했다.”라는 데 있다. 기존에 진리라고 여겨지던 모든 생각을 끝까지 의심하게 되면서 더는 의심할 수 없는 상태에 도달하는 것이 회의의 목표다. 의심이 진리에 접근하는 수단이기 때문에 ‘방법론적 회의’라 부른다.

우리의 정신은 어릴 때부터 많은 잘못된 견해를 참된 것인 양 받아들인다. 사회적 통념이 마치 진리인 듯 활개 치거나 자기 경험을 일반화해 확고부동한 사실이라고 착각하는 때도 많다. 교육이 일방적으로 주입한 견해도 큰 영향력을 나타낸다. 여기서 문제는 이렇게 얻은 사고방식이 인간 정신에 미치는 영향이 결정적일 정도로 크다는 점이다. 이를 극복하기 위해서 전에 증명으로 인정한 모든 근거를 거짓으로 던져 버려야 한다.

모든 것을 의심할 때 의심할 대상은 무한정으로 넓어진다. 그래서 무엇을 의심해야 하는지를 분명하게 정해야 한다. 그렇다고 해서 모든 걸 살필 필요는 없다. 모든 견해의 근거를 이루는 원칙만을 살피면 된다. 정신 작용의 오류를 생겨나게 하는 기초를 파괴하면 나머지 부분적·세부적 영역은 저절로 해결될 수 있다. 모호하고 불확실한 생각을 불러오는 근원적 의심의 대상으로 감각, 윤리적 가치 판단, 상상력 등을 꼽는다.

스피노자도 방법론적 회의의 필요성에 공감한다. 인식이 추구해야 하는 가장 중요한 요소는 확실성이다. 확실성은 오직 의심에서 출발한다. “오류는 손상되고 혼란스런 관념이 포함하는 결핍에만 있다. 그러므로 거짓된 관념은 그것이 그릇된 한에서 확실성을 포함하지 않는다. 따라서 어떤 사람이 거짓된 관념에 만족하여 전혀 그것을 의심하지 않는다고 우리들이 말할 때, 그것은 그 사람이 그것에 대하여 확실하다고 하는 것이 아니라 단지 그것을 의심하지 않는다고 하는 데 지나지 않는다. 또는 그의 표상을 동요시키는 아무런 원인도 없으므로 그는 거짓된 관념에 안주하고 있는 데 불과하다."

감각을 의심하다

일상생활에 연관된 사고는 감각의 지배를 받기 쉽다. 루이 르냉(Louis Le Nain, 1593~1648)의 〈대장간의 제철공〉은 감각으로 둘러싸인 인간의 삶을 보여 준다. 한 가족으로 보이는 사람들이 용광로 주변에 모여 있다. 작업장의 일상은 온갖 감각을 자극하면서 순간순간 삶을 규정했을 것이다. 용광로에서 뿜어 나오는 빛이 눈을 비추고 날카로운 쇳소리가 귀를 때린다. 아이들은 이미 어린 시절부터 각종 공구가 주는 차갑고 묵직한 감촉에 익숙해졌을 것이다. 용광로를 지피는 연료의 타는 냄새가 작업장에 진동하고 옷에도 배어 코를 찌를 것이다.

감각은 일상생활만이 아니라 학문 활동에서도 끊임없이 우리를 자극한다. 데카르트가 가장 진실하고 확실하다고 받아들였던 모든 것을 직간접 감각으로 배웠다고 말했듯이 감각은 오랜 기간 쌓이면서 정신 활동에 가장 많은 영향을 미친다. 그래서 가장 밀접하고 폭넓게 영향을 주는 만큼 사고에 오류를 일으키는 첫째 원인이 되기도 한다. 의심은 다음과 같을 때 생긴다. "그런 드문 실험은 사람이 흔해 빠진 일의 원인을 아직 모를 때 흔히 사람을 속이기 때문이며, 또 그것이 의존하는 여러 조건은 거의 언제나 매우 특수하고 세세한 것이어서 규명하기가 어렵기 때문이다."

정신 활동에 불쑥 나타나 혼란스럽게 만드는 불확실한 사고를 그대로 내버려둔다면 이성은 한 발짝도 진리를 향해 나아갈 수 없다. 그래서 가장 먼저 의심해야 할 대상이 바로 감각이다. 많은 사람이 가장 진실하다고 받아들인 것들은 대체로 감각으로 얻은 내용이다. 대부분 사람들은 감각에 의존해 현상에 접근한다. 직접 보거나 만져 보고 들은 경험만큼 확실한 것은 없다고 믿는다.

〈대장간의 제철공〉, 17세기경

여기서 문제는 이렇게 분명해 보이는 감각이 우리를 속인다는 점이다. 시각·청각·촉각·미각·후각 등 감각에 속하는 어느 하나도 사실을 있는 그대로 반영하지는 않는다. 여러 감각이 우리를 속이거나 불확실한 것을 확실한 것으로 여기도록 만든다. 즉 인식을 오류로 이끈다. 가장 확실한 정보처럼 보이는 시각적 경험도 한정된 현상만을 지시할 뿐 모든 정보를 주지는 못한다. 사물의 확인이나 색의 구별은 부분적이고 한정적이기 때문에 진리의 세계가 아니다. 그래서 감각적이고 감성적인 사고를 배제하고 철저히 이성적 사고에 기초해야 한다.

데카르트에 따르면 이성 말고도 감각, 상상과 기억, 오성 등이 인간 정신에 영향을 준다. 감각은 상상력에 물체의 상을 새기는 방식으로 작용하고, 기억은 조건반사처럼 기존의 상상을 필요로 한다. 상상력은 오성을 자극하고, 반대로 오성은 상상력을 작용하게 한다. 결국 감각, 상상과 기억, 오성은 서로 유기적으로 연결되어 있다. 정신이 오성에 방해를 받지 않도록 물질 감각을 배제해야 하고 상상에 관해서도 외부 감각 인상을 없애야 한다. "오히려 반대로 그런 비물질 대상(정신적 사유)이 이 오성의 능력에 의해 방해받지 않도록 물질적 감각들은 배제되어야 하며, 상상력에서도 가능한 한 모든 판명한 외부 감각 인상들은 제거되어야 한다. 그러나 만일 오성이 물질적인 어떤 것에 대해 알아보려고 한다면, 우리는 상상 속에서 가능한 한 판명하게 그것에 대한 관념을 형성해야 한다." 모든 감각, 혹은 감각에 기초한 사고에서 벗어나야 한다.

스피노자도 데카르트처럼 감각이나 감각에 따른 관념을 가장 먼저 의심 대상으로 꼽는 데 주저하지 않는다. 감각에 기초한 사고는 눈, 귀, 피부 등 신체 기관의 기능과 직접 연관이 있기 때문에, 신체가 갖는 한계를 고스란히 포함할 수밖에 없다.

라이프니츠도 감각을 일차적 의심 대상으로 지목한다. 하지만 감각에 대한 의심의 결론은 데카르트와 사뭇 다르다. 색이나 냄새, 맛, 특수한 감각 대상을 인식하고 구별하지만 이는 단순한 감각의 증거로만 이루어질 뿐이다. 그래서 비슷한 지각을 상기하지 않는다면 다른 사람에게 감각 대상을 명백하게 제시할 수 없다. "우리들은 색, 냄새, 맛, 그리고 다른 특수한 감각 대상들을 충분히 명석하게 다시 인식하고 서로를 구별하기는 하지만, 단순한 감각의 증거를 통하여 그렇게 할 뿐, 진술 가능한 특징들을 통하여 인식하고 식별하지는 못한다. 그러므로 비록, 이 성질들이 그 개념들의 근거들을 소유하고 있기 때문에, 이 성질들의 개념들이 복합되어 있고 분해될 수 있다는 사실이 확실하기는 하지만, 그 사물을 보고, 냄새 맡고, 맛볼 수 있도록 우리가 그들을 현존하는 사물 앞으로 인도하지 않거나, 또는 그들로 하여금 최소한 이전의 그와 유사한 지각을 상기하도록 하지 않는다면, 우리는 맹인들에게 무엇이 붉은색인지 설명하지도 못하고 그와 유사한 것을 다른 사람들에게 명백히 제시하지도 못한다."

데카르트가 감각을 의심해 도달한 결론은 아무리 의심해도 더 이상 의심할 수 없는 상태로서 자신이 의심하고 있다는 사실, 즉 생각한다는 사실만은 부정할 수 없다는 확신이다. 하지만 라이프니츠의 결론은 다르다. 의심하는 현실의 '나'가 아니라 경험 이전에 존재하는 관념의 '상기'를 출발점으로 삼는다. 사물을 분석하고 판단하는 데 사용되는 관념은 경험 이전에 만들어져 있다. 우리가 어떤 사물이나 현상을 경험할 때 단순히 당장 나타나는 상태나 변화만 보는 것이 아니라 그런 상태나 변화를 나타나게 하는 '원인'을 떠올린다면, 이미 경험 이전에 인과관계라는 관념을 가지고 있는 게 된다. 그러므로 감각을 의심한 결과로 주목해야 하는 것은 데카르트처럼 생각하고 있는 자신이 아니라 선험적 관념이다. 영혼 가운데 일부의 영원성을 두고 '정신은 지성에 따라 이해하는 것을 상기하는 것과 같다'고 여겼던 스피노자와 비슷한 문제의식이라 할 수 있다.

라이프니츠는 《형이상학 논고》에서 아예 노골적으로 자신의 문제의식과 플라톤이 제기한 상기설과 관련이 있음을 인정한다. "그리고 우리는, 이미 정신 안에, 말하자면 생각을 형성하는 재료인 관념을 가지고 있지 않은 것은 아무것도 배울 수 없다. 이것은 플라톤이, 우리가 그것을 올바로 이해하고 선재설의 오류를 제거하여 영혼이 지금 배우고 생각하는 것을 전에 이미 명확히 알고 있었고 사유했었다고 상상하지만 않는다면, 매우 확고한 이론인 그의 상기설에서 아주 훌륭하게 서술하고 있다." 본질적 관념이 완성된 형태도 실재한다는, 이데아론 편향만 제거한다면 상기설의 기본적인 문제의식은 타당하다. 그렇다고 해서 감각에서 어떠한 개념도 생길 수 없다는 과격한 주장은 아니다. 감각 기관의 도움으로 외부에서 받아들여 만들어지는 개념도 있다. 다만 모든 개념이 외적 감각이라 부르는 감각 기관에서 비롯된다는 주장은 오류다. "왜냐하면 내가 나 자신이나 나의 사상에 관하여, 따라서 존재·실체·행위·동일성 및 다른 많은 사물에 관하여 가지는 개념들은 내적 경험으로부터 기인하기 때문이다."

가치 판단을 의심하다

데카르트는 감각 다음으로 윤리적 가치 판단을 중요한 의심 대상으로 거론한다. 감각의 한계는 비교적 분명한 편이어서 설득이 쉽다. 그런데 지혜라든가 윤리적 가치 판단은 진지하고 깊이가 있어 보인다. 그래서 우리는 그 판단에 쉽게 의존하게 된다. 사실 지혜나 윤리적 가치 판단도 관습적 경험과 많이 연관되어 있다. 인간이 오랜 기간 공동체 생활을 하면서 다양한 개인의 경험이 쌓이게 되고 삶의 지혜나 윤리적 가치 판단이 형성된다. 그런데 사회적 경험은 아무리 많다고 해도 진리로 나아갈 가능성이 거의 없다. 특히 사회적 경험과 공동체적 관습은 사회 계급이나 계층의 이해관계를 직접 반영하기 때문에 객관적·절대적 기준이나 원리의 성격을 가질 수 없다.

지혜나 윤리적 가치 판단은 경험과 행동의 축적에 정신이 섞인 것이다. 조금 더 구체적으로는 직접 경험이나 감각보다 정신적 요소가 더 많이 들어간 혼합물이다. 하지만 정신적 요소가 더 섞여 있다고 해서 반드시 더 좋은 것도 아니고 더 명확한 것도 아니다. 오히려 문제를 발견하기 더 어렵기 때문에 순수한 정신으로 가는 길을 가로막는 복병이 될 수도 있다. 그래서 "완전하게 인식할 수 있고 의심의 여지가 없는 것만을 믿기로 하는 것이다."라고 말하면서 불확실한 사고의 대상에서 벗어날 것을 강조한다. 관습적 지혜나 가치 판단처럼 정신적 요소가 꽤 있더라도 진위를 가려내기가 어렵다면 지식이 느는 것이 아니라 오히려 지식을 갉아먹게 된다. 오직 의심할 수 없는 영역에만 정신 활동을 집중해야 한다. 아무리 의심해도 더 이상 의심할 수 없는, 근원적이고 확실한 대상으로 좁혀야 한다.

상상력을 의심하다

그렇다면 상상력은 어떨까? 통념으로는 상상력이 감각과 다르게 육체적 경험과 거리를 두고 있는, 그러한 의미에서 순수한 정신의 한 부분이라고 생각할 수도 있다. 그러면 상상력은 의심의 대상에서 벗어나는걸까? 서구 전통에서 상상력은 그리스·로마 신화와 긴밀한 관계를 맺어 왔다. 미술에서도 그리스·로마 신화는 상상력을 자극하는 원천이었다. 예컨대 17세기 후반에서 18세기 중반까지 프랑스 로코코 미술을 대표하는 화가 중 한 사람인 프랑수아 부셰(François Boucher, 1703~1770)의 〈레다와 백조〉도 그리스 신화를 담은 전형적 그림이다.

그림 가운데 앉아 있는 여인은 스파르타 왕의 아내인 레다다. 왼쪽의 백조는 레다를 유혹하기 위해 변신한 제우스다. 레다의 아름다움에 반한 제우스는 그녀가 백조를 좋아한다는 것을 알아내고 백조로 변신해 접근한다. 강

〈레다와 백조〉, 1741년

가에서 목욕을 하던 레다는 백조를 보고 반긴다. 이런 사실을 모르던 그녀가 백조의 목을 감싸 안고 부드럽게 깃털을 쓸어 주었다. 제우스는 본래의 모습으로 돌아와 레다와 사랑을 나눈다. 이후 레다는 알을 두 개 낳는데, 그중 하나에서 트로이 전쟁의 불씨가 되는 헬레나가 탄생한다. 내용이 워낙 에로틱해서인지, 성적 표현을 원했던 수많은 화가가 같은 신화를 화폭에 담았다. 기원전과 기원후 그리스 항아리 그림이나 로마 신전의 모자이크 복제품에서, 또 르네상스 시기의 그림에서, 심지어 종교 개혁 시기의 그림에도 등장한다.

데카르트는 상상도 기본적으로는 감각에 기초한다고 생각했다. "이 상상으로 그려 낸다는 말이 벌써 나의 잘못을 내게 알려주는 것이다. 왜냐하면 그 무엇이라고 상상했다면 나는 실제로 상상으로 그려 낼 것이기 때문이다. 즉 상상한다는 것은 바로 물체적인 것의 모양 혹은 상(像)을 바라보는 것이다." 상상은 감각의 영향에서 자유롭지 않다. 감각의 영향을 받는 영역은 다양한 기능에 맞게 순수 오성, 상상과 기억 또는 감각으로 구분할 수 있다. 상상력은 신체의 외적 감각을 대상에 적용하고, 반면 감각은 상상력에 물체의 상을 새기는 방식으로 상상력에 작용한다. 결국 상상력은 감각과 직접 관계가 있다. 감각과 관계를 맺고 있는 이상 이 모든 요소는 오직 물질 혹은 물질과 연관된 대상을 인지하는 역할을 한다. 그렇기 때문에 데카르트는 상상을 허구 관념, 즉 감각에 따른 외래 관념을 기초로 만들어 낸 '인위적 관념'이라고 보았다.

순수한 정신적 사유를 방해하는 상상은 진리 인식에 도움을 줄 수는 없다. 특히 신화적 상상력이나 문학적 상상력은 사람들에게 신비한 주문을 하기 때문에 과학적 논증이나 입증 가능한 인식을 심각하게 방해한다. 정신이 제 역할을 하려면 될 수 있는 대로 주의해 상상력을 멀리해야 한다.

수학적·연역적 사고 방법의 이성

데카르트는 감각·가치 판단·상상에서 의심스러운 외래 관념, 상상에 따른 인위적 관념 등을 배제하고, 순수한 이성 영역만을 정신 활동의 기반으로 삼아야 한다고 주장한다. 그러면 무엇이 모든 감각이나 가치 판단을 제거한 순수한 이성을 보장해 줄까?

이에 대해 데카르트는 "자연학·천문학·의학, 그 밖에 복합된 것의 고찰에 관계되는 모든 학문은 확실히 의심스러운 [불확실한] 것인데, 이에 반해서 산술·기하학 및 이런 종류의 아주 단순하고 매우 일반적인 것만을 취급하고, 그러면서도 그와 같은 것이 과연 자연계에 있는지 어떤지 거의 돌보지 않는 학문은 무엇인가 확실하고 의심할 여지가 없는 것을 포함하고 있다고 우리가 결론을 내리더라도 아마 부당하지는 않을 것이다. 왜냐하면 내가 눈을 뜨고 있건 잠자고 있건 2에 3을 보태면 언제나 5이고 사각형은 넷 이상의 변을 갖는 일이 없으며, 그리고 이토록 투명한 진리가 [허위라든가 불확실하다든가 하는] 혐의를 받는 일은 있을 수 없기 때문이다."

이성적 사고에서 물리학·천문학·의학조차도 의심스럽다. 물리학은 물질의 운동, 천문학은 우주라는 물질, 의학은 인간의 육체 등 구체적 물질을 전제로 한다. 그러므로 어느 정도 순수한 의미에서 이성적·논리적 요소가 아니라 자연적·감각적 요소가 끼어들 수도 있다. 그렇기 때문에 순수하고 철저한 이성적 사고에도 부족한 점이 있는 것이다.

그래서 데카르트의 결론은 수학으로 향하게 된다. 추리의 확실성과 명증성 때문이었다. 수학은 어떤 상황에서도 변하지 않는 진리의 세계를 보여 준다. 그러므로 모든 학문은 수학과 기하학에 기초해야 한다. 이는 데카르트가 제1원리로 제시한 "나는 생각한다, 그러므로 존재한다."라는 명제의 결론이다. 이로써 '명석함과 판명함'이 가능해진다. 명석은 정신에 나타난 명백한 인식이고, 판명은 명석하면서 또 다른 모든 것과 구별되어 그 속에 명석한 것 말고는 아무것도 들어 있지 않은 인식을 의미한다. 이런 확고한 인식 수단으로만 진리에 도달할 수 있다.

다음으로 사고의 순서를 강조한다. 기하학자들이 가장 곤란한 증명에 항상 사용하는 방법, 즉 가장 단순하고 인식하기 쉬운 것부터 시작해야 한다.

이 방법이 가장 정확한 사고 순서다. 예컨대 수학의 원리에서 시작하는 인식은 연역적 사고 방법을 필요로 한다. 이를 위해서는 의심할 수 없는 최초의 원리를 출발점으로 삼아야 한다. 인식 범위에 들어가는 모든 사물은 같은 방법으로 서로 연결되어 있으며 사물 가운데 어떠한 참되지 않은 것도 참으로서 받아들이지 않고, 아울러 연역하는 데 필요한 순서를 항상 지키기만 한다면 아무리 멀리 떨어진 것에도 결국 다다르게 되고 숨겨져 있는 것도 결국은 발견할 수 있다.

데카르트는 인식에는 두 개의 길이 있는데, 하나는 경험에 의한 길이고 다른 하나는 연역에 따르는 길이라고 한다. 경험에서 나오는 추리는 오류에 빠질 수 있지만 하나의 지적 인식으로부터 다른 하나를 추론해 내는 연역은 합리적 사고로 이루어지기 때문에 잘못될 수 없다. 다만 이러한 고찰에서 나오는 결론을 오해해서는 안 된다. 연구 대상이 대수나 기하학뿐이라는 것이 아니다. 진리에 올바르게 다가가기 위해서는 대수나 기하학적 논증과 대등할 정도의 확실성이 없는 것과 씨름해서는 안 되고, 연역적·수학적 사고 방법을 사용해야 한다는 뜻이다. 이는 이성이 갖는 방법론적 성격을 제시한 것이다.

이 때문에 후대의 철학자 가운데 많은 이들이 데카르트의 이성, 즉 근대 이성을 '도구적 이성'으로 규정하기도 하는데 꽤 적절한 표현이다. 이성에게서 보편 가치와 같은 목적이 사라지고, 방법론적·수단적 차원이 중심이라는 점에서 도구적 이성으로 규정하는 것은 타당하다. 그러한 의미에서 데카르트는 그리스 철학 이후의 이성 개념을 바꿔 놓았다고 볼 수 있다. 요컨대 올바름이나 덕을 인식과 무관하게 객관적인 것으로 전제하는, 객관주의적 이성관을 부정한다. 이는 모래와 진흙 위에 세워진 호화로운 궁전에 불과하다. 요컨대 그는 이성을 불확실한 목적이나 대상에서 구출해 진리에 도달하기 위한 체계화된 방법의 문제로 도구적 이성을 전환하는 일을 자신의 과제로 삼았다.

한편 스피노자는 데카르트와 다른 결론에 도달한다. 감각이나 상상에 따른 사고에 대해서는 비슷한 문제의식을 갖고 있다. 그는 감각에 따른 지각은 '확실하지 않은 경험에서 오는 인식'이라며 한계를 분명하게 한다. 마찬가지로 상상도 감각에 관련된 천박한 지식에 불과하고 단지 유용할 뿐이라고 선을 긋는다.

하지만 데카르트처럼 연역적인 이성을 최종적인 인식 방법으로 여기지는 않는다. 그는 이성이 감각보다 확실히 우월하다고 여긴다. 감각이 개별 지각이라면 이성은 표상과 공통 관념 형성에 따른 인식이다. 감각이 우연의 성격을 지닌다면 '이성의 본성은 사물을 우연적이 아니라 필연적인 것으로 인식'하기 때문에 확실한 정신으로 인도한다. 이성은 연역의 논리로 더 많은 관념을 이끌어 내게 하기 때문에 철학에서 중요한 역할을 한다.

그러나 스피노자는 이성을 공통 관념을 만드는 데 머무를 뿐 모든 존재의 전체 체계에 관한 포괄적 지식을 제공할 수는 없다고 본다. 그러므로 우연적·개별적 지각인 감각, 공통 관념 형성에 한정되는 이성을 넘어서는 인식이 필요하다. 제3의 인식, 즉 직관이 형상 본질을 충분한 인식에서 사물 본질에 대한 인식으로 옮겨 가게 한다. 직관은 공통 관념을 넘어 원리를 직접 인식할 수 있게 한다. 요컨대 직관은 모든 존재의 전 체계에 관한 포괄적 지식을 가능하게 하는 인식 방법이다.

라이프니츠는 이성이 데카르트의 방법론으로 변질되어서는 안 된다고 비판한다. 《형이상학 논고》에서 그는 형이상학적 접근의 복원을 주장한다. "그리고 비록 모든 특수한 자연 현상들이 그들을 이해하는 사람들에 의해 수학적으로나 기계론적으로 설명될 수 있다고 하더라도, 그럼에도 불구하고 점점 더 물체적 자연 및 심지어 기계학의 일반적 원리들은 기하학적이라기보다는 오히려 형이상학적이고, 물체적이거나 연장된 덩어리보다는 현상의 근거로서 오히려 어떤 형상 또는 분할 불가능한 본질에 속하는 것처럼 보인다." 세계의 인식은 수학적 원리보다는 형이상학적 원리에 따라야 가능하다. 형이상학이 신과 맞닿아 있는 이상 인간이 인식으로 도달할 수 있는 진리도 한정적이다.

지식은 인간의 지식과 신의 지식으로 구분된다. 인간은 물질과 분리될 수 없는 존재이기 때문에 유한한 정신 세계에서 벗어날 수 없다. 그러므로 인간은 온전하게 이성적 진리만을 가질 수 없다. 하지만 신이 아는 진리는 모두 이성의 진리다.

라이프니츠는 이성을 사용할 때도 수학적 원리보다 모순율과 충족 이유율에 주목할 것을 강조한다. "우리의 이성 인식은 두 가지 대원칙에 근거한나. 하나는 모순율이다. 이에 따라 우리는 하나의 모순을 포함하는 모든 것은 거짓이라고 판단하고 거짓된 것의 반정립인 것 또는 모순적인 것을 모두 참이라 판단한다. 대원칙의 다른 하나는 충족 이유율이다. 우리는 종종 이러한 근거가 알려져 있을 수 없다고 해도 왜 이것이 이래야 하고 다를 수는 없는지에 대한 충족 이유가 없다면 어떤 사실도 진짜이거나 실재일 수 없고 어떤 명제도 참으로 입증될 수 없다고 간주한다."

여기서 모순율은 모순된 상태에 있는 두 명제가 동시에 참일 수 없음을 의미한다. 두 명제 모두가 거짓이거나 둘 중 하나만 참이다. 'A는 ~A가 아니다' 또는 'A는 B임과 동시에 ~B일 수 없다'라는 규정이 여기에 해당한다. 이성적 인식은 모순율에 부딪치거나 모순되지 않아야 한다는 점에서 진리는 논리적 합리성을 필요로 한다. 한편 충족 이유율은 존재와 변화의 근본 원인을 밝히는 작업만이 진리로 접근할 수 있다는 의미다. 어떠한 사물도 이유 없이는 존재할 수 없으며, 어떠한 명제도 근거 없이는 참이 될 수 없다. 인간은 모순율과 충족 이유율로 사실의 진리를 규명할 수 있다.

Art
합리론 미학과 17세기 바로크·로코코 미술

합리주의 철학이 생각하는 예술

데카르트가 생각하는 예술과 그 영향

데카르트는 독립적 미학을 체계적으로 정립하지는 않았다. 《음악소론》에서 나름대로 미를 정의하려 했으나 체계를 갖춘 미학이라고 보기는 힘들다. 하지만 존재와 인식에 관한 철학적 주장 안에 미학 논의를 가능하게 하는 문제의식이 포함되어 있어서 이후 합리주의적 미학 이론을 형성하는 데 자극을 주었다. 라이프니츠도 마찬가지였다. 독자적 미학을 펼치지는 않았으나 모나드론을 전개하는 과정에서 나타나는, 데카르트 철학과 구별되는 문제의식이 이후 독립적 미학 형성에 영향을 준다.

데카르트는 《정신지도를 위한 규칙》에서 예술과 연관된 문제의식을 밝힌다. "정신 인식 활동에서 이루어지는 과학을, 육체 활동과 성향을 전제로 하는 예술과 비교한다. 예를 들어 그들은 한 사람이 모든 예술을 다 잘할 수는 없다 말하고, 또 과학 분야에서도 마찬가지라고 단정한다. 한 분야에만 몰두하는 사람이야말로 훌륭한 예술가가 될 수 있다면, 과학자도 마찬가지라고 한다. 같은 손이 농사를 짓는 동시에 하프 연주를 한다거나, 그 밖의 여러 활동을 하는 것은 그중 하나에만 매달려 일하는 것만큼 잘할 수 없기 때문인데, 이러한 경향은 모든 과학이나 예술에도 똑같이 적용된다고 생각한다.”

그는 기술과 예술을 ‘기예’로 통합해 개념적으로 같은 부류라고 규정한다. 그리고 기예와 학문을 질적으로 구분되는 분야로 나눈다. 이성에 기초한 학문은 명석함과 판명함이 가능하지만, 물체적 실체나 감각과 깊은 연관성을 갖는 기예는 모호하고 불확실한 영역에 머문다. 학문은 전체 인식에 관여하지만, 기예는 각 기술이나 예술 분야에 부분적으로 연관된다. 요컨대 기술과 예술은 대상의 차이에 따라서 다르게 나타날 뿐이다.

예술과 연관된 정신 활동인 상상은 정념에 속한다. “이러한 상상들의 일부는 영혼의 정념이고 또 그와 같이 불릴 수 있을지라도, 정념이란 말을 더 일반적 의미에서 취한다면 상상은 모두 영혼의 정념이라 불릴 수 있다.” 상상은 감각에서 벗어나지 못한다. “상상은 단지 다양하게 동요되고 뇌 안에서 선행했던 다양한 인상의 흔적을 만나는 정기들이 다른 기공보다 어떤 한 기공에 의해 우연히 흐름을 취하는 것에서 생길 뿐이다.” 그래서 정념의 하나인 미를 생각하는 것은 진리와 연결될 수 없다.

미는 확고한 진리가 아닌 즐거움에 관여한다. 《음악소론》에서 데카르트는 감각적 지각은 즐거움을 느낄 수 있는데, 미도 그중의 하나라고 주장한다. 그런데 그렇다고 모든 감각이 즐거움을 주지는 않는다. 감각 대상과 지각 사이에 적절한 비율이 존재할 때 즐거움을 준다. 감각 대상과 지각이 너무 가까워서 너무 쉽게 지각되어도 곤란하고 반대로 너무 멀어서 감각을 피곤하게 해도 즐거움을 느낄 수 없다. 즐거움은 정념에 속하는 이상 명확하지 않다. 미와 즐거움, 이 둘은 척도를 가지고 있지 않다. 확실한 인식은 오직 수학이나 기하학처럼 엄밀한 이성 영역에서만 가능하다. 감성은 본질상 모호하고 불확실하기 때문에 정확한 기준을 제시하거나 규명할 수 없다.

미를 바라보는 데카르트의 관점은 여러 면에서 미술에 영향을 미친다. 합리적 이성주의는 미술에서 직접적·감각적 반영이나 모방보다는 이상화된 모방을 강조하는 경향으로 나타난다. 즉 개별 사물을 있는 그대로 캔버스에 옮겨 그리는 작업이 아니라, 본질적·보편적 성격을 지니는 이상화된 모방을 실현한다. 이성주의적 경향은 프랑스나 네덜란드만이 아니라 영국의 회화에도 영향을 준다.

18세기 영국을 대표하는 화가이며 왕립 미술관 초대 회장을 지낸 조슈아 레이놀즈(Sir Joshua Reynolds, 1723~1792)는 프랑스 합리주의 전통주의를 지지하는 경향이 강했다. 또한 푸생 등 프랑스 미술가의 작품을 선호했다. 그는 느낌·감정·정서 등이 미적 판단의 기준이 될 수 없다고 생각했다. 이성적인 이상에 기초해야 한다는 점에서 신고전주의 성향을 보였다. 화가는 자연 그대로의 반영이 아니라 철학자처럼 자연을 추상하고 고찰해 보편적 형태를 그려야 했다. 또한 심미안을 감각과 감수성의 문제가 아니라 '예술에서 옳고 그름을 판가름하는 힘'으로 인식했다. 이런 맥락에서 그는 예술에서 이성의 역할을 강조한다. '예술의 미는 대상의 미에 근거하며 보편적이고 지적'인데 미(美)라는 것은 결국 화가의 마음에 머무르는 관념이기 때문에 끝내 전할 수 없게 된다고도 덧붙인다. 이러한 그의 태도는 예술을 통한 계몽이라는 '계몽주의 예술관'으로 이어져 이후 신고전주의 미술에 영향을 미치게 된다.

다음으로 합리적 이성은 기존의 종교적 의식이 중심이던 미술에 새로운 방향을 제시한다. 물론 데카르트는 신의 존재나 종교 자체를 부정하지 않았고, 이론적으로 신의 중요성을 강조했다. 하지만 수학적 명증성을 갖춘 확고한 명제에 기초한 정신 활동을 주장한 그의 철학은 종교적 통념을 광범위하게 회의하도록 자극했다. 이는 미술에도 반영이 되어 종교 의식이 장식적 성격을 벗어나 소재나 내용에서 현실의 인간과 정신에 주목하는 경향을 강화하게 된다. 특히 미를 즐거움과 연결해 미술이 단순한 수단이 아니라 미술 그 자체가 즐거움의 대상이 될 수 있다는 가능성을 보여 준다.

또한 데카르트가 강조한 개인 이성에 기초한 근대적 주체 형성은 미술에서 자아를 탐구하는 하나의 명분이 됐다. 기존 미술도 작품으로 인물의 성격을 재창조하는 면은 있었다. 르네상스만이 아니라 중세 미술에서도 화가 나름의 주관이 반영되면서, 예수나 마리아라고 하더라도 서로 다른 특징을 가진 모습으로 그려졌다. 그런데 데카르트의 철학은 의심하는 주체가 독립적인 '나'라는 점에서 개별 자아에 관한 관심을 갖고 탐구하기를 전면에 내건다. 이는 단순히 화가가 외부 대상을 회화적으로 반영하는 작업만이 아니라 자기 내면의 자아를 표현하려는 욕구를 자극했다.

라이프니츠가 바라보는 예술과 그 영향

라이프니츠의 철학은 미학에서도 데카르트와는 다른 새로운 접근 가능성을 보여 준다. 특히 물질과 영혼의 통합 상태인 모나드를 놓고, 예술을 정신과 분리된 감각 작용으로 이해하면서 독자적 미학의 성립 가능성을 제한하는 데카르트를 넘어설 이론적 토대를 마련한다.

데카르트에게 예술은 감각과 정념 영역에서 즐거움을 줄 뿐 정신의 명석함과 확실성에는 아무런 도움을 줄 수 없으며, 독자적 정신 활동으로서도 의미가 없다. 하지만 라이프니츠의 모나드론은 기본적 실체 안에서 감각과 영혼의 통합을 강조한다. 물론 그 역시 이성이 감각보다 더 확실하다고 여긴다. 하지만 모나드 안에서 영혼과 물질이 분리되지 않는다는 점에서 감각이 정신 활동의 여지를 갖는다. 예술이 감각을 넘어 정신 활동과 연결될 수 있는 가능성을 이론적으로 뒷받침하게 된다.

아무리 단순한 모나드라 하더라도 이미 그 안에 전체성을 포함하고 있다. "통일이나 단순실체 안에서 하나의 다수성을 포함하고 표상하는 경과 상태는 사람이 지각이라고 부르는 것 이외에 다른 것이 아니다. … 데카르트주의자들은 사람이 의식하지 못하는 지각은 아무것도 아니라고 여기는 중대한 실수를 저질렀다. 이 실수는 정신들만이 모나드이고, 짐승들의 영혼이나 다른 완전현실물체들은 없다는 가정을 낳았다." 모나드는 단순성 안에 다수성, 즉 전체성을 이미 가지고 있다. 이 논리대로라면 가장 단순한 것은 복잡한 것과 연결되어 있다. 모나드가 물질과 영혼의 통합체인 이상, 예술 역시 이성과 분리되어 부분에만 머물지 않고 전체성을 지니게 된다. 라이프니츠는 '엔텔레키'라는 개념을 주장하는데, 이는 지각이 혼미해 거의 의식되지 않는 상태로, 가장 낮은 등급의 모나드를 뜻한다. 라이프니츠는 모나드가 앞으로 변하게 될 미래의 지각을 포함하고 있다는 의미에서 모든 모나드를 엔텔레키라고 부르기도 한다.

그러므로 모나드론이 강조하는 것은 현재의 단순한 상태와 이후 완전성을 갖춘 상태 사이의 '과정'이다. 단순한 실체의 지금 상태는 앞선 상태의 자연스러운 결과다. 즉 현재는 미래를 그 안에 품고 있다. 모나드의 속성은 단순성에서 계속 새로운 다양성을 내놓는 데 있다. 모든 실체는 부분적으로 인식될 필요가 없다. 단순한 것도 전체로 나아갈 가능성을 품고 있으니 가볍게 봐서는 안 된다. 그래서 데카르트처럼 '인식 대상'을 기준으로 한 기계적 구분은 오류다. 중요한 것은 대상 자체가 아니라 '인식하는 과정이 어떠한지의 문제'다. 모나드 사이에는 단절이 아닌 연속성의 법칙이 지배한다. 만약 그렇다면 예술의 대상이 단순한 사물이라 하더라도, 그 과정을 거쳐서 완전성에 도달할 수 있는 여지가 이론적으로 얼마든지 있다.

독일의 철학자 알렉산더 고틀리프 바움가르텐(Alexander Gottlieb Baumgarten, 1714~1762)은 라이프니츠의 문제의식을 미학의 관점에서 체계화한다. 모나드가 모든 실체의 기본이기 때문에 우주에는 정도의 차이만 있을 뿐이지 종류의 차이는 없다. 라이프니츠가 강조했듯이 심지어 동물과 인간의 차이도 정도의 차이에 불과하다. 바움가르텐은 모든 모나드는 최하의 것에서 최상에 이르기까지 연속적인 정도의 차이에 따른 서열이 있다는 점에 동의한다. 이를 근거로 예술의 대상이나 예술가의 활동도 높은 차원의 정신 활동과 연속적 과정에서 접점이 생기게 된다. 그래서 예술 영역에서 물질이나 감각과 연관된 감성이 의미 있는 작용을 할 수 있다. 이성으로 환원할 수 없는, 감성 자체의 법칙이 있다는 그의 인식은 독자적 미학의 성립으로 이어진다.

바움가르텐은 《미학》에서 고급 인식 능력으로 논리학의 대상을 인식하며 저급 인식 능력으로는 에스테티카(Aesthetica)의 대상을 인식한다고 말한다. 즉 인식을 이성에 기초한 상급 인식과 감성에 기초한 하급 인식으로 구분해 각각 논리학과 에스테티카를 적용했다. 에스테티카는 '감각에 따른 지각'이라는 의미의 그리스어다. 예술 그리고 미학은 지적 탐구와는 다르지만, 탐구 대상으로서 똑같은 가치를 갖는다. 이는 미학을 철학의 독립된 부분으로 나눈 첫 시도였다.

미학의 목적은 감성적 인식 자체의 완정성, 즉 미(美) 그 자체다. 흔히 바움가르텐을 근대 미학의 개척자로 평가한다. 플라톤처럼 영원성을 갖춘 초감각적 존재로서 미의 본질을 규정했던 고전 미학과는 달리, 그는 감성적 인식과 연관된 미 의식을 중심으로 하면서 근대 미학의 새 장을 열었다.

라이프니츠와 바움가르텐의 예술 인식은 데카르트와는 다른 면에서 당시의 미술에 영향을 주었다. 먼저 미술이 미리 정립된 이념적 목적의 표현 수단이 아닌, '미술 자체의 과정'을 중요하게 생각하는 경향을 강화했다. 과거처럼 보편적 이념이 전제되고 이를 미술로 표현해 도덕적 교훈으로 전달하는 방식이 아니라 예술 자체의 독자적 유용성에 주목하기 시작한다. 즉 미술 외적인 지식 주입이 아니라, 미술 작품에 나타난 조화로운 형식과 내용이 우리를 조화로운 영혼으로 인도한다.

더 직접적으로는 외적인 지식을 중요하게 생각하던 신고전주의 표현 방식에 내한 만말과 감성적 표현의 확대를 자극한다. 합리주의에 기초한 신고전주의 미학 이론에서는 이성의 법칙이 예술을 지배한다. 그런데 바움가르텐의 미학에서 예술 표현은 독자적 의미를 갖는다. 미적 진실은 과학적 진실과 다르고, 미적 방법도 과학적 방법과 다르기 때문에 예술에만 특수하게 적용되는 독자적 표현 방식을 추구하게 한다. 특히, 그 특수성이 감성적 인식과 깊이 연관되면서 현실적으로 감성적 표현의 가능성이 한층 더 커진다.

합리주의적 미 개념 이외의 다양한 영향

17세기에서 18세기 사이의 프랑스와 네덜란드 미술은 데카르트와 라이프니츠 철학에만 영향을 받은 것은 아니다. 다양한 요소가 서로 영향을 주고받으면서 복합적으로 작용했다.

먼저 유럽 미술이 이탈리아에서 프랑스로 중심을 이동하는 데는 절대 군주제의 영향이 컸다. 당시 17세기 프랑스는 많은 인구와 중앙 집권화된 군주제를 갖춘 유럽의 최고 강대국이었다. 특히 절대 군주였던 루이 14세에 이르러서는 베르사유 궁전의 건설과 맞물리면서 궁정 미술을 중심으로 프랑스 미술이 개화기를 맞이하게 된다. 더불어 프랑스 궁정 미술이 절대 왕정 미술의 하나의 전형이 되면서 유럽 곳곳에 영향을 주었다. 건축에서 베르사유 궁전이 모델이었다면, 회화에서는 군주와 왕비 등 왕족을 중심으로 한 초상화 제작이 늘어나게 된다.

다음으로 미술품 구매층의 변화도 중요한 요소로 꼽을 수 있다. 화가는 작품을 그려 생활을 유지해야 하기 때문에 작품 구매층의 취향에 민감할 수밖에 없다. 이 시기에 미술품 구매층이 교회와 왕궁에서 일반 귀족과 시민 계급으로 넓어졌다. 종교 개혁 이후 신교가 확대되면서 교회의 미술품 구매는 줄어들게 된다. 신교는 예수나 마리아의 형상화가 하나의 우상 숭배라고 생각했다. 그 대신 새롭게 부상하는 시민 계급이나 귀족이 미술품의 주요 구매층으로 자리 잡았다.

장 앙투안 바토(Jean Antoine Watteau, 1684~1721)의 〈제르생의 간판〉은 이러한 변화를 상징적으로 보여 준다. 전시관 벽에 각종 회화가 즐비

〈제르생의 간판〉, 1720년

하다. 오른쪽에서는 전시관 관계자가 작품 설명을 하고, 구매자는 작품에 바짝 다가서서 유심히 관찰한다. 왼쪽에서는 막 구매한 작품을 상자에 넣는 중이다. 아직도 과거처럼 주문 제작이 많았지만 점차 화가가 완성한 작품을 감상하고 구매하는 경향이 늘어나게 된다. 이제 회화가 궁정 예술이 아닌 사회적 예술이 되었음을 보여 준다고 할 수 있다. 새로운 구매층이 된 시민 계급이나 이들의 영향을 받은 귀족은 당시 합리주의적 사고방식을 선호했다는 점에서 미술의 변화를 자극한다.

마지막으로 루이 14세가 죽은 후 절대 군주제가 약해지면서 귀족의 영향력이 늘어난 것도 미술에 영향을 미친 중요한 요소로 꼽을 수 있다. 바로크 양식의 거대하고 호방한 취향의 건축이 정치적·물질적 자원 동원이 뛰어난 강력한 절대 군주 아래서 가능했다면, 새롭게 영향력을 넓히던 귀족은 건축보다 실내를 꾸미는 장식과 회화에 주목했다. 이를 바탕으로 화려한 색채와 섬세한 장식, 유희와 쾌락적 요소가 강한 로코코(Rococo) 양식이 등장했다. 당시 급변하는 시대 상황과 미술의 변화를 이끄는 다양한 요소는 그 다양함 때문에 서로 충돌하게 된다.

17세기를 전후로 한 프랑스의 대표적 화가로는 니콜라 푸생, 루이 르냉, 마티외 르냉, 바토, 알렉상드르 프랑수아 데포르트(Alexandre-Francois Desportes, 1661~1743), 프랑수아 부셰, 라투르 (Maurice Quentin de La Tour, 1704~1788) 등이 있다. 당시 네덜란드를 대표하는 화가로는 할스, 렘브란트 하르먼스 판레인(Rembrandt Harmensz van Rijn, 1606~1669), 얀 페르메이르(Jan Vermeer, 1632~1675), 메인더르트 호베마(Meindert Hobbema, 1638~1709) 등이 있다.

감각적 바로크에서 고전적·합리적 바로크로

감각적 대비에서 이성적 구성으로

이탈리아 중심의 16세기 감각적 바로크는 프랑스에서 고전적·합리적 성격이 강화된 바로크로 변화한다. 이탈리아의 바로크는 종교 개혁에 대응하는 가톨릭 개혁의 이상을 회화로 표현하는 성격이 강했다. 이 과정에서 초기 바로크는 가톨릭이 지향하는 종교적 교훈을 영웅적 자세와 격렬하고 화려한 감각주의로 묘사했다. 이탈리아의 바로크는 더욱 과격해진 운동감과 극적 연출 효과를 추구했다. 빛과 어둠의 극적 대비, 질감의 풍부한 대비로 감각적이고 생생한 현실성을 부여했다. 현란한 기교와 감각적 역동성 그리고 교훈적 장면 연출로 성자와 기적에 대한 경외감을 불러일으키고 실추된 가톨릭교회의 자신감을 높이려는 목적에 충실했다.

17세기 프랑스 미술에서는 역동적인 바로크 양식의 특성을 유지하면서도 주제와 형식에서 이성적 요소를 강조했다. 이러한 변화의 과도기를 상징하는 화가가 프랑스 근대 회화의 시조로 불리는 푸생이다. 푸생의 〈사비니 여인들의 납치〉를 보면 과도기의 특징이 잘 나타나 있다. 이 작품은 대규모 약탈이 벌어지는 장면을 담았다. 초기 로마에서는 국가를 키우기 위해 사비니 여성들을 강제로 납치했다고 한다. 그림을 언뜻 보기에도 바로크 회화의 과장된 몸짓이 두드러진다. 왼편에서 로마 군인에게 끌려가는 여인이 몸을 뒤틀면서 저항하는 모습이나, 오른편에서 사비니인을 칼로 위협하는 로마 병사의 동작은 영락없는 바로크 회화의 표현 방식이다.

하지만 면밀하게 관찰하면 주제와 표현 방식에서 차이가 뚜렷함을 알 수 있다. 먼저 이탈리아 바로크 회화와는 달리 성경 속 이야기가 아닌 그리스·로마 이야기가 주제라는 점에 주목할 필요가 있다. 앞서 설명했듯이 서양 문화 전통에서 그리스·로마는 '이성'을 상징한다. 푸생은 그리스·로마 신화나 고대 사건을 소재로 그림을 그렸다. 그는 스토아 철학을 비롯해 그리스·로마 고전에 정통했다. 게다가 그리스 철학이 강조한 조화와 절제가 푸생이 그리는 회화의 근본이기도 했다. 프랑스 합리주의적 이성관을 곧바로 반영하는 것은 아니지만, 그의 작품은 미술의 주제를 종교적 의식에서 이성 방향으로 돌려놓는 데 결정적 역할을 했다.

〈사비니 여인들의 납치〉, 1633년~1634년경

　　표현 방식에서도 중요한 변화가 나타났다. 등장인물의 동작이 과거의 감각적 요소를 여전히 갖고 있지만 몇 가지 점에서 기존의 감각적 대비에서 이성적 구성으로 나아가고 있다. 이탈리아 바로크가 보여 주는 강렬한 빛과 어둠의 대비, 선명한 색채의 대비처럼 감각적 표현을 절제한다. 인물의 입체성을 살리기 위한 명암 정도만 사용할 뿐이다. 그림 전체에서 자극적 대비 효과를 찾기 어렵다. 반대로 좌우 대칭이라든지 사물 형태 등 이지적 요소를 강화한다. 인물 묘사는 마치 그리스 조각의 정형화된 부동성을 보여 주는 듯해서 르네상스 고전주의에 가까운 느낌을 주기도 한다. 요컨대 고전주의 예술의 명료성·단순성·간결성으로 합리주의 이성관을 매개한다. 당시 시민 계급이 푸생을 선호한 것도 그가 작품에 구현한 합리성이 크게 작용했다. 이런 푸생의 과도기 성격을 넘어 미술에 합리성을 더욱 강화한 화가가 바로 르 냉 형제다.

신과 신화에서 정신적으로 훌륭한 인물의 창조로

푸생이 아직 바로크의 과장된 동작을 구사하고 기독교적 틀에서 약간의 거리를 두었을 뿐 현실에서 벗어난 그리스·로마 신화에서 작품의 소재를 찾았다면, 르 냉 형제는 새로운 전환점을 마련하면서 푸생에게 남아 있던 감각적 바로크의 흔적을 말끔히 걷어 낸다.

〈농부 가족〉을 보면 인간을 규제하는 어떤 신비스러운 힘도 찾아볼 수 없다. 이 작품은 할머니에서 손자에 이르기까지 삼대에 걸친 농부 가족의 일상 모습을 담담하게 그렸다. 어떤 종교적 의식성도 드러나지 않는다. 이전의 화가들도 가끔 농민을 화폭에 담았다. 하지만 대부분은 풍속화로만 다뤘기 때문에 진지함이나 경건함을 찾기는 어려웠다. 〈농부 가족〉은 소박한 농부의 모습이지만 그림을 마주하는 순간 그들이 정신적으로 훌륭한 인물이라는 느낌을 받게 된다. 풍속화에 등장하는 우스꽝스럽거나 시끌벅적한 분위기도 아닐 뿐더러 하층민인데도 존엄성을 지닌 존재처럼 묵직하게 다가온다.

표현 형식의 뚜렷한 변화도 보인다. 무엇보다도 과장된 동작이나 표정이 사라졌다. 현실에서는 불가능해 보이는 뒤틀린 몸짓은 역동성으로 감동을 줄 수는 있지만 사실 합리성과는 꽤 거리가 있어서, 감상자는 그림에서 이질감을 느낄 수밖에 없었다. 그런데 르 냉 형제를 비롯해 17세기 프랑스 화가의 작품에는 형식적 과장이 사라진다. 동작만이 아니라 빛과 어둠이나 색

〈농부 가족〉, 1642년

채의 극적 대비를 절제하고 현실에서 흔히 볼 수 있는 차분한 장면을 표현해 감상자가 화면 안에 함께 있는 듯한 공감을 불러일으킨다. 소재와 표현에서 사실주의 경향이 뚜렷해지게 된다.

당시 네덜란드 화가의 작품에서도 합리성을 지닌 사실주의적 설정과 표현의 변화를 쉽게 찾을 수 있다. 페르메이르의 〈우유 따르는 여인〉을 봐도 그러하다. 하녀로 보이는 한 여성이 항아리 속 우유를 그릇에 따른다. 창문으로 들어오는 햇볕이 여인과 방 안의 사물을 따뜻하게 감싼다. 그릇을 바라보는 여인의 시선도 그렇지만, 특히 항아리에서 그릇으로 떨어지는 우유를 살짝 표현해 현실의 순간을 스냅사진처럼 사실적으로 담아낸 느낌이 훌륭하다. 이 작품은 네덜란드 장르화에서 많이 다루던 부엌 그림 유형에 속한다.

〈우유 따르는 여인〉,
658~1660년경

이 그림에서도 앞서 살핀 작품처럼 인위적으로 가공된 어떠한 과장도 보이지 않는다. 사실적 표현이 보여 주는 생동감 때문에 감상자가 숨을 죽이고 그림에 집중하게 된다. 무엇보다도 현실에서 있을 법한 화면 설정이 공감을 불러일으켜 감상자와 그림 사이의 거리를 좁혀 준다. 부엌에서 일하는 사람의 일상적인 모습이지만 왠지 모를 경건함이 느껴지기까지 한다.

개인적 자아를 묘사하다

데카르트 철학의 출발인 '생각하는 나'는 외부에서 독립된 개인적 자아의 선언이기도 했다. 이는 미술에도 영향을 주어 화가의 자화상이 회화의 한 갈래로 자리 잡게 된다. 가장 대표적인 작품이 바로 렘브란트의 자화상이다.

〈웃는 렘브란트〉, 1628년   〈제욱시스로 분장한 렘브란트〉, 1668년

물론 이전의 화가들도 자화상을 그리기는 했다. 하지만 두 가지 점에서 렘브란트의 자화상은 17세기 자화상과 달랐다. 먼저 거울에 비친 모습을 담듯이 자기 모습을 그림으로 담았던 과거와 달리 렘브란트의 자화상은 외모만이 아니라 내면에 대한 탐구로 파고들었다. 또한 과거의 자화상이 일회적·우발적 성격이 강했다면, 렘브란트는 지속적으로 내면의 변화를 추적한다. 그가 그린 자화상만 약 100여 점에 이를 정도다.

렘브란트의 〈웃는 렘브란트〉와 〈제욱시스로 분장한 렘브란트〉를 비교해 보면 왜 내면으로 파고드는 탐구라고 표현하는지 이해가 갈 것이다. 두 자화상 모두 웃는 모습인데 느낌은 전혀 다르다. 〈웃는 렘브란트〉는 20대 초반인 렘브란트의 모습으로 추정된다. 아마도 인기 있는 성공한 화가의 삶을 시작하던 시절이었던 것 같다. 자신감에 가득 찬 도전적 모습이고 눈빛도 초롱초롱하다. 활짝 웃는 얼굴이 활기찬 인생을 즐기는 듯하다. 이후 장년기의 자화상은 완숙한 장인의 기품을 풍긴다. 성공한 화가의 거만함이 느껴질 정도로 꼿꼿한 이미지다. 아무도 넘볼 수 없는 자신의 위상을 자화상으로 확인하게 하려는 듯하다.

하지만 노년기의 〈제욱시스로 분장한 렘브란트〉는 비애로 가득한 외로운 노년의 모습을 가감 없이 전달한다. 얼굴에는 주름이 선명하고 눈은 총기를 잃었다. 눈가의 어두운 그늘은 고통스럽게 인생의 황혼기를 보내는 화가의 삶을 투영한 것 같다. 구부정한 허리는 이즈음 렘브란트가 쉽게 움직이지 못했음을 짐작하게 한다. 어디 한 군데서도 청년기 자화상에서 보이는 자신감의 흔적을 찾을 수 없다. 실제로 렘브란트의 말년은 비참했다. 엄청난 빚더미에 시달리다가 가난한 장인들이 거주하는 곳에서 작은 집을 얻어 살았다. 아내와 아들이 유럽을 휩쓴 흑사병으로 죽음을 맞이한 이후에는 심한 우울증도 앓았다고 한다.

생동하는 일상의 인물 창조와 감성적 표현의 확대

네덜란드 회화에서는 페르메이르처럼 일상의 경건함이 묻어나는 작품만이 아니라 할스의 〈집시 여인〉이나 〈롬멜폿 연주자〉에서 보이는 쾌활함도 나타난다. 그림 속의 상황이 주는 쾌활함만이 아니라, 인물 표정에 묻어나는 감정으로 경쾌한 분위기를 전달한다. 〈집시 여인〉은 때 묻지 않은 집시의 자유로운 영혼을 마주하는 느낌이다. 자유분방한 옷차림도 그렇지만 무엇보다도 가식을 찾아볼 수 없는 풋풋한 미소가 집시의 자유로운 삶을 전

〈집시 여인〉, 1625년~1630년　　〈롬멜폿 연주자〉, 1618년~1622년

한다. 〈롬멜폿 연주자〉도 악기를 연주하는 사람과 그를 둘러싼 아이들의 표정으로 흥겨운 현장의 분위기를 생생하게 느끼게 한다.

앞서 르네상스 미술에서 보았던 한 소년이 장난기 가득한 얼굴로 웃으며 우리를 바라보았던 카로토(Giovan Francesco Caroto, 1480~1555)의 그림의 감흥이 부활하고 있다. 그의 작품 〈소년〉은 이성이 종교라는 두꺼운 외투를 벗어던지고 고대 그리스 철학 이후 부정적으로 여겨지던 감성이 터져 나온 '르네상스의 정신'을 상징하는 그림이었다. 소년의 익살스러운 표정 속에는 자연인의 자유로운 감성이 고스란히 담겨 있었다. 하지만 곧이어 닥친 종교 개혁과 가톨릭 개혁의 와중에 감성의 표현은 다시 자취를 감췄다. 그리고 그 후 네덜란드 회화로 다시 살아난 것이다.

프랑스에서는 경건한 분위기를 풍기는 르 냉 형제의 자연주의 경향에서 시작해 네덜란드 회화의 영향을 받은 장 바티스트 시메옹 샤르댕(Jean Baptiste Siméon Chardin, 1699~1779)에 이르러 일상의 쾌활함을 발랄하게 표현한다. 할스만큼 표정에 감정을 적극적으로 드러내지는 않았지만, 사소해 보이는 삶의 한 장면을 순간적으로 포착해서 캔버스에 담는다.

그의 작품 〈비누 거품〉은 한가롭게 유희를 즐기는 모습이다. 오른쪽에 호기심 가득한 눈길로 바라보는 아이의 표정이 재미있다. 또 다른 작품인 〈어린 가정교사〉는 화가 가정의 일상을 보여 준다. 실제로 그의 아내가 일찍 죽은 후 오랫동안 가정부를 겸한 가정교사를 두고 아이를 맡겼는데, 집안에서 가정교사가 아이와 함께 있는 장면을 보고 그림으로 담은 것 같다. 샤르댕 자신이 속한 파리 중산층의 삶, 교양 있는 중간층 시민 계급의 정신과 생활을 담담하고 친근하게 보여 주고 싶었던 듯하다.

17세기 프랑스 회화에 푸생이나 르 냉 형제처럼 진지함만이 있었던 것은 아니다. 밝고 자유로운 분위기를 경쾌하게 풀어 낸 작품이 17세기 후반을 넘으면서 쏟아져 나온다. 다만 네덜란드의 할스가 서민의 일상에서 나타나는 쾌활함을 담았다면, 프랑스에서는 로코코 양식을 매개로 주로 상층 시민 계급과 귀족의 취향으로 나타난다. 로코코 미술은 따로 뒤에서 다루려 한다.

프랑스와 네덜란드에서 서로 다른 두 경향, 즉 경건함과 자유분방함이 동시에 나타난 원인은 시대의 상황과 세계관이 당시 미술에 반영되었기 때문이다. 17세기 프랑스와 네덜란드는 칼뱅주의의 청교도적인 엄격한 사고와 세속적이고 자유분방한 시민 계급의 풍습이 이중적인 시대 상황과 정신을 만들어 냈다. 또한 철학적으로는 데카르트의 합리주의가 풍기는 확고한

〈비누 거품〉, 1733년~1734년경

〈어린 가정교사〉, 18세기

이성과 라이프니츠에 근거한 감성 표현의 새로운 가능성이 공존하게 된다. 이는 사회와 미술 영역에 경건함과 쾌활함이 함께 마련되는 계기가 되었다.

상대적으로 비교하자면 프랑스에 비해 네덜란드 회화가 더욱 자유분방한 분위기를 풍긴다. 네덜란드 인물화와 풍경화에서는 기존의 틀을 벗어난 과감한 시도가 나타난다. 그림의 소재나 인물로 드러나는 표정만이 아니라 표현 형식도 더욱 혁신적이다. 할스의 그림을 보면 정교한 묘사에서 벗어나 있는데도 매우 뛰어난 사실주의를 보여 준다.

앞서 살펴본 〈집시 여인〉은 단순한 색을 이용해 여인의 헝클어진 머리카락과 구겨진 옷을 표현했다. 〈롬멜폿 연주자〉도 자세히 보면 사람의 얼굴을 몇몇 면으로 나눈 후 간단한 붓질로 특징을 잡아냈다. 이렇게 간단한 작업임에도 르 냉 형제나 이탈리아 바로크 화가 이상으로 상황을 사실적으로 표현했다. 이는 네덜란드 회화의 자연주의적 경향을 잘 보여 준다. 실제 인물의 감정과 눈으로 직접 마주하는 자연의 특징을 순간적으로 잡아내어 회화적으로 실현했다. 이러한 17세기 네덜란드 회화의 자연주의 경향은 이후 근대 인상파에 적지 않은 자극을 준다.

자연을 향한 관심과 이상적 모방

미술이 종교적·역사적 의식화 대신 인간 중심의 현실을 담으면서, 삶의 공간인 자연을 향한 관심도 늘었다. 17세기 이전 유럽 회화에서 자연은 거의 배제되거나 매우 부분적으로만 다루어졌다. 중세 회화에서는 아예 생략되거나 등장하더라도 성경 이야기를 풀어나가기 위한 배경 이상의 의미는 없었다. 르네상스 회화에서는 중세보다 사정이 나아졌지만, 근본적으로 한계가 있었다. 그들이 주목했던 것은 주로 인간의 신체지 자연은 아니었다. 원근감은 주로 투시 화법을 이용해 표현했는데, 극히 제한적으로 활용되었다. 예외로 뒤에 살펴볼 알브레히트 뒤러(Albrecht Dürer, 1471~1528)의 〈커다란 잔디〉 정도가 있을 뿐이었다. 종교 개혁기에 이르러 자연 묘사는 다시 후퇴의 길을 걸었다. 메시지 전달이 다시 중요해지면서 산을 그리더라도 마치 둥그런 무덤 같은 우스꽝스러운 모습으로 표현할 뿐이었다.

17세기 프랑스와 네덜란드 회화의 뚜렷한 특징 중의 하나는 자연이 독자적 의미를 지니는 표현 대상으로 중시된다는 점이다. 예를 들어 17세기 프랑스 로코코 미술을 대표하는 바토의 그림은 자연 속에서 일어나는 인간사를 다룬다. 야외 연회를 다룬 수많은 작품을 그렸는데, 대부분 울창한 숲이 화면을 가득 채우고 오히려 그 안에 있는 인간을 작게 그렸다.

〈키테라섬으로의 순례〉, 1717년

　〈키테라섬으로의 순례〉는 바토의 작품 중 하나로 화사한 옷차림을 한 여러 쌍의 남녀가 사랑을 찾아 키테라섬으로 향하는 장면을 담았다. 키테라섬은 그리스 반도 남쪽에 있는 자그마한 섬으로 고대에는 미의 신 아프로디테 숭배의 중심지였다. 키테라섬은 사랑이 이루어지는 곳이었고, 연인을 구하는 사람들이 짝을 찾을 수 있는 곳이었다.

　그런데 여기서 우리의 눈길을 끄는 것은 화려한 복장의 사람보다 울창한 가지를 자랑하는 나무와 겹겹이 이어지는 산, 멀리 펼쳐진 하늘의 정경이다. 바토의 그림에서 이제 자연은 보조 수단이 아니다. 인간과 함께 어우러진 지극히 현실적인 공간이다. 아직 실제 자연을 직접 관찰하며 그린 것은 아니다. 다분히 이성적으로 이상화된 자연을 구상하고 이를 그림에 담았다는 점에서

이상적 모방에 해당한다. 비록 이상적 모방이지만 자연이 현실 공간으로 지위를 차지하게 되었다는 점은 서양 미술사에서 큰 변화라고 볼 수 있다.

더 본격적인 변화는 이미 네덜란드 미술에서 나타나고 있었다. 메인더르트 호베마는 아예 풍경화를 중심으로 작품 활동을 했다. 자신이 사는 시골 마을의 농가와 길 등 햇빛이 비치는 밝은 자연의 모습을 주로 그렸다. 그는 서양 미술에서 풍경화가 독자적 장르로 다루어지는 데 분기점 역할을 한 화가이기도 하다. 대표작인 〈미델하르니스의 가로수길〉도 네덜란드의 평범한 시골 풍경을 담았다. 길게 뻗은 가로수 길을 배경으로 한적한 전원의 풍경이 펼쳐진다. 실제 마을을 직접 관찰해 그렸다고 하는데, 이런 점에서 근대 풍경화의 장을 열었다고 볼 수 있다. 하지만 인상파 화가들처럼 직접 자연의

〈사냥〉, 1714년

빛 아래에서 그림을 완성한 것은 아니다. 스케치로 형태를 잡고 머릿속의 인상을 결합해 완성하는 방식이었다. 하지만 상상 속의 이상화된 모방을 넘어서 직접 관찰한 실제 자연을 담았다는 점에서 큰 진전이었고, 이후 영국에서 본격화되는 풍경화 발전에도 큰 영향을 주었다.

　먼 거리의 풍경만이 아니라 세부 묘사도 점점 정교해진다. 알렉상드르 프랑수아 데포르트의 〈사냥〉은 가까운 거리의 나뭇잎과 풀, 동물을 정밀하게 보여 준다. 로코코 미술의 한 경향으로, 귀족에게 최고 여가 생활이었던 사냥 장면을 묘사했다. 손에 잡힐 듯이 우리 눈앞에 있는 나무와 새, 사냥개가 작품의 중심이다. 뒤편에 구불구불한 길 위에 마차 바퀴 자국까지 잊지 않았다. 이 길을 따라서 이어지는 원경은 부분적으로 원근감을 주는 장치다. 조금 더 자세히 살펴보면 얼마나 꼼꼼하고 사실적으로 그렸는지 알 수 있다. 깃털에 나타나는 미세한 색의 변화와 윤기까지 느껴질 정도다. 또한 뒤편의 나뭇잎은 잎맥과 이를 경계로 한 올록볼록한 느낌이 생생하다. 풀 속의 꽃도 식물도감용으로 써도 문제가 없을 정도로 꽃잎과 작은 이파리까지 정성을 다해 묘사했다.

로코코 양식, 고전적·합리적 바로크에 반발하다

17세기 프랑스와 네덜란드 미술의 대표적 흐름이었던 고전적·합리적 바로크 경향은 17세기 후반을 넘어서면서 로코코 양식이라는 새로운 반발에 부딪힌다. 그렇다고 해서 17세기 미술의 모든 성취를 부정하지는 않았다. 종교 의식화 성격을 벗어던지고 현세의 삶을 그린 작품이라는 큰 방향, 과장된 동작을 절제하고 현실 가능한 화면을 구성하고 자연에 많은 관심을 갖게 된 것 등은 큰 틀에서 유지되었다. 다만 17세기 프랑스 미술에서 정신적으로 훌륭한 인물의 창조가 캔버스에 진지한 분위기로 나타나고, 네덜란드 미술에서 중층 시민 계급의 경쾌한 삶이 실현되었다면, 프랑스 로코코 양식에서는 상층 시민 계급과 귀족 중심의 쾌락적·관능적 분위기가 특징적으로 나타난다.

17세기 프랑스는 절대 왕권의 시대였다. 그러나 후반기부터는 점차 귀족과 시민 계급의 영향력이 강해졌다. 미술 양식도 이들의 취향과 필요를 반영하는 방향으로 변했다. 권위적인 절대 왕정에서 벗어난 신흥 귀족이나 새롭게 부상하는 상층 시민 계급의 취향은 미술 양식에서 한편으로는 향락적이고 다른 한편으로는 섬세한 분위기를 강화하는 방향으로 작용했다. 왕궁과 같은 대규모 건축보다는 귀족과 시민 계급의 집 내부를 꾸밀 수 있는 화려하면서도 아기자기한 작품을 점점 선호하게 된다. 로코코 미술을 대표하는 화가로는 바토, 장 오노레 프라고나르(Jean Honoré Fragonard, 1732~1806), 라투르, 부세 등이 있다.

왕족과 귀족의 화려한 생활

라투르는 초상화 분야에서 두드러지게 활동했다. 특히 그는 궁정의 초상화를 즐겨 그렸다. 〈퐁파두르 부인〉도 그의 작품 중 하나다. 루이 15세의 정부였던 퐁파두르 부인을 그렸는데, 한눈에 보기에도 화려한 옷차림을 표현하는 데 중점을 두었음을 알 수 있다. 인물보다도 치렁치렁하게 걸치고 있는 드레스의 화려함이 시선을 압도한다. 가슴이나 팔의 레이스 장식만이 아니라 옷감 전체를 수놓고 있는 꽃문양에 이르기까지 어디 한 군데 놓치지 않고 세심하게 묘사했다. 회화적인 효과를 희생하더라도 옷이나 가구 등의 화려한 모습을 가능한 한 있는 그대로 정확하게 묘사했다.

부세의 〈몸단장〉은 에로틱한 분위기를 풍긴다. 귀족 부인이 하녀의 도움을 받으며 몸단장을 하고 있다. 스타킹 끈을 조이는데 살짝 허벅지가 드러난다. 그 뒤에는 당시 유행하던 동양식 병풍이 세워져 있다. 몸단장에 정신이 팔려 탁자 위나 바닥에 어질러진 물건에는 딱히 관심이 없는 듯하다. 부세는 요염한 여인의 자태를 실어서 귀족이나 상층 시민 계급의 풍속을 표현

〈퐁파두르 부인〉, 1749년~1755년   〈몸단장〉, 1742년

하는 그림을 즐겨 그렸다. 워낙 감미롭고 화려한 그림에 능해서 앞서 살핀 라투르의 그림에 등장하는 퐁파두르 부인의 총애를 받기도 했다고 한다.

자연이 배경인 상류층 연회

로코코 미술에서 빠질 수 없는 소재가 '페트 갈랑트(fête galante)', 즉 우아한 연회다. 로코코 미술은 귀족이나 상층 시민 계급 남녀가 야외에서 음악을 즐기거나 춤을 추고 사랑을 나누는 모습을 밝은 색조에 실어 그렸다. 이 분야에서 가장 명성을 떨친 화가는 바토였다. 〈공원의 연회〉에서 여러 무리의 귀족이 공원의 숲속에서 여가를 즐기고 있다. 당시 유행하는 복장을 입은 남녀가 풀밭에서 대화를 나누며 한가한 시간을 보내고 있다. 배경인 나무나 주변 풍경이 꽤 사실적이다. 루이 14세가 죽고 왕권이 약화되면서 귀족들이 엄격한 예절과 형식에서 벗어나 자유롭게 연회를 즐기던 풍속은 그림 주제로 자주 다뤄지게 된다.

여성의 신체로 쾌락적 성을 표현하다

당시 신흥 시민 계급과 자유주의적 귀족이 가장 선호하던 작품은 바로 여성의 나체를 에로틱하게 표현하는 그림이었다. 야외 연회만큼이나 여성의 나체는 로코코 회화에서 가장 중요한 주제이기도 했다. 이 분야에서 부세는 〈쉬고 있는 소녀〉, 앞서 살핀 〈레다와 백조〉 등에서 보이는 탁월한 표현 능력으로 환영을 받았다.

〈공원의 연회〉, 1716년~1717년

<쉬고 있는 소녀>, 1752년

　〈쉬고 있는 소녀〉를 보면 풍만한 육체를 드러낸 소녀가 소파에 엎드려 있다. 허리에서 엉덩이를 거쳐 다리로 이어지는 여체의 곡선이 그대로 드러난다. 한쪽 다리를 소파 아래로 내려뜨려 살짝 벌린 자세를 취한 것도 화가가 의도적으로 성적인 분위기를 불어넣으려는 장치인 듯하다. 소파 팔걸이에 팔을 기댄 모습과 눈길로 봐서는 그 앞에 남성이 있으리라 예상된다. 다른 여러 그림에서도 비슷한 자세를 취하고 있는 여성이 자주 등장하는 것으로 미루어 보아 당시 구매자들이 가장 좋아하던 장면이었던 것 같다. 여성의 벗은 몸으로 에로틱한 분위기를 표현하는 그림이 얼마나 성행했는지 이런 그림을 일컬어 '가슴과 궁둥이의 그림'이라고 표현할 정도였다고 한다.

Philosophy
합리론의 윤리 철학

기존 도덕에 대한 평가와 정념의 치유

인식론에서 살펴보았듯이 데카르트는 윤리적 가치 판단도 의심의 대상
으로 꼽았다. 그러나 윤리적 가치 판단 자체를 부정했다고 이해해서는 안 된
다. 그가 강조한 것은 '사고의 올바른 순서'라는 점이다. 윤리적 가치 판단을
사고 순서의 앞에 두어서는 안 된다는 것이다. 만약 운 좋게 목적이나 가치
판단이 진리와 일치하면 상관이 없겠지만, 가치 판단이 진리에 기초하지 않
으면 오히려 인간과 사회에 해악을 끼치기 때문이다.

데카르트는 《방법서설》에서 진리에 기초하지 않은 목적이나 가치 판단
의 예시로 그리스 철학을 든다. "나는 특히 수학을 좋아했다. 그 추리(推理)
의 확실성과 명증성(明證性) 때문이었다. 하지만 그때 나는 아직 그 참된 용
도를 깨닫고 있지는 못했다. 그리고 그것이 기계적 기술에만 쓰이고 있음을
생각하고는, 기초가 그토록 튼튼하고 움직이지 않는 것인데도 여태까지 아
무도 그 위에 더 높은 건물을 세우지 않은 것을 이상하게 여겼다. 나는 수학
과는 반대로 도덕을 다루는 고대 이교도(스토아 철학자)들의 저서는 모래와

진흙 위에 세워진 데 지나지 않는 매우 호화롭고 장려한 궁전으로 보았다. 그들은 덕을 크게 찬미하여 이 세상 모든 것보다 거룩한 것으로 여기게 한다. 그러나 그들은 어떻게 덕을 인식해야 하는가를 충분히 가르쳐 주지 않았다. 그리고 많은 경우에 그들이 덕이라는 훌륭한 이름으로 부르는 것은 냉혹이나 오만 또는 친족 살해에 지나지 않는 것이었다."

데카르트가 보기에 고대 그리스 사회나 서양의 중세 사회는 보편적 목적이 우리 인식과 독립해 존재한다고 여기는 객관주의적 이성이 지배했다. 그리고 과학적으로 진리성을 검증받지 못한 목적이나 가치가 인간과 사회를 지배해 많은 문제를 불러일으켰다. 그들이 강조한 덕이나 정의 같은 가치들은 자신이 속한 계층이나 집단을 이해할 때 오만으로 가득한 확신과 만족으로 나타났다. 또 다른 한편으로는 다른 계층이나 집단을 냉혹하게 박해하는 것으로 이어지기도 했다. 그러므로 인류가 다시 오류를 반복하지 않기 위해서는 불확실한 지식이나 막연한 확신에서 벗어나는 데서 이성의 활로를 찾아야만 한다.

인간이 선에서 멀어지고 덕을 실현하지 못하는 가장 중요한 이유는 우리의 마음이 정념에 지배당하기 때문이다. 그런데 마음이 정념을 완전히 지배할 수는 없다. "이처럼 영혼은 사소한 정념은 쉽게 극복할 수 있지만 가장 격렬하고 강한 정념은 피와 정기와 동요가 수그러든 후가 아니면 쉽게 극복할 수 없다." 강한 정념이라면 감각의 대상이 감각 기관에 작용하고 있는 동안 멈추지 않는다. 하지만 그렇다고 해서 마음과 행위를 정념에 모두 맡기자는 의미는 아니다. 정념에서 완전히 벗어날 수는 없지만 '악용이나 지나치는 것'은 피해야 한다.

예를 들어 사랑이라는 정념만 보더라도 모두 나쁜 것은 아니다. 사랑은 두 가지인데, 대상을 위해 '선한 것을 원하는 호의의 사랑'과 '사랑하는 것을 갖고 싶어 하는 욕망의 사랑'이 그것이다. 우리는 사랑이라는 정념이 욕망으로 지나치게 치우치지 않도록 노력해야 한다. 욕망의 사랑에 몸을 맡길 때 유혹이 우리를 지배하고 정념은 화를 부른다.

페르메이르의 〈뚜쟁이〉에 나타나는 광경은 정념이 과도해지고 악용된 결과다. 이 작품은 당시 유럽에서 성행하던 매춘 장면을 그렸다. 사내와 여인은 술잔을 들고 있는데, 여인은 취기가 도는지 얼굴이 발그레하다. 붉은 옷을 입은 남성이 여인에게 동전을 건네며 매춘 알선을 부탁한다. 벌써 욕망이 들끓는지 다른 한 손으로는 뚜쟁이 여인의 가슴을 더듬으면서 기대감에 한껏 부푼 표정을 숨기지 않는다. 중간에 있는 악사가 음흉한 눈빛으로 이 광경을 지켜본다.

데카르트가 보기에 정념에 가장 좋은 치료법은 '덕의 수양'이다. 하지만 여기에서 덕은 기존의 도덕률처럼 사회적 관습과 통념에서 오는 덕을 의미하지는 않는다. 이성을 토대로 한 엄밀한 판단이 전제돼야 한다. 정념의 본질을 정확히 이해하고, 이성에 기초해 마음 안에 만족할 만한 것을 지니고 있다면 외부에서 오는 유혹도 뿌리칠 수 있다. 이성에 따른 덕의 수양은 정념을 조율하고 처리하는 방법을 가르쳐 주기 때문에 유용하다. 그 결과 정념의 해악도 견디기 쉽고, 오히려 거기서 기쁨을 끌어낼 수도 있다.

스피노자도 선과 악의 인식은 기쁨이나 슬픔과 다르지 않다고 주장해 데카르트와 비슷한 문제의식을 제시한다. 기존의 선과 악에 대한 인식은 공동체의 경험이나 관습에서 오는 감각적 사고에 해당하기 때문에 일상적 감정

표출을 바탕에 두고 있다. 그만큼
판단과 행위의 기준이 되기에는
부족함이 많다. 그러므로 이성으
로 진리를 규명하기 전에 이미 정
해진 목적이나 절대적 선이 있으
니 이에 따르자는 주장은 나침반
도 없이 먼 바다로 항해를 떠나는
것처럼 위험하다.

여기에 더해 스피노자는 데카
르트와 비교해 욕망과 정념 자체

〈뚜쟁이〉, 1656년

를 더 적극적으로 인정한다. 그는 욕망을 인간의 본질이라고 보았다. 인간의
모든 정념은 자기 보존이라는 충동과 관련되어 있기 때문에 완전히 벗어날
수는 없다. 문제는 어떤 욕망인지, 또한 부정한 욕망일 때 얼마나 과도한지
다. 용기나 관용도 하나의 욕망이다. 그런데 위기 상황을 맞이하게 되면 침
착함이라는 용기와 겸손·자애 등의 관용 상태를 벗어나게 되고 부정적인 욕
망이 자라난다. 스피노자가 제안하는 실천적 결론도 '이성으로 욕망을 조절
하는 것'이다. 욕망이 과도해지지 않도록 조절할 수 있는 힘은 이성에서 온
다. 이성에 따라 생활하는 인간보다 더 유익한 존재는 자연 안에 없다. 이성
의 지도를 받아서 생활할 때 본성의 법칙에 따라서 행동하며, 이를 통해 다
른 사람의 본성과 일치할 수 있다.

존재 그리고 인식의 문제와 마찬가지로 라이프니츠는 《형이상학 논고》
에서 데카르트와 스피노자의 입장에 반발한다. "마치 신이 행동할 때 어떠한

목적과 선도 설정하지 않는 듯이 또는 마치 선이 그의 의지의 대상이 아니기라도 한 것처럼 목적인을 전적으로 제거하는 데에 이르게 되는 견해들과 그들을 결합시킬 때, 이들 견해의 결과들이 나에게는 위험해 보인다는 사실을 인정하지 않을 수 없다." 그가 봤을 때 이 세상에 정해진 목적과 절대적 선이 없다고 여기는 데카르트나 스피노자의 견해는 잘못됐다. 신은 모든 가능한 세계 가운데 최선의 것을 창조했다. 도덕적 질서를 포함해 세상 만물이 질서를 갖추도록 만들었다. 절대적 선이 플라톤의 주장처럼 이데아로서 존재하는 것은 아니지만 신에 따른 질서로서 선과 악의 구분 기준은 있다. 또한 덕이 이성의 문제임을 인정할 때, 인간 정신은 이성적 진리와 사실적 진리가 섞여 있고, 오직 신만이 온전하게 이성적 진리를 실현하므로 오직 신과 연결된 가운데 도덕을 실현할 수 있다.

Philosophy
합리론의 정치 철학

데카르트, 신·구세력의 정치적 균형을 반영하다

17세기 프랑스는 기존 봉건 귀족 세력과 새롭게 부상하는 시민 계급 사이에 힘의 균형이 과도기적으로 유지되던 시기였다. 절대 왕정은 두 세력 사이에서 힘의 대립을 조정하며 권력을 유지했다.

이아생트 리고(Hyacinthe Rigaud, 1659~1743)의 〈루이 14세〉는 당시 절대 왕정이 처한 상황을 자연스럽게 녹여 내면서 한편으로는 절대 왕정을 유지하기 위한 권위를 담았

〈루이 14세〉, 1700년~1701년

다. 허리에 찬 칼, 한 손에는 지휘봉, 다른 손은 허리에 받친 모습으로 위엄이 서린 최고 권위자 풍모와 의상의 우아한 흔들림이라든가 고귀한 태도로 온화한 품성을 동시에 나타내려 했다. 당시 절대 왕정은 절대 권력을 유지하기 위해 강력한 군사적 힘이나 폭력에만 의존할 수 없었다. 군주는 서로 다른 이해관계를 가진 봉건 세력과 시민 계급을 자신을 중심으로 통합해 내는 정치적 능력도 갖춰야 했다. 그렇게 때문에 권위와 온화함이라는 두 요소를 동시에 지녀야 했다.

데카르트 철학도 당시 상황을 어느 정도 반영한다. 한편으로는 집합적 의미를 넘어서 개인으로서 인간 존재를 제기했다는 점에서 보면 시민 계급의 이해를 반영했다고 할 수 있다. '외적인 개입에서 벗어난 자유로운 개인'이라는 설정은 신분제적 억압을 걷어 낼 가능성과 근대적 정치 주체의 이론적 틀을 제공했다. 사실 신분제 논리는 기본적으로 개인으로서 인간을 부정하면서 성립한다. 신분제 아래에서 개인은 산술적 의미의 개인일 수는 있지만 진정한 의미의 개인은 아니다. 농노라는 집단적 존재를 전제로 개체는 그저 한 명의 농노일 뿐이었다. 진정한 개인은 스스로 사고하고 판단하고 행동하는 주체일 때 비로소 될 수 있다. 그렇기 때문에 이런 점에서 데카르트의 철학은 근대적 주체를 향한 선언이었다.

다른 한편으로 인간을 물질과 정신이 합성된 존재로 규정하고 모든 완전성을 지닌 신을 정당화한 내용은 기존 봉건 세력의 이해를 어느 정도 반영한다고 볼 수 있다. 자연과 인간처럼 불완전한 것은 완전한 존재에서 나오고 불완전한 존재는 신의 협력을 필요로 한다는 점에서 기존의 봉건 질서에 어정쩡하게 나머지 한 발을 딛고 있다. 물론 '이성적 원리로서 신의 원리'라는 단서를 달고 있기는 하지만 중세 신학과 완전히 결별하지 못했다. 이는 스피노자에게도 비슷하게 나타난다는 점에서 당시의 정치 상황 속에 합리론 철학 전반이 가지고 있는 독특한 위치를 짐작할 수 있다. 그러나 여기서 스피노자는 시민 계급의 이해를 더 적극적으로 반영하는 방향으로 정치 철학의 문제를 다룬다. 즉 직접 다양한 정체를 비교하면서 합리주의 철학에 기반한 정치 구조의 문제의식으로 사고를 넓힌다.

스피노자, 자연권에서 국가의 정당화와 민주정의 가능성을 찾다

스피노자는 국가의 기초를 이성보다는 인간의 공통적인 본성에서 찾는다. 《정치론》에서 그는 욕망을 인간의 본질로 이해하며 다음과 같이 말한다. "인간들이 분노, 시기, 증오를 내포하는 정념들로 고통을 당하는 한, 그들은 산산이 흩어지게 되고 서로에게 대립하게 된다. … 인간들은 이러한 정념의 변화를 벗어날 수 없기 때문에(1장 5절), 본성상 서로 적이 된다. 인간은 나의 가장 큰 적이 되어서, 나는 그를 매우 두려워하고 그에 반(反)하여 나를 지켜야만 한다."

인간의 본성적 욕망은 서로가 서로에게 해를 끼친다. 결론적으로 온갖 폭력으로부터 스스로를 보호하고 공동의 판단에 따라 살기 위해 권리를 갖은 다음 서로 연합하는 것만이 인간이 누릴 수 있는 특별한 자연권이라고 결론을 내린다. 요컨대 스피노자는 국가의 기초를 자연권에서 구한다. 하지만 자연권이 이성에 반하거나 무관하지는 않다. 오히려 이성은 자연권을 받아들이는 방향에서 성립한다. 그러므로 이성의 인도를 받을수록, 다시 말해 자유로울수록 국가의 법을 더 잘 지킬 것이라고 봤다.

연합으로 이루어지는 안정이 꼭 필요하다면, 이 과정에서 개인의 권리는 변화를 겪을 수밖에 없다. 집단의 권리는 연합하면 할수록 더욱 많아진다. 요컨대 전체로서 집단이 더 많은 힘을 가질수록 개인의 권리는 더 적어진다. "모든 개인은 국가가 결정하는 정의(正義)와 선(善)에 동의해야 한다. 그러므로 신민이 국가의 결정이 부당하다고 생각하더라도, 그는 그 결정을 실행해야 할 의무에서 벗어나지 못한다." 즉 다중의 힘으로 개인의 권리를 제한하고 이로부터 통치권은 성립한다.

이런 스피노자의 주장은 토머스 홉스(Thomas Hobbes, 1588~1679)가 생각하는 국가의 기초와 적지 않은 부분에서 겹친다. 하지만 개인의 권리 일부를 누구에게 양도할 것인지의 문제에서는 큰 차이를 보인다. 홉스는 위대한 다수가 결코 존재할 수 없다는 근거를 들어 모두의 권력과 힘을 항구적으로 존재하는 단일 판단, 즉 한 인물 또는 한 집단의 인물에게 부여할 것을 주장한다. 그는 군주정을 지향하지만 다양한 가능성을 염두에 두면서 더 신중하게 검토한다. 예컨대 공동의 동의를 얻어 국가 업무를 위탁받은 사람들이 통치권을 장악하는 방법을 몇 가지로 구분한다. 책임이 일반 다중으로 구성된 의회에 속하는 민주정, 의회가 몇몇 선택된 사람으로 구성하는 귀족정, 국가 업무 담당과 통치권이 한 사람에게 집중되는 군주정이 그것이다.

그런데 이 가운데 어느 정체는 불가능하거나 배제해야 한다는 식으로 논의하지는 않는다. 각각의 정체 나름대로 성립할 수 있는 내적 근거가 있다는 전제 위에서, 명시적 방식이 아니라 행간의 의미로 문제의식을 읽어 낼 수 있도록 신중하게 접근한다. 이때 매우 조심스럽게 민주정의 가능성과 그것이 다른 정체와 비교해 합리적이라는 점을 넌지시 내놓는다. 아직 한계가 많지만 당시 상황을 고려한다면 꽤 진전을 보인 것이다.

먼저 군주정 아래에서도 다중이 충분한 자유를 누릴 가능성을 배제하지는 않는다. 그렇다고 해서 무조건 자유가 보장되는 것은 아니다. "그러므로 우리는 다중이 왕 아래서 충분한 자유를 유지할 수 있다는 결론을 내린다. 이러한 결론은, 왕의 힘이 그 유일한 힘에 의해서 결정되며 다중의 지지에 의해서 보존될 수 있다는 것을 전제로 한다. 그리고 이것이 내가 군주정의 기초를 놓는 데 있어서 의지한 유일한 법칙이었다. 만약 다중의 지지에 반해 군주의 힘으로 유지되는 평화라면 그보다 더 큰 불행은 없다. 아버지의 권리를 소유권으로 바꾸고 자녀를 노예처럼 다루는 방식이 '더 나은 방법'은 아니기 때문이다. 예속은 전체의 권력을 한 사람에게 넘기면서 이루어진다." 이는 군주정 아래에서 불행이 일어날 가능성이 가장 크다는 점을 지적한 것이다.

귀족정이 만약 최고 의회의 전적인 의지와 힘에 의존한다면 군주정보다 더 좋은 결과를 낳을 수 있다. 최고 의회에서 법을 제정하고 귀족의 행동이 법으로 구속될 수 있다면, 그리하여 평화와 자유가 위협하지 않는다면 귀족 통치가 군주정보다 더 좋은 상황을 만들 수도 있다. 하지만 귀족정도 태생적으로 결정적 문제를 지닌다. '법을 지지하는 사람도 법을 위반할 수 있다'는 불합리를 안고 있기 때문이다. 귀족 스스로가 만든 법으로 자신과 자신의 동료를 벌해야 하기 때문에, 법의 구속력은 약하고 쉽게 깨질 수 있다. 그래서 법보다는 귀족들의 선택, 전적으로 소수의 변덕스러운 의지, 법으로 아무런 제약을 받지 않는 의지에 의존하는 경향이 생기게 된다.

민주정에 대해서는 능동적 성격과 역할에 주목한다. 그가 보기에 민주정은 완전하고 절대적인 국가다. 민주정은 법에 충성할 의무만 가진다. 독립적이고 훌륭한 삶을 사는 모든 이들이 의회에서 투표할 권리와 국가 관직을 맡을 권리를 갖는다. 그러나 사회 구성원 모두가 정치적 권리를 갖지는 못한다. 여기서 '독립적이고 훌륭한 삶을 사는 모든 이'라는 한정에 유의해야 한다. 남자에게 속한 여자와 주인에게 속한 노예는 독립적인 존재일 수 없으므로 배제된다. 여성의 비독립성은 남성의 강제가 아닌 여성 자신의 결점 때문이므로 이러한 조치는 정당하다.

여기에 더해 홉스는 국가 간 갈등과 전쟁 문제에 대해서도 나름대로 해법을 제시한다. 한 국가 안에서 구성원이나 집단 사이의 평화를 위해, 국가 간의 분쟁을 해결하기 위해서는 평화 조약이 필요하다. 만약 평화 조약을 맺는 국가가 많아지면 전쟁도 덜 일어나게 된다.

라이프니츠는 국가의 기초를 자연권에서 구하는 스피노자의 논리를 거부한다. 국가의 기초는 자연권이 아니라 이성과 영원한 진리에 근거해야 한다. 대신 인간의 이성은 한계가 분명하기 때문에 "우리는, 군주들의 계획 안에서 너무 많은 세련됨을 추측하는 지나치게 긴장한 정치가들, 또는 저자들에게서 너무 많은 박식함을 찾는 주석가들"의 통치는 오류에 빠질 수밖에 없다. 오직 무한히 지혜로운 존재를 거쳐야만 오류에서 벗어날 수 있다.

온전한 이성과 영원한 진리는 신에게 속하기 때문에 현실에서 필요한 국가는 당연히 신국의 성격을 지녀야 한다. 그는 중세와 같은 방식이 아니라 절대 군주제와 연결된 신국을 제안한다. 그는 모든 군주들에서 가장 위대하고 선한 군주가 통치하는 가장 완전한 국가를 꿈꾼다. 그곳에서는 어떤 범죄도 처벌하지 않고 어떤 선한 일도 보상하지 않는다. 그러나 그 때문에 가장 많은 덕과 행복이 존재하게 된다. 가장 완전한 국가는 자연의 왕국과 은총의 왕국이 조화를 이루는 데서, 건축사로서 신과 군주로서 신 사이에 영원부터 예정된 조화로 이루어진다.

〈태양계를 설명하는 학자〉, 1766년

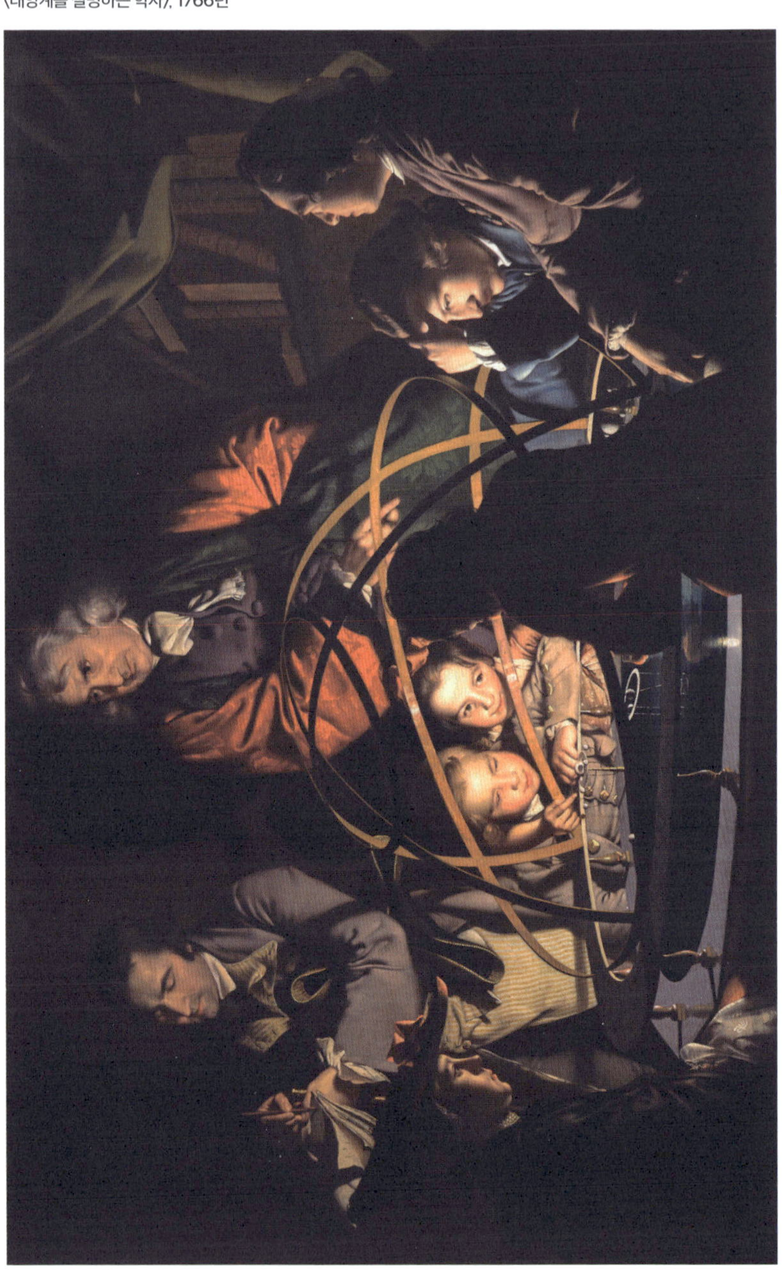

영국의 경험론

Philosophy
경험적 지각을 통한 유용성의 실현
+
Art
경험론 미학과 18세기 영국 미술

Philosophy

경험론의 존재론과 인식론

'무엇이 진리인가'에서 '무엇이 유용한가'로

영국 경험론은 근대 철학의 새로운 방향을 제시했다. 더 나아가서는 서양 철학 전반에 걸쳐 새로운 발상을 자극했다. 데카르트가 중심인 근대 합리론은 한편으로 기존 서양 철학의 객관주의적 이성을 주관화·형식화하는 전환점으로 근대 철학의 새 장을 열었다. 그런데 다른 한편으로는 그리스 이후

베이컨

서양 철학의 기본 문제의식을 유지하는 면도 있었다. 적어도 서양 철학의 주류는 '무엇이 진리인가'라는 물음에 답한다는 점에서 공통점이 있었다. 여기서 영국 경험론은 물음 자체를 '무엇이 유용한가'로 바꿔 놓았다.

경험론의 선구자인 프랜시스 베이컨(Francis Bacon, 1561~1626)은 《신기관》에서 철학의 유용성을 강조한다. "결

과보다 더 확실하고 가치 있는 것은 많지 않다. 왜냐하면 결과와 실용 후생적 성과야말로 철학의 진실성을 보장하는 것이기 때문이다. 지금껏 살펴 온 그리스 철학과 거기서 분기된 특정 과학은 오랜 세월이 지났음에도 불구하고 인간의 생활 조건을 개선시킨 단 하나의 용한 실험도 찾아보기 힘들다." 인간 생활 개선에 직접 기여하는지가 우선 기준이다. 유용성을 지닌 성과가 철학적 진리를 판가름하는 기준이 되기도 한다. 이는 사변적 성격이 강했던 서양 철학 전통에 대한 도발적 문제 제기이자 근대 이후 현대에 이르기까지 새로운 철학의 한 방향을 형성하는 역할을 했다.

유용성을 실현하는 방법으로 베이컨은 경험의 중요성을 강조한다. 인간에게 의미 있고 근거 있는 인식은 경험에서부터 출발한다는 문제의식에 기초한다. 경험에서 출발하는 인식은 그리스 철학의 상기론, 중세 철학의 신에 따른 유출론, 대륙 합리론의 본유 관념을 비판하는 성격을 갖는다. 하지만 과거와 단절된 새로운 문제의식은 아니다. 어느 정도 그리스 철학의 유물론적 전통과 중세 보편 논쟁의 성과를 비판적·발전적으로 수렴했다고 볼 수 있다.

경험에서 유래하는 인식은 중세 보편 논쟁 과정에서 제기된, '존재하는 모든 것은 개별자'라는 유명론 명제와 연결된다. 이는 보편자는 실재가 아닌 하나의 허구이기 때문에 개별 사물의 경험에서 출발하는 것이 가장 효과적으로 지식을 얻는 방법이라는 윌리엄 오컴(William of Ockham, 1285?~1349?)의 주장을 반영한다.

영국 경험론을 대할 때, 선입견이 앞서거나 오해할 만한 것이 몇 가지 있다. 첫째, 경험론과 합리론의 차이만 주목하는 접근 방법이다. 경험론이 합리론 철학을 치열하게 비판한 것은 사실이다. 하지만 합리론과 경험론 모두 근대적 사고 체계를 형성하는 주요 기둥으로서 꽤 친근한 발상법을 공통으로 가지고 있다. 먼저 객관주의적 이성을 부정하고 이성을 주관화·형식화해 방법론적 성격으로 바꿨다는 점에서 공통적이다. 또한 두 경향은 모두 근대 과학 발전의 핵심 역할을 했다. 데카르트는 수학적 사고로, 베이컨은 철학 목표를 자연 철학의 응용과 인간의 자연 정복에 두면서 근대 과학 발전에 결정적 영향을 주었다.

예컨대 조셉 라이트(Joseph Wright, 1734~1797)의 〈태양계를 설명하는 학자〉는 관찰과 과학적 유용성을 강조한 경험론의 한 면을 잘 보여 준다. 한 무리의 남녀가 행성이 움직이는 궤도를 표시한 기계 주위에 모여 학자의 설명을 듣고 있다. 기계 장치 중앙에서 밝은 빛이 나온다. 과학자는 엄숙한 표정으로 행성의 회전 운동을 설명하고, 왼쪽의 한 남성은 선생의 설명을 열심히 적는다. 아이들은 신기함을 느끼는 듯 들뜬 표정이다. 당시 천동설이 지배하던 중세가 끝나고 지동설이 서서히 힘을 얻기 시작하던 시절이었다. 하늘은 더 이상 신이 자비로운 눈길로 바라보는 범접할 수 없는 공간, 인간이 경외의 눈빛으로 올려다보아야 하는 공간이 아니다. 이제 우주는 관찰하고 또 과학적으로 규명해야 할 대상으로 바뀌었다.

둘째, 경험론을 단순화하는 오류, 즉 그리스 유물론의 단순한 수용과 반복으로 여기는 경향이다. 베이컨은 그리스 철학이 경험을 어떻게 왜곡했는지를 비판한다. 먼저 아리스토텔레스는 합리주의 전통을 중심으로 경험을 받아들였음에도 논리학으로 자연 철학을 온통 망쳐 놓았다. 경험으로 알 수 있는 여러 통속적 사례를 얼마나 확실한지 주의 깊게 연구하지 않은 채, 무작정 움켜잡고 그 밖의 모든 것을 사변적 정신 활동으로 해결하려 했다는 것이다. 그래서 베이컨은 아리스토텔레스의 자연학을 두고 논리학적 용어 말고는 아무것도 찾아볼 수 없다고 비판한다. 그리스 유물론자는 몇 번의 실험을 주의 깊게 한 다음 그 실험에 맞추어 곧바로 철학 체계를 세우려 든다. 요컨대 유물론자는 경험론의 왜곡된 인식을 불러일으킬 우려가 있기 때문에 경계를 게을리 해서는 안 된다.

영국 경험론을 대표하는 사상가로는 베이컨을 필두로 토머스 홉스, 존 로크(John Locke, 1632~1704), 조지 버클리(George Berkeley, 1685~1753), 데이비드 흄(David Hume, 1711~1776) 등이 있다. 영국 경험론은 근대 철학의 새로운 방향을 제시하고 더 나아가서는 서양 철학 전반에 걸쳐 새로운 발상을 자극하기도 했다.

자연과 인간 그리고 신을 어떻게 이해했나

자연에 대한 추상화된 실체 개념 비판

합리론이 실체로서 물질과 인간을 규정한 다음 철학적 사유를 펼쳐 나갔다면, 경험론의 베이컨은 실체라는 개념의 문제점을 지적하면서 합리론의 토대를 공격한다. "논리적인 것이든 물리적인 것이든 우리의 개념은 아직 확고하지 않다. 질료(substance), 성질(quality), 능동(action), 수동, 정수(essence) 자체는 제대로 확립된 개념이 아니다. 무겁다, 가볍다, 진하다, 묽다, 습하다, 건조하다, 생성, 붕괴, 인력, 척력, 원소, 물질(matter), 형태

(form) 등은 앞의 것들보다는 좀 덜하지만 이것들도 모두 아직은 제대로 규명되어 있지 않다."

논리 전개의 출발이 되는 개념이 모호하거나 부적절하지만 그렇다고 해서 자연 사물의 존재를 부정하는 것은 아니다. 여기서 문제는 개별 사물을 추상화해 실체나 현존 등의 개념으로 이해하는 방식이다. 사람·개·비둘기 등처럼 추상의 정도가 낮은 개념이나 더위·추위·흑백과 같은 직접적 감각은 우리를 속이지 않는다. 구체적·직접적 개념조차도 질료의 끊임없는 변화와 사물의 다양한 혼합으로 가끔 혼란을 일으킨다. 그러니 개별 사물을 추상화한 개념은 사물에서 부적절하게 도출됐기 때문에 더 큰 혼란을 불러일으킬 수밖에 없다.

자연은 개별 사물로 존재한다. 그래서 철학은 있는 그대로의 자연을 전제로 해야 한다. 인간이 할 수 있는 일은 자연물을 결합하거나 해체하는 것이다. 나머지는 자연 안에서 알아서 이루어진다. 그는 개별 사물을 대상으로 한 모든 고도한 수준의 사고 작용을 부정하진 않았다. 문제는 실체라는 개념이나 현존이라는 개념으로 사물의 본질을 추상화된 형상에서 찾으려는 '사고방식'이다.

플라톤도 합리론과 같은 오류를 보였다. "플라톤은 그의 이데아론에서 〈형상이야말로 진정한 인식 대상〉임을 천명한 바 있다. 실로 자신의 재능을 높은 절벽 위로 끌어올린 인물다운 견해였다. 그럼에도 그의 견해는 결실을 거두지 못하였는데, 이는 그가 형상을 질료로부터 완전히 분리된 것으로 고려한 탓이었다." 자연에는 정해진 법칙에 따라 개별적으로 활동하는 개체만이 존재할 뿐이다. 철학은 바로 그 법칙에 대한 탐구·발견·개발이 임무이기 때문에 추상 작용은 필수적이며 또 중요하다. 사물과 정신의 관계는 개별 사물을 반영하는 일방적 관계가 아니라 정신이 적극적으로 작용해서 결합된 상호 관계여야 한다.

홉스

철학은 자연 철학을 일차적 기반으로 해야 한다. 자연 철학은 모든 학문의 위대한 어머니이다. 그렇기 때문에 그 어떤 기술이나 학문도 자연 철학이라는 뿌리와 단절되면, 아무리 열심히 갈고닦아 이용후생에 힘쓰려 해도 성장할 수 없다. 자연 철학이 각 학문에 적용되고, 그 학문이 다시 자연 철학으로 돌아가지 않는 한 학문의 어떤 위대한 진보도 기대할 수 없다. 그렇게 연관되지 않고는 천문학·광학·음악, 대부분의 기계적 기술, 심지어는 의학조차도, 도덕 철학·정치 철학·논리학도 전혀 깊이를 가질 수 없다. 기껏해야 사물의 표면과 다양성 위에서 왔다 갔다 하는 데 그칠 수밖에 없다. "자연 철학은 운동, 광선, 음향, 사물의 구성과 조직, 감정, 지적 이해력 등에 대한 올바른 고찰을 토대로 개별 과학에 활력을 불어넣으면서 그들이 성장하게 한다."

그의 주장은 단순히 자연 변화에 순응하자는 것이 아니다. 베이컨이 '아는 것이 힘'이라고 할 때 여기서 '힘'이란 자연을 알고 자연을 지배함을 의미한다. 기존의 많은 철학이 인간의 기술이나 노력으로 자연을 지배하거나 정복할 수 있다는 기대는 걸지 말라고 충고한다. 하지만 이런 주장이 인간의 능력을 제한하고 의도적으로 절망을 가르친다는 점에서 문제가 된다. 인간이 절망하면 장래의 희망이 꺾일 뿐만 아니라 활력을 잃고 자연을 지배하기 위한 노력도 하지 않게 된다. 자연 정복을 포기하면 자연이 인간을 지배한다.

이런 점에서, 앞서 살펴본 라이트의 〈태양계를 설명하는 학자〉에 나타나는 자연 탐구는 단순한 관찰과 이해의 의미를 넘어선다고 볼 수 있다. 이 작품에서 인간은 자연이 어떤 법칙으로 움직이는지를 순수하게 이해하는 데에 머물지 않는다. 법칙을 이해하면서 인간의 삶을 둘러싼 자연을 지배하려 한다. 그림에서 어린이들은 호기심에 가득 찬 눈으로 태양계를 나타내는 기계 장치를 바라본다. 그와 비교해 성인들은 매서운 정복자의 눈을 하고 있다. 이는 직접 접촉하는 주위의 자연만이 아니라 우주를 지배하려는 인간의 지배 욕구를 보여 준다고 할 수 있다.

홉스와 로크는 사물과 인간 정신의 상호 관계에 대한 베이컨의 문제의식을 사물 쪽으로 옮겨 놓는다. 홉스는 인식을 외부 물체가 우리에게 새겨 놓는 감각 인상, 그리고 그러한 인상의 기억에서 주는 것으로 이해한다. 우리가 느낀 압력은 두뇌의 신경으로 들어와 심장을 자극한다. 그런데 이와 같은 작용은 외부 작용으로 어떤 물체가 존재한다는 것을 느끼게 한다. 이러한 외관이나 환상을 우리는 '감각'이라고 부른다.

요컨대 모든 인식의 출발점인 감각은 외부 물체가 만든다. 그러므로 우리가 감지하는 모든 것은 이미 대상 속에 있다. 모든 물체는 연장과 운동이라는 동력인으로 구성되어 있는데, 물체의 움직임이 우리의 신체 기관에 압력을 가해 자극을 주게 되면서 감각을 갖는다. 그러므로 대상과 감각으로 만들어지는 인상은 같다. 독립적 물체만이 아니라 물체의 운동과 연관된 시간·장소·거리 개념도 외적인 물체의 작용으로 생겨난다. 먼 곳에 있는 물체는 희미하고 작은 모습으로 거리 감각을 알게 한다. 물체에서 비롯된 감각 인상이 기억이라는 방식으로 인식을 만들어 낸다. 그러므로 인식은 오직 물체의 원인과 특성 그리고 물체의 성질과 발생에 관계한다. 물체가 없으면 철학이 없다는 의미에서 철학은 주어진 것이다. 한편 인간과 정신은 외부의 물체에 대해 수동적이다.

로크 역시 홉스와 마찬가지로 감각 대상의 반영으로 관념이 만들어진다고 여겼다. 그런데 홉스처럼 '모든' 인상과 기억이 감각 대상에서 비롯된다고는 하지는 않고, 감각 기관을 거쳐 오성에서 끌어낸 관념을 '원천 감각'이라는 것으로 한정한다는 점에서 약간 다르다. 감각 대상의 성질이 감각 기관을 자극해 관념을 형성한다. 즉 특정한 관념은 물체가 갖는 '성질'에서 온다고 생각한 것이다.

로크에 따르면 물체의 성질은 제1성질과 제2성질로 나뉜다. 제1성질은 어떤 상태든지 물체에서 분리할 수 없다. 또 어떠한 변화를 겪더라도 끊임없이 보존하는 것, 감각 기관이 지각할 수 있는 크기를 가진 물질 모두에서 끊임없이 발견되는 것, 개별로 지각되지 않더라도 물질 모두에서 분리할 수 없는 것을 발견하는 것이다. 물체의 고체성·크기·모양·위치·운동·정지 등이 여기에 속한다. 물체에서 분리할 수 없기 때문에 관념에 더 직접 작용한다. 예를 들어 물체의 고체성이 공간을 채운다는 것을 알게 됨으로써 우리는 공간이라는 관념을 갖는다. 공간과 연장 등의 개념은 감각 기관으로 발견할 수 있는 물체의 성질 중 하나다.

이어서 제2성질은 대상의 제1성질을 따라, 감각할 수 없는 부분의 크기와 형태 그리고 구조와 운동우리 속에 여러 가지 감각을 일으키는 힘인 색,

소리, 맛 같은 것을 말한다. 색·소리·냄새·맛은 물질적 성격을 지니지 않지만, 감각 기관에 작용하면서 생겨난다. 물체에 있는 크기·모양·운동에 따른 힘, 즉 하나의 작용인데 이를 우리가 색·소리·맛이라 부르는 것이다. 그러므로 제2성질은 제1성질의 양식일 뿐이다.

로크는 실체 개념을 모호하다고 비판한 베이컨과 다르게 다시 실체 개념을 끌어온다. 그는 실체 관념을 개개의 특정한 사물의 단순 관념이 결합해서 생긴 것이라고 말한다. 이러한 점에서 실체는 의미를 지닌다. 실체는 단일 실체 또는 집합 실체로 나뉘는데, 단일 실체는 인간이나 양처럼 각기 존재하는 것에 대한 관념이다. 집합 실체는 사람의 큰 무리나 양 떼처럼 단일 실체가 모인 것에 대한 관념이다.

버클리는 경험을 절대화하는 방식으로 홉스와 로크를 비판한다. 특히 로크가 주장하는 물질의 제1성질을 부정한다. 제1성질에 관한 우리의 관념이 정신의 외부, 즉 물질이라고 부르는 사유하지 않는 실체 안에 존재하는 사물의 모사물 또는 상이라는 주장은 오류다.

물질을 그 안에 연장·모양·운동을 가진 비활성적이고 무감각한 실체로 이해하는 것도 문제다. "[신령한] 정신 또는 지각하는 것 이외에 그 어떤 다른 실체도 존재하지 않는다는 것이다. 그러나 이러한 점을 더 확실하게 증명하기 위해서는, 감성적 성질들은 색깔, 형상, 운동, 냄새, 맛 그리고 이와 유사한 것들 다시 말해서 감각기관에 의해서 지각된 관념들이라는 것을 숙고할 필요가 있다. 그러면 이제 관념이 지각하지 못하는 사물 안에 존재한다는 것은 명백한 모순이다. 왜냐하면 관념을 갖는다는 것은 지각한다는 것과 완전히 동일하기 때문이다. 그러므로 색깔, 모양 그리고 이와 유사한 성질들이 그 안에 존재한다는 것은 이것들을 지각하지 않으면 안 된다. 이 사실에서 [보면] 사유하지 않는 그 어떤 실체도 또는 이러한 관념들에 대한 그 어떤 사유하지 않는 기체(基體)도 존재할 수 없다는 것이 분명하다.”

크거나 작은 것, 신속함과 완만함 등은 정신 외부에 독립적으로 존재하는 물질의 성질이 아니다. 왜냐하면 이것들은 전적으로 상대적이며 감각 기관의 형태나 상태가 변화하는 것처럼 여러 가지로 변하기 때문이다. 다시 말해서 물질 자체에는 연장과 운동이 없다. 크기나 운동은 대상이 아니라 관념, 즉 경험적 지각에서 온다. 관념은 정신 속에 존재하거나 정신으로 지각되며, 참으로 정신 스스로가 만들어 내는 관념이다.

그래서 버클리는 “존재하는 것은 지각되는 것이다.”라는 유명한 명제를 제시한다. 지각에서 알 수 있는 것은 물질 자체가 아니라 물질에 대한 관념뿐이라는 점에서 이른바 비물질주의를 내세운다. 하지만 여기서 ‘비물질’의 의미에 각별히 유의해야 한다. 자칫 감각으로 파악하는 사물의 존재를 반대하는 것처럼 오해하기에 쉽기 때문이다. 인간의 인식에 독립해서 존재하는 사물 자체의 부정은 아니다. 눈으로 보고 손으로 만질 수 있는 사물은 존재한다.

개별 사물은 의심할 수도 없고 의심의 여지도 없다. 그렇다면 무엇이 문제일까? 바로 개별 사물을 넘어서서 추상화된 물질이나 실체라는 개념으로 접근하는 ‘사고방식’이 문제다. 개별 사물을 넘어서는 개념은 감각 대상의 성질에 속하지 않고 경험으로 형성된 관념에 속한다. 그래서 물질이나 실체라는 개념으로 표시하는 것, 근본적으로 사물을 둘러싼 논쟁이 아니라 명칭을 둘러싼 논쟁이 되어 버린다.

〈앤드루스 부부〉, 1748년~1749년

토머스 게인즈버러(Thomas Gainsborough, 1727~1788)의 〈앤드루스 부부〉라는 작품을 예로 들어 버클리의 주장을 좀 더 구체적으로 이해해 보자. 앤드루스 부부가 개와 함께 사냥을 나왔다가 나무 그늘에서 쉬고 있다. 오른쪽에는 노랗게 익은 곡식이 포개져 있고, 중간에 농토가 펼쳐진다. 멀리 흐릿한 산등성이와 뭉게구름도 보인다.

버클리의 주장을 이 그림으로 설명해 보자면, 우리는 눈으로 앤드루스와 그의 아내를 본다. 추상화된 개념의 '인간'을 마주하는 것이 아니다. 인간이라는 개념은 관념의 산물이다. 그들 옆에 있는 사냥개가 뛰어다닐 때 어느 정도의 '속도'인지, 혹은 하늘의 구름이 어떤 모양으로 '변화'하는지도 관념으로 파악되는 것이지 개나 구름의 성질에서 직접 반영되는 것은 아니다.

그러므로 존재하는 것은 물질이나 실체가 아니라 지각하는 실체로서 '정신'과 '정신으로 지각한 관념'뿐이다. 데카르트의 물질적 실체 개념은 물론이고, 로크의 물질의 성질에 따른 관념 형성도 부정한다. 감각 대상보다 경험 자체가 더 중요한 지위로 올라서게 된다.

이러한 주장을 두고, 흄은 지각을 인상과 관념으로 구분해 로크와 버클리를 통합하려 했다. 그는 의식하거나 기억하는 어떠한 관념이나 인상도 모두 존재한다고 말한다. 그런데 인상과 관념은 각기 역할이 다르다. 인상은 감각 대상과 직접 연결된다. 관념은 인상을 대상으로 작업한다는 점에서 더 추상화된 영역이다. 존재 관념은 각각의 지각에 결합된 별개의 인상으로부터 나오거나 각각의 지각과 다름없다.

만약 관념이나 인상이 존재가 아니라면 우리는 이들을 기억할 수 없다. 감각 대상에 결합되었지만 동시에 상대적 독립성을 지니는 인상으로 관념이 형성된다. 그렇기 때문에 인상과 관념에 따르는 것이 아니면 어떤 것도 결코 정신에 나타날 수 없다.

흄은 한편으로 정신에 일으킨 지각으로만 외부 대상이 우리에게 알려진다는 것, 즉 인상과 관념을 독립적 존재로 석정해 버클리의 문제의식을 받아들인다. 그런데 흄은 여기서 그치지 않는다. 인상은 내 마음의 작용 의도에 관계없이 마음 바깥에서 감각 대상을 거쳐 나타난다는 점에서 로크의 문제의식을 받아들였음을 짐작할 수 있다. 이를 통해 버클리를 기본 토대로 하면서 과도한 면을 로크로 보완해 실재론적 요소를 부분적으로 더했음을 알 수 있다.

영혼 개념을 벗어난 인간 이해

그리스 철학에서 데카르트 합리론에 이르기까지, 영혼은 인간을 이해하는 데는 물론이고 더 나아가 철학에서 가장 중요한 개념이었다. 영혼 개념을 매개로 철학자들은 세계 배후에 존재하는 절대적 존재를 증명하려 했다. 하지만 자연과 물질을 논의하는 과정에서 나타났듯이, 경험론자에게 인간의 내적 영역을 다루는 유의미한 개념은 지각·인상·관념이지 더 이상 영혼이 아니었다. 더군다나 영혼을 물질과 구분되는 실체로 규정하는 것은 더욱 인정할 수 없었다.

하지만 경험론과 합리론이 대립하지만은 않았다. 이제 더 이상 지각·인상·관념 등의 개념이 인간의 내적 영역을 담당하는 이상, 이들이 지니는 유용한 기능이나 능력에 주목한다는 점에서, 이성을 방법론적 성격을 중심으로 바라보는 합리론의 문제의식과 경험론이 겹치는 부분을 무시할 수는 없다.

베이컨은 정신을 영혼처럼 경험에서 분리된 독립적 실체로 이해하면서 생겨난 폐단을 비판한다. 정신을 독립된 실체로 이해할 때, 인간의 지성은 끊임없이 요동하며 아무 소용이 없는 경우에도 자꾸 앞으로 나아가려 한다. 세계에 어떤 한계가 있다는 생각은 못하고 그 너머에 반드시 뭔가 있으리라 상상한다. "인간의 지성은 지칠 줄 모르고 자연계의 질서 저편에 있는 어떤 원인을 찾으려고 노력한다. 그러나 멀리 있는 것을 찾으려다가 결국 더 가까이 있는 손쉬운 것에서 그 원인을 찾게 된다. … 그마저도 인간 본성과 관련된 우주 자체의 본성과는 거리가 멀다."

경험에서는 도저히 생겨날 수 없는 '영원'이라는 개념까지 미래에서 끌어오기도 한다. 하지만 한층 멀리 도달하려고 해 봤자 결국 더 가까이 있는 목적인에 다다를 뿐이다. 목적인은 우주에 내재해 있는 무언가가 아니라 인간의 본성과 필요가 만든 개념이다. 그래서 베이컨은 철학이 병든 이유가 목적인 개념 때문이라고 질타한다. 개별 사물의 원인을 찾지 않고 가장 보편적인 것의 원인을 찾으려는 시도야말로 미숙하고 경박한 철학자의 전형적 사고방식이다. 그러므로 정신을 경험에서 분리하는 영혼 개념은 인간을 이해하는 데 가장 해롭다.

홉스는 더 강력하게 정신을 경험을 넘어 외적 자극이나 물질로 연관시킨다. 그는 자연이 인간의 신체와 정신 능력을 평등하게 만들었다고 보았다. 눈여겨야 할 점은 육체만이 아니라 정신도 자연의 산물이라는 것이다. 이 모두가 자연의 산물이라면, 육체가 물질이듯이 정신 역시 물질 운동에 해당한다. 정신 능력은 감각 대상에서 오는 경험에 지나지 않기 때문이다.

물론 모든 정신 능력이 자연적 능력이라고 말하는 것은 아니다. 여기서 학문에 근거를 두고 행동하는 것을 빼야 한다. 이러한 정신 능력은 극소수만이 가지며, 그것도 극히 부분적인 일에 대해서만 갖는 능력이다. 하지만 나머지 일반적 감정이나 정신은 자연적 능력이다. 선과 악이라는 정신적 판단도 외적 자극에 의존한다. 외적 자극이 쾌와 불쾌 감정을 불러일으키는데, 선은 쾌고 악은 불쾌다. 인간은 선인 쾌를 바라고 악인 불쾌를 싫어한다. 그러므로 선과 악의 구분도, 이에 따른 인간의 의지도 외적인 자극에 의존한다고 볼 수 있다.

로크도 정신이 독립적 영혼으로 존재하고 작용한다는, 그래서 이미 어느 정도의 정신 능력을 갖고 태어난다는 견해를 비판한다. 데카르트가 천부적이라 믿었던 기하학 형상과 같은 수학적 관념, 본질 등의 형이상학적 관념,

〈헤어 도련님〉,
1788년~1789년

그리고 어떤 것도 무(無)로부터 생길 수 없다는 식의 영원한 진리에 대한 관념을 비판한다. 그리고 그 과정에서 '인간 백지설'로 알려진 주장을 펼친다. 그는 인간의 마음을 백지로 비유한다. 백지는 경험으로 채울 수 있고 그 경험에서 지식이 비롯된다. 정신은 지식의 재료를 경험에서 얻으며 모든 인식은 경험에서 생겨난다. 관념은 감각 대상과 마음의 작용에서 오는 감각 기관이 원천이다.

　로크가 반성이라고 부르는 마음의 작용은 내적인 감각 기관이다. 즉 인식은 감각 기관을 거쳐 외적 경험과 내적 경험에서 만들어진다. 모든 관념은 감각과 반성 중 어느 하나에서 온 것이며, 다른 관념은 마음속에 없다. 그러므로 백지 상태에서 시작해 차츰 경험을 하고 정신 능력이 점점 쌓이게 된다. 우리는 경험하지 않고서는 관념을 가질 수 없다. 이는 어린아이를 관찰하면 알 수 있다.

레이놀즈의 〈헤어 도련님〉을 살펴보면서 로크의 문제의식에 더 구체적으로 접근해 보자. 레이놀즈는 아동 초상화 분야에서 탁월한 역량을 자랑했다. 이 작품을 보면 4세에서 5세 남짓으로 보이는 아이가 정원에서 놀고 있다. 레이스가 달린 치마나 긴 머리카락을 볼 때 여자아이인 것 같은데, 제목은 도련님이어서 의아하다.

당시 왕족이나 귀족은 남자아이가 일곱 살이 될 때까지 긴 머리에 흰색 원피스를 입히는 풍습이 있었다고 한다. 일곱 살이 넘어서야 긴 머리를 자르고 바지를 입었고, 소년은 유년기를 지나서야 마침내 남성으로서 정체성을 만들어 나간다. 남성과 여성의 정체성이라는 관념조차도 어떤 옷을 입고 어떤 머리 모양을 했는지, 즉 경험으로 만들어질 수 있음을 알 수 있다. 색 관념도 마찬가지다. 만약 어린아이가 흰색과 검은색이 전부인 세상에서 생활한다고 가정하면, 빨간색이나 노란색에 대한 관념을 가질 수 없을 것이다. 다른 색을 경험할 수 없기 때문이다.

버클리는 영혼의 문제를 두고 베이컨이나 로크와 입장이 달랐다. 성직자로서 영혼 자체를 부정할 때 신학의 토대가 위협받을 수 있다는 점을 걱정했는지 다음과 같이 영혼 개념을 옹호한다. "영혼은 나눌 수 없고, 비물질적이며, 비연장적이고, 따라서 부패될 수 없다. 운동과 변화, 부패 그리고 우리가 매순간 보고 있는 (그리고 우리가 자연의 진행 과정을 통해서 의미하는) 자연적 물체들에게 일어나는 소멸이, 능동적이고 단일하며 비복합적인 실체에는 일어날 수가 없다는 것보다 더 분명한 사실은 없다. … 인간의 영혼은 본질적으로 불멸한다." 영혼은 연장이나 소멸과 무관하다는 점에서 독립적 존재일 뿐만 아니라 불멸한다. 영혼의 독자성을 논증하기 위해 개별 사물과 분리된 경험적 지식을 강조한다.

추상 관념은 개별 사물에서 비롯되지 않는다. 버클리의 입장에서 보았을 때, 홉스나 로크는 개별 사물에 나타나는 공통점이나 차이점을 관찰한 후, 이로부터 공통적인 것을 분리하고 연구해 가장 높은 단계의 추상 관념을 만들어 낸다. 각각의 사람에게서 공통 요소를 뽑아내 '인간'이라는 추상 관념을, 또한 개별 조류·포유류·어류·곤충에서 공통 요소를 뽑아내 '동물'이라는 추상 관념을 만든다. 집·산·강 등의 개념도 이러한 과정을 거쳐서 만들어졌다.

버클리는 이러한 추상 관념 이론이야말로 관념적 지식에 관련된 수많은 오류와 어려움의 원천이라며 비판한다. "존재하는 것은 지각되는 것이다."라는 그의 명제에서도 나타나듯이 관념은 지각 속에 있다. 여러 감각이나 감각 기관에 각인된 관념을 혼합할 때, 모든 작업은 오직 지각하는 정신 속에서만 가능하다. 관념적 결합물이 지각되지 않고도 존재한다는 것은 명백한 모순이다. 그러므로 사물이 정신 외부에 현존하는 것은 불가능하다. 요컨대 경험적 지각의 독자성을 전제하면서 영혼의 독립성을 정당화한다.

흄은 자연과 물체에 대한 이해에서 그러했듯이 정신 이해에서도 버클리가 과도하게 나아간 부분을 다시 상식의 방향으로 돌려놓으면서 보완한다. 정신을 지배할 수 있지만, 어느 정도를 넘어서게 되면 우리는 지배력을 잃게 된다. 물질과 정신 작용이 연결될 때 지각할 수 있고 그 이상은 추론할 수 없다. 그렇다고 해서 정신이 무조건 일방적으로 물질에 구속되는 것은 아니다. 물질과 무관하게 어느 정도 정신을 지배하지만, 말 그대로 '어느 정도'를 넘어설 수 없다. 내적 인상이 있기는 하지만 물질과 맺은 관계에서 형성되는 인상만큼 분명할 수 없다는 점에서 다시 버클리와 로크 사이의 융화를 시도한다.

데카르트가 인간만이 독립적 이성을 갖고 동물은 기계적 신체만을 지난다는 논리로 인간과 동물을 질적으로 구분했다면, 흄은 동물에게도 이성이 있다고 반론을 편다. 경험론이 설득력을 갖기 위해서는 인간과 동물을 구별하는 데카르트의 논리를 무너뜨려야만 했다. 왜냐하면 경험론이 감각이나 이에 기초한 지각과 긴밀한 연관성을 갖는 이상, 마찬가지로 감각 기능이 있는 동물과 인간의 관계는 매우 뜨거운 논쟁거리일 수밖에 없었다.

데카르트에 따르면 동물은 이성이 없기 때문에 기계와 다를 바가 없다. 고양이와 탁자 위의 인형이 존재론적으로 보면 같다는 것이다. 고양이도 감각을 지니고 있지만, 정신이 감각에서 독립해 있다는 점에서 인형과 질적인 차이가 없다.

경험론 입장에서 감각이 지각, 나아가서는 관념과 맺는 적극적 관계를 설명하기 위해, 흄은 동물 역시 감각을 사용하므로 이성과 연관성이 있음을 입증해야만 했다. 그래서 동물도 인간처럼 사유와 이성을 타고났으며 감각도 가지고 있다고 주장한다. 예컨대 인간이나 고양이가 먹는 음식이 그리 다르지 않다. 잠을 자거나 번식을 위해 성행위를 하는 것도 마찬가지다. 만약 외적으로 드러나는 활동과 감각 작용이 비슷하다면 당연히 동물도 사유 활동을 한다고 보아야 한다. 이러한 판단은 정신 활동에 관한 철학의 모든 체계를 검토해 볼 수 있는 하나의 기회를 마련하게 된다.

경험적 지각과 귀납적 방법으로 인식하다

베이컨, 우상론 비판과 상승과 하강이 교차하는 귀납적 방법

베이컨은 인간이 자연의 사용자나 해석자로서 자연을 알기 위해서는 관찰을 우선해야 한다고 주장한다. 인식이나 학문은 존재하지 않은 것을 창조하지 못하고, 관찰로 발견한 것을 배열할 뿐이다. 발견한 성과조차도 학문의 공로라기보다는 우연과 경험 덕분에 얻게 된다. 관찰 경험이 인식의 출발이라면, 추상적 개념에 의존한 학문은 순서가 완전히 뒤바뀐 작업이므로 성과를 낼 수 없다. 그래서 필연적으로 거짓과 오류에 빠진다. 베이컨은 정신을 사로잡아 인식을 오류로 이끄는 네 종류의 우상, 즉 종족의 우상, 동굴의 우상, 시장의 우상, 극장의 우상을 비판한다.

종족의 우상은 '인간이 만물의 척도'라는 주장처럼, 인간이라는 종족 자체에 뿌리박고 있는 인간 중심의 사고방식에서 비롯되는 오류다. 사고의 중심을 인간이 아니라 자연에 대한 관찰과 실험에 두어야 한다. 오직 실험만이 자연과 사물을 판단할 수 있다. 실험을 위해 형상이 아니라 개별 사물에 속한 질료, 또 질료의 구조와 변화·활동·운동 법칙을 탐구해야 한다.

동굴의 우상은 개인의 특수성에서 온다. 정신은 기질이나 개성에 따라 변덕이 심하다. 우연에 좌우되기 때문에, 개인적 특수성에 의존하면 오류에 빠지기 쉽다. 자연을 단순한 요소로 쪼개어 관찰하거나, 반대로 사물을 복합적 형태 그대로 고찰하는 개인 취향은 학문을 혼란스럽게 한다. 전자는 사물의 전체 구성을 무시하는 오류, 후자는 원자와 같은 단순한 요소를 보지 못한다. 단순 요소를 통찰하고 광대한 요소도 받아들일 때 편견에서 벗어날 수 있다.

시장의 우상은 인간과 인간 사이의 교류와 접촉, 즉 의사소통과 모임에서 생기는 오류다. 언어는 지성을 멍들게 하며 혼란을 불러온다. 또 인간을 무의미한 논쟁이나 공허한 허상에 빠지게 한다. 우리는 이성이 언어를 지배한다고 믿지만, 실상 언어가 지성을 움직이게 하는 일도 꽤 많다. 운명의 여신이나 용처럼 명칭만 있을 뿐 실재하지 않는 것, 실재하지만 잘못된 정의로 혼란을 일으키는 경솔한 명칭을 대표적 예로 꼽을 수 있다. 오류에서 벗어나려면 정의에서 출발해 차근차근 논쟁을 전개해야 한다.

마지막으로 극장의 우상은 철학의 다양한 학설과 그릇된 증명 방법에서 비롯되는 오류다. 예컨대 역사적 전통이나 권위를 비판 없이 받아들일 때에도 오류가 생길 수 있다. 또한 어떤 실험에서 얻은 경험을 비슷한 다른 사례에 분별없이 적용할 때 그릇된 결과를 가져오기도 한다.

기존의 연역법은 대전제의 성급한 일반화 때문에 각종 우상에 빠지는 지름길이 된다. 이와 비교해 귀납법은 우상과 편견을 버리는 가장 적극적 방법이다. 진리를 탐구하고 발견하기 위해서는 직접 감각이나 추상 정도가 낮은 개념에서 출발해야 한다. 이때 관찰과 실험이 가장 중요하다. 관찰과 고찰을 벗어나면 인식을 향한 확실한 방법을 찾을 길은 더욱더 멀어진다.

라이트는 18세기 유럽의 눈부신 과학 기술 발전을 소재로 작업한 대표적인 화가다. 그의 〈공기 펌프 속의 새 실험〉은 베이컨이 강조하는 관찰과 실험을 상징적으로 보여 준다. 실험 기구에서 새가 죽어가는 모습을 명암의 극적 대비로 표현했다. 유리로 만들어진 기구 뒤에서 정면을 바라보며 실험하는 사람은 과학 교사다. 공기 펌프를 이용해 만든 장치 속 진공 상태에서 새가 죽어가고 있다. 성인들은 과학과 기술이 주는 경이로움에 감탄하는 듯

〈공기 펌프 속의 새 실험〉, 1769년

하다. 하지만 아이들은 무언가 두려워하는 표정이다. 한 아이는 끔찍한 모습을 차마 볼 수 없는지 손으로 얼굴을 가린다.

베이컨의 논리에 따르면 진공이라는 관념은 관찰과 실험으로만 정당화할 수 있다. 그림에서 보이듯 실제로 공기를 빼냈을 때 벌어지는 현상을 실험으로 직접 확인한다면, 진공이라는 단어의 관념을 확실하게 믿을 수 있을 것이다. 만약 관찰과 실험으로 한정되지 않는다면, 학문은 공허하거나 모호한 단어의 나열에 지나지 않는다. 학문은 관찰로 얻어지는 지혜인데, 여기서 '유용성'을 가장 중요한 요소로 본다. 학문 자체는 이용 방법을 제시해 주지 않는다. 오직 관찰과 실험만이 구체적 방법을 제시해 준다.

그런데 한두 번의 실험이 확실한 결과를 보인다고 해서 이것을 곧바로 일반적 결론에 이르는 방법을 귀납법이라고 하지는 않는다. "단순 나열에 그친 귀납법은 유치하기 짝이 없다. 매우 제한된 수의 사례 또는 당장 앞에 주어진 것을 가지고 뭔가 이끌어 내려 하다 보면 경솔한 결론에 도달한다. 게다가 한 가지라도 반대의 사례가 나타나면 그 결론은 허망하게 무너지고 만다. 과학과 기술의 발견과 이를 증명하는데 유효한 귀납법은 배제와 거부에 의해 자연을 분석하고 충분한 반례를 모은 다음 확고한 증거를 통해 결론에 도달한다."

개별 사례에서 출발하는 귀납의 과정에는 두 가지 방법이 있다. 하나는 개별 사물에서 출발해 일반 명제에 도달한 다음, 그것을 제1원리로 삼아 중간 수준의 공리를 이끌어 내는 방법이다. 인간의 지식이 중간 수준의 공리에 만족할 수 없기 때문에 더 만족스럽고 유용한 결론에 도달하기 위해서는 더 심화한 방법이 필요하다. "하나는 감각과 개별자(particular)에서 출발해서 가장 일반적인 공리에 도달한 다음, 그것을 확고부동한 진리로 삼아 이들 원칙을 판단하고 중간 수준의 공리에 이르는 것이다. … 거기에서 점진적이고 지속적으로 상승한 다음 마침내 가장 보편적인 공리에 도달하는 방법이다. 이것 지금껏 한 번도 시도된 적이 없는 진정한 과학적 방법이다." 지금까지 제대로 시도된 적이 없었지만, '진정한 과학적 방법'이라는 점에서 추구해야 하는 가장 확실한 길은 바로 '인식'이다.

베이컨 귀납법의 특징은 자연에 대한 이해와 마찬가지로 상호 작용의 가능성을 열어 두는 신중함에 있다. 귀납을 개별 사물의 관찰에서 순차적 수준의 원리로 나아가는, 그러한 의미에서 구체에서 추상으로 나아가는 길만으로 한정하지 않는다. "누적된 개별적인 경험으로부터 일정한 방법과 규칙에 의해 도출된 새로운 공리에서 나는 희망의 빛을 본다. 바로 이 공리에 의해 새로운 사례들이 차례로 밝혀지게 될 것이다. 우리가 걸어갈 길은 평지가 아니어서 오르막이 있으면 내리막도 있을 것이다. 공리를 향해 올랐다가 결과의 내리막을 내딛는 것이다.”

구체에서 추상적 원리에 이르는 상승 과정만으로는 완결적이고 성과 있는 결과에 이르기 어렵다. 물론 이러한 과정으로 최고 수준의 공리를 이끌어 내는 것이 가장 일차적이고 중요하다. 여기에 더해 학문이 진정으로 확실한 토대 위에 서고 궁극적으로 현실에서의 유용하기 위해서는 추상에서 다시 구체로 내려오는 과정이 필요하다. 베이컨은 이를 ‘오르막’과 ‘내리막’으로 표현했다. 가장 높은 공리에 도달한 다음에는 다시 개별 사례에 적용하면서 공리의 정당성과 현실성을 검증한다. 이를 통해 공리가 공리에 머무르지 않고 현실에 유용하게 적용하는 과정으로 들어갈 수 있다.

홉스와 로크, 개별에서 원리로의 일방향적 귀납

홉스와 로크는 기본적으로 베이컨의 귀납적 방법을 옹호한다. 홉스는 감각 기관을 거치지 않고는 마음에 아무런 개념도 생기지 않는다고 보았다. 하지만 개별 사물에 대한 지식이 곧 학문일 수는 없다고 생각한다. 요컨대 학문은 연속 관계에 대한 지식, 즉 사실과 다른 사실이 상호 의존하는 관계의 지식이다.

개별 사물에서 직접 생겨나는 단순 지식을 얻는 방법도 귀납적이다. 그런데 더 복잡한 지식인 학문으로 나아가는 과정도 귀납에 의존한다. 경험으로 입증된 개별 사실이 다수의 다른 사실들과 연관되면서 상승해 나가는 과정을 통해 얻어지게 된다.

로크도 감각에 없으면 정신에도 없다고 여긴다. 관념은 선험적으로 어떤 지식을 가지고 있는 것이 아니라 후천적 경험으로 얻어진다. 또한 인식이 깊어지기 위해서는 사물의 현상에 머물지 않고 원인으로 들어가야 하는데, '원인에 주목하는 것은 우리 바깥에 있는 사물의 성질을 탐구하는 것'이기 때문에 역시 경험에 근거해야 한

로크

다. 이때 경험은 사물을 외적으로 관찰해 얻는 감각과, 마음속의 여러 현상을 거쳐서 얻는 내적 관찰의 반성으로 이루어진다. 경험으로 얻은 지각은 관념을 통해 원리적 인식에 접근하는데, 다시 관념은 단순 관념에서 복합 관념에 이르는 귀납의 길을 밟는다.

단순 관념은 감각이나 반성의 직접 경험에 따라 수동적으로 얻는 관념이다. 오성이 가지기를 거절하거나 바꿀 수 없다. 또 지우거나 새롭게 만들 수도 없기 때문에 수동적이다. 왜냐하면 단순 관념은 물체의 성질에서 직접 비롯되기 때문이다. 물체의 객관적인 제1성질에 속하는 크기·모양·운동에 따라 생기는 차가움·거칠음 등의 관념, 물체의 주관적인 제2성질에 속하는 색·소리·냄새·맛 등에 따라 생기는 쾌·불쾌의 관념이기 때문에 마음은 여기서 비롯된 인상을 받아들일 수밖에 없고 또한 그것에 합쳐진 관념을 지각할 수밖에 없다.

단순 관념은 복합 관념으로 나아간다. 복합 관념은 마음과 단순 관념으로 만들어진다. 오성이 단순 관념을 결합하거나 연결하거나 추상해 만들어지는 관념이 바로 복합 관념이다. 이렇게 한 관념을 다른 관념에 연결하면서 일반적 관념에 도달하게 된다. 복합 관념은 아무리 수가 많고 복잡하더라도 관계 맺음과 양식화의 과정을 거쳐 일반 관념으로 올라갈 수 있다.

버클리, 주관적인 귀납의 길과 현상론

로크가 베이컨의 왼편에서 귀납을 상승의 과정으로만 경직되게 보았다면, 버클리는 베이컨의 오른편에서 경험과 귀납의 주관성을 극대화했다. 버클리는 로크가 주장하는 제1성질이나 제2성질 모두 실제적·고정적이지 않기 때문에 이를 귀납의 출발점으로 삼을 때 오류를 스스로 불러온다고 본다. 로크가 제1성질로 분류한 거리·크기·위치 등은 물체에 속하므로 객관적이거나 실제적인 것이 아니다. 오히려 "마음이 시각 관념을 매개로 촉각 대상의 거리, 크기, 위치를 지각하거나 파악하는 방식을 보았다."라고 이해해야 한다. 그렇기 때문에 일차적인 것은 우리의 감각 관념이지 대상의 물질적 성질이 아니다.

버클리는 먼저 거리 개념이 왜 물체의 객관 성질에 속하지 않는지를 논증한다. "먼 거리는 감각 기관보다는 오히려 경험에 의해서 지각된다. … 예를 들어 내가 집, 들판, 강 같은 것처럼 중간에 있는 다수의 대상을 지각할 때, 나는 그것이 상당한 공간을 차지한다고 경험해 왔으며, 그 때문에 나는 그들 너머로 내가 보는 대상이 아주 멀리 있다는 판단이나 결론을 내리는 것이다. … 그 경험이 없다면 나는 희미함과 작음에서 대상의 거리에 관한 어

<강 풍경>, 1768년~1770년

떤 것도 추론해 낼 수 없었을 것이다." 로크를 비롯해 많은 사람이 상식처럼 생각하는, 물체와 물체 사이의 거리라는 관념이 물체 자체에서 온다는 생각을 뒤집는다. 즉 거리 관념은 물체가 주는 정보를 감각이 수동적으로 받아들여서 만들어지지 않는다. 반복되는 경험으로 우리 안에 만들어진 거리 감각이 각을에 '거리 관념'을 만든다. 그러므로 거리를 물체의 성질이라고 볼 수 없고, 그런 점에서 물체를 귀납의 일차적 요소로 보는 관점도 잘못이다.

게인즈버러의 <강 풍경>을 보면서 버클리의 문제의식을 좀 더 구체적으로 이해해 보자. 이 작품은 18세기 영국의 일상적인 농촌 모습을 담은 풍경화다. 구도에 세 개의 층을 넣어 원근감을 실현했다. 맨 앞에는 배를 타고 있는 사람들이 있고 중간에는 몇 마리의 소가 물을 마신다. 저 멀리에는 아스라한 지평선과 자세히 보아야 알 수 있을 정도로 작고 흐릿한 성의 종탑이 보인다. 특히 산은 매우 작고 하늘과 경계가 제대로 구분되지 않을 정도로 흐릿해서 꽤 먼 거리에 있음을 알 수 있다. 중경을 거쳐 근경으로 올수록 물체가 크고 윤곽이 뚜렷해서 손에 잡힐 듯 가까운 느낌이 든다.

그런데 과연 근경과 중경, 원경에 있는 물체가 우리에게 어느 정도의 거리에 있다는 관념을 심어 주고 있는 것일까? 예컨대 어릴 적 실제로는 매우 멀리 있는 산인데도 조금만 걸어가면 도착할 수 있다고 착각하며 길에 오른 경험을 한 번쯤은 했을 것이다. 또 봉우리가 가까이 보이니까 조금만 더 올라가면 금방 정상에 오를 수 있으리라 생각하지만, 가도 가도 끝이 없어서 힘이 빠진 경험도 있을 것이다. 그렇게 몇 번의 힘든 경험을 하고 나서야 대략의 거리 감각이 생겨 어림짐작할 수 있게 된다.

버클리는 '거리 관념'을 물체의 성질에 속하지 않는 주관적 경험의 산물이라고 주장한다. 만약 우리가 거리의 정도에 따른 감각의 차이를 얻지 못했다면, 대상의 거리에 관해 어떤 감각 판단도 할 수 없다. 마치 단 한 번도 들어 본 적이 없는 낱말을 어떤 사람이 발음하는 것을 듣고 그의 생각을 감히 판단하려는 시도다.

크기나 위치에 대한 관념도 마찬가지다. 보통 우리는 어떤 물체의 크기를 생각할 때 몇 인치나 몇 미터쯤 되어 보인다는 관념을 갖지만, 처음부터 물체의 성질에서 곧바로 얻을 수는 없다. 인치나 미터는 '대상을 측정하고 크기를 어림하는, 확립되고 공인된 길'로, 이런 감각 역시 어린 시절부터 반복된 경험으로 만들어진다. 또한 같은 크기라 해도 〈강 풍경〉에서 보았듯이 거리에 따라 서로 다른 시각적 연장을 갖는다. 거리를 고려한 크기의 이해도

역시 주관적 경험에 의존한다. 위와 아
래, 높음과 낮음 등 물체의 위치도 같
은 맥락으로 이해할 수 있다.

　물체의 성질과 분리된 주관적 경
험을 강조하는 논리는 극단적 현상론
으로 귀결된다. 물체의 성질에서 현상
이 나타난다는 통념을 거부하고, 물체
의 성질을 배제한 후 경험으로 바로 현
상에 접근하는 과정에만 주목한다. 극
단적 현상론 논리 아래서 어떤 물체가

버클리

보이는 결과를 놓고 원인을 추적해 나가는 정신 작용은 의미를 잃는다. 관념
결합은 표시된 사물의 표징이나 표시의 관계를 가질 뿐이다. 예를 들어 내
가 보고 있는 불은 내가 불에 접근할 때 느끼는 고통의 원인이 아니라 나에
게 주의하라고 알려 주는 표징일 뿐이다. 이와 같은 방식으로 내가 듣고 있
는 소음은 주변에서 물체들이 부딪히거나 운동을 하면서 생기는 결과가 아
니라, 그것에 대한 표시일 뿐이다. 자연 철학자는 이런 표시를 이해하고 노
력하고 탐색해야 한다. 사물을 '설명하는 척해서는' 안 된다.

　버클리처럼 물체의 성질과 물체적 인과관계를 부정할 때 인식 과정의 객
관성은 설 자리를 잃는다. 세상에 존재하는 모든 것이 주관적 경험으로 지각
된다면, 경험은 객관적 기준으로서 역할을 할 수 없다. 왜냐하면 사람마다
경험으로 지각하는 세계가 다르기 때문에 객관성이라는 설정 자체가 사실
상 불가능해지기 때문이다.

흄, 실재론과 현상론의 수렴과 귀납을 통해 개연성에 이르다

앞에서 언급했듯이 흄은 정신에 나타나는 지각을 인상과 관념으로 구분하면서 로크와 버클리를 융합하려 했다. 감각 대상과 직접 연관된 인상에서는 로크를, 감각과 직접 관계하지 않고 인상과 관계하는 관념을 설정하는데서는 버클리를 각각 받아들였다. 즉 흄은 실재론과 현상론의 수렴을 시도했다.

인상과 관념은 항상 같이 작용한다. 인상과 관념은 일방향 관계다. 경험이 인상이나 대응 관념에 언제나 앞선다. 그는 아이에게 주홍색이나 노란색, 또는 단맛과 쓴맛의 관념을 주려면 그 대상을 '직접 보여 주겠다'고 한다. 먼저 관념을 불러일으켜 인상을 만들어 내려고 애쓰는 것처럼 어리석게 행동하지 않는다. 관념은 인상이 주는 정보를 대상으로 작업할 수 있을 뿐이다.

하지만 그 정도가 전적이거나 직선적이지는 않다. 즉, 감각이 제공한 모두를 그대로 관념의 작업 대상으로 삼지는 않는다. 만약 그러하다면 인상과 관념을 구분할 필요도 없고, 물체에 대한 관념의 상대적 독립성도 이루어질 수 없다. 관념은 인상이 가진 것 중에 시각과 촉각으로 직접 전달되는 정보가 아닌, 일정하게 질서를 잡은 정보가 대상이다. 이때 기억은 인상과 관념 사이의 중간자로 관념의 질서와 자리를 보존한다. 또한 관념은 인상의 내용 중에 쾌감이나 불

흄

쾌감 등을 제외한 나머지를 가지고 작업을 한다. 즉 감정적 요소를 제거하는 과정을 밟게 된다.

흄은 인상과 관념을 구분하고, 또한 '기억'으로 둘의 관계를 매개해 실재론과 현상론을 수렴할 뿐만 아니라 나아가서는 관념의 연합으로 귀납의 과정을 구체화하고 체계화한다. 관념들은 일정한 규칙으로 연결된다. 이때 관념의 관계를 인과관계로 질서 지우려는 시도는 오류를 가져온다. 흄에 따르면 모든 종류의 추론은 비교에 지나지 않는다. 서로 관련된 둘 이상의 대상이 갖는 계속적·일시적 관계를 발견할 뿐이다. 그래서 법칙적 의미의 인과관계를 설정하려는 지나친 욕망을 스스로 억눌러야 한다. 즉 충분하게 실험하고 이론을 세웠다면 그에 만족해야 한다. 이러한 의미에서 흄의 견해는 회의론적 요소도 어느 정도 가지고 있다.

하지만 원인에 대한 모든 사고를 부정하지는 않기 때문에 전형적 회의론이라고 보는 데에는 어려움이 있다. 흄의 관점에서 봤을 때 경험으로 대상과 대상 사이에, 관념과 관념 사이에 인과관계를 설정할 수는 있다. 대상과 대상, 관념과 관념 사이에 필연적 관계를 갖지는 못하지만, 적어도 근접·선행·일정 결합이 존재하므로 산출 관계를 파악하는 작업은 의미가 있다.

문제는 이를 법칙의 의미로 고정하거나 필연적 원인 파악을 보는 탐구의 목표로 삼아서는 안 된다는 것이다. 정신이 한 관념을 변함없이 바라만 볼 수 없기 때문에, 또한 인식이 경험을 토대로 하기 때문에 정신이 귀납의 방법으로 도달할 수 있는 수준은 필연이기보다는 개연이다. 그렇기 때문에 흄의 철학을 회의론과 불가지론으로 규정하는 것은 성급하다.

Art
경험론 미학과 18세기 영국 미술

경험론이 생각하는 예술에 대한 인식과 미학

예술은 감각이나 상상력과 연관이 깊다. 그런데 합리론은 상상력을 감각과 함께 참된 지식을 얻는 데 부정적이고 수동적 역할을 하는 것으로 이해했다. 그 결과 철학의 부흥에 비해 미학은 상대적으로 관심을 덜 받았다. 하지만 경험론은 감각과 상상력에 특별한 지위를 부여한 만큼이나 미학에서 새로운 지평을 여는 계기를 마련해 주었다. 경험론이 철학을 향한 물음을 바꾸었듯이, 예술을 바라보는 시각에도 근본적 발상의 전환이 일어난다.

이에 따라 철학과는 별도로 아름다움을 대상으로 미학의 본격적 탐구가 활성화된다. 대표적으로 새프츠베리(3rd Earl of Shaftesbury, 1671~1713), 프랜시스 허치슨(Francis Hutcheson, 1694~1746), 에드먼드 버크(Edmund Burke, 1729~1797) 등이 적극적으로 예술의 이론화를 시도한다. 이러한 경험론의 미학은 실제의 미술 작품에도 영향을 주었다. 18세기 영국 미술을 대표하는 화가로는 윌리엄 호가스(William Hogarth, 1697~1764), 레이놀즈, 게인즈버러, 라이트 등을 꼽을 수 있다.

예술의 목적은 즐거움이다

감각 대상에 대한 경험을 강조한 베이컨의 문제의식은 예술에서도 기본 토대가 된다. 베이컨은 내적 이상을 추구하는 합리주의 미술 경향을 비판한다. "뛰어난 아름다움에는 반드시 어딘가 약간의 야릇한 불균형이 있다. 우리는 아펠레스와 알베르트 뒤러 중 어느 편이 더 하찮은 짓을 했는지 분간하기 어렵다. 한 사람은 기하학적인 비율에 따라서 인물을 그리려 했고, 다른 한 사람은 최고의 미인을 그리려고 여러 사람의 얼굴에서 가장 잘생긴 부분을 하나씩 하나씩 취했다. 이런 인물을 좋아할 사람은 그 그림을 그린 자 외에는 아무도 없을 것이라는 게 나의 생각이다. … 영감에 의존해야지(뛰어난 곡을 짓는 음악가처럼), 규칙에 의존해서는 안 된다는 말이다."

자연이나 인간처럼 현실 대상은 이상적 아름다움을 갖추고 있을 수 없다. 그 때문에 합리주의 미술 전통은 균형이나 비례가 불완전한 감각 대상 그 자체보다 대상을 이상화하는 데에 더 집중했다. 대표적으로 그리스의 고전 양식은 예술을 감각적 모방이 아닌 정신적·개념적 모방으로 규정한 소크라테스의 예술관과 밀접한 연관되어 있었다. 개별 인간이나 사물의 외형은 완벽함을 지닐 수 없다. 그렇기 때문에 사물을 있는 그대로 모방하지 않고 각 개체에서 이상화된 부분을 선택해 전체적으로 이상적 비례에 맞게 조립해 그것에서부터 오는 아름다움을 추구해야 한다.

이와 비슷한 점에서 뒤러는 수학과 기하학에 매료되었고 이를 미술로 실현하려는 신념을 갖고 있었다. 이성에 의존해 공간의 측정과 구조를 지배하는 수학적 원리 그리고 인체의 완전한 비례로 이상적 아름다움을 작품에 녹여 내려 했다.

베이컨은 화가가 아닌 그 누구도 그림을 기쁘게 만들 수 없다고 생각했다. 여기서 그가 예술의 목적을 기쁨과 즐거움에 두고 있는 점에 주목할 필요가 있다. 미술은 사람들에게 즐거움을 주기 때문에 가치 있다. 과거의 미술이 이성이 도달한 이상적 형식과 선이나 덕을 작품으로 실현하는 데 목적을 두었다면, 이제 미술의 가치는 감정에 직접 즐거움을 주는 데 맞추어진다. 연극과 같은 공연 예술도 마찬가지다. 그 자체로 눈을 즐겁게 하고 지루하지 않게 하면 그만이다. 오직 형식을 통해 전달하는 '기쁨'에 초점이 맞추어질 때 독자적 위상을 갖게 된다. 이런 점에서 미술에 대한 발상의 전환이 어느 정도 이루어졌다고 볼 수 있다.

베이컨이 보기에 정신적으로 이상화된 작품은 즐거움을 줄 수 없다. 왜냐하면 현실의 감각적 즐거움은 직접적인 아름다움에서 오기 때문이다. 사람들이 아름다운 자연을 보고 감탄하는 것은 거기에 아무런 결함이 없어서가 아니라 전체적으로 주는 감흥이 있기 때문이다. 사람도 마찬가지다. 사람의 얼굴 부분 부분보다 전체로 모일 때가 더 훌륭하다. 나이 든 사람이 몇 배나 사랑스럽게 여겨진다 하더라도 이상할 게 없다. 젊은 외모만 아름다운 게 아니다. 품위 있는 동작이 함께 한다면 나이가 많은 사람도 얼마든지 아름다울 수 있고 그런 모습은 보는 이를 기쁘게 할 수 있다.

흄도 예술의 목적을 '즐거움'에 둔 베이컨의 문제의식을 받아들인다. 흄은 모든 아름다움은 고유의 즐거움과 만족을 준다고 보았다. 쾌와 불쾌라는 감각은 서로 반대되는 정념과 관련된다. 아름다움은 긍지를 통해 쾌로, 추함은 소심을 통해 불쾌로 이어진다. 쾌락은 아름다움으로, 고통은 흉함으로 본질을 구성한다. 결국 아름다움도 감각으로 얻을 수 있다.

전체적 비례와 균형으로 절대적 미를 중시한 합리론 미학과 비슷한 점도 있다. 흄은 아름다움을 부분의 질서 또는 부분의 구성이라고 생각했다. 구성미가 필요하지만 이것이 구성의 이상화를 주장하는 것은 아니었다. 각 사물이 부분적으로 서로 다른 아름다움을 가질 수 있기 때문이다. 그런데 한 사물의 아름다움을 구성하는 요소가 다른 사물에도 공통으로 적용될 수는 없다. 각 부분마다 아름다움의 속성이 나름대로 있는데, 이것이 미 일반을 규정짓는 공통 기준은 아니다. 요컨대 아름다움은 감각으로 식별할 수 있을 뿐 정의할 수는 없다.

흄은 미학에서도 버클리의 문제의식을 적지 않게 받아들인다. "[어쨌든] 아름다움은 사물들 자체 안에 존재하는 성질이 아니다. 그것은 오직 사물들을 관찰하는 정신 안에서만 존재하며, 각각의 정신은 서로 다른 아름다움을 지각한다." 미가 경험에 의존하지만 사물의 성질에서 직접 생겨나지는 않는다고 본다.

베이컨은 사람의 용모나 동작처럼 사물의 성질이 '미적 즐거움'을 준다고 본다. 용모는 사물의 연장이며 동작은 운동에 해당한다. 하지만 물체의 연장이나 운동과 같은 성질이 곧바로 아름다움과 즐거움을 만들어 내지 않는다. 그가 미를 '부분'이라는 한정을 달아 질서 또는 구성으로 설명하려 했던 이유도 이와 연관이 있다. 감각 대상의 모양에서 미적 감흥을 느끼는 것이 아니라면, 그래서 미가 관념과 연관을 맺는다면 어느 정도 추상적 의미를 갖는 질서와 구성이 미의 근거로 적절했을 것이다.

하지만 존재론과 인식론에서 그러하듯이 버클리로 완전히 가지는 않고 나름대로 미학에서도 현상론을 중심으로 하되 실재론을 수렴한다. "달콤함이나 쓴맛은 대상들 안에 존재하는 특성이 아니며 전적으로—내적인 것이든 외적인 것이든—정감에 속한다. … 하지만 우리는 그럼에도 대상의 내부에는 본성적으로 저 특정한 느낌들을 자아내기에 적합한 어떤 특성들이 존재한다는 사실을 인정해야만 한다." 다만 물체의 성질이 너무 적게 드러나거나 서로 뒤섞일 수 있기 때문에 미의 즐거움이 미세하게 영향을 받는 경우가 많음을 강조한다.

상대적 미적 기준의 가능성

예술의 목적을 개인의 감각적 즐거움에 두는 이상 아름다움은 절대적 기준을 갖기 어렵다. 베이컨이 아름다움의 상대성을 적극적으로 주장했다는 의미는 아니다. 그는 전체적·이상적 비율과 균형만을 강조하는 태도를 비판했지만 그렇다고 해서 아름다움에 어떠한 기준도 없다는 주장을 펼치지는 않았다. 사람의 아름다움을 평가하는 데 '우아한 동작'이라는 나름의 기준을 제시한 점도 고려할 필요가 있다.

의도와는 무관하게, 정신적 구성미를 비판하고 감각에 기초한 즐거움을 중요한 요소로 삼은 베이컨의 주장은 미의 상대론적 태도를 가능하게 한다. 감각과 감정은 개인에게 속하기 때문에 하나의 기준이나 규칙을 정해서 일관적으로 적용하기 어렵다. 이런 점에서 베이컨의 문제의식은 이후 상대주의적 예술관을 자극하게 된다.

즐거움은 사회적 목적과 거리를 두고 개인의 더 좋은 감정 상태를 추구한다는 점에서 유용성과도 연결된다. 베이컨은 회화에서는 즐거움으로, 건축에서는 주거의 편리성으로 예술의 유용성을 강조한다. 예컨대 기존의 건축 예술이 추구했던 이상적 구성의 아름다움에서 벗어나 실질적 편리함을 기준으로 제시한다.

이와 비슷한 맥락에서, 흄이 모든 정신이 미를 다르게 지각한다고 말한 것을 곧바로 미의 상대성 규정이라고 보기 어렵다. 그는 플라톤 이후의 객관주의 미학을 비판하지만, 전적으로 작가나 감상자의 판단과 기준에 맡기지는 않았다. 대상의 성질로부터 받는 영향이 미세하기 때문에 미에 대한 일반적 기준이 유용한 면이 있다. 예컨대 어떤 사람이 아름답다고 느끼는 부분을 다른 사람은 추하다고 생각할 수 있다. 각 개인은 자신의 감정에 만족해야 하기 때문에 미에 상대적 기준이 적용될 것 같아 보인다. 하지만 적어도 사람들에게 '안정된' 기준이 제시될 가능성도 얼마든지 있다.

이런 점에서 누군가는 흄을 인식론에서 극단적 회의론자로 규정하기도 하고, 또 누군가는 미학에서도 사람에 따라 확고한 상대주의자와 비상대주의자라고 규정하기도 한다. 사실 흄의 철학은 기본 맥락, 즉 버클리와 로크를 발전적으로 조화시키려는 문제의식을 충분히 고려할 때 이해할 수 있다.

독립적 미학으로 체계화하다

베이컨에서 흄에 이르는 경험론 철학의 문제의식은 다분히 독자적·체계적 미학을 일으킬 요소를 갖고 있었다. 예술의 대상이나 표현 수단이 감각과 분리될 수 없는 미술의 성격상, 감각 경험을 인식에서 가장 필요한 과정으로 삼는 경험론은 미의 이론적 정당화를 위한 훌륭한 철학적 토대를 마련해 주기 때문이다. 또한 예술의 목적을 별도의 즐거움에 두면서 철학과 구분되는 독자적·체계적 미학을 전개하는 데 자극을 준다.

새프츠베리는 기존의 합리론적 미 개념에 경험론적 문제의식을 접목한다. 그가 아름다움의 가장 중요한 요소를 '신이 창조한 자연의 조화'로 보았다는 점에서 다분히 그리스 철학 이후 서양의 객관주의 전통을 계승한다. 아름다움이란 조화의 실현에서 오는데, 신이 창조한 조화는 보편적이다. 특히 인간의 능력을 벗어나는 웅장한 자연은 창조주를 떠올리게 하기 때문에 숭고미의 체험은 종교 체험과 연관된다. 또한 보편성을 공유하기 때문에 미와 선은 일치하며 같은 심적 능력에 따라 같은 방식으로 파악될 수 있다. 사람의 행동과 성질에 적용되는 도덕 감정이 예술의 외적 대상에 적용될 때 미감이 된다.

예컨대 조화로운지 아닌지에 따라 예술 감상에서 좋고 싫음이 생긴다. 보편적 성격을 띠는 조화의 아름다움은 마음에 즐거움을 불러일으킨다. 미감은 즐거움과 연결되기 때문에 '취미'의 성격을 지닌다. 객관적·보편적 미 개념에다가 예술에서 즐거움을 얻는다는 베이컨의 문제의식을 접목한다. 하지만 아직은 즐거움이나 취미가 주관적·상대적 의미를 갖지는 않는다. 아름다움으로 얻는 즐거움이 그 어떤 이기심에 연결되어 있지 않기 때문에, 그러한 의미에서 주관적 동기에서 유발되지 않는 무관심한 미적 관조에 들어맞기 때문에 객관성을 유지할 수 있다.

허치슨에 이르러서는 미학에 경험론이 본격적으로 도입된다. 그는 몇몇 대상이 미의 즐거움을 직접 가져다준다고 말한다. 외적 사물이 직접 아름다움에서 오는 즐거움을 줄 수 있다. 이런 즐거움은 '미를 지각하는 감각'을 거쳐 나타난다. 시각이 있기 때문에 색 감각이, 미각이 있기 때문에 맛 감각이, 청각이 있기 때문에 소리 감각이 생기듯이 미의 감각 기관이 있기 때문에 미의 관념이 생기게 된다. 그래서 근대 철학 저서에서 쾌를 감각적 쾌락과 이성적 쾌로만 분류하고 이성적 쾌락을 더 가치 있다고 말하는 것을 케케묵은 논변이라고 지적한다. 드디어 경험적 감각이 미의 핵심 요소로 등장하게 된다.

허치슨은 즐거움이 이익의 전망과 다르다고 말하는데, 이는 다분히 섀프츠베리의 무관심적 미를 받아들였음을 보여 준다. 또한 미에 관한 우리 감각, 사물을 유익한 것으로 지시하는 감각은 사물 욕망과 다르다. 그런데 사물에 관한 욕망은 보답이나 위협으로 균형을 맞출 수 있지만 미에 대한 감각은 그렇게 되지 않는다. 외적 대상에서 오는 아름다움과 즐거움은 사물에 대한 열망, 즉 소유욕과는 전혀 다르다. 미는 곧 '마음의 지각'이다. 이는 사물을 직접적으로 감각하는 것과 구분되는 내적 감각이다. 사물을 실제로 판단할 때는 기대·요구 등과 연관되므로 상대성의 여지가 있지만, 미적 판단은 이익에 앞서는 미적 감각에 의존하기 때문에 상대적이지 않다. 요컨대 무관심적 미를 통해 주관적·이기적 즐거움과 구별하면서 미의 객관성·보편성을 강조한다.

버크는 완전함·완벽성을 근거로 한 미의 보편성에 회의의 눈길을 보낸다. "완전함이 아름다움을 구성하는 원인이라는 것이다. 이런 견해는 감각적 대상을 넘어서까지 적용되고 있다. 하지만 감각적 대상의 경우 완전함 그 자체는 아름다움의 원인과는 거리가 너무 멀어서, 최고의 아름다움이 나타나는 여성의 경우에는 거의 언제나 연약함이나 불완전함이라는 관념이 수반될 정도다." 그는 여성의 아름다움을 예로 들어 설명한다. 여성의 아름다움은 가장 높은 수준임에도 거의 언제나 허약함과 불완전성을 함께 가진다. 여성 스스로가 그 이점을 잘 알고 있어서 말을 더듬는 법, 걸어가며 비틀거리는 법, 약하게 심지어는 병약하게 보이는 법을 연구한다는 것이다. 사람들은 이러한 위장된 허약함과 불완전성에서 아름다움을 느끼기도 한다. 또한 불완전성의 소리 없는 고백인 겸손도 사랑스럽게 여겨져 아름다움을 느끼게 한다.

미는 자연적 성격과 사회적 성격을 모두 갖는다. 미의 자연적 성격, 예컨대 상대가 이성이기 때문에 이성에게 이끌리는 것은 일반적 자연의 법칙이다. 이 경우에 모든 사람이 같은 즐거움을 느끼기 때문에 보편성을 띤다고 볼 수 있다. 하지만 사람은 많은 이성 중에서도 자신만의 미를 가진 개인에게 끌리게 된다. 쾌감과 즐거움을 주는 개인에게서 애정의 감정을 느끼기 때문이다. 이 대목은 미의 사회적 성격을 의미한다고 볼 수 있다. 사람마다 감수성과 주의력에 차이가 있고 그에 따라 선호하는 것이 다르기 때문에 상대성을 가지게 된다. 결국 감각 경험에서 오는 미의 즐거움은 보편성을 기반으로 하면서도 취미 판단의 차이 때문에 상대적일 수 있다.

경험론 미학이 실제의 미술 작품에 가장 영향을 준 것은 이른바 '취미론'이라는 발상이다. 작품의 창작 과정이나 작품을 감상할 때 '경험적 감각에 기초한 취미 판단'이 중요하게 작용한다. 화가와 감상자는 사회적으로 규정된 미(美)라는 보편적 기준에 따라서 창작하거나 감상할 필요가 없다. 요컨대 취미론은 사회적 목적에 구속받지 않고 개인이 즐겁고 그가 가진 미적 감각을 발휘하는 장으로 바꾸어 놓았다. 이런 점에서 서양 미술사에 중요한 전환점이 되었다.

이탈리아 바로크에서 과도기적 변화로

17세기까지 영국 회화는 독자적으로 발전하지 못했다. 유럽 대륙의 세련되고 우아한 문화에 기대어, 왕족이나 귀족은 이탈리아 대가나 프랑스 대가의 작품 구매를 상식처럼 여길 뿐이었다. 18세기에 이르러서야 대륙과 맺는 관계에서 영국의 사회적·경제적 힘이 비약적으로 뻗어 나가게 되고, 경험론 철학을 이론의 배경으로 삼게 되면서 호가스나 레이놀즈 등 독자적인 영국 회화의 등장을 알리는 화가가 등장해 인기를 끌었다. 하지만 그때까지 영국 회화는 이탈리아나 프랑스 바로크 회화의 그늘에서 완전히 벗어나지는 못했다. 호가스는 미와 선의 일치라는 전통적 사고의 틀 안에서 작업했고, 레이놀즈는 프랑스 합리론의 영향을 받으면서 고전주의적 회화 전통을 기반으로 했다. 한계가 많음에도 이후 영국 회화의 독자적 특징으로 볼 수 있는 맹아가 내부에서 자라나고 있었다.

미와 선의 일치, 현세적인 주제와 감각적 표현

아직 경험론 철학 안에서도 상대론과 절대론은 정확히 분리되지 못한 채 가능성만을 열어 두는 상태였다.

새프츠베리의 미학은 보편성을 매개로 미와 선은 일치하며 같은 심적 능력으로 파악할 수 있다고 여겼다. 호가스는 미와 선을 유기적으로 연결하며 미술로 덕을 실현하는 것에 열중했다. 그 과정에서 전통적 기준을 넘어서는 근대의 맹아가 자라나기 시작했다. 그는 도덕적으로 문란한 당시의 사회상을 풍자화로 고발했다. 특히 귀족의 사치와 향락과 낭비를 작품의 주요 주제

〈난봉꾼의 행각-선술집〉, 18세기

로 삼았는데, 주로 연작 형식으로 드라마 같은 장면을 연출하면서 효과를 극대화했다.

호가스의 〈난봉꾼의 행각-선술집〉은 한 귀족 청년이 주색에 빠져 재산을 탕진하다가 빚을 지고 끝내는 광인이 되어 전락하는 일생을 추적한 연작 중 하나다. 그림 속에 술집 탁자 위에 한 발을 걸치고 늘어져 있는 청년이 바로 이 작품의 주인공이다. 주인공의 왼손에는 여전히 술잔을 들려 있고 그의 눈은 반쯤 풀려 있다. 한눈에 보기에도 이미 꽤 오래 술자리가 이어져 모두가 잔뜩 술에 취한 듯하다. 한 여성이 청년의 가슴에 손을 넣어 얼을 빼면서 슬쩍 시계를 풀어 뒤편의 공범에게 건넨다. 그림 왼편의 또 다른 여인은 청년을 유혹하려는 듯 치마를 걷어 올리면서 다리를 드러내 시선을 뺏는다.

호가스는 청교도 전통에서 성장한 사람들에게 감동을 주기 위해 교훈적 주제로 그림을 그렸다. 착한 일에는 보상을, 악한 일에는 참혹한 대가가 돌아간다는 도덕적 관념을 작품에 표현했다. 주제 설정은 물론이고 등장인물의 표정이나 동작·복장·소도구 등으로 자신의 뜻을 전달했다. 예술을 사회적·보편적 목적을 실현하기 위한 수단이라 생각했다는 점에서, 미술을 전통적인 관점에서 바라봤다고 볼 수 있다.

하지만 몇 가지 점에서는 근대를 향한 발걸음을 보인다. 과거의 중세 미술이나 이탈리아 바로크 미술이 주로 종교적 이상을 실현해야 할 덕으로 선택했다면, 호가스는 현실의 경제적 사치와 정치적 부패를 표적으로 풍자하면서 교훈을 주려 했다. 또한 르네상스 미술이 구도와 비례의 균형을 중시하고 이탈리아 바로크 미술이 비현실적 동작이나 극적인 명암 대비를 양식화했다면, 호가스는 일정한 틀에 얽매이지 않는 자유롭고 생생한 표현을 중시했다. 이성적 조화를 넘어 감각적 표현을 추구했다는 점에서, 어느 정도 경험론을 반영하면서 근대적 회화 형식을 개척했다고 볼 수 있다.

고전주의 틀 안에서 감각적 즐거움을 표출하다

레이놀즈는 이상적 아름다움을 추구했다. 미학적으로는 경험론보다 프랑스의 합리론에 더 가까웠다. 그는 초상화를 즐겨 그렸는데, 인물이나 사물을 있는 그대로 그리지 않고 이상적인 인물의 자세와 배경으로 고전주의 전통을 살리려 했다. 실제로 이탈리아로 유학 가서 부오나로티 미켈란젤로(Buonarroti Michelangelo, 1475~ 1564)와 라파엘로(Raffaello, 1483~1520) 등을 모사하면서 고전 화가의 기법을 흡수했다고 한다.

〈엘리자베스 부인과 자녀〉, 1777년~1779년

〈보울양〉, 1775년~1776년

예컨대 〈엘리자베스 부인과 자녀〉를 보면 그의 의도를 쉽게 볼 수 있다. 그림을 보면 인물이 단순히 앉아 있거나 서 있지 않다. 엘리자베스 부인은 신화에 등장하는 여신과 같은 자태를 취하고 있다. 남자아이도 먼 산을 바라보는 계산된 자세다. 레이놀즈의 초상화 대부분은 전체적으로 장중하며 우아한 분위기를 풍긴다. 남성은 언제나 고귀하고 용감하게, 여성은 우아하고 아름답게 그렸다.

하지만 고전주의 형식만 그대로 따르지 않았다. 이상적 자세와 구도가 주는 우아함을 전제로 하되 거기에 시각적 즐거움을 더했다. 특히 어린이의 생생한 표정으로 감각적 즐거움을 표현하는 데 능했다. 정형화된 자세와 표정으로 조각상처럼 보이는 엄마나 아들과는 달리, 딸의 생기발랄한 모습은 일순간 그림 전체에 생동감을 불어넣으며 시각적 즐거움을 준다. 몸과 고개를 살짝 숙인 채 미소 띤 얼굴에는 표정이 살아 있다. 오빠의 옷깃을 잡은 손도 앙증맞고, 살짝 치켜뜬 눈이나 장난스럽게 올라간 입꼬리도 사랑스러워 보인다.

〈보울양〉은 더 적극적이다. 조화로운 형식이 주는 감동이 아니라 소녀가 강아지에게 얼마나 깊은 애정을 가졌는지를 느낄 수 있다. 두 팔을 둘러 강아지를 꼭 안고 있는 모습, 입가에 살짝 미소를 띤 채 초롱초롱한 눈망울로 전면을 응시하는 모습이 아이의 천진난만함과 순진함을 생생하게 전한다.

즐거움과 취미, 유용성으로서의 미술

자연적 풍경과 미의 상대성

18세기 영국 미술의 주요 특징으로는 풍경화가 활발하게 그려졌다는 점, 그래서 19세기 영국 풍경화의 황금기를 준비했다는 점을 들 수 있다. 풍경화의 발전은 미술사에서 특별한 의미가 있다. 먼저 인위적 상황 설정이 주는 의미보다는 아름다움에 주목하게 되면서 사회적으로 구성원에게 어떤 목적을 심어 주기보다는 개인의 감상이 더 중요해지는 계기가 되었다. 다음으로 이성적 요소보다 감각적 요소가 중요해지면서 자연은 이성이 아닌 물질적 요소로 가득한 공간으로 자리 잡는다. 자연을 아름다움의 대상으로 삼는다는 것은 감각적인 면을 부각한다는 뜻이다. 그러한 의미에서 18세기에

〈코너드 마을이 있는 풍경〉, 18세기경

시작해서 19세기에 만개하는 풍경화의 발전은 경험론 확대와 긴밀하게 연결되어 있다.

게인즈버러는 18세기 영국 풍경화를 대표한다. 그는 많은 시간을 야외에서 그림을 그리는 데 보냈다. 한적한 시골 마을을 담은 〈코너드 마을이 있는 풍경〉은 그의 특징을 잘 보여 준다. 작품 속 강가에 물을 마시러 나온 소와 양 몇 마리가 보인다. 사람들은 풀밭에 한가하게 앉아 노닥거린다. 뭉게구름이 화창한 자연의 정취를 한껏 살린다. 강으로 뻗은 구조물 끝에는 강아지가 한 마리 있다. 강 속의 물고기를 보며 컹컹 짖는 중인 것 같다.

전반적으로 이상적 풍경이 아닌 자연 그대로의 풍경이다. 이상적으로 가공한 곳은 어디 한 군데도 없어 보인다. 왼편의 나무는 앙상한 가지를 다 드러내고 있다. 이상화된 풍경화에 흔히 등장하는 울창한 나무가 아니다. 또 그림 중간에는 밑동이 부러져 쓰러져 있는 나무가 보인다. 언덕을 따라서 흙한 속살을 드러낸 땅의 모습도 그대로다. 게인즈버러는 프랑스의 바토보다는 네덜란드의 호베마에 훨씬 더 가깝다고 할 수 있다. 호베마가 보여 주었던 실제의 자연 묘사, 자연이 중심이 되는 화면 배치 등을 닮았다.

〈저녁의 동굴〉, 1780년

라이트의 〈저녁의 동굴〉은 또 다른 면에서 영국 풍경화의 새로운 진전을 보여 준다. 동굴 안에서 밖을 바라본 광경을 담은 이 그림은 저녁이 되어 멀리에서 항구로 돌아오는 배를 작은 점처럼 흐릿하게 표현했다. 동굴 속은 바위로 가득하다. 동굴 입구는 빛이 들어 밝고 그에 대비해 안쪽은 어둠이 짙다. 그런데도 동굴 안의 바위와 물의 질감이나 양감이 생생하게 살아 있다. 화가가 실제 동굴 안에서 그렸거나 적어도 꽤 오랜 시간 꼼꼼한 관찰과 스케치했다는 것을 짐작할 수 있다.

이 그림은 몇 가지 면에서 주목할 만하다. 먼저 말 그대로 실제 자연을 엄밀하게 표현했다는 점에서 경험론 사고의 영향이 꽤 많이 배어 있다. 다음으로 자연의 아름다움을 묘사할 때 일반적 기준을 넘어서 새로운 시각을 보여 준다. 흔히 숲이 보여 주는 녹색의 향연이나 광대하게 펼쳐진 파란 하늘 등 자연의 숭고함을 아름다움의 기준으로 꼽는다. 하지만 이 그림은 어둡고 스산한 동굴 속 광경을 표현 대상으로 삼아 그려 냈다. 이는 미에 대한 상대적 문제의식과 태도를 생각하게 한다. 마지막으로 어떠한 사회적 목적이나 기준에서도 벗어났다는 점에서 개인의 미적 판단과 취향이 중심인 '취미의 미술'이 될 수 있다는 가능성도 보여 준다.

과학적 유용성과 인공조명이 주는 시각적 즐거움

베이컨은 사변적 합리론을 비판하고 생활을 개선하는 유용한 성과를 철학적 진리성의 가장 중요한 기준으로 삼았다. 유용성 중시는 과학과 기술의 발전으로 이어졌다. 미술에서도 유용성을 가져오는 과학을 회화로 표현하려는 시도가 보인다. 앞서 라이트가 〈태양계를 설명하는 학자〉, 〈공기 펌프 속의 새〉에서 보여 주었듯이 과학의 눈부신 발전을 회화에 담았고, 이를 통해 과학을 사회적 관심사로 넓히려 했다.

그의 또 다른 작품인 〈인(燐)을 관찰하는 연금술사〉도 라이트의 생각을 반영한다. 그림 앞쪽에 실험 중인 연금술사가 있다. 유리로 만들어진 비커 안에 들어 있는 인광체가 빛을 발한다. 현자의 돌을 찾는 과정에서 발광체 인(燐)을 발견한 모양이다. 연금술사는 새로운 물질 앞에 경건하게 무릎을 꿇고 있다. 뒤쪽에 조수로 보이는 두 청년도 작업 중이다. 그림의 배경이 되는 건물은 교회와 비슷한 분위기를 풍긴다. 창문으로 보이는 달빛이 은은하다.

원소 개념이 명확하게 정해지기 전까지 연금술사들은 현자의 돌을 만들기 위해 혈안이 되어 있었다. 현자의 돌이 비금속을 황금으로 변하게 하는 힘을 가졌다고 생각한 연금술사는 그 돌을 찾아 헤맸다. 연금술을 연구하는 과정에서 많은 새로운 물질이 발견되고 결과적으로 근대 화학 발전에 크게 기여했음은 널리 알려진 사실이다. 요컨대 연금술사들이 과학자 역할을 한 셈이었다. 라이트는 이 그림으로 과학의 경이로움을 넘어 거의 경배에 가

까운 이미지를 표현한다. 실제로 라
이트는 영국의 영향력 있는 과학자나
산업가와 꾸준하게 교류했다. 유용성
을 주는 과학에서 희망을 발견하고
이를 그림으로 나타냈기 때문에 라이
트는 '산업 혁명의 정신을 최초로 표
현한 화가'라고 불리기도 한다.

그의 또 다른 작품인 〈오줌주머
니를 가지고 싸우는 소년들〉에서는
회화로 감상자들에게 특별한 시각적
즐거움을 준다. 작품 속에 두 아이는
오줌보를 차지하기 위해 싸운다. 영
국에서도 우리처럼 옛날에는 오줌보
에 바람을 넣어 공으로 이용했던 것
같다. 서로의 귀를 꼬집으면서 빼앗
기 위해 애를 쓰는데, 귀를 잡은 손을
떼어 내려 하지만 쉽지 않은 모양이
다. 시뻘건 얼굴에 찌푸리고 있는 소
년의 표정이 재미있다.

장면이 주는 재미도 있지만 화가

〈인(燐)을 관찰하는 연금술사〉, 1771년

〈오줌주머니를 가지고 싸우는 소년들〉, 1770년

의 궁극적 의도는 조명을 통한 명암 효과에 있다. 이 작품은 인공조명을 이
용해 그동안의 회화가 주지 못했던 특별한 시각을 경험하게 한다. 우리는 위

에서 아래로, 밖에서 안으로 향하는 자연의 빛에 익숙하다. 하지만 라이트는 아래에서 위로, 안에서 밖으로 향하는 인공조명이 얼마나 색다른 묘미를 줄 수 있는지 잘 알았고 이를 그림으로 표현했다. 게다가 두 소년이 싸우는 동작으로 이런 효과를 극대화했다. 시각적 즐거움 말고는 다른 어떤 의미나 형식적 비례를 의도하지 않았다.

Philosophy
경험론의 윤리 철학

시민 계급의 실용적 윤리관

시민 계급 윤리관의 정당화

베이컨은 발견과 발명으로 인간 생활을 풍부하고 윤택하게 하는 학문을 윤리학과 정치학에도 적용할 수 있음을 주장한다. "내가 주창하는 방법이 오직 자연사 연구에 국한되는지 또는 다른 종류의 과학이나 논리학, 윤리학 혹은 정치학에도 적용할 수 있는지 하는 질문 말이다. … 우리의 귀납법도 전 분야의 학문을 포용한다." 인간의 힘과 지식은 밀접하게 연관되어 있기 때문에 거의 같다. 여기서 추상적 이론에 몰두하는 고질적 악습에 물들지 않기 위해서는 실용적 영역과 관계가 있는 기초에서 출발해 학문을 시작하고, 실용 영역을 잣대로 이론을 규정해 나가야 한다. 그래서 자연 철학으로 확립한 귀납적·실용적 관점을 윤리학과 정치학으로 넓혀 나가는 과정을 밟아야 한다.

부(富)는 도덕적 삶에 지장을 주는 대표적 요소다. "재산은 덕성의 짐이라고 일컫는 것이 좋을 것이다. … 부자가 되는 길은 대부분 추악하다. 인색은 무난한 방법이지만, 그것도 결함이 있다. 인색한 사람은 관대할 수 없고,

〈유행에 따른 결혼-결혼 계약〉, 1743년~1745년

자선을 베풀지 못하기 때문이다." 특히 부에 집착해 왜곡된 결혼을 하게 되면 더한 악덕을 만들어 낸다. "처자식을 가진 자는 운명의 손에 인질로 넘어간 자다. … 확실히 사회를 위한 훌륭하고 위대한 공적은 결혼을 하지 않았거나, 자녀를 두지 않은 사람에게서 나왔다. 이들은 정신적인 사랑이나 물질적인 재산을 바쳐 사회와 결혼하고 사회를 위하여 헌신할 수 있었던 것이다. … 그들이 무척이니 소중하게 생각하는 것들을 결국 자녀들에게 물려주어야 함을 인식하고 있기 때문이다."

현실에서 부와 결혼이 결합해 추악한 악덕을 드러내는 일이 많았기 때문에, 베이컨은 이에 더욱더 신랄하게 비판을 퍼부었던 것 같다. 예컨대 호가스의 〈유행에 따른 결혼-결혼 계약〉은 이런 세태를 잘 보여 준다. 〈유행에 따른 결혼〉이라는 이름으로 제작된 연작 중 하나로, 신랑과 신부 가족이 결혼을 위한 사전 계약서를 쓰기 위해 모여 있는 상황을 그렸다. 당시 영국 상류 사회에서 부와 명예의 맞교환을 전제로 빈번하게 일어났던 정략결혼을 다뤘다. 그 첫 장면으로서 결혼 계약이 이루어지는 순간이다.

오른편의 백작이 신랑 아버지고 맞은편에서 안경을 꺼내 계약서를 확인하는 사람이 부유한 상인이자 신부 아버지다. 신부 아버지는 막대한 돈으로 결혼을 성사시켜 신분 상승을 꾀한다. 백작은 왼손에 가문의 족보를 들고 자랑한다. 하지만 붕대를 감은 한쪽 발과 목발이 상징하듯이 그는 사치로 몰락한 귀족에 불과하다. 왼편에는 결혼 당사자인 신랑과 신부가 있다. 화려한 복장의 신랑은 신부에게 등을 돌려 거울만 바라보고, 신부는 손수건을 꼬며 앉아 있어서 둘 사이에 아무런 애정이 없다.

그들의 뒤쪽 벽면에 이탈리아와 프랑스의 바로크와 고전 양식 그림들이 걸려 있고 가구는 화려한 로코코 풍으로 치장되어 있다. 호가스는 바로크나 로코코 양식의 회화와 장식을 귀족들의 추잡하고 천박한 사치 풍조의 하나로 보았던 듯하다. 귀족과 신흥 부자의 방탕한 생활을 비판함과 동시에 영국 귀족의 미술 취향을 조롱한다.

베이컨이 보기에 덕의 핵심은 개인적 선을 넘어서 사회에 유용하게 기여하는 데에 있다. 부의 형성 과정은 대체로 덕을 해치는 방법에 의존한다. 하지만 그는 모든 부를 부정적으로 보지는 않았다. 바람직한 부를 얻는 과정을 몇 가지 제안한다. "토지 개발은 재산을 얻는 가장 자연스러운 방법이다. 우리의 위대한 어머니, 즉 대지의 축복인 까닭이다. … 평범한 장사와 직업으로 얻는 이익은 정직한 것이며, 거래가 공정하다는 평판을 듣고, 또 부지런

하면 그 이익이 촉진된다. 그러나 남의 필요를 이용하고, 하인 등을 매수하여 주인으로 하여금 자기에게 물건을 팔도록 하며, 교활한 술수를 써서 우월한 상인을 물리치는 따위의 간교하고 못된 상행위를 한다면 그 이득은 떳떳치 못한 것이다."

이런 그의 주장은 새로운 사회 계급으로 떠오르고 있던 부르주아지(bourgeoisie)의 윤리관을 대변한다. 부의 축적 자체는 나쁘지 않다. 마찬가지로 가난이 곧 선일 수도 없다. 베이컨은 근면한 노동으로 축적한 부는 덕에 부합한다고 생각했다. 특히 토지 개량으로 쌓은 부를 축복으로 이해한 대목은 특히 주목할 만하다. 영국에서 시민 계급의 대부분이 부농으로부터, 즉 아래로부터 부를 축적하는 과정에서 생겼음을 고려할 때 베이컨이 어느 세력의 윤리관을 대변하는지를 쉽게 이해할 수 있다. 또한 근면한 직업 노동과 공정한 거래를 중시한 내용도 시민 계급의 윤리관을 적극적으로 정당화하려는 의도에서 나왔다고 볼 수 있다.

쾌락과 고통을 기준으로 하는 귀납적·실용적 윤리관

그리스 철학에서 중세 철학에 이르기까지 주류 철학의 윤리관은 사변적 이성이나 신학에서 연역적으로 도출한 선악 개념을 토대로 했다. 하지만 경험론은 현실에서 귀납적 방법으로 윤리 기준을 세운다. 이때 중요한 기준은 현실적 행위 동기로서 쾌락과 고통의 문제다.

로크는 쾌락을 부정적 대상이 아니라 신이 준 적극적 관념이라고 한다. 신은 인간을 위해 쾌락 관념을 주었다. 하지만 쾌락이라는 것이 하고 싶은 대로 무엇이든 저지르는 행위를 의미하지는 않는다. 쾌락은 외적 감각과 내적 사고가 긴밀히 결합되어 진정한 즐거움을 준다. 그러므로 다른 관념에 쾌락과 고통을 기준으로 연결하는 것은 '신의 지혜와 자비에 대한 정당한 의견을 우리에게 주는 데 도움이 되기 때문'에 신의 자비에 속한다.

버클리는 추상 관념을 윤리 기준으로 제시하는 경향을 비판한다. 가장 문제가 되는 보편적 윤리 개념이 바로 쾌락을 떼어 버린 행복 관념이나 선 관념이다. 추상 이론은 지식의 가장 유용한 부분을 망쳐 놓은 데 책임이 있다. 그래서 현실적 유용성에 기초한 윤리관을 새롭게 만들어야만 한다.

흄은 더 분명한 주장을 편다. 시각에 따른 외적 경험이나 내적 반성이 쾌락 감정을 전달하는지 아닌지가 도덕의 가장 중요한 기준이 된다고 말한다. 쾌락을 주는 성질은 항상 자부심이나 애정의 원인이지만, 불쾌함을 낳는 성질은 자기 비하나 증오를 불러일으키기 때문이다. 자부심이나 애정은 덕으로, 자기 비하나 증오는 부덕으로 연결되므로 각각의 원인인 쾌락과 고통이 도덕의 기준이 된다.

쾌락과 고통을 윤리 기준으로 삼고 귀납법으로 윤리 원칙을 만들어 나가는 경험론 윤리관은 근대 윤리관의 한 축을 형성하는 중요한 전환점이었다. 철학을 지배하던 객관적·보편적 윤리관에 도전하는 것이면서 시민 계급의 실용적 윤리관을 뒷받침하는 이론적 토대라는 점에서 현대까지 큰 영향을 주었다. 특히 나중에 등장하게 될 공리주의를 철학적으로 준비하는 것이기도 했다. 쾌락과 고통이라는 기준을 제시하면서 외적 감각인 쾌락과 내적 반성인 쾌락을 구분하는 로크와 흄의 논리는 이후 제러미 벤담(Jeremy Bentham, 1748~1832)의 공리주의와 존 스튜어트밀(John Stuart Mill, 1806~1873)의 공리주의의 분화에 중요한 시사점을 던져 준다.

절대론적 윤리관의 부정과 동의에 따른 일반적 윤리 기준의 설정

홉스는 절대적 윤리관을 비판하면서도 상대적 윤리관을 펼치는 데는 멈칫한다. 홉스가 보기에 절대적인 선악의 기준은 없다. 도덕 역시 사변적 연역 과정에서 나오지 않는다. 덕에는 천부적인 것과 획득된 것이 있다. 그러나 천부적인 덕이 태어날 때부터 가지는 덕은 아니다. 인간에게 천부적인 것은 오직 감각인데, 감각 자체를 덕이라고 볼 수는 없기 때문이다. 천부적인 덕은 어떤 방법이나 교양 또는 교육 없이 관용과 경험만으로 얻어진 지력이다. 즉 천부적인 덕은 직접 경험만으로, 획득된 덕은 교양이나 교육 등 간접 경험으로 얻어진다. 결국 모든 덕은 경험을 기반으로 만들어지기 때문에 연역적으로 미리 정해지는 윤리 원칙은 아예 성립할 수 없다.

그런데 홉스는 절대적 선악의 기준에 대해서는 명확하게 반대하면서도 일반적 기준의 필요성은 부정하지 않는다. 언뜻 보면 앞뒤가 안 맞는 모순 같지만 논의의 맥락을 잘 짚어 보면 무슨 말을 하는지 어렵지 않게 알 수 있다. 먼저 절대적인 선악 기준의 부정은, 현실과 무관하게 연역적으로 설정된 윤리 원칙은 없다는 것을 의미한다. 그렇기 때문에 대상의 성질, 즉 인간 세계에서 자동으로 나오는 보편적 윤리는 없다. 윤리의 일반적 기준은 국가 안에서 구성원의 동의로 나오는 방법밖에 없다. 홉스는 묘하게도 개인의 동의와 함께, 대표자나 중재자를 말하면서 개인 간의 합의와는 별도로 통치자가 설정하는 윤리 기준을 인정한다.

호가스의 〈맥주 거리〉와 〈진 골목〉은 의회가 합의해 만든 선악 기준을 선명하게 보여 준다. 영국 의회는 18세기 중반에 진 종류의 독한 술을 법령으로 불법화했다. 이 그림은 호가스가 이를 지지하면서 그린 판화다. 〈맥주 거리〉는 선을, 〈진 골목〉은 악을 상징한다. 맥주 거리에는 활기차게 일하고 그림을 그리고 대화를 나누는 사람들로 가득하다. 건강한 일과 사랑, 예술이 꽃핀다. 반대로 진의 골목은 무능함과 추악함이 가득하다. 사람들이 게을러져서 가난에 찌들고 병들어 가고 있으며 소란스럽다. 심지어 계단에서는 술에 취한 여자가 아이를 떨어뜨린다.

흄은 도덕성의 여러 규칙은 절대로 이성의 결론이 아니라고 단언한다. 정신이 지각하는 것 말고는 어떤 것도 정신에 나타날 수 없다. 지각은 보고, 듣고, 판단하고, 사랑하고, 미워하고, 생각하는 모든 작용을 말한다. 즉 감각 경험에 기초한 지각만이 정신 작용을 불러일으킨다. 따라서 합리론이 주장하는, 감각과 무관한 이성이 도덕적 구별의 원천일 수 없다. 도덕성이 오직 이성의 연역으로만 발견된다는 것은 헛된 일이다. 활동적 원리는 비활동적 원리에 기초를 둘 수 없다.

그러므로 선악 구분이나 윤리 기준은 자연적 원리나 선험적 과정을 거쳐

〈맥주 거리〉, 1751년

〈진 골목〉, 1751년

위에서 아래로 내려오지 않는다. 현실에서 살아가는 인간이 만들어 낸 것이다. 정의는 인류의 선과 사회적 복리를 증진하기 위해 구성원이 만든 원칙일 뿐이다.

그러면 개인이나 집단마다 각기 다른 윤리관을 가지게 되는 것일까? 흄도 홉스와 마찬가지로 보편 윤리관을 반대하지만 일반적 기준의 필요성은 인정한다. 홉스가 제안한 구성원 사이의 동의나 통치자의 결정 가운데, 흄은 상대적으로 동의를 이론적으로 뒷받침한다. 동의의 윤리 기준 설정 근거를 '공감 능력'에서 찾는다. 공감은 도덕적 구별의 주요한 원천이다. 공감은 아주 강력한 인간 본성의 원리로서 도덕 판단에 커다란 영향력을 미친다. 정의와 충성, 순결과 예절처럼 공감은 다른 어떠한 원리의 도움도 받지 않고 홀로 작용할 때도 가장 강력한 찬동을 얻을 만한 충분한 힘을 가지고 있다. 공감이 인간의 본성에 속하기 때문에, 동의에 기초한 일반적 윤리 기준의 설정은 단순히 선택의 문제가 아니라 인류가 추구해야 할 필연이다.

Philosophy

경험론의 정치 철학

유용성으로서 정치

베이컨은 현실적으로 유용한 정책에 주목한다. 그는 정치적 혼란과 반란을 가장 경계해야 할 대상으로 꼽는다. 국가의 안정성을 심각하게 손상해 구성원 모두에게 큰 피해를 줄 수 있기 때문이다. 그러나 힘을 써서 강압적으로 안정과 평화를 유지하자고 주장한 것은 아니다. 억압하는 것은 오히려 더 큰 반란을 불러온다. 반란을 막는 가장 확실한 방법은 재료의 제거, 즉 극심한 빈곤과 불만을 없애는 것이다. 그렇다면 정치 제도 중 어떤 제도가 안정을 가져올까? 사실 군주정이나 귀족정 혹은 민주정 같은 제도는 정치적 안정을 절대적으로 보장하지는 않는다. 빈곤과 부자유로 불만이 늘어나면 어떤 정체든 위태롭기는 마찬가지기 때문이다.

예컨대 호가스의 〈당선 축하연〉은 정치적 혼란상을 보여 주는 〈선거 풍자〉 연작 중 하나다. 투표로 선출한다면 이는 구성원의 의사가 반영되는 제도일 테고 사람들은 당연히 안정된 질서를 꿈꿀 것이다. 그러나 〈당선 축하연〉은 전혀 그렇지 못하다. 제목만 봐서는 당선의 기쁨을 나누는 희망찬 자

〈당선 축하연〉, 1755년

리여야 하겠지만 벌어지는 광경은 그와 정반대다. 맨 오른쪽에 당선자가 앉아 있는데, 이미 거나하게 술을 마신 듯 옷을 풀어 헤쳤다. 탁자 주위의 사람들은 머리 모양이나 복장으로 봐서 귀족인 듯하다. 그런데 좀 더 자세히 보면 축하연 자리가 완전히 난장판이다. 창문 밖에는 성난 군중의 깃발과 막대기가 보이고 방 안으로 벽돌이 날아 들어온다. 방에 있는 몇 사람이 바깥의 군중을 향해 의자를 집어서 던진다. 당선자 옆에 앉아 있는 귀족은 날아온 벽돌에 이마를 맞고 뒤로 넘어진다.

베이컨은 많은 사람이 빈곤한 상태에서 선거만으로는 정치적 안정을 확보할 수 없기 때문에 이를 해결할 정책을 마련해야 한다고 주장한다. 그는 무역과 제조업 장려, 태만 방지, 사치 금지, 물건 가격 조정, 과세 적정화 등을 정책의 예시로 든다. 이는 대부분 국가와 구성원의 부를 늘리고 사치와 낭비를 억제하는 제도다. 대체로 토지와 제조업으로 생산을 장려하고 공정한 거래로 이루어지는 교환에 주목한다. 불만을 없애는 또 다른 방법으로는 사회적으로 적절한 수준의 자유를 보장하는 것을 꼽았다.

그러나 그는 아직 절대 군주제에 대한 희망을 버리지 않는다. 귀족 계급이나 시민 계급이 너무 빨리 늘어나지 않도록 주의해야 한다고 주장한다. 이는 두 계급의 이해를 조정하고 중재하며 정치적 영향력을 유지하던 절대 군주제의 특성이 반영되어 있다고 볼 수 있다. 여기에 덧붙여 그는 조심스럽게 민주정을 향한 관심을 드러낸다. 민주정이 귀족정보다는 반란도 적게 일어난다고 보았다. 귀족은 가문의 이익을 추구해 분란의 소지가 많지만 시민 계급의 관심은 일과 유용성이 있어서 상대적으로 안전하다.

사회 계약의 국가

홉스의 사회 계약론

홉스는 윤리학의 논리를 정치학에도 적용한다. 선악의 기준이 사회 구성원의 동의에 따르듯이 덕이 실현되는 정치 역시 사변적 정의관이나 국가관이 아니라 '경험적 지각에서 오는 동의'가 필요하다고 보았다. 구성원 사이의 동의의 필요성을 경험적으로 이끌어 내기 위해, 인간의 현실적 본성에서 출발한다.

먼저 인간은 나면서부터 평등하다. 여기서 평등을 이익과 연결한 것에 주의해야 한다. 인간의 본성은 자기 이익을 추구하는 데 있다. 문제는 각자의 이익 추구가 반드시 충돌하게 된다는 점이다. 두 사람이 같은 것을 갖고 싶어 하고 그것을 만약 가질 수 없다면 적이 된다. '자기 이익을 주장하는 평등'에서 불신이 생기고, 거기에서부터 전쟁이 일어난다. 타인에게 해를 끼쳐서라도 자기 이익을 추구하는 이기적 인간 본성에 비추어 볼 때, 본성이 그대로 발휘되는 자연 상태에서는 '모든 사람에 대한 모든 사람의 전쟁'이 벌어진다. 이를 막을 유일한 길은 자연 상태를 사회 상태로 돌려놓은 것이다. 여기서 자연 상태란 폭력과 힘의 지배다.

홉스의 자연권과 이기적 인간 본성에 대한 관점은 당시의 조건에서는 꽤 진보적인 태도였다. 이익 추구의 평등이라는 그의 자연권 이해는 전통적 자연법 이해를 전면적으로 부정하는 것이었다. 그리스 철학에서 자연법은 객관 이성의 원리가 정한 국가 질서 성격을 갖고 있었다. 중세의 자연법은 개인을 초월한 신의 법이었다. 홉스의 관점은 이익을 추구하는 평등한 본성의 인정은 정해진 질서가 아니라 개인을 출발점으로 하기 때문에 신분적 제약의 해방이라는 근대적 인간 이해를 담고 있다. 또한 가치 원리가 추상 관념이 아니라 개인의 욕구에서 출발한다는 점에서 무한한 욕망을 가진 개인이라는 근대적 인간관을 제시하는 의미도 가진다.

만인의 만인에 대한 전쟁을 막을 수 있는 가장 좋은 사회 상태는 국가다. 국가는 평등한 이익 추구 권리를 갖는 개인의 동의로 정당화될 수 있다. 여기서 계약은 강제가 아닌 '서로가 맺는 계약'이어야 한다. 자연적 권리를 계약으로 양도하고 국가를 구성한다. 이런 점에서 국가는 하나의 인격이다. 이는 많은 내용을 담고 있다. 국가의 목적은 평화와 공동 방위, 즉 개인의 안전이다. 안전을 실현하는 수단은 '힘'이다. 평화는 자연 상태에서 실현될 수 없다. '인간을 두렵게 하고 처벌의 공포로 옭아매는 가시적 힘이 없을 때' 자연적 정념은 전쟁을 일으켜서라도 이익을 추구하기 때문이다. 만일 수립된 힘이 없거나 안전을 위해 충분할 만큼 힘이 크지 않으면 서로의 경계심 때문에 다시 개인의 힘에 의존하게 된다. 그래서 국가는 '하나의 인격'이어야 한다. 만약 단일 판단에 따른 지도가 아니라 다수에게 맡겨지면 각자의 판단과 욕구를 강조하면서 서로 방해하거나 반대하고, 이는 전체의 힘을 줄어들게 한다. 그래서 평화를 지속하기 위해 다수를 지도하는 단일 판단, 즉 하나의 인격은 변하지 않고 오래 가야 한다.

결국 국가의 성립은 모든 개인의 권력과 힘을 하나의 인물이나 한 집단의 인간에게 주어 모두의 의사를 하나로 만드는 것이다. 즉 그들의 인격을 책임지는 하나의 인물 또는 집단의 인간을 지정하는 것이다. 만인은 그의 의사와 판단에 복종하고 자기 권리를 한 사람 또는 소수 집단에게 준다. 개인에게서 모든 권리를 양도받는 한 사람은 바로 군주다. 홉스에 따르면 군주가 규칙을 제정하는 권리를 가질 뿐만 아니라 구성원의 평화와 방위에 필요한 사항을 재판하고 전쟁과 평화를 선포할 권리도 가진다. 구성원은 정체를 변경할 수 없고 군주의 주권을 억지로 빼앗을 수도 없다. 이 모든 사항을 종합할 때 홉스는 절대 군주제를 강력하게 옹호한다고 볼 수 있겠다.

자연 상태에서 시작해서 한 계단씩 밟아 올라가 서로의 계약과 절대 군주에게 권리를 양도하는 것으로 이어지는 홉스의 사회 계약론은 형식적으로 볼 때 경험론의 귀납법을 따르고 있지만, 엄밀한 의미에서 볼 때 경험론의 원칙에서 벗어나 있다. 그가 근거로 삼은 자연 상태의 상황은 실제의 역사적·경험적 사실과는 무관한 추상적 설정이기 때문이다. 실제 역사적 경험 속에서 각자의 이익 추구가 만인의 만인에 대한 투쟁으로 귀결되었는지, 국가가 이를 방지하는 과정에서 생겨났는지를 관찰하고 탐구한 내용이 전혀 없다. 경험적 탐구가 아닌 추상적·허구적 설정에 불과하기 때문에 태생적으로 자신의 철학적 기반인 경험론과 괴리가 생기게 된다.

로크의 사회 계약론

로크도 자연 상태의 인간은 자유롭고 평등하다는 전제에서 출발한다. 하지만 몇 가지 면에서 홉스와 뚜렷한 차이를 보인다. 먼저 홉스가 설정한 자연 상태의 추상성을 경험적 측면으로 보완한다. 그리고 이 과정에서 새롭게 부상하는 시민 계급의 사회 경제적 이해를 강조한다. 다음으로, 개인의 권리를 양도받는 주체를 군주로 설정했던 내용을 바꾼다. 마지막으로 국가 성립 이후의 시민적 권리가 어떻게 지속될 수 있는지를 탐구한다.

먼저 자연 상태와 자연법을 바라보는 관점을 바꾼다. "정치권력을 올바로 이해하고 기원으로부터 파악하기 위해서 우리는 모든 인간이 자연적으로 어떤 상태에 처해 있는가를 고찰해야 한다. 다시 말해, 사람들이 타인의 허락을 구하거나 타인의 의지(will)에 구애받지 않고, 자연법의 테두리 안에서 스스로 적당하다고 생각하는 바에 따라서 자신의 행동을 규율하고 자신의 소유물과 인신(人身, person)을 처분할 수 있는 상태이다." 로크는 홉스처럼 막연하게 이기적 본성에서 서로에 대한 투쟁으로 치달아 버리지 않는다. 로크는 실제 인간이 자연적으로 어떤 상태에 있었는지를 경험적으로 탐구해 보완할 필요가 있다고 보았다. 그리고 이를 소유의 문제와 연결한다. 예컨대 대지와 거기에서 만들어지는 토지 그리고 과실 등은 본래 누구의 소유일 수 없는 모든 사람의 공유물이었다. 그는 자연 상태의 평등한 권리 근거를 소유 문제로 구체화한다. 그런데 만물이 공유물이라면 어떻게 사적 소유권이 생겨났고 정당화될 수 있을까? 홉스는 적어도 자신의 몸, 즉 그의 노동에 대해서는 사적 소유권을 갖는다고 주장한다. 자연이라는 공유물과 온전한 사유물인 노동이 섞이면서 소유권의 근거가 만들어진다. 무언가 자신의 것을 보탠다는 언급은 노동으로 자연을 변형하거나 이동하게 하는 것을 의미하고 그 부분에는 정당한 소유권이 생긴다는 것이다.

자연의 산물은 썩지 않을 만큼만 가져야 한다. 또 독점에 따른 폐해를 막아야 한다. 그런데 화폐는 부패할 위험이 적어서 제한 없이 가질 수 있다. 이런 점을 인정해 로크는 자본주의적 소유를 정당화한다. 애초에 만물이 공유물이었으며 또한 사적 소유도 노동을 기반으로 한다면 정당하기 때문에 어떠한 신분에도 구애받지 않는다. 즉 모두가 같은 권리를 갖는다. 아버지만이 아니라 어머니, 자녀, 고용인 등 인간이라면 누구나 다 소유권의 주체다. 경게저 소유권의 이점은 모든 개인에게 자유롭고 평등한 근대적 주체, 정치적 동의의 주체로서 지위를 보장하는 근거가 된다. 시대적 한계를 고려할 때 로크의 주장은 혁명적 발상이었다.

그런데 자연 상태는 자유 상태이지 '방종 상태'는 아니다. 인간은 모두 평등하고 독립된 존재이므로 다른 사람의 생명·건강·자유 또는 소유물에 위해를 가해서는 안 된다. 하지만 권리를 침해당했을 때 구제를 호소할 수 없는 곳에서는 모두 전쟁의 권리를 가지게 된다. 이를 피하기 위해 인간은 사회를 만들고 자연 상태를 떠나게 된다. 자연 상태를 벗어나 정치 사회로 들어가게 되면서 정부 수립의 필요성이 생기게 된다. 여기서 정부와 사회 체제, 입법권과 행정권의 기원이 보인다.

로크 역시 전쟁 상태를 피하고 소유권을 지키기 위해 개인의 권리를 양도해 공통의 권위를 세워야 한다고 주장한다. 하지만 홉스와 달리 로크는 자연법의 집행권은 포기한 다음 공동체에 양도해야만 정치 사회나 시민 사회가 존재하게 된다고 말한다. 개인의 권리를 양도받는 주체는 군주가 아니라 '공동체'다. 개인이나 집단이 아닌 '시민 사회'가 권리의 주체가 되는 것이다. 권리를 양도한다고 해서 자연권에 기초한 시민 사회가 사라지는 것이 아니다. 시민의 권리, 국민 주권은 계속 보장되어야 하기 때문에 정체는 시민 사회와 공존해야 한다.

그런데 절대 군주제는 시민 사회와 함께 설 수 없다. 절대 군주는 입법권과 집행권을 모두 갖는다. 군주가 저지른 침해나 폐해에 대해 권위를 갖고 공평한 결정을 내릴 수 있는 재판관이 존재하지 않으며, 따라서 이를 호소할 수 있는 길이 없다. 그러므로 입법권의 우위를 전제로 입법과 행정을 분리하면서 권력을 분할하고 서로 제한할 수 있는 국가를 수립해야 한다.

국가 성립 이후에도 시민적 권리를 지속하려면 별도의 권리가 필요하다. 입법부나 최고 행정권자가 인민의 재산을 빼앗거나 파괴할 때 또는 인민을 자의적 권력의 노예로 만들 때는 어떻게 할 것인지가 문제다. 로크는 그들이 스스로 인민과 인민의 전쟁 상태로 몰아넣은 것이기 때문에 인민은 복종 의무를 지지 않는다고 봤다. 또한 지속적인 시민 권리로서 인민의 저항권을 인정한다.

〈공화국 알레고리〉, 19세기경

계몽 시대의 철학

Philosophy
계몽을 통한 인간과 사회의 개혁
+
Art
계몽주의 미학과 신고전주의 미술

Philosophy
계몽주의 존재론과 인식론

행동하기 위해 쓰다

'계몽사상'은 넓은 의미로 보면 중세에서부터 이어지는 구질서의 사고 방식을 비판하고 새로운 개념 정립으로 개혁을 이루려 했던 18세기 전체에 걸쳐 나타난 움직임이다. 프랑스를 비롯해 자유주의와 의회 정치에 기반을 둔 영국 계몽사상을 포함한 유럽 전역의 흐름을 뜻하는데, 좁게는 18세기 프랑스 계몽주의를 말한다.

여기에서는 샤를 루이 드 세콩다 몽테스키외(Charles Louis de Secondat Montesquieu, 1689~1755), 볼테르(Voltaire, 1694~1778), 드니 디드로 (Denis Diderot, 1713~1784), 장 자크 루소(Jean Jacques Rouseau, 1712~1778) 등 주로 프랑스에서 나타난 계몽주의 철학을 중심으로 계몽사상을 살펴보려 한다.

프랑스 계몽 철학은 합리론과 경험론 모두를 비판적으로 받아들이지만, 경험론 문제의식을 더 폭넓게 받아들인다. 새로운 과학적 인식 방법을 적용해 종교와 인간, 사회와 정치 체제의 계몽을 주요 방향으로 설정한다. 특히 봉건적 구체제에 대한 비판과 새로운 사회를 향한 열망은 현실에서 공화국 전망으로 나타났다. 사상가마다 정도의 차이가 있지만, 정치적 자유, 의회의 법 제정과 권력 분립을 전제로 한다는 점에서는 대체로 비슷한 문제의식을 가진다.

프랑스의 화가 그로(Gros, 1771~1835)의 〈공화국 알레고리〉는 계몽사상가들의 지향을 상징으로 담아냈다. 창끝에 매달린 붉은색 모자는 자유를 상징한다. 이 모자는 로마 시대에 해방 노예에게 씌워 주었던 것인데, 프랑스 혁명 당시 자코뱅 시민들이 썼다고 한다. 가슴을 드러낸 여인은 자식을 위해 젖을 물리는 어머니처럼 사회 구성원을 보호하는 공화국을 의미한다. 머리에 쓴 투구는 권력을, 오른쪽에 넝쿨로 묶은 막대 다발은 단단히 묶여 있는 막대처럼 하나이자 분리될 수 없는 통일된 공화국을 상징한다. 그 위의 삼각형은 평등을, 입고 있는 그리스 복장은 이성을 나타낸다.

계몽사상가들은 기존의 합리론이나 경험론처럼 체계화된 논리보다는 대체로 문학 형식으로 문제의식을 펼쳤다. 이 때문에 계몽사상을 학문적 의미에서의 철학으로 평가하는 데 인색한 시각도 꽤 많다. 하지만 당시 계몽사상가들이 굳이 체계적 서술 방식보다 문학 형식과 짧은 논문 방식을 선호한 데는 나름대로 이유가 있다. 이들은 거대한 형이상학 체계를 세우는 데 별로 관심이

볼테르

없었다. 루소는 기존 사상이 유익한 가르침을 마련하지 못한다고 지적했고 볼테르 역시 모든 책은 헛된 이론만 있을 뿐 유용함은 없다고 말했다. 그들은 의식적으로 거대한 체계보다는 유용한 학문을 추구했다.

계몽사상가가 문학을 선호한 또 다른 이유는 빠르게 변하는 현실에 대한 실천적으로 대응하기 위해서였다. 볼테르가 '행동하기 위해 쓴다'고 했듯이 사회 변화에 빠르게 대응하는 데 문학과 짧은 논문이 적합했다. 방대한 분량의 글은 이론적 완결성에는 도움이 되지만, 급변하는 현실에 즉각 대응하기에는 부적합하다. 볼테르와 디드로는 문학, 루소는 짧은 논문 형식으로 자신의 주장을 표현했는데 그 덕분에 기민한 대응과 더 많은 사람과 접하려는 실천적 목적을 실현할 수 있었다.

사실 문학 형식을 빌려 글을 쓴 것은 당국과 교회의 노골적 탄압에서 비켜서려는 의도도 있었다. 계몽사상가들이 사상을 통제받고 잦은 투옥을 경험했기 때문이다. 그들은 자신의 주장을 문학으로 표현해 어느 정도 자유롭게 지속적으로 활동할 수 있었다.

한편, 계몽사상가들이 군주의 권위를 정당화한 것을 근거로 계몽 철학의 의미를 사실상 인정하지 않는 것은 곤란하다. 시대적 한계를 고려하지 않고 근본주의 시각으로만 현상을 바라본다면, 이전 시대의 철학을 능동적으로 이해하는 길은 사라진다. 계몽사상가가 입헌 군주제를 선호한 점은 사실이나, 기존 질서나 사고방식을 비판하는 과정에서 나타난 실제 효과는 그들의 의도를 훨씬 뛰어넘었다. 그들은 절대 군주제를 포함한 구체제 전반을 느슨하게 만드는 역할을 했다.

자연과 인간을 어떻게 이해했나

독자적·완결적인 자연과 유물론적 이해의 가능성

볼테르는 소설 《미크로메가스》에서 물질의 본질을 연장으로 이해한 합리론을 비판한다. 이야기 속 데카르트 신봉자는 돌 하나를 두고 회색에 형태를 가졌으며 쪼갤 수 있다고 말한다. 이에 몇 가지 속성만 보았을 뿐 사물의 본질을 모른다고 비판한다. 크기와 무게 등의 연장은 물질의 외적 속성을 대변할 수 있지만 이것이 그 물질의 본질을 의미하지는 않는다. 연장은 인간이 물질을 측량하기 위한 발상이 만들어 낸 좁은 개념에 불과하다. 자연은 스스로 존재하기 때문에 이를 설명하기 위한 다른 수단이나 비유가 필요하지 않다. 그렇기 때문에 자연을 그 자체로 이해하려는 노력을 다른 무엇보다도 우선해야 한다.

물질은 이해 대상을 넘어서는 독자적 의미를 가진다. 우리는 보편 법칙에 따라 작용하는 '영원한 존재'의 아래에 있다. 자연이 인간에게 속한 것이 아니라 오히려 인간이 자연에 속해 있다. 원소라는 개념은 천체와 같은 자연의 거대한 규모만이 아니라 모든 사물을 구성하는 기본 단위다. 또한 보편 법칙의 작용에 따라 움직이기 때문에 외적으로든 내적으로든 원리적으로든 세계를 구성하는 본질적 힘이다. 인간은 자연에 대해 이러한 사실만 이해할 수 있으며, 나머지는 모두 알 수 없는 암흑의 심연일 뿐이다.

볼테르는 물질에 다시 목적인 개념을 끌어온 라이프니츠를 한결 더 단호하게 비판한다. 라이프니츠는 모나드라는 개념으로 신의 목적인과 물질의 작용인 사이의 화해를 주장했다. 볼테르는 또 다른 작품 《캉디드》에서 라이프니츠의 화신인 팡글로스의 입을 빌려 모든 사물이 한 가지 목적만으로 만들어졌고 반드시 최선의 목적을 위해 존재한다고 말한다. 즉 모든 것을 선이라고만 말하기보다 '최선'이라고 말해야 한다는 것이다. 또한 목적인 개념이 얼마나 어처구니없는지를 직접 실토하게 한다.

디드로는 《달랑베르의 꿈》에서 유물론으로 한 발 더 나아간다. 중세 보편 논쟁 과정에서 제기한 보편자는 허구이고 개별자만이 존재한다는 견해가 경험론의 출발점을 더욱 확고하게 다진다. 그는 추상은 존재하지 않으며 생략만이 존재한다고 주장한다. 개별자가 아닌 다른 모든 추상은 기호에 불과하다. 아름다움이나 추함 같은 추상은 개별 사물의 공통 성질로 만들어 낸 단어다. 미덕이나 악덕도 여러 행동의 공통 성질을 뽑아내서 만든 기호다. 언어적 생략으로 대상에서 기호를 분리하면서 사물과 관념이 무관한 것처럼 여기게 되었을 뿐이다.

이런 디드로의 주장은 보편 논쟁이나 경험론의 반복은 아니다. 디드로는 여러 면에서 문제의식을 더 발전시킨다. 먼저 원자론의 문제의식을 결합한다. 그가 보기에 개체라고 부르는 개별자도 진정한 존재일 수 없다. 우리의 눈에 보이지 않는 원자가 바로 실질적 단위다. 원자가 촘촘하고 빽빽하게 연결되어 개체로서 구성을 갖추는 것이다.

그는 그동안 유물론이 가졌던 난점에도 대답한다. 기존 유물론은 유기물 생성을 설명할 때 궁색한 논리를 폈다. 원자를 기본 단위로 하게 되면 무기물에서 유기물로 어떻게 옮아갈 수 있는지를 설명해야 하는 곤란함이 있었다. 유기물의 감각이나 감정을 원자의 모양이나 충돌로 설명하는 게 고작이었고 설득력도 별로 없었다. 디드로는 여기서 무기물과 유기물 모두의 근거가 되는 원자를 인정하면 돌도 감각 능력이 있어야 한다는 결론에 이르게 된다는 반론에, 그러지 말라는 법도 없지 않냐며 응한다.

언뜻 황당해 보이는 주장을, 디드로는 무기물이 유기물로 변하는 과정으로 설명한다. 대리석 같은 미세한 가루가 흙과 섞이고 채소가 그 영양분으로 자라나고, 이런 연쇄 과정을 거쳐 무기물이 유기물을 형성한다. 이를 논리적으로 설명하기 위해 동물이 과거에 어떤 모습이었는지 또 앞으로 어떻게 변할지는 모른다는 예시를 드는데, 여기서 진화론의 맹아적 문제의식으로 닿게 된다.

그는 운동 개념도 유물론으로 설명한다. 무기물이 어떻게 스스로 다른 장소로 이동할 수 있느냐는 의문에 대해 답한다. 예컨대 한 장소에서 다른 장소로 물체가 이동하는 것을 운동이라고 할 수 없다. 이동은 운동의 결과일 뿐이다. 운동 능력은 유기물만이 아니나 움직이지 않는 무기물에도 있다. 물체 내적으로 운동 능력을 가지는데 어떤 장애물이 있어서 멈추어 있을 뿐이다. 그래서 장애물을 제거하면 움직이게 된다.

마지막으로 물질은 길이·크기처럼 연장으로 구성되어 있어서 나뉠 수 있지만, 감각이나 감정은 그럴 수 없다는 점에서 무기물과 유기물은 전적으로 다르다는 반론을 논리적으로 반박한다. 감각이나 감정만이 아니라 눌실의 형식도 본질적으로 나눌 수 없다. 그는 물체와 물체의 감각 형식을 구분해야 한다. 그런데 물체가 갖는 형식의 본질은 나눌 수 없다. 왜냐하면 나뉘는 그 순간 본질적 형식이 깨져 버리기 때문이다.

루소는 물질이나 개별자 개념을 이용한 기존 논의에 호응하지 않는다. 자연을 개념적으로 쪼개거나 종합하는 식의 논리 전개에 강한 거부감을 드

〈알프스의 여자 양치기〉, 18세기경

러낸다. 자연은 그 자체로 조화를 이루고 있는 완결적 존재다. 클로드 조제프 베르네(Claude Joseph Vernet, 1714~1789)의 〈알프스의 여자 양치기〉에서 보이듯이 자연은 각각의 요소로 나눌 필요 없이 전체가 하나로서 조화와 균형을 이룬다. 뭉게구름은 먹구름으로 변해 비나 눈으로 내려 지상의 모든 생명체가 삶을 살아갈 수 있게 한다. 또 산이나 숲과 들은 풍요로운 삶의 터전을 제공한다. 양은 들판의 풀로, 인간은 양으로 생존에 필요한 영양을 공급받는다. 루소가 보기에 가장 중요한 것은 관찰을 토대로 자연의 조화와 법칙에 순응하는 태도다.

여기서 문제는 인위적으로 자연의 조화와 질서를 왜곡하는 인간의 오만이다. "인간은 기후와 환경과 계절을 뒤섞어버리고, 자기가 소유한 개와 말과 노예의 신체를 훼손한다. 인간은 모든 것을 뒤엎고, 모든 것을 일그러뜨리며, 기형(畸形)과 괴물을 좋아한다. 인간은 무엇 하나 자연이 만든 그대로를 원하지 않는다. 심지어 같은 인간에 대해서도 그렇다. 조련된 말처럼 길들이고, 정원의 나무처럼 자기 취향에 맞게 구부려 놓아야 한다고 생각한다." 인간은 자연을 뒤집어엎고 일그러뜨린다. 그 결과 자연이 인간 때문에 타락의 상태, 스스로 질서를 유지하지 못하는 상태에 빠진다.

루소는 철학이 수학적·과학적 지식 탐구를 목적으로 삼는 자연학에 몰두하는 경향에 강한 불신을 드러낸다. 아무리 과학적 지식 덕분에 공간 속에서 물체가 서로 끌어당기는 이유나 운동을 수학적으로 설명할 수 있다고 해도 인간의 삶에 유익함을 주지 못하는 이상 큰 의미가 없다. 루소가 강조하는 학문의 유용성은 베이컨과 의미가 조금 다르다. 베이컨이 일상생활에서의 유익함에 주목한다면 루소는 정치적·사회적 개선을 중심으로 학문의 의미를 묻는다.

감성적·쾌락적 존재의 인간

계몽사상가들은 기본적으로 경험론에 기초해 인간을 이해한다. 합리론처럼 인간의 본질을 이성에서 찾기보다는 감각과 감정을 기반으로 한다. 몽테스키외는 인간에게서 영혼을 해방시켜 감성적 존재로 다루는 게 더 낫다고 말하기도 한다. 이성을 기준으로 인간을 우월한 존재로 규정하는 것은 자만에 불과하다. 요컨대 데카르트의 인간 이해는 우주에서 빛나는 존재고, 중요한 개체이기를 바라는 주관적 희망일 뿐이다. 인간이 소멸하면 온 자연이 손상된다고 상상하는 것 또한 착각에 불과하다. 실상 우주 전체로 보았을 때 인류는 미세한 원자에 지나지 않는다. 그러므로 인간이 얼마나 보잘것없는 작은 존재인지를 깨닫는 것이 더 필요하다.

자유 의지도 이성에서 출발하지 않는다. 자유 의지는 인간이라는 추상 개념이 아니라, 현실에서 살아가는 개인의 감정이나 정념에 속한다. 어떤 면에서는 합리적 이성이 자유 의지를 가로막는 요인이 되기도 한다. 몽테스키외는 자살을 예로 들어 기독교 전통에 강한 불만을 드러내기도 한다. 자살은 기독교 전통에서 중대한 금기다. 생명 유지는 신의 축복을 받아들이는 것이자 이성의 명령에 따르는 것이다. 따라서 당시에 종교 계율만이 아니라 실정법에서도 자살은 중요한 처벌 대상이었다. 하지만 몽테스키외는 자살을 시도한 사람을 처벌하는 데에 격분한다. 자살은 슬픔과 빈곤 그리고 멸시에 허덕이는 상황에서 벗어날 수 있는 유일한 해결책이다. 고통에서 벗어나려는 감정을 순수하게 드러낸 것이 곧 자살이다. 자기감정에 충실한 선택이야말로 자유 의지의 표출인데, 이를 이성으로 구축한 법과 제도가 가로막게 된다.

몽테스키외가 자살을 대하는 태도는 경험론이 가진 일반 경향이었던, 쾌락 증대와 고통 축소라는 문제의식을 받아들인 것이었다. 고통에서 벗어나려는 감정은 죄가 아닌 자연스러운 본성이다. 현실적 행위 동기로서 쾌락과 고통이야말로 선택의 중요한 기준이어야 한다. 그는 또 다른 예시로 토지를 일구는 데 필요한 기술을 드는데, 기술만을 받아들이고 쾌락이나 꿈을 충족하는 데 유용한 기술을 없앤 나라가 있다면 그 나라는 세상에서 가장 비참한 나라라고 말한다. 단순한 생존이 아니라 쾌락의 증대와 연결될 때 인간은 행복하게 살 수 있다. 쾌락이 부정적 대상이 아니라 신이 부여한 적극적 관념이라는 로크의 생각을 어느 정도 받아들인다.

몽테스키외에 이어 볼테르도 감정과 쾌락 등 있는 그대로의 인간성을 긍정한다. 그는 육체와 구분되는 별도의 실체로서 행위를 지도하는 영혼 개념을 비판한다. 《미크로메가스》에서 거인은 지구의 현자에게 영혼이란 무엇인지를 묻는다. 거인은 우주에서 지구를 찾아온 상태였다. 지구의 현자가 신이 모든 것을 행한다고 대답하자 거인은 차라리 존재하지 않는 편이 낫겠다고 대꾸한다. 이는 신학적 영혼 개념을 비판하는 것인데, 신의 계획과 의도만 있다면 사실상 인간의 존재는 부정될 수밖에 없다.

이야기 속에서 라이프니츠 철학 신봉자는 영혼을 우주의 거울이며 육체는 거울의 틀이라 답한다. 그래도 육체가 어느 정도 역할을 하지만, 여전히 영혼이 본질이고 육체는 형식에 불과하다고 본다. 로크주의자는 무언가를 느끼는 경우가 아니라면 전혀 생각하지 않는다는 사실을 스스로 안다고 말하

〈이성의 잠은 괴물을 낳는다〉, 1799년

면서 감각과 감정에 따른 느낌이 우선임을 강조한다. 이것 말고는 무엇도 단언할 수 없다. 이어 토성에서 온 거인은 너무나 작은 인간들이 함께 있는 것을 보고 교미 중이라고 생각한다면서 이런 미물에게 사고 작용이 있을 리가 없다고 말한다. 미크로메가스는 생각도, 말도, 상대방의 이해도 없이 사랑할 수 있냐면서 아이를 만드는 일이 하나의 논거를 만드는 것보다 쉽지 않다고 반박한다. 그리고 로크주의자의 답변에 가장 만족해하며 포옹을 한다. 육체가 인간에게 가장 일차적이다. 육체와 분리되어서는 사고 작용도 있을 수 없다. 요컨대 사고 작용은 육체 감각이나 행위와 분리될 수 없다. 그러므로 성행위를 포함한 육체 행위는 사고만큼이나 의미가 있다.

합리론에서 육체와 감각은 인간을 속이는 대표적 요소였다. 감정은 정념을 자극해 과도한 욕망을 부추긴다. 진리의 발견이나 정념의 조절은 이성에

의존할 때 가능하다. 반대로 이성에서 멀어지면 프란시스코 호세 데 고야 이 루시엔테스(Francisco José de Goya y Lucientes, 1746~1828)의 〈이성의 잠은 괴물을 낳는다〉처럼 걷잡을 수 없는 혼란에 빠진다. 한 사람이 두 팔에 머리를 묻고 책상에 기대어 잠을 잔다. 문서를 작성하는 중이었는지 책상에 펜과 종이가 흩어져 있다. 잠든 그의 등 뒤로 박쥐 모습을 한 여러 괴물이 날갯짓을 하며 날아오른다. 이성이 활동을 멈추거나 약해질 때 미신·독선·이기심·비겁함·욕망·굴종 등 온갖 부정적 정념과 비합리적 사고가 마음을 지배한다는 경고를 표현했다.

볼테르가 보기에 자연적 감정은 혼란을 불러일으키지 않는다. 몽테스키외도 지적했듯이 오히려 이성이 자유 의지를 억압하는 괴물이 되기도 한다. 볼테르는 《랭제뉘》에서 이성과 문명을 접하지 못했던 원시 부족 청년 랭제뉘를 통해 감정이 자유 의지를 실현하고, 이성적 합리성이 부정적 역할을 할 수도 있음을 밝힌다. 사랑을 약속한 여인이 결합을 위한 사회적 절차를 요구하고, 교회 신부 역시 체결된 협약 없는 자연법이란 자연의 약탈에 불과하다는 점을 강조한다. 랭제뉘는 사랑은 상대방의 동의가 필요하지만 삼촌이나 고모는 그가 사랑하는 사람이 아니기 때문에 얘기할 필요도 없다는 것을 예로 들어 그녀의 말을 반박한다. 둘의 사랑은 다른 누구의 동의도 필요 없다. 사회적 개입은 간섭이고 억압일 뿐이다. 서로의 감정에 충실할 때 진정한 약속과 덕성은 실현된다.

이어 감정과 자유에 대해 랭제뉘와 토론한 늙은 신학자는 신과 인류의 자유를 추론하는 데 인생을 모두 보냈으며 그 때문에 자유를 잃었다고 자책한다. 그러면서 육체와 감정에서 따로 떨어진 '추상화된 자유 탐구의 허구성'

을 토로한다. 연역적 탐구는 우리를 자유에서 점점 멀어지게 한다는 것이다. 그런데 신학자는 어처구니없게도 원시 부족 청년의 도움을 얻어 깨우침을 얻는다. 청년은 사랑이 영혼을 드높이고 덕성을 만들어 내는 고귀한 감정이라고 말한다. 사랑이나 욕망은 혼란이나 괴물이 아니다. 감정은 덕을 실현하고 영혼을 드높인다. 사랑과 불행은 인간을 성장하게 한다.

계몽사상가들이 이성 자체를 부정의 대상으로 본 것은 전혀 아니다. 문제는 감각이나 감정과 분리된 이성이 저지르는 잘못이다. 이성이 감각과 감정의 대지 위에 선다면 정신 발전에 중요한 역할을 할 것이다. 볼테르는 인간성이 이상적 사회를 향해 진보한다고 믿었다. 그렇다고 그가 《랭제뉘》에서 원시적 감정으로 돌아가자는 주장을 펼친 것은 아니다. 선험적 이성에 물들지 않고 자연적 감정만 지닌 사람이 그 토대 위에서 이성과 결합할 때 얼마나 훌륭한 인간으로 성장하는지를 보여 주려 했을 뿐이다. 이성이 사회 진보를 실현한다는 점에서, 새로운 이성을 강하게 옹호했다고 볼 수 있다.

루소도 이성을 근거로 인간을 완성된 모습으로 보는 시각을 비판한다. 인간 영혼의 최초 작용에서 출발해야 한다. "이성보다 앞선 두 개의 원리가 있음을 알 수 있을 것이다. 하나는 우리의 안락과 자기 보존에 대해 스스로 큰 관심을 갖는다는 원리이며, 다른 하나는 모든 감성적 존재, 주로 우리 동포가 죽거나 고통을 당하는 것을 보면 자연스럽게 혐오감을 느낀다는 원리다." 인간도 다른 생명체처럼 자기 생명을 유지하고, 다른 생명체의 고통에 공감하는 감정에서부터 정신 활동이 시작된다.

이런 점을 고려할 때, 인간과 동물의 관계에도 새로운 시각이 필요하다. 자기 보존과 감정에서 출발하는 이상, 동물도 자연법에 관계되느냐 하는 해

〈개를 안고 있는 아이〉, 1769년

묵은 논쟁 역시 막을 내린다. "동물도 타고난 감성에 의해 어느 정도 우리의 본성과 관련이 있으므로, 우리는 그들도 자연법에 관여하며 인간은 그들에 대해 어떤 의무를 지니고 있다고 판단할 수 있을 것이다." 인간에게 해를 입혀서는 안 된다는 의무는 상대가 감성적 존재라는 점에서 비롯된다. 이러한 특질이 동물과 인간에게 공통되므로 동물은 인간에게 학대받지 않을 권리가 있다.

그뢰즈의 〈개를 안고 있는 아이〉는 인간과 동물 사이에서 얼마든지 감정 교류가 가능함을 한눈에 확인하게 한다. 어린아이가 강아지를 안고 있다. 팔을 둘러 강아지의 온몸에 밀착해 애정을 표현한다. 강아지 역시 아이의 품에 안겨 타인을 향한 경계를 누그러뜨리는 듯하다. 둘 사이에 특별하고 긴밀한 교감이 이루어지는 것처럼 보이기도 한다.

교감이 가능하다는 점은 동물도 감성적 존재임을 의미한다고 볼 수 있다. 자기 보존 욕구는 말할 필요도 없고, 동료에게 닥친 위험에 대해서도 동물 역시 감정을 드러낸다. 루소는 자연적 특징을 공유한다는 점에서 자연법의 적용을 받기 때문에 동물도 우리가 도덕적 의무를 지녀야 하는 대상이라고 주장한다. 요컨대 자기 보존을 위태롭게 하거나 혐오감을 불러일으키는 행동이 인간에게 비도덕적 행위라면, 동물도 마찬가지의 취급을 받을 권리가 생긴다.

인간과 동물이 같은 성질을 가진다는 점에서 루소 역시 흄과 비슷한 문제의식을 보이지만 구체적 내용에서는 차이를 보인다. 흄은 인간과 동물의 동질성을 둘 다 사유와 이성을 타고난다는 데서 찾았다. 인간이 감각으로 사유 활동을 한다면, 비슷한 감각 능력을 지닌 동물에게도 사유 활동이 있다고 판단해야 한다는 논리다. 하지만 루소는 자유로운 주체인 인간의 특질을 근거로 동물과 인간이 다르다는 점도 인정해야 한다고 주장한다. 자연의 명령에 따르고 영향을 받는 점에서 인간과 동물은 같다. 그러나 인간은 자유 의식을 지녔기 때문에 자신을 개량하고 변화시킬 수 있다. 즉 환경의 도움을 얻어 모든 능력을 발전시킬 가능성을 갖고 있다. 루소는 자유 의식과 지성을 구분하고 있기는 하다. 그런 면에서 인간과 동물을 이성을 기준으로 구분하는 데카르트의 논리와 차이를 두지만, 다른 한편으로 자유 의식이라는 인간 고유성의 강조하면서 경험론과도 거리를 둔다. 인간을 이해할 때 경험론에 바탕을 두되 어느 정도 합리론의 문제의식을 결합한다.

자유 의식은 인간에게 본성적이다. 루소는 일반적 차원의 인간 규정을 비판하고 미개인과 문명인을 구분하는데, 자유 의식은 미개인 단계부터 지니는 본질적 특성이다. "미개인은 안식과 자유만을 추구하고 한가로이 지내기를 바랄 뿐이다. 스토아학파의 아타락시아(ataraxia)도 미개인의 다른 모든 것에 대한 깊은 무관심에는 미치지 못한다. 이와 반대로 문명인은 항상 활동하면서 땀을 흘리고 불안해하며 더욱더 힘든 일을 찾아 끊임없이 번민한다." 자연인으로서의 미개인은 안식을 추구해 동물과 동질성을 지니면서

디드로

도 자유를 추구하는 면에서 동물과 다르다. 요컨대 모든 행복 중 자유가 가장 먼저라고 강조할 만큼, 자유야말로 인간성의 기본 준칙이다.

디드로는 인간 이해에서도 유물론적 사고를 펼친다. 볼테르가 생각하는 존재보다 '감각을 가진 존재의 인간'을 주장했다면, 디드로는 더 나아가 인간의 기원을 불활성 존재로까지 파고든다. 인간의 가장 본질적 요소가 이성이나 자유가 아닌 것은 물론이고, 나아가서는 감각이나 감성도 아니다. 최초이자 본래 상태의 인간은 물질적 존재, 그것도 유기물이 아니고 불활성 상태에 해당하는 무기물이다.

인간이 동물과 공통되는 점은 단지 유기물에서 출발한 정도다. 현재의 인간은 연쇄 고리가 만들어 낸 아주 최근의 단계일 뿐이다. 기원으로 돌아가면 지금 모습의 흔적을 조금도 찾아볼 수 없다. 처음에는 감각도 없었다. 실다발로 만들어진 유기체 그물의 근원에는 감각 기관이 없다. 그래서 보거나 들을 수 없고 고통을 느낄 수도 없었다. 나중에 감각 기능을 갖게 되는 그물조차 부드럽고 무감각한 불활성에서 생겨난다. 무기물에서 시작된 유기물이 점차 복잡한 구조를 갖추면서 비로소 순수한 감각 체계를 갖게 되고, 추위·더위·부드러움·거침 따위의 순수 감성과 관련된 모든 형태의 인상이 만들어진다.

디드로는 유물론 관점을 자연과 인간만이 아니라 신과 종교에도 적용해 계몽사상가들의 대체적 경향이었던 이신론(理神論)을 사실상 부정한다. 루소가 신을 가장 잘 증명해 주는 것은 자연의 변함없는 질서라고 했듯이, 대체로 계몽사상가는 자연에서 발견되는 조화로 신의 존재를 인정하려 했다. 하지만 디드로가 보기에 자연은 완전한 조화를 이루고 있지 않다. 만약 완전한 조화가 존재한다면 시각 장애인이 태어나서는 안 된다. 자연에 나타나는 온갖 혼돈도 설명할 수 없다.

자연에서 확인하는 질서는 법칙이나 조화가 아니다. 기본적으로 자연은 혼돈 상태이고, 어떤 상태가 다른 상태로 나아가는 변화를 겪을 뿐이다. 그러므로 우주 안의 모든 존재는 우연한 생성과 변화의 지배를 받고 질서는 한순간의 과도기적 상태에 지나지 않는다. 여기서 신의 정당화는 설 자리를 잃는다. 그래서 디드로는 신을 믿기를 바란다면 신을 만질 수 있도록 해야 한다고 말한다.

경험론을 바탕으로 합리론을 받아들이다

몽테스키외와 볼테르, 감각과 감성의 일차성과 한계

계몽사상가들은 경험론 인식 방법에 바탕을 두지만, 사상가에 따라서 합리론 발상을 부분적으로 받아들이기도 한다. 몽테스키외는 "인간은 자연 상태에서 지식을 갖기보다는 인식 능력을 갖게 될 것이다. 인간이 맨 처음 품는 관념이 사변적 관념이 아니라는 것은 분명하다."라고 한다. 인식의 출발은 추상화된 지식이 아닌, '인식할 수 있는 능력'이며 이는 감각을 통한 관찰에 의존한다.

하지만 감각이 확실한 인식을 가져다주지는 못한다는 점도 동시에 인정한다. 감각이 사물의 순수함과 불순함을 규정하는 유일한 기준이 될 수 없다. 사물 자체는 순수하지도 않고 불순하지도 않기 때문이다. 진흙이 더러워 보이는 까닭은 시각에 거슬려서이지 사물 자체의 속성은 아니다. 또한 사물은 한결같은 인상을 주지 못한다. 어떤 사람은 기분이 좋다고 느껴지는 것이 다른 사람에게는 역겨울 수도 있다. 감각은 이러한 근본적 한계를 가지기 때문에 인간에게 절대 진리를 보장하지 못한다. 이성도 감각과 마찬가지여서 덕이나 정의와 같은 가치도 보편적·절대적 진리의 지위를 가질 수 없다. 정의는 사물에서 감각을 거쳐 일방적으로 우리에게 전달될 수 없다. 또한 인식 주체에 따라 연역적으로 규정될 수 있는 것도 아니다. 다만 합의의 수준에서 결정될 뿐이다.

볼테르는 먼저 라이프니츠의 선험적·연역적 충족 이유율을 신랄하게 비판한다. 라이프니츠는 존재와 변화의 근본 원인을 밝히는 작업만이 진리로 접근할 수 있다면서, 사물의 존재 이유인 충족 이유율로 사실의 진리를 규명해야 함을 주장했다. 볼테르는 《캉디드》에서 풍자로 충족 이유율을 비판한다. 라이프니츠의 화신인 팡글로스는 이야기 속에서 리스본 항만에 도착했을 때 지진으로 수많은 사람이 죽었다고 말하면서 사람들이 죽을 수밖에 없는 충족 이유를 선험적으로 증명하려 한다. "이런 지진은 전혀 새로운 게 아니야. 작년에 남아메리카의 라마도 똑같은 지진을 겪었지. 같은 원인에 같은 결과라고. 리마에서 리스본까지 지하에 유황대(硫黃帶)가 있는 게 틀림없어.” 충족 이유율은 사물의 존재 이유고 근원적 존재와 연결되어 있으므로 선한 성격을 갖는다고 한다. 그러나 볼테르는 이를 '나쁠 때도 모든 것이 최선이라고 우기는 광기'로 규정한다.

볼테르는 '감각'을 인식을 방해하는 의심의 대상으로 꼽은 데카르트도 비판한다. 《랭제뉘》에서 데카르트주의자의 서적을 읽고 "반 정도는 이성(理性)으로 쓰고, 나머지 반은 상상력과 편견으로 쓴 것 같습니다."라고 질타한다. 사물과 감각을 의심할 때 불확실한 상상력만 남게 된다. 의심할 수 없는 확실한 인식만을 추구하는 합리론이 모호한 상상력에 인식을 맡기는 역설적 상황을 맞이하는 것이다.

지성에 따른 상기로 영혼의 영원성을 느끼게 된다는 스피노자, 정신 안에 생각의 재료인 관념을 미리 갖고 있지 않으면 아무것도 배울 수 없다는 라이프니츠의 상기설 관점도 한마디로 일축한다. 이러한 사고는 다 알았던 것을 잊은 다음에 다시 배워야 하는 모순적 논리로, 이런 맥락에서는 선험적 인식이란 존재하지 않게 된다. 단지 인식을 만드는 감각 능력을 갖추고 있을 뿐이다. 볼테르가 소설의 마지막 장면을 '타불라 라사(tabula rasa)', 즉 아무것도 씌어 있지 않은 백지로 끝낸 것은 로크의 문제의식에 맞닿아 있다. 합리론의 생득 관념을 부정한 로크의 인간 백지설을 받아들인 것으로, 백지 상태의 인간이 감각에서 출발하는 지각 능력을 거쳐 귀납적 축적 방식으로 인식한다는 의미다.

그러나 볼테르도 몽테스키외와 비슷하게 감각과 관찰의 한계를 설정하면서도 경험론과 어느 정도 거리를 둔다. 소설 속에서 미크로메가스와 함께 지구를 방문한 토성의 거인은 지구 위에 아무도 없다는 성급하게 결론을 내

<거인>, 1808년

린다. 거인은 지구에 생명체가 존재하지 않는 핵심 근거로 아무도 보지 못했음을 제시한다. 이에 미크로메가스는 상상할 수 없이 너무 큰 별도 작은 눈에는 보이지 않을 텐데 그 별도 존재하지 않는다고 결론을 지을 거냐며 반박한다. 비판을 받아들이고 지구를 다시 꼼꼼하게 관찰하던 거인은 아주 작은 인간을 발견하고 도가 지나칠 정도로 작기 때문에 영혼이 존재한다고는 믿을 수 없고, 따라서 지구에는 정신이 없다고 결론을 낸다.

고야의 <거인>처럼 거대한 육체를 가진 존재가 있다면 사물에 대해 우리와는 매우 다른 감각과 인상을 지닐 수밖에 없을 것이다. 그림을 보면 거인이 우뚝 서서 인간을 내려 본다. 놀란 인간들이 황급하게 도망치고 있다. 인간으로서는 구름 위로 한참 뻗어 올라간 거인의 전체를 볼 수 없고 마찬가지로 거인도 개미처럼 작은 인간의 생각이나 행동을 정확하게 알 수 없다. 우리가 작은 벌레는 사유 활동을 할 수 없다고 생각하듯이 거인도 인간 행위를 본능으로 한정하고 그 이상의 가치를 부여하지 않을 수 있다. 감각은 육체에 의존하기 때문에 시각과 촉각의 한계 안에서 사물을 관찰하고 제한된 인상만 갖게 된다. 감각이 사고 활동의 출발임은 분명하다. 그러나 감각으로 도달한 일반적 관념이나 공리는 감각의 한계 때문에 진리로 이어지기 어렵다.

루소, 언어 연구로 감각에서 인식으로 나아가다

루소도 감각이나 감성이 지성에 앞선다는 전제에서 출발한다. 인간은 연약한 존재로 태어나 힘이 필요하고, 빈손으로 태어났기 때문에 남의 도움이 필요하다. 태어날 때 지니지 못한 모든 것을 점차 얻듯이 인식 역시 삶의 과정 속에서 만들어진다.

처음에는 감각에서 나오는 인상에 의지한다. 기분이 좋은지 아니면 나쁜지라는 단순 인상에서 시작한다. 다음으로 죽음에 대한 공포, 안락에 대한 욕망 등 생명체로서 보존과 연관된 인상을 거쳐 고뇌에 대한 두려움으로, 더 나아가서는 대상과 자신과의 관계가 적합한지 아니면 부적합한지라는 복잡한 사고로 나아간다. 마지막으로 "이성

루소

이 우리에게 부여하는 행복이나 완전성의 관념에 근거하여 우리가 사물들에 대해 내리는 판단에 따라 그것을 추구하거나 피한다." 이처럼 사고 활동은 감성에서 오는 감수성이 높아지고 지식이 늘어남에 따라서 점점 더 영역이 넓어지고 강해지는 과정을 밟는다. 그리하여 처음에 감각만 있었지만 후에 관념을 가지게 된다.

그런데 단순 감각이 곧바로 고도한 관념이나 판단을 만들지는 않는다. 베이컨이나 로크가 중간의 여러 단계를 설정했듯이, 연달아 일어나거나 동시에 일어나는 여러 감각을 비교하면서 혼합된 감각이 관념을 만들어 낸다. 판단은 더욱 능동적이어서 감각 기관만으로 결정할 수 없는 여러 관계를 비교하고 결정한다.

루소는 베이컨이나 로크의 반복이 아니라, 언어를 연구한 다음 감각에서 출발해 인식에 이르는 길을 더 체계적으로 탐구한다. 언어는 감각과 감정이 지성에 앞서는 결정적 증거다. 그런데 언어는 원래 있던 것이 아니라 타인과의 접촉한 경험이 넓어지는 과정에서 점차 만들어졌다. "어떤 사람이 다른 사람을 자신과 마찬가지로 느끼며 생각하는 닮은꼴의 존재라고 인식하면, 이내 자신의 느낌과 생각을 나누고 싶은 욕구가 생겨서 그럴 방법을 찾게 된다." 그러한 방법은 감각에서 얻을 수밖에 없는데, 감각 수단이야말로 다른 사람에게 행동을 보일 때 사용할 수 있는 유일한 도구다. 타인의 감각에 대응할 수 있는 일반적 수단은 동작과 목소리뿐이다.

루소는 두 가지 수단 가운데 언어가 목소리에 직접 연관된다고 생각했다. 당시에 언어의 출발이 어디인지를 두고 논쟁이 벌어졌다. 계몽사상가들은 대체로 언어의 기원을 이성이 아니라 감성에서 찾는다는 점에서는 경험론을 어느 정도 받아들이는 편이었다. 하지만 디드로는 몸짓을 언어의 출발점으로 삼는다. 이에 대비해 루소는 목소리를 언어의 뿌리로 규정한다. 그러면 목소리는 어디에 기원을 둘까? "욕구는 원초적인 몸짓을 유발하였고, 정념은 원초적인 목소리를 토해내게 하였다고 생각할 만하다." 언어는 배고픔이나 사랑·증오·동정심·분노와 같은 정념에서 시작된다. 말을 하지 않고도 열매를 따거나 먹을 수 있고 먹이를 쫓을 수 있다. 그러나 부당한 공격자를 물리치거나 마음의 감동을 표현할 때 크게 소리를 지르거나 외마디 소리를 내게 된다. 이런 까닭에 처음 언어는 단순하고 체계적이며 음악적이고 또 정념적이라 할 수 있다.

언어가 감각과 정념에서 출발하기 때문에, 인간과 비슷한 능력을 지닌 동물도 언어를 사용한다. 개미나 벌 같이 집단 생활하는 동물은 서로 소통하기 위해 자연 언어를 가진다. 하지만 루소는 동물 언어와 인간 언어는 다르다고 봤다. "이런 언어를 사용하는 동물들은 그것을 타고난다. 그들은 하나같이 모두 어디서나 같은 언어를 지닌다. 그들은 언어를 전혀 바꾸지도 못하고, 조금이나마 발달시키지도 못한다. 관습 언어는 인간에게만 고유한 것이다." 동물은 말 그대로 본능적 감각과 정념으로 제한된 소통을 하기 때문에 정해진 규칙에서 벗어나지 못한다. 또한 상황에 따라 말을 바꾸지 못하기 때문에 오랜 세월이 지나도 같은 표현과 패턴을 유지한다.

하지만 인간은 다르다. 예컨대 베르네의 〈해변〉에는 대화를 나누는 사람들이 등장한다. 일상의 풍경인데, 멀리 보이는 등대 옆으로 범선 한 척이 유유히 지나간다. 낚시하거나 조개를 잡는 사람들의 모습도 보인다. 전면에는 나들이 나온 귀족들이 물에 들어가려는 여인에게 말을 거는 듯하다. 바위

〈해변〉, 1776년

에 걸터앉은 여인은 고개를 돌려 무언가 대답을 한다. 대화 내용이 무엇인지는 알 길이 없다. 별로 중요하지 않은 시시한 이야기일 수도 있다. 양말을 벗다 만 채로 고개를 돌려 대답하는 여인은 귀찮은 기색을 보이는 것 같다. 만약 자신의 생활에 직결된 내용이면 적극적 자세로 대화하고 충실하게 답변을 했을 것이다. 반대로 일하기 바쁜데 소풍 나온 귀족의 쓸데없는 말이라면 퉁명스럽게 몇 마디 대답하고 물로 들어갈 것이다. 혹은 대화를 빨리 끝내기 위해 거짓말을 할 수도 있다.

이렇듯 인간은 대화의 상황이나 자기 이해에 따라 얼마든지 말을 바꾸어 사용할 수 있다. 상황이 복잡하면 복잡할수록 언어도 복합적인 성격을 띠게 된다. 나아가 사회가 분업화되고 전문화될수록 언어도 체계적으로 발전한다. 심지어 개별 사물이나 현상에 대한 직접 언급을 넘어 추상적 단어를 만들어 내기도 한다. 단순한 감각에서 복잡한 감각으로, 단순한 관념에서 복잡한 관념으로 나아가는 인식의 과정과 맥락을 같이하면서 언어도 변화를 겪는다.

감정에서 출발한 언어는 문자화와 맞물리면서 이성적 성격이 강화된다. "글쓰기는 언어의 낱말이 아니라 그 속성을 바꾼다. 그것은 표현성을 정확성으로 대체한다. 우리는 말할 때 감정을 표현하고, 글을 쓸 때는 생각을 전달한다. 글을 쓸 때는 모든 낱말을 공통적으로 사용하는 뜻의 범위 안에서 써야 한다." 글로 쓰이는 낱말은 말보다 더 통일돼야 한다. 말은 같은 시공간에서 상황을 공유하고 표정이나 몸짓과 짝을 이루기 때문에 어떤 의미인지 이해하기가 쉽다. 하지만 글은 서로 다른 시공간에서 기호만으로 의미를 파악해야 하기 때문에 낱말을 엄밀하게 사용하고 또 이를 위해 개념화하는 과정이 필요하다. 언어의 체계화와 연관을 맺으면서 정념과 이성이 서로 작용하고 점차 인식의 고도화되는 방향으로 나아간다.

하지만 전체 과정이 로크처럼 감각에서 지성으로 일방적이지만은 않다. "우리의 감각의 커다란 영향력이 정신적인 요인에서 비롯되는 것이 아니라면, 도대체 왜 미개인들에게는 아무렇지도 않은 느낌에 대해서 우리는 그토록 민감한 것일까." 감각이 정신에 미치는 영향만큼이나 정신도 감각에 크게 작용한다. 감각과 정신의 상호 작용 정도의 차이 때문에, 미개인과 달리 문명인은 생활이나 직접 경험에서 벗어난 사고 활동을 한다. "인간성을 탐구하는 자들이 뭐라고 하든지 인간의 지성은 정념의 도움을 많이 받고 있으며 누구나 알다시피 정념도 지성의 도움을 많이 받고 있다. 우리의 이성이 완성되는 것은 바로 이 양자의 활동에 의해서다." 루소는 로크의 인식론보다는 '로크와 버클리를 결합한 흄의 인식론'에 더 가깝다.

디드로, 인식에 대한 기계적 유물론 관점

디드로는 《맹인에 관한 서한》에서 관념이 외부에서 주어진다는 유물론적 시각을 제시한다. 버클리는 인식이 외적 사물이 아니라 인간에 속한 경험 자체에 의존한다고 주장했다. 이를 반박하듯 디드로는 시각 장애인을 관찰하고 연구하면서 감각을 사용해 사물을 인식한다는 것을 밝혀냈다. 그는 인식이 객관 사물의 반영을 전제로 한다는 점, 진리의 여부는 경험으로 확인된다는 점을 강조한다. 결국 영혼은 육체적 성장의 결과물이고 발이 근육으로 걷듯이 정신은 뇌 물질을 통해 생각할 뿐이라는 기계적 유물론을 펼치게 된다.

예컨대 시력을 회복한 시각 장애인이 촉각의 힘을 빌리지 않고 정육면체와 구체를 시각만으로 구별할 수 있는지를 고찰할 때, 이 문제는 감각에서 판단의 추이를 설명하는 유물론적 인식의 모순에 해당한다. 로크와 버클리는 시각 장애인이 정육면체와 구체를 구별할 수 없다고 주장했고 볼테르도 이에 동의했다. 버클리는 아예 실재론을 비판하고 경험으로 느끼는 현상만이 존재한다는 주장을 펼치기도 했다.

디드로는 이에 반박하기 위해 먼저 시각 장애인이 어떻게 도형에 대한 관념을 만들 수 있는지를 관찰로 추적한다. 인간은 촉각 경험을 반복하고 여러 지점에서 느낀 감각을 기억한 다음, 감각이나 점을 마음대로 조합해서 도형을 만든다. 시각 장애인에게는 촉각이 곧 눈이다. 눈은 직접 닿을 수 없는 사물을 느낄 수 있게 한다. 그런 점에서 시각 장애인에게는 눈이 곧 손이 된다.

다음으로 선천적 시각 장애인이 눈을 떠서 사물을 보게 되었을 때 정육
면체와 구체를 시각만으로 구별할 수 있는지를 탐구한다. 눈에 사물의 상이
맺히기는 하지만, 정육면체나 구체로 확연히 구별해 받아들이지는 못한다.
최초로 시각 작용이 일어나는 순간에는 다수의 혼란한 감각 인상을 받을 뿐
이다.

예컨대 시각 장애인이 샤르댕의 〈은잔〉에 나오는 실제 사물들을 시각을
찾은 후 처음 접했다고 가정해 보자. 길쭉한 원통형 은잔과 넓적한 그릇 그
리고 사과와 같은 구체를 우리가 느끼는 바와 똑같이 느낄까? 시각 장애인
은 곧바로 서로 다른 형태를 지닌 사물을 구별해 판단하지 못한다. 즉 사물
이 주는 자극만으로는 충분하지 않다. 각 형태가 혼란스럽게 시각을 자극하

면서 정돈되지 않은 감각 인상에 머문다. 하지만 시간이 흐르고 감각 인상이 반복되면서 점차 인식하게 된다. 즉 먼저 외적 대상이 전제되고 다음으로 눈이라는 감각 기관의 훈련이 한데 모여 올바르게 지각할 수 있게 된다. 이를 근거로 외적 사물의 연장을 통한 지각을 부정하고 경험으로 느끼는 현상만이 존재한다는 버클리의 주장을 반박한다.

인식이란 외부 사물의 연장과 운동에서 시작해서 감각으로, 다시 내적 기억을 거쳐 생각에 이르는 과정이다. 내적 기억도 물질적 생체 조직에 근거한다는 점에서 유물론 시각을 일관되게 유지한다. 기억만이 아니라 복잡한 사고도 물질적 생체 기관의 섬유 조직에 의존한다. 디드로는 사고 활동을 담당하는 섬유를 현악기의 줄에 비유하기도 한다. 처음의 한 관념이 두 번째 관념을 불러오고, 그들이 세 번째 관념을 불러온다. 요컨대 사고 활동과 결론은 모두 자연에서 나온다. 우리는 필연적이고 우연적 결합으로 생겨나는 현상, 경험으로 미루어 알게 된 현상을 진술할 뿐이다.

Art
계몽주의 미학과 신고전주의 미술

계몽사상가들이 생각하는 미

볼테르와 디드로, 경험으로 사물의 미를 반영하다

경험론을 적극적으로 받아들인 계몽사상가들은 대부분 미술에서도 외적 대상의 사실적 모방을 강조한다. 볼테르는 《캉디드》에서 라파엘로의 그림을 부정적으로 평가한다. "색조가 너무 어둡고 인물은 풍만하지 않고 도 뛰어나지도 않아요. 옷도 전혀 천 같아 보이지 않아요. … 자연을 제대로 모방한 작품으로 보이지 않아요." 자연이든 인물이든 대상이 가진 생동감을 그대로 살려야 한다. 생동감은 양감과 질감을 생생하게 전달하는 사실적 묘사에서 온다. 이를 위해 사물의 입체적 양감과 묘사 대상의 재질이 실제 경험과 일치하도록 그려야 한다. 그래서 그는 그림이 '자연 그 자체'로 보이지 않으면 결코 좋아하지 않는다고 말한다.

디드로는 《회화론》에서 미술의 체계적 이론화를 시도한다. 그는 데생·색채·명암·표현·구성 등 회화의 영역별 기준을 마련한다. 기본 원칙은 유물론의 토대를 미학에 일관되게 적용하는 방식으로 정리한다. 일차적 관심은 당연히 외부 사물과 그를 관찰하는 경험이다. 자연은 아무것도 부정확하게 만들지 않는다. 아름다움의 기준은 자연이다. 실제의 자연과 무관한 인위적인 선과 동작은 아름다움에서 멀어지는 지름길이다. 통념적으로 추하다고 여기는 형태조차도 자연의 기능과 연관되었다면 아름다움에 속한다. 예를 들어 뒤틀린 코는 자연에서는 전혀 거슬리지 않는다. 자연이 만들어 낸 다양성이기 때문에 뒤틀린 그대로를 모방할수록 더 큰 만족을 얻는다. 어린이, 어른 남자와 노인, 원시인과 교양인, 관리, 군인과 인부 등은 제 나름의 기능에서 오는 상태를 갖는데, 여기서 미술은 이를 있는 그대로 반영해야 한다. 노인은 거친 피부, 구부러진 허리, 허약한 걸음걸이 등 나이에 맞는 특징을 지닌다. 그러므로 대상의 나이와 습관 혹은 일상 기능을 사실적으로 묘사한 그림은 아름답다.

전통적 미 개념은 비례와 조화, 다양성의 통일 등 통념 정의에 의존했다. 아름다운 선과 비례는 객관적으로 존재한다. 비뚤어진 신체 같은 것은 미술의 대상으로 부적합하다. 그래서 대체로 건강하고 균형 잡힌 몸매를 가진 젊은 남성과 여성을 회화나 조각의 대상으로 삼았다.

디드로는 추상화·이상화된 미 개념을 부정하고 비판한다. 그는 직접 두 눈으로 관찰하는 것이 미술가에게 가장 중요하다고 주장한다. 그래서 미술가가 되려는 사람들에게 화첩을 들고 루브르에 가서 모작을 일삼지 말라고 한다. 대신 직접 길이나 시장에 나가서 관찰자가 되어 봐야 한다. 그러면 삶의 진실함을 정확하게 볼 수 있다. 만약 신앙심과 회개의 진정한 태도를 작품으로 그려 내려면 수도사를 찾아가야 하고 화난 사람을 그리고 싶다면 술집으로 가서 진짜로 화난 사람의 행동을 보아야 한다.

〈음악의 상징물들〉, 18세기경

그림에 입체감을 구현하는 명암 묘사도 마찬가지다. 화가는 화첩을 들고 실제 빛과 어둠의 향연이 펼쳐지는 자연으로 나가야 한다. 위대한 풍경화는 살롱이 아니라, 태양의 빛과 그림자가 살아 있는 숲의 한가운데서 나온다. 위대한 정물화는 실내로 스며든 빛이 어떻게 흐르고 반사되는지를 실제로 관찰하면서 추적하고 이를 실현할 때 탄생한다.

디드로는 빛의 흐름과 반사를 사실적으로 추적한 샤르댕의 〈음악의 상징물들〉을 모범으로 꼽는다. 작품 속 각 사물은 빛을 반사해 서로 영향을 주고받는다. 작가가 그림자를 검은색으로 획일화하지 않고 사물의 색이 그림자에 반영되도록 한 묘사도 천재적이다. 정교하고 자연스러운 명암 처리로 하나의 화폭 안에 수많은 정물을 담았는데도 잡다하고 어수선하지 않고 조화로워 보인다.

사물뿐만 아니라 인물에 대한 표현력과 구성력도 실제의 상태와 기능에 기준을 두어야 한다. 각각의 계층 시민은 특징을 가진다. 그래서 각 직업의 기능적 특징을 형상화할 때 개별 인물의 살아 있는 묘사가 가능하다. 행복과 불행 같은 것은 전쟁·기근·페스트·홍수·뇌우·폭풍우 등 자연 현상과 연결할 때 제대로 담아낼 수 있다. 요컨대 구성은 현실성을 어겨서는 안 된다는 것이다. 한 장면에 여러 순간을 담는 것은 사변적 관념 안에서 가능하다. 장면이 한 가지이고 명확하며 단순하게 연결되어서 한눈에 총체를 알아보게 해야 한다.

마지막으로, 디드로가 누드를 바라보는 태도 또한 눈여겨볼만하다. 의복을 표현할 때 먼저 신체에 주목하라고 충고하면서, 의복으로 가리지 않은 자연 그대로의 신체야말로 인간을 가장 아름답게 표현한다고 봤다. 의복의 주름이나 무늬보다 신체 각 부분의 특징과 전체의 누드가 주는 아름다움이 더 본질적이다. 그래서 누드를 드러내는 데 적극적이었던 그리스 조각에 주목하라고 말한다.

루소, 예술의 사회적 기능에 대한 비판

루소는 경험에 기초하면서도 지성의 힘을 가장 강하게 신뢰하는 계몽사상가였다. 로크나 디드로가 사물에서 감각을 거쳐 인식에 이르는 일방적 길을 제시했다면, 루소는 정념에서 지성 작용만큼이나 지성이 정념에 작용하는 것을 중시한다. 인간의 본질적 특징을 자유 의식에서 찾은 것도 그의 한 부분이다. 사실 루소의 관심은 물질적 자연이 아니라 사회 속에서 살아가는 인간이었다. 이성을 향한 길에 적극적이었던 루소이기 때문에, 미를 인식할 때도 디드로와 달랐다. 디드로는 미술이 자연 묘사에 가까울수록 더 아름다울 수 있다고 보았다. 루소는 자연 모방이 아름다움의 하나임은 분명하지만 다른 한편으로 미술이 자연을 일방적으로 반영하고 모방하는 것에 머물기 때문에 고차적 아름다움이 될 수 없다고 본다.

미술이 표현하는 색채는 자연의 빛에 의존한다. "색은 유색 물체에 있는 것이 아니라 빛 속에 있다. 우리가 어떤 대상을 보려면, 그것이 빛을 받아야 한다." 온갖 색채는 지표 위에 한꺼번에 진열된다. 첫눈에 모든 것이 보이고 그것은 우리에게 황홀감을 안겨 준다. 하지만 바로 이러한 수동성 때문에 미술은 우리에게 찬미와 응시의 기회만을 준다. 그래서 화가는 보이지 않는 것을 표현할 수 없고 그 때문에 그림은 죽은 상태로 생기가 없어 보인다.

그림이 자연에 가깝다면 음악은 인간 예술에 더 관련이 있다. 음악은 인간을 서로 더 가까워지게 한다. 음성 신호는 우리와 닮은 존재가 있음을 알려준다. 이런 맥락에서 음악은 인간과 인간을 더 가까워지게 한다. 음악가는 들리지 않는 밤의 정적, 침묵 같은 음도 표현할 수 있다. 물질적 자연을 모방하는 미술보다 인간의 지성 요소를 더 많이 품고 있는 음악이 더 높은 수준의 아름다움을 제공한다.

미와 지성의 연결을 강조하는 루소의 논리는 미와 선의 적극적 관계로 나아간다. 선은 행동하는 미와 다르지 않고 둘은 밀접하게 연결되어 있다. 그리고 모두 질서 정연한 자연에 공통적 근원을 갖는다. 그러므로 취미는 지혜와 같은 방법으로 완성되며 미덕의 매력을 유연하게 받아들이는 영혼은 모든 종류의 미를 지각할 수 있다. 반대로 선과 분리되거나 선을 해하는 미술은 아름다움은커녕 죄악이 된다.

〈오달리스크〉, 1814년

　그가 보기에 당시에 선정적이던 프랑스 회화 대부분은 지탄받아야 할 대상이었다. 18세기 중반의 로코코 양식, 특히 여성의 벗은 몸을 그린 부셰 풍의 그림에 분노했던 것 같다. 루소가 조금 더 살아서 장 오귀스트 도미니크 앵그르(Jean Auguste Dominique Ingres, 1780~1867)의 〈오달리스크〉를 보았다면 들고 있던 지팡이라도 집어 던졌을 것이다. 작품을 보면 침대에 쉬고 있는 소녀가 풍만한 엉덩이를 보이면서 고개를 돌려 우리를 응시한다. 팔 사이로 가슴이 보인다. 누운 자세에서 다리를 살짝 꼬아 올린 자태가 요염함을 더한다. 앵그르의 그림의 여자는 대부분 부끄러운 듯 시선이 다른 방향을 향했다. 그러나 이 그림 속 여자는 당당하고 도발적이다. 루소의 관점에서는 타락의 상징처럼 보였을지도 모르겠다.

　루소는 로코코 회화처럼 부패와 사치를 반영하고 이를 조장하는 미술은 개인을 타락의 길로 이끈다고 보았다. 미술은 사람을 결박하는 쇠사슬을 꽃다발로 치장해 억압적 현실에 눈을 감게 하고, 타고난 자유 감정을 질식하게 한다. 더 나아가서는 사회적으로 해악을 미친다. 선이나 덕과는 무관한, 공원의 늘어선 조각상이나 회랑을 장식한 그림은 아이들이 읽기를 배우기도 전에 눈앞에서 악행의 전형을 보게 만들 뿐이다.

경험론적 시각의 반영과 새로운 미적 체험

18세기 중반에서 19세기 초반의 프랑스 미술은 로코코 양식이 줄어들고, 과도기를 거쳐 신고전주의 양식으로 나아갔다. 이전 시기의 경향을 지니지만 영국 회화의 영향을 받으면서 새로운 모색을 하던 대표 화가로는 베르네, 프랭스(Jean-Baptiste Le Prince, 1734~1781), 그뢰즈, 필립 자크드 루테르부르(Philippe-Jacques de Loutherbourg, 1740~1812) 등이 있다. 신고전주의 양식을 대표하는 화가로는 자크 루이 다비드(Jacques Louis David, 1748~1825)와 그로, 앵그르 등이 있다.

있는 그대로의 자연을 모방하다

로코코 양식은 대체로 이상화된 형태의 자연을 주제로 다뤘다. 18세기에 이르러 계몽 철학의 일반적 경향이었던 경험론의 영향과 네덜란드 풍경화 그리고 영국의 풍경화에 자극을 받아 있는 그대로의 자연 묘사가 활발해진다. 하지만 단순한 반복이 아니라 미에 대한 새로운 인상을 반영하면서 발전적으로 변하게 된다.

　　베르네는 프랑스 풍경화의 새 장을 열었다. 〈청명한 달빛이 비치는 항구〉는 그의 대표작 중 하나다. 달빛이 흐르는 밤하늘의 정취가 눈길을 사로잡는다. 드넓은 하늘의 배치는 화가가 의도적으로 항구의 밤하늘을 묘사하는 데에 역점을 두었음을 드러낸다. 달빛이 반사된 각양각색의 구름이 밤하늘의 분위기를 잘 살려 낸다. 어둠 속에서 시커멓게 드러나는 범선의 깃대와 돛대, 이를 연결하는 수많은 밧줄이 전혀 흉물스럽지 않다. 선착장에는 작은 배로 물건을 실어 나르는 사람들, 밤낚시를 즐기는 사람들이 보인다. 오른편에는 인부들의 음식을 마련하는 중인지 모닥불 위에 솥이 걸려 있다. 그 주위로 한 무리의 남녀가 섞여 있다. 하늘의 달과 지상의 모닥불이 만들어 내는 빛의 대조는 한데 어우러지면서 보는 재미를 더한다.

　　베르네는 밤 풍경을 즐겨 그렸다. 이는 풍경화의 새 영역을 개척하는 참신한 시도였다. 이전의 풍경화는 대부분 한낮의 햇빛을 받아 선명한 외형과

〈청명한 달빛이 비치는 항구〉, 18세기

〈해안의 바위〉,
1753년

색채를 자랑하는 자연의 풍광을 담았다. 화가로서 밤 풍경을 묘사하는 것은 하나의 모험이었다. 밤은 사물 간의 경계를 흐릿하게 한다. 그래서 선명한 색채를 구사할 수 없는 단점이 있었다. 베르네는 달빛이 햇빛만큼이나 아름다운 자연을 드러내고, 무채색도 시각적 감동을 줄 수 있음을 보여 주었다.

베르너의 또 다른 작품 〈해안의 바위〉는 또 다른 면에서 풍경화의 새로운 묘미를 전달한다. 영국의 라이트가 〈저녁의 동굴〉에서 시도했듯이, 풍경화에서 전통적으로 추구하던 아름다움의 통념을 과감하게 깨트린다. 전통적 풍경화에서는 풍성한 가지와 잎을 늘어뜨린 나무, 녹음이 짙은 숲, 푸른 하늘 등이 작품의 주요 소재였다. 하지만 이 그림에서 화면 대부분을 울퉁불퉁하고 음침한 분위기를 풍기는 바위가 자리 잡고 있다. 전통적으로 중시하던 우아하고 부드러운 선은 눈을 씻고 찾아봐도 없다. 대기의 색깔도 화창하기는커녕 마치 바위만큼이나 칙칙하다. 바위틈에서 불규칙하게 듬성듬성 자라난 풀이나 바위를 때려대는 바닷물의 색깔조차 뿌옇다. 이 작품은 전통적 미 관념을 모두 거스르면서도 사실성에서 오는 감동이 얼마든지 미적 공감을 불러일으킬 수 있는지를 잘 보여 준다. 창공 위를 나는 한 마리 작은 갈매기도 감상자의 시선을 즐겁게 한다.

역동적인 자연 모방으로 숭고미를 실현하다

18세기 프랑스 풍경화의 가장 큰 특징은 역동적인 자연을 표현하는 데 있다. 과거 이탈리아 바로크 미술이 인체의 역동성으로 시선을 사로잡았다면, 프랑스 화가들은 자연의 꿈틀거림으로 새로운 시각 체험을 제공한다. 다분히 버크가 이야기한 숭고의 즐거움이 영향을 미쳤다고 할 수 있다.

버크는 《숭고와 미 관념의 기원》에서 전통적 미 개념에 도전한다. 전통적 아름다움의 기준은 선명한 색상, 표면이 매끄러운 물체, 작고 아기자기한 사물과 연관된다. 반대로 어둡거나 음침한 색상, 거친 표면을 지닌 물체, 비정상적으로 큰 사물은 추하다고 생각했다. 하지만 버크는 호기심을 불러일으킬 만한 특이하고 놀라운 장면으로 느끼는 '숭고'라는 감정을 중요한 미적 체험으로 강조한다. 이런 버크의 미학을 먼저 전면적으로 실현한 것은 베르네와 같은 프랑스 화가였다.

베르네의 〈하루의 네 시기-정오〉는 새로운 미적 체험을 보여 준다. 해안가로 폭풍이 몰아친다. 갑작스러운 폭풍에 놀란 여자가 아이를 안고 황급히 도망친다. 거센 바람 때문에 치맛자락은 사정없이 펄럭이고 남성의 상의도 말려 올라간다. 여성은 바람을 뚫고 달리기가 버거운 듯하고 남성은 모자가

〈하루의 네 시기-정오〉, 1757년

날아가지 않도록 꽉 붙잡는다. 그림 오른편에는 대피를 위해 부랴부랴 그물을 걷는 어부들이 보인다. 바람에 나뭇가지가 휘고 이파리들은 정신없이 소리 지르는 듯 흔들린다. 하늘에는 시커먼 먹구름이 몰려온다. 흔히 미의 기준으로 보았던 자연의 조화나 균형과는 아무런 관련이 없는, 혼란과 위험한 상황이 그림 전체를 지배한다.

버크는 숭고의 미적 체험을 강조한다. 그의 논리 아래서 자연의 완벽성에 기초한 미의 보편성은 의심스러워진다. 숭고의 체험은 생존을 위협할 정도의 공포 속에서 탄생한다. 회화적 표현으로는 거대한 규모·거침·묵직함·단단함·어둠 등으로 나타난다. 공포가 숭고의 즐거움과 미적 체험을 제공하는 것은 감상자가 느끼는 공포와의 거리감 때문이다. 고통이 직접 폭력에 이

〈알프스의 눈사태〉, 1803년

르지 않고 실제의 위험과 관련이 없을 때 감상자는 놀라움과 즐거움을 동시에 느끼는 미적 체험을 얻는다.

　루테르부르의 〈알프스의 눈사태〉는 버크의 미학을 그 어느 작품보다 더 잘 보여 준다. 이 작품은 제목 그대로 알프스 산악 지대에서 일어난 대형 눈사태를 그렸다. 눈사태가 일어나서 눈과 함께 거대한 바위들이 아래로 쓸려 내려온다. 지진이 일어난 듯 지축이 뒤흔들리고 굉음이 산자락을 집어삼키는 듯하다. 왼편에 산사태에 놀라 허둥지둥 도망가는 사람들이 보인다. 자연이 만들어 낸 공포 앞에서, 인간은 아주 미미하고 무력한 존재처럼 보인다. 이 작품은 버크가 강조했던 거대한 규모의 재난, 상식을 뛰어넘는 거친 위험의 엄습이 자아내는 공포가 더할 나위 없이 잘 나타나 있다. 감상자는 그림과 마주하는 순간 공포를 간접 체험하게 되고, 등골이 오싹해지는 기분과 함께 쾌감을 맛보게 된다.

생생한 인간 감정의 표현

생생한 감정의 회화적 표현은 르네상스 미술에서 조르조네(Giorgione, 1477?~1510)와 카로토가 가능성을 열었다가 종교 개혁기를 거치면서 다시 수면 아래로 잠겼다. 17세기 프랑스 회화는 합리론의 영향을 받으면서 정신적으로 고양된 엄숙한 표정이 중심이었다. 자유롭고 활기찬 분위기가 넘쳤던 네덜란드에서 할스가 살아 있는 표정을 부활시켰지만 개인적 시도를 넘어서지 못했다. 18세기 영국에서 감각과 감성을 중시하는 경험론을 반영하면서 라이트가 놀라움·호기심·장난스러움 등의 감정을 담아내려 했다. 한편 18세기 중반에 이르러 프랑스에서는 샤르댕, 그뢰즈 등이 네덜란드와 영국 회화의 활기찬 분위기를 받아들이면서 감정을 표현하려는 시도가 늘어나게 된다. 하지만 곧이어 불어닥친 신고전주의의 파도 속에서 수그러든다.

프랭스의 〈두려움〉은 로코코 화풍의 틀 안에서 상황과 동작 그리고 표정으로 내적인 감정을 표현한다. 가슴을 반쯤 풀어헤치고 말려 올라간 치마 사이로 다리를 드러낸 여성이 당황한 듯 손을 뻗고 문 쪽을 본다. 침대 아래쪽에는 강아지가 문을 향해 달려 나가고 있다. 언뜻 봐서는 어떤 상황인지 잘 분간이 안 된다. 제목이 '두려움'이긴 하지만 무엇이 두려움과 불안을 자아내는지 한눈에 들어오지 않는다.

이 그림을 이해할 수 있는 비밀의 열쇠는 곳곳에 있다. 먼저 탁자 위 두 개의 잔이 의미심장하다. 바닥에 넘어져 있는 의자도 눈여겨볼 만하다. 이제 전

〈두려움〉, 18세기경

후 정황이 일목요연하게 정리된다. 어느 귀족 부인이 청년과 밀회를 즐기던 중이다. 젊은 애인이 의자에 앉은 채로 침대에 누운 여자를 애무하다가 남편이 귀가하자 커튼 뒤로 숨었고, 여자는 어찌할 바를 모르고 두려워하며 허둥대던 것이 아닐까. 크게 뜬 여인의 눈과 살짝 벌린 입이 극도의 공포감을 잘 보여 준다.

그뢰즈는 당시 프랑스 화가 중 표정을 담아내는 데 가장 적극적이었고 표현력도 탁월했다. 〈소녀와 죽은 새〉의 표현력을 보고 디드로가 감탄할 정도였다고 한다. 작품을 보면, 소녀가 죽은 새를 앞에 놓고 슬픔에 잠겨 있다. 손으로 숙인 얼굴 한쪽을 가리고 있어서 깊은 슬픔에서 헤어 나오지 못하고

〈소녀와 죽은 새〉, 1765년

〈책을 읽다 잠든 소년〉, 1755년

있음을 보여 준다. 한참을 울었던 건지 눈에는 그늘이 가득하고 뺨은 붉게 물들었다. 이 뿐만 아니라 소녀의 옷을 보면 그가 의상 묘사에 뛰어난 화가로 이름을 날렸다는 게 과장이 아님을 알 수 있다. 몸을 휘감은 옷감의 느낌이 손에 느껴질 듯이 자연스럽다. 옷 주름도 섬세하게 표현했다.

또 다른 작품 〈책을 읽다 잠든 소년〉도 그뢰즈의 표현력이 높은 경지에 이르렀음을 보여 준다. 책을 읽다가 쏟아지는 졸음을 참지 못하고 잠에 빠져 든 소년의 모습을 그렸는데, 팔을 베개 삼아 잠든 모습이 자연스럽다. 감긴 눈이나 맥없이 처진 한쪽 팔은 소년이 깊은 잠에 빠져 있음을 알게 해 준다. 오므린 입술 사이에서 쌔근쌔근 숨소리가 새어 나올 듯하다.

신고전주의 양식

18세기 중반을 넘기면서 로코코 양식에 새롭게 반발해 신고전주의가 나타난다. 인체를 사실적으로 표현하고 미술의 계몽적 역할을 강조한 디드로는 신고전주의의 대표적 화가이자 이론가이기도 했다. 로코코 양식이 귀족과 상층 시민 계급의 호화로운 일상을 밝은 색조로 담았다면, 신고전주의 양식은 교양 있는 중간층 시민 계급의 취향을 반영하면서 교훈적 메시지를 전달하려 했다. 그래서 역사의 한 장면을 주제로 삼는 경향이 강했다. 프랑스 대혁명 이후 나폴레옹 1세(Napoléon I, 1769~1821)가 유럽에서 패권을 잡게 된 다음 신고전주의는 제정 양식으로 자리 잡았다. 그러면서 나폴레옹 체제를 정당화하는 작품 제작이 많아진다.

표현 양식은 광대한 자연보다는 인체의 사실적 묘사와 무게감이 느껴지는 색채를 구사하는 방향으로 나타났다. 특히 18세기 중반에 폼페이와 헤라클라네움, 파에스툼과 같은 곳에서 고대 건축물이 그리스 문화를 다시 바라보는 계기를 맞이하게 했다. 고대를 동경하는 경향이 사회 전반에 널리 퍼지면서 형식의 정연한 통일과 조화, 표현의 명확성, 형식과 내용의 균형, 즉 고전주의의 정확성이 중요해진다. 이를 위해 엄격하고 균형 잡힌 안정된 구도로 공간을 압축하고, 강직한 선으로 윤곽을 명확하게 표현하고, 깊이 있는 명암으로 입체성을 강조하게 된다.

고전주의적 인체 묘사

다비드는 프랑스는 물론 유럽 전체 신고전주의를 개척한 선구자이자 가

〈파트로클로스〉, 1780년

장 큰 영향력을 행사한 화가였다. 프랑스 대혁명 이후에는 나폴레옹이 임용해 예술적·정치적으로 미술계 권력자로서 화단에 많은 영향을 끼쳤다. 그는 한동안 로마에 머물면서 고대 그리스·로마 조각을 연구해 캔버스 안에 조각처럼 정확하고 입체적인 인물을 묘사하기도 했다. 자연 그대로의 신체야말로 가장 아름다운 표현 대상이라고 보았던 디드로의 견해에 닿아 있는 문제 의식을 보인다.

다비드의 〈파트로클로스〉는 고대 조각의 형태미를 추구한 그의 기량을 그대로 보여 준다. 마치 자신이 신체의 근육을 얼마나 정교하고 생동감 있게 잘 묘사할 수 있는지를 보여 주려고 그린 것 같다. 꿈틀대는 근육과 힘줄 하나까지도 세심한 신경을 쓰고 있다. 묘사 효과를 극대화하기 위해 몸을 뒤틀

〈샘〉, 1856년

어 어깻죽지에서 등을 거쳐 허리로 이어지는 근육을 살려서 그렸다. 세부 근육을 하나도 놓치지 않겠다는 듯이 정밀하다. 무게 중심 역할을 하는 오른팔 쪽으로 근육의 흐름을 잡아서 불안한 자세임에도 전혀 위태로워 보이지 않는다. 목과 팔꿈치의 뼈, 무릎 관절과 발목의 복숭아뼈 등을 명확히 표현해 전체적으로 근육 속에 단단한 뼈가 자리 잡고 있으리라는 느낌을 준다. 깔고 앉은 천의 반사광까지 섬세하게 잡아내서 실제 인물의 입체성을 생생하게 전달한다.

이처럼 다비드가 고전주의 방식으로 남성 신체를 표현하는 데 탁월했다면, 앵그르는 여성 신체 표현에 능했다. 앵그르는 스승이었던 다비드를 이어 신고전주의 양식의 중심이 되었다. 그 역시 고대의 조각과 회화, 르네상스 거장인 라파엘로의 그림을 오랜 기간 이탈리아에 머물면서 연구했다고 한다. 앞에서 본 〈오달리스크〉나 〈터키 목욕탕〉처럼 그리스 조각을 마주하는 듯한 여성 누드를 즐겨 그렸다.

〈샘〉은 앵그르를 상징하는 그림으로 가장 널리 알려져 있다. 풍만한 몸을 모두 드러낸 채 항아리를 지고 있는 젊은 여인은 샘의 정령이다. 항아리를 기울여 자연의 근원인 물을 쏟아낸다. 엄격하고 균형 잡힌 구도와 명확한 윤곽은 앵그르가 왜 신고전주의의 중심 화가인지를 잘 보여 준다. 또한 배경을 짙은 색을 칠해 몸의 윤곽이 분명하게 드러나도록 해 윤곽선을 그리지 않으면서도 색의 대비로 인체가 확연히 두드러져 보이도록 했다. 강인한 근육이 특징인 남성의 신체와는 달리 부드러운 살결이 주는 질감을 나타내기 위해 과도하지 않게 명암을 처리했다.

작품을 좀 더 자세히 관찰해 보면, 전체 구도를 잡는데 얼마나 많은 고심을 했는지를 알 수 있다. 다양한 각도를 사용해 단조로움에서 오는 싫증을 피했다. 한 손을 들어 올리고 무릎을 살짝 구부려 신체의 각 부분이 서로 다른 각도임에도 전체 균형을 유지한다. 얼굴과 가슴 사이의 각도는 왼쪽으로 좁아지고 가슴과 엉덩이 사이는 오른쪽으로 좁아진다. 또한 다시 무릎에서 다리 사이는 왼쪽으로 좁아져서 한 인물이 서 있는 자세에서 각도를 여러 번 엇갈리게 했다. 단조로운 시선에서 벗어나도록 하면서도 지나친 변화를 자제해 안정감을 잃지 않는다.

고전주의적인 장면 설정

신고전주의 초기 회화에는 그리스와 로마의 역사 속에서 일어난 사건을 그린 작품이 많았다. 고대의 역사를 매개해 현실 사회에 교훈적 메시지를 전달하려 했다.

예컨대 왼쪽의 그뢰즈가 그린 〈키몬과 페로(로마인의 자비)〉는 로마 역사서로 전해 내려오는 극적 장면을 담았다. 페로의 아버지 키몬은 독립을 위해 싸우다가 굶어 죽는 형벌을 선고받게 된다. 아이를 낳은 지 얼마 안 되는 딸 페로는 감옥으로 면회를 가서 죽기 직전에 있는 처참한 모습의 아버지를

〈키몬과 페로(로마인의 자비)〉, 1767년

〈키몬과 페로(로마인의 자비)〉, 17세기

보게 되고 감시자 몰래 젖을 물린다. 이후 페로의 극진한 효가 알려지면서 키몬은 사면을 받았다고 한다. 뼈만 앙상하게 남은 노인은 처량한 몸짓과 표정이다. 딸은 혹시라도 감시자가 눈치 채지 않을까 경계의 눈길을 멈추지 않으며 긴장된 자세다.

그뢰즈뿐만 아니라 꽤 오랫동안 많은 화가가 페로와 키몬을 주제로 그림을 그렸다. 오른쪽의 페테르 파울 루벤스(Peter Paul Rubens, 1577~1640) 그림과 비교하면서 살펴보자. 적어도 두 그림만 놓고 보면 그뢰즈가 상황과 구도 그리고 인체 표현에서 묘사력이 더 뛰어나다. 루벤스 그림은 바로크 미술의 특징이었던 과도한 근육 묘사 때문인지 굶어 죽기 직전의 노인처럼 보이지 않는다. 이에 비해 그뢰즈의 작품은 광대뼈와 갈비뼈 그리고 무릎 관절 등이 튕겨 나올 것만 같은 사실성을 보여 준다. 상황이나 구

〈호라티우스 형제의 맹세〉 1784년~1785년

도 역시 그뢰즈가 더 뛰어나다. 그뢰즈의 그림에는 감시를 피해 젖을 먹이려는 긴장감이 잘 드러나 있는데, 루벤스의 그림에서는 긴장감이 별로 느껴지지 않는다. 딸과 아버지의 표정도 마찬가지다. 그뢰즈는 작품에 딸의 긴박한 심리와 아버지의 복잡한 심리가 얼굴로 잘 드러냈는데, 루벤스 그림의 두 사람은 표정이 밋밋하다.

다비드의 〈호라티우스 형제의 맹세〉는 신고전주의 시대의 개막을 알리는 작품이다. 작품은 알바 롱가의 영웅 큐라티우스 형제에게 도전하기 위해 로마의 호라티우스 세 형제가 결의하는 장면을 담았다. 세 형제가 아버지와 칼을 앞에 두고 죽음을 두려워하지 않고 싸우겠다며 선언한다. 그들 오른편에는 여자 여럿이 비탄에 잠겼다. 사실 결투를 벌일 두 집안은 사돈 관계였다. 여인들은 남편이 친정 가족과 결투를 벌이는 비극 앞에 망연자실해 있다. 루이 16세의 요청으로 만들어진 이 작품은 애국적 희생을 메시지로 전달하는 '신고전주의 미술의 상징'이 되었다. 형식적으로도 로코코 스타일의 아기자기함은 이제 찾아볼 수 없다. 기하학적 조형성으로 안정된 구도를, 배경으로 깊은 공간감을 실현했다.

계몽사상의 정치적 구현

신고전파 화가들은 그리스와 로마의 역사만이 아니라 현실의 정치적 상황을 주제로 삼기도 했다. 다비드는 프랑스 대혁명 당시 자코뱅 당원으로서 혁신 측에 가담했다. 자코뱅파의 지도자가 세력을 잃고 물러나게 되면서 감옥에 갔지만 후에 나폴레옹이 그를 발탁해 미술계에 막강한 영향력을 미치게 된다. 신고전주의를 대표하는 앵그르와 그로 같은 화가 대부분이 제자였을 정도로, 다비드는 새로운 경향의 미술을 전파하는 중심 역할을 했다.

〈마라의 죽음〉은 현실 정치 상황을 말하려 했던 다비드의 생각을 그대로 반영한 작품이다. 이 그림은 프랑스 대혁명 당시 공포 정치의 최선두에 섰던 혁명가 마라(Jean Paul Marat, 1743~1793)의 최후를 그렸다. 자코뱅파는 혁명 정부를 수립하고, 혁명에 반대하거나 부정적 태도를 보인 왕당파와 지롱드파를 숙청한다. 1793년부터 약 1년에 걸쳐 사치와 향락에 젖어 '적자 부인'으로 불렸던 왕비 앙투아네트와 지롱드파 인사를 포함해 1만여 명 정도를 처형했다. 다비드는 마라와 함께 자코뱅 당원으로 프랑스 혁명에 참여하고 루이 16세 처형에 찬성했다.

이때 급진주의를 혐오하던 샤를로트 코르데가 공포 정치의 상징이던 마라를 칼로 살해했다. 심한 피부병 때문에 욕조에서 업무를 보는 경우가 많았던 마라는 민원인을 가장한 코르데에게 죽임을 당한다. 다비드는 이 사건을 작품에 담았다. 그런데 그림 속 마라의 표정이 우리의 고개를 갸우뚱하게 만든다. 불의의 기습을 당한 모습이라고는 상상할 수 없

〈마라의 죽음〉, 19세기

을 정도로 편안해 보인다. 마치 잠을 자는 듯하다. 아마도 마라를 순교자로 표현한 다비드와 자코뱅의 의도가 만들어 낸 표정일 것이다. 창에 찔린 채 십자가에 못 박혀 죽은 예수의 표정이 마치 세상에 더할 것 없이 편안하게 묘사된 것과 같은 이유였을 것이다. 다비드는 암살 소식을 접한 날부터 이 작품에 매달렸는데, 그림으로 혁명의 분위기를 북돋으려 했던 것 같다.

신고전파 화가들은 나폴레옹의 치적을 기념하기 위한 대형 작품을 많이 만들었는데, 뒤에서 자세하게 다룰 다비드의 〈나폴레옹 1세와 조세핀 황후의 대관식〉도 그중 하나였다. 그로 또한 나폴레옹을 주제로 작품을 남겼다. 그는 다비드의 수제자이자 신고전파의 마지막 거장으로 불린다. 그로의 〈아르콜 다리 위의 보나파르트〉는 전쟁터의 선두에 서서 전투를 지휘하는 모습을 영웅적으로 형상화했다. 한 손에는 국기를, 다른 손에는 무기를 들고 전

〈아르콜 다리 위의 보나파르트〉, 1796년

진하도록 독려하는 모습이다. 신고전파 화가들을 비롯해 당시 적지 않은 지식인들은 나폴레옹을 프랑스 대혁명과 공화주의의 상징으로 이해했다. 스스로를 황제라 칭하면서 그를 바라보는 시각이 회의적으로 바뀌기도 했지만, 사람들은 꽤 오랫동안 나폴레옹과 그의 전쟁을 공화주의를 유럽까지 확대하기 위해 필요한 영웅적 행위로 이해했다.

그로의 또 다른 작품 〈아일라우 전투〉도 전쟁을 정당화하는 의도를 보인다. 나폴레옹이 러시아·프로이센의 연합군을 격파해 승리를 거둔 장면을 담았다. 중앙에 말을 탄 나폴레옹이 있고 오른편으로 상대편 전사자와 부상자들이 널브러져 있다. 단순히 승리를 자축하는 분위기가 아니다. 자세히 보면 나폴레옹이 승리 후에 전쟁터를 시찰하며 다친 러시아 병사를 각별하게 간호하라고 지시하는 모습을 담았다. 말 아래에는 나폴레옹의 조치에 감동한 장교가 치료받은 팔로 다가가 감사의 마음을 표현한다. 그림 오른편에는 프랑스 병사가 러시아 병사를 부축한다. 이 작품은 나폴레옹의 인간미를 강조하고 그가 치른 전쟁이 침략이 아니라 공화주의로 유럽을 해방하려 했음을 정당화하는 역할을 했다.

〈아일라우 전투〉, 1808년

Philosophy
계몽주의의 윤리 철학

의무가 아닌 자율적·실용적인 윤리관

자율적·실용적 윤리관

쾌락과 고통을 기준으로 하는 귀납적·실용적 윤리관을 선호하는 경향이 나타나게 된다. 특히 신이 절대적 도덕률과 희생을 요구하는 것을 비판하는 시각이 모습을 드러낸다.

몽테스키외는 도덕은 강제된 희생이 아니라고 보았다. 그는 신이 아담에게 어떤 과일을 절대 먹지 말라는 조건을 달았는지에 대해 의문을 품는다. 아담이 어떤 결정을 내릴지 아는 분이 어떻게 당치 않은 규율을 만들었겠느냐는 것이다. 모든 걸 미리 아는 존재가 죄를 사해 은총을 내린다는 자체가 앞뒤가 맞지 않는 억지다. 요컨대 도덕은 외부 존재가 미리 정한 규율이 아니라 인간이 자신을 위해 타인을 고려하는 과정에서 이루어진다.

루소도 인간 본성을 선과 악을 기준으로 규정하는 기존 도덕률을 비판한다. "인간은 선에 대해 아무런 관념도 갖고 있지 않으므로 본래 악하다거나, 미덕이 무엇인지 몰라서 악에 젖어 있다거나, … 또는 인간은 자기에게 필요한 것을 소유할 권리가 있다고 생각하기 때문에 어리석게도 자기가 우주 전체의 유일한 소유자라고 생각한다거나 하는 등의 결론을 내려서는 안 된다." 그는 인간은 악한 존재이기 때문에 도덕 강제가 필요하다는 홉스의 발상을 반대한다. 자연 상태의 인간은 자기 보존을 위해 노력하는데 이는 타인의 보존에 해를 끼치지 않으므로 평화롭게 살아가는 데 가장 적합하다. 그러므로 바람직한 자연인 상태를 유지하려는 노력을 전제로 이성으로 이루어지는 교육을 결합해야 한다.

볼테르는 외적 강제가 아니라 노동으로 권태와 방탕 그리고 결핍을 멀리할 수 있다고 주장한다. 《캉디드》의 마지막 장면에서 팡글로스는 태초에 인간이 에덴동산에 태어난 것은 '일을 하기 위해서'였다고 말하면서 인간이 놀기 위해 태어나지 않았다고 말한다. 캉디드는 밭을 갈아야 한다며 자신의 여정을 마무리한다. 인간의 덕은 자율적 선택에서 오는데, 그중에서도 특히 근면한 노동이야말로 현실의 악덕에서 벗어날 가능성을 열어 준다. 이는 새로운 흐름으로 부상하는 시민 계급의 윤리관을 반영하고 있다.

여성과 가족에 대한 윤리관 변화

여성과 가족에 대한 도덕률도 매우 제한적이기는 하지만 의미 있는 변화를 보인다. 몽테스키외는 대자연의 법칙으로 여자가 남자에게 구속된다고 여겼던 기존의 도덕률을 '압제와 같다'며 비판한다. 또한 교육 차별이 여성을 뒤처지게 했을 뿐 여자도 남자와 동등한 교육을 받았다면 뒤지지 않을 것이라고 생각했다. 그는 교육을 받지 못했다고 해도, 몇몇 분야에서 여자와 남자의 능력은 별 차이가 없다고 봤다.

뿐만 아니라 이혼에도 꽤 적극적인 시각을 보인다. 기독교 전통이 강력한 현실에서는 이혼을 할 수 없었다. 그 때문에 현재 결혼 생활이 주는 고통이 미래에 대한 희망을 잃게 한다. 이런 끝없는 영원함이 결혼을 불유쾌하게 만들고 서로를 향한 혐오·불화·무시를 만들어 낸다. 그러므로 남성과 여성 모두에게 자유롭게 이혼을 선택할 수 있도록 허용하는 것이 행복한 가족을 만드는 데 도움을 준다.

루소도 여성에게 강제되는 기독교적 금기를 비판했다. 그는 기독교가 의무를 지나치게 과장해 실천할 수 없게 하며 가정 안에서 침울하게 지내는 여자로 만든다고 말한다. 여성을 우울한 의무에 종속하게 해 결혼이 주는 기쁨을 쫓아내 버렸다. 여성에게 강요하는 정숙과 엄숙의 의무가 오히려 가족을 불쾌하게 생각하도록 만들고 집에서 멀어지게 만든다.

계몽주의의 여성 인식은 가능성과 한계를 동시에 지녔다. 계몽 지식인들은 대체로 여성의 지적 활동을 옹호했다. 계몽사상의 영향을 받으면서, 살롱에서 이루어지는 여성과 남성의 지적 교류는 자연스러운 것이라 생각했다. 하지만 계몽사상가들의 의식은 근본적으로 현실의 한계를 뛰어넘지 못했다. 왜냐하면 여성을 지적 생산자로 인정하고 독려하기보다는 토론 중재자나 조정하는 역할로 한정했기 때문이다. 루소는 더 심한 편이었다. 그는 여성이 살롱에서 역할을 한다는 것도 부정적으로 바라보았다. 그가 보기에 여성이 맡아야 할 본연의 영역은 가사 노동과 가정 교육이었다. 다만 여성이 자기 역할을 적극적으로 수행하기 위해서라도 가정에서 여성의 권한을 높여야 한다고 보았다. 이런 점을 미루어 볼 때 계몽사상가들이 가부장제 의식에서 충분히 벗어났다고 보기는 어렵다.

디드로, 쾌락을 옹호하다

디드로는 적극적으로 덕을 즐거움과 쾌락에 연결한다. 즐겁고도 유용한 행위는 미덕에서 첫 번째 자리를 차지하고, 완벽함이란 이 두 가지를 일치시키는 데 있다. 반대로 즐거움과 유용함을 주지 못하는 행위는 가장 나쁘다. 그러므로 금욕을 강제하는 것은 미덕이 아니다. 정숙함과 엄격한 금욕은 어떠한 이익이나 즐거

〈터키 목욕탕〉, 1862년

움을 주지 않기 때문에 미덕에서 제외해야 한다. 그래서 금욕은 명백하게 죄악이라고 볼 수 있는 행위에 대해서만 필요하다. 정숙과 금욕만큼 더 유치하고 우스꽝스럽고 부조리하며 해롭고 경멸할 만하다. 이보다 더 나쁜 것이 세상에 없다는 사실을 인정해야 한다.

예컨대 앵그르의 〈터키 목욕탕〉에는 수많은 여성이 등장한다. 같은 자세를 취하는 사람이 거의 없다. 앵그르는 나체의 여성들이 뽐내는 집단적 관능을 표현했다. 특히 머리 위로 팔을 올린 그림 오른편의 여인은 요염한 동작으로 남성을 유혹하는 듯하다. 처음에 구상할 때는 사각형 캔버스였는데, 구멍을 통해 목욕탕을 훔쳐보는 느낌을 살리기 위해 둥글게 그렸다고 한다.

대부분의 계몽사상가는 〈터키 목욕탕〉에서 보이는 노골적인 성 욕망과 자극에 호의적이지 않았다. 특히 루소는 더 심했다. 그러나 디드로는 번식과

무관한 성적 욕망과 성행위에도 적극적이었다. 그는 성적인 제약에 의문을 던진다. 번식의 유용성과 상관없는 성행위, 감각적 즐거움을 추구하는 성행위를 부정적으로 볼 이유가 전혀 없다. 흔히 감각적 성행위의 즐거움을 포기하고 절제하는 삶을 살라고 하지만 이는 그저 잘 꾸며 낸 말에 불과하다. 유용성과 즐거움의 결합이 가장 바람직하지만, 번식의 유용성이 없다고 해도 그 자체가 나쁜 행위는 아니다. 나쁜 행위는 즐거움조차 없는 것이다. 여기서 즐거움을 주는 쾌락은 두 종류가 있는데, 하나는 개인에게만 즐거움을 주고 다른 하나는 두 사람이 즐거움을 나누어 가지는 것이다. 쾌락만이 목적인 성행위는 두 사람 모두의 즐거움을 충족시킨다는 점에서 충분히 가치 있다.

상대적 윤리관을 지향하고 감성으로 도덕을 교육하다

상대적 윤리관의 가능성

영국 경험론 철학자들은 절대적 윤리관을 비판하는 데는 적극적이지만 상대적 윤리관의 가능성을 여는 데는 소극적이었다. 그들은 대안 중 하나로 사회적 동의를 얻은 일반적 기준의 윤리관을 제시하기도 했다. 이에 비해 계몽사상가들은 상대적 윤리관의 가능성을 조금은 더 적극적으로 모색해 차이를 둔다.

볼테르는 《캉디드》에서 선과 악의 기준을 상대적으로 이해할 수 있다는 가능성을 살펴본다. 예컨대 악당 선장이 탄 배가 침몰해 죽게 되자 캉디드는 범죄는 징벌을 받게 되어 있다며 인과응보라고 말한다. 하지만 마르틴은 함께 배에 탄 승객들은 어떡하느냐면서 선장을 벌한 건 하나님의 뜻이지만 승객을 죽게 한 건 악마의 짓이라고 말한다. 한 사람에게는 선(善)인 결과가 다른 사람에게는 악(惡)이 될 수도 있다. 요컨대 개인과 집단이 처한 위치나 이해에 따라 선과 악의 기준이 얼마든지 바뀐다는 점에서 상대적 이해가 가능함을 열어 둔 것으로 볼 수 있다.

디드로는 쾌락 문제와 마찬가지로 상대적 윤리관에 더 적극적으로 접근한다. 예컨대 시각 장애인은 청각과 촉각에 의존한다. 그런데 덕은 다른 인식과 마찬가지로 외부 사물과 느끼는 주체에 따라서 다르게 만들어진다. 그래서 시각 장애인의 도덕은 일반인의 도덕은 다를 수밖에 없다. 그리고 만약 한 가지 감각을 더 가진 존재가 세상에 있다면 우리의 도덕을 완전하지 않다고 생각할 것이다. 인식이 감각에 의존하는 한 우리의 형이상학이 그들과 일치하지 않기 때문이다. 그들에게 원칙이지만 우리가 보기엔 불합리하거나 혹은 그 반대의 경우도 충분히 성립할 수 있다. 이처럼 도덕은 어떤 조건에서 누가 느끼느냐에 따라 달라진다. 그래서 윤리는 상대적이다.

도덕 주입이 아닌 지연적 감성을 유지하는 교육

루소는 어린이에게 도덕 교육을 하지 말라고 주장한다. 어린 시절에는 자연인의 감성을 유지하도록 주의해야 한다. 어린이는 선과 악이 없는 상태이기 때문에 악덕으로 향하는 일이 없다. "미개인은 선하다는 것이 무엇인지 모른다는 바로 그 이유 때문에 악하지 않다고 말해도 무방할 것이다." 악덕을 모르는 것은 미덕을 아는 것보다 유익하다. 그러므로 어려서부터 덕을 가르쳐야 선해진다는 주장은 잘못이다.

〈말썽꾸러기〉,
1765년

　사람들은 흔히 그뢰즈의 〈말썽꾸러기〉처럼 아이의 행동 하나하나를 꾸지람하고 도덕적 훈계를 일삼는다. 이 그림은 어머니가 먹던 밥을 강아지에게 준 아이를 나무라는 모습을 담았다. 한 손을 무릎에 짚어서 화가 났음을 보여 주고 있고, 다른 손으로 강아지를 가리키면서 아이의 행위가 부적절함을 설명하는 듯하다. 〈말썽꾸러기〉는 그뢰즈가 도덕 교육을 위해 제작한 연작 중 하나였는데, 효도를 가르치기 위한 연작을 그리기도 했다.

　루소가 보기에 어려서부터 도덕과 복종을 가르치는 것은 오히려 아이들을 타락하게 한다. 그는 의존 관계에는 자연에 대한 종속 관계와 인간에 관한 종속 관계가 있다고 보았다. 여기서 인간의 종속 관계는 무질서하다. 그래서 좋지 않은 것이 생겨난다. 도덕이란 인간에 관한 종속 관계에 해당하며, 이성 가운데서도 가장 늦게 발달하는 것이 도덕 인식이다. 그런데 아이들은 이성을 이해하거나 받아들일 나이가 아니다. 이성적 설득이 불가능하기 때문에 아이에게 도덕 교육은 금지와 강제만 할 뿐이다. 이는 어른과 아이 사이에 명령과 복종, 즉 주인과 노예의 관계를 만들 뿐이고 이는 서로를 타락하게 한다.

그렇다면 어떻게 해야 할까? 루소는 어린이가 자연과 종속 관계를 맺어야 한다고 말한다. 그래서 초기의 교육은 미덕을 가르치고 진리를 깨우치게 하는 게 아니라 악덕이나 잘못에서 마음을 지켜야하는 일이어야 한다. 그렇게 되면 어린이의 교육이 진전되면서 자연의 질서를 따른 셈이 된다. 만약 어린이가 무모한 의지를 내세울 때도 자기 행위에서 비롯되는 벌 이외의 것을 가해서도 안 된다. 다시 똑같은 상황을 만났을 때 스스로 생각하게 하면 그만이다. 왜냐하면 우리는 인식하기 전에 느끼기 때문이다. 선을 바라거나 악을 피하지 말고 자연으로부터 그 의지를 받아들여야 한다. 즉 좋은 것을 사랑하고 나쁜 것을 미워하는 것은 자연적 감정에 속하므로 여기에 충실해야 한다. 천부적 감정 위에서 자라난 아이가 나중에 이성을 이해할 나이가 되었을 때, 이성으로 도덕을 알리면 선을 사랑하도록 인도할 수 있다.

Philosophy
계몽주의의 정치 철학

계몽사상가들의 정치 철학은 다양하게 나타나게 된다. 이야기에 앞서 간단하게 알아보도록 하자.

먼저 몽테스키외는 고등 법원이 왕권을 제한하는 입헌 군주정을 지향했다. 다양한 정치 체제를 비교해 가장 적합 체제로 이를 택한 것이다. 이와 비슷하면서도 다르게, 볼테르는 계몽된 군주를 원했지만 고등 법원의 권위에는 부정적이었다. 고등 법원은 결국 귀족이 중심인 특권층의 보루에 불과하다고 생각했다. 그렇다고 해서 시민이나 평민의 역할에 기대를 걸지도 않았다. 그는 사유 재산 제도를 비판한 루소의 《인간 불평등 기원론》을 '거지 철학'이라고 비판했다. 그러면서 계몽 군주와 같은 권위 있는 당국을 전제로 점진적으로 사회를 개선하기를 원했다.

한편 루소는 인간의 자연적 본성을 억압하는 현실 제도에 부정적이었다. 그래서 개인의 자유를 손상하지 않는 사회 체제를 원했다. 이를 실현하기 위해 홉스와 로크가 제기한 사회 계약의 원리를 수정했다. 그는 사회 계약 이후에도 각자가 자연 상태에서와 마찬가지로 자유로울 수 있는 원칙을 제안했다.

몽테스키외의 삼권 분립과 시민의 자유

몽테스키외는 홉스나 로크의 사회 계약론을 반대한다. 그는 사회의 출발을 계약이 아니라 가족의 자연스러운 확대로 보았다. 가장권이야말로 모든 권력 중 가장 남용이 적은 권력이다. 법률 중 가장 신성한 법률이며 규정이 얽매이지 않고 오히려 그런 규정들을 우선하는 유일한 것이다.

몽테스키외는 가족의 확대와 가장권 확립이라는 논리의 연장선상에서, 기본적으로 군주제를 옹호한다. 하지만 무소불위의 권력을 가진 과거의 군주제는 반대한다. 군주가 통치하는 온건한 정부를 추구한다. 형벌이 가혹하다고 해서 국민이 법에 더 복종하는 게 아니기 때문이다. 온건한 정부일 때 적은 노력으로 큰 목적을 달성할 수 있다. 이를 위해서는 법이 왕권을 제한하는 입헌 군주정이 가장 적합하다고 보았다.

그는 《법의 정신》에서 권한이 분산된 입헌 군주정의 세부 내용을 제시한다. 먼저 신학적 정치 철학에 분명한 선을 긋는다. 신은 신의 법, 물질계는 물질계의 법, 인간은 인간계의 법을 가지고 있다. 신과 인간은 서로 다른 법을 가지므로 신학이 인간 사회 정치 철학의 근간이 될 수 없다. 그러면서 다른 한편으로 자연법 이론이나 사회

몽테스키외

계약론을 비판하기도 한다. 자연법 이론과 사회 계약론을 거부하고 독자적인 길을 걷는다.

몽테스키외는 공화정·군주정·전제정을 검토했다. 공화정은 국민 전체 혹은 국민의 일부가 주권을 갖는 정체이고, 군주정은 단 한 사람이 통치하지만 정해진 제정법에 의거해 통치하는 정체다. 전제정은 통치자의 의지나 자의에 따라 모든 일을 처리한다. 그는 이 가운데 법에 따르는 군주정을 가장 적합한 정체로 규정한다. "군주 정체는 높은 신분과 지위, 그리고 세습 귀족 계급을 전제로 한다. … 군주 정체는 만물이 중심에서 멀어지게 하는 힘과, 그것을 중심으로 끌어당기는 중력이 있는 우주계 같다."

군주정에서는 군주와 그 밑에 몇 가지 신분이 있다. 각 신분은 자기 이해를 도모하는 원심력이 작용하지만, 군주라는 구심력이 작용하면서 균형과 조화에 이른다. 그러므로 국가는 더 안정되고 통치자 또한 더 안전할 수 있다. 이런 점에서 민주정과 귀족정은 결코 자유스러운 국가는 아니다. 정치적 자유는 권력이 남용되지 않을 때만 존재한다. 그런데 경험에 미뤄 생각해 보면 권력을 가진 자는 모두 정치적 자유를 남용한다. 요컨대 민주정과 귀족정은 시민이나 귀족의 권력 남용에 이를 수밖에 없으므로 전체적인 시민의 자유를 보장하지 못한다. 또한 민주정은 고대 그리스의 도시 국가와 같이 매우 작은 규모의 나라에서만 가능하기 때문에 현실의 이상적 모델일 수 없다.

많은 계몽사상가들은 현실적 정체에서는 민주 공화제보다 입헌 군주제를 지지하는 경향이 강했다. 프랑스 대혁명 이후 나폴레옹이 공화정을 폐지하고 군주정으로 큰 어려움 없이 전환한 것도 어느 정도는 당시 계몽사상가의 철저하지 못한 정치적 경향이 한몫했던 것 같다.

〈나폴레옹 1세와 조세핀 황후의 대관식〉, 1804년~1807년

다비드의 〈나폴레옹 1세와 조세핀 황후의 대관식〉은 혁명 이후 공화정에서 군주성으로 진환하고 있음을 상징한다. 공화정을 추구했던 다비드는 감옥에서 나온 이후 나폴레옹의 열렬히 지지하게 된다. 프랑스 대혁명 정신을 배반한 나폴레옹은 황제 자리에 오르고, 다비드는 대관식을 찬양하는 웅장한 그림을 그려 그에게 선사했다. 이 작품은 나폴레옹이 황제의 관을 쓴 후에 황후가 되는 조세핀에게 관을 씌워 주는 장면을 담았다. 교황은 이 두 사람 사이에서 위축된 듯한 모습으로 대관을 축복한다. 나폴레옹의 권력이 신이나 타인에게서 받은 것이 아님을 나타내려 한 것 같다.

그런데 여기서 눈여겨야 할 점은 몽테스키외의 군주정은 모든 권리를 군주에게 양도하는 홉스나 입법권과 집행권의 분리를 요구하는 로크와는 조금 다르다는 것이다. 그는 입법권과 집행권만이 아니라 사법권도 분리되어야 한다고 주장한다. "재판권이 입법권과 집행권에서 분리되어 있지 않을 때도 자유는 존재하지 않는다. 만약 재판권이 입법권에 결합되어 있다면 시민의 생명과 자유를 지배하는 권력은 자의적일 것이다. 왜냐하면 재판관이 곧 입법자일 것이기 때문이다. 만약 재판권이 집행권에 결합되어 있다면 재판관은 압제자의 힘을 갖게 될 것이다." 한 사람 또는 귀족이나 시민 중 주요한 사람이 속한 단체가 이 세 가지 권력을 실행하면 모든 것을 망치게 된다. 또한 어느 하나만 독립적이지 못해도 중대한 결함이 생긴다.

군주의 권한은 집행권 행사로 제한한다. 집행권은 순간적인 행동이 필요하므로 많은 사람보다 한 사람이 더 잘 처리할 수 있다. 그래서 재판권을 상설 원로원에게 주어서는 안 된다. 해마다 일정한 절차를 거쳐 시민의 단체에서 선출된 사람이 구성하고 시행해야 한다. 그래야 사람들은 재판관직을 무서워하지만 재판관은 무서워하지 않을 수 있다. 입법권은 귀족 단체와 국민을 대표하기 위해 선출한 단체에 맡겨지는데 이들 두 단체는 각각 회의를 열고 따로 심의해 저마다 독립된 견해와 이해관계를 가지게 된다.

루소의 사회 계약론

루소는 먼저 홉스의 사회 계약론을 비판한다. 특히 자연 상태의 폭력과 전쟁을 근거로 권리 양도가 정당하다는 결과를 이끌어 내는 논리를 지적한다. 홉스는 사물이 진보하는 가운데 폭력에 이어 권리가 생기고 자연이 법에 굴복한 시기를 설정하는데, 로크가 보기에 이는 잘못된 전제에서 출발하고 있다. "욕구, 탐욕, 압박, 욕망, 교만 등에 대해 끊임없이 논하기는 했으나, 그것은 자기들이 사회에서 얻은 관념을 자연 상태 속에 옮겨놓은 데 불과했다. 미개인(homme sauvage)에 대해 운운한 것이 결국 문명인(homme civil)에 대한 묘사가 되고 말았던 것이다." 홉스가 근거로 든, 타인에게 해를 끼쳐서라도 자기 이익을 추구하는 인간의 이기적 본성이란 자연인이 아니라 문명인의 특징을 그대로 옮겨놓은 데 불과하다.

원시 자연인은 만인에 대한 만인의 전쟁 상태에 있던 존재가 아니다. 그래서 그들에게는 굴종과 지배가 무엇인지 이해시키기조차 어렵다. 예컨대 어떤 사람이 다른 사람의 과일이나 사냥한 고기, 은신처인 동굴을 빼앗을 수는 있지만 이는 복종이나 종속과는 전혀 다른 문제다. 만일 누가 어떤 나무나 동굴에서 쫓아내면 다른 나무나 동굴로 옮겨가면 그만이기 때문이다. 아무도 이동을 방해하지 않는다.

그렇다면 언제 폭력과 억압이 발생할까? 바로 농경과 목축을 하면서 정착 생활을 시작한 때다. "이때가 가족이 형성되고 구별이 생겨나고 일종의 소유 개념이 도입된 최초의 혁명기다. 그리고 이 시기에 이르기까지 여러 번에 걸친 다툼과 싸움이 일어났을 것이라고 미루어 짐작할 수 있다." 그러므로 사회와 법의 기원은 사적인 소유 개념의 형성과 함께 "이 사회와 법률은 약자에게는 새로운 구속을 부여하고 부자에게는 새로운 힘을 부여해 자연적 자유를 영원히 파괴해 버리는가 하면, 소유와 불평등의 법률을 영구히 고

정시키고 교활한 횡령을 당연한 권리로 확립시켜 그 후 온 인류를 몇몇 야심가의 이익을 위해 노동과 예속과 비참에 복종시킨 것"에서 찾아야 한다. 요컨대 현실에서는 강자의 법만이 있다. 그러므로 현실의 사회 제도와 법률은 본질상 억압의 성격을 가진다.

그렇기 때문에 "좋은 사회 제도란 인간에게서 자연성을 교모하게 변질시켜(denaturer), 절대적 존재의 지위를 박탈하고 상대적 존재의 지위를 부여하여 사회라는 공동체 속에 '자아(moi)'를 옮겨 놓을 줄 아는 제도다." 자연인은 완전히 자기를 위해서만 존재한다는 점에서 절대적 정수였다. 하지만 현실 제도 속의 시민적 인간은 분모에 좌우되는 분자에 불과하고, 사회와 맺는 관계에 따라 결정되는 수동적 존재로 전락했다. 그리하여 자신을 자유로운 개인이 아니라 전체의 일부분인 종속적 존재로 믿게 되었다. 본질적 예속 관계를 전제로 만들어진 현실의 모든 지혜는 노예적 편견이고, 여기에 적응한 모든 습관은 굴종과 고문의 구속에 불과하다.

루소는《사회 계약론》에서 이제 필요한 정치적 과제는 '자연인으로서 자유로운 권리를 보장하는 진정한 사회 계약 원칙을 세우는 일'이라고 단언한다. "그런데 사회 질서는 다른 모든 권리의 바탕이 되는 신성한 권리다. 그렇지만 그 권리는 자연에서 유래하는 것이 아니다. 즉 그것은 계약에 기초하고 있다."

각 개인이 자유로운 자연 상태에 있다고 가정하고 자발적이고 정의로운 계약이 이루어져야만 노예 상태에서 벗어날 수 있다. 그렇다고 고민이 해결된 것은 아니다. 왜냐하면 이런 힘의 합은 여럿의 협력으로만 이루어지기 때문이다. 당연하게도 수많은 사람이 모여 사회 질서를 만들어야 하는데, 사실

협력은 그렇게 간단한 게 아니다. 전체를 위해서 일방적으로 양보를 하거나 손해를 받아들이면 다시 노예 상태로 전락하게 된다.

그러면 어떻게 해야 각자가 예속되지 않으면서도 사회 질서를 만들 수 있을까? "각자가 전체와 결합되어 있지만 오직 자기 자신에게만 복종하기 때문에 이전과 다름없이 자유로운 결합 형태"를 찾아내야 모두 만족할 수 있다. 이런 결합 방식의 원칙은 각자가 자기 자신을 남김없이 양도하기 때문에 누구에게나 조건은 똑같다는 것이다. 이것이야말로 사회 계약이 해답을 주는 근본 문제다.

여기에서 '자기 자신을 남김없이 양도'한다는 것은 모두를 위해 지켜야 할 의무를 의미한다. 결국 의무와 같은 권리를 갖지 않는 사람이 하나도 없어야 한다는 원칙을 제시한 것이다. 어떤 사람에게 의무는 많은데 권리가 적다거나 반대로 누군가 의무보다 권리가 많으면 둘 다 억압적인 상황이 될 뿐이다. 의무와 권리가 일치할 때 공평하고 자유로운 계약이 성립한다.

하지만 계약이라 해도 홉스처럼 주권 자체를 양도하는 것은 허용되지 않는다. "주권이란 오직 전체 의사를 행사하는 것이기 때문에 절대 양도될 수 없으며, 주권자는 십립긔 즌게이므로 오직 그 자신에 의해서만 대표될 수 있다고 말한다." 의무와 권리가 일치하는 상태에서 공동의 이해가 '전체 의사'이고 여기서 주권이 나온다. 주권을 양도하면 모든 걸 다 주고 노예 상태에 스스로 빠지게 된다. 주권은 어느 개인이나 단위에 양도할 수 없다. 또한 집합적 존재 스스로 주권을 유지해야 한다. 주권은 양도할 수 없지만 현실에서 '권력'은 양도할 수도 있다. 권력이란 일반 의지에 따라 만들어진 하위 개념이고 일반 의지 통제 아래 있어야 한다.

여기에서 권력이 일반 의지에서 위임받은 일을 제대로 하지 못할 때, 예를 들어 의무와 권리의 일치를 흩트리거나 침해할 때 전체 의지를 형성하는 사회 구성원이 권력의 자격을 빼앗을 수 있다는 혁명적 발상이 나온다. 그래서 "정부를 수립하는 행위는 계약이 아니라 법이라는 것, 행정권 수임자는 국민들의 지배자가 아니라 그들의 관리라는 것, 국민들은 자기가 원할 때 관리들을 임명할 수도 있고 퇴임시킬 수도 있다는 것, 관리들은 계약을 맺는 것이 아니라 복종해야 한다는 것, 국가가 그들에게 위임한 책무를 맡음으로써 시민의 의무를 수행할 뿐 그 조건에 대해 따질 권리는 전연 없다는 것 등이다."

이를 위해서는 사회 구성원이 일상적으로 정부를 감시하고, 필요할 때 집행권을 박탈하는 조치를 할 수 있는 장치가 필요하다. 루소는 정기적인 집회를 가장 적당한 방법이라고 생각했다. 사회 구성원이 직접 참여하는 정기적 집회에서 언제나 주권자는 정부의 현 형태를 유지하고 싶은지 아니면 현재 행정을 맡겨 놓고 있는 사람들에게 앞으로도 계속 맡기고 싶은지, 이 두 가지 의안을 논의하고 각각 표결해야 한다.

루소는 로크나 몽테스키외가 주장하는 권한 분리를 반대하지 않는다. 루소의 문제의식은 훨씬 더 근본적이다. 그는 통치와 관련된 권한을 어떻게 분리할 것인가를 넘어서 인민이 자신의 주권을 온전히 보유하면서도 모든 통치 권한을 어떻게 통제할 것인지로 향한다. 루소가 혁명의 필요나 방식을 직접 의도했는지 아닌지와 무관하게, 그의 이론 속에 확립된 혁명적 발상은 프랑스 대혁명의 정신에 깊게 배어 있다.

〈캄파냐의 괴테〉, 1787년

독일의 관념론

Philosophy
합리론 중심의 경험론 수용과 변증법
+
Art
관념론 미학과 초기 낭만주의 미술

Philosophy
관념론의 존재론과 인식론

절대정신으로 현실을 개조하다

독일 관념론은 기본적으로 계몽사상의 연장선에 있다. 그들은 이성으로 인간과 세계를 개조하는 것을 가장 중요한 과제로 여겼다. 정신의 보편 원리를 규명하고 이념적 실재를 추구해 낙후된 독일 현실을 극복하려는 열망을 보였다. 현실 개조의 핵심은 이성이었다. 이런 독일 관념론을 대표하는 철학자는 칸트, 요한 고틀리프 피히테(Johann Gottlieb Fichte, 1762~1814), 프리드리히 빌헬름 폰 셸링(Friedrich Wilhelm von Schelling, 1775~1854), 게오르크 빌헬름 프리드리히 헤겔(Georg Wilhelm Friedrich Hegel, 1770~1831)이 있다.

대체적으로 이들을 초월적 관념론, 주관적 관념론, 객관적 관념론, 절대적 관념론으로 구분하곤 한다. 구체적 내용에서 적지 않은 차이가 있지만 모두 이성을 절대화한 점에서는 일치한다. 관념론의 철학자들은 이성 중심의 형이상학 체계를 완결성 있게 구축함으로써 현실 변화를 이끌어 내는 사상적 무기를 갖추려 했다.

칸트는 "과감히 알려고 하라! 그리고 너 자신의 지성을 사용할 용기를 가져라!"라는 계몽 표어를 제시했다. 계몽은 미성년 상태에서 벗어나는 것이었다. 미성년은 지성을 스스로 사용할 수 없는 상태, 즉 이성이 결핍된 상태다. 그러므로 다른 사람의 지도 없이도 지성을 사용할 수 있는 결단과 용기를 갖추는 일이 계몽의 핵심 과제였다. 이성 결핍을 해결하면 실천적으로도 현실의 결핍을 벗어날 수 있다. 그래서 칸트는 이성을 향한 관심을 '내가 무엇을 알 수 있는지, 무엇을 해야 하는지, 무엇을 바라서 좋은지'로 집약한다.

당시 독일에서 칸트와 헤겔이 절대정신(주관과 객관을 동일화해 완전한 자기 인식에 도달한 정신)의 이성을 이론적으로 대표했다. 한편 요한 볼프강 폰 괴테(Johann Wolfgang von Goethe, 1749~1832)는 독일 문학을 세계 수준으로 끌어올렸으며 대중에게 이성의 힘을 전했다. 대표작인 《파우스트》에 그는 비생산적·맹목적 자연의 힘에 맞서는 이성의 힘을 강조했다. 여기서 더 나아가 그는 헤겔의 철학적 모색에도 적지 않은 영향을 미쳤다고 전해지고 있다.

요한 하인리히 빌헬름 티슈바인(Johann Heinrich Wilhelm Tischbein, 1751~1829)의 〈캄파냐의 괴테〉는 관념론에 기초한 독일 계몽주의를 괴테로 형상화한 작품이나. 둘의 인연은 티슈바인이 괴테 작품의 삽화를 그리며 시작되었다. 티슈바인은 괴테 덕분에 장학금을 받고 로마 유학을 계속할 수 있었다. 얼마 후 괴테는 로마로 여행을 떠나 그곳에서 티슈바인을 만나고 함께 시간을 보낸다. 괴테는 자신이 로마에 도착한 날을 제2의 생일이라고 부를 정도였다고 한다. 괴테에게 로마 여행은 사상적으로 성숙해지는 전환점이 되었다.

티슈바인은 여러 장치로 괴테의 정신적 특성을 작품에 표현하려 노력했
다. 괴테가 앉아 있는 바위는 깨져 버린 이집트의 오벨리스크다. 그 옆에 그
리스의 이오니아식 기둥과 석관 조각을 그렸다. 멀리에는 로마 유적이 펼쳐
진다. 그리스나 이집트 등 주요 문명은 유럽 문화의 형성에 결정적인 영향을
미쳤고, 괴테가 이런 주요 문명으로부터 정신적 자양분을 공급받고 있음을
보여 주려 한 듯하다. 특히 의지에 찬 시선과 하얀 수도사 복장에서는 정신
적 선구자의 의미를 강조하려는 의도가 엿보인다.

독일 관념론은 합리론과 경험론 문제의식을 비판적으로 받아들이면서
이론 체계를 구축했다. 프랑스 계몽사상가들이 경험론을 기반으로 합리론
을 받아들이는 경향을 보였다면, 반대로 독일 관념론은 합리론을 기반으로
경험론을 받아들였다. 절대정신의 이성을 중심으로, 주관과 객관 즉 이성과
현실 전반을 구체적으로 통일했다. 하지만 단순히 기존 근대 철학을 조합하
거나 조율하는 작업에 머물지 않았다. 주관과 객관을 통일하는 인식 방법으
로 사용한 변증법적 사고는 관념론의 독창적 성격을 보여 주게 된다.

정신과 자연의 주관적 결합

자연과 물자체

• 칸트, 물자체로 합리론과 경험론을 기계적으로 결합하다

칸트는 데카르트와 버클리의 관점, 즉 합리론과 경험론의 자연관을 비판
한다. 그는 《순수이성비판》에서 "자연을 가능케 하는 것은 어떤 법칙, 특히

선험적 법칙이다. 경험적 법칙은 경험을 매개로 해서만, 더욱이 경험까지도 비로소 가능하게 하는 그와 같은 근원적 법칙에 따라서 생길 수 있는 것이고, 또 발견될 수 있다."라고 한다. 이는 데카르트와 버클리의 관점 모두를 비판한다고 볼 수 있다.

먼저 데카르트의 합리론은 외부 대상의 존재를 의심하고, 증명할 수 없는 것이라고만 설명하는 이론이라는 점에서 문제가 있다. 오직 '나는 존재한다'는 점만을 의심할 수 없다고 선언한 데카르트의 입장은 물자체나 직관의 조건에 관해서는 아무런 주장도 하지 않고, 자신의 존재 말고는 어떤 존재도 직접 경험으로 증명할 수 없다는 점만 인정하기 때문에 문제다. 내적 경험까지도 외적 경험을 전제할 때만 가능하다는 사실은 쳐다보지 않는다.

칸트는 여기서 멈추지 않고 라이프니츠의 모나드론도 비판한다. 라이프니츠가 주장하는 모나드는 물체의 구성 부분까지도 포함하는 실체이면서 각각 표상의 힘을 갖춘 단일한 주체였다. 모나드에는 들어갈 창이 없다는 점에서 각각 독립적이다. 하지만 칸트가 보기에 현상적 실체는 '관계의 합성'이다. 사물이란 오직 직접적 현상이며 우리가 물질에서 아는 것은 단지 관계뿐이다. 그런데 라이프니츠의 모나드는 사물의 직접 관계를 부정한다는 점에서 단순한 가상체에 불과하나. 이를 색반이라고 부를 수 없나.

예를 들어 요한 크리스티안 클레우손 달(Johan Christian Claussen Dahl, 1788~1857)의 〈베르겐 부근 뤼스호르네산〉에서 볼 수 있듯이 자연은 개별적·독립적 사물이 아니라 전체 관계로 나타난다. 작품 속에서 산과 하늘은 광대하게 펼쳐져 있다. 앞쪽 산마루에는 양들이 보이고 하늘에는 곧 비가 내리려는지 먹구름이 몰려온다. 산과 하늘은 별개의 사물이 아니라 형

〈베르겐 부근 뤼스호르네산〉, 1836년

식적으로 언제나 맞닿아 있다. 뿐만 아니라 실질적으로도 관계를 맺는다. 하늘의 먹구름이 비로 내려 산의 나무에 수분을 공급한다. 양을 비롯한 온갖 동물은 나무와 풀 같은 식물에서 영양분을 얻는다. 이렇듯 현상적 실체는 사물의 다양한 관계가 합성되어 나타난다. 그런데 라이프니츠의 모나드는 직접적 관계를 부정하기 때문에 객관을 설명하는 도구가 될 수 없다. 한갓 개념에 따라서만 규정될 수 있는 '가상체'일 뿐이다.

다음으로 버클리의 경험론은 외부 대상의 존재를 허위적이고 불가능하다고 설명하는 이론이라는 점에서 한계가 있다. 버클리는 외부 사물의 상을 물질의 성질로 보는 견해를 부정하며 '존재하는 것은 지각되는 것'이라고 주장했다. 실체로서 존재하는 것은 경험과 지각이지 대상이 되는 사물이 아니라는 의미다. 그러한 의미에서 만물과 함께 공간 자체를 불가능한 것이라고 설명하고, 따라서 공간 중의 사물도 순수한 공상이라고 선언한다.

칸트가 보기에 버클리의 입장은 물질을 가상체로 보는 라이프니츠보다는 발전했지만, 지각만을 실체로 인정하면서 자연의 독자성을 사실상 부정하기 때문에 문제가 있다. 자연이 법칙에 따른 실제 현상과 연결되는데도 버클리처럼 사물의 실제 현상을 무시하면 자연의 필연성과 법칙성을 부정하게 된다. "'어떤 것도 맹목적 우연에 의해서는 생성되지 않는다(이 세상에 우연이란 없다)'는 명제는, 선험적 자연법칙이다. 또 '자연계의 필연성은 결코 맹목적이 아니며, 조건이 붙은 필연성, 즉 설명할 수 있는 필연성이다(운명적인 것은 없다)'는 명제도 동일하다."

인식 대상이기는 하지만 인식에서 독립된 사물로서 물자체가 존재한다. 물자체는 자신의 법칙과 필연성을 가지고 있다. 그런데 물자체의 법칙이 그대로 우리에게 드러나지는 않는다. 인식 과정에서 지각되고 사유되는 것은 물자체의 현상일 뿐이다. 사물은 우리 바깥에 존재한다. 그것들이 감각 대상으로 주어지지만 사물 그 자체가 무엇인지는 알지 못한다. 인식으로 사물의 외적 관계로서 현상을 볼 수 있다. 현상만 알 수 있을 뿐 법칙 자체를 인식할 수는 없다. 자연과 사물의 실제 관계로서 현상을 인정하면서 법칙과 필연성이 존재함을 이해하는 정도가 인식 가능한 영역이다.

하지만 다른 한편으로 칸트는 버클리의 발상법을 받아들이기도 한다. 사물과 현상에서 직접 인식에 이르는 로크의 경험론이나 디드로의 기계적 유물론과 명확하게 분리되기 위해서도 사물에서 비롯되지 않는 인식 도구를

칸트

증명해야만 했다. 버클리는 이를 인식 주체의 경험적 지각으로 설명했다. 하지만 칸트가 보기에 경험조차도 사물을 이해하는 도구를 주지는 못한다. 자연의 관계와 법칙을 이해하기 위해서는 시간과 위치 개념의 이해가 필요한데, 이는 경험에서 오지 않는다. 왜냐하면 절대적 시간은 그로 말미암아 현상이 연결될 수 있는 지각 대상이 아니기 때문이다. 각 현상에 시간 중의 위치를 규정하는 것은 오성의 규칙이요, 이 규칙으로만 현상의 현존은 시간 관계에 따른 종합적 통일을 얻을 수 있다.

물자체의 설정이나 시공간 개념을 오성의 내적 규칙으로 규정하는 논리는 칸트가 합리론을 중심으로 경험론을 받아들이는 과정에서 나타나는 발상이다. 물자체가 의식 외부에 존재한다는 점에서는 경험론 요소를 갖지만, 물자체는 알 수 없고 인식은 오직 현상에만 관계한다는 주장은 합리론의 주관성도 포함한다. 또한 외부 사물을 인정하면서도 시간과 공간 개념을 오성 내부 요소로 규정하면서 경험론의 객관성과 합리론의 주관성을 접합하려는 의도를 보여 준다. 그런데 주관성을 중심에 둔 결합이라는 점에서 관념론적 특성을, 그 결합이 어떻게 가능한지에 대한 자세한 설명이 없다는 점에서는 기계론적 한계를 보인다. 기계적 성격을 띠는 결합 과정의 한계는 나중에 독일 관념론 안에서 피히테와 셸링, 특히 헤겔의 변증법을 통해 더 자세하게 설명하려고 한다.

칸트는 여기서 더 나아가 물자체 개념으로 자연에 목적론 원리를 연결한다. 자연은 기계성 원리와 목적론 원리를 모두 가지고 있다. 이는 자연물의 자연적 힘이 곧 신의 힘과 같다는 스피노자의 문제의식을 어느 정도 반영한다. 하지만 라이프니츠가 주장하는 목적인의 일방적 작용과는 다르다. 이렇게 신학과 자연 과학을 뒤섞어 놓으면 두 학문 모두 내적으로 존립하지 못하며, 서로에게 논증을 떠넘기면서 두 학문의 한계를 서로 붙게 만들어 각각을 불확실하게 만든다. 목적은 자연 외부에서의 작용이 아니라 '자연의 목적'이어야 한다. 그러므로 일차적으로는 자연의 기계성을 인정하는 것이 중요하다. 자연의 기계성이 없으면 사물 자연 본성에 관한 어떤 통찰도 이루어질 수 없다. 특히 광물계는 순전히 기계적 작용의 산물이다. 하지만 유기물은 기계성만으로는 설명할 수 없다. 여기에 자신의 보존을 비롯한 자연의 목적성이 핵심적으로 결합한다. 결합 양상은 사물을 자연 목적으로 설명할 때 "기계성 원리의 목적론적 원리 아래로 필연적 종속"으로 나타나며 이는 피할 수 없다.

• 셸링, 동일성으로 정신과 자연을 주관적으로 결합하다

셸링은 대상과 표상의 관계에서 기본적으로 칸트의 문제의식을 받아들인다. 그는 외적 사물의 실제성이 표상으로 오성에 알려진다고 말한다. 물질적 대상은 의식과 무관하게 존재하지는 않는다. 물질의 성질은 물질 자체가 가지는 독립적인 것이 아니라 감각과 연관할 때 타당하다. 칸트가 지적했듯

셸링

이 물질의 성질을 나타나게 하는 데 전제가 되어야 하는 시간과 공간 개념은 물질에 속하지 않고 인간의 오성 능력에 속하기 때문이다.

사물의 실재적 현상에 대해서도 칸트와 같은 의견이었다. 사물은 가상체가 아니다. 오성 능력인 시공간 개념이나 인과 개념은 사물과 직접 연관된다. 대상과 표상이 우리 안에서 뗄 수 없게 통합되어 있고, 외부 사물에 관한 지식의 실재성은 오직 이러한 통합 안에 놓여 있다.

셸링은 기계적 유물론과 창조론 모두를 비판한다. 먼저 기계적 유물론은 인과관계를 설명할 수 없는 결정적 문제점을 지닌다. 만약 유물론에 의존한다면 유기체의 원인을 비(非)유기체에서 찾아야 하는데, 이는 설명이 불가능하다. 왜냐하면 유기체는 자기 자신으로부터 생기기 때문이다. 예컨대 각각의 식물은 같은 종류에 속하는 개체의 산물이다. 이처럼 각 유기체는 오직 자신의 유(類)만을 무한히 만들어 낼 뿐이다. 그러므로 모든 유기체는 지속적 진화가 아니라 오히려 언제나 자신에게로 무한히 되돌아간다. 이는 다분히 진화로 무기체가 유기체로 바뀐다는 것을 설명했던 디드로의 유물론을 반박하는 주장이다.

다음으로 창조론도 조심스럽게 비판한다. 합목적성은 인과 개념을 전제하는데, 이는 신이 아닌 인간의 오성에 속한다. 만약 자연에 대해 창조론처럼 신의 목적을 설정하면 오히려 신의 위상을 떨어트리는 결과를 가져온다. 요컨대 신은 단지 자연의 사물을 하나하나 만들고 배치하는 기능적 존재가 된다. 신의 존재를 부정하지 않는 범위 안에서 창조론을 반박한다.

하지만 셸링이 자연을 이해하는 데 칸트를 단순하게 구체화한 것만은 아니다. 그는 물자체 개념의 한계를 지적하면서 주관성을 더 극대화하는 방향으로 나아간다. 칸트에게 물자체는 자연의 목적을 설명하는 주요 개념이었다. 그와 함께 인간의 오성 능력인 시간과 공간 개념에서 벗어나 있다는 점에서, 물자체는 자아의 의식과는 무관한 것이었다. 하지만 셸링이 보기에 자연 전체의 합목적성은 우리가 '필연적으로 사유해야만 하는 이념'이다. 왜냐하면 우리는 자연 안에서 어떤 개체가 전체의 합목적성과 떨어져 있음을 발견하면, 전체 연관이 파괴되었다고 믿으며 합목적성으로 바뀌기까지 안정을 찾지 못하기 때문이다. 즉 자연의 조화와 균형을 깨는 듯한 개별 현상이 발생하면 인간은 의문을 품고 이를 균형 아래에서 이해하려 노력한다. 이처럼 자연 어디에서든 목적과 수단의 결합은 반성적 이성의 필연적 준칙이다. 그러므로 물자체는 의식과 긴밀하게 관계를 맺는다.

셸링은 이를 "정신을 자연과 연결하는 끈"이라고 정당화하면서 특유의 동일 철학을 주장한다. 자연은 정신과 별개의 물자체에 따른 목적성을 갖는 것이 아니다. 자연은 필연적·근원적으로 우리의 정신 법칙을 표현한다. 스스로 정신 법칙을 실현하고 나아가 자연이 법칙을 실현하는 한도에서만 자연은 자연이 되며 또 자연이라고 불릴 수 있다. 즉 물자체는 정신과 자연이 절대적으로 같음을 의미한다. 그러므로 인식 행위와 독립한 물자체는 성립할 수 없다. 물자체는 인식이라는 행위 안에서만 이루어지는 이념일 뿐이다.

셸링은 칸트보다 자연학에서 주관적·사변적 성격을 대폭 강화한다. 물론 셸링이 보기에 가장 큰 문제는 칸트가 아니라 경험적 자연학이다. 경험적 자연학은 자연의 궁극적 운동 원천으로는 나아가지 못하고 오직 이차적 운동만을 다룰 뿐이다. 오직 자연의 표면이나 외면적 상태만을 탐구한다. 비록 근원적 운동을 다룬다고 할지라도 오직 기계론적으로만 다룬다. 그러므로 칸트의 물자체는 경험적 자연학에서 벗어났다는 점에서, 외면적·이차적 운동에서 벗어나 자연의 목적을 탐구했다는 점에서는 긍정적이다. 개별 사물을 넘어서는, 전체 자연의 절대 법칙으로서 자연의 실재성 규정은 바람직하다고 인정한다. 셸링은 이를 '칸트적인 내재적 실재론'으로 표현한다. 하지만 칸트는 자연과 정신 관계를 능동적으로 설정할 수 없는 한계를 지닌다. 자연의 실재성은 총괄 개념을 넘어서 "모든 존재하는 것을 정립 가능하게 만드는 절대적 자아 안에 정립되어야만 한다." 즉 내재적 실재론을 넘어서 사변적 실재론으로까지 고양되어야 한다.

셸링은 사변적 실재론에서 인간의 자유 개념을 이끌어 낸다. 칸트의 문제는 적극적 개념인 자유를 사물에 전가하는 것으로 나아가지 못했다는 점이다. 정신 법칙을 표현하는 자연으로 정신과 자연의 관계를 설정할 때 진정한 인간의 자유 개념은 성립한다. 그리고 정신 법칙으로서 물자체를 이해할 때 관념론은 더 높은 수준의 실재론에 다다른다. 이를 통해 칸트 비판 철학의 특징인 부정성 너머로 자신을 높일 수 있다고 주장한다.

프리드리히(Caspar David Friedrich, 1774~1840)의 〈안개 바다 위의 방랑자〉는 셸링의 사변적 자연학을 상징적으로 보여 주는 듯하다. 한 남자가 정상에서 안개가 자욱한 풍경을 내려다본다. 꿈틀거리며 일어나는 안

개 바다가 역동적인데, 그림 전체의 무게 중심을 우뚝 서 있는 인간이 잡고 있다. 정상에 선 방랑자가 드넓게 펼쳐진 자연을 감탄하며 바라보는 느낌보다는 인간과 자연이 내적 교감을 나누는 듯하다. 하지만 인간은 자연 일부분이 아니라 중심을 차지하면서 전체를 관장하는 인상을 준다. 마치 셸링이 강조하는 정신 법칙이 관통하는 자연 속에서, 관계의 주체이자 절대정신의 상징인 인간이 전체를 지휘하는 듯하다. 프리드리히는 풍경화를 그릴 때 자연을 단순히 모방하는 것에 그치지 않고 정신적 분위기를 담아내려 했다.

〈안개 바다 위의 방랑자〉,
1818년

• 헤겔, 물자체 비판과 자기 보존으로서의 자연의 목적

헤겔은 칸트와 셸링 자연학의 핵심 개념인 물자체를 비판한다. 물자체 개념의 설정은 주관성·추상성으로 말미암아 '객체에 대한 회피'와 다르지 않다. 인식 대상으로서 객체를 명확히 설정하고, 의식과 맺는 관계를 적극적이고 구체적으로 탐구하기보다는 물자체라는 추상 개념으로 주관으로 치달아 버렸다는 지적이다. 그 결과 감정이나 경험의 역할은 지극히 왜소해진다.

칸트처럼 물자체가 시공간을 벗어나 있기 때문에 인식할 수 없다고 전제하면 경험이 인식을 위해 할 일이 별로 없다. 그 결과 오성 능력이면서 사유 대상과 관계하는 시간과 공간 개념은 의미 없는 형식적 규정으로 전락한다. 심지어 사물과 분리된 사유 규정이 초월성을 향하면서 규정 자체를 논의하는 것이 아무런 결실도 보지 못하는 처지에 놓인다. 자연과 인간의 관계가 추상적이기 때문에 구체적 상호 관계를 고찰 대상으로 삼지 못하고, 그 결과 사유 규정의 본성에 대한 인식을 조금도 앞으로 나아가게 하지 못하는 결과를 불러온다.

그러므로 자연을 이해하는 데에서 물자체와 같이 개별성을 부정하고 곧바로 전체 원리로 나아가는 방식은 삼가야 한다. 무기체와 유기체는 단번에 전체로 묶일 수 없다. 둘 다 자유로운 독자 존재로, 서로가 본질적 관계 아래에 있다. 무기체와 유기체는 각각 독자의 존재로 구별·정립해야 하고 이를 전제로 양자의 본질적 관계를 파고들어야 한다. 이 관계는 전체라는 말로 얼버무릴 수 없다. 유기적 개체와 무기적 자연조건은 모두 절대 존재가 아니다. 예를 들어 공기·물·흙·기후 등의 무기체는 독자적 존재이면서 유기체의 본질에 영향을 미치는 보편적 요인이다. 각각의 유기체는 이러한 조건 속에

서 한편으로는 무기적 요소와 대립하면서, 다른 한편으로는 유기체의 자기 보존에 도움을 준다. 이렇게 독자적 존재 사이의 구체적 관계를 설정하고 고찰할 때 변증법적 접근이 가능해진다.

헤겔은 목적론을 부정하지 않지만, 자연의 합목적성을 정신 법칙이나 자유 이념처럼 주관성의 실현으로 보는 피히테의 견해와는 다르다. 무기체 자체로는 목적 개념을 설정하기 어렵다. 이에 비해 유기체는 목적 그 자체가 사물의 형태를 띤다고 본다. 무기적 자연이 유기체와 필연적 관계를 맺으면서 목적 개념이 연관된다. 유기체가 무기적 요소와 맺는 관계 속에서 만들어지는 자기 보존이 곧 목적 개념을 이룬다. 요컨대 목적 개념은 추상 원리가 아니라 현실적 존재로서 있는 것이다. 그러므로 자기 보존이라는 목적 개념은 유기체의 본질을 이루게 된다.

결론적으로 헤겔은 합리론을 중심으로 경험론을 받아들이되, 칸트처럼 물자체로 초월적 자연학으로 치닫는 논리를 비판한다. 또한 피히테처럼 정신 법칙이 곧바로 자연을 실현하는 것으로 보지도 않는다. 이들처럼 합리론과 경험론을 기계적 혹은 주관적으로 접합하는 방식으로는 사물과 인간의 관계, 대상과 인식의 관계를 파악할 수 없다. 헤겔은 기계적 접합을 대신할 정신의 도구로 변증법을 제시한다. 이에 대해서는 인식론에서 좀 더 구체적으로 검토해 보려 한다.

절대적 자아의 인간

• 칸트, 초월적·무제약적·보편적 자아의 형성

칸트는 인간을 규정하는 가장 중요한 요소로 자유를 꼽는다. "무릇 자유 개념은, 그것의 실제성이 실천 이성의 명증적인 법칙에 의해 증명되는 한에 있어서, 순수 이성의, 그러니까 사변 이성까지를 포함한, 체계 전체 건물의 마룻돌[宗石]을 이룬다." 자유는 경험 이전에 그 가능성을 인정할 수 있는 유일한 것이다. 사유는 자유 의지를 드러낸다는 점에서 따로 입증할 필요가 없는 절대적 전제가 된다. 영혼 불멸성의 가능성 또한 자유가 있다는 사실로 증명할 수 있다. 그만큼 자유 개념은 칸트 철학 체계의 핵심 요소이자 칸트 이후 독일 관념론의 결정적 요소였다.

자유 개념을 근거로 인간의 자아는 고양된 상태로 나아갈 수 있다. 계몽도 자유에 근거한다. 계몽은 자유 말고 어떤 것도 필요하지 않다. 즉 해가 없는 자유, 다시 말해 이성을 공적으로 사용할 수 있는 자유다. 개인이 정신적 미성년 상태에서 벗어나는 유일한 길은 이성을 공적으로 사용하는 자유를 통해서 주어진다. 그리하여 자아는 더 높은 단계로 접어든다. 자아는 경험적 자아에서 초월적 자아, 제약된 현상적 자아에서 제약 없는 절대적 자아, 개체적 자아에서 보편적 자아로 나아간다. 독일 관념론의 가장 큰 특징인 절대적 자아를 향한 모색은 인간이 선험적으로 갖는 자유에 의존한다.

만약 자아가 경험과 제약된 현상, 개체의 필요에 머문다면 인간은 자신과 공동체의 보존에 해악을 미칠 수도 있다. 헨리 퓌슬리(Henry Fuseli, 1741~1825)의 〈맥베스 부인〉은 자아가 고양되지 못하고 추락할 때 나타나는 극단적 결말을 보여 준다. 이 작품은 셰익스피어의 비극《맥베스》의 한 장면을 담았다. 비극의 시작은 맥베스 부인의 개인적 욕망에서였다. 그녀의 머릿속은 온통 자신과 남편의 출세를 위한 욕망으로 가득하다. 양심의 가책으로 칼 들기를 주저하는 남편에게 물고기를 먹고 싶어 하면서 다리 적시기를

〈맥베스 부인〉, 1784년

싫어하는 고양이 같다고 질책한다. 마침내 맥베스는 잠든 왕을 죽이고 그 자리를 차지한다. 그 후 맥베스 부인은 죄책감 때문인지 환영에 시달린다. 결국 맥베스는 전쟁터에서 죽음을 맞이하고 부인은 스스로 목숨을 끊는다.

그림은 유령 때문에 정신이 나간 맥베스 부인의 모습을 그렸다. 눈에는 공포가 가득하다. 뒤에는 이사와 하녀의 놀란 모습도 보인다. 자기가 자유 의지를 지니지 못하고, 현상적 욕망과 개인적 필요에 파묻힐 때 이성은 자취를 감추게 된다. 그리고 이때 자신과 타인에게 불행을 안겨 줄 수 있다. 퓌슬리는 이런 상황을 작품에서 잘 드러냈다.

자유로 보편적 자아를 얻는 인간은 이 세계에서 절대자 지위를 갖는다. 자유를 지녔으므로 스스로 목적을 지향할 수 있다. 인간은 지상에서 창조의 최종 목적이다. 인간이야말로 목적을 이해하고 이성에 따라 목적의 체계를 만드는 유일한 존재다. 자유에 따라 스스로 목적을 지녔기 때문에, 인간은 절대자로서 자신의 지위를 보존하기 위해 스스로를 지켜야만 한다. 또한 다양한 피조물의 사용 권리는 물론이고 자신의 목적성을 잃지 않아야 할 의무도 있다. 요컨대 인간은 자연보다 우월하다. "이성의 네 번째 진보이자 마지막 진보는 인간이 자신을 자연의 본래 목적으로서 파악하는 능력으로 나타난다. 인간은 이제 더 이상 다른 동물들을 자신과 같은 차원의 동료 창조물로서 간주하지 않게 되었으며, 자신의 의도에 따라서 사용할 수 있는 수단이나 도구로 간주하게 되었다." 그래서 인간은 양의 가죽을 벗겨 몸에 걸치게 되었을 때 다른 동물의 우위에 있다는 특권을 깨달았다. 인간도 처음에는 모든 동물처럼 본능에 따랐지만, 점차 이성을 사용해 자유와 목적성을 깨달으면서 자연에 대한 배타적 권리를 가진 존재로 스스로를 정립했다.

• 피히테, 대립물의 변증법적 통일로 절대적 자아를 완성하다

경험과 초월, 제약된 현상과 제약 없는 절대, 개체와 보편 등의 대립항으로 설명한 칸트의 자아 개념은 변증법의 가능성과 한계를 동시에 보여 준다. 대립물로 현실을 이해했다는 점에서 정립과 반정립으로 이루어지는 변증법의 전제를 마련했다. 다른 한편으로 대립물 사이의 관계와 대립으로 이후 변화를 설명하지 못한다는 점에서는 기계적 구분이라는 결정적 문제점을 지녔다. 합리론과 경험론의 결합도 기계적 성격을 보인다.

피히테는 칸트가 놓친 이 부분에서 독창적 시도를 한다. 합리론이 그러하듯이, 누구나 반박 없이 인정할 만한 하나의 명제에서 출발해야 함을 강조

한다. 그는 철학의 제1원칙에 해당하는 명제를 "자아는 존재한다."로 제시한다. 누구도 부정할 수 없는 가장 단순한 명제는 'A=A'라는 동일률이어야 한다. 'A는 A'라는 명제를 적용할 수 있는 것은 모두 실재성을 지닌다. 동일률만큼 분명한 것은 없기 때문에 동일률에 따라 정립된 것이 바로 사물의 실재성이며 본질이다. 자아는 자신에 따라 단순 정립으로 존재한다는 점에서 동일률을 표현한다. 우리가 존재한다고 해서 필연적으로 사유하는 것은 아니다. 그렇기 때문에 사유는 존재의 본질이 아닐 수도 있다. 단지 존재의 특수한 규정이므로 제1원칙이 될 수 없다. 그래서 피히테는 자아가 존재한다는 동일률을 정립의 명제로 삼는다.

이어 피히테는 "비아는 자아가 아니다."라는 제2원칙이자 반정립 명제를 제시한다. 여기에서 비아가 자아에 단적으로 대립한다. 'A는 -A가 아니다.'라는 점에서 모순율이 된다. 자아가 정립이라면 반정립은 자아에 대립하는 방식으로 존재한다. 칸트처럼 대립 요소의 단순 나열하는 것은 양자 사이에 실질 관계가 소멸하는 문제가 생긴다. 그래서 정립과 반정립은 내적 관계여야 한다. 정립 행위의 의식이 반정립 행위의 의식과 결합하지 않는다면 반정립은 사실상의 의미를 지니지 못한다. 반정립은 정립과 내적 연관을 맺으면서 비로소 반정립이 된다.

이어 그는 정립과 반정립의 대립과 통일로서 "자아는 자아 안에서 가분적 자아에 대해 가분적 비아를 대립시킨다."라는 제3원칙 명제를 제시한다. 자아와 비아, 즉 정립과 반정립이 서로의 속으로 스며들면서 자아는 비아가 되고 비아는 자아가 된다. 즉 자아와 비아는 형식적 대면이 아니라 내적 침투를 함께 가져오는 역동적 관계다. 이 때문에 서로의 상태가 변하는데, 변화가 나타나기 위해서는 자아와 비아 각각은 나뉠 수 있는 '가분적' 상태여야 한다. 나눌 수 없는 완결적 상태라면 상호 침투가 불가능하기 때문이다. 그러므로 가분적 자아에 가분적 비아가 대립한다.

두 대립하는 것이 서로를 제한하게 되는데, 말 그대로 제한이지 부정은 아니다. 만약 각각의 실재성을 부정으로 모두 지양해 버린다면 통일은 불가능하다. 오직 부분적으로만 지양한다. 대립하는 자아와 비아를 분할 가능성 개념으로 통합하면서 절대적 자아는 비로소 완성된다. "자아는 존재한다."라는 제1원칙에서는 어떤 것이 아니었다. 자아는 단적으로 자아이며 그 이상 더 설명할 수 없었다. 하지만 자아와 비아의 대립과 통일로 이제 의식 안에 모든 종합적 실재성이 있게 된다. 왜냐하면 모든 종합 개념은 대립하는 것을 통합할 때 생기기 때문이다. 어떻게 해서 새로운 정립이 가능한지를 규명한다는 점에서 제3원칙은 인과관계를 설정하는 충족 이유율이다.

대립은 반드시 통일로 나아간다. 통일로서 새로운 정립이 있기 때문에 대립도 가능하다. 피히테는 칸트의 비판 철학이 절대적 자아가 어떻게 가능한지를 규명하기보다는 단적이고 임의적으로 최상의 개념으로 전제한다는 점에서 논리적 한계가 있다고 지적한다. 피히테가 보기에 절대적 자아는 대립항의 비교와 선택의 문제가 아니라 대립과 통일의 산물이다. 인간은 제약적 현상과 제약 없는 절대, 자연 필연성과 자유, 유한과 무한이라는 두 영역의 갈등 속에서 대립과 통합을 동시에 경험하는 존재다. 자아는 비아와 끊임없이 대립하면서 절대적 통일성과 완성으로 나아간다.

이렇게 절대적 자아에 도달하게 되면서 인간은 절대적 주체일 수 있다. 인간은 자연 존재와 어떤 공통점도 없다. 인간은 절대적 주체로서 자연을 통제해야만 한다. 그런데 허리케인이나 지진, 화산 폭발 같은 자연적 폭력은 인간을 무(無) 속으로 사라지게 하므로 절대적 주체의 인간은 이성으로 자연의 폭력에 맞서야 한다. 이성의 숱한 각인이 담긴 성과를 지켜야 한다.

• 셸링, 존재 원리와 사유 원리 일치로서의 절대적 자아

셸링은 피히테가 주장하는 무제약적·절대적 자아를 가장 중요한 명제로 받아들이되, 여기에 보완을 시도한다. 그는 자연을 이해할 때처럼 절대적 자아 안에서 모든 존재하는 것을 정립하려 했다. 여기에서 정신 법칙이 핵심 위상을 차지하게 된다. 자연은 정신 법칙을 표현하고 실현하는 것이었다. 그러한 의미에서 정신은 현실을 파악하는 도구에 머물지 않고 현실을 산출하고 실현한다. 요컨대 선험적 규정으로 무제약자를 전제하되 여기에 머물지 않고 "자아는 사유하며 존재한다."라는 규정을 가장 중요한 명제로 제시한다.

셸링에게 자아의 존재만큼이나 정신, 즉 자아의 사유는 중요한 문제였다. 둘은 별개가 아니며 선후로 나눌 수도 없다. 데카르트에게 사유가 선행하고 존재 규정이 뒤따른다면 셸링에게 사유와 존재는 같은 원리의 다른 표현이다. 데카르트처럼 "나는 생각한다."라는 규정이 선행할 때 존재는 절대적 자아이기 아닌, 경험적 자아에 머문다. 회의론적 사유의 과정에서 객체와 연관되기 때문에 경험적 자아의 성격을 갖는다. 반대로 사유가 분리된 단순한 존재는 정신 법칙이 실현되어 있지 않았다는 점에서 무제약자이기 어렵다. 절대적 자아는 사유와 존재의 일치 속에서 정립된다.

만약 사유를 갖지 않는 존재라면 인간의 본질인 절대적 자유를 규명할 수 없다. 인간 본질은 절대적 자유에서만 존립한다. 자유는 객관 사물이나

〈악몽〉, 1781년

사태가 아닌 한 철저히 정신적 특성이다. 그러므로 자유 의지의 사유가 멈춘 곳에서 인간의 본질을 찾을 수 없다. 퓌슬리의 〈악몽〉에 등장하는 여인은 자유와 사유가 멈춘 곳에서 어떤 일이 생기는지를 보여 준다. 한 여인이 수렁처럼 깊은 잠에서 헤어 나오지 못하는 사이에 악령이 그녀의 몸에 올라타고 있다. 커튼 뒤로 새로운 악령이 고개를 내밀고 있어서 쉽게 끝날 악몽이 아님을 암시한다. 악몽과 같은 현상은 단지 잠을 잘 때만 나타나는 것이 아니다. 셸링의 논리에 따르면 깨어 있을 때도 이성의 박약으로 정신이 미성년 상태에 있으면 사유의 주체가 아닌 현상과 정념의 지배 대상으로 전락한다. 이 상태에서 인간 본질의 구현은 불가능해진다.

사유 원리와 존재 원리가 일치하고 인간의 본질이 정립될 때 개인의 내적 통일과 주체로서의 정립은 물론이고 자연과 인간의 관계, 역사의 진전도 이루어진다. 무제약적 자아야말로 "이념적인 것과 실제적인 것, 사유와 연장, 이론과 실천, 자연과 자유, 이 모든 이원적 대립을 하나로 통합해 줄 마지막 원리"이기 때문이다. 먼저 인간의 내적 통일과 주체의 정립은 육체에 의존하지 않는다. 정신은 육체 작용과는 별개다. 로크나 디드로가 주장하는, 대상과 육체에 의존하는 감각의 지속적 축적은 인식을 보장하지 않는다. 물체에서 영혼으로 이동하는 것은 연속이 아니라 비약으로 일어날 수 있다. 그러한 의미에서 눈을 비롯한 온갖 감각은 단지 '이성적 존재의 손에 들린 도구'일 뿐이다.

다음으로 앞서 언급했듯이 정신 법칙이 자연으로 실현되는 전망을 연다. 모든 이념은 역사 안에서 실현되기 이전에 지식의 영역 안에서 먼저 실현되어야 한다. 그래서 역사의 실현은 정신 법칙에 의존한다. 도덕이 진보하게 되면 자아 한계는 더 넓어진다. 그래서 무제약적·절대적 자아로 현실 역사도 진전할 수 있다. 셸링은 이를 예정 조화의 원리로 설명한다. 절대적 자아에 따라 경험적 자아의 실재성과 인과성이 가능해지기 때문에 예정 조화로 도더섯기 행복의 필연적 그회를 이해힐 수 있다. 절대적 자아의 실새성과 인과성을 근거로 한 예정 조화 원리의 실재를 주장한다는 점에서 셸링의 관념론은 객관적 관념론으로 나아간다.

• 헤겔, 사유와 행위로 도달하는 개별자로서의 절대자
헤겔은 한편으로는 셸링의 문제의식을 적극적으로 받아들이고, 다른 한편으로는 그를 넘어선다. 먼저 사유 원리와 존재 원리의 일치, 절대자 개념을 받아들인다. "모든 요소 속에서 자기의식은 존재와 자기의 단순한 통일을 견지하고 있으니, 그의 통일은 곧 유(類)로 나타난다. 이로써 의식은 그의 행위에 부수되어 있는 온갖 대립과 제약을 떨쳐버리고 일약 자기를 기점으로 새로운 출발하는데, 더욱이 이는 타자를 향해 가는 것이 아니라 자기 자신을 향해 가는 것이다." 의식과 존재는 분리될 수 없다. 또한 이 통일은 인간이라는 부류의 본질을 형성한다. 자신을 주체와 중심으로 세우는 절대자의 가능성이 열린다.

하지만 헤겔은 칸트에서 피히테와 셸링까지 이어지는, 절대자를 자아 개념에 담아내는 경향은 비판적으로 바라보았다. 특히 칸트처럼 절대적 자아가 전제된 실체로 파악하는 관점은 명확히 거부한다. 절대자는 철학의 출발점이 아니라 변증법적 과정을 거쳐 도달하는 결과이고 목적지다. 단순한 자아에서 비아와의 대립을 거쳐 통일된 절대적 자아로 나아가는 변증법적 전개 과정을 강조한 피히테에게서 많은 영감을 받았던 것 같다.

더 나아가 헤겔은 칸트에서 셸링에 이르는 공통 경향, 즉 보편적 자아를 강조하는 경향도 날카롭게 비판한다. 자아는 그들이 강조하듯이 단박에 보편자로 존재하지 않는다. 절대자는 밤에 모든 사물이 검게 보이듯이 구별이 되지 않는 상태가 아니다. 현실에서 구체적 개별자로서 존재한다. 개별자로 존재할 때 대립과 통일이라는 변증법적 과정에 실질적으로 참여할 수 있기 때문이다. 자연을 이해하는 데서 추상적 물자체 개념에 반대했던 논리의 연장선에 서 있다. 절대자가 출발점이 아닌 목적지고, 보편자가 아닌 개별자라는 통찰은 현실의 실질적 주체를 정립하려는 문제의식을 잘 보여 준다.

정신 법칙에 따른 역사의 실현이라는 셸링의 문제의식도 적극적으로 받아들이는데, 이를 정당화하기 위해서도 절대자는 개별자로서 역사와 마주해야 했다. 그러므로 절대자에게 사유만큼이나 중요한 것은 '행위'다. 절대적 자아를 정립하는 과정도, 또한 절대정신을 역사 속에 실현하는 과정도 개별자의 행위가 결합할 때 가능하다. 행위 과정에서 다양한 요소가 서로 대립하고 갈등하지만 궁극적으로 인식을 방해하지는 않는다. 의식은 처음부터 필연과 마주하지는 않는다. 우연적 요소를 포함한 다양한 대립을 겪으면서 통일성으로 나아간다. 이러한 과정을 거쳐 지니게 된 개념이나 확신이야말로 우연적 경험을 극복하는 절대자의 의식이다. 사유와 존재가 일치하듯이 사유와 행위가 일치하면서 절대자에 이른다.

행위와 결합한 사유라는 점에서, 이를 통해 현실 변화를 불러온다는 점에서 헤겔의 절대자는 오디세우스의 여정과 닮았다. 오디세우스는 그리스 신화에서 온갖 지혜를 지닌 정신적 영웅을 상징한다. 하지만 그의 지혜는 미리 만들어져 있거나 저절로 실현된 것이 아니었다. 트로이 전쟁으로 10년, 고향으로 돌아오는 데 10년, 모두 20년의 긴 기간 동안 수많은 유혹과 위협 그리고 도전과 위험을 자신의 선택과 의지로 극복해 나아갔다. 그는 예기치 않은 사건과 맞다뜨리면서 행위하고 사유하며 지혜를 얻었다.

티슈바인의 〈오디세우스와 페넬로페〉는 오디세우가 긴 여정을 끝내고 집에 돌아와 초라한 걸인의 모습으로 변장해 아내 페넬로페와 마주하는 장면을 담았다. 페넬로페 역시 20년 동안 집안의 재산과 권좌를 노리는 구혼자들을 피하려고 시아버지의 수의가 완성되면 청혼을 받아들이겠다고 말하거나, 낮에는 베를 짜고 밤에는 베를 풀며 시간을 버는 등 다양한 지혜를 써

〈오디세우스와 페넬로페〉, 1802년

서 남편을 기다렸다. 헤겔이 보기에 정신의 성숙은 오디세우스가 그러했듯이 연속되는 우연한 사건 속에서 개인의 사유와 행위가 결합하고 점차 내적 통일의 과정을 거쳐야만 얻을 수 있는 것이었다.

개별 사물이나 사태와 관계하는 개별자, 행위로 사유하고 변화하는 것을 강조한다고 해서 그가 경험론이나 유물론적 인간 개념을 가진 것은 전혀 아니었다. 기본적으로 관념론 틀 안에서 갖는 문제의식이었다. 또 일차적으로 정신을 물질 작용으로 이해하는 유물론적 견해와는 '두개골로 표상되는 정신이 사물이라고 생각해서는 안 된다'며 분명하게 선을 긋는다. 그는 인간을 동물과 엄격하게 구분한다. 동물도 인간과 마찬가지로 충동·욕구·기호를 갖고 있지만 의지는 갖지 않으므로 충동에 얽매어 있다. 하지만 인간은 다르다. 인간은 어떤 규정도 받지 않는 존재이고 또 충동을 다룰 수도 있다. 이때 충동을 넘어서는 의지의 근거가 사유에서 온다는 점에서 모든 인간다움은 사유로 실현된다.

변증법적 인식의 전면적 전개

칸트, 선험적 인식과 이율배반으로 변증법의 가능성을 열다

칸트의 인식론은 경험의 한계와 선험적 인식의 가능성을 증명하는 데서 출발한다. 그가 경험의 필요성과 역할의 부정은 아니다. "이성은 원칙들에서 출발하고, 이 원칙들은 경험의 과정에서 반드시 사용되며, 또한 동시에 경험에 의해 충분히 증명된다. 이성은 이와 같은 원칙에 따라 (이성의 본성에 따라 으레 따라다니는 것이지만) 전제 또 그 전제로 어디까지나 높이 올라간다."

인식을 위해서는 경험이 필요하다. 하지만 경험이 무작위적이거나 맹목적이어서는 안 된다. 이성의 원칙을 사용해야 경험은 제 역할을 한다. 결국 경험이 필요하되, 이성이 언제나 경험에 선행한다. 이성과 경험의 관계는 쉽게 변하지 않는다. 선행하는 이성이 경험 과정에 반드시 사용되어야 하지만, 경험이 이성의 원칙에 끼어들 수는 없다.

여기서 경험은 자체적으로 한계가 있다. "확실히 경험은 어떤 대상의 성질을 우리에게 알려주지만, 그것이 왜 반드시 그런 성질을 가지고 있어야만 하는지는 가르쳐 주지 않는다." 경험은 필연적임을 가르치지는 않는다. 그렇다고 해서 경험에 우연적 요소만 있는 것은 아니다. 경험 축적이 상대적 보편성을 줄 수는 있다. 하지만 상대적 한계를 가지기 때문에 엄밀한 의미에서 필연적 보편성은 아니다. 엄밀한 보편성은 경험이 아닌 다른 차원에서 주어진다. "어떤 명제가 동시에 필연성을 갖추고 있다고 여겨진다면, 그 명제는 아 프리오리(a priori)한 판단이다." 경험 이전의 인식이라는 의미에서 선험적(a priori)으로 확실한 인식을 전제하고 이를 이성의 원칙, 확실성의 기준으로 삼아 경험에 사용해야 한다.

합리론과 경험론은 이성과 경험 사이의 이러한 관계를 이해하지 못했기 때문에 오류에 빠졌다. "라이프니츠는 현상을 지성화한 것이다. 그것은 마치 로크가 개념적 발생론(이와 같은 표현이 허용된다고 하면)의 체계에 의해서 지성 개념을 모조리 감각화하여, 경험적 반성 개념 또는 추상된 반성 개념만을 주장한 것과 같았다."

라이프니츠는 객관 실체를 작용인과 목적인이 결합한 모나드로 규정하면서 사물에 정신을 섞어 버리는 오류를 저질렀다. 반대로 로크는 오성을 경험의 축적과 체계화로 이해해 오성과 감성을 섞어 버렸다. 이 모든 오류는 경험과 이성의 원칙을 구분하지 못한 데서 비롯된다. 오류에서 벗어나기 위해서, 우선 오성과 감성은 두 가지의 전혀 다른 표상 원천이라는 점을 분명히 해야 한다. 그리고 이를 전제로 오성을 선행 원칙으로 하는 양자의 결합을 통해 사물을 객관적으로 타당하게 판단해야 한다.

칸트의 철학의 주된 과제는 경험 이전의 선험적 원칙을 규명하는 것이다. 선험적 원칙의 기초는 공간과 시간이라는, 선험적 직관에서 오는 표상이다. 인간은 공간과 시간이라는 표상으로 사물을 보고 구분한다. 대상은 직관 말고 다른 방식으로 주어질 수는 없다. 먼저, 공간은 외적 경험을 근거로 만들어진 개념이 아니다. 그는 공간 안에 대상이 없는 경우는 생각될 수 있으나 공간이 전혀 없다는 생각을 가질 수 없음을 근거로 든다. 따라서 공간은 외적 현상에 의존하는 규정이 아니라 외적 현상을 가능하게 하는 조건, 즉 선험적 표상이다.

이와 마찬가지로 시간도 경험에서 나올 수 있는 "경험적 개념"이 아니다. 시간으로부터 현상을 없앨 수는 있지만 시간 자체를 없앨 수는 없다. 그러므로 시간도 선험적으로 주어져 있고, 현상의 실재는 모두 시간 안에서만 가능하다. 대상이 우리에게 직접 주어져서 어떤 관념을 갖는 것이 아니다. 오직 공간과 시간이라는 선험적 직관을 거쳐서 주어진다. 선험적 개념이 경험에 앞서고 이를 통해 걸러진 표상을 얻기 때문에 경험하는 대상은 결코 사물 자체가 아니라 한낱 현상일 뿐이다. 버클리의 현상론 문제의식을 어느 정도 받아들이고 있다.

예를 들어 티슈바인의 〈피그말리온〉에 나오는 조각은 사물 자체의 직접 반영이 아니다. 이 작품은 자신이 만든 여인상을 황홀한 눈길로 바라보는 피그말리온의 모습을 담고 있다. 피그말리온은 그리스 신화에 나오는 뛰어난 조각가다. 그는 탁월한 조각 솜씨를 발휘해 세상의 어떤 여기보다도 아름다운 여인상을 만들었다. 그는 신에게 여인상을 아내로 삼게 해 달라고 빌었다. 이에 아프로디테가 생명을 불어넣어 조각상을 인간으로 만들어 주었다.

여기에 칸트의 문제의식을 적용하면, 만약 신화 속의 이야기가 아니라 조각가가 실제 여인을 모델로 삼아 조각했다 하더라도 우리의 선험적 의식과 무관한 대상을 직접 반영한 것은 아니다. 작가가 작품으로 표현할 모델을

〈피그말리온〉, 1800년

바라볼 때 자신이 이미 갖고 있는 직관 능력인 시공간 개념으로 걸러진 현상을 받아들인다. 여인의 전체 윤곽만이 아니라 신체 비례, 피부색과 질감, 몸의 동작 등은 모두 선험적 표상 능력을 매개로 전달된다. 요컨대 조각가는 표상으로 걸러진 현상을 상대하고 작품으로 표현한다.

공간과 시간이라는 감성적 직관 능력으로 걸러진 대상은 지성 작용으로 더욱 확실한 인식으로 나아갈 수 있다. 그러므로 감성과 오성이라는 두 계기가 모두 충족되지 않는다면 인식은 성립할 수 없다. 감성적 직관이 없으면 대상은 아예 우리에게 주어지지 않기 때문에 인식은 공허해질 수밖에 없다. 반대로 개념적 사고를 가능하게 하는 오성이 없으면 대상은 도무지 생각되지 않는다. 즉 오직 양자의 결합으로만 인식이 생긴다.

인식은 오성을 거쳐 더욱 고차적 수준으로 나아간다. 오성은 감성과 달리 자발적으로 제시된다. 직관은 대상에 직접 상관하지만 오성은 그렇지 않다. 오성의 상대는 '직관으로 걸러진 표상'이다. 오성은 개념을 판단하는 자신의 기능에 따라 생겨난다. 이때 개념적 판단을 하는 오성의 형식으로서 칸트는 분량·성질·관계·양상을 제시한다. 오성은 이러한 개념적 형식을 구상력을 이용해 직관으로 표상된 것의 관계를 구분 짓고 표상의 객관적 타당성을 결정한다.

예를 들어 우리가 흔히 사용하는 '개'라는 개념은 개별 대상 자체는 아니다. 직관으로 시공간 속에서 개별 대상의 표상이 오성에 주어진다. 오성은 한편으로 표상을 재료로 삼고, 다른 한편으로 분량·성질·관계·양상의 개념을 사용해 일반화한다. 이 두 가지를 연결하고 원인·결과·가능성·현실성·필연성이라는 상호 작용 형식의 개념을 적용해 사고하는 구상력이 어떤 네발짐승의 형태를 일반적으로 그려 내면서 '개'라는 개념을 만들어 낸다. 여기에서 원인 개념은 물론이고 가능성·현실성·필연성도 공간과 시간이라는 선험적 순수 표상과 마찬가지로 선험적이다.

이런 과정을 거쳐 최종적으로 이성에 도달하게 된다. 모든 인식은 감각 지각에서 시작해 오성으로 넘어가면서 이성으로 끝을 맺는다. 직관 오성 이성은 모두 선험적 능력이라는 점에서 공통적이다. 하지만 오성은 직접 대상과 관계하지 않고 개념 작용을 한다는 점에서 직관과 구별된다. 이성은 오성이 만들어 낸 개념과 판단에 관계하고 선험적 능력에 더해 논리적 능력을 지니고 있다는 점에서 오성과 구별된다. 이성은 논리적 능력을 갖추고 있기 때문에 추리 작용이 가능하다. 또한 이성이 오성에 따른 개념만을 상대한다는 점에서 고차원적 인식에 다다르게 된다. "그런데 모든 이성 인식은 개념에 의한 인식이거나, 그렇지 않으면 개념 구성에 의한 인식 가운데 어느 하나이다. 전자는 철학적이라고 일컬어지며, 후자는 수학적이라고 일컬어진다."

여기까지만 본다면 칸트의 주장이 기존에 나왔던 다른 것들에 비해 대단히 독창적이라고 보기는 어렵다. 그가 선험적 인식을 설명하기 위해 사용한 문제의식의 많은 부분이 이미 버클리를 비롯해 기존의 경험론과 합리론이 제기한 아이디어를 바탕으로 하고 있기 때문이다. 다만 이 둘을 결합하려는 시도와 과정에서 독자적 기여가 나타날 뿐이다. 칸트의 독자성은 이상의 논의를 바탕으로 펼쳐 나가는 이율배반의 논리, 즉 변증법적 사고의 가능성에 있다고 할 수 있다.

칸트에 따르면 자아·우주·신 관념에 접근할 때 객관 실체를 관찰하는 경험적 방법을 취하면 반드시 실패할 수밖에 없다. 왜냐하면 이들 영역은 경험 영역을 초월한 형이상학 영역인데, 경험적 인식 방법을 사용하면 이율배반에 빠지기 때문이다.

예를 들어 물자체나 자아를 과학적으로 규명하려 할 때, 시공간에 따른 제한과 시공간의 초월이라는 모순된 명제를 모두 포괄해야 하는 상황에 놓인다. 마찬가지로 혼합물과 단순 부분의 관계, 인과성과 자유의 관계, 절대자의 존재도 같은 식의 이율배반이 나타난다. 여기에서 이율배반이란 한 명제에 대해 반드시 그 명제의 부정에 대해서도 비슷한 정도의 주장을 할 수 있음을 의미한다. 상반되는 두 명제가 동시에 참으로서 증명될 수 있는 모순 상황을 맞이한다.

기존의 모순율에 따르면 이율배반은 받아들여져서는 안 된다. 상반된 두 명제가 동시에 참일 수 없기 때문이다. 어느 하나가 틀리기 때문에 한쪽을 버려야 하는 상황에 놓이게 된 것이다. 하지만 칸트는 이율배반을 무의미한 상황으로 부정하지 않고 적극적 가치를 부여한다. 오히려 모순을 목격하게 되면서 이율배반을 구성하는 명제 중 어느 하나만이 참임을 증명할 수 없다는 결론에 이른다.

물자체와 자아 등은 이율배반을 불가피하게 요구하는데, 그렇다고 해서 존재하지 않는다고 말할 수 없기 때문이다. 이들의 존재를 인정하는 이상 이율배반, 즉 모순도 인정해야 한다. "그 어떤 인식도 자신을 무효화하지 않고서는 모순율에 위배될 수 없다는 것은 모순율을 우리의 인식이 진리이기 위한 불가결한 조건(conditio sine qua non)으로 삼지만, 우리 인식의 진리성을 결정하는 근거가 되지는 않기 때문이다. 그런데 우리는 본디 우리 인식의 종합적 부분하고만 관련되므로 이 불가침 원칙에 반하지 않도록 주의해야 할 테지만, 이런 종류의 인식의 진리성에 대해서는, 모순율로부터 아무런 설명도 기대할 수 없다."

언뜻 무슨 의미인지 잘 다가오지 않는다. 하지만 지금까지 정리한 칸트의 문제의식을 새삼스럽게 고려해 정리해지면, 모순율은 경험 영역에 대한 분석적 인식에서는 보편적이고 완전히 충분한 원리로서 인정해야 한다는 점, 하지만 형이상학 영역에서는 모순율을 진리성의 근거로 사용할 수 없다는 점, 이율배반을 인정해야 한다는 점을 이해할 수 있다. 여기서 변증법의 핵심 개념인 모순을 이율배반 논리로 정당화한다. 칸트 철학은 바로 이 지점에서 근대 철학에서 새로운 지평을 열었다.

피히테와 셸링, 대립물의 통일로 변증법의 지평을 넓히다

피히테와 셸링은 직관을 통한 표상이라는 선험적 인식과 직관을 대상으로 하는 오성 활동, 이성에 이르는 인식 과정에 대해서는 칸트의 문제의식을 기반으로 한다. 대체로 칸트 인식론과 차별화하기보다는 체계화하고 구체화하는 방향으로 나타난다. 인식론에서 피히테와 셸링이 칸트와 구별될 수 있는 독자성은 주로 변증법적 논리의 지평을 넓힌 것에서 찾을 수 있다.

칸트가 이율배반을 통한 모순을 인정하면서 변증법의 돌파구를 열었다면, 피히테는 대립물의 상호 침투와 통일로 한 단계 더 진전된 문제의식을 보이게 된다. 칸트는 모순 상황 자체의 불가피성을 증명하려 했다. 하지만 모순 상황 안에서 대립물이 어떤 관계를 갖는지는 이렇다 할 논리적 규명을 시도하지 않았다. 피히테는 바로 이 비어 있는 부분을 집중적으로 탐구한다.

피히테는 비아 안에도 활동성이 있다고 본다. 이때 활동성은 자아의 수동성으로 정해지고, 자아의 수동성은 활동성이 적어진 후에 정해지게 된다고 보았다. 정립과 반정립의 명제인 자아와 비아는 대립으로 멈추지 않고 대립 상황에서 서로에게 스며든다. 피히테는 이를 활동성과 수동성으로 설명한다.

비아는 단순한 대상이 아니다. 자아와 비아는 모두 활동성과 수동성을 가지고 있다. 자아의 수동성에 대응해 비아의 활동성이 작용하면서 둘 사이의 유기적 관계가 만들어진다. 마찬가지로 자아의 활동성에 해당하는 부분이 비아의 수동성과 관계한다. 즉 대립은 멈춰 있는 상황이 아니라 대립물의 활동성과 수동성을 매개로 한 능동적 운동 상황이다. 활동성과 수동성이 서로 관계를 맺게 되면서 전체는 절대적 총체성을 이루어 낸다.

대립물은 서로 스며들면서 통일로 나아간다. 대립물의 상호 침투는 서로의 변화, 즉 교체를 불러온다. 대립물로서 자아와 비아는 서로를 지양하고 소멸과 생성으로 교체된다. 즉 대립물이 침투해 서로를 부정하고 새롭게 통일된다는 변증법의 기본 골격을 제시한다. 다만 피히테에게 대립물의 부정과 통일은 오직 자아와 비아 사이에

피히테

발생한다는 점은 유의할 필요가 있다. 즉 피히테의 변증법적 원리는 객관 세계에서 전개되는 것이 아니다. 오직 의식과 마주쳐야지만 가능하다. 주체의 의식과 맞물릴 때만 변화와 통일이 발생한다는 점에서 관념적 성격을 전제로 한다.

셸링 역시 절대적 자아를 확고한 정립 명제로 삼고, 반정립으로서 비아를 설정한 후 양자의 대립과 통일을 모색한다. "만일 자아가 절대적인 것이라면, 자아가 아닌 것은 오직 자아와의 대립 안에서만, 따라서 자아의 전제 하에서만 규정될 수 있으며, 나아가 단적으로 정립된 비아, 즉 반정립되지 않는 비아라는 것은 일종의 모순이 된다."

경험론의 오류는 모든 자아에 선행해 비아를 정립한 데서 발생한다. 반대로 합리론의 오류는 모든 비아를 배제하면서 자아를 정립한 데서 발생한다. 경험론과 합리론을 결합하고 극복하기 위한 유일한 길은 절대적 자아를

정립 명제로 하되 반정립의 비아를 대립물로서 일상적으로 연관 짓는 '변증법적 통일 과정'이라는 문제의식에서 찾을 수 있다.

자아와 비아의 대립은 종합과 통일로 나아간다. 정립은 "절대적 존재, 자아 안에 그리고 자아에 의해서만 근원적으로 규정된 절대적 정립 가능성"이다. 반정립은 "절대적 비존재, 자아의 절대적 독립성, 자아에 대한 대립 안에서만 규정 가능한 절대적 비정립 가능성"이다. 종합은 "자아로의 수용에 의해 규정 가능한 제약된 정립 가능성"이다. 존재와 사유의 일치를 강조했던 셸링은 피히테보다 절대적 자아의 일차성을 더욱 강조한다. 대립과 통일의 과정에서 모든 대립을 배제하는 주체는 절대적 자아다.

"일자로서의 무제약적인 것이 인식의 전체 계열을 제약하고, 모든 사유 가능한 영역을 기술하며, 우리 인식의 전체 체계를 통해 모든 것을 포괄하는 절대적 실재성으로서 지배한다." 심지어 자아를 일자(一者)로 규정한다. 절대적 자아는 일자로서 대상으로 제약을 배제한 '순수 자아'를 의미한다. 피히테에게 절대적 자아가 비아와 통일할 때 나타난다면, 셸링에게 절대적 자아는 비아와 대립하기 이전에 순수하게 정립된다. 비아는 대상과 결합한 경험적 자아에 해당한다.

그러므로 셸링에게 주요한 대립과 통일은 "순수 자아와 제약된 경험적 자아의 모순의 해결"이다. 순수 자아와 경험적 자아로서 비아가 동일하게 정립되는 최고의 단계에 이르기까지 종합으로 계속 나아간다. 모순의 해결은 오직 순수 자아로서 절대적 자아가 주도해야지만 가능하다. 셸링은 피히테보다 변증법의 관념성을 더욱 강화한다.

헤겔, 관념론적 변증법의 완성

헤겔은 기존의 합리론과 경험론뿐만 아니라 칸트에서 피히테와 셸링으로 이어지는 관념론을 비판하면서 독일 관념론의 완성을 향해 나아간다. 특히 합리론과 경험론을 넘어서는 관념론을 정립하려면 먼저 관념론 안의 오류와 편향을 바로잡을 필요가 있었다. 그가 보기에 관념론에서 가장 문제가 되는 것은 칸트의 선험론과 형식주의였다.

헤겔

먼저, 헤겔은 칸트의 선험적 원리를 비판한다. 칸트는 신이나 사물의 본질을 인식하기 전에 인식 능력이라는 도구 자체를 미리 검토해야 하고 이를 선험적 원리로 해결하려 했다. 그런데 다른 도구는 미리 검토할 수 있으나 인식의 검토만큼은 '인식하면서 이루어질 수밖에 없음'을 놓치고 있다. 결국 인식 능력이라는 도구를 검토하는 작업은 곧바로 인식 객체를 검토하는 것으로 연결된다는 점에서 앞뒤가 맞지 않는 엉터리 논리가 된다. 그런데도 인식하기 전에 인식하려는 칸트의 시도는 한마디로 물에 들어가기 전부터 수영하는 방법을 배우겠다는 어처구니없는 짓이다.

또한 선험적 원리는 학문 발전을 가로막는다. 경험 이전에 세워지는 원리는 명확한 인식을 방해한다. 왜냐하면 선험적 원리란 일반적 규정에 지나지 않기 때문이다. 예를 들어 '모든 동물'이라고 할 때 이 말이 곧 동물학의 개념으로 통용될 수 없는 것과 마찬가지다. '모든'이라는 생각이 선험적일 수는 있지만, 이것이 나타낼 수 있는 내용은 거의 없다. '절대적인 것', '영원한 것' 등의 낱말은 우리 머릿속에 직접 떠오른 것을 나타내는 데 지나지 않는다. 무엇보다도 선험적 원리는 개념의 자기 운동이 불가능하다는 점에서 문제다. 선험적 개념은 매개 없는 단상에 지나지 않기 때문에 부동의 점으로 설정될 수밖에 없다. 이렇게 정지된 개념을 절대화하면서 변증법적 운동으로 형성되어야 할 개념 확립을 방해한다.

운동을 잃어버린 선험적 개념은 형식주의 철학으로 귀결된다. 헤겔은 칸트가 개념을 '생명 없는 도식으로 꾸며 내어 학문적 세계를 한낱 보기 좋은 표'로 전락하게 했다고 비판한다. 제약과 무제약, 혼합물과 단순 부분, 인과성과 자유, 존재와 비존재 등의 개념은 대립하는 쌍의 형식적 나열에 지나지 않는다. 구체적으로 한쪽이 다른 쪽에 어떤 의미를 지니는지 분명하지 않다. 이러한 형식주의는 내적 생명력을 지닌 존재의 자기 운동 대신에 직관이나 감각적 지각에 따른 단순한 규정을 표면적 유추로 도식화한 것에 불과하다. 이러한 방식으로 의미 있는 학문적 성과를 내기는 곤란하다. 개념 사이에 운동이 빠진 형식주의적 개념 나열은 구체적 내용을 잃게 되고 관념적 단언만을 떠벌리는 독단주의에 빠진다.

헤겔은 개념이 내면으로 복귀해 자기 본체를 파악하면서 동시에 대상과 일체가 된다는 점에서 학문에 교활한 면이 있다고 말한다. 칸트의 형식주의와는 달리 주체가 자기를 해체해 전체 속에 맞물려 들어가는 행위를 스스로 지켜보는 내밀하고 복잡한 과정을 거쳐야 한다. '참된 사상과 학문적 통찰은 오로지 개념 노동 속에서만' 얻을 수 있다. 학문은 개념의 나열이나 대조가 아니라 교활할 정도로 섬세한 개념의 자기 운동으로 발전할 수 있다.

헤겔은 대립물이 상호 침투와 지양을 거쳐 통일로 나아가는 피히테의 변증법적 논리를 적극적으로 받아들인다. 하지만 '자아는 존재한다'는 동일률을 정립 명제로 출발하는 피히테의 논리에는 비판적이다. 'A=A'라는 형식을 띠는 피히테의 동일률 아래서는 '어떤 것인가' 하고 묻는 말은 있을 수 없다. 모든 것이 하나가 된다. 특히 이러한 동일률을 의심할 수 없는 절대적 제1원칙으로 내세우는 관점은 충실한 내용을 모색하고 탐구하는 인식을 피하기 때문에 스스로 인식력이 결여되었음을 드러낼 뿐이다. 내용이 없는 동일률에 기초한 존재는 죽은 실체에 지나지 않는다. 선험적으로 주체를 고정하면 주체는 자기 내용이 없기 때문에 실질적으로는 대상의 속성이나 술어의 편에서 운동을 전개할 수밖에 없다. 원래의 의도와는 다르게 주체를 잃고 대상이나 술어가 본체가 되므로 사유가 반격을 받는 꼴이 된다.

헤겔은 제1원칙으로 삼아야 할 주체는 생동하는 실체, 즉 현실적 존재여야 한다고 말한다. 주체는 동일률에 따라 저절로 주어지는 것이 아니라 처음부터 자신을 정립하는 운동이어야 한다. 스스로를 타자화하는 가운데 자기와 자기를 매개해야만 한다. 자신을 타자화하는 분열 과정을 거쳐 회복된 동일성, 즉 밖으로 향하면서 곧바로 다시 자기 안으로 되돌아오고 반성한 동일성만이 진정한 주체이자 실체가 된다. 최초의 직접적 통일과는 다른 이 두 번째의 동일성이 바로 진리다. 피히테가 아무런 대립도 없는 자아를 주체로 설정한 후에 변증법적 대립과 통일을 시작했다면, 헤겔은 자아조차도 대립과 통일의 산물이어야 한다고 보았다.

주체 자신이 분열과 통일을 거쳐 정립되어야 하기 때문에 철학은 첫 발걸음부터 회의의 길을 걸어야 한다. 즉 순수하게 절대적 명제라고 여겨졌던 앎이 진리를 벗어난 것임을 통찰하는 여정이어야 한다. 이때 회의주의는 인식의 대상만이 아니라 인식하는 주체 자신에게도 의혹의 눈길을 보내야 한다. 이 분열과 절망에서 시작하지 않을 때, 칸트처럼 내용은 사라진 채 단언에서 시작하는 형식주의에 빠지게 된다.

티슈바인의 〈사람을 찾는 디오게네스〉에서 보이듯이 그리스 철학자 디오게네스는 손에 늘 등잔을 들고 다녔다. 대낮에도 등잔에 불을 켜고 다녀서 사람들이 의아해하자 그는 사람을 찾기 위해서라고 답했다. 그림 속 등잔을 든 디오게네스(Diogenes, ?~?)의 눈빛이 날카롭다. 주변 사람들은 하나같이 그를 조롱하는 표정이다. 당연히 환한 대낮에 사람이 안 보여서 등잔을 켠 것은 아닐 것이다. 그만큼 현실에서 진정한 인식을 갖고 행하는 사람을 찾기 어렵다는 의미의 행동일 것이다. 하지만 헤겔의 논리대로라면 먼저 등잔이 향할 곳은 타인이 아니라 자신이다. 절대적 자아를 전제로 세상을 향하는 시선이 아니라, 타자와 대립하고 분열하는 한가운데에 '자기 내면'을 탐구하고 또 이를 통해 통일로 나아가는 과정을 교활할 정도의 면밀한 시선으로 탐구해야 한다.

칸트나 피히테처럼 절대자를 출발로 삼아서는 안 된다. 오히려 절대자는 변증법적 과정을 거쳐서 도달해야 할 목적지여야 한다. 절대자를 향한 길의 첫 단계는 감각이다. 변증법적 대립과 통일의 과정에서 가장 처음 등장하는 앎, 즉 직접적인 정신은 '비어 있는 감각적 의식'이기 때문이다. 감각적 확신은 사물의 상이나 사태의 존재를 직접 있는 그대로 받아들이기만 한다. 하지

만 이 단계에서부터 변증법적 운동은 경험하는 과정에서 이미 개입한다. 왜나하면 감각적 확신은 경험을 함께할 수밖에 없는데, 이때 경험은 우리가 애써 조명한 결과라는 점에서 처음부터 주체와 대상은 서로 맞물려 들어간다.

다음으로 지각을 통해 개별 사물과 사태를 보편적인 것으로 받아들인다. 지각은 표면상의 수용이 아닌 필연성을 따른 수용이다. 왜냐하면 지각은 단순히 개별 대상을 나열한 것이 아니라 구별이나 다양성과 같은 매개와 부정의 관계로 인식되기 때문이다. 여기에서 부정의 관계는 대상을 구별하기 위해서 이것이 아닌 다른 것, 혹은 이것을 지양한 것이라는 사고가 개입됨을 의미한다. 즉 부정의 작용으로 사물의 갖가지 성질을 표현한다. 예를 들어

소금은 단일한 대상이면서 동시에 많은 성질을 가지고 있다. 흰색이면서 짠맛이고 또한 정육면체이면서 일정한 무게도 갖고 있다. 이 모든 성질은 그것과 대조되는 성질, 즉 다른 색, 다른 맛, 다른 모양의 부정적 관계 위에서 성립한다. 그런데 우리의 눈이나 혀나 손에 귀속되기 때문에 우리 자신이 그러한 요소를 존재하게 하는 공통의 매체다. 그러므로 이 단계에서는 대상의 개별성과 함께 지각을 통해 성질이라는 일반적인 것이 끼어들어서, 개별성과 대립해 개별성의 제약을 받는 보편적 성질이 나란히 있게 된다.

지각 다음에 오성 단계가 온다. 오성은 표면적 성질을 구별하고 일반화하는 것을 넘어서게 한다. 즉 겉으로는 우연으로 보이는 현상 뒤편에 일반 법칙이 존재함을 알게 한다. 하지만 오성은 아직 어떤 일반 법칙이 있음을 알 뿐, 법칙의 구체적 내용에 이르지는 못한 단계다. 자신과 대상의 개별성만이 아니라 보편적 법칙성을 깨닫게 되는데, 이렇게 해서 정립한 동일성은 '구별에 대립한 추상적 단일성'이다.

피히테처럼 스스로 정립되는 자아가 아니라 자기를 지양하는 운동, 즉 분열로 단일성을 얻은 자아가 형성된다. 즉 주체로서 자아가 자신을 대상으로 인식하면서 자기의식은 또 하나의 자기의식과 대치한다. 이것이야말로 살아 있는 자기의식이다. 여기에서 헤겔은 주인과 노예의 논리를 전개한다. 타자와 관계하는 자기의식이 노예라면 이 관계를 다시 고찰하는 자기의식은 주인이다. 주인은 욕망으로 사물과 관계하는 자기의식을 깊이 생각하고 연구하게 된다. 노예는 노동으로 순수하게 자립적 자기의식을 주인에게 제공한다. 이렇게 주인과 노예가 욕망과 노동을 통해 변증법적으로 대립하면서 통일되는 존재가 바로 '진정한 자아'다.

자아에 대한 자기 확신을 거쳐 최종 단계인 이성에 도달한다. 이제 스스로가 타자와 통일되었음을 이해하게 되면서 타자 존재와 구별하는 부정적 관계는 긍정적 관계로 바뀐다. 타자와 자아의 통일 속에서 자신의 실재성을, 또한 모든 현실도 이성임을 인식한다. 즉 이성은 온갖 실제라는 '의식 확신'에 이르게 된다. 이제 자기의 사유가 직접 그대로 현실이 되면서 의식은 곧 관념론의 입장에서 현실과 관계한다.

헤겔은 현실과 이성이 통일된다는 점에서 '관념론은 절대적 경험론'이라고 한다. 이성이란 외부에서 자극을 받아 다종다양한 감각이나 표상을 받아들이는 일을 내적으로 포함하고 있기 때문이다. 이성이 곧 온갖 실재이므로 이성은 세계 전체에 관심을 가진다. 이성이 세계를 의식할 때 이성이 바로 정신이 된다. 즉 세계가 곧 이성이고 이성이 곧 세계다. 그는 《법철학 강요》 서문에 "이성적인 것은 현실적이고, 현실적인 것은 이성적"이라는 유명한 명제를 제시한다. 철학은 자연적 우주의 고찰과 마찬가지로 정신적 우주를 고찰할 때도 이 확신에서 출발한다.

다만 여기서 '현실'의 의미를 오해해서는 안 된다. 사실 우리가 직접 맞닥뜨리고 있는 구체적 현실이 아니다. 이러한 현실은 감각과 경험의 단계에 속한다. 그가 이성과 현실의 통일을 논할 때 현실은 이성 면세의 현실, 즉 시각과 오성을 거쳐 추상화된 현실임을 잊어서는 안 된다. 최종적으로는 관념론 틀 안에서 현실과 이성의 관계를 규명하는 것이다.

헤겔은 이성과 현실의 통일 명제로 인류 정신을 이끌어 낸다. "그것은 개개인의 반영된 상(像)으로 나타날 때는 개인에게 자각된 정신이 되고 개개인을 자체 내에 포함할 때는 본원적인 실체 그 자체가 된다. 이를 현실의 실체로 보면 '민족'이고 현실적인 의식으로 본다면 민족 성원으로서의 '시민'이다." 이성과 현실의 통일은 개인 차원의 자각을 넘어서 민족정신이나 시민 정신과 같은 인류 정신을 포함한다. 시민 의식은 단일한 민족정신을 본질로, 정신의 현실체인 민족 전체 속에서 자기 존재를 확신하면서 그 속에 자기의 진리가 안겨 있다고 생각한다. 이성의 보편성은 개념을 넘어 현실의 민족과 인륜성을 규정한다. 민족은 이제 임의적·비현실적 설정이 아니라 확고한 바탕 위에 군림하는 정신으로서 자격을 갖춘다. 개념의 자기 운동으로서 변증법은 최종적으로 긍정적 결과를 불러오며 완성된다. 헤겔이 분명하게 밝히고 있지는 않지만, 이는 사유 원리와 존재 원리의 일치를 근거로 정신 법칙이 역사를 실현했다는 셸링의 논리에 힘입었다고 할 수 있겠다.

결론적으로 헤겔의 변증법은 모순을 정당화할 때는 칸트를, 정립·반정립과 종합이라는 3단계 형식을 기반으로 한다는 점에서는 피히테의 논리에 의존한다. 그리고 사유와 존재가 일치하게 되면서 정신이 현실을 실현한다는 점에서는 셸링의 문제의식에 의존한다. 그렇다면 변증법에서 헤겔의 독자성은 어디에 있을까? 피히테가 주체와 대상 사이의 관계에 변증법적 사고를 적용한다면, 헤겔은 주체 자체의 성립 과정에서부터 변증법적 원리를 적용한다는 데서, 즉 내재적 변증법이라는 면에서 결정적 차별성을 보인다. 특히 이 과정에서 자아를 분열된 자아로, 즉 사물과 연결된 자기의식을 순수한 자기의식으로 다시 고찰하고 자기 안으로 복귀하는 시도는 이중적 변증법 관계를 형성하게 되면서 변증법의 역동성을 가장 높은 곳으로 끌어올리게 된다. 그리하여 절대자를 전제가 아닌 과정과 목적의 문제로 설정해 형식주의적 변증법을 넘어섰고, 그런 점에서 차별성과 독자성을 가진다.

Philosophy
합리론의 존재론과 인식론

독일 관념론 미학

칸트, 즐거움과 숭고의 미 그리고 주관적 보편타당성을 지닌 미

칸트는 미학에서도 합리론과 경험론의 결합을 시도한다. 먼저 경험론 미학의 핵심인, 즐거움과 취미의 아름다움을 주장한다. "하나의 표상에 있어서 결코 인식 요소가 될 수 없는 주관적 요소는 이 표상과 결합한 쾌(Lust) 또는 불쾌(Unlust)다." 그리고 아름다움을 '쾌에 따른 판단 능력을 취미'라고 규정한다. 아름다움 역시 대상과 연관된 표상에서 오지만 주로 주관적 쾌와 불쾌라는 감정에 따르기 때문에 객관적 인식의 요소이기는 어렵다. 객관적 개념과 연관될 수 없기 때문에 아무런 필연성도 일러 줄 수 없으며, 선험적 타당성을 주장할 수도 없다.

어떤 것이 아름다운지 아닌지를 구별하기 위해서는 표상을 지성에 연결하는 것이 아니라, 상상력으로 주관적 쾌 또는 불쾌의 감정에 연결해야 한다. 그러므로 취미 판단은 인식 판단이 아니다. 논리적이기보다는 감성적이다. 그런 면에서 주관적일 수밖에 없다.

여기에 칸트는 섀프츠베리의 무관심성도 받아들인다. 미의 즐거움은 대상을 소유하거나 이익을 기대하는 등의 이해관계가 없는 무관심함에서 온다. 취미의 충족만이 유일하게 이해에 관심이 없는 자유로운 흡족이다. 직접적 감각이나 추상적 이성의 이해에 관심도 없이 오직 즐거움이라는 흡족한 감정만을 줄 때 아름답다고 말할 수 있다.

이어 경험론 미학에서 조심스럽게 모색해 오던 미의 상대성에 대해서도 이전보다 더 구체적으로 문제의식을 제시한다. 앞서 언급했듯 기본적으로 미는 주관적이므로 상대성을 지닌다. "'무엇이 아름다운 것인가' 하는 것을 개념을 통해 결정할 수 있는 취미의 객관적 규칙이란 있을 수 없다. 왜냐하면 원천에서 나오는 모든 판단은 감성적이기 때문이다." 취미의 원형은 각자가 자기 안에서 만들어 내야 하는 순전한 이념이기 때문이다. 흑인은 필연적으로 경험적 조건 아래에서 백인과는 다른 형태의 미 기준을 가질 수밖에 없고, 중국인은 유럽인과 다른 규범을 가질 수밖에 없다.

하지만 경험론 미학을 반복하는 것은 아니다. 합리론을 결합한 독특한 관념론 미학으로 그는 대상을 충실하게 반영하는 모방 이론을 거부한다. 특히 미에 공통되는 감정으로 주관성의 본질을 '상호 주관성'으로 이해하는 대목은 주목할 만하다. 칸트가 보기에 주관적이고 상대적 성격을 지닌다고 해서 모든 종류의 취미가 다 같은 정도의 지위나 비중을 갖지는 않는다. 야만적 상태의 미가 있다면 더 고차적인 미가 있다. 즉흥적이고 일시적 매력이나 감동도 취미의 하나임은 분명하지만 낮은 차원의 미에 속한다. 자극이나 감동은 대부분 감각 질료적이기 때문이다. 이런 종류의 미는 질료적 대상을 전제로 하기 때문에 부수적 미다. 고차적 미는 자유로운 상상력에 기초해 형식의 합목적성에만 근거하는 순수한 취미 판단이다. 질료에서 상대적 독립성을 갖추었다는 점에서 자유로운 미다. '눈으로 볼 수 없는 존재자의 이성 이념'이 여기에 해당한다. 예를 들어 천국·지옥·영원·창조나 사랑·명예·죽음 등은 사물 형식을 넘어 상상력으로 감성적 이념 능력을 최고로 발휘하는 고차적 미를 실현한다.

고차적 미를 정당화하기 위해 본질적으로 주관적이지만 보편타당성을 띠는 주관적 보편타당성을 주장한다. 주관성 안에서 보편타당성을 추구할 수 있는 근거는 미에 대한 공통의 감정에서 온다. "취미 판단에서 사유되는 보편적 동의의 필연성은 주관적 필연성이지만, 공통감의 전제 하에서는 객관적인 필연성으로 표상된다." 공통 감각은 선험적으로 규정될 수 있는 객관적인 것은 아니지만 구성원 사이의 사회적 동의 과정에서 만들어진다. 모든 사람이 타당하다고 여길 수 있는 보편적 동의라는 점에서 다른 사람의 찬성에 의존한다. 인간은 사교성을 지닌 존재인데, 자기 쾌감을 다른 사람에게 전달하고 싶어 하고 그런 일에 능숙한 자를 세련된 인간이라고 판정하기 때문에 동의의 가능성이 열린다. 이를 통해 '상호적 성격을 갖는 주관성'으로서 주관적 보편타당성을 가진 이상화된 미의 추구가 가능하다.

칸트는 이상화된 아름다움으로서 '숭고의 미'를 강조한다. 일반적 미는 대상의 형식에 관련하지만, 숭고는 형식의 제한을 넘어선다. 대상의 형식을 뛰어넘을 가능성을 수학적 숭고와 역학적 숭고로 제시한다. 수학적 숭고는 수학의 제반 규칙처럼 단지 사유만으로도 감각 기관의 모든 척도를 뛰어넘는 마음의 능력을 증명하는 것이다. 역학적 숭고는 무제한적이라고 느낄 정도의 자연의 위력을 의미한다. 측량하기 어려울 정도로 압도적인 자연의 힘은 사물의 형식을 뛰어넘는 위력을 느끼게 한다. 그 위력이 감상자에게 직접 해를 미치지 않을 때 숭고함을 느끼게 된다. 숭고함은 사물의 형식에 구애받지 않는 자유로운 미로서 주관적 보편타당성을 지닌다. 그렇기 때문에 예술은 일관되게 숭고함을 추구해야 한다.

칸트는 여기에 천재 개념을 결합한다. 칸트는 천재를 기예에 규칙을 부여하는 타고난 자질을 가진 사람으로 보았다. 질료의 한계를 넘어 상상력을 최고로 발휘하는 천재의 재능은 고차적 미, 숭고의 미로 나아간다. 천재만이 사물의 형식에 매여 있는 모방에 전적으로 대립하는 것이 가능하기 때문이다. 그러므로 천재는 예술에 스스로 규칙을 부여하면서 본보기라는 전형을 창출한다. 스스로 규칙을 이끌어 내는 칸트의 천재 개념은 정형화된 표현 방식에 치중하던 신고전주의를 넘어 예술가의 독창성을 중시하는 낭만주의 예술에 큰 영향을 준다.

셸링, 모방 이론 비판과 정신 활동으로서의 특성적 회화

칸트가 미를 감정에서 오는 취미 판단으로 규정했다면 셸링은 정신 활동을 더욱 강조한다. 미술은 영혼과 자연 사이에서 활동하는 끈 구실을 하며 또한 오로지 이 둘 사이의 살아 있는 중심에서만 힘이 미칠 수 있다. 칸트처럼 미술을 개념에서 도출될 수 없는 감정 활동으로 보는 견해는 잘못이다. "예술은 우리가 감흥이라고 일컫는 가장 내적인 심정이나 정신의 힘들의 생생한 운동에서만 생겨난다."

셸링은 미술에서 형태는 정신 활동으로 개념에서 생겨나는 것이라고 보았다. 그가 보기에 미학에서 가장 큰 오류는 모방 이론이다. 대상의 모방이

〈고대 유물 앞에서 절망하는 예술가〉,
1778년~1780년

예술이라면 예술은 항상 자연의 뒤꽁무니만 쫓아다녀야 한다. 미술이 외형적 모방에 머문다면 이는 자연을 대상의 죽은 집합이거나 아니면 마치 사물이 놓여 있는 창고쯤으로 여기는 짧은 생각에 불과하다. 자연을 대상으로 하더리도 "영감을 받은 탐구자에게만 자연은 모든 짓을 자기 자신에게서 창조하고 활동적으로 산출하는, 신성하고도 영원히 창조적인 세계의 근원력인 것이다." 사물의 힘을 있게 하는, 사물 안에 있는 창조적 생명을 아름다움으로 표현해야 한다. 이를 파악하고 표현하는 것은 오직 정신의 힘이다.

셸링은 미술에 가장 큰 해악을 끼치는 모방 이론이 당시의 미술 사조에서는 신고전주의로 변형되었다고 비판한다. 신고전주의는 18세기 후반에서 19세기 초반에 걸쳐 프랑스 계몽사상과 프랑스 대혁명의 영향을 받으면서 사나운 위세를 떨치고 있었다. 예컨대 퓌슬리의 〈고대 유물 앞에서 절망하는 예술가〉는 신고전주의의 한 면을 잘 보여 준다. 한 예술가가 그리스·로마 조각 앞에서 절망스러운 자세를 취하고 있다. 그의 앞에는 대규모 조각의 일부분인 거대한 발이 놓여 있다. 예술가는 그리스·로마의 고전주의 예술이 이룩한 성과를 따라가지 못하는 스스로를 자책하는 듯 한 손으로 머리를 감싸고 다른 한 손을 조각 위에 두고 있다.

셸링은 신고전주의 역시 모방의 하나일 뿐이라고 비판한다. "모방 대상은 변했지만, 모방은 존속한 것이다. 자연 대신에 고대의 고귀한 작품들이 등장했다. 그러나 그것을 모방한 자들은 형식들을 실현하고 있는 정신을 망각하고 단지 외면적 형식을 떠맡는 데 열중한 셈이다." 신고전주의는 고대의 역사나 신화 혹은 표현 방식에 주목하기 때문에 자연을 직접 모방한 것은 아니다. 그럼에도 사실은 더 노골적 모방에 그치게 된다. 퓌슬리의 그림에 등장하는 예술가처럼 고대 작품에 대한 모방에만 골몰하기 때문이다. 고전주의가 다시 돌아올 수 없음에도 모방에 치중한다면 미술의 발전은 아득히 멀어지게 된다.

모방을 벗어나려면 틀에 박힌 형태 중심의 묘사도 지양해야 한다. "최고의 미가 특성 없는 것임은 옳다. 그러나 이것이 옳다는 것은 마치 어떤 길이도 폭도 깊이도 모두 동일한 무한 속에 포함되어 있기 때문에 우주는 어떤 특정한 치수도 갖지 않는다고 말하는 것과 다를 바 없으며, 또는 창조적 자연의 예술은 어떠한 형식에도 복속되어 있지 않기 때문에 무형식(formlos)이라고 말하는 것과도 같다." 폭도 깊이도 모두 동일한 무한 속에 포함되어 있기 때문에 우주는 어떤 고정된 틀을 넘어서는 방식, 예술가가 갖는 개성이 충분히 발휘되는 방식으로 나아가야 한다. 고유한 전체에 맞서 자신을 주장한다는 의미에서 '특성적 예술'로 규정한다. 숭고하고 무관심한 미를 최고의 것으로 여기는 것만큼이나 개성을 살린 특성적 표현을 예술의 중요한 기준으로 삼는다. 예술가의 개성을 중시하는 특성적 예술 주장은 칸트의 천재 개념과 함께 예술가의 독창성에 주목하는 낭만주의 회화를 자극한다.

셸링은 특성적 예술을 실현하는 데에 가장 적합한 미술 방식을 회화로 보았다. 고대에는 조각이, 근대 세계에는 회화가 우위를 차지한다. 고대는 철저하게 조형적으로 사유했기 때문에 조각이 적합한 표현 방식이었다. 그러나 근대는 정신적으로 훨씬 높은 단계에 이르렀으므로 이를 담아내기에 적합한 표현 방식, 즉 회화를 중시해야 한다. "회화는 조각처럼 물체적 사물들에 의해 표현하는 것이 아니라 빛과 색에 의해, 따라서 비물체적이고 거의 정신적인 수단으로 표현하기 때문이다." 조각은 질료적 특성이 강할 뿐만 아니라 표현 형식에 크게 구애받는다. 하지만 정신 활동으로서 특성적 예술이 형식을 벗어난 개성을 추구하려면 물질에 의존하는 정도가 훨씬 낮은, 빛과 색에 의존하는 회화가 적합하다. 빛과 색으로 정신 너머로 소재를 끌어올리고, 또한 자기 내면으로 심화하기가 쉽기 때문에 근대 미술은 회화로 나아가야 한다.

헤겔, 감정에서 개념과 이념으로 미의 변증법적 고양을 하다

헤겔은 예술미와 자연미를 구분하고 셸링의 정신성 위주의 미학 이론을 강화한다. 그는 예술미가 정신에서 태어났기 때문에 자연미보다 우월하다고 말한다. 예술 욕구는 내면세계와 외면 세계를 자신의 정신적 의식의 대상으로 높여야 하는 이성적 욕구다. 그렇기 때문에 정신에 속한다. 또 그러한 의미에서 예술미는 특정한 형식 속에 있는 이념이다. 예술은 사상과 이념이 지니는 본질·숭고함·고귀함·영원성·탁월함을 감정과 직관에 제공하고, 나아가서는 불행·재난·악·죄의 개념을 이해해 도덕적 선을 통찰하고 정화하는 데 이르게 하는 목적이 있다. 정신과 정신의 산물이 자연의 현상보다 우월하듯이 예술미도 자연미보다 우월하다. 단지 상대적 우월성이 아니다. 아름다움의 본령이 정신적 예술미에 있다. 자연미는 정신에 속해 있는 미의 반사에 불과하므로 불충분하고 불완전하다. 하지만 예술미에 높은 지위를 부여하더라도 예술은 형식상 특정 내용에만 한정되기 때문에 최고의 절대적 방식은 아니고, 사상과 같은 고유한 정신 활동보다는 하위에 속한다.

정신적 예술미의 관점에서 볼 때 모방론과 취미론은 지양해야만 한다. 먼저 모방은 불필요한 노력이다. 회화나 연극에서 모방으로 표현하는 것, 즉 동물이나 풍경은 물론이고 인간의 여러 사건은 우리가 이미 듣고 보아서 알고 있기 때문이다. 또한 모방은 '자연보다 못한 오만한 유희'일 뿐이다. 예술은 표현 수단이 한정되어 있어서 단지 한 쪽만 보여 주게 된다. 그래서 만약 단순한 모방에만 머물면 사실적 생동감을 나타내는 대신 오히려 살아 있는 것처럼 보이는, '꾸민 모습'에 불과하게 된다. 그러므로 훌륭한 예술 작품일수록 자연의 외면을 있는 그대로 이해하고, 모방하는 조잡한 솜씨에서 벗어나야 한다.

취미론 역시 예술이 가져야 할 정신적 통찰과 도덕적 교훈 역할을 내팽개치는 전형적 오류다. 헤겔의 입장에서 봤을 때 칸트 미학의 문제점은 취미

〈포도와 수박을 먹는 소년들〉,
1645년~1646년

판단을 중심으로 이해하는 데 있다. 칸트의 관점에서 미는 상상력의 자유로운 유희에 불과하고 주관이 갖는 쾌감과 호감에만 관련된다. 헤겔은 칸트처럼 미가 직관과 감정에 머물지 않고, 정신적 보편성으로 높아짐으로써 사연과 자유, 감각성과 개념이 하나가 되어 서로 권리를 찾고 충족되어야 한다고 말한다.

헤겔은 17세기 에스파냐 바로크 회화의 황금시대를 대표하는 바르톨로메 에스테반 무리요(Bartolomé Esteban Murillo, 1618~1682)의 〈포도와 수박을 먹는 거지 소년들〉을 예로 들어 미술의 정신적 고양을 설명한다.

두 명의 소년이 어디선가 얻어온 포도와 수박을 허겁지겁 먹고 있다. 맨발에 옷은 여기저기 해져서 거의 누더기 차림이다. 헤겔은 이 그림의 대상도 외적으로는 비속한 자연에서 취한 것이라고 한다. 즉 대상의 특정한 현실과 형태, 그리고 감각과 감정에 연결되어 있다. 하지만 대상과 감정에 한정되지는 않는다. 가난하고 반쯤 벌거벗은 상태에서도 그들은 내적으로나 외적으로 아주 태평하고 근심 없어 보인다. 건강함과 삶에 대한 충만한 기쁨에서 비쳐 나오는 표정을 짓고 있는 것 같다. 회화는 대상과 감정에서 출발했어도 이를 자유라는 정신적 개념으로 끌어올려야 한다. 칸트는 바로 이 지점을 무시하고 있다. 미는 주관성을 전제로 한 동의 수준의 보편성이 아니라 그 자체로 객관성·절대성을 지닐 수 있다. 미는 회화로 실현된 자유 개념으로 진리의 절대적 영역 속에 우뚝 서게 된다.

　미술에서 정신성을 구체적으로 표현한 정도에 따라 건축·조각·회화는 서로 다른 지위를 갖는다. 여기에서도 헤겔은 정신성을 기준으로 조각보다 회화가 우위라고 강조한 셸링의 입장을 받아들인다. 그는 정신이 형상화되는 세 단계를 구분한다. 즉 상징 예술·고전 예술·낭만 예술의 단계로 나아가는데, 각 단계는 건축·조각·회화에 대응한다. 건축으로 대표되는 상징 예술은 형상화를 단순하게 모색하는 단계다. 자연적·감각적 소재 안에서 형상을 얻기 때문에 가장 낮은 수준이다. 조각으로 대표되는 고전 예술은 정신성을 지닌 인간을 형상화한다는 점에서 건축보다 우위에 있다. 하지만 외적 형식에 매여 있기 때문에 아직 정신이 개별 대상에 국한된 한계를 지닌다. 그다음 회화로 대표되는 낭만 예술은 정신과 개별 대상, 이념과 현실성을 대립하게 하고 정신성을 더욱 높인다는 점에서 미술에서 최고의 형식이다. 조각이 감각적 공간의 총체성을 필요로 했다면, 회화는 평면의 캔버스에 색채로 표현해 질료의 감각성과 공간의 총체성에서 예술을 해방시킨다. 낭만 예술은 내면의 고뇌와 고통, 정신 내면성, 굴복 속 기쁨, 고통의 축복, 고뇌의 행복을 고대 그리스 예술보다 더 심오하게 표현할 수 있다.

이와 같은 논리를 전체 예술 영역에도 적용할 수 있다. 정신성을 드러냄을 기준으로 회화·음악·문학을 구분한다. '회화가 그 내용을 형상화하는 질료로 이용하는 것은 가시성 자체'이기 때문에 예술 영역 안에서 회화의 위치는 가장 낮다. 회화보다 높은 단계는 음악이다. 음악의 표현 수단도 악기라는 질료에 의존하므로 아직 감각적 요소를 벗어나지 못한다. 하지만 가상적 공간이 존재해야 하는 회화와 달리 음악은 공간을 뛰어넘어 자신을 하나의 점으로 관념화해 표현한다는 점에서 더 높은 정신성을 지닌다고 볼 수 있다. 예술의 가장 높은 단계는 문학이다. 문학은 회화나 음악과 달리 표현 수단에서 질료적 성격을 벗어나 정신성을 최고조에 다다르게 한다. 시(詩)라는 예술은 오직 표상과 감정의 내적 공간과 시간에 몰입하기 때문에 '보편적 예술'이 된다.

헤겔은 예술의 정신성을 실현 가능하게 하는 '천재적 능력'을 중시하는 점에 칸트의 문제의식을 받아들인다. 천재성이 모자라거나 아예 없는 재능은 외적인 숙련일 뿐이다. 천재의 특성은 재능·상상력·영감이라고 할 수 있는데, 이때 재능은 어떤 대상으로부터 자극을 받은 상태에 이르는 데 머물지 않고 스스로 그 상태로 옮겨 갈 수 있는 능력을 포함한다. 그러므로 상상력과 영감의 역할이 특히 중요하다. 상상력과 영감은 창조적이고 자각적이기 때문에 이성적인 것을 작품으로 만들어 내는 천재성의 핵심이 된다.

초기 낭만주의, 정신적으로 충만한 개성적 자연 묘사

당시 독일을 대표하는 미술가로는 티슈바인, 프리드리히, 필리프 오토 룽게(Philipp Otto Runge, 1777~1810), 달 등이 있다. 대체로 자연을 단순히 모방하는 데서 벗어나려는 경향이 강했다. 그들은 독일 관념론의 문제의식과 연관하면서 자연의 풍광을 그리더라도 그 안에 정신성을 담아내려 했다. 이성화된 자연을 개성적 방식으로 담는다는 점에서 이후의 본격적 낭만주의를 준비하는, 초기 낭만주의적 경향을 보인다.

자연의 위력으로 숭고를 체험하게 하다

칸트에서 셸링을 거쳐 헤겔에 이르기까지, 대체로 많은 철학자들은 경험론 미학자인 버크의 숭고 체험을 통한 미적 체험을 받아들인다. 또한 독일 미술가들도 계몽주의 시대 프랑스 화가인 베르네와 루테르부르 등이 추구했던 숭고의 미를 풍경화에 담아내려 했다. 칸트의 구분에 따르면 "도달 불가능성을 이념적 현시로 생각하도록 규정하는 자연의 대상"을 다루는 역학적 숭고를 추구했다.

숭고미를 담은 작품 중 가장 잘 알려진 것은 프리드리히의 〈빙해〉다. 그림에는 얼음으로 덮인 바다의 날카로운 이미지가 담겼다. 여기저기 부서진 얼음과 암초가 뒤섞여 위협적으로 솟아 있다. 그 뒤편으로는 얼음 바다가 끝을 모를 정도로 펼쳐진다. 오른편에는 난파된 배가 얼음에 파묻혀 있다. 인간을 무력하게 만드는, 무제한적인 자연의 위력 앞에서 느끼는 숭고함을 드러내려 한 것 같다.

　　자연의 위력이 짐작하기 어려울 정도로 압도적일 때, 자연은 사물의 형식을 뛰어넘는 감정을 불러일으키고 이로부터 우리는 정신적 자극을 받는다. 프리드리히는 사연의 숭고함을 체험할 수 있게 하는 그림을 많이 그렸다. 가을·겨울·새벽·안개·월광 등의 정경을 자연의 위력과 정적 속에 표현해 모방을 뛰어넘는 미적 체험을 제공하고 또 여러 가지 상징으로 숭고를 체험하도록 했다. 예컨대 끝 모를 공간감을 지니는 풍경은 세계, 절벽은 죽음, 난파선은 좌절을 의미한다고 볼 수 있다. 자연은 내적 긴장감과 반성적 사고를 불러일으키기 위한 상징이었다.

〈베수비어스산의 분화〉, 1821년

달의 〈베수비어스산의 분화〉도 화산 분화로 숭고함을 느낄 수 있게 했다. 앞으로는 붉은 용암이 흐르고 그 바로 뒤에는 하늘을 삼켜버릴 듯한 연기가 솟아오른다. 또 저 멀리 산등성이가 끝없이 펼쳐진다. 작게 묘사된 사람들은 자연의 위력을 더 도드라지게 한다. 달은 태풍과 파도에 휩쓸린 난파선의 모습, 번개가 치고 비가 내리는 들판 등을 장대한 구도에 담아냈다. 프리드리히와 가까운 사이이기도 했는데, 그래서인지 화풍이 비슷하다.

빛과 색채로 인간과 자연이 정신적 교감을 나누다

초기 낭만주의 화가는 광대한 자연의 위력으로 숭고함을 체험하게 할 뿐

〈석양을 보는 두 사람〉, 1830년~1835년

만 아니라 적막감이 도는 자연 속에 인간을 두어 좀 더 적극적으로 정신적 충만함을 표현하려 했다. 프리드리히나 달에게 중요한 것은 사물의 정확한 형태나 동작이 아니었다. 그들은 상황과 색채가 인간과 어우러진 '공간의 분위기'야말로 정신을 드러내기에 적합하다고 여겼다. 자연을 난순안 묘사 내상으로만 보지 않았다. 그래서 작품에 자연을 표현할 때 '인간의 정신 안에서 함께 공명하는 느낌'을 살려 내는 데 주안점을 두었다.

예컨대 프리드리히의 〈석양을 보는 두 사람〉은 자연과 인간이 정신적으로 공명하는 것을 담아내려는 전형적 시도라고 볼 수 있다. 저 멀리 해가 이미 바다에 잠기고 구름에 비친 붉은 노을이 어두워지는 하늘을 잔잔히 물들인다. 검은 실루엣의 두 사람이 정적 속에서 노을을 응시한다. 주위는 이미 어두워져서 사물의 형체가 분명하지 않다. 여기서 노을에 물든 하늘과 이를 세로로 가르는 인물이 우리의 시선을 사로잡는다. 그림을 감상하는 사람도 두 사람의 뒤편에 서서 함께 노을을 바라보는 듯한 착각이 들 정도다. 프리드리히의 작품에서 등을 돌리고 풍경을 향한 인물은 인생의 고뇌에 직면한 인간을 상징한다. 노을빛이 인간과 자연을 동시에 휘감으면서 자연과 인간을 하나로 묶어 놓았다. 얼굴이나 표정은 보이지 않지만, 실루엣으로 표현한 사람들이 적어도 노을을 객관적으로 바라보는 관찰자가 아니라 말없이 자연과 교감을 나누고 있음을 느끼게 한다. 그림을 감상하는 사람도 이들의 뒤편에서 그 교감에 참여하게 된다.

달의 〈바다의 엄마와 아이〉도 프리드리히의 작품이 주는 감흥을 비슷한 방식으로 전한다. 하늘에는 해가 구름에 가린 채 점점 바다를 향해 가라앉는 중이다. 하늘과 구름 사이로 어렴풋하게 붉은 노을이 드리운다. 아직 구름 위에 떠 있는 해가 구름을 뚫고 바다의 한 부분을 비춘다. 바다를 바라보는 아이와 엄마의 뒷모습이 보이는데, 아이의 손이 가리키는 방향이나 작은 돛단배의 진로로 봐서는 고기잡이 나간 아버지를 기다리는 듯하다.

이 그림에서 우리에게 인상적 자극을 주는 것은 자연의 사물과 인간의 구체적 형태나 동작이 아니다. 캔버스 전체에서 자연과 인간을 아우르면서 녹아 있는 듯한 빛과 색채가 그림의 흐름을 지배한다. 해를 가린 구름조차도 잔잔한 색채가 펼치는 향연의 한 부분일 뿐이다. 모든 소리와 움직임이 멈춘 듯한 분위기는 감상하는 사람의 내면을 자극한다. 평화로움과 안정감 그리고 균형감 같은 정신적 공감을 불러일으킨다.

〈바다의 엄마와 아이〉, 1840년

　살펴본 두 그림 모두 형태의 사실적 모방을 넘어서는 화가의 개성적 시도를 보여 준다. 사물의 외적 형태를 사실적으로 반영하는 것은 화가의 상상력과 개성을 담는 데 한계를 지닐 수밖에 없다. 같은 자연을 담더라도 사실성에 가까운 화가들의 그림은 그 사실에 가까우면 가까울수록 감상하는 사람에게 비슷한 느낌을 전달한다.

　하지만 빛과 색채는 같은 대상을 그리더라도 화가에 따라 얼마든지 나른 분위기를 만들어 낼 수 있다. 그만큼 정신적 상상력이 결합할 여지가 넓어진다. 또한 빛과 색채가 중심인 화면 설정은 현실의 한계를 넘어서서 신비롭고 환상적인 분위기를 자아내기에도 쉽다. 그래서 셸링이나 헤겔은 빛과 색채에 주목하면서 회화가 조각보다 우위에 있는 미술 단계임을 강조했다. 이는 특정한 형태와 비율 그리고 획일화된 표현 방식에서 벗어나 화가의 상상력과 개성을 중시하는 작품을 시도한다는 점에서 이후 본격적 낭만주의 미술을 암시한다고 볼 수 있다.

창조적 영감으로 상징성을 강화하다

룽게의 〈아침〉은 자연과 정신의 교감, 빛과 색채를 통한 정신성 추구를 넘어서는 무언가가 있다. 요컨대 화가의 창조적 영감에 기초해 인위적으로 재구성한 화면 설정으로 또 다른 면에서 충만한 정신성을 추구한다. 이 작품은 인생의 네 시기를 아침·낮·저녁·밤으로 표현한 연작 〈네 개의 시간〉 중 첫 그림이다. 그림은 아래쪽 초원 한가운데 누워 있는 벌거벗은 아기에게서 시작된다. 양옆으로는 아기 천사들이 꽃을 선사하며 아기의 탄생을 축하한다. 화면의 배경에는 아침의 해가 떠오르는 황홀한 광경이 펼쳐진다.

그림은 우리에게 여러 수수께끼를 던진다. 하늘에서 나팔을 부는 천사라든가 그림의 전체 구성은 종교화 분위기를 풍기지만, 꼼꼼하게 보면 종교화로 여기기에 쉽지 않은 요소들도 있다. 먼저 초원의 아기는 언뜻 예수로 생각하기에 십상이다. 하지만 그림을 자세히 보면 이런 주장은 설득력이 떨어진다. 지상에 벌거벗고 누워 있는 모습, 전통적 예수 탄생 그림에 등장하는 마리아·요셉·동방박사 등이 전혀 없다는 점, 주제가 인생의 네 시기를 다룬다는 점에서 신성한 아기, 즉 '탄생'이라는 기적의 보편적 상징으로서 아기를 그렸다고 이해하는 것이 타당하다. 가운데에 그려진 여인은 생명 탄생의 신비를 간직한 여성의 이미지를 담고 있다.

그림 형식도 이채롭다. 개별 인물과 사물의 묘사는 극히 세밀한데 화면을 지배하는 신비스러운 분위기는 형이상학적 이미지를 만들어 낸다. 또한 전체적으로는 아침 이미지를 담고 있지만, 위·아래와 양옆의 각 부분이 따로 떨어진 장면으로 구성되어 있는 것 같다. 마치 독립적 이미지를 콜라주 기법처럼 오려 붙인 듯한 느낌이 들 정도다. 개별성을 갖추면서도 전체의 일부분인 각 개체로서 우주적 삶의 메시지를 담은 것으로 볼 수도 있다. 또 지상의 초원에 누워 있는 아기가 하늘을 향해 시선을 두고 있는

<아침>, 1808년

데, 이는 자연 속에서 절대성을 향하는 인간의 정신을 상징하는 것으로 볼 수도 있다.

룽게는 신고전주의적 주제를 거부하고 자신의 느낌과 생각에서 비롯한 새로운 미술을 추구한 화가였다. 그는 역사를 매개로 회화의 시대는 끝났음을 통감하고 주관을 투영한 새로운 인물화와 풍경화를 구상했다. 〈아침〉에서 보이는 형태상의 특징은 여전히 고전주의 양식을 보이지만, 주제나 표현 방식은 매우 자유롭게 개성을 추구하고 있다. 그는 빛의 연상 효과를 이용한 환상적·상징적 인물화와 풍경화를 개척했다. 이를 위해 기하학적·장식적 구도, 어린아이와 식물 등 상징을 이용해 주관을 투영했다. 자연의 위력이 주는 숭고함을 넘어 본격적으로 상상력과 영감을 회화에 적극적으로 표

현한다. 더욱 과감해진 주제와 표현, 이를 통한 주관적 정신성을 표출하려는 시도는 프리드리히와 달 등이 일으킨 낭만주의 미술을 향해 나아가는 계기로 작용했다.

Philosophy
관념론의 윤리 철학

칸트, 이성의 순수한 개념이자 정언 명령으로서 도덕

칸트의 윤리관을 가장 집약적으로 보여 주는 명제는 단연 "너의 의지의 준칙이 항상 동시에 보편적 법칙 수립의 원리로서 타당할 수 있도록, 그렇게 행위하라."라는 정언 명령이다. 이 명제는 여러 면에서 칸트 윤리관의 특징을 모두 담고 있다고 볼 수 있다.

먼저 도덕 개념은 보편적 법칙에 타당해야 하기 때문에 순수한 이성 개념이다. 이와 관련해 칸트는 쾌락과 고통을 윤리 기준으로 삼는 경험론 윤리관을 '어떤 실천 법칙도 줄 수 없는 것'이라고 비판한다. "욕구 능력의 객관(질료)을 의지의 규정 근거로 전제하는 실천 원리들은 모조리 경험석인 것이며, 어떠한 실천 법칙도 제공할 수가 없다."

쾌와 불쾌는 경험적 욕구이므로 단지 얼마나 많이 즐거움을 주는지 아닌지와 관련한, 내적 감정의 성질에 의존한다. 그런데 경험적 욕구와 감정은 단지 우연에 불과하고 언제나 주관적으로만 타당성을 지니기 때문에 윤리 법칙을 줄 수 없다.

그렇다고 해서 칸트가 도덕 개념과 쾌·불쾌 같은 경험적 감정이 완전히 무관하다고 본 것은 아니다. 도덕 개념의 뿌리에는 쾌 혹은 불쾌와 같은 경험적 요소가 있기는 하지만, 이성이 방자한 자유를 제한하도록 하는 원리임을 고려한다면 도덕 개념은 순수한 이성에 속한다고 본다. 즐거움을 주는 주관적 행동이 도덕의 목표와 일치하는 경우가 있을 수는 있다. 예컨대 천성적으로 동정심이 많아서, 허영이나 사익 등의 동인 없이도, 자기 주위에 기쁨을 크게 하는 것에서 내적 만족을 발견하고 그런 다음 타인의 만족을 기뻐할 수 있다. 즉 고통을 미리 막고 만족을 얻기 위한 자기 사랑의 원리가 우연히 도덕 법칙과 같은 결과에 도달하기도 한다는 것이다.

그러나 이러한 우연적 행위가 윤리는 아니다. 감정에 따른 우연적 행위는 적법성은 포함하겠지만 도덕성을 포함하지는 않는다. 만약 이 행위가 다행히 공익적이며 명예로운 것이라면 사랑받고 칭찬과 격려를 받을 만하다. 하지만 존중받을 만한 것은 못되며 아무런 참된 윤리적 가치를 갖지 못한다. 오히려 자기만족적 명예심과 같은 경향성일 경우가 많다. 도덕은 경향성이 아니라 언제나 필연성과 객관성을 근거로 해야 한다. 도덕은 내적 일관성을 가져야 하고, 이를 위해 보편 법칙의 성격을 지녀야 한다. 요컨대 경향성에 봉사하는 것이 아니라 경향성을 압도하는 것, 선택할 때 경향성을 전적으로 배제하는 것, 그러니까 순전히 윤리 법칙을 의식하고 행동할 때만 윤리로서 인정될 수 있다.

다음으로 도덕 개념은 자유 의지에 기반한 준칙이어야 한다. 도덕 개념은 자연의 인과 법칙과는 구별해야 한다. 자연의 인과 법칙이 그러한 원인에 그러한 결과가 뒤따르는 필연성을 의미한다면, 도덕은 주체적 성격을 지니므로 자연의 인과 법칙으로부터 독립성을 지닌다. 도덕 행위를 위한 의지는 자유 의지여야 한다. 자유로운 선택을 전제하지 않으면 윤리는 성립할 수 없다. 만약 어떤 사람이 자유롭게 선택할 수 없는, 오직 한 가지 말고는 어떠한 선택도 할 수 없는 상황이라면 그러한 행위를 윤리의 기준으로 평가할 수 없다. 예를 들어 숨을 쉬거나 물을 마시는 행위는 선택의 문제가 아니라 그렇게 하지 않으면 생존할 수 없는 사안이다. 여기에는 어떠한 윤리의 적용도 할 수 없다. 오직 이렇게 할 수도 있고 저렇게 할 수도 있는 자유의 상황이 전제되어야만 윤리는 의미가 있다. 의식적·도덕적 선택 능력이 고유하게 인간에게만 존재한다는 점에서 윤리의 적용은 인간에게 국한된다. 그런데 독립성을 지닌다는 점에서는 아직은 소극적 자유일 뿐이다. 도덕적 자유 의지는 적극적 자유로 나아가야 한다. '실천적 이성의 법칙은 적극적 의미에서 자유'이다. 즉 독립성을 넘어서 실천 이성 스스로 법칙을 세워야 한다. 그러므로 도덕 법칙은 자유의 자율이고, 자연의 법칙이 아닌 '자유의 법칙'이다. 도덕 개념은 자유 의지를 기초로 이성에 따라서만 구체적으로 나타나는 순수한 선험적 법칙 형식을 가져야 한다.

마지막으로 도덕 법칙은 인간에게 정언 명령이어야 한다. 즉 도덕 법칙은 '책임 아래서 종속성을 갖는 무조건적인 것'이어야 한다. 책임은 순수한 이성과 자유 의지에 따르지만, 행위를 지시하는 강요이기 때문에 본질적 성격은 의무다. 단순한 독립성으로서 소극적 자유라면 정언 명령에 따른 의무가 성립하기 어렵겠지만, 도덕을 근거로 해야 하는 적극적 자유는 법칙이어야 하기 때문에 이성 명령에 따르는 의무를 전제로 한다. 선과 악의 개념도 미리 규정되지 않고 법칙에 따라 정언 명령의 결과로서 규정된다. 법칙이 직

〈휠젠베크의 아이들〉, 19세기

접 의지를 규정하기 때문에 정언 명령에 적합한 행위는 보편적으로 선하다고 볼 수 있다.

그러므로 의무의 요구를 따르려는 동기만이 행위에 도덕적 가치를 부여한다. 행위의 결과는 도덕적 가치를 판단하는 데 직접 관계가 없다. 도덕성에 대한 검사는 오직 정언 명령에 따른 의무를 이행할 동기, 즉 의지가 있는지 아닌지에 달려 있다. 요컨대 도덕 법칙 준수 동기를 튼튼하게 세우면 비로소 자신과 타인의 인격에서 인간성을 수단이 아닌 목적으로 대할 수 있다는 것이다.

칸트는 도덕이 이성에 따르는 정언 명령인 이상, 감성이 지배하는 시기를 줄이는 도덕 교육이 필요하다고 본다. 이에 반해 루소는 어린아이에게 도덕을 교육하는 것을 반대했다. 도덕은 이성을 이해할 수 있는 나이에 이르렀을 때 비로소 가능하다. 그러므로 아직 감성의 지배 아래 있는 아이에게 도덕 교육을 하면 오히려 아이를 정신적 불구로 만든다고 주장한다. 예컨대 룽게의 〈휠젠베크의 아이들〉에서 보이듯이 어린아이들은 자연과 접하면서 직접 느끼는 자연적 감성에 맡겨져야 한다. 그림에서 아이들은 놀이에 열중한다. 두 아이가 갓난아이가 탄 유아용 놀이기구를 끈다. 여섯 살에서 일곱 살쯤 되어 보이는 아이는 그럴듯하게 채찍까지 만들어서 손에 쥐고 있다. 마치 말이 끄는 마차를 모는 흉내를 낸다. 그 옆에 있는 아이도 마차 끄는 일을 거들며 갓난아이에게 뭔가 말을 건네는 듯하다. 갓난아이는 손에 나뭇잎을 움켜쥐고 있다. 루소는 아이들이 이성을 이해할 나이가 아니라고 봤다. 그래서 그림 속 아이들처럼 온전하게 자연에 맡겨 일상적으로 자연을 체험하고 느끼는 과정을 지나야 한다고 보았다.

칸트는 루소의 도덕 교육관을 비판한다. 그가 보기에 감성과 이성은 일정한 나이에 이르러 서로의 역할을 자연스럽게 교체하는 방식으로 나타나지 않는다. 즉 이성의 힘으로 감성의 굴레를 넘어설 때 얻어진다. 그래서 아직 사변적 사고에 서투른 어린아이조차도 도덕 교육을 받아야만 명민해지고, 자신의 판단력이 늘어나는 것에 흥미를 갖게 된다고 보았다. 아이들에게 던져진 실천적 문제를 감성에 맡기기보다는 치밀한 사고 경험까지 즐겁게 만드는 이성의 힘에 맡기고 이를 일찍 사용하도록 해야 한다. 도덕 교과서로 가르친 도덕적 의무의 실증을 현실에서 목격하도록 지도해야 한다.

셸링, 선과 악의 변증법

셸링은 칸트와 마찬가지로 도덕의 법칙성을 옹호한다. 정언 명령으로서 고정된 칸트의 도덕 법칙을 변증법적 발전으로 진전시키려 한다. "따라서 도덕적 근본 법칙을 그 완전한 감성화에 있어 표현하자면 '자신과 동일하게 되라. 즉 (시간 안에서) 너의 본질의 주관적 형식을 절대자의 형식으로 고양하라'가 된다. … 도덕 법칙의 도식에 의해 도덕적 진보의 관념, 그것도 무한으로의 진보의 관념은 가능해진다."

그는 절대적 자아와 유한한 자아를 구분하는 논리를 도덕의 영역에 그대로 적용한다. 아직 시간과 공간의 제약을 받고, 개별성에 기초한 다수성의 한계 안에 있는 유한한 자아는 존재 원리와 사유 원리의 일치가 특징인 절대적 자아로 상승할 것을 필요로 한다. 절대적 자아는 유한한 자아가 자신 안의 모든 다수성과 모든 변화를 없앰으로써 자신과 같아질 것을 요구한다. 유한한 자아의 도덕 법칙은 자신의 인격성을 극복하고 무한한 자아의 법칙 수준에 도달한다. 이를 통해 도덕 법칙은 고정된 상태가 아니라 진보 과정을 함께 가져오게 된다.

셸링은 선과 악을 이해할 때도 대립이 아닌 변증법적 통일로 성격을 규정한다. 선과 악은 각기 독립적으로 존재하지 않는다. 악은 그 반대의 것이 출현할 때 비로소 자기의식에 떠오른다. 오직 이 어두운 원리로부터만 변경의 과정을 거쳐 선의 빛으로 만들어진다. 악은 언제나 내적 의지 안에서만 생긴다. 악은 개별성에 기초한 인간이 현실에 관계하는 과정에서 선과 구별되어 나타난다. 변증법적 침투와 투쟁의 과정을 거쳐 선으로 향한다.

만약에 선이 악과 무관하다면, 선과 악의 침투와 투쟁이 없다면 선은 존재할 수 없다. 투쟁 없이는 삶도 없다. 자신 안에 악에 대한 어떠한 질료나 힘도 가지지 않은 사람은 또한 선할 수도 없다. 선과 악이 모순 상태에 머무는 것이 아니라 변증법적 부정과 통일 속에 존재하게 된다. 예를 들어 정열은 내적으로 선과 악의 공통된 뿌리를 가지고 있다. 정열은 덕을 견지하는 힘으로 작용하지만, 다른 한편으로 덕의 이름으로 전쟁을 벌이기도 한다. 또한 미움은 사랑과 영혼 안에서 교집합을 이룬다. 또 가장 격렬한 증오는 내적 고요를 함께 가져온다. 그러므로 정열은 선과 악의 양면성을 그 안에 포함할 때만 존재한다.

셸링이 보기에 도덕이 자유 의지에 기반한 준칙이어야 한다는 칸트의 주장은 선과 악의 변증법에서 비로소 실천적 의미를 얻게 된다. 자유가 도덕의 핵심 근거인 이유는 공통 뿌리를 갖는 선과 악의 대립과 투쟁에서 선을 향한 의지를 선택하고 강화하는 역할을 맡기 때문이다. 그러므로 자유는 악에 대한 능력으로서 도덕의 핵심 기반이다.

이를 통해 셸링은 중세 철학부터 전통적으로 곤란한 문제였던 악의 실재성을 해결하려 한다. 현실적 악을 인정할 때 완전해야 할 신이 악을 만들어낸 공범자라는 이상한 결론에 도달하게 되고, 반대로 악의 존재를 부정할 때 악을 거부하려는 자유의 실재적 개념이 사라지는 난처한 상황이 된다. 셸링은 선과 악을 인간에 속하는 자유 의지와 연결해 신으로부터 독립적 근원을 설정하고 그와 함께 악의 실재성을 인정하면서도 신과 악이 관련 없음을 입증했다.

헤겔의 인륜으로서 도덕

헤겔은 셸링이 시도한 도덕에 대한 변증법적 원리의 적용을 더욱 발전적으로 전개한다. "도덕적 세계관이란 이렇듯 전적으로 상호 배치되는 자연과 도덕의 관계를 전제로 하여 이 관계 속에 있는 갖가지 요소가 전개되어 나가는 데에 성립한다." 여기에서 자연은 의식과 연관을 맺으면서 감각으로 나타난다. 이것이 의지 형태를 띠고 나타날 때 '충동'이나 '경향'이라고 부른다.

헤겔은 정열이 내적으로 선과 악의 공통된 뿌리를 가지고 있다는 셸링의 문제의식과 비슷하게 욕망이나 충동은 선일 수도 있고 악일 수도 있다고 주장한다. 물론 충동이나 경향은 그 자체로 도덕일 수는 없다. 자기만의 특정한 근성이나 개별 목적을 지니므로 순수한 도덕 의지에 대립한다. 하지만 반대로 도덕이 충동이나 경향과 무관하지도 않다. 순수한 도덕 의지는 자체로는 현실적 덕이 아니다. "그러나 순수한 도덕 의지로서는 이 대립을 뿌리치고 감각과 의식의 관계를, 더 나아가서는 감각과 의식의 절대적 통일을 이루는 것이 가장 긴요한 일이다." 이성이 취해야 할 태도는 이성과 감각의 대립에서 감각을 부정하는 것이 아니라 양자의 통일을 끌어내면서 대립을 풀어가는 데 있다. 요컨대 양자의 대립을 인식하는 가운데 이를 넘어서는 통일을 이루어야 한다. 이런 통일이 바로 현실적 도덕이다.

헤겔은 감각과 이성, 충동과 순수 의지의 대립과 통일로 도덕의 현실성과 실천성을 강화한다. 칸트의 도덕 이론은 법칙이나 준칙과 같은 동어 반복적인 추상적·형식적 보편성의 정립일 뿐이어서 개인의 특수성과 대립한다. 합리론이나 칸트의 도덕 이론처럼 취향이나 충동을 파기하는 데 열을 올리지 말고 오히려 자기를 실현하는 자기의식의 본체라고 해야 마땅하다. 왜냐하면 도덕이란 충동과 순수한 도덕 의지의 조화와 통일로 얻을 수 있기 때문이다. 그러므로 충동은 억제해야 할 대상이 아니다. 다만 통일의 과정을 거쳐 이성에 합당하도록 하면 될 문제다.

도덕적 행동이란 추상적 원리의 선언이 아니라 자기를 실현하는 행동이어야 하는데, 이를 위해서는 충동의 형태를 띠는 의식이 있는 그대로의 상태에서 순수한 도덕 의지와 조화를 이루어야 한다. 예를 들어 "계몽사상은 신앙의 행위에 대한 견해로서 쾌락이나 소유를 방기하는 것은 옳지 않으며 목적에 합당하지 않다고 한다." 자연의 욕망이나 쾌락을 희생하는 식의 봉사가 곧 도덕은 아니다. 현실에서 쾌락이나 소유의 희생이란 소유물의 극히 일부에 지나지 않기 때문에 상징적 의미만 있다. 앞서 말했듯이 도덕은 쾌락·소유의 부정과 희생의 선택에서 찾아지는 것이 아니라 두 사물 사이의 조화와 통일되는 과정에서 실현된다.

특히 헤겔은 칸트의 도덕 이론이 개인의 내면적 동기 안에서 고립된 방식으로 법칙을 세우기 때문에 객관적 보편성을 지닐 수 없다고 말한다. 헤겔은 칸트 철학이 실천적 원리를 도덕 개념에만 국한하면서 인륜적 입장을 불가능하게 만들었으며, 그럼으로써 인륜을 무효로 만들었다며 분노한다. 만약 도덕이 철저히 개인의 내면 동기에만 의존한다면, 타인의 내면은 파악할 수 없는 한계 때문에 객관성과 보편성을 잃을 수밖에 없다. 칸트는 도덕을 의무에 관한 설교로 전락하게 했다. 그 결과 의무로 자유를 실현한다는 점에서 도덕에 대한 고차원적 이론을 전개한 칸트 자신의 공헌마저도 스스로 약하게 만들었다. 도덕이 객관 기준을 마련하지 않고 형식적 주관성에 지나지 않게 되면 언제든지 악으로 바뀔 수 있다. 그래서 의무라는 개념은 사실상 무용지물이 되고 만다.

헤겔은 도덕이 개인을 넘어 타인에게 가부(可否)가 인지되고 더 나아가 사회적 역할을 해야 한다고 주장한다. 즉 도덕을 칸트처럼 내면세계에 가두지 말고 현실의 대립·투쟁과 직접 행동 속에서 파악하고 또 객관 기준을 세워야 한다. 그러할 때 개인을 넘어서 사회 구성원이 모두 기준으로 삼는 객관적·보편적 인륜을 설정할 수 있다. 선과 주관적 의지가 한 몸이 된 것이 곧 인륜성이다. 인륜으로서 도덕은 개인의 심정적 차원을 넘어 인간과 인간 사이의 관계와 사회적 성격으로 지평을 넓힌다.

Philosophy
관념론의 정치 철학

칸트, 양심의 최대 자유와 공화제

칸트는 국가를 '도덕적 인격체'로 본다. 그가 도덕을 이성의 결정체로 파악함을 고려할 때 결국 국가를 이성에 기반한 이상적 존재로 규정하는 것으로 보인다. 플라톤 이후 근대 사회 계약론에 이르기까지 국가를 진리와 정의, 이성의 실현으로 이해한 주류 철학의 전통에 서서 이해했다. 칸트가 보기에 이성의 실현인 국가와 법에 가장 중요한 이념은 자유였다. 국가 운영의 핵심 토대는 헌법으로 마련해야 하고 모든 법률은 헌법이 정한 이념 틀 안에서 만들어야 한다. 이때 헌법의 가장 중요한 이념은 구성원 사이의 최대 자유다. 비록 현실적으로 장애가 있다 해도 최대 자유를 헌법 이념으로 세우는 일이 가장 먼저다.

최대 자유를 막연한 이념적 원리를 넘어 현실 규정력을 지닌 원리로 제안한다. 특히 학문과 양심 차원에서 사상과 종교, 의사 표현의 자유를 강조한다. 예를 들어 근무 중의 장교가 명령의 적합성과 유용성에 관해 시끄럽게 논한다면 쓸데없는 짓이다. 하지만 한 사람의 학자로서 병역 의무의 결점을 비판하고 대중 판단에 호소하는 것을 막아서는 안 된다. 또 시민이 조세 납부를 거부할 수 없지만, 학자로서 과세의 부당함이나 부정에 대해 발표할 수 있다. 이는 시민의 의무에 반대되는 행위가 아니다. 사상의 자유처럼 종교의 자유 역시 핵심 이념으로 포함해야 한다. 군주는 양심에 관한 모든 사항에서 각자의 이성 사용을 허락해야 한다. 모든 시민에게 학자의 자격으로서 제도의 결함을 자유롭고 공개적으로, 저술로 비판할 수 있도록 허용해야 한다.

칸트는 자유 이념을 법적으로 실현할 정체로서 공화제를 제시한다. 법의 권위는 군주가 아닌 국민에 속한다. 법의 제정은 군주가 대신할 수 없다. 군주의 권위는 오직 법의 형식으로 나타나는 국민의 의지에 일치하는 방식으로 발휘되어야 한다. 칸트는 공화제야말로 사회 계약 이념으로 만들어진 유일한 체제라고 생각했다. 구성원의 자유 원리가 적용되고 평등 원칙에 따라 확립된 입법 원리를 관철할 수 있기 때문이다. 공화제는 법 개념의 순수성을 보장할 뿐만 아니라 영원한 평화에 대한 전망도 제시한다. 국가적으로 중요한 결정에서 국민의 동의 절차를 거쳐야 하기 때문에 전쟁을 막는 체제일 수 있다. 국민의 입장을 봤을 때 전쟁터에 병사로 나가는 위험과 전쟁 비용 그리고 전쟁 후의 복구 작업이 모두 자기 몫이 되기 때문에 국민은 최대한 전쟁을 피하려 한다. 이에 반해 한 사람, 혹은 소수가 지배하는 체제에서는 통치자의 의지대로 쉽게 전쟁을 결정한다.

티슈바인의 〈파리스를 꾸짖는 헥토르〉를 한번 살펴보자. 그림 오른쪽에 갑옷을 입고 서 있는 건장한 장수가 트로이 영웅인 헥토르다. 왼쪽에 평상복을 걸친 청년은 동생 파리스다. 그 옆의 흰옷을 입은 여인은 트로이 전쟁의 시작점인 헬레네다. 그리스 신화에 따르면, 가장 아름다운 여인을 뽑는 세

〈파리스를 꾸짖는 헥토르〉, 1786년

여신의 내기에서 아프로디테의 손을 들어준 대가로 파리스는 스파르타 왕의 아내인 헬레네를 얻게 되고 그녀를 데리고 도망간다. 격분한 메넬라오스가 그리스 총사령관 아가멤논을 비롯한 영웅들과 함께 트로이로 가면서 상 기간에 걸친 전쟁이 시작된다. 이 그림은 전쟁 중에 헬레네를 비롯한 여러 여인 속에서 빈둥거리는 파리스를 보고 화가 나서 전투에 나서도록 재촉하는 장면을 담았다. 이 작품은 통치자의 감정이나 행태가 비극적 전쟁을 불러온 경우다. 비록 신화이기는 하지만 그만큼 전쟁 결정이 국민의 직접 의사와는 무관하게 소수가 일으킬 수 있음을 보여 준다.

칸트는 과두 정체나 전제 군주제 아래에서 통치자의 감정이나 사적 이익 등을 이유로 손쉽게 전쟁을 결정하게 되면서 빈번하게 참극이 일어난다고 보았다. 대부분의 국가가 중대사를 결정할 때 국민의 의사 결정을 원칙으로 하는 공화제를 구성하고, 국가 간의 자유로운 연방 체제로서 국제 연맹을 결성하면 자연스럽게 전쟁은 적어지고 궁극적 평화가 찾아올 것이라고 보았다. 이를 위해 보편적 우호의 조건을 규정하는 세계 시민법의 필요성도 제기한다. 또한 상비군의 완전한 폐지를 주장하기도 한다. 왜냐하면 상비군은 한편으로 항상 전쟁에 대비하고 준비하는 것만으로도 다른 나라에 위협을 주기 때문이다. 다른 한편으로 사람을 죽이도록 혹은 사람에게 죽임을 당하도록 고용하는 것 자체가 인간을 단순한 기계나 도구로 여기고 인격체로서 인간 권리를 부정하는 것으로 비춰질 수도 있다.

피히테, 민족 국가 건설을 위한 국민 교육

피히테는 《독일 국민에게 고함》에서 근대 민족 국가 건설의 전망을 제시한다. 이는 다분히 당시 나폴레옹 아래 있는 라인 동맹에 반발한 프로이센의 선전 포고와 이후 굴욕적인 강화 조약의 경험을 배경으로 하고 있다. 독일로서 꽤 치욕적이고 절망스러운 상황에서 피히테는 민족 국가 건설을 향한 민족 교육, 즉 '독일 재건을 위해서는 독일 국민정신을 다시 쌓아서 올려야 함'을 강조한다. 먼저 언어의 공통성에 기반한 민족의식 형성을 강조한다. "언어가 인간에 의해 형성된다기보다는 오히려 인간이 언어에 의해 형성된다고 하는 편이 훨씬 옳기 때문이다. … 이 민족의 언어는 필연적으로 현재와 같을 수밖에 없었으며, 원래 이 민족이 그 민족적 인식을 말하는 것이 아니라 민족적 인식 자체가 민족을 통해 자기 자신을 말하는 것이다.” 언어는 민족 전체의 인간적 발전에 엄청난 영향을 미친다. 언어는 개인의 마음속 깊은 곳까지 스며들어 사고와 의욕을 제한하거나 비약을 하게 한다. 공통된 언어를 사용하는 모든 사람을 그 통용 범위 안에서 유일하고 공통된 오성에 결합한다. 언어는 사회적으로 합의된 약속이다. 아무리 간단한 의사소통 구조를 가진 사회라 하더라도 구성원들은 서로를 완전히 이해한다. 이것이 바로 언어의 속성이며 사회를 이해하는 열쇠다.

그런데 게르만 민족은 일찍부터 유럽 각지로 이동했다. 독일이 아닌 다른 지역으로 이주한 사람들은 원래의 언어와 관습을 잃어버린 상황이었다. 이는 게르만 민족의 특수성을 잃어버렸음을 의미한다. 피히테는 독일에 건설해야 할 민족 국가의 단위는 유럽 전역에 이주해 언어의 고유성과 관습의 공통성을 잃은 게르만 민족 전체일 수는 없다고 보았다.

현실적으로 스칸디나비아반도에서 네덜란드와 오스트리아까지, 그리고 멀리는 북아프리카까지 뻗어나간 사람들을 하나의 게르만 민족 국가로 통일시킬 수는 없다. 혈통적 계보만으로는 강력한 민족 국가 형성이 불가능하다고 본 피히테는 현재 독일에서 게르만 민족의 전통을 유지하고 있는 사람들로 한정된 통일 국가 건설을 촉구한다. 그의 주장은 한편으로는 분산된 영주를 중심으로 한 봉건제적 국가 형태에서 벗어나고, 다른 한편으로는 혈통 중심의 민족 개념에서 벗어나 근대적 민족 국가 건설을 향한 전망을 제시하는 것이었다.

피히테는 민족 국가 건설을 위한 민족 교육의 필요성을 강조한다. "우리는 새로운 교육을 통해 독일 국민을 하나의 전체로, 다시 말하면 하나의 관심을 통해 그 모든 구성원에 의해 움직여지고 고무되는 전체로 만들고자 한다. … 우리에게는 아무런 예외도 없이 단지 독일 국민이라는 한 가지 사실만으로 모두에게 새로운 교육을 실시하는 길이 있을 뿐이고, 따라서 새로운 교육은 특수한 계급의 교육이 아니라 단적으로 말해 국민으로서의 국민 교육, 한 사람의 예외도 없이 국민 각자에게 실시되는 교육이며, 이러한 교육, 다시 말하면 올바른 것에 대해 마음속으로 기쁨을 느끼게 하는 교육에 있어서는 교육 이외의 발전 분야에서 앞으로 생길지도 모를 모든 계급적 차별은 완전히 지양하고 소멸시켜야 한다. 그러므로 우리들에게는 대중 교육은 전혀 존재하지 않고 독자적인 독일 국민 교육이 성립하게 되는 것이다."

통일된 민족 국가를 건설하기 위해서는 단일한 의식을 지닌 '근대 국민 국가의 국민'을 탄생시켜야 했다. 이를 위해서는 독일에 거주하는, 게르만 민족의 후손이라고 생각되는 사람들의 문화적·혈통적 동일성을 강조하며 단일한 민족 국가의 국민으로 통합하는 작업으로서 국민 교육이 필요하다. 과거의 교육은 교양 계급이라는 소수 사람에게만 실시했고 협동체 본래의 기반인 대다수 민중은 교육 대상이 아니어서 맹목적 우연에 맡겨졌다. 요컨대 국민 의식 형성을 위해서는 민중에게 통일적이고 동등한 수준의 교육이 절실하다. 이를 위해 표준어 중심의 언어 교육으로 개인의 사고를 하나의 인식 틀로 통일해야 한다면서 민족의식의 부재, 분열주의, 각 계층, 특히 지배층의 탐욕 등을 지적한다. 아이들에게 단일 교육을 하게 하고, 이들이 성인이 됐을 때 국가와 사회에서 필요로 하는 사람이 되는 것이 가장 중요하다.

헤겔, 인륜적 이념으로서 국가와 시민 사회

헤겔의 정치 철학은 《법철학》에 집중적으로 담겨 있다. 칸트와 마찬가지로 헤겔은 국가를 자유와 이성의 실현으로 본다. 헤겔은 국가를 인륜적 이념의 현실태로 보았다. 국가가 인륜적 이념이라 함은 개별성을 넘어선 보편적 이성 지위를 갖는다는 의미다. 개인의 특수한 자기의식이 공동의 보편 의식으로 끌어올린 절대적 이성의 단계가 곧 국가다. 개인은 국가 성원이 되어 인류적 보편성 속에서 진정한 의미의 자유를 실현한다. 현실 존재의 자유 의지 구현이 바로 법이다. 법을 통해 자유가 이념으로 존재한다.

그런데 여기까지 살폈을 때 칸트의 국가 이론과 구별되는 독창성이 없어 보인다. 그렇다면 어떤 점에서 차별점을 가질까? 헤겔의 독창성은 정치 철학에 대한 변증법 적용, 실천적 성과물로서 시민 사회 구상에서 찾을 수 있다. 헤겔은 시민 사회가 국가보다 늦게 만들어졌다고 말한다. 그러면서 시민 사회의 창조는 현대 사회에 속하며, 현대 사회는 가족과 국가가 직접 연결된 체제로 이루어지지 않는다고 보았다. 비교적 인류 초기에는 국가가 직접 개별 가족을 관장하는 방식으로 구성되었지만, 이후 변증법적 발전 과정을 겪으면서 그 중간에 개별성과 보편성이 공존하는 영역으로 넓혀신나. 즉 현대 사회에서는 개별성에 기초한 가족이 곧바로 국가라는 절대적 보편 영역을 구성하고 관계를 맺는 것이 아니다. 광범위한 시민 사회 영역이 가족과 국가를 이어 준다.

시민 사회는 두 가지 원리가 공존한다. 한편으로 저마다의 목적을 갖는 구체적 인격이 자의적 욕구를 반영하는 원리가, 다른 한편으로는 개인이 타인의 특수성과 관계를 맺으면서 보편성의 형식에 따라 매개된 존재로서만 인정을 받는 공동성의 원리가 나타난다. 예를 들어 먹고 마시고 입는 등 일반적 욕구의 충족은 전적으로 우연한 사정과 자의에 달려 있다. 토지는 비옥함의 정도에 차이가 있고 수확량도 해마다 차이가 나며 또한 근면한 자와 게으른 자가 생기게 마련이다. 하지만 만약 우연성과 자의만이 지배하면 시민 사회는 욕구의 대립 속에서 과잉과 빈곤의 무대로 변하게 되고 구성원 모두에게 육체적·도덕적 퇴폐를 드러낼 수밖에 없다. 그러므로 개인과 개인의 욕구가 만나면서 서로의 이익을 보존하기 위해서라도 공동성의 원리가 필요하다. 즉 사회적 경제 행위 안에 필연성이 자리를 잡아야 한다. 여기서 우연성에서 필연성으로 변증법적 발전 과정이 나타나게 된다. 이러한 필연성의 발견이 국가 경제학의 대상인데, 온갖 우연성이 흩어져 있는 가운데서 법칙을 찾아내게 된다.

여기서 주의할 점은 국가와 시민 사회를 혼동해서는 안 된다는 것이다. 국가는 절대적 필연성의 영역인데 개별성과 보편성이 공존하는 시민 사회와 혼동할 때 국가의 보편적 역할에 중대한 지장을 불러올 수 있기 때문이다. 그러므로 국가의 목적을 재산과 개인의 안전에 두어서는 안 된다. 만약 국가가 시민 사회의 역할을 담당하면 개별 이익이 궁극 목적이 되어 국가 성원이 임의적 동기로 규정되는 결과를 가져온다. 국가는 자의성과 우연성을 넘어서는 '객관성·진리·인륜성의 실현체'여야 한다. 국가는 객관적 정신이므로 개인은 오직 국가의 일원일 때만 진정한 자유를 얻을 수 있다. 국가 안에서 자유는 특수 이익이나 공동 이익을 넘어선 통일로서 존재한다. 두 가지 원리가 공존하는 시민 사회와는 다르게 국가는 보편적인 합일에 이른 상태다. 그리하여 진정한 자유를 실현한 국가에서는 특수한 이익과 공동의 이익 중에 어느 한 가지만이 강조되거나 실현되는 일이라곤 없다.

헤겔은 인륜적 국가를 실현하는 가장 적절한 정체로 입헌 군주제를 제시한다. 그는 국가에 필요한 권리를 세 가지로 구분한다. 원칙을 결정하고 확정하는 입법권, 특수한 분야나 개별 사례를 일반 원칙 아래에 포섭하는 통치권, 최종적 의지 결정으로서 주관성의 권력인 군주권이다. 그런데 이 세 가지 권리는 나열 관계가 아니다. 군주권 밑에서 각 권력이 개체적 통일로 한데 묶인다. 이 통일이 입헌 군주제의 정점이며 기점이다. 또한 사실상 통치권은 그 성격상 군주권에 속한다는 점에서도 입법권을 제외한 모든 권리를 군주가 갖는 입헌 군주제의 경향이 매우 강하다고 볼 수 있다.

5

현대 철학과 미술

〈괭이를 든 남자〉, 1860년~1862년

생철학

Philosophy
이성에서 의지의 실현으로
+
Art
생철학의 미의식과 낭만주의·인상주의 미술

Philosophy
생철학의 존재론과 인식론

근대 철학과 현대 철학의 경계선

합리론과 경험론을 거쳐 독일 관념론에 이르기까지 근대 철학을 규정짓는 가장 중요한 기준은 합리적 이성이었다. 이성이 경험이나 감성과 맺는 관계에 따라 서로 다른 경향을 보이기는 했지만, 인식이 도달할 목표는 이성의 절대화와 합리성에 기초한 계몽주의였다. 특히 헤겔에 이르러 이성주의는 정점에 다다르게 된다. 계몽적 이성에 기초해 미신과 종교를 중심으로 하는 비합리적·마법적 사고에서 벗어나는 것은 물론이고 현실 사회도 이에 맞게 개조하려 했다.

하지만 이성의 승리는 모든 비합리적 사고와 행태의 단절은커녕 또 다른 광기와 공포라는 괴물로 등장한다. 그러면서 이성에 대한 믿음은 무너지기 시작했다. 그와 함께 이성의 합리화 과정에서 아예 부정하거나 혹은 궁극적으로 극복해야 할 요소로 봤던 감성·직관·상상력·환상 등에 새롭게 관심을 갖게 된다. 그리고 이성의 절대화로 치닫던 근대 철학을 다방면으로 비판하는 과정에서 현대 철학의 문이 열렸다. 크게 구분하자면 두 방향이다. 하나는 이성 자체를 회의하고 극복하는 방향, 다른 하나는 이성에 기초하면서 새로운 대안을 추구하는 방향이다.

두 방향은 다시 여러 갈래로 나뉘게 된다. 전자는 이성에서 의지로 방향을 전환하려 한 생철학(生哲學)과 무의식을 중시한 정신 분석학 등으로 구분할 수 있다. 후자는 이성의 사변적 성격을 실증주의·실용주의로 극복하는 경향과 변증법적 유물론과 역사적 실천으로 극복하는 마르크스주의 철학 등이다.

생철학은 이성주의를 정면으로 반대하고, 근대 철학에서 비합리적 영역으로 여겨 철학 외부로 던져졌던 의지에 주목한다. 이들이 주목한 의지가 '삶에의 의지'라는 점에서 흔히 생의 철학, 생철학으로 부른다. 대표적인 철학자로는 아르투어 쇼펜하우어(Arthur Schopenhauer, 1788~1860)를 필두로 빌헬름 딜타이(Wilhelm Dilthey, 1833~1911), 프리드리히 빌헬름 니체(Friedrich Wilhelm Nietzsche, 1844~1900), 앙리 베르그송(Henri Bergson, 1859~1941) 등이 꼽힌다.

철학자에 따라 작지 않은 차이가 있지만 핵심 문제의식을 공통적으로 가진다. 먼저 이들은 인간을 포함한 모든 생물의 삶은 합리적·과학적 이성으로는 접근하기 어렵다고 봤다. 오히려 이성은 생물의 삶을 심어 비란다. 삶이란 항상 역동적으로 변하기 때문에 고정된 사물이나 현상을 대상으로 하는 이성적 사고로 이해하기 어렵다는 것이다.

다음으로 삶의 본질이자 삶의 가치를 실현하는 통로로 의지를 강조한다. 생의 의의·가치·본질은 합리적 사고의 굴레에서 벗어나, 체험이나 직관에 연관된 의지에 기초할 때 파악할 수 있다. 이를 통해 규명된 충실한 삶 속에서 인간의 궁극 가치를 실현할 수 있다. 생의 의미, 생과 의지의 관계, 욕망·고뇌의 역할 등 세부 내용에서는 차이를 보이지만 기본적으로 이러한 문제의식을 공유한다.

기존의 근대 미술은 주제와 소재를 다양한 방식으로 표현했다. 특히 인간의 정신적 능력에 자신감이 넘쳤고 이를 회화적으로 구현했다. 캔버스를 꿰뚫을 듯한 강한 시선은 그 상징이었다. 또한 이성에 기초한 도덕적 계몽을 작품에 담아내려 했으며 정신적 주체인 인간이 자연을 관조하거나 숭고의 감정을 느낄 때의 모습을 표현했다.

이런 분위기와는 대조적으로 장 프랑수아 밀레(Jean François Millet, 1814~1875)의 〈괭이를 든 남자〉는 생철학자들이 주목한, 인간에 대한 새로운 시각을 어느 정도 반영한 것처럼 보인다. 여기저기 돌무더기가 있는 것으로 봐서 황무지를 개간하는 농부의 모습을 표현한 것으로 볼 수 있다. 힘든 일상의 삶을 가감 없이 나타낸 것이다. 반쯤 벌린 입에서 노동에 지친 숨소리가 터져 나오는 것 같다. 허리가 부러질 듯한 느낌도 전해진다. 이제 자연은 관조의 대상이 아니라 삶을 살아가는 무대다. 구체적 삶의 과정 속의 생생한 감정과 의지를 담아내려 했다는 점에서 생철학의 문제의식을 느낄 수 있다.

생철학은 이성의 합리화와 절대화에 도전하는 물꼬를 텄다는 점에서 근대 철학과 현대 철학의 경계선에 있다. 미술의 주제나 표현 방식의 새로운 영역을 개척했는데, 이런 점에서 생철학은 근대 미술과 현대 미술의 경계선에 서 있기도 하다.

의지와 표상으로서의 세계

쇼펜하우어 : 의지와 표상으로서의 세계

쇼펜하우어는 《의지와 표상으로서의 세계》에서 모든 세계를 표상으로 이해한다. "'세계는 나의 표상이다'—이 말은 삶을 살면서 인식하는 모든 존재자에게 적용되는 진리다." 그는 먼저 인간과 독립해 존재하는 세계 인식이 얼마나 허구적인지를 지적한다. 세계는 인간이라는 표상 주체와 관계할 때만 존재한다. "시간, 공간, 인과성보다 더 보편적인 경험, 생각해 낼 수 있는

쇼펜하우어

온갖 가능한 경험의 형식" 즉 주관에 따르기 때문이다. 큼과 작음, 신속함과 완만함 등은 정신 외부에 있는 물질의 성질일 수 없고, 정신이 지각하고 형성하는 관념이다. 그렇기 때문에 "존재하는 것은 지각되는 것"이라고 규정했던 버클리의 문제의식을 적극적으로 받아들인다.

시간과 공간이라는 경험 형식으로 칸트의 선험성 논리도 받아들인다. 적어도 인식에서는 시간과 공간의 결합으로 물질이 생긴다. 모든 객관의 본질적·보편적 형식인 시간·공간·인과성은 주관에서 나왔다고 보기 때문에 선험성을 인정할 수 있다. 이 점에서 이미 객관은 주관적 의지를 포함한다.

클로드 모네(Claude Monet, 1840~1926)의 〈안개 속의 일몰〉은 주관적 시공간 개념이 어떻게 대상 인식에 영향을 주는지를 상징적으로 보여 준

<안개 속의 일몰>, 1904년

다. 영국 런던의 템즈강을 배경으로, 태양 광선이 시시각각으로 비추는 국회의사당의 모습을 담은 연작 중 하나다. 모네는 같은 대상이 아침부터 한낮, 해 질 녘 등 다양한 시간 속에서 어떻게 다른 인상을 주는지를 탐구했다. 주관적 시공간 개념 없이 풍경을 마주하면 사물을 분별하기는 사실상 어렵다. 이 그림을 보더라도 붉은색과 검푸른색 계통의 색을 무질서하게 배치해 놓은 느낌에서 벗어나기 힘들다. 하지만 주관적 시공간 개념을 전제할 때 사물과 사물 사이의 경계와 거리 등의 조합이 이루어지고 인식에서 객관 세계가 만들어진다. 요컨대 객관이 주관을 자체적으로 포함하게 된다.

쇼펜하우어가 보기에 주관적 선험성을 설정한 부분에서 칸트는 옳았다. 하지만 곧바로 오류의 길로 들어섰다. 시간·공간·인과성이라는 선험적 영역을 강조하면서 동시에 주관과 분리된 물자체를 설정하는 결정적 오류에 빠진 것이다. "세계가 한편으론 철저히 표상이듯이 다른 한편으론 철저히 의지(Wile)이기도 하기 때문이다. 하지만 이 양자 중 어느 것도 아닌 객관 그 자체인 실재(칸트의 사물 자체도 유감스럽게도 그의 수중에서 실재로 변질되고 말았다)는 꿈에 나타나는 괴물이며, 그러한 가정은 철학에서 현혹하는 빛이다."

칸트는 물자체를 인식이 접근할 수 없는 독립 영역으로 규정해 주관과 객관을 분리하면서 선험성의 의미를 스스로 부정했다. 특히 물자체와 현상을 원인과 결과의 관계로 파악하면서 더 심각한 오류로 나아간다. 인과 관계란 직접적 객관과 간접적 객관 사이, 즉 경험 세계 속의 사건 사이의 관계다. 그런데 칸트는 물자체를 경험을 초월한 존재로 설정했고 그 때문에 경험 세계에 속하는 현상과 인과 관계를 맺을 수 없게 되었다.

인과 관계를 주관과 객관 사이의 관계로 설정한 피히테와 헤겔은 더 큰 오류에 빠진다. 피히테와 헤겔의 관념론은 객관을 주관의 결과로, 실재론은 반대로 주관을 객관의 결과로 설정하는 오류를 보인다는 것이다. 그런데 쇼펜하우어가 앞에서 지적했듯이 세계는 '나의 표상'이다. 즉 객관은 이미 주관을 신제한다. 객관 세계는 주관적 표상과 뗄 수 없는 관계다. 따라서 둘 사이에 원인과 결과의 관계를 설정하는 것 자체가 논리적 모순이나. 그린데도 그간 실재론과 관념론은 서로 다른 범주를 혼동하는 바람에 이론적 혼란을 보였다. 주관이란 나의 의지다.

쇼펜하우어는 욕망·집착·기대 등 나를 행동으로 몰아넣는 근원적 욕구를 통칭해 '나의 의지'라고 불렀다. 객관이 주관을 전제로 하고, 주관이 의지에 근거할 때 물자체는 주관적 의지와의 통일체로 존재한다. 표상과 의지로서 세계를 이해하는 것, 즉 물자체를 객관과 주관으로 통일하고 다시 구별 정립으로 객관을 이해하고 나아갈 때 물자체를 인식할 수 있다.

니체, 목적론적·기계론적 자연 이해 비판

니체는 《차라투스트라는 이렇게 말했다》에서 세계의 배후에 실체가 있어서 세계를 만들고 움직이게 한다는 서양 주류 철학의 발상을 부정한다. 절대 존재 혹은 절대 원리가 세계를 창조하고 움직이는 자연법칙을 부여하며, 인간의 삶을 관장한다는 사고야말로 모든 오류의 근원이다.

윌리엄 블레이크(William Blake, 1757~1827)의 〈태고의 날들〉은 배후 세계론자의 사고방식을 상징적으로 보여 준다. 인격화된 모습의 절대자가 세계를 창조하는 순간이다. 작품 속의 그는 거대한 컴퍼스를 쥐고 있다. 여기서 세계의 배후에 절대자를 설정하는 몇 가지 방식을 살펴보자. 중세 철학에서는 신학과 결합해 외적 형식만이 아니라 내적 정신까지를 포함한 모든 것을 관장하는 '전지전능한 존재의 절대자'를 상정했다. 그런데 블레이크의 그림은 그리스 철학을 비롯해 근대 철학에 와서 주목을 받은, 절대

〈태고의 날들〉, 1794년

자를 우주 설계자로서 상정하는 관점을 이미지화했다. 컴퍼스는 우주의 설계자가 만든 세계의 질서·법칙 등을 상징한다.

니체가 보기에 배후에 절대자를 설정하는 모든 시도는 문학적 상상력에 불과하다. 모든 영원한 존재는 인간이 만들어 낸 하나의 비유다. 인간이 자신의 부족함을 위로하기 위해 유일한 것, 완전한 것, 확고한 것, 충족된 것, 영원한 것에 대한 모든 생각을 인위적으로 만들어 냈다. 그러한 점에서 절대자는 존재가 아닌 하나의 사상일 뿐이다. 절대자에 대한 가르침은 거짓이며, 인간을 대상으로 격하시키는 악에 불과하다.

그는 우주를 절대화하는 편견도 받아들일 수 없다. 먼저 우주를 생명체로 이해하는 견해를 경계해야 한다. 그들은 만물을 유기체라고 부름으로써 지각 위에서 인식했을 뿐이다. 유기체는 부분과 전체가 유기적 관계를 맺으며 통일적 완결성을 유지한다. 그런데 우주를 유기체로 규정함으로써 우주가 완결성·통일성·보편성을 지닌 존재라는 거짓을 유포한다. 하지만 우주는 온갖 우연적 현상에서 나온 파생물일 뿐이다.

다음으로 우주를 기계로 이해하는 견해를 경계해야 한다. 기계란 법칙운동을 상징한다. 우주는 법칙을 가진 필연의 영역이 아니다. 달의 규칙성은 예외여서, 그와 같은 정연한 순환 운동이 어디에나 있나고 생긱히먼 안 된다. 우주의 전체 성격은 영원히 계속되는 혼돈이다. 자연에는 절대적 필연과 법칙에 근거해 명령하는 자도, 복종하는 자도 위반하는 자도 없다.

세계를 영원히 새로운 것을 창조하는 존재로 규정하려는 모든 시도는 거짓이다. 엄격한 의미에서 실재 개념에 일치하는 것은 없다. 다만 논리 전개라는 인식의 필요로 만들어졌을 뿐이다. 그 한계를 벗어나 실재로 규정하고,

우주를 완전함·아름다움·고귀함으로 규정하는 모든 시도는 부당한 도덕적 강제를 정당화하기 위한 술수다. 우주는 완전하지도 아름답지도 고귀하지도 않고 이를 원하지도 않는다. 그런데도 자연을 완전성을 갖춘 실재로 여기고, 여기에서 출발하는 자연법을 근거로 도덕적 판단에 절대성을 부여하려는 시도가 인류의 의식을 지배해 왔다.

우리는 말 그대로 자연을 자연적 태도를 가지고 바라봐야 한다. 근대 관념론 철학에 이르기까지 서양 철학의 고질적 병폐로 자리 잡았던 자연에 가치를 부여하려는 모든 시도에서 벗어나야 한다. 세계에 가치를 불어넣는 목적·통일·존재라는 범주를 뽑아내고 자연을 무가치한 것으로 둘 때, 자연을 자연으로서 접할 수 있다. 허위의 강제에 불과한 '필연성과 법칙'이라는 통속적 개념에서 벗어나야 한다.

베르그송 : 창조적 진화로서 세계

생철학은 찰스 로버트 다윈(Charles Robert Darwin, 1809~1882)의 《종의 기원》을 분기점으로 널리 퍼진 진화론과 적지 않은 연관성을 지닌다. 생철학은 한편으로는 현실과 감성을 경시하고 피안의 세계를 추구하는 형이상학적 사변 철학의 허구성과 위선을 고발했다. 이는 다윈의 진화론을 전적으로 부정할 수 없는 상황을 반영한다. 하지만 다른 한편으로는 인간을 동물과 다름없는 존재, 진화의 한 결과로만 이해하는 진화론 관점과도 명확하게 분리하려 했다.

베르그송은 《창조적 진화》에서 무기물과 유기물의 질적 차이를 강조했던 합리론과 관념론을 비판한다. 그러면서 무기물과 유기물의 동일성을 인정하고, 무기물로 생물의 진위를 깊이 알 수 있다고 봤다. 특히 화학은 유기물의 합성을 실현할 뿐 아니라 세포 분열과 원형질 순환과 같은 유기 조직의 변화를 재현해 낼 수 있다.

베르그송

그는 당시의 화학과 생물학, 특히 현미경을 통한 생물 세부 구조에 대한 이해의 영향을 많이 받았다. 화학적 반응을 매개로 한 세포 원형질 운동, 세포핵과 세포질의 작용에 따른 세포 분열의 발견은 무기물과 유기물의 연관성을 부정하기 어렵게 만들었다.

요컨대 목적론이 이제 설득력을 얻기 어려운 상황이 온 것이다. 가장 노골적 형태의 목적론인 신학은 물론이고, 정신을 감정이나 행동과 분리하고 나아가 현실을 정신의 실현으로 바라보는 합리론과 관념론 방식의 목적론도 과학의 성과를 부정하지 않는 한 그대로 받아들이기 어렵다. 그래서 생철학자들은 정신을 일차적 동인으로 보고 행동을 결과로 이해하는 합리론과 관념론에 비판적이었다. "본래 우리가 사고하는 것은 먼저 행동하기 위해서다. 우리의 지성은 행동의 틀(le moule) 속에서 만들어졌다. 사변(思辨)은 사치인 반면 행동은 필연성이다."

그렇다고 해서 생철학이 기계론을 지지하는 것은 전혀 아니다. 오히려 기계론적으로 세계를 이해하는 것을 가장 경멸했다. 기계론이야말로 이성으로 세계와 인간을 모두 설명하려는 오만 덩어리였다. 진화론의 영향을 받으면서 합리론과 관념론의 자연관을 비판했지만, 인간을 자연과 질적으로 구분되는 존재로 규정하려는 경향은 합리론이나 관념론 못지않게 강했다. 인간에게 정신 이전에 행동이 중요하지만, 행동하기 위해서는 우선 목적이 결정되어야 한다. 생의 유지를 위한 목적이 우선한다.

전통적 목적론은 생명을 지성으로부터 설명하기 때문에, 즉 생명의 의미를 지나치게 축소해 문제였다. 적어도 인간 지성이 진화 과정에서 형성되었음을 부정할 수 없으므로 전통적 목적론은 과학적 설득력을 얻기 어렵다. 하지만 지성이 아닌, 삶의 의지로서 생명 자체에서 출발하는 목적만은 모든 것에 선행한다.

인간의 본질을 의지로 규명함으로써 진화에 대한 기계론적 이해를 넘어 목적론적 진화 개념인 '창조적 진화'로 나아간다. 생물 기관은 사용 정도에 따라 변이 능력이 있다는 슈발리에 드 장 바티스트 피에르 앙투안 드 모네 라마르크(Chevalier de Jean Baptiste Pierre Antoine de Monet Lamarck, 1774~1829)의 용불용설을 받아들여 변이가 생물이 환경에 적응하려는 노력에서 생긴다고 봤다. 그런데 자연계의 일반적 진화와 인간의 진화는 같지 않다. 인간의 진화는 의식이나 의지를 내포하면서 목적론적 양상의 창조적 진화 과정을 거쳤다는 것이다.

하지만 의식과 의지는 합리론과 관념론이 주장하는 이성이나 이념처럼 필연성·법칙성의 영역이 아니다. 여기서 우연이 진화에서 적극적 역할을 하게 된다. 의지와 행동은 필연적 영역이 아니라 우연적·주관적 선택 영역이라는 것이다.

생에 대한 의지로서의 인간

쇼펜하우어 : 생에 대한 의지와 이기심

쇼펜하우어는 정신을 매개로 보편적 존재의 인간에 접근하는 합리론과 관념론을 비판한다. 진정한 의미의 인간은 개체로 존재한다. 현실에서 직접 삶을 영위하는 인간은 개별 존재일 수밖에 없다. 보편적 특징으로 인간을 규정하는 시도는 허구다. 또한 인간의 모든 기능과 특성은 신체와 분리될 수 없다. 신체에서 가장 멀리 떨어져 있는 것처럼 보이는 정신조차도 신체나 감정과 긴밀하게 연결되어 있다.

폴 고갱(Paul Gauguin, 1848~1903)의 〈우리는 어디에서 와서 어디로 가는가〉는 신체와 생활을 매개로 삶을 꾸리는 인간을 잘 보여 준다. 탄생을 의미하는 오른편의 아기에게서 시작해 점차 왼편으로 이어진다. 모든 단계에서 신체는 가장 본원적 영역이다. 신체는 삶의 유지하는 모든 행위와 연결된다. 또한 왼쪽 뒤에 있는 석상처럼, 그 과정에서 초월적 영역처럼 여기는 종교도 관련을 맺는다. 그리고 왼편의 노인처럼 신체의 노쇠와 함께 죽음을 맞이

〈우리는 어디에서 와서 어디로 가는가〉, 1897년

한다. 신체와 감정에 의존해 살아가는 이상 주체는 개별 인간일 수밖에 없다. 상호 작용이 있겠지만 매 순간 개별 인간의 의지와 선택을 전제로 한다.

적어도 신체를 매개로 삶을 향한 개체의 의지가 핵심 역할을 한다는 점에서 인간과 동물은 큰 차이가 없다. 인간과 동물은 핵심적·본질적 영역이 아니라 단지 부차적·이차적 영역에서 구분된다. 삶의 유지를 위한 의지라는 본질 영역에서 인간과 동물은 차이가 없다. 감정과 의지의 파생물인 인식 능력에서 차이가 나타나는 정도다. 인식 능력은 인간이 동물보다 훨씬 뛰어 나지만, 정신 능력조차도 뇌의 크기 차이로 입증할 수 있다는 점에서 기본적으로는 동물과 인간의 공통점 위에서 출발한다.

동물도 불완전하기는 하지만 오성을 가진다. 오성이란 인과성의 인식으로 결과에서 원인, 또 원인에서 결과로 옮아가는 것이다. 오성은 동물에게서도 나타난다. 동물도 초보적이나마 행위에 따른 결과를 염두에 둔다. 이 직관이야말로 동기에 따라 운동하게 하고 먹을 것을 찾는다든가 어느 물건을 손에 쥐게 한다. 다만 오성의 예민함 정도나 인식 범위가 인간과 다를 뿐 원리적으로는 인과를 직관적으로 인식한다.

인간만이 가진 인식 능력은 반성 능력이다. 반성적 사고는 직관적 인식과는 완전히 다른 본성과 성질을 갖추고 있다. 직관은 대상을 인식하지만, 반성은 스스로에게 돌아가는 인식이라는 점에서 질적으로 다르다. 요컨대 반성적 사고야말로 인간의 의식을 동물의 의식과 완전히 구별할 수 있게 하는, 인간 행동 전체를 동물의 행동과 다르게 하는 유일한 능력이다.

삶을 유지하려는 의지야말로 인간에게 가장 본질적이다. 그러므로 인간에게 유의미한 시간은 현재다. 삶 이후의 시간이나 삶 이전의 시간은 현실적 의미가 없다. 현재가 삶과 의지를 규정한다. 미래나 과거는 개념 속에 존재할 뿐이다. 과거에 사는 사람이 없고 미래에 살 사람도 없다. 현재만이 모든 생의 형식이고 생으로부터 절대로 빼앗아 갈 수 없는 생의 확실한 소유다.

생의 의지가 자기 유지를 향하는 한, 개체를 뛰어넘는 보편적 의지란 존재하지 않는다. 모두가 자기 유지를 위해 모든 것을 이용·소유·지배하려 하고 반항하는 것을 없애려 한다. 생이란 삶에 대한 맹목적 의지다. 삶을 욕망하고 집착하는 의지는 보편적·필연적 법칙과는 무관하다. 그런데 맹목적 욕구에 기초하는 삶은 고통스럽다. 욕구는 결핍에서 생기는데, 충족은 끝이 없기 때문에 채워지지 않는 욕구와 결핍감만이 지속된다. 이 과정에서 자기 욕구에 반하는 모든 것에 증오심을 갖는다. 비록 순간적이라 하더라도 욕구로 얻어졌다고 여겨지는 것에는 배타적 소유욕을 드러낸다. 여기에 인간 이기심의 근원이 있다.

블레이크의 〈아담과 이브가 발견한 아벨의 시신〉은 채워지지 않는 무한한 욕망을 추구하고 그 결과 스스로를 고통의 나락으로 떨어뜨리는 인간을 보여 준다. 아담과 이브의 맏아들인 카인이 신의 사랑을 독차지한 동생 아벨을 죽이고 괴로워하며 도망치는 장면이다. 카인의 행위 역시 결핍을 채우고 필요를 충족시켜 욕구하는 것을 독점하려는 인간 의

〈아담과 이브가 발견한 아벨의 시신〉, 1826년

지의 결과다. 그러므로 의지에 따른 세계는 고통과 혼동, 열정과 악이 항상 함께할 수밖에 없다.

이성 중심의 합리론과 관념론이 인간 본질을 보편 법칙과 질서에 연관시키면서 조화를 향했다면, 쇼펜하우어는 의지를 중심으로 무질서와 고통을 드러낸다. 세계의 모든 것이 최상의 상태로 존재한다는 가정은 성립할 수 없다. 철학이 진정으로 관심을 두어야 하는 부분은 조화와 균형이 아니라 삶의 고통이다. 그가 보기에 철학은 개별 인간이 삶의 고통에서 일시적이나마 벗어나는 길을 제시하는 역할을 해야 한다.

딜타이 : 삶의 객관화로서 객관 정신 이해

딜타이도 이성을 벗어난 삶의 영역을 강조한다. 실질적 삶은 체험에서 분리된 추상 영역으로 옮겨 놓을 수 없다. 삶의 배는 쉬지 않고 끝없이 요동치는 물결에 실려 저 멀리 이끌려 간다. 수많은 현재로 이어지는 파도 위에서 산다. 어려움을 감내하고 의욕 속에서 삶을 살아가고 또 회상한다. 단절이나 틈이 없이 체험이 항상 이어지기에 삶은 이성적이기보다는 역사적이다.

칸트처럼 인간의 삶이나 철학에 정언 명령을 개입시키는 것은 불가능하다. 철학은 자연 연구처럼 당위가 아닌 체험과 현실에 뿌리내려야 한다. 대부분의 근대 철학이 저지른 가장 큰 오류는 현실에 존재하는 것에 관심을 두기보다는, 관념적으로 존재해야 한다고 설정한 것에 매몰되어 생겨났다. 삶의 체험에서 분리될 때, 철학은 학문의 기반을 스스로 부정하는 셈이 된다. 학문의 발전은 체험의 심화와 체험 내용의 충분한 해명으로 나아가는 과정에서 나온다. 즉 체험의 과정에서 표현된 것을 이해함으로써 삶의 객관화로 나아간다. 그러한 의미에서 체험과 이해로 다양한 삶을 객관화하고 여기에서 정신적인 것을 추출하는 작업이야말로 정신과학의 가장 중요한 과제다.

체험에서 출발하기 때문에 철학은 개별 인간의 삶에 관심을 두지만, 개별자의 삶은 다른 개별자의 삶과의 연관성 위에 성립하기 때문에 인류 전체를 포괄하는 연관으로서의 삶을 고찰한다. 삶과 삶은 서로 유기적으로 연관되어 있어서

딜타이

어떤 사람이나 사태가 대상에 불과할 수는 없다. 한쪽에는 나, 다른 한쪽에는 사람들과 사물들이 있고, 그 중간에 개개의 사실적 삶의 관계가 놓여 있다. 그리고 이 관계에서 여러 삶의 상태, 즉 압박감 또는 고양, 추구, 공포 또는 희망과 같은 상태가 만들어진다. 요컨대 어떤 사람이나 사물도 나에게 아무런 연관이 없는 채로 존재하지 않는다. 지원자이거나 방해자, 혹은 추구하거나 기피하는 대상이기 때문에 연관으로서의 삶이 본질적이다.

개별적 삶과 삶이 지속적으로 연관되는 가운데 인간을 이해하는 길이 열린다. 이해는 근대 철학자들이 강조하는 개념적 사유가 아니다. 헤겔에게 인간은 이념으로 구성된 객관 정신이었기 때문에 사변적으로만 개념화할 수 있고, 시간적·경험적·역사적 관계는 이념적 구성의 배후로 은폐되어 버렸다. 그렇다고 해서 딜타이가 객관 정신을 부정하지는 않았다. 만약 객관 정신을 부정하면 정신과학이 설 자리도 사라진다. 문제는 '어떠한 객관 정신인

지'다. 딜타이는 삶의 객관화로서 객관 정신에 주목한다. 객관 정신은 개념이나 형이상학이 아니라 역사적으로 주어진 개인의 삶을 분석해 정신을 객관화하는 방식으로만 접근할 수 있다. 객관 정신은 직접 역사적 공동체 안에서, 스스로를 전개하는 실존적 인간의 삶에서 근거를 마련해야 한다.

그러한 의미로 삶과 삶이 연관을 맺고, 삶이 삶을 파악한다. 단어와 문장, 몸짓과 공손함을 표시하는 방식, 예술 작품과 역사적 행위 등을 이해할 수 것은 오로지 어떤 공통성이 삶과 삶을 연결하고 있기 때문이다. 모든 개별자는 항상 공통성의 범위 안에서 체험하고, 사고하고, 행동하며, 오로지 그 안에서만 이해할 수 있다. 그러므로 다른 개별자의 삶을 이해하고 객관화할 수 있다. 딜타이는 이를 '추체험'으로 규정한다. 삶에서 표현된 심정 상태를 내면화해 객관화시키는 작업, 즉 추체험을 이용한 재발견으로 이해에 도달할 수 있다. 쇼펜하우어가 생을 맹목적 의지로 규정했다면, 딜타이는 생을 정신적·역사적으로 객관화할 수 있는 의지로 이해했다. 그리하여 생과 의지에 객관적·학문적 탐구 대상으로서의 의미를 더욱 강화했다.

니체 : 의지로 인간의 독립성을 얻다

니체는 인간에게서 정신과 육체를 분리했던 합리론과 관념론을 비판한다. 영혼은 육체가 굶주리고 야위기를 바랐다. 그러나 오히려 영혼이 굶주리고 말라 갔다. 니체도 딜타이처럼 다윈의 진화론을 일부 받아들이면서 다른 한편으로 진화론적 인간관을 넘어서려 한다. 먼저 정신의 근거를 육체에서 구한다는 점에서는 진화론의 성과를 받아들인다. 대지에 속한 육체는 인간에게서 뗄 수 없는 뿌리다. 육체는 정신의 뿌리, 즉 근거가 된다.

이성은 육체의 도구다. 흔히 정신의 독립성을 근거로 자아를 규정하고 긍지를 가진다. 그러나 정신은 육체와 무관한 사변적인 그 무엇이 아니다. 육체의 죽음과 함께 정신도 사라진다. 그러므로 자아도 삶과 행위에서 성립한다. 그는 육체와 감성을 부정하고, 피안에 희망을 두는 형이상학적 인간 이해의 허구성을 신랄하게 비판한다.

니체

하지만 다른 한편으로 진화론적 인간 이해, 즉 인간과 동물의 차이를 사실상 없애 버리는 진화론적 인간 이해와도 투쟁한다. 인간이 진화의 길을 걸어 왔고, 육체와 감각의 많은 부분이 동물과 맞닿아 있는 것은 사실이다. 하지만 공통점이 곧바로 인간과 동물이 같음을 정당화하지는 않는다. 문제는 인간과 동물의 차이를 이성에서 찾는 발상이다. 진화론과 신경 과학의 발전으로 뇌 물질과 정신이 직접 연관되었음을 부정할 수 없는 상황에서, 육체와 무관한 이성을 주장하는 논리는 이제 설득력이 없다. 니체 역시 이를 길 알고 있었다. 니체는 의지를 근거로 동물과 인간을 구분한다. 인간의 자유는 이성이나 지식이 아닌, 의지와 결단의 문제다. 특히 자신을 뛰어넘으려는 초극 의지야말로 인간의 가장 중요한 기준이다. 정신의 근거인 감각이나 육체의 배후에는 진정한 자신 즉 의지가 있다. 의지로 동물과 같은 맹목적 충동에서 벗어난다. 초극 의지로 인간의 본질이 자유에 있음을 깨닫고 의식적으로 미래를 창조하는 일이 가능하다.

인간과 동물을 구별하는 의지는 초월 의지이자 권력 의지이기도 하다. 인간은 자신의 삶은 물론이고 주변을 지배하려는 권력 의지를 지니고 있다. 권력에 대한 의지를 갖기 때문에 집단에 매몰되지 않는 개인적 가치가 실질적 의미를 지닌다. 상호성을 인간관계의 무조건적 원리로 삼으려는 도덕률은 비속하고 졸렬한 입장이다. 집단의 필요를 넘어 주변을 지배하려는 의지로 비로소 인간은 동물과 달리 개인적 가치를 지닌 존재가 된다.

쇼펜하우어와 니체는 모두 생과 의지를 강조했지만, 구체적 내용에는 꽤 차이가 있다. 쇼펜하우어에게 생의 실체는 생을 향한 맹목적 의지였다. 또 영원히 만족할 줄 모르는 욕망으로서의 의지였다. 맹목적 욕구에 기초하기 때문에 그 결과로 이루어진 세계는 결핍감에서 오는 고뇌가 지배한다. 금욕과 무의지의 경지에서 고뇌를 벗어난다는 점에서 부정적 성격을 보였다. 하지만 니체의 의지는 초극 의지와 권력 의지를 통해 창조적 성격으로 변화한다. 초월로 계속해서 변화한다는 점에서 이 세계는 허무하다. 하지만 쇼펜하우어와는 달리 니체의 허무는 염세적 허무가 아니라 창조를 향한 허무이고, 맹목적 허무가 아니라 권력 의지로 더 큰 힘을 추구하는 성장과 강화의 허무다. 니체는 능동적 생철학을 향한 길을 열었다.

베르그송 : 생명의 비약, 진화의 목적으로서 인간

베르그송 역시 진화론의 성과를 부분적으로 받아들이되, 진화론을 넘어서는 인간학을 추구한다. 인간에게 지성과 본능은 서로 독립된 완성품이 아니다. 육체적 본능에서 분리된 지성을 추구한 합리론도 문제지만, 다른 한편으로 지성을 본능에 따른 것만으로 이해하는 유물론도 지성과 본능을 독립적 완성품으로 사고했다는 점에서 문제다. 구체적 본능에는 지성이, 실제적 지성에는 본능이 깊이 스며들어 있다. 이는 의식과 뇌 물질의 관계에서도 나타난다.

의식이 신경 중추의 신호와 연관을 맺고 있음을 부정할 수 없기 때문에 합리론은 설득력을 잃었다. 하지만 의식과 뇌 물질의 상호 의존성은 여기에서 끝난다. "의식의 운명은 뇌 물질들의 운명과 연결되어 있지 않다. 결국 의식은 본질적으로 자유롭다. 그것은 자유 그 자체이다." 의식은 물질 너머로 나아간다는 점에서 자유롭다. 하지만 물질 너머로 가려면 불가피하게 물질을 가로질러야 한다. 가로지르는 과정에서 의식은 물질과 관계를 맺게 되는 것이다.

물질을 가로질러 물질 너머로 나아가는 의식의 능력은 인간에게 고유한 것이다. 인간과 동물은 모두 진화의 산물이지만 인간은 특별하다. 의식의 역량, 언어, 사회생활 등이 인간과 동물의 본성 차이를 만들어 내는 요소다. 동물의 의식은 습관적이다. 특정 개체가 습관의 벽을 허물 수는 있으나, 무의식적 동작에 불과하기 때문에 일회적이다. 인간은 두뇌의 우월성에 기초해 낡은 습관을 새로운 습관으로, 무의식적 동작을 의식적 동작으로 대체할 수 있다. 이 과정에서 언어가 중요한 역할을 한다. 의식이 처음에는 물질 흐름에 끌려가다가 언어 작용과 맞물리면서 물질의 한계를 넘어선다. 마지막으로 사회생활은 언어가 사고를 비축하듯이 개인의 노력을 모아 저장함으로써, 평균 수준을 확정해 개인이 단번에 그 수준에 올라서도록 한다. 베르그송의 생철학은 창조적 진화라는 발상으로 생과 의지의 의미를 '생명의 비약'으로 규정한 것이다.

〈생 라자르역〉, 1877년

　　문명의 건설도 인간만이 지닌 뛰어난 의식과 언어, 사회생활의 작용 덕
분이다. 모네의 〈생 라자르역〉은 근대 문명이 이룩한 성과를 상징한다. 기
계 문명의 상징으로 느닷없이 다가온 기차는 19세기 유럽인에게 전율을 안
겨 주었다. 시인 하인리히 하이네(Heinrich Heine, 1797~1856)는 기차
를 처음 보고 "무시무시한 전율, 결과를 예상할 수 없는 엄청난 일, 혹은 전례
없는 일이 일어났을 때 우리가 느끼는 무시무시한 느낌"이라고 했을 정도다.
작품은 하이네의 느낌을 그대로 전해 준다. 연기를 뿜는 기세가 당장이라도
화면을 뚫고 앞으로 달려 나올 듯하다. 기차가 세상의 주인공이고 주변에 서
성이는 몇 명의 사람이 오히려 풍경의 한 부분으로 느껴진다. 엄청난 크기와

증기 기관이 뿜어내는 자욱한 연기, 그리고 굉음이 분위기를 압도한다. 인류가 본 가장 큰 움직이는 물체였을 기차는 새로운 문명의 전주곡으로 다가왔다. 이 모든 과학과 문명의 발달에는 인간만이 지닌 뛰어난 두뇌 능력, 특히 언어를 통한 사고의 축적과 사회생활을 통한 개인 노력이 자리 잡고 있다.

인간의 자유 의지도 육체나 감정과 무관하지 않다. 자유는 이념이나 개념이 아니라 개인의 구체적 행위에 관계한다. 합리론이나 관념론은 자유 의지의 의미를 자유로운 선택의 가능성으로 이해한다. 어떤 행위 외에도 그와 상반되는 선택을 할 수 있는 능력을 인간이 본래 지니기 때문에 자유로울 수 있다는 주장이다. 즉 인간의 능력이 과거와 현재 그리고 미래를 꿰뚫는 방식으로 나타난다.

하지만 베르그송은 자유가 현재를 벗어나서 이루어질 수 없다고 보았다. 자유란 본질적으로 개별적·구체적 자아가 현재 시점에서 행하는 행위와의 관계에서 생긴다. 본래 자유롭기 때문에 자유로운 것이 아니다. 자유는 육체와 연관을 맺는 내적 감정과 갈망에 부합하며 경험과 생에 대한 관념에 상응하는 개인의 행위에서 비롯된다. 그러므로 개인의 현재 삶과 무관한 영역에서 자유의 원리를 찾으려 해서는 안 된다.

칸트의 오류는 사유를 생생한 삶에서 분리한 데에 있다. 칸트는 자아를 실체로 규정하고 과거와 현재 그리고 미래를 관통하는 원리로서 주장한다. 그런데 베르그송이 보기에 이는 시간과 공간을 혼동해서 생겨나는 오류다. 현재 진행형으로 흐르는 시간을 공간으로 표현할 수 없다. 연장은 분해할 수 있지만, 지속은 분해할 수 없기 때문이다. 그런데 칸트는 정언 명령에서 드러내듯이 자유를 마치 모든 시간에 걸쳐 적용될 수 있는 동질적 공간처럼 여졌다. 하지만 자유는 공간이나 사물이 아니라 진행의 문제다. 현재 진행형으로 흐르는 시간 속에서 일어나는 행위다. 그러므로 자유는 당위가 아니라 하나의 사실이다. 그런데도 과거로부터 자유 의지의 당위성을 이끌어 오는 방식은 무의식중에 진행을 사물로, 지속을 연장으로 변형하는 오류를 저지른다. 이러한 자유 이해는 자아의 활동성을 고정된 것으로 한데 뭉치게 한다. 그러면서 자발성이 타성으로, 자유가 필연으로 변질된다. 결국 칸트의 자유가 실제로는 인간에게 자유가 아닌 억압의 역할을 하게 된다는 비판이다.

체험과 직관으로 인식하다

쇼펜하우어 : 직관의 확실성과 의지의 객관화

쇼펜하우어는 의지가 중요하며 지성은 이차적·부수적이라고 한다. 그래서 인식이 선행하고 욕구가 뒤따른다는 이성 중심주의는 오류다. 반대로 욕구와 의지가 우선한다. 인식 작용은 의지의 결과물에 불과하다. 인식은 의지에 봉사해야 한다.

오성과 이성은 매우 제한적 기능만을 한다. 오성은 원인과 결과의 관계를 인식하는 하나의 기능을 가질 뿐이다. 오성의 과정이 아무리 복잡하고 다양하게 응용되더라도 결국은 인과 관계를 규명하는 기능에 한정된다. 이성도 개념을 형성하는 하나의 기능을 가질 뿐이다. 개념은 스스로 만들어질 수 없고 오성이 받아들인 것 안에서만 작업한다. 이성이 내용 없는 조작의 형식이라는 점에서 수동적 기능에 한정된다.

인식에서 가장 풍부하고 중요한 영역은 직관이다. 이성은 직관적 인식과 그 관계 속에서 모든 것을 얻는다. 오직 직접적·직관적 표상에서 출발해 오성과 이성으로 이행할 뿐이다. 인위적 변형이 없으므로 직관이야말로 가장 명확하고 견고하다. 이성은 확신과 안정은커녕 반대로 걱정과 오류를 만들어 낸다. 직관은 의지와 직접 관계하고 그만큼 순수하다. 오직 직관적 태도 안에서 모든 것은 명백하고 견고하며 확실하다. 직관 속에서 평정을 얻고 현재에 만족할 수 있다. 의지는 모든 개체와 전체의 가장 심오한 곳이자 핵심이라 할 수 있다.

신체 움직임을 비롯한 인간의 기본 영역도 의지의 표현이다. 모든 동작은 의지의 발현이므로 신체는 가시화된 나의 의지다. 신체 동작은 의지 객관화의 수단이면서 동시에 의지 그 자체다. 예를 들어 에드가르 드가(Edgar Degas, 1834~1917)의 〈장갑을 낀 가수〉에서 가수의 모든 표정이나 동작은 그녀의 의지가 객관화된 것으로 볼 수 있다. 가수가 열정적으로 노래를 부른다. 표정이나 동작으로 봐서는 노래가 절정에 다다른 순간인 듯하다. 그런데 동물과 인간의 동작은 다르다. 동물의 동작은 표상과 인식이 아니라 본능과 관습이 지배한다. 하지만 인간의 동작은 표상에 기초하고 인식에 연결된 의지의 지배를 받는다. 그리하여 인간의 동작은 습

〈장갑을 낀 가수〉, 1878년

관과 반복을 넘어서 특정한 의지를 객관화한다. 가수의 손짓과 표정은 의미 없는 움직임이 아니다. 슬픔·고통·분노·격정 등 각각의 감정을 표현하려는 의지를 객관화시키는 장치다.

딜타이 : 추체험으로 삶과 의지를 객관화하다

쇼펜하우어가 삶의 의지를 객관화해 이해할 가능성을 제시했다면 딜타이는 객관화와 이해가 어떻게 가능한지를 구체화했다. 인식 주체와 대상을 분리해 접근하는 인식 방법은 자연학에는 유용하지만 인간의 삶과 역사에 연관된 인간학에는 적합하지 않다. 인간학에서 세계는 인식 주체와 맞물린다. "이 세계는 결코 정신과학의 외부에 놓여 있는 어떤 [즉자적] 현실성의 사본이 아니다. 인식은 결코 그와 같은 것을 창출할 수 없다. 인식은 직관, 이해 그리고 개념적 사유라는 자신의 수단과 결부되어 있고, 또 결부될 수밖에 없다." 정신과학 내적인 인식 체계와 외적인 인식 대상으로 분리할 수 없다. 일어난 일을 목격하는 그 순간 이미 세계는 인식 작용과 맞물린 채로 우리에게 나타난다.

그러므로 인간과 삶을 이해하지 않고는 진정한 의미의 철학은 성립할 수 없다. 생철학이 정신과학, 즉 학문으로서 위상을 지니려면 삶과 의지가 객관적으로 이해 가능해야 한다. 딜타이는 삶이 그 자체로 이해되어야 하고 이해될 수 있다고 봤다. "심적인 삶의 경험적 흐름은 어떤 과정들로 구성된다. 왜냐하면 우리의 [심적] 상태들 중 그 어떤 것도 시간 안에서 시작되고, 시간 안에서 변화하며, 또한 시간 안에서 다시 소멸되기 때문이다. … 심리학적 기술은 이 과정에서 오로지 사실적인 것에만 관계한다." 시간 속에서 마주치는 경험적 삶을 하나의 사실로 인식함으로써 삶을 이해하는 데 접근한다. 경험적 사실로서 삶은 이해 대상으로 주어져 있고, 지각되고 규정될 수 있다. 여기서 문제는 삶이 이성만이 아니라 감성·기분·정서와 같은 요소까지 복합적으로 섞여 나타난다는 점이다. 생철학이 성립하려면 느끼고 욕구하는 인간 감정도 구조적·체계적 이해 대상이 되어야 한다. "즉 감정 안에는 흔히 쾌와 불쾌(Lust und Unlust)로 표현되는 법칙성만이 존재한다는 것이다. … 감정에서 질적 차이로 인지될 수 있는 것은 좁은 의미의 쾌와 불쾌, 찬동과 반대, 그리고 마음에 듦과 마음에 들지 않음이다. … 감정들은 지성적인, 그리고 마찬가지로 의지적인 체험들과 얽혀 있다." 감정은 뚜렷한 구분이 가능한 성질로 이루어져 있다. 감정은 쾌와 불쾌로 나타나고, 지각이나 표상과 연결되어 있다는 점에서 구조적 이해가 가능한 구조 통일체다. 감정과 긴밀하게 연결된 심적 구조는 서로 다른 심적 사실을 체험 가능한 내적 관계로 연결해 주는 질서를 의미하고, 그만큼 체계적 이해의 대상이 된다.

먼저 삶에 대한 구조적 이해는 체험으로 이루어진다. 모든 앎은 체험 위에, 또는 지각으로 주어진 것 위에 세워져야 한다. 지각 작용도 엄밀히 말하면 무엇에 대한 감정이나 의욕과 마찬가지로 하나의 체험이다. 체험과 직관 이 사실만으로 확신성을 준다. 특히 삶과 의지의 객관적 이해를 위해서는 이전 체험을 넘어서는, 내적 의미 이해로서 '추체험'이 중요하다. 일차적 체험은 자기 내부를 대상으로 한다. 하지만 이것만으로는 자기를 넘어 인간에 대한 이해에 도달할 수 없다. 다른 삶과 연관하면서 인간과 사회를 이해하고 인식의 지평을 확장할 수 있다. 이렇게 타인의 체험, 특히 외적 표현을 내적으로 이해하는 추체험으로 우리는 삶을 내재적·구조적으로 파악할 수 있다.

예컨대 자서전으로 타인의 삶을 파악하는 방식이 있다. 어느 저자의 정신적 삶의 이해는 내적 차원에서 체험·표현·이해와 관련한 삶의 파악으로 나아간다. 즉 학문적 추상화로 개별 대상자의 삶을 보편으로 포섭해 개념화하고 체계화한다. 시인·예술가·저술가 등의 작품도 자서전과 같은 기능을 한다. 작품이 직접 저자의 삶을 이야기하지는 않지만, 작품을 내재적으로 이해하면 삶에 대한 추체험이 가능하다. 언어로 표현한 자서전 같은 것을 작품으로 파악하는 데서 그치면 외적 이해에만 머문다. 여기에 시대와 삶의 조건 등 다양한 요소를 통합적·내재적으로 해석하는 추체험으로 심화하는 과정이 필요하다. 딜타이는 삶을 객관적으로 파악하는 해석 기술을 '해석학'이라고 부른다. 문자 뒤의 의미를 해석해 텍스트에 가치를 부여하고, 저자의 의도, 의도가 형성된 맥락이나 상황을 이해함으로써 삶을 객관화하는 방식이다. 딜타이의 이런 해석 방법론은 이후 문헌학으로서 해석학을 정립하는 직접적 계기가 되었다.

니체 : 객관적·당위적 이성 비판과 의지의 분석

니체 역시 이성에 대한 비판적 논의에서 인식 문제에 접근한다. "엄청나게 오랜 시간에 걸쳐 지성은 오류 외에는 만들어 낸 것이 없다. … 지속적인 사물이 존재한다는 것, 동일한 사물이 존재한다는 것, 사물·물질·물체가 존재한다는 것, 사물이 현상으로 나타나는 그대로 존재한다는 것, 우리의 의욕이 자유롭다는 것, 내게 선한 것은 그 자체로 선하다는 것 등이다. 뒤늦게야 이러한 명제들을 부정하고 의심하는 사람들이 나타났다. 뒤늦게야 인식의 가장 무력한 형태인 진리가 등장했다."

영속성과 보편성, 물자체 인식 등은 이성이 만들어 낸 대표적 오류다. 이성을 완전히 자유롭고 자발적인 활동으로 전제하고 이를 통해 마치 삶이나 의지와는 무관한 영원한 지식이 존재하는 것처럼 그릇된 주장을 펼쳤다. 이를 정당화하기 위해 이성주의자들은 충동의 역할을 부정하고, 지식으로 삶의 원리를 규정했다. 니체는 이제 이성에 대한 회의주의를 인식의 출발점으로 삼아야 한다고 주장한다.

쇼펜하우어나 딜타이와 마찬가지로, 니체는 삶과 의지 탐구를 강조한다. 삶과 의지를 중시하는 만큼 이와 관련된 감각의 역할에도 적극적이다. "과거의 철학자들은 감각에 대해 두려움을 지니고 있었다. … 오늘날 우리 현대인들과 미래인들 모두는 철학적으로 감각론자들이다." 과거의 주류 철학은 감각을 마치 세계와 이념을 변질시키는 오염원 정도로 생각했다. 그래서 니체는 옛날 철학자들을 심장, 즉 감정이 없는 인간이라고 지적한다. 진정한 철학은 삶과 의지의 핵심 요소인 감각과 감정의 능동적 역할을 인정하는 데서 다시 열려야 한다.

하지만 탐구 필요성만을 제시했던 쇼펜하우어를 넘어서는 진전이 필요하다. 쇼펜하우어는 내적 욕구에서 분출된다는 의미에서 의지의 단순성과 직접성에만 관심을 두었다. 하지만 니체가 보기에 의지를 불러일으키려면 쾌와 불쾌라는 표상이 필요하다. 불쾌를 줄이고 쾌를 증가하게 하는 방향으로 의지가 생성되기 때문이다. 쾌와 불쾌는 단순한 감정 표출이 아니라 지성의 해석과 연결된다. 왜냐하면 같은 자극이 사람에 따라 쾌로 혹은 불쾌로 달리 해석될 수 있기 때문이다. 쾌와 불쾌, 그리고 의지는 쇼펜하우어 주장처럼 모든 유기체의 공통점이 아니라 지성적 존재에게만 있다.

기존의 이성은 사물을 바라보는 그릇된 인식 방법에 의존한다. 예컨대 인과 관계 중심의 분석이 대표적이다. 이성주의 철학은 오직 두 개의 분리된 것, 즉 원인과 결과만을 보았다. 원인과 결과라는 틀 안에 모든 인식을 꿰어 맞춤으로써 점과 점 사이에 존재하는 무수한 연속을 간과하는 중대한 오류를 저질렀다. 엄밀하게 정의하자면, 존재하는 것은 무수한 과정이지 원인과 결과라는 이원성이 아니다. 인과 관계는 주관적 관념에 불과하다. 우리는 힘·긴장·저항의 감정을, 이미 행위의 시작일 뿐인 근육 감정을 원인이라고 오해해 왔다. 혹은 외적 작용이 주체의 의지에 잇달아 일어나기 때문에 의지를 원인이라고 풀이해 왔다. 이러한 주관적 경험에서 인과 관계 관념을 만들어 냈고, 온갖 문제에 일괄적으로 적용하는 오류를 저질렀다.

객관 세계를 이성의 실현으로 바라보는 관점은 주관과 객관을 구분하고 내부로부터 원인을 투영하는 사고방식, 즉 자기기만에서 비롯된다. 주관과 객관의 구분에 기원을 둔 인과성은 조잡한 관찰의 결과다. 확고한 주체를 전제로 이에 대조되는 객관 세계를 설정하는 사고방식 자체가 오류고 날조다. 주체와 객체 개념을 포기함으로써 물질·정신 등의 보편적 본질이라든지 영원 불변성과 같은 허구적 개념에서 벗어날 수 있다.

외부 세계를 객관적으로 인식하는 확고한 주체의 설정에서도 벗어나야 한다. 이성주의 철학은 언제나 객관적 관찰의 가능성을 전제한 위에서 논리를 펼쳐 왔다. 하지만 니체는 오류가 관찰의 조건일지도 모른다고 말한다. 그는 이성주의 철학의 가장 중요한 도구인 논리·범주가 객관적 기준이 아니라고 봤다. 무언가 대상을 이해하고 산정하기 쉽게 하려는 목적이 만든 도식화의 산물일 뿐이다. 복잡한 사물을 쉽게 취급하고 계산하기 위해 공통점에 해당하는 것을 조잡하게 구분한 것에 불과하다. 그러한 의미에서 인식이 아니라 도식화다. 부분적 이해 위에서 접근하는 관찰은 오류를 자신의 숙명으로 삼는다. 그러므로 오류의 반대편에 진리의 자리를 설정하는 사고방식도 설득력이 없다. 진리는 오류 안에 위치 관계를 나타내는 것에 불과하다. 필연인 것은 진리가 아니라 오류다. 인식은 오류를 자신의 본질로 한다. 그러므로 진리의 유용성이 있다면 그것은 절대적·보편적 성격이 아니라, 다양한 오류 사이에서 상대적 의미를 지니는 지위 정도다.

정신은 세 가지 변화를 겪는다. 먼저 정신은 낙타가 되어서 인류가 객관적 지혜라고 믿었던 온갖 오만에서 벗어나 미지의 길을 걸어 정신의 사막으로 나아가야 한다. 다음으로 정신은 사자가 되어야 한다. 사자가 싸워야 할 대상은 당위적 정언 명령이다. 모든 가치는 이미 창조되었고, 존재하는 가치를 받아들여야만 한다는 당위에서 벗어나 자유를 얻는 일은 사자의 힘만이 할 수 있다. 당위적 의무를 부정하는 사자의 힘은 '나는 바란다.'라는 욕구에서 출발한다. 마지막으로 사자는 어린애가 되어야 한다. 신성한 부정은 다시 신성한 긍정으로 돌아와야 한다. 부정은 자유를 주지만 창조를 보장하는 것은 아니기 때문이다. 창조는 새로운 출발이자 유희다. 이를 위해서는 부정을 넘어서는 순결한 긍정, 즉 어린애가 되어야 한다.

베르그송 : 정지와 공간에서 운동과 시간으로

베르그송은 《창조적 진화》에서 지성의 역할을 인정하되, 한정된 영역으로 제한한다. "우리의 지성은 좁은 의미에서 볼 때, 우리의 신체가 완벽하게 삽입되도록 해 주고, 사물들 상호 간의 외적인 관계들을 표상하며, 결국에는 물질을 사유하도록 운명지어진 것이라는 사실이다. … 인간 지성은 타성적(惰性的) 대상들, 특히 고체(固體)들 사이에 놓일 때 안정감을 느끼며, 거기서 행동은 자신의 거점을 발견하고 산업(産業)은 자신의 작업 도구들을 발견한다.” 지성의 논리는 고체의 논리다. 지성에서 사용하는 개념은 대체로 고체의 모습에 따라 형성됐다. 그런데 무기 물질의 가장 일반적 특성은 면적을 차지하는 공간적 요소, 사물을 임의로 나누는 작업 수행에 능하다. 그러므로 지성은 기하학에서 최고의 승리를 거둔다.

또한 지성의 논리는 정지의 논리다. 예를 들어 움직이는 두 물체의 운동은 넓이라기보다는 지속이고, 양이 아니라 질이기 때문에 공간을 점유할 수 없다. 그러므로 어떤 운동의 속도 측정은 단지 하나의 동시성을 확인하는 일에 지나지 않는다. 그런데 수학은 지속과 운동성을 배제하고 어떤 주어진 순간에서 동시적 위치를 공간적으로 재구성함으로써 제 역할을 한다. 요컨대 지성은 정지의 논리 안에서 작동한다.

지성은 역동적 변화 과정을 이해할 수 있는 능력이 없다. 그런데 일상적으로 우리의 행동이 작용하는 대상은 동적인 사물이다. 즉 면적과 정지가 아니라 운동성 자체다. 특히 생명과 의지는 예측할 수 없는 수많은 변화를 본질로 한다. 하지만 지성은 고정된 물질을 넘어서는 생명의 본성이나 의지의 문제를 설명할 수 없다. 사고 범주, 예를 들어 단일성, 다양성, 기계적 인과성, 지적 목적성 가운데 무엇도 생명 상황에 정확하게 적용되지 않는다. 특히 주어진 요소를 분석하고 재구성하는 지성은 생명과 실제의 삶에서 순간순간 나타나는 현상을 놓칠 수밖에 없다. 더군다나 미래 창조를 지성이 이해할 수는 없다. 결국 사고는 생명의 부분적 현상이다. “사유는 일정한 상황에서 일정한 사물들에 작용하도록 생명에 의해 고안된 것으로 생명의 한 유출(émanation) 혹은 한 국면에 불과한 것인데 어떻게 그것이 생명 그 자체를 포괄할 수 있겠는가?" 지성적 이해 능력이란 의지가 자신에게 주어진 모든 생존 조건에 점점 적확하게, 또 점점 복잡하고 유연한 방식으로 적응해 가는 능력에 불과하다. 그러므로 생명과 의지가 사고에 우선한다.

철학이 인간의 삶과 의지를 다루어야 하는 한, 철학적으로 중요한 것은 공간과 정지가 아니라 시간과 운동이다. 시간보다 더 강하고 중요한 실체적 실질은 없다. 지속되는 시간은 순간으로 대신할 수 없기 때문이다. 시간은 단절적 순간의 조합이 아니다. 그동안 지성은 화살이 날아가는 과정을 정지된 지점들의 조합으로 이해한 것처럼 오직 분할로 운동을 이해할 뿐이었다. 정지 중의 하나가 곧 다른 정지 중의 하나와 위상이 같다. 예를 들어 1분이 흘렀다고 하면 보통 시계추의 진동을 생각하기 쉽다. 단절적 순간의 조합만 남고 계속의 관념은 사라진다. 만약 시간이 고정된 순간의 나열에 불과하다면 현재밖에 없고 현재에 이르는 과거의 연장도, 진화도 없을 것이다. 생명과 삶 그리고 진화는 과거와 현재 그리고 미래로 이어지는 분할할 수 없는 연속적 운동 과정이다.

이성주의 철학에서는 삶이 정지된 순간이 연속이라는 생각이 팽배해 있다. 마치 영화가 수많은 정지된 사진을 이어 붙인 연속 필름으로 움직이는 모습을 보여 주듯이 인간의 삶도 그러하다고 생각한다. 예컨대 밀레의 〈만종〉 속 순간이 정지된 시간처럼 느껴지듯이 말이다. 하루의 농사일을 끝낸 부부가 멀리 교회의 탑에서 울리는 종소리를 들으며 기도하고 있다. 무사히 하루가 끝난 데에 감사하고 내일의 풍요를 기원하는 순간이다. 적막감이 도

〈만종〉, 1857년~1859년

는 분위기가 일순간 시간이 멈춘 느낌을 준다. 그림에서처럼 기도를 하는 부부와 배경이 한 세트가 되어 정지된 사진으로 박히고, 주인공과 배경 화면에 약간의 변화가 나타나는 또 다른 정지된 사진으로 이어지는 무수한 과정을 거쳐 저녁이 밤이 되고 다시 아침이 온다. 단순히 자연 변화만이 아니라 인간 생활과 인생 과정도 정지된 사진의 연속인 동영상의 일종으로 구성된다고 여긴다. 하지만 이는 하나의 눈속임이고 착각이다. 〈만종〉에서 정지된 것처럼 보이는 장면은 그림이나 사진에서만 가능하고 현실에서는 있을 수 없는 설정이다. 모든 것이 정지된 순간은 오직 관념 속에만 존재하기 때문이다. 모든 순간은 변화를 이미 내적인 과정으로 가진다.

지성이 물질에 관계한다면 삶과 생명은 무엇에 연결되어 있는가? 전체 인식은 물질과 생명 이해를 동시에 포괄한다. 물질 이해, 즉 자연 과학을 넘어서 인간과 사회를 이해하는 데까지 인식 지평을 넓히기 위해서는 직관의 역할이 중요하다. 직관은 지성으로 나아가는 초기 과정에서 부차적·부분적 역할이 아니라 지성과 별도로 독립적 역할을 한다. 직관으로 인식이 도달해야 하는 본질적 영역을 확장할 수 있다. 공간과 정지를 넘어 시간과 지속으로 나아가는, 즉 변화와 운동으로 나아가는 인식 방법인 변증법은 직관의 이완에 지나지 않는다. 직관을 개념적으로 이해하기 위해서는 변증법을 이해해야 한다. 그런데 변증법은 그를 초월하는 직관의 결과를 크게 만들 뿐이다.

베르그송은 칸트가 공간을 내용과 분리하는 오류를 저질렀다고 비판한다. 지속을 배제한 추상적 공간 개념으로 인식을 제한하면서 시간 개념은 형식화되고, 시공간과 뗄 수 없는 관계인 감각도 배제하는 오류를 저질렀다. 하지만 베르그송이 더 경계한 대상은 경험론이었다. 칸트의 문제는 공간과 내용을 분리함으로써 경험론이 두드러지는 빌미를 제공했다는 점에 있다. 경험론은 넓이와 같은 공간이 감각의 종합에서 생긴다는 점을 규명하면서 관념론의 한계를 설득력 있게 공격하는 데 일조했다. 하지만 베르그송이 보기에 경험론은 더 문제다. 경험론처럼 직관을 감각의 단순한 집적이나 표현으로 사고해서는 안 된다. 감각의 공존 속에서 공간이 생겨나기 위해서는 그 모두를 한꺼번에 포용해 병치하는 정신 활동이 필요하다. 정신 활동은 감각이 쌓이거나 전환하면서 일방적으로 만들어진 것이 아니다. 고유한 정신 활동 영역이 감각 활동에 영향을 미치면서 상호 작용하는 것으로 이해해야 한다. 감각의 공존을 불러일으키는 정신 활동은 본질상 직관에 속한다.

결론적으로 베르그송은 근대에 접어들면서 과학 발전에 힘입어 비약적으로 확장하던, 물질의 정지 상태와 공간을 중심으로 한 존재론 위주의 철학을 운동과 시간 중심의 철학으로 전환했다. 그리하여 새롭게 형이상학의 역할을 강화하고 재정립하려 했다. 경험론과 실증주의의 부상과 더불어, 물질과 자연을 넘어서는 형이상학을 폄하하는 상황을 극복하려 했다. 기본적으로 물질과 감각에 부정적이던 합리론과 관념론은 과학 지식의 비약적 확대 속에서 설득력 있게 형이상학의 토대를 제공하지 못하는 처지에 있었다. 당시의 과학 지식 자체를 정면으로 부정하는 방법으로는 설득력을 가질 수 없었다. 이런 상황에서 베르그송은 물리학과 생물학 등으로 얻은 지식을 한편으로 받아들이면서도 다른 한편으로 그 한계를 넘어서려 했다. 즉 물질을 부정하는 방식이 아니라 물질을 종합하고 생명과 연관하면서 독자적 정신 활동 영역을 지키려 했다. 쇼펜하우어에서 니체에 이르기까지 생철학이 생명과 삶, 의지의 문제를 철학의 핵심 영역으로 설정함으로써 새로운 형이상학의 가능성을 열었다면, 베르그송은 과학적 지식에 근거하되 물질을 넘어서는 형이상학 영역을 더욱 체계적으로 정립하려 했다.

Art

생철학의 미의식과 낭만주의·인상주의 미술

생철학의 미학

쇼펜하우어 : 직관으로 단숨에 예술 본질에 접근하다

쇼펜하우어가 보기에 예술은 직관을 직접 반영한다는 점에서 중요하다. "직관은 자신의 일을 처리할 줄 안다. 그 때문에 예술 작품처럼 순전히 직관에서 비롯되고 직관에 충실한 것은 거짓일 수 없으며, 시간이 흐른다고 해서 반박되는 것도 아니다. 거기에는 견해가 아닌 사물 자체가 있기 때문이다." 예술은 직관으로 본질과 영원한 이념을 재현한다는 점에서 과학과 다르다. 과학은 하나의 목표에 이를 때마다 또 앞으로 나아가 궁극 목표에 도달하지 못하고, 완전한 만족을 얻지도 못한다. 그러므로 과학 지식은 영원한 이념을 객관화할 수 없다.

예술은 하나의 작품 안에서도 더 나아갈 필요 없는 목표를 달성한다. 관조 대상을 전체 흐름에서 끄집어 내어 고립시키기 때문이다. 어떤 사물이나 사건을 캔버스와 같은 특정한 공간에 구현한다. 작품 안에서 시간의 수레바퀴는 멈추고, 절단된 순간 속에서 영원한 이념을 구현한다. 그러므로 이념을 자연이나 현실에서 만나는 것보다는 예술 작품에서 만나는 편이 쉽다. 예술가는 방해가 되는 우연적 요소를 제거해 작품 안에 순수한 본질만을 남겨 놓기 때문이다.

예술가는 작품 안에 본질을 담아낼 능력을 갖추어야 하기 때문에 "예술은 천재의 작업"이다. 개별 현상에서 본질을 찾아내는 월등한 관조와 직관 능력을 갖추어야 한다. 자기의 관심·의욕·목적을 안중에 두지 않고, 즉 자신을 한순간 완전히 포기하고 객관적 본질로 바로 육박해 들어가는 천재적 관조 능력이 필요하다. 여기에서 객관적 본질이란 외적 현상의 반영이 아니라, 현상을 규정짓는 현상 너머의 본질을 의미한다. 이를 위해서는 현상이 직접 보여 주지 않는 이념을 환상으로 꿰뚫어 알아차려야 한다. "환상이란 이념을 인식하기 위한 수단이며, 그 이념의 인식을 전달하는 것이 예술 작품이다." 환상이 갖는 강렬함은 천재성의 동반자이자 조건이다.

단숨에 본질에 접근하기 위한 환상의 강렬함 때문에 천재는 광기와 밀접한 관련을 맺는다. 본질을 향한 흥미 때문에, 직관적으로 판단하고 말하는 경향은 광기로 나타난다. 직관을 여과 없이 드러내기 때문에 독백이나 감정의 과잉으로 나타나고, 그 정도가 심할 경우 광기로 표출된다. 예컨대 빈센트 반 고흐(Vincent Van Gogh, 1853~1890)의 〈귀에 붕대를 감은 자화상〉은 광기와 맞닿아 있는 예술가를 상징한다. 이 그림은 고갱과 함께 살면서 발작 증상이 나타난 고흐가 면도칼로 자신의 귀를 자른 후 그린 자화상 중의 하나다. 고흐는 이 사건을 화가이기 때문에 겪는 발작이기를 바란다고 편지에 써서 동생 테오에게 보냈다. 고흐 스스로 예술가의 특성과 광기가 꽤 밀접한 관련이 있음을 토로하는 대목이다.

〈귀에 붕대를 감은 자화상〉,
1889년

　서양 주류 철학을 이룬, 이성 중심의 미의식에서는 광기가 예술을 구성하거나 실현하는 요소일 수 없었다. 광기가 이성에서 가장 멀리 떨어져 있고, 나아가서는 이성을 무력하게 만드는 역할을 하기 때문에 예술과 상반된 관계에 있는 비정상적 감정 상태여야 했다. 하지만 의지와 직관을 중시한 쇼펜하우어에게 광기는 다른 의미로 다가왔다. 예술가의 광기는 예술의 절대적 요소인 직관 능력을 일반 사람들보다 훨씬 높은 정도로 갖기 때문에 나타나는 현상이었다. 즉 광기는 예술가가 지니는 천재적 능력의 다른 표현인 셈이다.

　그렇다고 해서 천재적 능력이 예술가만의 고유한 요소는 아니다. 누구나 정도가 다르게 이런 능력을 가지고 있다. 다만 예술가들이 더 많이 가졌을 뿐이다. 만약 일반 사람에게 이런 천재적 능력이 없다면 예술을 이해할 사람이 없다는 이상한 결론에 이른다.

회화, 특히 역사화는 의지의 객관화를 위해 미와 우아함뿐만 아니라 성격을 주요 대상으로 삼는다. 회화에서 이념은 이념 자체로 회화에 등장하지 않고 사물과 인간의 여러 장면과 사건 그리고 행동으로 비로소 눈에 보인다. 회화는 구체적·실질적 생활 장면을 눈앞에 전개해 순수한 이념에 접근할 기회를 준다. 중요한 역사적 사건만을 의미 있는 미적 대상으로 판단하는 고전주의 미학은 예술을 왜곡해 이해한다.

니체 : 디오니소스적 고통으로 생과 변화를 형상화하다

니체는 삶에서 떨어진 추상적·관념적 예술을 비판한다. 예술을 위한 예술은 위험한 원리다. 이상은 현실에 뿌리를 내리고 있어야 한다. 이상이 현실에서 분리되면 이상 자체의 의미도 빈약해진다. 그러므로 삶의 현실에서 유리된, 아름다움을 위한 아름다움 추구는 예술의 후퇴를 낳는다. 삶과 의지를 철학과 예술의 핵심 영역으로 삼았다는 점에서 쇼펜하우어의 문제의식을 계승한다고 볼 수 있다.

하지만 예술이 지향해야 하는 삶과 의지가 쇼펜하우어처럼 비관적·염세적 성격을 띠는 페시미즘(pessimism)이어서는 안 된다. 페시미즘 예술은 모순일 수밖에 없다. 비관적 상황이 예술 작품에 묘사될 수는 있다. 하지만 작품에 묘사된 비관이나 추함은 부정성 자체를 목표로 하지 않는다.

예컨대 에밀 졸라(Émile Zola, 1840~1902)의 소설 《목로주점》에 묘사된 세탁부들의 노동과 생활 그리고 상황은 현상적으로 추할 수 있다. 하지만 작가는 우리에게 더러움과 경멸을 전하려 했던 것이 아니다. 오히려 강한 삶의 긍정과 희망을 제시하려 했다. 비극은 체념을 가르치는 것이 아니다. 무

〈사르다나팔루스의 죽음〉, 1827년

시무시한 사물의 묘사는 예술가가 갖는 권력이나 환희의 본능이다. 요컨대 예술은 비관하는 것이 아니라 긍정하기 때문에 어떠한 페시미즘도 없다. 그러므로 예술 작품을 페시미즘에 봉사하게 만든 쇼펜하우어는 큰 잘못을 저질렀다.

낭만주의 미술에 자주 등장하는 고통과 파괴도 부정성 부각을 목표로 하지는 않는다. 낭만주의 미술은 고통과 그 고통으로 번민하는 자를 묘사한다. 생의 과잉이나 빈약함으로 고통받는 자들은 한편으로 안식·정적·고요한 바다를 통한 구제를 원하지만, 다른 한편으로 도취·경련·마비·광란 등 디오니소스적 표현을 통한 극복을 추구한다.

예를 들어 프랑스 낭만주의 미술을 대표하는 페르디낭 빅토르 외젠 들라크루아(Ferdinand Victor Eugéne Delacroix, 1798~1863)의 〈사르다나팔루스의 죽음〉도 그러하다. 이 작품은 아시리아의 마지막 왕이었던 사르다나팔루스의 처참한 최후를 다룬다. 왕은 적에게 포위되어 약 2년 정도 궁전에 갇혀 살았다. 성이 함락될 위기에 처하자 애첩과 애마를 모두 죽이고 자신도 불에 타 죽는다. 그림을 보면 한눈에 광란이 벌어지고 있음을 알 수 있다. 중앙에 붉은색 침대가 있고 그 위에는 왕이 기대어 누운 채로 애첩과 애마가 죽어가는 장면을 지켜본다. 침대 한 켠에는 아름다운 여인이 이미 시신이 되어 엎드려 있다. 침대 끝 쪽에서는 또 다른 여인이 몸을 비틀면서 위협에 몸부림친다.

니체의 관점에서 보자면 그림에 묘사된 광란과 파괴는 부정적 상황에 머물지 않는다. 그 안에 변화와 생성의 욕망을 품고 있다. 새로운 미래를 잉태한 과도한 힘의 표현일 수 있다. 디오니소스적 광란과 파괴를 통해 새로운 시대를 준비하는 극적 과정으로 볼 수 있다. 고통에 번민하는 자들을 전제하는 모든 예술과 철학이 생에 봉사하는 약제이자 구제 수단이고 그런 점에서 삶과 변화의 희망을 스스로 잉태한다.

예술은 도덕을 위한 봉사처럼 다른 가치를 위한 수단이 아니다. 오히려 통념적 규범을 넘어선다. 디오니소스처럼 도덕을 뛰어넘고 춤추면서 즐겨야 한다. 사물의 외적 현상에 제한받어서도 안 된다. 사물을 초월하는 자유를 잃지 않기 위해 예술은 머물지 않는 움직임의 한가운데 있어야 하고, 편견에 사로잡히지 않기 위해 기쁨에 가득 차야 한다. 하지만 예술가는 대부분 선하고 즐겁고 현명하다고 느낄 수 있는 것으로 인정받는 상태와 사물을 찬양하는 데 몰두한다. 삶과 변화에 주목하기보다는 대중적으로 또 통념적으로 아름답다고 여겨지는 대상을 단순 묘사하는 데 머문다. 그들은 가까이 있는 식물보다 대중이 감탄할 준비가 되어 있는, 커다란 벽에 그려진 벽화를 특별히 더 좋아한다.

그는 대중적 감동을 추구하는 당대의 음악가 빌헬름 리하르트 바그너(Wilhelm Richard Wagner, 1813~1883)를 비판하면서 예술가의 허영을 공격한다. "그것이 더 영향력 있고, 더 설득력 있고, 더 감격케 하며, 더 신뢰할 만한 것이라고 한다면? 더 바그너적이라고 한다면?······ 아름다움은 아주 소수 인간들의 것이라네(Pulchrum est paucorum hominum). 애석한 일이네!"

위대함·숭고함·거대함 등 대중의 취향과 감동을 추구하는 바그너 음악을 예술의 타락으로 규정한다. 실질적 아름다움보다는 거대한 규모의 음악과 무대로 손쉽게 감동이라는 대중의 정서에 영합하려는 행태를 질타한다. 규모로 놀라움과 압도, 숭고만을 좇으면서 예술가는 아름다움의 창조자가 아니라 대중적 인기를 좇는 연극배우로 전락했다. 진정한 예술이려면 대중적 통념에서 벗어나는 일, 삶의 구체적·실질적 영역으로 파고들어 변화와 희망의 불씨를 지피는 일에 힘써야 한다.

베르그송 : 개별 사물에 대한 인상의 예술

베르그송은 미의 감정이 삶과 행위에서 독립해 존재할 수 없다고 보았다. 서양 철학은 예술 행위 이전에 어떤 자연적 아름다움이 있다고 여겼다. 이 경우에 예술은 이미 존재하는 미를 표현하는 수단에 지나지 않게 된다.

그리고 미의 본질이 구체적 행위와 분리되어 신비화되는 문제가 생긴다. 베르그송은 자연이 예술의 구체적 과정과 연결될 때 아름다움이 만들어진다고 주장한다. 예술이 자연에 선행하지는 않지만, 적어도 의식적 노력으로 만들어진 작품 속에서 미를 연구하고, 그 후에 예술에서 자연으로 내려가는 것이 건전하다.

예술의 목적은 생생한 현실에 접근하도록 유도하는 데에 있다. "그것이 회화, 조각, 시 또는 음악 등 무엇이든 간에, 예술은 우리로 하여금 실재 자체와 대면하게 하기 위하여, 실재적으로 유용한 상징, 인습적으로 그리고 사회적으로 통용된 일반성, 한마디로 우리에게 실재를 은폐시키는 모든 것을 제거하는 것 이외의 다른 목적을 갖고 있지 않다." 만일 현실이 직접 우리의 감각과 의식에 와닿는다면, 만일 우리가 사물과 직접 의사소통할 수 있다면, 예술은 쓸모없거나 우리가 모두 예술가가 되거나 할 것이다. 하지만 현실은 그 어느 것도 확실하게 지각할 수 없다. 자연과 인간 그리고 인간의 의식 사이에는 하나의 장막이 놓여 있다. 그 장막은 보통 사람에게는 두껍고 예술가나 시인에게는 거의 투명하고 엷다.

예술가는 사물과 상황이 주는 인상으로 접근한다. 물자체와 같은 사물의 일반적·보편적 본질을 마주하는 것이 아니다. 삶은 행위다. 행위를 통해 생활에서 직접 사물과 마주한다. 개별 사물조차 전부를 받아들이지는 못한다. 사물에서 나타나는 인상만을 접할 뿐이다. 외부 세계에 대해 내가 보고 듣는 것은, 나의 감각이 외부 세계에서 추출한 데에 지나지 않는다. 자신에 대해 아는 것 또한 가볍게 표면을 스치는, 내 행동에 실제로 연관된 사항뿐이다. 감각이나 의식은 현실의 단순 인상만을 준다.

그러므로 예술가는 개별성을 지향해야 한다. 개별성은 전체와 부분의 관계만을 의미하지 않는다. 공간적 개별성만이 아니라 시간적 개별성까지 포괄한다. 미술은 사물의 일반적 특징을 캔버스에 묘사하는 작업이 아니다. 같은 사물이어도 특정 공간과 시간 속에서 전혀 다른 모습으로 나타나고 전혀 다른 느낌을 전달한다. 개별화된 세계에서 엄밀한 의미로 같은 사물은 존재하지 않는다. 예술 작품이란 "한 번 나타나 두 번 다시 반복되는 일 없는 어떤 것"이어야 한다.

또한 같은 화가가 그린 것일지라도 작품은 순간적·일회적이다. 묘사 대상만이 아니라 화가 자신에게도 삶의 순간은 하나하나가 창작이다. 같은 사물을 같은 재료로 그려도 화가 자신이 순간 안에서 작업하므로 같은 작품을 그릴 수 없다. 우리는 삶의 순간을 완성한다. 화가는 특정한 순간에 특정한 감정과 직관을 가지고 무언가를 표현한다. 그러므로 화가가 그림을 그릴 때 소재의 개별성만이 아니라, 감정의 개별성까지 더해져 작품의 일회성이 만들어지게 된다.

몇 가지 점에서 베르그송의 미의식은 인상주의 미술과 매우 가깝다. 먼저 미의 감정이 예술의 과정과 함께 만들어진다는 점에서 예술가 개인의 직관과 감정, 표현의 과정을 중요한 요소로 강조하는 인상주의와 연결된다. 나아가 정형화된 일반성을 추구하던 전통적 미술 경향과 확실하게 분리해 개별 사물의 변화에 주목한다는 점에서도 인상주의와 긴밀하게 이어진다. 특정한 시공간 속에서 생기는 순간적 인상으로 미의 감정에 도달하는 베르그송의 미의식은 인상주의 미술의 핵심적 표현 방법을 정확히 가리키고 있다. 이런 점에서도 인상주의에 가까운 문제의식을 보여 준다고 할 수 있다.

19세기 낭만주의 미술

이성의 규칙과 속박에서 벗어나 생생한 삶과 직관을 중시하는 생철학은 일상을 주제로 인간의 자연스러운 모습과 감성적 분위기를 강화하는 19세기 낭만주의 미술에 큰 영향을 주었다. 사물의 객관적 반영보다는 예술가의 감정이나 정서의 발현이라는 표현적 요소를 강화했다. 즉 이성보다는 예술가의 주관적 의지와 상상력을 중시했다. 표현 방식에서는 규칙화·규격화된 선보다 강렬한 감정을 표현하는 데 적합한 색채에 주목했다. 또한 역사적 의미를 갖는 주제보다는 주체적으로 표현하는 방법을 연구했다.

19세기에 낭만주의 미술은 전성기를 맞는다. 대표적 화가로는 독일의 아르놀트 뵈클린(Arnold Böcklin, 1827~1901)을 비롯해 영국의 블레이크, 조지프 말러드 윌리엄 터너(Joseph Mallord William Turner, 1775~1851), 존 컨스터블(John Constable, 1776~1837) 등을 꼽을 수 있다. 프랑스 낭만주의는 장 루이 앙드레 테오도르 제리코(Jean Louis André Théodore Géricault, 1791~1824)와 들라크루아가 이끌었다.

독일 낭만주의

프리드리히가 18세기 말 독일 초기 낭만주의 미술의 포문을 열었다면, 뵈클린은 절정의 순간을 보여 준다. 프리드리히는 무한한 자연과 인간 정신의 교감이라는 점에서 이성주의 전통과 연관성을 가지면서 숭고의 미를 벗어나지 못했다. 무한한 자연 이해와 고결한 인간 이해는 숭고의 미를 매개로 서로 연관을 맺었다. 요컨대 보편 이성의 그늘에서 여전히 자유롭지 못했다.

<죽음의 섬>, 1880년

하지만 뵈클린이 문을 연 후기 낭만주의는 개별성·상징성을 강화했다. 풍경을 매개로 하더라도 개인의 마음속에 숨겨진 공포나 열정 등의 감정을 드러낸다. 또한 상상에 기초한 상징적 화면으로 인간의 고통을 직접 나타내기도 한다. 특히 죽음을 매개로 염세주의적 분위기를 표현하는 경향이 강해서 쇼펜하우어의 문제의식과 꽤 가깝다고 볼 수 있다.

뵈클린의 대표작인 <죽음의 섬>은 19세기 독일 낭만주의의 경향을 잘 보여 준다. 언뜻 보면 그냥 어두운 느낌의 풍경화이기만, 세밀하게 관찰하고 전체를 종합하면 전혀 다르게 느껴진다. 전체 배경은 어둡고 침침한 하늘과 바다가 맡고 있다. 섬의 중앙은 짙은 나무로 덮여서 깊이를 알 수 없는 검은 구멍처럼 보인다. 그 앞으로 으슥한 느낌의 섬으로 서서히 들어가는 작은 배가 있다. 그런데 이 배도 자세히 보면 심상치 않다. 시신을 안치하러 가려는 듯, 흰옷을 입은 사람과 하얀 천에 덮인 관이 보인다.

뵈클린은 죽음의 메시지를 풍경으로 전달한다. 배에 타고 있는 흰옷의 인물, 혹은 관 속의 시신이 우리일 것이다. 살아가는 일상은 죽음과 같은 고통의 연속일 수 있다. 관을 실은 배는 삶의 순간 속에서 끊임없이 겪어야 하는 고통을 표현한 듯하다. 그러다가 어느 순간 맞닥뜨려야 하는, 결국은 죽음을 맞아야 한다는 사실을 깨닫는다. 그림 전체를 지배하는 우울함과 음침함은 생에 대한 집착이 허무로 연결될 수밖에 없음을 암시한다. 뵈클린의 그림 속에서 자연은 이제 도덕적 메시지를 가진 존재가 아니다. 화가는 풍경을 통해 개인의 심리 상태에 접근하고 이를 드러내려 한다. 염세주의적인 상징 기법으로 심리를 객관화한다.

이 작품은 충족 불가능한 욕구 때문에 결핍감 속에서 사는 고통을 강조한 쇼펜하우어의 염세주의적 문제의식을 잘 반영한다. 쇼펜하우어가 보기에 이성주의가 강조한 조화와 균형은 허구이고 이 세계는 무질서가 가득하다. 무질서의 고통은 죽음으로 귀결한다. 인간은 삶의 고통에서 벗어날 수 없고, 철학은 다만 고통에서 일시적으로 벗어나게 하는 역할을 할 뿐이다. 욕망에서 완전히 벗어날 수 없지만, 부분적으로라도 평정을 유지하는 삶이 유일한 위안이 되어 준다.

뵈클린은 일상적 공포와 고통이라는 운명을 표현하되, 죽음을 격렬하게 부정하는 것이 아니라 받아들임으로써 일시적 평정에 도달하려는 의지를 보여 주었던 것 같다. 뵈클린 자신의 그림을 보는 사람은 고요와 침묵에 틀림없이 감명을 받을 것이라고 했다고도 한다. 그가 강조한 고요와 침묵은 공포와 고통을 긍정적으로 받아들이면서 얻어지는 평정의 순간을 말한 것이 아닐까.

뵈클린의 또 다른 작품 〈페스트〉
는 자연을 매개로 하던 관성에서 벗
어나 상상과 상징으로 직접 삶의 고
통을 드러낸다. 죽음을 상징하는 해
골이 무시무시한 모습으로 골목을
날아다닌다. 해골이 낫을 휘두르자
사람들이 맥없이 쓰러진다. 가을에
곡식을 수확하듯이 닥치는 대로 생
명을 거둔다. 14세기 유럽에서 크게
유행해 많은 이들의 목숨을 앗아간
흑사병, 즉 페스트는 공포 그 자체였
다. 검은색 해골과 용은 병에 걸리면

〈페스트〉, 1898년

온몸이 검게 변하면서 죽게 되는 페스트를 상징한다. 뵈클린은 심한 가난에
허덕였다고 한다. 그 과정에서 전염병 때문에 다섯 명의 자녀를 떠나보내야
했고 그 경험이 죽음의 공포를 만드는 데 크게 작용했을 것이다. 조화로운
미래를 기대하기보다는 무질서와 고통을 운명으로 인식한 쇼펜하우어의 문
제의식이 더 설득력 있게 느껴졌을 것 같다.

영국 낭만주의

19세기 영국 낭만주의 미술은 독일과는 다른 표현 방식으로 나타난다.
프리드리히의 독일 낭만주의 풍경화의 영향을 받으면서도 컨스터블과 터너
의 독창적 성격이 더해진다. 컨스터블과 터너는 영국의 특색 있는 낭만주의

풍경화를 전개한 대표적 화가다. 컨스터블은 야외에서 실물이나 경치를 있는 그대로 그리면서 빛의 변화와 함께 순간순간 다른 모습을 보여 주는 풍경을 보여 주려 했다. 이성적으로 이상화된 자연이 아니라 감각으로 직접 마주하는 실제 자연을 표현했다. 이에 비해 터너는 주관적 성격을 강화한 풍경화를 시도했다. 풍경의 외형적 사실에 얽매이지 않고 감성적 요소가 강한 빛과 색채를 화면에 들여와 추상화 느낌의 풍경화를 그려 냈다.

컨스터블은 조용하고 평화로운 시골 풍경을 담았다. 같은 풍경이더라도 날씨 변화에 따른 느낌을 살리는 데 관심을 두었다. 근대 이전의 화가들은 이상화된 자연을 그렸다. 근대 화가들은 야외 스케치로 외형 정도를 담은 후 실내에서 작업을 했다. 그 반면 컨스터블은 시간에 따른 햇빛과 공기의 느낌 변화까지도 여러 차례 상세하게 스케치했고 이를 토대로 작품을 그렸다. 그는 생철학이 강조했던 보편적 자연 개념을 거부하고 개별적·우연적 현상으로 가득한 자연을 캔버스에 담았다. 시시각각 변하는 빛과 대기의 색채에 민감했던 파리 인상주의 화가들이 컨스터블에게서 적지 않은 영감을 받은 것은 어찌 보면 자연스러운 일이었다.

컨스터블은 특히 광대한 자연 앞에서 인간이 느끼는 압도적 숭고함이 아니라 버드나무, 진흙 묻은 기둥과 돌담 등 사소하고 평범한 일상이 담긴 소박한 자연을 그렸다. 그는 자연을 이상화해 그럴듯하게 포장하는 경향을 거부하고, 말 그대로 자연적 태도로 자연을 바라보았다. 이는 자연에 가치를 부여하려는 모든 시도에서 벗어나 우리의 태도가 더 자연적이어야 하며, 자연은 무구·이성·아름다움이 아니라 한층 친근하게 느껴야 할 대상이라는 니체의 문제의식과도 맞닿아 있다.

<건초 마차>, 1821년

〈건초 마차〉는 컨스터블의 시도를 잘 보여 준다. 건초 마차 한 대가 오두막 앞의 여울을 건넌다. 짐칸을 비운 마차에서 덜거덕거리는 소리가 들릴 듯하다. 하늘과 사물을 비추는 햇빛으로 당시의 날씨를 짐작할 수 있을 정도로 생생하게 표현했다. 먹구름이 섞인 하늘이나 물기를 머금은 듯한 나무와 풀의 색은 소나기가 지나고 긴 뜨거운 여름날임을 짐작하게 한다. 또한 눈부아 마차 윗면을 비추는 햇살, 수면에 반짝이는 물비늘은 강한 햇볕이 내리쬐는 오후 한때임을 알게 한다. 특히 잎사귀 하나하나를 선명하게 표현했는데, 물감을 섞어 칠을 하는 방식이 아니라 초록색과 흰색을 점으로 찍어 그려 자연의 색에 더 가까운 효과를 내려 했음을 보여 준다. 이 방식은 이후 프랑스 인상주의 화가들에게 영향을 미쳤다.

터너의 시도는 파격적이었다. 실제의 관찰을 중시했다는 점은 마찬가지였지만 관심의 대상과 표현 방식은 꽤 달랐다. 컨스터블이 소소한 일상의 풍경에 주목했다면 터너는 광대하고 변화무쌍한 자연에 이끌렸다. 표현 방식은 정감이 넘치는 컨스터블과 달리 거친 느낌을 더 살렸다. 고정된 형태를 정밀하게 묘사하기보다는 자연의 변화에 주목하면서 역동적 장면을 순간적으로 잡아내는 데에 초점을 맞췄다. 이러한 경향이 강화되면서 점차 구체적 형상이 사라지고 색채 자체를 탐구하거나 추상화에 가까운 느낌을 주는 작품으로 나아갔다. 물질은 시간과 공간 없이는 표상할 수 없다는 점에서 객관이 주관적 의지를 포함할 수밖에 없다는 쇼펜하우어의 주장처럼, 터너는 자신의 주관적 느낌을 적극적으로 반영하는 방식으로 자연에 접근했다.

〈눈보라: 항구를 나서는 증기선〉은 형태가 사라지고 색채를 중심으로 순간적 인상을 담아낸 대표적 작품이다. 제목을 보지 않으면 속도감이 느껴지는 추상화처럼 보인다. 바다와 하늘, 먹구름과 눈보라가 뒤섞여 구분할 수 없다. 거세게 휘몰아치는 혼돈의 세계로 우리를 끌어들일 듯한 흡입력이 느껴진다. 이 작품은 상상의 산물이 아니다. 터너는 이 그림의 역동성에 놀란 어느 소설가에게 직접 배에 올랐던 경험을 이야기했다고 한다. 또 런던 국회의사당

〈눈보라: 항구를 나서는 증기선〉, 19세기

에 불이 났을 때는 직접 노를 저어 템즈강 위에서 정신없이 스케치했다고 한다. 직접 관찰에 얼마나 열정적이었는가를 보여 주는 일화들이다.

그는 사물 외형을 그대로 모방하는 관찰이 아니라, 주관적 느낌을 반영해 역동적 화면과 색채로 담아내려 했다. 주관성과 추상성이 강한 작품을 두고, 당시의 화가와 비평가들은 사실성 부족이나 미완성이라는 식으로 비판했다. 하지만 터너는 19세기 낭만주의 미술의 색채 중시를 가장 극단적으로 밀고 나간 화가였고, 이후 인상주의 미술의 색채주의에 깊은 영향을 주었다.

프랑스 낭만주의

여전히 고전주의가 우세했던 프랑스에도 낭만주의 물결이 퍼져 나갔다. 프랑스 낭만주의 미술의 선구자가 제리코라면 전성기의 대표자는 들라크루아였다. 이들은 인간의 감정 중에서도 독일 낭만주의 경향처럼 주로 공포와 고통을 형상화했다. 하지만 일상적 결핍감에서 오는 개인적 고통보다는 사회의 고통에 더 주목했다. 물론 독일 낭만주의 화가들도 전쟁과 같이 사회적 요인에 연관된 공포를 다루었지만, 상대적으로는 질병 등 개인적 죽음에 더 관심을 기울인 편이었다. 하지만 제리코와 들라크루아는 비참하고 모순에 찬 사회 현실을 드러내는 방식으로 고통을 다뤘다.

제리코의 〈메두사 호의 뗏목〉은 프랑스 낭만주의 미술의 새로운 장을 열었다. 이 작품은 1816년 메두사 호가 식민지로 향하던 중 좌초된 사건을 담았다. 전체 400여 명 중에 구명정에 탈 250명을 선장이 정했고, 나머지는 뗏목을 만들어야 했다. 뗏목에 탄 사람들은 10여 일 동안 표류하다 구조되었는데 생존자는 단 15명뿐이었다. 이 그림이 화제가 된 이유는 극적 상황

〈메두사 호의 뗏목〉, 1819년

이나 미술사적 의미만이 아니라 정치적 요소도 포함했기 때문이었다. 이 사고는 막대한 부를 안겨 주는 식민지 사업을 위해 왕실에 뇌물을 주고 사업권을 따낸 무자격 선장 때문에 일어났다.

작품을 자세히 보면, 바다에는 허술한 뗏목을 쉽게 날릴 수 있을 것 같은 파도가 일렁인다. 하늘에는 폭풍우를 쏟아낼 것 같은 먹구름이 밀려온다. 뗏목 가장자리에는 시체들이 널브러져 있다. 몇 사람은 수평선 저 멀리 파도 사이로 아주 작고 흐릿하게 돛대를 향해 옷을 흔들며 소리를 지르는 듯하다.

신고전주의 미술은 인간과 자연을 이상화했다. 이를 위해 이상적이고 고상한 주제를 다루고, 고정된 균형미를 중시했다. 그렇기 때문에 색채보다는 형태에 더 주목했다. 제리코의 그림은 신고전주의의 도식성에 도전장을 내밀었다. 언뜻 균형 잡힌 삼각형 구도와 그리스 조각을 떠올리게 하는 인체 묘사가 신고전주의 표현으로 보일 수도 있다. 그러나 제리코는 이상적·교훈적 내용보다 인간이 처한 극한 고통을 적나라하게 드러내 강조했다. 화가와 개인의 감정 표현에 초점을 맞추었다. 이런 점에서 〈메두사 호의 뗏목〉은 낭만주의의 문을 여는 작품으로 꼽힌다. 드디어 미술가의 자기표현을 담은 미술이 등장한 것이다.

들라크루아는 〈키오스섬의 학살〉으로 낭만주의 화가 대열에 합류했다. 그리스 독립 전쟁 때 드러난 오스만 튀르크인의 만행이 작품의 소재다. 앞쪽에는 학살당한 주검들과 가족들의 격하게 슬퍼하는 모습이 표현되어 있다. 숨이 끊어진 엄마와 젖을 찾는 아기가 울고 있다. 또 학살의 충격에 동공이 풀린 노파와 피를 흘리는 남성이 있다. 뒤편으로는 여전히 무자비한 학살이 진행 중이다.

평론가들은 이 작품을 두고 악인도 영웅도 없이 오로지 전투에 패한 그리스인의 끝없는 절망과 무력감만을 표현했다고 비난했다. 신고전주의의 기준으로는 그림으로 어떤 역사적 교훈을 이끌어 내야 했기 때문이다. 들라크루아는 전쟁의 무질서와 잔인한 폭력이 인간에게 가하는 극도의 공포와 고통 자체를 드러내려 했다는 점에서 낭만주의 정신을 따르고 있었다.

〈키오스섬의 학살〉, 1824년

〈도벽 환자의 초상〉, 1820년~1824년   〈알제리의 여인들〉, 1834년

프랑스 낭만주의 회화는 캔버스에 개인의 감정을 드러내는 데에 적극적이었다. 이는 현실에서 직접 삶을 영위하는 진정한 의미의 인간은 개체로 존재하고, 또한 인간의 모든 기능과 특성이 신체와 분리될 수 없는 한 정신은 감정과 긴밀한 관계를 갖는다는 생철학의 문제의식을 반영한 것이었다. 개체의 의지를 뛰어넘는 보편적 의지가 존재하지 않기 때문에 개인의 의지는 다원성을 지닐 수밖에 없다는 생각을 반영했다. 특히 제리코는 〈도벽 환자의 초상〉에서 볼 수 있듯이 다양한 표정으로 개인의 감정을 담아내려 했다.

이뿐만 아니라 낭만주의 미술은 표현 방식에서도 신고전주의와 차별성을 가졌다. 영국의 터너가 그러했듯이 색채를 주요한 탐구 대상으로 삼았다. 신고전주의가 선과 구도로 회화의 이지적 요소를 강화했다면 낭만주의는 색채로 감정을 표현하는 데 더 큰 관심을 두었다. 앞서 터너가 선과 형태를 대신하는 색채의 가능성을 모색했다면, 들라크루아는 원색에 가까운 강렬한 색채로 열정적 감성을 표현했다.

예컨대 〈알제리의 여인들〉은 선의 사용 없이 색채만으로 회화를 완성할 수 있다고 믿었던 들라크루아의 생각을 반영한다. 이 작품은 알제리 여인들의 일상생활을 담았다. 자세히 보면 인물과 인물의 경계는 물론이고 신체와 의복 등을 선으로 나누지 않고, 색의 대비와 명암으로 효과적으로 표현했다. 특히 번뜩일 정도로 강렬한 색채가 매우 인상적이다. 오른편의 흑인 여성은 붉은색과 군청색이 선명하게 대비된 치마에 푸른빛이 감도는 조끼를 입고 있다. 그 옆의 여인은 노란색 무늬가 들어간 녹색 치마와 흰색 셔츠를 입고 있는데, 대비가 뚜렷하다. 화려한 색으로 수놓은 카펫이나 튀어 나올 듯이 생동감 넘치는 붉은색 문도 눈길을 사로잡는다. 앞에서 보았던 〈사르다나팔루스의 죽음〉도 침대를 중심으로 붉은색 천이 전체를 휘감고 여기에 노란색·푸른색·흰색 등으로 치장된 인물과 사물을 배치해 전체적으로 색채의 향연을 벌였다. 그가 구사한 강렬한 색채와 감성은 낭만주의 미술의 정점을 보여 준다.

인상주의 미술

생철학의 미의식은 인상주의 미술의 생성과 전개에 결정적 영향을 주었다. 특히 감각이나 의식은 현실에 대해 단순한 인상만을 준다는 베르그송의 문제의식이 직접 연관되어 있다. 사물 자체가 아니라 특정 시공간에서 개별 사물의 부분적·표면적 인상만을 받아들인다. 그러므로 화가에게 창작은 자신이 느낀 순간적·일회적 인상을 캔버스에 실현하는 과정이 되었다. 인상이 주관적 표상과 분리될 수 없는 이상 화가는 특정한 순간에 갖는 감정과 직관을 작품에 실현한다는 점에서도 인상주의 미술의 특징과 맞닿아 있다.

넓은 의미에서 인상주의 화가로는 선구자 격인 바르비종파의 장 바티스트 카미유 코로(Jean Baptiste Camille Corot, 1796~1875)와 밀레를 비롯해, 카미유 피사로(Camille Pissarro, 1830~1903), 폴 세잔(Paul Cézanne, 1839~1906), 반 고흐, 고갱, 에두아르 마네(Édouard Manet, 1832~1883), 모네, 드가, 르누아르(Pierre Auguste Renoir, 1841~1919), 앙리 드 툴루즈 로트레크(Henri de Toulouse Lautrec, 1864~1901) 등을 꼽을 수 있다.

시시각각 바뀌는 자연의 빛을 탐구하다

인상주의 화가들은 자연의 빛을 사랑했다. 같은 풍경이어도 햇빛의 정도와 각도에 따라서 천차만별의 느낌을 준다. 단순히 색의 변화만이 아니라 형태조차도 다르게 다가온다. 요컨대 인상파 미술을 대표하는 화가들의 가장 큰 공통점은 자연의 빛에 관심을 가졌다는 것이다. 그들은 끊임없이 캔버스를 들고 자연으로 나갔다. 대지 위에 작열하는 빛의 흐름, 인간의 신체를 애무하듯 간질이는 빛의 향연을 표현했다.

코로와 밀레 등은 파리 교외의 바르비종을 비롯해 여러 곳을 찾아다니면서 많은 풍경화를 남겼다. 자연의 착실한 관찰자로서 자연을 감싸는 대기와 광선의 효과에 주목해 빛의 처리를 민감하게 생각했다. 밀레는 〈낮잠〉처럼

〈낮잠〉, 1866년

풍경보다는 오히려 농민 생활을 더 많이 그렸다. 그가 중시한 빛의 효과가 잘 나타난다. 농사일을 잠시 멈추고 두 사람이 볏단 그늘에 누워 곤하게 낮잠을 잔다. 소들로 따가운 햇볕에 지쳤는지 그늘에 옹기종기 모여 있다. 한낮에 작열하는 햇볕은 사물의 경계를 흐릿하게 만든다. 여기저기 널브러져 있는 볏짚과 땅의 경계가 분분명하다. 강렬한 빛이 반사는 저 먼리 쌓아놓은 볏단과 하늘의 경계도 흐릿하게 만든다. 볏단 밑의 몇 마리 소도 흐릿하다. 과거의 상식으로는 이렇게 사물을 뿌옇게 뒤섞어 놓은 그림은 미완성 작품이거나 서툰 표현에 해당했다.

르누아르의 〈물랭 드 라 갈레트의 무도회〉는 독립적·완결적 표현보다는 빛의 효과에 주목했던 인상주의 특징을 더 극적으로 보여 준다. 인상주의

〈물랭 드 라 갈레트 무도회〉, 1876년

화가는 빛의 효과를 극적으로 드러낼 수 있는 시간을 좋아했다. 아침의 햇빛은 대지 위의 모든 사물을 깨우는 힘이 있다. 특히 한낮의 빛은 물체를 투과할 정도로 강렬한 효과를 내기 때문에 인상주의 화가들을 사로잡기에 충분히 매력적이었다. 이 작품은 한낮의 야외 파티를 그렸는데, 자세히 보면 이상한 점을 발견할 수 있다. 사람들의 얼굴과 옷이 온통 얼룩덜룩하다. 땅은 물론이고 심지어 사람들의 머리도 얼룩져 있다. 이는 공원을 뒤덮고 있는 나뭇가지와 잎 사이로 파고드는 빛의 조각이 연출해 낸 효과다. 화가는 갈라진 빛의 조각을 보이는 그대로 표현할 때 완결적 묘사가 어려울 수 있음에도 일회적·순간적 빛의 효과 탐구에 더 열중했다.

〈몽마르트 거리-밤〉, 1897년　　　　　　　　　〈몽마르트 거리-봄〉, 1897년

　흔히 빛의 영역은 해가 떠 있는 아침부터 저녁까지라고 생각한다. 형태와 질감을 재현하려 했던 전통적 화가들에게 사물의 경계가 극단적으로 무너지는 밤 풍경은 기피 대상이었다. 어둠을 이용하더라도 불빛에 드러난 사물을 극적으로 강조하기 위한 장치였을 뿐, 밤 자체를 탐구 대상으로 삼은 경우는 매우 드물었다. 하지만 빛의 마술은 밤이라고 해서 예외일 수 없다. 밤은 자연의 달빛과 함께 인공의 빛을 선사한다. 가로등이나 전등은 밤의 세계를 화려하게 꾸며준다. 그래서 인상파 화가들은 달빛·별빛과 함께 전등의 불빛이 만들어 내는 화려함을 구현하려 애썼다.

　피사로의 〈몽마르트 거리〉 연작은 빛의 효과를 낮과 밤으로 각각 다르게 표현한 대표적 작품이다. 빛을 탐구하는 데 치열했던 그는 호텔에서 내려다본 몽마르트 거리를 다른 시간과 날씨에서 각각 묘사해 서로 다른 그림으로 완성했다. 오후의 풍경은 복잡한 도심의 화창한 거리 느낌이 그대로 전해져 온다. 건물 위를 밝게 비추는 햇살과 황색 계열의 건물들이 따사로운 분위기를 한껏 자아낸다. 하지만 같은 거리의 밤 풍경은 전혀 다르다. 자연의 빛은 사라지고 건물과 가로등이 뿜어내는 불빛이 새로운 거리를 보여 준다. 경쾌한 분위기의 조명이 하늘을 가득 채운 검푸른 밤의 기운을 살짝 밀어 낸다. 그 틈새로 가로수와 행인이 잔상처럼 스친다.

사물에 대한 주관적 인상의 묘사

피사로의 작품처럼, 밤이 주는 인상을 빛의 효과로 실현하는 과정에서 사물의 주관적 변형이 일어난다. 많은 부분을 생략했는데 오히려 밤의 정취가 한껏 살아난다. 사물의 일부 특징을 주관적 인상으로 받아들이고 회화적으로 표현하는 과정에서 화가의 독창성이 발휘된 것이다. 인상주의라는 개념도 이러한 특징에서 비롯한다.

모네의 〈인상, 해돋이〉는 인상주의의 특징을 가장 잘 보여 주는 작품으로, '인상주의'라는 표현을 만들어 내는 계기가 되었다. 맨 앞의 작은 배는 실루엣으로 형체를 알아볼 수 있을 정도다. 어느 것 하나 명확하게 모습을 드러내지 않는다. 사물과 사물 사이의 경계가 거의 무너져 있다. 멀리 붉은 해가 떠오르면서 하늘에 붉은 빛이 퍼지고 물에 그림자를 드리운다. 육지는 거뭇거뭇한 흔적이 희미하게 보일 뿐 도무지 무엇이 있

〈인상, 해돋이〉, 1872년

〈별이 빛나는 밤〉, 1889년

는지 알 수가 없다. 그러나 그 어떤 작품보다도 안개가 짙게 낀 강가를 배경
으로 해가 떠오르는 인상을 실감 나게 표현한다. 하늘과 땅과 물은 서로 스
며들고, 떠오르는 해의 붉은빛은 사방팔방으로 섞이듯 퍼지기 마련이다. 날
마다 뜨는 해를 날씨와 대기의 상태와 결합하고, 나아가서는 화가 개인의 감
정과도 결합하면서 일회적 인상을 부여하고 이를 그려 냈다.

　고흐의 〈별이 빛나는 밤〉도 마찬가지로 화가의 주관적 느낌으로 표현한
밤 풍경이다. 밤하늘의 별이 소용돌이치는 급류처럼 서로 얽히고설키면서
가로로 흐른다. 나무와 산 아래 집들은 수직으로 솟구치며 별의 흐름과 만난
다. 고흐는 짧게 끊어진 수많은 선을 촘촘하게 배열하는 방식의 붓 터치로

생철학 – 387

역동적으로 출렁이는 하늘과 대지를 묘사한다. 실제의 자연이 그렇게 생겼는지는 중요하지 않다. 특정한 시간과 공간에서 화가가 빛의 흐름을 어떻게 느꼈는지가 더 중요하다.

형태·색·빛의 인위적 분해와 입체파의 자극

대상을 주관적으로 변형하는 과정에서 다양한 방식으로 형태와 빛을 분해하려는 시도가 나타난다. 특히 즉흥적이고 무원칙한 주관적 변형이 아닌 나름의 논리와 체계를 제시한다. 현실에서는 시공간에 따른 빛의 변화로 시시각각 다른 모습이지만, 내적 본질로 들어가면 모든 사물에는 기본적 구조가 있어서 이를 통해 일관된 묘사가 가능하다고 보았다. 그래서 세잔은 사물의 본질적 구조를 드러내 인상주의 미술을 박물관의 미술품처럼 견고하고 지속적인 것으로 만들고 싶다고 했다.

〈생 빅투아르산〉은 세잔이 드러내려는 사물의 본질적 구조가 무엇인지에 대한 단서를 준다. 그는 생 빅투아르산을 연작으로 묘사했다. 모네와 피사로가 같은 대상을 계절이나 시간 변화에 따라 어떻게 다르게 표현되는지를 탐구했다면, 세잔은 전혀 다른 시도에 매달렸다. 빛의 효과보다는 면과 색을 분석적으로 이해하는 데에 주목했다. 모든 사물을 관통하는 단순한 구조, 즉 원통·원뿔·사면체 등 기하학적 요소로 시각화했다. 이 그림에서도 산과 들 그리고 집이 다양한 도형의 집합처럼 형태가 분해되어 있다. 색채도 고유한 색의 사실적 묘사하기보다는 다이아몬드를 통해 본 듯이 굴절된 모자이크처럼 분해했다. 화면의 깊이감도 소실점을 중심으로 순차적 형태로 변하면서 원근감을 실현하는 방식이 아니다. 후퇴하는 느낌을 주는 차가운

색은 뒤쪽에 두고 전진하는 느낌을 주는 따뜻한 색을 앞쪽에 배치하는 방식
으로 그렸다.

　한편 세잔은 기존의 공간 개념을 무너뜨리기도 했다. 사물의 기본 형태
는 물론이고 평면의 캔버스에 삼차원 공간을 구현하는 입체감, 사물과 사물
사이의 공간을 지배하는 전통적 원근감 등을 분해하고 종합해 폐기했다. 풍
경만이 아니라 사람도 기하학적으로 분해할 수 있다고 여겼다. 〈대수욕도〉
는 형상과 색채의 기본 구조는 같다고 생각한 세잔의 문제의식을 사람에 적
용한 작품이다. 신체 세부 묘사를 생략하고 몇 가지 특징만 단순하게 나타냈
다. 머리는 원구의 느낌이고 몸은 원통이다. 세잔을 비롯해 인상주의 화가들

〈대수욕도〉,
1900년~1906년

이 시도한 형태와 빛의 분해는 이후 입체파 미술로 나타나게 된다. 나중에 입체파 미술을 대표하는 파블로 피카소(Pablo Picasso, 1881~1973)는 세잔의 시도를 극단화하는 방향으로 나아간다. 원근감과 명암으로 나타내는 입체감은 완전히 사라지고, 사각형·삼각형 등의 도형 요소를 강화한다.

화가의 주관적 변형은 면과 색만이 아니라 빛의 진행까지도 바꿔 놓았다. 빛은 직진한다는 상식을 수정한다. 마네의 〈폴리 베르제르 술집〉은 현실에서는 불가능한 장면을 빛의 주관적 개입으로 실현했다. 파리에 개장한 음악 홀을 바텐더와 뒤편의 거울을 통해 보여 준다. 화려한 샹들리에와 북적거리는 손님들의 모습이 보인다. 자연스러워 보이는 이 그림을 의심의 눈초리로 살펴보면 상식적이지 않은 현상을 발견할 수 있다. 먼저 정면을 응시하는 바텐더의 모습과 거울에 비친 모습이 현실에서는 불가능한 구도로 표현되어 있다. 바텐더는 정면인데 거울 속에 비친 모습은 약간 측면으로 비켜난 위치에 있다. 또한 거울 속에서 대화를 나누는 남성의 모습이 현실에서 가능하려면 바텐더의 앞에 그의 뒷모습이 보여야 한다. 정면을 바라보는 여인을 가로막지 않으면서도 대화하는 남성을 나타낼 방법을 나름대로 찾아 비스듬하게 그린 것이다. 빛은 직진한다는 상식을 무시하고 빛의 진행 방향을 수정해 여성의 정면과 그녀와 대화하는 남성의 정면을 한 화면에 담았다.

〈폴리 베르제르 술집〉, 1881년~1882년

의무론적 도덕 원리 비판과 도덕의 상대성

쇼펜하우어 : 법칙과 명령으로서 윤리 비판과 동정심

쇼펜하우어의 윤리관은 칸트의 의무론적 윤리관을 비판하는 데서 출발한다. 쇼펜하우어는 의무로서 무조건 지켜야 하는 당위와 윤리는 그 자체로 모순이라고 생각했다. 인간의 가장 중요한 특징으로 자유 의지를 꼽으면서 의지가 따라야 할 법칙적 의무를 지시하는 것은 분명한 모순이기 때문이다. 마치 '목제의 철'이라고 부르는 것처럼 말로는 할 수 있으나 현실에서는 실현 불가능한 모순에 불과하다.

의무론적 윤리관의 부정은 곧바로 절대적 윤리관 비판으로 이어진다. "선이란 그 개념에 따르면 관계에 의해 유효한 것이며, 즉 모든 선이란 본질적으로 상대적이다. 선이란 욕구하는 의지에 대한 관계 속에만 본질이 있기 때문이다. 그에 따라 절대선이란 하나의 모순이다." 선은 구체적 행위와 삶에서 분리할 수 없다. 선은 의지의 작용과 깊이 연관된다. 그러므로 선의 의미는 개인의 의지를 당장 만족시키는 선과 미래에 간접적으로 만족시키는 선, 즉 쾌적한 것과 유용한 것이다. 이와 반대되는 개념이 악이다. 또 의지가 개별 인간에 속하므로 좋은 음식, 좋은 길, 좋은 날씨는 서로에게 다르다. 의지에는 완전하고 영원한 충족이란 없다. 의지에게는 최고의 미도 절대적 선도 존재하지 않는다. 언제나 잠정적 선이 있을 뿐이다.

칸트처럼 윤리에 객관이나 절대와 같은 규정을 도입하는 시도는 성공할 수 없다. 윤리를 법칙 수립이라든지 명령 형식으로 강요할 수는 없다. 쇼펜하우어는 명령에 복종하는 칸트의 도덕을 지독한 노예의 도덕이라고 규정한다. 윤리는 미래에 나타날 행위 일반의 제약이 아니라 일어난 행위를 설명하고 해석해 이해하는 것에 만족해야 한다.

도덕은 이론이 아닌 경험에서 출발한다. 그런데 인간 행위의 뿌리에서 경험적으로 작용하는 것은 이기주의다. 인간 행위의 근본 동인은 현존재와 행복을 갈망하는 이기주의다. 따라서 이기주의는 비록 유일한 것은 아니어도 도덕적 동인이 싸워 이겨야 하는 최초의, 가장 중요한 세력이다. 이러한 이기적 갈망을 이성이 규정한 몇 가지 도덕 법칙으로 제어하려는 시도는 무모한 발상이다.

이기적 욕망을 도덕의 핵심 영역으로 설정하는 쇼펜하우어의 문제의식은 새로운 것이 아니다. 근대 철학은 물론이고 중세 철학도 이기적 욕망을 도덕이 상대해야 하는 가장 중요한 대상으로 여겼다. 블레이크의 〈연인들의 회오리바람〉은 이기적 욕망에 지배당하는 인간을 묘사한다. 이 작품은 벌거벗은 남성과 여성의 육체가 회오리바람 속에 뒤섞여 있다. 인간은 고통 속에서 현세에서 누린 애욕의 대가를 치른다. 뒤에 서 있는 존재는 색욕자들의 지옥을 관장한다는, 반인반수의 모습을 가진 미노스가 아닐까 싶다. 지옥의

〈연인들의 회오리바람〉, 1824년

분위기를 묘사하려는 의도 때문인지 전체적으로 어둡고 칙칙한 색이 가득하다. 서양 철학에서 전통적 윤리관은 이성적 명령이나 신학적 제약과 어떨 때는 독립적으로, 혹은 뒤섞이면서 위력을 발휘했다. 이들은 공통적으로 블레이크의 이 작품이 주는 메시지처럼 이기적 욕망의 제어를 과제로 삼았다.

하지만 이기적 욕망을 제어하는 방법에서는 다른 해법을 내놓는다. 우선 신학적 윤리관은 지옥의 고통을 매개로 종교적 믿음과 복종을 강제했다. 근대 철학은 이성, 특히 칸트는 정언 명령에 기초한 보편 윤리를 제시했다. 하지만 쇼펜하우어는 이기주의에 대항하려면 이론적 궤변이나 선언 이상의 대응이 필요하다고 생각했다. 이기주의가 실제적이듯이 대응도 실제적이어야 한다.

　　그래서 사변적 윤리 이론을 세우는 것이 아니라 경험 속에서 사심 없는 인간애의 행위, 그래서 고결한 마음과 관용으로 나아가는 행위를 찾는 일을 과제로 삼아야 한다. 실제 존재하면서 이기주의적 갈망을 제어하는 역할을 할 수 있는 동력으로 동정심을 제안한다. 동정심은 이기주의를 넘어 인간애를 발휘할 경험적 근거로 가장 명확한 현상이다. 이는 인간 의식에 고유하며 종교나 신화 그리고 교육과 양육에서 비롯되지도 않는다. 후천적으로 만들어지는 개념이 아니라 인간 본성이기 때문에 윤리의 근본 현상으로 큰 힘을 발휘할 수 있다. 동정심은 처음에는 누구도 해치지 말아야 한다는 점에서 수동적 마음 상태로 나타난다. 다음으로는 상대를 돕는 좀 더 적극적 동기로 나아간다. 그래서 누구도 해치지 말고 네가 할 수 있는 한 모든 이를 도우라는 명제를 윤리학의 최고 원리로 제시한다.

　　동정심이 도덕의 가장 중요한 원천이므로, 동정심을 불러일으키는 모든 대상은 도덕에 속한다. 동물도 도덕 영역에 포함된다. 그러면서 동물을 무책임하고 형편없이 다루는 현실, 나아가서는 동물의 권리를 부정한 기존의 윤리관을 비판한다. 동물 학대는 이성을 중심으로 인간과 동물이 완전히 다르며 인간만이 우월하다고 주장했던 서양 철학의 천박함과 상스러움 그리고 야만성 때문에 생겼다. 인간 본질이 이성이 아닌 의지에 있고, 개별 의지로 자아가 형성된다면 동물도 근본적으로는 인간과 같다. 동물도 스스로를 외부 세계로부터 구분하고, 자기의식과 자아도 가진다. 어떤 동물에게나 내재하는 무한한 이기주의만 보더라도 동물이 의지를 지닌 존재이고 얼마나 자아를 잘 의식하는지를 충분히 알 수 있다. 그러므로 동물 보호는 인간이 인간을 보호해야 한다는 윤리적 결론의 연장선에서 이해해야 한다.

니체 : 사회적 강제로서 윤리와 생존 본능의 해방

니체는 기본적으로 칸트의 의무론적 윤리관 비판과 윤리의 상대성을 향해 발걸음을 내디딘 쇼펜하우어의 문제의식을 받아들인다. 의무나 의무의 신성함 같은 도덕 개념의 세계는 지상의 모든 대사건의 발단처럼 피로 물들여졌다. 억압과 강제에 기초하고 있다는 점에서 의무론적 윤리관에서는 피와 고문의 냄새가 완전히 씻긴 적이 없었다. 그래서 칸트의 정언 명령에는 잔인한 피의 냄새가 난다고 비판한다. 당위적 법칙에서 벗어나 자의의 세계로 나아갈 때 진정한 윤리의 가능성은 열린다는 것이다.

보편 법칙을 부정한다는 점에서 도덕의 본질은 상대성과 개별성이다. 예컨대 다른 전통과 역사를 가진 민족마다 각기 다른 윤리 기준을 가질 수밖에 없다. 민족 집단만이 아니라 개인에 따라서도 선과 악의 기준이 다르다. "이것이 나의 선이요, 나의 악'라고 당당하게 주장할 수 있는 사람이 있다면, 그는 이미 자신의 내면에 있는 자기를 찾아낸 사람이다. 그런 사람이 당당히 다가서기라도 하면 만인을 위한 보편적 선과 악의 궤변을 늘어놓아온 두더지와 난쟁이들은 할 말을 잃고 만다." 선과 악은 오직 개인의 판단으로 한정될 때 의미가 있다. '모든'이라는 보편적 접근이 아니라 '나'라는 개별 주체에서 출발해야 한다.

니체는 쇼펜하우어의 단순한 수용이 아니라 윤리관의 새로운 지평을 여는 방향으로 나아간다. 쇼펜하우어가 개별성 위에서 윤리학의 토대를 제안하되 여전히 이기주의에 대응함을 가장 중요한 과제로 설정하고 이를 동정심으로 해결하려 했다면, 니체는 전혀 다른 방향으로 나아간다. 먼저 개별성을 더욱 강조한다. 개별성에 기초할 때 보편적 이익조차 증가한다. 그러므로 개인성의 희생을 요구하는 도덕률에서 벗어나 자신을 완전한 개인으로 만들어야 하고 모든 행위에 있어 개인의 최고 안녕을 추구해야 한다. 이것이야말로 "다른 사람을 위한 동정적인 감동과 행위보다 그를 훨씬 더 진보시켜 준다." 쇼펜하우어처럼 동정심을 통한 이기주의 극복을 제시해 다시 기존 윤리학으로 돌아가지 않고 개인적 욕구를 더욱 확고히 하는 방향으로 나아간다. 이를 위해 개별 주체가 분명하게 '그렇다'와 '아니다'를 표명하는 데서 윤리는 출발해야 한다.

니체는 아예 이기주의 문제를 윤리 영역에서 떼어 낸다. 이기주의 극복을 윤리적 동인으로 본 쇼펜하우어와 달리, 니체는 윤리를 사회적 규율이나 관례에 순종하는 것으로 규정한다. 사회는 그렇게 순종하는 사람에게 '선하다'고 한다. 반대로 인습을 거스를 때 사회는 악이라 규정한다. 그러므로 윤리와 비윤리, 선과 악의 구분은 이타적이냐 이기적이냐가 아니라 본질적으로 인습과 규율에 속박되는지 아니면 해방되는지에 있다.

윤리란 사회 규율을 강제하기 위해 만들어 놓은 장치에 불과하다. 법을 강제력에, 윤리를 내적 양심에 연결하는 기존 윤리관과 확연히 다르다. 윤리는 처세술로서의 강제력에 기초한다. 선이나 덕은 강자가 재물과 권력을 얻고 유지하는 방편이자 강제력의 한 형태에 불과하다. 상세틱과 익입에 기초한 의무론적 윤리는 개인의 생생한 삶과 의지를 죽인다. 하나밖에 없는 현실의 삶을 부정하는 기존의 도덕 개념은 허구일 뿐이다.

니체는 윤리의 근거인 인습이 왜 생겨났는지가 잊히면 잊힐수록 존중받고 신성시된다고 강조한다. 인습이 처음 생길 때는 특정 세력의 이해관계를 반영해 생긴다. 그래서 그 인습이 생긴 이유를 기억하는 동안에는 절대적 권위를 갖기 힘들다. 인습의 기원이 사람들의 기억에서 잊히면 점점 특수한 이해관계를 초월한 보편적 규범으로 여기게 된다. 처음에는 강제력에 기초하지만, 윤리가 습관이 되면서 점차 자연스러워진다. 심지어 윤리를 지키면서 쾌감을 느끼는 단계에 이르면 강제력은 불필요해진다. 강제력 대신에 자발적 양심이 자리를 차지한다. 윤리에서 쾌감을 느끼게 되면서 사람들은 "아무런 사변도 필요로 하지 않는" 상황에 놓인다. 왜 그러한 윤리가 생겨났고 정말 필요한지 의문을 가지거나 사고하는 것이 사라지고 맹목적 복종만 남는다.

이기적인 것과 도덕을 서로 다른 영역으로 구분할 때, 자기 이익을 위해 타인에게 해를 미치는 행위까지 도덕적으로 정당화하거나 최소한 도덕과 무관한 행위로 포장할 위험이 있다는 반론이 뒤따를 수 있다. 쇼펜하우어가 이러한 문제에 직면해 동정심을 매개로 개별성을 양보하는 타협을 선택했다면, 니체는 정면 돌파를 시도한다. 적어도 생존을 위한 본능적 의지와 행위라면 선악의 잣대를 댈 수 없다. 동물이 먹이를 차지하기 위해 싸우고 죽이는 행위를 도덕적으로 판단하지 않는 것과 같은 이치다. 마찬가지로 인간이 생존을 위해 타인과 싸우는 행위를 악이라고 규정하는 것은 타당하지 않다.

여기서 진짜 악행은 인간이 자유 의지가 있어서 나쁜 짓을 할 수도 안 할 수도 있는 존재이기 때문에, 스스로를 통제하지 못할 때 비윤리적 행위라고 낙인을 찍는 것이다. "의향이라는 것에 대한 이 믿음은 증오, 복수심, 악의를 야기하고 상상력을 완전히 손상시킨다." 여기서 의향이란 자기 뜻대로 하는 성질을 말한다. 전통적 윤리관은 인간에게 자기 의지대로 행동할 수 있고, 타인을 위해 희생할 수 있는 본성이 있기 때문에 윤리가 성립한다고 봤다. 니체는 동정심을 바라보는 쇼펜하우어의 그릇된 견해가 여기에 속한다고 지적한다. 의향을 오해해 생존을 위해 저지른 행위임에도 복수심이나 책략으로 잘못 판단하고 윤리의 잣대를 들이민다. 비윤리 행위에 대한 통념이 자유 의지라는 잘못된 판단에 기초한 비난이기 때문에 생존 본능에 기초한 '사악한' 행위는 무죄다. 국가를 세우는 과정에서 권력자·지배자의 행위도 근본적으로는 이와 같은 맥락이다.

국가를 세우기 위한 권력자들의 행위를 생존 본능 차원에서 논의하는 니체의 논리는 자신이 근대 국가의 폭력성과 침략성을 비판하면서도 스스로 국가의 폭력성을 정당화하는 모순된 결과를 만들어 낼 가능성을 가진다. "강한 것에게 강한 것으로서 자신을 표현하지 말 것을 요구하는 것, 즉 그에게 압도하려는 욕망, 제압하려는 욕망, 지배자가 되려는 욕망, 적과 저항과 승리에 대한 갈망을 갖지 말 것을 요구하는 것은, 약한 것에게 강한 것으로 자신을 표현할 것을 요구하는 것과 마찬가지로 불합리하다." 국가의 건설과 유지와 연관된 권력자들의 지배와 억압 욕구가 생존 본능의 하나로 정당화될 가능성을 지닌다. 그의 비유에 따르면 어린 양들이 맹수를 싫어하는 태도는 이상한 일이 아니지만 그렇다고 맹수가 어린 양을 채어 가는 것을 비난할 만한 이유가 되지는 않는다.

심지어 권력을 향한 의지를 선으로 규정하고, 상자에 내미뢰는 사회적 약자를 위한 동정심은 부적절함을 넘어 악에 가깝다고 단언한다. 권력을 향한 본능적 충동과 이를 뒷받침하는 강한 힘은 선에 해당한다. 반대로 악이란 약함에서 생겨난 모든 것이고, 약한 자와 발육이 부진한 자들이 도태되도록 도와주는 것이야말로 우리가 가져야 할 인간애의 첫 번째 명제다.

Philosophy
생철학의 정치 철학

국민성 고취 비판과 개별성으로서 정치

쇼펜하우어 : 이성적 국가관과 국민성 고취를 비판하다

쇼펜하우어는 국가를 이성과 도덕의 결정체로 보는 칸트와 헤겔의 관점에 지극히 비판적이었다. 칸트는 국가를 이성에 기반한 '도덕적 인격체'로 규정했다. 헤겔도 국가를 자유와 이성의 실현체로 보았다. 큰 틀에서 국가를 진리와 정의 그리고 이성이 이상적으로 실현된 상태로 이해한 서양 주류 철학의 전통에서 벗어나지 않았다.

하지만 쇼펜하우어는 국가를 개인의 이기성이 확대된 결과물로 이해한다. 국가를 이기심에 반대되는 것으로, 그리하여 국가의 형성을 도덕적 의무로 연역하거나 국가를 도덕의 조건으로 바라보는 견해는 거부해야 한다. 국가는 만인의 이기심에서 생겼다. 국가가 개인의 이기심과 충돌하는 경우가 있지만, 이를 이기심 일반과 국가의 갈등으로 이해하면 안 된다. 국가는 개인의 이기심이 아닌 공통된 이기심에 봉사하기 위해 존재한다. 개별 이기심이 전체 이기심과 충돌할 때 개별 이기심의 해로운 결과를 억제하고 전체 이기심을 실현하기 위해 국가가 강제력을 행사한다. 그러므로 순수한 도덕에 근거한 올바른 행동을 국가에 기대할 수 없다.

개별성을 강조하고 개인의 삶과 의지를 중시하는 쇼펜하우어의 입장에서는 당연히 피히테의 국민성 강화 주장도 허구적일 뿐이다. 어느 국가에서 태어났는지는 전적으로 우연이다. 독일을 재건하기 위해 국민적 자부심을 북돋아야 한다는 피히테의 발상은 그 자체가 개성을 억압하고 국가가 갖고 있는 모든 결점과 우둔한 행동을 변호하려는 시도에 불과하다. 우리가 옹호해야 하는 것은 개성이다. 국민성이란 대다수 사람에게 공통된 것이므로 맑은 정신으로는 도저히 찬사를 보낼 수 없다. 어느 국민의 어떤 국민성을 살펴보아도 그것은 단지 인간이 무능하고 미약하며, 아둔하고 사악하다는 것이 여러 형태를 취하고 있을 뿐이다.

니체 : 뛰어난 소수의 권력 의지를 정점으로 하는 위계 구조

쇼펜하우어가 국가와 개인을 구분하고 국민성보다 개성이 우위에 있다고 주장했다면, 니체는 국가를 비판하는 입장을 받아들이면서도 개인의 순수 집합으로서 민족의 적극적 역할을 옹호한다. 그래서 국가와 민족을 구분하지 않는 논리를 섬세한다. 국가가 민족에 뿌리를 두고 있다는 근대 민족 국가 논리는 거짓말이다. 순수한 공동체로서의 민족은 개인의 삶에 봉사했지만, "국가가 소유하고 있는 물건은 모두 훔친 것"이기 때문에 국가는 반대로 개인을 억압한다. 또한 공동체로서 민족은 개인에 기초하고 있어 선과 악에 각기 다른 기준을 가지고 있지만, 국가는 획일적 선악 기준을 강제함으로써 개인성을 파괴한다.

〈민중을 이끄는 자유의 여신〉, 1830년

　니체가 옹호하는 공동체의 민족은 다수 민중을 의미하지 않는다. 그에게 민족은 개인의 산술적 합 그 이상이 아니다. 중요한 것은 개인, 그것도 우수한 개인이다. 반대로 민중은 무지하고 집단성을 가지는데, 이것이 개성을 억제한다. 그는 스스로 민중과 다수에 따른 여론에서 되도록 멀리 떨어뜨려 놓기를 원했다. 과거의 기독교적 평등주의는 물론이고 새롭게 부상하는 평등 사상에도 적대감을 숨기지 않았다. 정의로움의 근거는 인간이 평등하지 않다는 데서 찾아야 한다고 보았다. 대중 선동에 의존하는 방식은 자신을 천박한 민중 수준으로 낮춘다는 점에서 대안이 될 수 없다.

18세기 말부터 19세기 중반에 이르기까지 유럽을 뒤흔든 혁명의 분위기는 명백한 한계를 가진다고 지적한다. 들라크루아의 〈민중을 이끄는 자유의 여신〉은 19세기 유럽 혁명을 상징한다. 맨 앞에서 프랑스 혁명을 상징하는 삼색기를 든 여인은 마치 그리스 조각상에 색을 입힌 듯한 모습이다. 얼굴이나 몸이 그리스의 비너스 조각상을 떠올리게 한다. 온몸에 힘이 불끈 솟아오르고 거칠 것이 없을 듯하다. 다른 손에 든 긴 소총도 그녀에겐 별로 버거워 보이지 않는다. 시체를 딛고 포연을 헤치며 나아가는 그녀의 모습은 위풍당당함 그 자체다.

니체가 보기에 질서의 혁명적 전복을 선동하는 사람들은 루소의 미신에서 벗어나지 못한 자들이다. "전복은 아마 지쳐버린 인류에게는 일종의 힘의 원천일 수는 있겠지만, 결코 인간 본성을 정리하는 자, 건축가, 예술가, 완성자일 수는 없다는 사실을 잘 알고 있다." 루소는 모든 인간이 자연적으로 가진 아름다운 인간성을 최대한 발휘하게 하면 이상 사회를 세울 수 있다고 보았다. 니체는 이를 대단한 착각이라고 비판이다. 전복, 즉 혁명이 어떤 자극을 줄 수는 있으나 무엇을 만들 수는 없다. 역사적 경험으로 미루어 보면 혁명은 끔찍스럽고도 무절제한, 거칠기 짝이 없는 에너지를 부활시켜서 극단적 혼란으로 몰고 갈 뿐이다.

순진할 정도의 소박한 인간관에 기초해 있다는 점에서, 루소의 사회주의나 무정부주의(아나키즘)도 희망일 수 없었다. 사회주의는 아나키즘보다 체계적 이론을 제시하지만, 평등권을 소박하게 꿈꾸고 있다는 점에서는 마찬가지라고 보았다. 특히 "선한 인간에 관한 어리석은 낙관주의 때문"에 현실적 의미를 지닐 수 없다. 사회주의와는 다른 문제의식이지만 "군거 동물을 지배자가 되게 하는 수단이기 때문"에 의회주의와 신문 사업도 배척한다. 더 나아가서 평범한 자들이 스스로 주인이 되려는 수단인 보통 선거도 경계한다. 보통 선거는 저급한 인간의 지배에 유리하게 작용하고 있다는 것이다.

니체가 일관되게 강조하는 민족은 평범한 다수 대중과 구별되는 뛰어난 개인을 의미한다. 저급한 대중의 다수결에 따른 정치 질서가 아니라 뛰어난 소수 개인을 중심으로 한 권력 의지만이 인류에게 정치적 희망을 준다. 뛰어난 소수가 대중을 상대로 선전 포고를 하고 대항 수단을 마련함으로써 복종으로 인도해야 한다. 결국 니체의 철학은 개인을 강조하되 개인주의와는 매우 다르고, 어떤 면에서는 상반된다. 그는 개인을 강조하되 불특정 개인이 아니라 현실의 다양한 제한을 뛰어넘을 수 있는 초극 의지를 지닌 소수의 개인이어야 한다고 말한다. 이들을 정점으로 위계질서를 구축해야 한다. 그리하여 이들에게는 독립자로서 대중 속에서 대중을 지배하는 역할을 부여한다. 국가의 강제력과 구별된다는 점에서 억압적이지 않고, 개인에 기초한다는 점에서 자율적이지만 무차별적 개인의 나열이 아니라 그 안에 위계를 지닌다는 점에서 질서를 갖는 정치 체제를 과제로 제시한다.

〈오르낭의 장례식〉, 1850년

공리주의 · 실증주의 · 실용주의

Philosophy
사실·언어·행위 결과 탐구의 철학
+
Art
실증·실용 미학과 사실주의·미래파 미술

Philosophy
공리주의·실증주의·실용주의 존재론과 인식론

현실에서 유용성을 복원하다

근대 철학과 연관해서 보면 공리주의·실증주의·실용주의는 영국 경험론 전통과 밀접하다. 베이컨의 문제의식과 탐구 방법을 받아들여 이성의 절대화와 사변화로 치달은 근대 철학을 넘어서려 했다. 그러면서 단순하게 경험론을 받아들이는 것이 아니라 그 안에서 사변적인 경향은 경계했다. 한편으로는 베이컨의 문제의식으로 돌아가면서, 다른 한편으로는 베이컨의 한계도 뛰어넘으려 시도한 것이다.

공리주의·실증주의·실용주의는 작지 않은 차이가 있지만, 사실과 현실적 유용성을 중시했다는 점을 공통으로 한다. 특히 현실의 유용성 중시는 경험론 문제의식을 적극적으로 받아들인 결과였다. 베이컨은 "결과와 성과야말로 철학의 진리성을 보장하는, 말하자면 보증인이자 증명인"이라고 주장했다. 또한 흄은 "공적인 효율성이야말로 정의의 유일한 원천"이라고 단언했다. 공리주의·실증주의·실용주의는 현실에서 실질적 의미와 결과적으로 생활 개선을 추구했다. 올바름의 기준은 이론적 완결성이 아니었다. 선험적 개넘이나 의무론적 관점은 더더욱 인정할 수 없었다. 판단 기준은 사실에 근거해 구체적·실제적으로 검증할 수 있도록 마련되어야 했다.

대표적인 공리주의 철학자로 제러미 벤담(Jeremy Bentham, 1748~1832), 존 스튜어트 밀(John Stuart Mill, 1806~1873)이 있다. 실증주의는 오귀스트 콩트(Auguste Comte, 1798~1857), 논리 실증주의는 루트비히 요제프 요한 비트겐슈타인(Ludwig Josef Johan Wittgenstein, 1889~1951)이 대표적이다. 실용주의는 찰스 샌더스 퍼스(Charles Sanders Peirce, 1839~1914)와 윌리엄 제임스(William James, 1842~1910)를 필두로 존 듀이(John Dewey, 1859~1952), 리처드 매케이 로티(Richard McKay Rorty, 1931~2007) 등이 활발한 활동을 했다.

이들은 현실과 유리된 정신적 숭고미를 추구하는 미술을 거부하고 사실주의 미술을 자극하는 기초 역할을 했다. 쿠르베(Courbet, 1819~1877)의 〈오르낭의 장례식〉은 사실주의 미술의 개막을 알린 작품이다. 쿠르베의 고향 마을 장례식을 그렸는데, 여기에 등장하는 인물들은 시장·사제·판사·부르주아·소시민·노동자·농민·날품팔이 등 다양한 사회 계층에 속하는 마을 사람이다. 각 인물의 모습과 표정이 생생해서 같은 동네 사람이라면 누구인지 금방 알 수 있을 정도로 사실적 묘사에 충실하다.

하지만 이 그림이 사실주의의 상징인 이유는 단지 개별 인물의 사실적 묘사에만 있는 게 아니다. 가로 길이가 6미터에 이르는 대형 작품은 '고귀한' 종교적·정치적 목적을 지닌 주제를 대상으로 하는 것이 관례였다. 그런데 이 작품은 초라한 시골 사람들의 평범한 모습을 담았다. 이상화된 인물이나 사건이 아니라 일상생활에서 얼마든지 있을 수 있는 장면을 담았다는 점에서 사실주의의 새 지평을 열었다. 또한 흔히 장례식이라 하면 경건하고 숙연한 분위기로 추모하는 모습을 떠올린다. 하지만 이 그림은 전혀 다른 느낌을 전해 준다. 장례식을 집전하는 신부나 아니면 망자가 묻힌 무덤으로 시선을 모으고 애도하는 분위기여야 하지만, 서로가 다른 곳으로 시선을 둔다. 오른편 여성 중 몇 명만이 슬퍼할 뿐 나머지는 따분한 표정이 느껴질 정도로 무심해 보인다. 현실에서도 직계 가족 말고는 장례가 일상의 따분한 절차로 느껴지기 십상이다.

쿠르베는 일상의 사실적인 면을 날카롭게 포착하고 화폭에 담았다. 그는 회화를 실재하고 또 존재하는 것만을 표현하는 예술이기 때문에 철저히 물질적인 언어라고 강조했다.

자연과 인간에 대한 이해

공리주의 : 쾌락의 총합을 추구하는 전체화된 개인

벤담은 인간을 쾌락과 고통이라는 두 요소를 중심으로 이해한다. 감정과 판단은 쾌락과 고통이라는 두 기준에 근거한다. '무엇을 할까'는 인간 행위의 원인과 결과를 의미한다. 행위를 결정짓는 원인이 쾌락 추구와 고통 회피라는 것이다. '무엇을 해야 할까'는 무엇이 바람직한가라는, 옳고 그름의 기준을 의미한다. 결론적으로 인간 행위에서 인과 관계와 선악을 구분하는 기준을 쾌락과 고통의 잣대에 둔다. 이 두 주인에게서 지배받는다는 점에서 원인과 결과의 사슬이 복종 관계에 해당할 정도로 강한 힘을 지닌다.

또한 벤담은 개인을 중심으로 한 공동체 이익에 주목한다. 공동체의 이익은 구성원 이익의 총합이다. 쾌락과 고통의 문제에서 형식상의 주체는 개인이다. 그래서 개인 이익을 이해하지 못하고 공동체 이익을 논하는 것은 쓸데없는 일이다. 직접 개인에게 좋은 것, 이익·편리·이득·유리함·취득·행복 등이 늘어나면 쾌락 추구로 본다. 반대로 개인에게 나쁜 것, 불편·불리

벤담

함·손실·불행 등이 줄어들면 고통 회피로 본다. 개인을 고려한 쾌락이나 고통의 가치는 쾌락이나 고통의 강도, 지속성, 확실성 또는 불확실성, 근접성 또는 소원성이라는 네 가지 여건에 따라 더 커지거나 작아진다.

미국 사실주의 화가 존 슬론(John Sloan, 1871~1951)의 〈사우스 해안의 수영객들〉에 나오는 사람들의 모습은 쾌락을 중심으로 한 인간 이해를 상징적으로 보여 준다. 전체적으로 인생을 즐기는 환한 표정이 가득하다. 앞에는 20대쯤으로 보이는 청년들이 흥거운 시간을 보낸다. 남녀가 서로 잉커기댄 채 간식을 먹고 있다. 소시지가 들어간 핫도그와 게 요리가 보인다. 기대 누운 남자는 담배를 물고 있다. 뒤로는 공놀이를 하는 사람과 보트를 타고 즐기는 사람들이 보인다. 이들은 중세의 죄인으로서 인간, 근대의 정신적으로 고양된 인간이 아닌 일상에서 즐거움을 추구하는 인간이다. 공리주의 인간관은 이렇게 개인의 쾌락 증대를 가장 중요한 기준으로 설정한다.

〈사우스 해안의 수영객들〉, 1907년~1908년

하지만 문맥을 잘 살펴야 진정으로 강조하려는 바가 무엇인지 정확히 이해할 수 있다. 공동체 이익이란 '구성원 이익의 총합'이라는 규정에 주목해야 한다. 명칭에서도 드러나듯이 중요한 것은 '공리'다. 다만 개인 이익의 합으로서 공동체 이익이라는 점을 강조해 개인에 주목하고 있음을 드러낸다. 하지만 최종적으로 공동체 이익이 어떻게 산정되고 산출되는지의 문제에서는 구성원 이익의 '총합'으로 이르게 된다. 이 총합이 아니고서는 공동체 이익을 논의하는 것은 의미가 없다. 개인 이익 증가는 이익 총합이 늘어날 때만 성립한다는 점에서 전체 이익이 우선한다. 결국 벤담에게 인간은 형식상으로는 개인이지만 전체화된 개인, 전체의 다른 이름으로서 개인이다.

밀은 쾌락 중심으로 인간을 이해한다는 점에서 벤담을 계승하지만, 쾌락의 내용에서는 독자적 이론을 제시한다. 그는 육체적·감각적 쾌락과 정신적 쾌락을 구분한다. 짐승이 누리는 쾌락을 마음껏 즐기게 해 준다고 해서 하급 동물이 되겠다는 사람은 없다. 즉 정신적 쾌락이 육체적 쾌락보다 우월하다. 여기서 행복과 만족이라는 전혀 다른 두 개념을 뒤섞어 생각하면 안 된다. 육체적 쾌락은 순간적 만족만을 주기 때문에 일시적이고 불안정하다. 정신적 쾌락이 행복에 대한 갈망을 충족시켜준다는 점에서 항구적이고 안정적이다.

밀은 개별 존재의 개인에 벤담보다 더 많이 주목했다. "인간이 명상의 고귀하고 아름다운 대상이 되는 것은, 그 자체로 개성을 지닌 모든 것을 마모시켜 획일적으로 만드는 것에 의해서가 아니라, 타인들의 권리와 이익이 강요된 한계 내에서 개성을 키우고 불러내는 것에 의해서다." 자신의 욕구와 충동이 있는 사람은 개성을 가졌다고 볼 수 있다. 충동이 개인으로서 자신의 강렬하면서도 강력한 의지에 이끌릴 때 개성은 활력을 띤다. 그렇기 때문에 인간의 발달은 개별성을 계발하는 데서 나온다. 하지만 개인의 충동이 제한 없이 받아들여지지는 않는다. 타인의 권리와 이익을 침해하지 않는 한계 안에서만 인정된다. 문제는 '한계'의 의미를 구체적으로 이해하는 것이다.

여기에서 벤담의 문제의식과 마찬가지로 총합으로서 쾌락 개념을 도입한다. 공리주의 철학은 무엇보다도 개인 행복이 아닌 일반 행복, 즉 전체 행복이 일차적이다. 인간은 본래 사회적 감정을 타고 난다. 밀에게 전체와 분리된 원자화된 인간이란 애초에 성립할 수 없다. 전체 구성원과 일체감을 느끼며, 일반 행복을 추구하는 사회적 존재가 공리주의에서 생각하는 인간의 본질이다. 쾌락과 행복 실현의 주체로서 한 인간을 총합 개념의 개인, 즉 대표로서 전체화된 개인으로 설정한다.

실증주의 : 생활하는 인간, 언어의 제약 안에 있는 인간

실증주의 창시자라고 할 수 있는 콩트는 추상화·이론화된 인간 개념을 거부하고 생생한 삶 속의 인간을 중심으로 새로운 지평을 열었다. 철학은 구체적 인간 생활을 체계적으로 분석해 실질적으로 변화시키는 도구 역할을 해야 한다. 신학이나 형이상학이 문제인 이유도 실생활과 떨어져 있기 때문이다. 여기서 형이상학은 더 문제다. 그나마 신학은 자신의 영향력을 다수 인간에게 확대하는 과정에서 부분적으로나마 생활과 감정에 연결되는 면이 있으나, 형이상학은 사변적 이론의 완결성에 주목할 뿐이다. 그래서 형이상학 정신은 사회적 관점과는 도저히 화합할 수 없다.

콩트

이론의 역할은 실생활에 뿌리 내리고 체계화하는 데 있다. 이때 실증주의적 사유가 필요하다. 실증 정신은 신학이나 형이상학처럼 추상적 원인을 탐구하거나 초월 의지를 추구하지 않고 주어진 현상의 관찰과 분류에 만족한다. 현실에서 벌어진 일 사이의 관계를 밝혀 내 그것을 지배하는 법칙을 규명한다.

〈돌 깨는 사람들〉, 1849년

실제 생활에서 우연성을 넘어서는 규칙성을 찾아낼 때 미래를 예측할 수 있다. 수학과 천문학으로 자연법칙을 규명하고 예측으로 미래를 대비하듯이, 오직 실증적 예측으로만 자발적 행동을 조절할 수 있다. 그리하여 실증주의는 우리의 사유에서 추상적 본질에 대한 사변적 사고나 종교적 경건함을 걸어낸다. 있는 그대로의 사실만이 탐구 대상이 된다.

사변적·낭만적 요소를 배제한 채 현실의 순간을 그대로 그려 낸 쿠르베의 〈돌 깨는 사람들〉은 실증주의 문제의식의 한 면을 보여 준다. 노인이 망치를 이용해 돌을 깬다. 몹시 낡아 구멍이 난 조끼 틈새로 셔츠가 보이고, 양말도 구멍이 나서 뒤꿈치가 거의 다 드러난다. 그 옆에 소년도 사정은 비슷하다. 셔츠와 바지의 단은 헤져서 너덜너덜하고, 찢어진 셔츠 사이로 등이 훤히 보인다. 무거운 돌을 한쪽 다리로 받쳤는데, 힘겨워 보인다. 어디에도 종교적 경건성은 찾아볼 수 없다. 정신적으로 승화된 인간의 숭고한 분위기도, 낭만주의적으로 이상화된 구도나 설정도 없다. 서민의 삶을 있는 그대로 드러낼 뿐이다. 오직 노동 과정에서 나오는 거친 숨소리와 힘겨움만이 배어 나온다.

하지만 유물론의 문제의식만을 단순하게 받아들인 것은 아니다. 객관적 사실에서 출발하는 점에서 유물론과 과학은 비슷하다. 그러므로 과학의 예비 단계에서 유물론적 접근이 생겨나곤 한다. 하지만 콩트가 보기에 유물론은 자연과 인간의 일차적 현상에 매어 있다는 점에서 낮은 수준의 과학이다. 현상의 단순성과 여기에서 곧바로 도출되는 일반성에 지배당한다. 이에 비해 실증주의는 있는 그대로의 객관 세계와 인간 생활에서 출발하되 이성의 도움을 받아 구체적이고 고도화된 법칙으로까지 나아간다.

다른 한편으로 인간의 특징을 이성, 즉 정신의 지배에 있다고 설정하는 근대 합리론이나 독일 관념론과도 거리를 둔다. 인간의 특징은 독립적 정신이 아닌 사회성에 있다. 이성을 절대화해 세상의 보편적 지배 요소로 규정한 근대 철학의 오만한 갈망은 어떠한 열매도 맺지 못했다. 정신은 지배하도록 운명 지어진 것이 아니다. 정신이 지배하고 있다고 믿을 때 사회성이 아닌 개인성에 봉사하게 된다. 지성은 인간이 지닌 사회성을 강화하는 쪽으로 작용해야 한다.

논리 실증주의의 창시자라 할 수 있는 비트겐슈타인은 근대 철학의 사변성을 논리적으로 공격한다. 철학은 생각할 수 있는 것에 한계를 그으면서 생각할 수 없는 것에 한계도 함께 그어야만 한다. 이성은 무한히 확장될 수 있는 것이 아니다. 신적 존재를 증명하려 한 중세 신학이나 현실을 규정하는 절대정신을 추구한 독일 관념론은 모두 검증할 수 없는 생각으로 치달아 버린 무모한 시도에 불과하다. 철학은 무엇보다도 먼저 생각될 수 없는 영역에 엄격한 한계를 긋는 일에서 시작해야 한다. 생각의 한계를 긋는 중요한 기준은 언어다. 생각에 한계를 그으려면 명시적으로 드러나는 것을 대상으로 해야 한다. 생각은 언어로 이루어지고 표현된다는 점에서 한계는 오직 언어에서만 그어진다. 비트겐슈타인에게 객관 사실이란 언어로 다루어질 수 있는 대상이다. 언어로 표현할 수 있고, 증명할 수 있는 것만 생각해야 한다. 나머지는 아예 아무런 언급을 하지 않아야 한다. 그 한계 건너편에 놓여 있는 것은 단순히 무의미에 불과하다.

실용주의 : 절대 존재의 부정과 고유성을 지닌 개인으로서의 인간

실용주의를 하나의 진리 이론으로 체계화한 제임스는 절대 존재 개념을 부정한다. 절대 존재는 현실과 직접 관계를 맺는 인간 지성과는 무관하게 설정된 개념이기 때문에 이 개념은 인정할 수 없다. 개념은 그 안에 어떤 필연성을 전제로 한다. 하지만 객관 세계는 우연성의 지배를 받는다. 사물의 세계는 우연의 세계다. 필연은 인간의 내적 인식에 속하지 객관 세계의 특징은 아니다. 세계는 우리 의도와는 무관하게 존재한다. 우연은 자신의 실제적 현전에 앞서서 다른 것들로 제어되거나 보존되

윌리엄 제임스

거나 필요하지 않은 정보를 제공하지 않는다. 그러므로 사물은 그 사물이 본래 어떤 것인지, 즉 자신의 본질을 우리에게 아무것도 말하지 않는다. 그것은 나쁜 것일 수도 있고 좋은 것일 수도 있다. 사물의 체계는 우연적인 것에 대해서 어떤 실질적 영향력도 갖고 있지 않다.

그래서 제임스는 필연성의 이름으로 강제되는 결정론적 사고를 비판한다. 강한 결정론과 약한 결정론을 구분해 모두를 경계한다. 강한 결정론은 운명, 예정, 필연적 법칙으로 표현되는 기계적 결정론을 의미한다. 중세 신학이나 기계적 유물론은 강한 결정론이라는 점에서 배제해야 할 일차 대상이다. 근대 철학에서 강한 결정론은 설득력을 잃었다. 그가 보기에 실질적으로 문제가 되는 것은 약한 결정론이다. 근대 철학에서 형성된, 절대화된 이성에 근거한 절대정신으로서의 '자유'를 강조하는 경향이 곧 약한 결정론이다. 자유의 강조가 결정론의 반대로 보이지만 실제로는 결정론의 연장이다. 정신에 따라 주관적으로 규정된 선과 악이 객관적 원인과 결과에 섞이는 방식으로 나타난다. 자유는 외부에서 정신 내부로 작용하느냐, 아니면 정신에서 출발해 외부로 향하느냐의 차이만 있기에 이해된 필연성에 불과하게 된다. 그래서 우연은 간직하고 자유는 버리고 싶다고 말한다.

절대정신으로 규정한 도덕 법칙은 존재할 수 없다. 선이라는 절대적 기준이 있어서 적용되는 것이 아니다. 세계는 우리가 만드는 것이고, 선하게 만들기 때문에 선하다. 우리가 존재하고 행동하는 이유는 도덕 법칙이나 의무로 규정하지 않는다. 현상은 욕망하기 때문에 존재한다. 아무리 미미하고 연약한 피조물이라도 자체의 요구가 있고, 오직 이 요구를 충족해야 한다. 모든 욕망은 그 정도로 명령적이다. 바로 그것이 존재한다는 사실로 스스로

<뉴욕>, 1911년

를 정당화한다. 그러므로 같은 법칙 아래 움직이는 인간을 가정하는 발상에서 벗어나야 한다. 공리주의처럼 전체화된 개인을 전제로 인간을 이해하는 것도 문제다. 만약 현실에서 삶을 영위하는 많은 인간 가운데 단 두 사람만 있다 하더라도 같은 어려움을 갖지 않으며, 같은 해결책을 궁리해 내리라고 기대해서도 안 된다. 각 개인은 자신의 특이한 관점에서 고유한 방식으로 나루어져야 한다.

제임스의 관점대로라면 조지 벨로스(George Bellows, 1882~1925)의 <뉴욕>에 나오는 사람들을 현대 도시인이라는 공통된 특성으로 규정하고 공통된 과제와 해결책을 이끌어 내는 작업은 무모한 시도다. 그는 작품에서 100년 전의 뉴욕만이 아니라 현재 산업화한 국가의 대도시라면 어디에

서나 흔히 볼 수 있는 혼잡스러운 광경을 보여 준다. 뒤편으로 끝을 모를 정
도로 빽빽하게 늘어선 고층 건물이 숲을 이룬다. 괴물처럼 서 있는 건물 아
래로 자동차와 마차, 인간이 뒤섞여 어떤 일이 벌어지고 있는지를 분간하기
어려울 정도다. 출퇴근 시간인지 도로를 가득 메운 사람들의 모습이 분주해
보인다. 개인의 특성은 사라지고 바쁘게 살아가는 도시인의 군상만 거칠게
묘사되어 있다.

서양 철학은 고대에서 근대에 이르기까지 인간의 공통된 본성이나 본질
을 규명하려는 시도를 멈추지 않았다. 현대에 와서도 도시인의 공통된 특성
을 설정하고 사회적 과제를 이끌어 내곤 한다. 하지만 제임스는 집단과 전체
로서 추상화된 인간 개념은 현실적으로 있지 않은 가상의 인간을 설정해 매
달리는 허망한 노력으로 봤다. 인간은 개별 관심과 욕망을 끊임없이 실현하
려는 존재다. 인간을 이해하는 것은 추상화된 관념의 집합이 아니라 개별 욕망과 실천이 이루어지는 삶의 현장에서 찾아야 한다.

듀이도 《철학의 재구성》에서 이성으로 보편화된 절대 존재를 설정하던 주류 철학 전통을 비판한다. "시간, 변화, 운동은 그리스인들이 비-존재라고 불렀던 것이 어떻게든 참된 존재를 오염시킨다는 것의 표지다. 어법은 낯설지만, 비-존

듀이

재라는 개념을 조롱하고 있는 많은 근대인들은 유한(Finite) 혹은 불완전(Imperfect)이라는 이름으로 동일한 사고를 반복하고 있다." 완전하고 참된 실재는 불변하며, 변경 불가능해야 하고, 정지와 휴지 속에서 영원히 스스로 유지하는 존재여야 한다는 사고방식이 여전히 사나운 위세를 떨친다고 지적한다. 하지만 현실의 존재는 끊임없는 변화 과정에 있다. 변화가 있는 곳에는 필연적으로 수적인 복수성과 다수성이 존재하며, 다양성에서 대립과 투쟁이 발생한다. 현실의 세계는 고정된 보편성이 아닌, 불협화음이 지배하는 세계다. 근대 과학은 이제 각각의 변화하는 과정의 배후에 있는 고정된 어떤 형상이나 본질을 발견하려 하지 않는다. 이제 우리는 물질적·물리적 가능성과 독립해 있는 이상·정신·이성과 같이 철학이 부추긴 오류에서 인류를 해방시켜야 한다.

인간이 동물과 구분되는 이유는 대부분의 고대 철학과 근대 철학이 주장한 이성의 여부가 아니다. 인간은 경험을 가지기 때문에 동물과 구분할 수 있다. 또한 사물의 세계가 아닌 기호와 상징의 세계에서 살아간다. "인간은 과거 경험을 간직하고 있기 때문에 하등동물과 구별된다. … 인간은 들에 사는 짐승처럼 단순히 물리적안 사물의 세계에 살고 있는 것이 아니라, 기호와 상징의 세계에서 살고 있는 것이다." 즉 경험을 기호와 상징으로 보존하고 기록함으로써 기억하는 존재라는 점에서 동물과 구별된다. 과거에 일어났던 일은 기억 속에서 되살아난다. 동물에게 경험은 생기자마자 없어진다. 동물의 새로운 행동이나 고통은 고립적이다. 하지만 인간은 과거 경험에서 얻은 기억을 기호와 상징으로 보존하고 오늘 일어나는 경험에 적용한다. 요컨대 인간은 이성적 사고와 표상보다는 꿈꾸고 욕망하는 존재다.

공리주의·실증주의·실용주의의 인식론

공리주의 : 효용성을 중심으로 총량적 인식을 하다

벤담은 이해력이 기본적으로 감각에 의존한다고 보았다. 그리고 감각은 신체 작용과 직접 연결된다. 고통과 쾌락을 불러일으키는 원인 감각은 선천적 구조와 후천적 구조에 달려 있다. 그래서 감각에 기초한 이해가 공통된 기준으로서 역할을 하기는 어렵다. 같은 현상을 서로 다르게 느끼고, 서로 다른 이해에 도달할 수도 있기 때문이다. 그러므로 가치의 객관적 기준은 없다. 그렇기 때문에 감각으로 형성된 이해력에 의존하는 인식은 현실적 기준을 줄 수 없다.

또한 이해력에만 의존하는 행위는 실제로 유용하지도 않다. 지성 능력에 따른 행위는 사변적 동기에 의존하기 때문에 현실의 고통이나 쾌락에 직접 영향을 끼치지 않는다. 고통이나 쾌락이 실제적이다. 그러므로 순전히 이해력에만 의존하는 행위에는 관심을 가질 필요가 없다. 고통과 쾌락을 구분하고 그 효용의 크기와 정도를 비교하는 접근이어야 한다. 그래서 벤담은 사변적 이해에 근거한 가치의 객관적 기준을 부정하고, 명확한 기준으로서 기능하는 공리성을 추구한다.

인간이 무엇을 목표로 삼아야 하는지를 누구나 인정할 수 있도록 명료하게 제시하는 작업이야말로 인식이 해야 할 역할이다. 쾌락 및 고통과 연결해 해석하는 공리성의 원리야말로 가치의 척도로서 유일하게 적합하다. 오직 쾌락 증가와 고통 회피만이 누구나 명확하게 이해하고 인정할 수 있는 기준이 되기 때문이다. 인식을 구체화할 필요가 있다면 그것은 사변적 체계가

〈절벽 거주자들〉,
1913년

아니다. 효용의 주관적 크기를 강도, 지속성, 확실성, 근접성, 번식성, 순수
성, 영향력이 미치는 범위 등 7가지 기준으로 정량화하고 측정하는 데 관심
을 기울여야 한다. 이때 중요한 것은 총합과 총량이다. "어떠한 행위의 일반
적 경향은 행위 결과의 총합에 따라, 즉 좋은 총합과 나쁜 총합의 차이에 따
라, 더 해로울 수 있고 덜 해로울 수도 있다." 쾌락 총량을 늘길 수 있다면 좋
다. 개인에게는 쾌락 증진이지만 총량 증가에 해를 끼친다면 나쁘다. 쾌락의
총량 증가를 위해서라면 개인의 쾌락은 희생해야 한다.

벨로스의 〈절벽 거주자들〉은 쾌락을 총량 중심으로만 사고할 때 나타
나는 문제점을 보여 준다. 〈뉴욕〉이 거대하고 화려한 뉴욕의 풍경을 담았다
면 〈절벽 거주자들〉은 그 이면의 어둡고 초라한 뉴욕 뒷골목 빈민가를 숨김

없이 묘사했다. 초라한 임대 아파트에 사는 빈민이 마치 절벽에 구멍을 파고 사는 모습과 비슷해서 작품의 제목을 '절벽 거주자'라고 한 듯하다. 낡아서 너덜너덜해진 베란다에 한 줌 햇볕을 쬐기 위해 나온 사람들이 보인다. 건물을 가로질러 빨래를 널어놓은 전형적인 빈민가의 광경이다. 총량을 중심으로 한 공리주의 사고방식에서는 고통스러운 빈민의 삶은 도시와 사회 전체의 행복 총량을 늘리기 위해 어쩔 수 없는 희생으로 여겨진다.

공리주의에서 강조해야 할 또 하나의 원리는 경제성 원칙이다. 다른 무엇보다 경제성을 가장 먼저 고려해야 한다. 그의 유명한 원형 감옥 설계, 즉 감시자가 죄수를 한 번에 감시하는 파놉티콘은 경제성 원칙의 실현을 상징한다. 한 사람의 감시자가 다수에게 일어나는 일을 모두 파악하고, 원하는 방식으로 이끌도록 그들의 행동·관계·생활 환경 전체를 확인하고 전체의 의도에 어긋나지 않게 하는 수단이 있다면, 국가가 여러 목적에 사용할 수 있는 유용하고 효력 있는 도구라 할 수 있다. 그는 공리성과 경제성에 기반한 정책으로

밀

재배열해 사회 문제를 해결하고 효율적 사회를 만들 수 있다고 믿었다.

밀도 쾌락을 중심으로 한 효용성 중시에서는 벤담과 일치한다. 유용성은 기분 좋은 것 혹은 예쁜 것과 언제나 일치한다. 또한 효용 정도를 측정할 수 있다고 보는 점에서도 문제의식을 같이한다. 서로 다른 가치를 지니는 효용이 충돌할 때 파급효과를 계산하고 측정하고 그로부터 갈등

을 해소해야 한다. 나아가 총량을 중심의 접근도 동의한다. 공리주의의 기준은 행위자의 최대 행복이 아닌 모든 사람의 행복을 합친 총량이다.

하지만 쾌락의 객관적 기준 여부에서는 벤담과 다른 문제의식을 펼친다. 밀은 객관적 기준에 따라 쾌락의 차이 즉 가치의 위계를 상정한다. 두 종류의 쾌락 가운데 무엇이 더 가치 있는지, 또는 두 가지 삶의 방식 중에서 무엇이 더 쾌적한 기분을 안겨 주는지 결정할 수 있다. 특히 쾌락을 양적인 것과 질적인 것으로 구분해 질적 쾌락을 우위에 놓는다. 쾌락을 양적으로 측정할 수 있음은 인정하지만, 오직 양만 따진다면 설득력이 없다는 것이다. 육체적 쾌락보다는 정신적 쾌락이 일차적이고 우선한다. 쾌락의 종류라는 면에서 고상함과는 거리가 먼 동물적 쾌락보다 높은 능력에서 비롯되는 쾌락을 더 좋아한다. 이를 위해서라면 웬만한 고통을 감수할 수 있다. 그러한 의미에서 벤담과 달리 밀은 시 한 편이 호떡 한 개보다 더 소중하다고 믿는다.

이러한 구분과 위계 설정은 양적 쾌락과 질적 쾌락이 서로 다른 근원에서 나오기 때문에 정당화할 수 있다. 육체적 쾌락은 갈망, 정신적 쾌락은 의지와 연결된다. 고귀한 가치를 지니는 쾌락은 처음에 갈망에서 비롯되었어도 점차 독립적 성격을 지니면서 의지를 형성하고 그러면서 오히려 갈망이 의지에 의존한다. 의지에서 출발하는, 모든 사람에게 질적 쾌락으로 적용되는 기준으로 자존심, 자유, 개인적 독립성의 가치, 권력이나 흥겨운 것에 대한 요구, 자신에 대한 존경심 등을 제시한다.

그러므로 인식의 역할은 사변적 진리의 추구가 아니라 다양한 종류의 효용 중에 질적 가치를 지니는 것을 선택하는 것에 있다. 인식과 판단, 정신적 활동 등 인간 능력은 선택을 할 때 작동한다. 그렇게 선택 행위로 사용할 때 정신은 드높아진다. 육체적 힘과 마찬가지로 정신적·도덕적 힘은 사용 과정에서 향상되기 때문이다. 선택의 과정 속에서 관찰 능력, 예측을 위한 판단 능력, 숙고한 결정을 지지하기 위한 확고한 의지와 자기 통제 능력이 자라난다.

현상을 관찰해 법칙을 찾는 실증주의, 언어 작용을 통찰하는 논리 실증주의

콩트의 실증주의는 형이상학적 정신 이해를 부정하고 새로운 정신의 역할을 주장한다. 그는 정신의 진보가 거쳐야 하는 세 단계를 구분했다. 사물의 배후에 위대한 절대적 의지가 숨어 있다고 가정하는 신학 단계, 초자연적인 힘 대신에 추상적인 힘이나 실체 또는 본질을 가정하는 형이상학 단계, 실증 단계로 나누었다. 이 가운데 신학 단계와 형이상학 단계는 현상 배후의 원인과 본질을 탐구한다는 점에서는 공통적이다. 실증 단계에서 정신의 역할은 우주의 제일 원인이나 궁극적 본질을 포착하는 노력을 포기하고, 선택한 방법의 적합성과 결과의 현실성 평가에 한정을 둔다. "미래를 예견하기 위해 현재를 평가하고 개선 방법을 발견하는 것"을 정신의 몫으로 설정한다는 점에서 과학의 단계다.

이를 위해 가장 중요한 과정이 현상 관찰을 통한 증명과 법칙의 발견이다. 오직 현상, 즉 경험적 사실만이 지식의 대상이다. 주관적 해석에서 독립해 있는 현상으로 주어진 모든 사실을 있는 그대로 받아들이고, 실험과 관찰로 성립되는 과학만이 지식의 정당성을 확보해 준다. 현상 탐구가 지향하는 목표는 법칙의 발견이다. 이유에 관한 탐구를 방법의 탐구로 바꾸는 것이 바로 실증 정신이다. 우주의 형성이나 생명의 기원 등 근본 원인에 대한 탐구는 이성의 오만이고 현학적 환상이다. 원인 탐구를 인식이 도달할 수 없는 영역으로 여기고, 현상을 관찰하고 반복적 양태를 조사해 법칙을 아는 것에 만족해야 한다.

또한 '방법의 적합성이나 결과의 현실성'을 중시한다는 점에서 실증주의는 현실적 유용성을 강조한다. '실증적'이라는 단어는 이제 정확함, 확실함, 유용함, 현실적이라는 단어와 구분할 수 없을 정도다. 법칙을 아는 것은 단순하게 지식을 쌓는 것이 아니라 현실적으로 유용성을 늘리기 위한 목적을 지닌다. 사실에 기초해 세운 법칙에 따라 미래에 나타날 사실을 예견하고, 대처 방법을 찾아내는 과정이 필수적이다. 여기에서 예견하기 위해 알아야 한다는 실증주의 명제가 성립한다. 과학으로서의 학문은 사회적 유용성 증가를 핵심 과제로 삼는다. 그러므로 현실적 효용성이 없는 형이상학은 학문의 자격이 없다.

미국의 대표적 사실주의 화가 토머스 에이킨스(Thomas Eakins, 1844~1916)의 〈그로스 박사의 임상 강의〉와 〈에그뉴 박사의 임상 강의〉는 원인 탐구에서 법칙 탐구로 전환하고, 현실적 유용성을 중시하는 실증 정신의 특성을 잘 보여 준다. 두 그림은 당시 유명한 외과 의사의 수술 장면을 담고 있다. 앞에는 수술하는 의사들이 있고, 뒤로는 수술 과정을 유심히 관찰하는 학생들이 있다. 과거 형이상학에서 생명에 대한 이해는 생명이란 무엇인가, 인간에게 생명은 육체적인 것과 정신적인 것 중 어디에 해당하는가, 인간에게 생명보다 더 소중한 것은 없는가 등과 같은, 생명의 본질을 묻고 그에 답을 구하는 방식이었다. 하지만 이 그림 어디에서도 생명의 본질을 고민하는 흔적을 찾아볼 수 없다. 생명을 구하거나 연장한다는 목적이 이미 주어져 있다는 점에서 생명의 목적이나 원인을 탐구하지는 않는다. 이들에게

〈그로스 박사의 임상 강의〉, 1875년

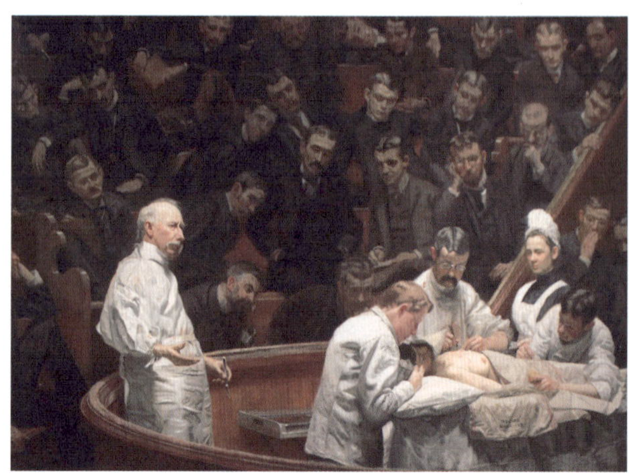

〈에그뉴 박사의 임상 강의〉, 1889년

생명 현상은 하나의 데이터일 뿐이다. 오직 질병이나 장애 등 주어진 현상을 관찰하고 수술로 유용한 결과를 만들어 나가는 과정만이 존재한다.

일정한 간격을 두고 그려진 두 그림에서 수술 과정이 변화한 것 또한 실증 정신의 한 면을 보여 준다. 〈그로스 박사의 임상 강의〉를 보면 환자는 마취된 상태로 누워 있고 의사들이 환자의 다리를 절개한다. 그로스 박사는 손에 메스를 쥐고 참관인과 학생에게 다음 단계를 설명하는 듯하다. 왼쪽에 앉아 있는 여자는 수술 장면이 끔찍하다는 듯이 손으로 얼굴을 가렸다. 〈에그뉴 박사의 임상 강의〉도 절개 부위가 가슴이라는 점이 다를 뿐 기본적으로는 비슷하다. 하지만 꼼꼼하게 관찰하면 몇 가지 차이를 발견할 수 있다. 그로스의 수술에서는 의사들이 모두가 평상복 차림을 하고 있는데, 에그뉴 수술에서 의사들은 수술용 가운을 입고 있다. 또한 그로스 수술과 달리 수술대 근처에는 의료진뿐이고 참관인은 벽 뒤로 떨어져 있다. 무엇보다도 그로스 수술에서는 수술 도구들이 덮개가 없는 도구함 위에 공구처럼 늘어서 있는데, 에그뉴 수술에서는 위생을 위해 통에 보관한 수술 도구를 사용한다.

1860년대 중반의 세균 연구가 진척을 보였는데, 수술을 할 때 미생물이 상처에 들어가 감염증을 일으킨다는 주장이 제기됐다. 당시 그로스는 세균 이론을 반대했다. 작품에서 평상복 차림으로 소독이 안 된 도구를 이용해 전통적 방식으로 수술하는 장면을 담아 세균 이론을 적대적으로 바라본 그로스의 태도를 그려 냈다. 에그뉴는 세균 이론을 받아들여 무균 수술 과정을 도입했다. 두 그림을 비교하면서, 우리는 현상을 관찰하고 어떤 원리를 찾아내 예측하고 또 구체적으로 유용한 해결 방법을 찾아가는 실증적이고 과학적인 탐구 과정을 확인할 수 있다.

비트겐슈타인은 경험을 통한 인식에 회의적이었다. "경험은 판단놀이를 위한 근거가 아니다. 그리고 그 놀이의 탁월한 성과도 또한 아니다." 통상적으로 우리는 스스로가 두 손을 가졌는지를 눈으로 확인하지 않는다. 확인이 필요 없으며 경험이 증명해 주었기 때문이 아니다. 귀납적으로 배운 게 아니라 곧바로 일반적 지식으로 받아들인다. 일반적 지식은 명제화한 언어로 다가온다. "이 색이 붉은색이라는 것을 나는 어떻게 인식하는가?—하나의 대답은 '나는 우리말을 배웠다.'일 것이다. … '고통'이라는 개념을 당신은 언어와 함께 배웠다." 우리는 색에 대한 판단 고통에 대한 개념 등 일반적 관념을 개별 경험이 아닌 언어로 습득한다.

그러므로 인식은 언어로 한계를 정하게 된다. 말할 수 있는 것들은 명확하게 말하고 말할 수 없는 것은 침묵해야 한다. 언어로 규정된 명제는 그 자체로 진리인 것이 아니라 현실의 그림을 그릴 뿐이다. 우리는 언어로 규정된 명제로 현실에 접근한다. 가장 단순한 명제인 요소 명제는 어떤 한 사태의 존립을 주장하는데, 요소 명제가 참이면 사태는 존립한다. 요소 명제가 거짓이면 사태는 존립하지 않는다. 즉 사태의 존립을 정하는 것은 명제다. 철학에서 사실은 경험적 대상이 아닌 명제들의 총체인 언어다. 그러므로 철학적 인식의 일차적 대상은 명제이고 언어여야 한다.

명제들은 세계의 골격을 묘사하지 세계 자체를 그대로 반영하지는 않는다. 그렇기 때문에 정확한 인식을 위해서는 명제를 실증적으로 검토해야 한다. 세계에 대한 그림을 주지 못하는 명제는 '사이비 명제'다. 비트겐슈타인은 전통 형이상학의 수많은 명제가 대체로 여기에 해당한다고 비판한다. 먼저 뜻이 없는 명제는 인식 대상이 아니다. 예를 들어 동어 반복이나 모순은 뜻이 없기 때문에 현실의 그림일 수 없다. 명제는 자신이 무엇을 말하는지를 보여주는데, 동어 반복과 모순은 아무것도 말하지 않는다. '나는 나다', '남자는 여자가 아니다'는 식의 동어 반복은 아무런 진리 조건도 가지지 않는다. 동어 반복은 무조건 참이기 때문이다. 반대로 모순은 부정하는 뜻을 갖기 때문에 어떠한 조건에서도 참이 아니다. 동어 반복은 모든 가능한 상황을 허용하며, 모순은 어떤 가능한 상황도 허용하지 않기 때문에 뜻을 잃은 것이다.

다음으로 무의미한 명제도 걸러 내야 한다. 가치 판단은 대표적으로 무의미한 명제에 해당하는데, 이 역시 현실의 그림일 수 없다. 가치는 '어떠어떠함'을 의미하는데, 세계에서 일어나는 모든 사건은 '어떠어떠함'으로 존재할 뿐이다. 모든 '어떠어떠함'이 우연적이라면 '어떠어떠해야 함'을 의미하는 가치는 비우연적이어서 세계 속에 놓여 있을 수 없다. 그것은 세계 밖에 놓여 있어야 한다. 윤리학은 선험적으로 주어지기 때문이다.

그렇다면 인식의 올바른 방법은 무엇일까? 바로 전통적 형이상학과는 아무런 상관없는, 자연 과학 명제처럼 엄밀한 명제를 대상으로만 인식하는 것이 유일하게 올바른 방법이다. 그런데 이것이 자연 과학적 방법으로 철학을 해야 한다는 주장은 아니다. 자연 과학적 명제처럼 엄밀함을 추구하지만, 자연 과학의 탐구 방법을 철학에 그대로 적용해서는 안 된다. 철학은 현상을 경험적으로 축적하고 법칙적 인식으로 나아가는 자연 과학적 고찰과는 다르다. 앞서 말했듯이 경험은 우리의 판단 놀이를 위한 근거가 될 수 없기 때문이다. 즉 철학적 문제는 경험적 문제가 아니다. 철학의 대상은 경험적 사실이 아니라 명제와 언어 자체여야 한다. 철학은 하나의 투쟁으로, 자연 과학적 탐구 방법의 실증이 아니라 언어의 작용을 실증적으로 통찰하는 것이어야 한다.

실용주의 : 유용성을 지닌 행위로서 사유와 실험으로서 경험

실용주의는 사고의 기능을 행위 습관을 이끌어 낸다고 본 퍼스의 인식을 바탕으로 한다. 어떤 것에 대한 관념은 사유 자체로 의미를 지니는 것이 아니다. 우리의 관념은 감각 가능한 결과에 대한 관념이다. 감각 가능한 현실적 결과와 무관한 관념이 있다고 상상한다면 스스로를 속이거나, 사고에 따라오는 감각에 불과한 것을 사고의 일부로 잘못 생각하는 것이다. 실질적 행위와 습관으로 연결되는 사유만이 의미 있는 사고 작용이다.

그래서 제임스는 철학적 갈망에서 가장 중요한 요인은 기대를 정의하려는 욕망이라고 강조한다. 철학은 실질적 행위 동기인 기대를 대상으로 해야 한다. 철학의 궁극적 원리는 가장 소중한 욕망과 권능을 곤란하게 하거나 실망하게 해서는 안 된다. 실용주의 방법은 욕구와 관련된 실제 행위 결과를 추적해 각각의 개념을 설명한다. 철학적 주장이나 체계가 그것을 믿는 사람의 실제 삶에 들어맞지 않는다면 실용주의적으로 의미가 없다.

그는 세계는 하나인가 다수인가, 운명적인가 자유로운가, 물질적인가 정신적인가와 같은 형이상학적 논쟁을 거부한다. 행위는 사유의 유일한 의미다. 논쟁이 심각해질 때마다 한쪽 또는 다른 쪽이 옳다면 어떤 실질적 차이가 있는지를 보여줄 수 있어야 한다. 이 개념이 저 개념보다 참이라면 그 개념은 누군가에게 실질적으로 무슨 차이를 만드는가? 아무리 추적해도 실질적 차이가 없다면, 어느 쪽을 택한다 해도 실제로 같은 것이고, 모든 논쟁은 쓸데없다.

그렇기 때문에 실용주의는 절대적·보편적 결론을 내놓지 않는다. 독단, 인위성, 진리의 궁극성 등 합리주의적 기질을 반대하고 자연의 개방적 분위기와 가능성을 중시한다. 실용주의는 방법일 뿐이다. 근본적 원인과 해결책을 제시하기보다는 더 나은 작동에 관한 프로그램, 현존하는 실재들이 변화할 유용한 방식을 추구한다. 여기에 인과 원리는 설 자리는 없다. 사건들의 현상적 순서에 심오한 관계를 표명하려는 공허한 시도에 불과하다. 그러한 의미에서 실용성을 지니는 방법론적 측면에 주목한다.

제임스가 인과 원리나 객관적 확실성의 원리를 포기한다고 해서 곧바로 진리 추구나 희망을 포기하는 것은 아니다. 진리를 규명하는 과정에서 기간 차이만 있을 뿐 결국 같은 맥락이 아닌가 하는 의구심을 가질 필요는 없다. 기존의 형이상학은 원리와 기원, 사유의 출발점에 관심을 두었다. 하지만 그는 어디에서부터 오는지가 아니라 어디로 갈 것인가, 즉 행위 결과에 관심을 둔다. 그가 강조하는 것은 방법적 의미의 진리지 원인과 본질의 진리가 아니므로 형이상학의 진리 개념과는 매우 다르다. 사유 방법으로서 유용성을 지니려면 인식에서 절약이 필요하다. 합리주의자들이 수많은 범주와 인식의 복잡한 절차를 둔다면, 실용주의는 단순성으로 되돌아가는 방식이어야 한다. 훨씬 적은 정신적 노력으로도 최대한의 효과를 내기 위해 원인의 숫자를 최소화해야 한다. 그리하여 인식의 효율성을 높이는 방향으로 가야 한다. 옳음이 우리의 행동 방식에서 편이함인 것처럼, 참도 다만 우리의 사유 방식에서 편이함일 뿐이다.

제임스의 실용주의는 과학 기술 발전을 매개로 급격한 자본주의 산업화로 치닫던 서구의 사회 분위기를 반영한다. 기계 문명을 매개로 자본주의 신세계를 맹렬하게 개척하던 미국인의 정서에서는 공허한 이론보다는 유용성을 강조하는 실천적 사고가 필요했다. 실용주의는 고리타분한 이론적 논쟁을 넘어서 생활을 실질적으로 개선할 수 있는 유용성에 주목하던 당시의 사회 분위기를 반영하면서 미국 사회에서 급속하게 영향력을 넓혀 나갔다.

슬론의 〈저녁 6시, 겨울〉은 기계 문명과 물질적 풍요가 확대되던 당시 미국과 유럽 사회의 분위기를 보여 준다. 근대 문명의 상징인 기차가 어둑해지는 상공을 가르듯이 고가 철로 위를 날린다. 번잡한 대도시 사람들이 자연스럽게 길을 걷는다. 천둥소리 같은 굉음이 일상의 소리처럼 익숙해진 듯하다. 대공황이라는 대재앙을 겪기 전이어서 그런지 산업 사회의 활기가 사람들의 밝은 표정에 그대로 담긴 것 같다.

듀이도 유용성을 강조한 베이컨의 경험론 문제의식을 받아들인다. 철학에서 중요한 것은 앎 자체가 아니라 결과적으로 실질적 개선을 가져오는 '현

〈저녁 6시, 겨울〉, 1912년

실의 힘'이다. 그래서 지식을 추구하는 정신과 분위기를 고려해 보건대, 베이컨을 지식에 관한 실용주의 개념의 예언가로 삼을 만하다고 치켜세운다. 이는 경험론을 단순하게 반복한 것은 아니다. 경험론의 경험과 실용주의의 실험은 다르다. 소극적 경험의 축적, 즉 전통적인 경험적 방법은 부지런히 돌아다니며 재료를 모아 놓는 개미와 같다. 경험적 축적으로는 법칙에 도달할 수 없다. 그가 보기에 과학적 원리와 법칙은 자연의 표면에 놓여 있지 않았다. 감추어져 있기 때문에, 적극적이고 정교한 탐구 기술로 자연에서 얻어야 한다. 실용주의가 중시하는 적극적 실험은 자연의 표면 안에 숨겨져 있는 진리를 말하도록 강요한다.

적극적 실험은 감각 작용을 기반으로 한다. 그런데 그가 중시하는 감각은 이성주의자들이 주장하는 단순한 인지 기능을 넘어선다. 즉 감각은 사물의 현상을 시각이나 청각 등을 이용해 반영하는 인지 작용에 머물지 않는다. 감각은 실험과 연결됨으로써 사물을 인식하는 고차적 양태로 작용한다. 실용주의 관점에서의 감각은 인지 기능의 단순 축적이 아니라 행동을 다시 조정하는 중심축이 된다. 그러한 의미에서 인지적이고 지적이기보다는 정서적이고 실천적이다. 실험을 토대로 행위의 방향을 수정해야 함을 알리는 신호다. 지식의 한 부분이나 앎의 방식이 아니고, 탐구 행위나 반성과 추론을 자극하고 고무한다.

그러므로 경험의 역할에 회의적인 합리론은 말할 것도 없고, 합리론과 경험론의 결합을 꾀했던 독일 관념론도 실험과 결합한 경험의 역동성을 파악하지 못했다는 점에서 비판 대상이 된다. 관념론에서 경험은 선험적 이성으로 단순성·통일성·보편성을 가정하며, 과학에 허구적 편안함의 길을 열어 준다. 그리하여 정신적으로 절대주의를 향하는 이성주의의 오류를 되풀이한다. 실용주의가 주목하는 경험은 이성주의 편향을 넘어 실험으로 현실의 요구와 결핍에서 나오는 성숙한 제안을 하고 발전하며, 성공과 실패로 검증을 거쳐 구체적 제안으로 나아간다.

이를 위해 하나의 경험이 다른 경험에 적용될 수 있으려면 추상은 피할수 없다. 문제는 나쁜 추상주의다. 추상을 불명료하고 불규칙적·구체적 경험보다 더 높은 곳에 있는 어떤 것으로 여기는 경향이 문제다. 이성은 경험안에서 작용하고 경험에 지적이거나 합리적인 성질을 준다. 과학은 경험이 합리적 성격을 띠는 과정이고 이를 위해 추상은 불가피하다. 경험 안에서 과학은 과거의 경험을 정화하고 앞으로의 발견과 발전을 위한 도구로 삼도록 하는 계기가 된다. 과거의 경험이 현재의 경험에 기여하는 수단이 되는 과정에서 경험과 이성은 유기적으로 통합한다. 그래서 듀이는 자신의 실용주의를 실험주의라고 불렀다.

실험을 거쳐 얻게 된 결론은 기존의 이성주의적인 보편적·절대적 의미의 참된 지식이 아니다. 듀이는 진리라는 표현 대신 '보증된 주장 가능성'이고 규정했다. 실험주의의 관점에서 보면 영원불변의 궁극적 진리는 존재하지 않고, 오직 우리가 처하게 된 환경에서 당면한 문제를 해결할 수 있게 할 뿐이다. 그리하여 더 나은 단계로 나아가게 하며, 상황이 달라지면 또 다른 대안을 탐구해야 할 과제를 갖는다.

Art
실증·실용 미학과
사실주의·미래파 미술

실증 철학과 실용 철학의 미의식

실증주의 : 생활의 이상화된 재현을 예술로 표현하다

콩트는 실증주의가 반예술적 경향을 띤다는 비난에 반박한다. 실증주의는 완성에 이르렀을 때 상상력에 이롭게 작용한다. 오히려 편협한 절대적 시각, 분석적 행보, 추론의 남용만큼 예술에 대립하는 것은 없다. 실증주의가 강조하는 사회적 현실성은 감정을 고려할 때 예술에 친근함을 갖는다. 실증주의가 예술에 고정된 목표를 직접 부여하지는 않는다. 하지만 경험을 중시하는 실증주의야말로 예술 능력의 진정한 원천인 감정에 주도권을 줌으로써 상상력을 자극할 수 있기 때문에 예술에 호의적이다.

경험적 관찰을 중시하는 실증주의 입장은 예술에서 모방의 역할을 적극적으로 인정한다. 모든 예술은 모방하고 이상화한다. 실증주의는 사소한 행동으로 제한된 맹목적 모방을 예술 능력의 최초 표현이라고 본다. 하지만 예술이 모방에 머물러서는 안 된다. 모방에만 머물면 예술은 전문 언어의 필요성을 느끼지 않는다. 예술은 사실을 이상화해서 재현하는 것이다. 예술은 점차 아름다움이라는 이상화된 재현으로 나아가면서 발전한다. 이상화된 재현이 현실을 벗어나는 것은 아니다. 재현으로 아름다워짐으로써 한층 더 현실에 충실해진다. 회화가 모방과 이상화, 재현의 요소를 가장 잘 실현한다. 조각이나 건축과 달리 회화는 데생의 힘에 채색의 힘을 부여함으로써 시각적 표현의 모든 수단을 발전시킨다. 이를 통해 모방과 이상화에 적합한 조건을 제공하기 때문에 더 광범위한 영역에서 예술성을 충족하게 된다.

인간의 본질을 생활에 두고, 이론의 역할은 실생활을 체계화 하는 것이라고 본 실증주의 관점을 적용한다. 그러면서 예술도 생활에 밀착해야 하며 생활 전체로 넓어져야 한다. 예술은 개인 생활과 사회생활의 모든 부분을 반영하면서 동시에 영향을 미칠 수 있어야 한다. 생활에서 벗어난 고전적 미나 숭고의 미를 추구하는 근대 철학의 미 개념은 예술의 특성을 무시한 헛된 사변이다. 예술의 원천은 감정과 생활에 있다.

콩트는 생활 영역에서 특히 여성의 생활 재현을 강조한다. 남성은 인위적 외부 활동에 치우쳐 생활과 동떨어지는 경우가 많다. 또한 외부 활동의 특징인 생존 경쟁에서 도덕과 무관한 방향으로 자신을 합리화하는 경향도 강하다. 이에 비해 외부 활동과 거리를 두는 여성의 가정생활은 자연스러운 성향을 한층 더 발전시킨다. 지적이고 도덕적인 미를 보여 주는 것이 바로 여성의 모습이다. 여성의 생활은 감정에 기반을 두기 때문에 처음에는 지극히 현실적이지만 점차 자발적으로 삶의 이상적 완성으로 나아간다.

슬론은 자신의 작품에서 가정생활에 밀착한 여성의 모습을 재현한다. 매일 반복되는 가사 노동으로 가정에 묶여 있는 여성의 삶을 그대로 보여 준다. 남성을 이성과 외부 활동, 여성을 감정과 가정생활로 구분했다. 여성의 일상에서 아름다움의 근거를 찾았던 콩트의 문제의식으로 슬론의 작품을 보자면 재현의 미를 제대로 실현했다고 여길 듯하다.

실용주의 : 주체와 경험의 상호 작용으로서 예술

듀이도 아름다움의 근거를 경험에서 구한다. 미적 지각을 경험과 연관시키는 것은 예술의 중요성과 위엄을 낮춘다는 견해는 무지에서 나온 생각이다. 경험은 활력으로 드높일 수 있다. 경험은 초보적 형식에서조차 미적 경험이라는 유쾌한 지각의 전망을 안고 있다. 그러므로 예술은 생활 과정에서 일어난다.

실증주의가 그러하듯이 듀이의 관점에서도 경험 자체로 아름다움이 완성되는 것은 아니다. "최고의 경험은 사물과 사건들의 세계와 자아의 완전한 상호 침투(interpenetration)를 의미한다." 일상생활의 경험은 아름다움의 잠재적 가능성을 가지고 있는 것이지 그 자체로서 예술을 의미하지는 않는다. 콩트가 모방을 넘어선 '이상화된 재현'을 주장했다면, 듀이는 주체가 사물의 세계 안에서 투쟁하고 성취하는 상호 작용을 예술의 맹아로 규정한다. 그러한 의미에서 '정상적으로 완전한 모든 경험' 내지는 '의도적으로 개발된 형식'이어야 한다. 즉 일상적 경험은 주체와 서로 작용하면서 직질히 구성될 때 진정한 미적 성질을 띤다.

일상생활에 밀착하되 특히 흥미를 불러일으킬 만한 사건을 대상으로 구성하는 것이 필요하다. "궁극적으로 정평을 얻은 형식의 미적인 것을 이해하기 위해서는 비근한 데서부터(in the raw) 시작해야 한다. 주의 깊은 사람의 이목을 끌어, 보고 듣는 사람들에게 흥미를 불러일으키고 기쁨을 주는 사

건이나 광경에서 시작해야 한다는 것이다." 예컨대 질주하는 소방차, 땅에
거대한 구멍을 파는 굴착기, 높은 대들보 위에 앉아 볼트를 주거니 받거니
하는 사람들, 운동선수의 탄력 있는 우아한 신체 등이 흥미를 돋우는 대상이
될 수 있다.

그런데 경험은 시간과 공간의 한계를 뛰어넘을 수 없다. 그래서 예술 작
품도 예술성을 지속하는 데에 지장을 받게 된다. 어떤 작품이 경험에 바탕을
두고 만들어졌다고 하더라도 시대적 조건이 변하는 순간 경험이 제공하는
생동감을 많이 잃어버린다. 그래서 예술적 대상이 경험 안에서 분리되어 장
벽이 생기면서 미학적 의의가 모호해진다.

듀이는 예술의 도구주의 성격을 강화한다. "예술의 존재는 사람이 자기
생명을 확장시킬 의도로 물질이나 에너지를 이용한다는 증거이며, 또한 인
간 자신의 기관, 즉 두뇌, 감각 기관, 근육 조직 등의 구조와 일치해 그것을
행한다는 증거이다." 기본적으로 개념·지식·사고·이론 등은 유기체가 환경
에 적응하기 위한 하나의 수단이다. 예술도 마찬가지로 인간 생명에 특유한
감각·욕구·충동·활동 등을 융합해 의식적으로 환경에 작용하는 도구가 된
다. 예를 들어 아프리카 전통 조각은 20세기 서구 미술의 혁신에 영감을 주
게 되면서 예술 작품으로 인정을 받았지만, 애초에 만들어질 때 흑인 종족에
게는 창이나 의복만큼이나 유용성을 지닌 도구였을 것이다. 만들어진 사물
이 그릇·융단·의복·무기 등과 같이 실제로 쓰이기 위해서 만들어진 것인지,
아니면 순수하게 미적 의미를 지니기 위해서 만들어진 것인지는 말하기 어
려운 문제다. 예술을 외적 환경과 구분된, 그 자체로 목적을 지닌 독립적 영
역으로 설정하던 전통적 미학과는 다른 문제의식을 보여 준다.

유럽과 미국의 사실주의 미술

공리주의·실증주의·실용주의 철학이 강조하는 경험과 관찰, 현실에서의 유용성은 사물과 일상생활의 단면을 있는 그대로 정확하게 재현하려는 사실주의 미술을 자극했다. 기존의 고전주의 미술과 낭만주의 미술이 지향하는 사변적 정신이라든지 정형화된 모델의 미술을 거부하고 생생한 현실의 삶을 담아내려는 방향으로 나아갔다.

사실주의라는 표현은 쿠르베가 자기 작품을 모아 개최한 개인전에 '레알리즘'이라는 이름을 붙인 데서 시작되었다. 쿠르베는 고상하고 우아하고 교훈적이어야 한다는 당시의 지배적 미 규범에 따라 피상적·신비주의적 방향으로 치닫던 낭만주의 미술을 비판하고, 자신이 경험하지 못한 것은 그리지 않겠다는 태도를 밝혔다. 그래서 "나에게 천사를 보여 주면 나는 그것을 그릴 수 있다."라고 단언했다. 쿠르베의 태도는 당시 유럽의 과학주의적 경향과 실증주의적 사고의 영향과 연결된다.

유럽의 사실주의 화가로는 쿠르베, 오노레 도미에(Honoré Daumier, 1808~1879) 등이 대표적이다. 미국에서는 에이킨스, 슬론, 벨로스, 에드워드 호퍼(Edward Hopper, 1882~1967) 등이 사실주의 미술을 이끌었다.

현실의 구체적 삶과 가벼운 일상 소재

낭만주의는 구체적 현실의 관찰보다는 작가의 상상력을 중시했다. 그 결과 이상향을 좇거나 이국적 소재를 회화로 표현하는 경향이 강했다. 시적·신화적 주제로 상상력을 자극하는 화면을 구사하기 위해 강렬하고 열정적

〈안녕하세요, 쿠르베 씨〉, 1854년

인 화면, 화려한 색채 등을 사용했다. 하지만 사실주의는 일상에서 벌어지는 일, 기존의 미학에서는 지극히 사소해 보이는 일을 대상으로 했다. 구성이나 색채에서도 현실성을 강조해 단순하고 차분한 분위기를 연출했다.

유럽 사실주의 회화의 대표작인 〈안녕하세요, 쿠르베 씨〉는 쿠르베의 일상을 그대로 표현한다. 쿠르베가 시골길에서 후원자와 친구를 만나는 장면이다. 쿠르베는 가벼운 셔츠 차림에 화구가 들어 있을 배낭을 메고 있다. 야외 스케치를 하러 가던 도중 만난 사람과 인사를 나누는 평범한 장면으로, 역사적 의미나 정신적 의미를 찾아볼 수 없다. 인위적으로 지어 보이는 품위 있는 자세나 감상자의 눈을 잡아끄는 화려한 색채도 없다. 특별히 긴장감을 자아내는 구도도 없다. 말 그대로 매일 벌어지는 일상의 한 단면이다.

슬론 또한 작품에 특별한 주인공을 배치하거나 정신적 숭고함을 자아내는 풍경을 담기보다 지극히 평범한 도시의 뒷골목 풍경을 담았다. 아이들이 눈사람을 만들고, 검은 고양이 한 마리가 조심스럽게 눈 덮인 지붕 위를 건너는 모습 등 평소에 쉽게 지나쳐버리기 쉬운 동네 뒷골목 풍경을 담담하게 그렸다. 또 일상에서 흥미를 끄는 장면, 예컨대 상영관에서 영상을 보는 사람들의 모습을 담은 작품을 그리기도 했다. 20세기 초반은 무성 영화가 상영되던 시기이니 관객은 영상과 자막을 보면서 대화나 줄거리의 진행을 보고 있을 것이다. 화가가 이 그림을 그릴 당시에는 장안의 화제가 될 정도로 흥미로운 광경이었을 것이다. 슬론의 생각은 미술이 보고 듣는 사람들에게 흥미를 불러일으키고 기쁨을 주는 사건이나 광경을 묘사해야 한다고 생각한 듀이와 일치하는 면이 있다.

운동 경기를 하는 선수의 모습도 일상의 중요한 한 장면이었다. 미국의 사실주의 화가들은 프로 스포츠에 열광하는 미국인의 정서를 화폭에 담아냈다. 미국 사실주의 미술을 이끈 에이킨스의 〈야구 선수〉는 프로야구 리그가 만들어져 대중의 관심을 듬뿍 받았던 야구 경기의 한 장면을 보여 준다. 타자가 타석에 들어서기 전에 스윙 자세를 가다듬는 모습인 듯하다. 야구는 19세기 중후반에 미국 전역에 퍼져 대중적 스포츠로 자리를 잡았다. 야구는 미식축구와 더불어 미국인에게 일상의 일부가 되었다.

권투 또한 미국에서 야구만큼이나 대중적으로 인기 있는 스포츠로 부상했다. 권투는 원래 맨주먹으로 시합을 했으나 1867년에 글러브를 끼고 시합

〈야구 선수〉, 1875년

〈샤키에 모인 남자들〉, 1909년

을 하도록 규칙이 바뀌게 된다. 미국 사실주의 회화의 거장으로 유명한 벨로스는 역동적인 권투 경기 장면을 캔버스에 담아내는 데 적극적이었다. 〈샤키에 모인 남자들〉은 마치 사진으로 찍어 낸 순간 동작처럼 현장감 넘친다. 사각의 좁은 링 위에서 두 남자가 혈투를 벌인다. 서로 격렬하게 펀치를 날리는 중이다. 거친 붓 터치로 팔이나 다리 동작의 생동감을 살렸다. 그림을 보고 있으면 관객의 폭발적 환호성이 들리고 진한 땀 냄새가 날 듯하다. 관객의 모습은 대부분 간략한 실루엣으로 묘사했는데도 현장의 열띤 분위기를 그대로 전한다.

경험적 관찰에 근거한 사실적 표현

사실주의 미술은 소재의 사실성만이 아니라 표현의 사실성도 추구한다. 과거에도 사실주의적 표현이 없지 않았다. 르네상스 이후 근대 미술에 이르기까지 인체와 자연의 사실적 묘사는 하나의 큰 흐름이었다. 하지만 사실주의 미술이 추구한 사실성과는 뚜렷한 차이가 있다. 무엇보다도 고전주의나 낭만주의 미술은 이상적 아름다움을 표현하기 위한 수단으로서 사실성에 주목했다. 역사적 사건이나 신화를 매개로 하거나 자연 현상으로 드높은 정신성을 드러내려 했다. 하지만 사실주의는 있는 그대로의 현실을 직시하고 묘사하는 데만 초점을 맞췄다.

쿠르베의 〈세상의 기원〉은 사실주의 미술이 추구하는 사실성을 잘 보여 준다. 화면 가득히 여성의 음부가 보인다. 심지어 기존의 누드 작품에서 잘 다루지 않던 체모까지 노골적으로 묘사했다. 얼굴을 이불로 덮어서 누구인지는 알 수 없다. 현실에는 존재할 것 같지 않은 이상적 인체 묘사 방식의 누드 그림을 거부하고, 여성의 몸을 현실적으로 보여 준다. 흔히 작품에서 여성 누드는 이상적 아름다움을 드러내려 한다. 그러나 쿠르베는 언급을 꺼릴 정도로 기피 대상이 된 신체의 부분을 클로즈업해 사실성 자체에 초점을

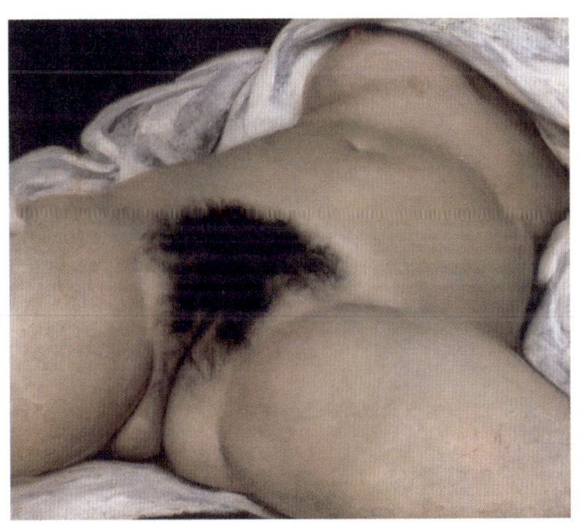

〈세상의 기원〉, 1866년

〈싱글 스컬을 타는 슈미트〉, 1871년

맞췄다. 어떠한 정신적·예술적 권위도 부여하지 않고 사실적으로 재현할 수 있는 대상의 한계 자체를 설정하지 않으려는 도전적 태도를 보인다. 거기에다 자궁과 연관된 음부를 '세상의 기원'으로 규정하면서, 본질과 기원의 탐구를 고상한 무언가에서 찾던 기존의 정신적 관습과 규범을 조롱하는 듯하다.

에이킨스의 〈싱글 스컬을 타는 슈미트〉 역시 사진으로 찍어 낸 듯한 사실성을 보여 준다. 맑은 여름날 오후에 강에서 일인용 스컬을 타고 있는 사람을 그렸다. 느긋하게 젓는 노를 따라 움직이던 배와 사람을 한순간 사진으로 찍은 것처럼 그려 정지된 느낌을 전해 준다. 물속에 비친 배와 인물의 그림자나 배가 지나간 물 위의 흔적 등이 생생해서 마치 현장에 있는 것 같다.

잔잔한 물결 하나까지 세밀하게 묘사하고, 물 위에 비친 모습도 정교하게 처리해서 언뜻 보면 사진이 아닐까 싶을 정도다. 하늘도 특정 시간과 장소에서 보았음 직한 느낌에 충실하다. 전반적으로 일상의 순간을 스냅사진으로 잡아낸 듯하다. 실제로 에이킨스는 자연이나 상황의 순간적 변화를 사진으로 찍어서 미술 작업에 활용했다. 흔히 화가들이 스케치로 활용하는 소묘는 순간적 움직임을 잡아내거나 세밀한 부분을 재현하는 데 적지 않은 한계가 있었다. 그는 사진으로 사물의 움직임을 연구하고 정지된 순간을 포착하는 생생한 사실성에 주목했다.

자본주의 대도시와 서민들의 삶

미국의 사실주의 미술은 뉴욕을 비롯한 대도시의 일상생활을 즐겨 담았다. 자본주의 산업화로 변화된 대도시의 순간을 그려 현대인의 삶을 보여 주었다. 대체로 도시의 일상적 인간과 공간을 건조하게 묘사했다. 호퍼는 건조한 눈길로 대도시의 빛과 표정을 탐구했다. 그림에 등장하는 도시인의 표정에서는 하나같이 고독이 뚝뚝 묻어난다. 마네킹처럼 나란히 있는 인물들은 대부분 표정이 없다. 무표정이 표정이고 우울함이 '오라(aura)'다. 혼자 있는 사람은 말할 것도 없고 누언가를 공유하고 있는 순간에도 비개성적인 모습이다. 도시의 콘크리트 공간 속에서 인간도 하나의 벽돌처럼 딱딱하게 굳어진 채 어쩔 수 없이 일로 엮인 관계에 의무적으로 임한다. 상점이나 호텔 방의 사람, 심지어 파티에 참석한 사람조차도 서로가 서로를 낯설게 느끼는 듯하다. 호퍼의 이러한 표현력은 다른 어떤 화가보다 대도시의 본질을 예리하고 정확하게 포착한 것인지도 모르겠다.

〈밤을 지새우는 사람들〉, 1942년

　　〈밤을 지새우는 사람들〉에는 도시인의 군상이 상징적으로 나타난다. 그림 속의 주인공 자리를 거리나 건물, 혹은 상점의 조명이 차지한다. 공간을 채우는 사람들이 마네킹이나 장식품처럼 '진열되어' 있다. 먼저 상점의 큰 유리창이 우리가 그들에게 다가서는 것을 가로막는다. 너무 투명하게 잘 보여서 오히려 안과 밖을 확실히 구별해 버리는 역설을 보여 준다. 다음에는 불빛이 가로막는다. 환하게 밝혀진 조명 불빛이 만들어 내는 낯설음과 으스스함이 그들을 멀리 떼어 놓는다. 아직 한 겹이 더 남았다. 불빛을 헤치고 다가서면 이제는 창백하고 무표정한 가면이 우리를 가로막는다. 그 가면 안에 사람이 있다. 그림 속의 인물들은 이렇게 몇 겹을 벗겨야 마주할 수 있는, 가장 견고한 벽으로 둘러싸여 있다.

　　지극히 사실주의적인 그림에서 우리는 낯선 스스로를 발견한다. 호퍼가 작품의 소재로 삼은 시가지나 건물, 밤의 레스토랑, 상점 불빛으로 환해진 거리, 극장 등에 우리가 들어 있다. 실제로 도시의 거리로 나서면 쉽게 만나는 풍경이다. 그런데 너무나 익숙한 도시 공간의 소품들 속에 들어 있는 우리의 모습이 어쩐지 낯설다. 이런 차가운 금속성 공간에서 살아가고 있다는 것이 쉽게 다가오지 않는다. 그만큼 도시는 자신도 모르게 내부로 스며들어 있다. 호퍼의 그림은 익숙한 도시를 낯설게 만들고 쇼윈도에 비친 자신을 돌아보게 만드는 힘이 있다.

〈세탁부〉, 1860년~1863년

　사실주의 화가들은 서민의 일상생활을 담아내는 데도 적극적이었다. 특히 도미에는 직공이었던 가난한 아버지 밑에서 자랐고 어려서부터 사무실 급사나 점원으로 일했던 경험이 있어서인지 화려한 도시 풍경 이면에서 고단한 삶을 살아가는 서민의 삶과 애환을 담아 그렸다. 〈세탁부〉를 보면 빨래를 마친 엄마가 계단을 오르고 있다. 계단 아래로 강이 흐른다. 상하수도 시설이 없던 19세기에는 거리가 먼 강까지 나가 빨래를 했다. 그만큼 고된 노동이었을 것이다. 여자의 손을 쥔 아이는 계단이 높은 듯 힘겹게 다리를 내디딘다. 오른손에는 무언가를 들고 있는데 물을 뜨는 바가지인지 아니면 빨래에 쓰는 방망이인지 구별이 잘 안 된다. 엄마가 빨래하는 동안 지루함을 잊기 위해 옆에서 물장난을 했으리라. 아마 아이를 집에 혼자 둘 수 없어 데리고 나왔을 것 같다. 에밀 졸라의 소설 《목로주점》을 보면 주인공을 비롯해

〈푸른 아침〉, 1909년

많은 여성이 세탁부로 일하는 장면이 나온다. 소설만이 아니라 미술 작품에도 많이 다뤄졌다. 도미에를 비롯해 드가, 르누아르, 피카소 등 수많은 화가가 그림의 소재로 삼았을 정도로 세탁부의 노동은 당시 유럽에서 흔히 볼 수 있는 모습이었다.

벨로스의 〈푸른 아침〉은 뉴욕 변두리의 서민 거주지를 다루고 있다. 멀리 뉴욕의 고층 건물 숲이 보인다. 하지만 화려한 도심을 조금만 벗어나면 강변 주변에서 매일매일 그날의 삶을 걱정해야 하는 빈민의 삶이 펼쳐진다. 난간에 걸터앉은 사람은 새벽 공기가 추운지 몸을 잔뜩 웅크리고 있다. 살을 파고드는 새벽의 한기가 전해지는 듯하다. 누가 피웠는지 모를 불씨에서 흰

연기가 솟아오른다. 햇볕을 받아 반짝이는 고층 건물은 노란색으로, 가난한 사람들의 터전인 강변은 짙고 어두운 푸른색으로 표현해서 빈부 격차로 극명하게 대비되는 대도시의 삶을 표현했다.

미래파 미술

실증주의 철학과 실용주의 철학은 한편으로 특유의 과학주의 문제의식에 기반을 두고 맹렬하게 세력을 넓히던 자본주의 산업화와 기계 문명에 대한 친근한 정서를 가졌다는 점에서, 다른 한편으로 윤리적 가치 판단을 배제하는 경향을 가졌다는 점에서 미래파 미술의 등장을 자극했다.

미래파는 20세기 초반에 유럽에 영향을 미친 예술 운동으로, 기존의 예술을 '과거주의'라고 반대하고 현대의 물질문명에 어울리는 새롭고 역동적인 아름다움을 추구했다. 미래파는 일차적으로 기계 문명의 능동적 태도를 미술 영역으로 끌어들였다. 기계가 지닌 차가운 아름다움을 조형 예술의 주제로 삼았다. 시인 필리포 토마소 마리네티(Filippo Tommaso Marinetti, 1876~1944)가 효시였는데, 그는 자동차가 내는 속도에서 기쁨을 느낀다면서 기계 문명이 만들어 내는 역동적 운동성과 속도를 찬미했다.

이후 움베르토 보초니(Umberto Boccioni, 1882~1916)를 비롯한 미술가들이 미래주의 선언을 발표하면서 미래파 미술을 주도했다. 1909년에 마리네티가 발표한 〈미래주의 선언〉은 기계가 출현하게 한 새로운 세계를 환영한다면서 과거에 집착하기를 거부한다고 말한다. 그러면서 속도의 아름다움으로 세계가 빛나게 될 것으로 보았다. 또한 뱀 같은 파이프로 장식된 멋진 경주용 자동차, 폭발하는 화약처럼 미친 듯이 달리는 자동차는 사모트라케의 여신보다 더 아름답다면서 미래주의를 구체적 예술 형식에 담아낼 것을 주장했다.

이들은 빠른 속도로 질주하는 자동차와 비행기가 서정성을 강하게 자극한다고 말했다. 특히 속도의 엑스터시(ecstasy)에 주목한다. 그들은 정적인 자연이나 인간의 모습을 주로 묘사했던 과거의 미술을 부정하고 속도감 있게 움직이는 사물을 묘사했다. 물론 이전의 화가 중에서도 역동적 장면을 캔버스 위에 연출했던 경우도 있다. 하지만 미래주의 화가들은 운동 과정에 있는 한순간을 정지 화면처럼 포착했다. 다시 말해 움직이는 '대상'보다 '대상의 움직임'에 더 주목했다. 운동을 표현하기 위해 회화에 시간 요소를 도입해 속도를 시각화했다.

속도를 시각화하기 위해 표현 양식으로 입체파를 택했다. 어찌 보면 '속도'는 기계 문명의 본질을 정확히 꿰뚫어 본 것이기도 했다. 기계 문명은 관조와 반복을 무의미한 것으로 거부했다. 빠른 변화 속에서 자신의 존재를 확인했다. 속도의 상징인 철도·자동차·비행기 등 운송 수단의 발전뿐만 아니라 어떻게 하면 더 적은 시간에 더 많은 상품을 생산할 수 있을까에 몰입했다. 속도로 효율성 극대화를 추구한 테일러리즘(Taylorism)과 포디즘(Fordism)은 현대 사회의 구석구석을 지배하는 하나의 원리가 되었다.

미래파의 주요 화가로는 움베르토 보초니, 카를로 카라(Carlo Carrà, 1881~1966), 자코모 발라(Giacomo Balla, 1871~1958), 루이지 루솔로(Luigi Russolo, 1885~1947) 등이 있고, 조제프 페르낭 앙리 레제(Joseph

〈공간 연속성의 독특한 형태〉, 1913년

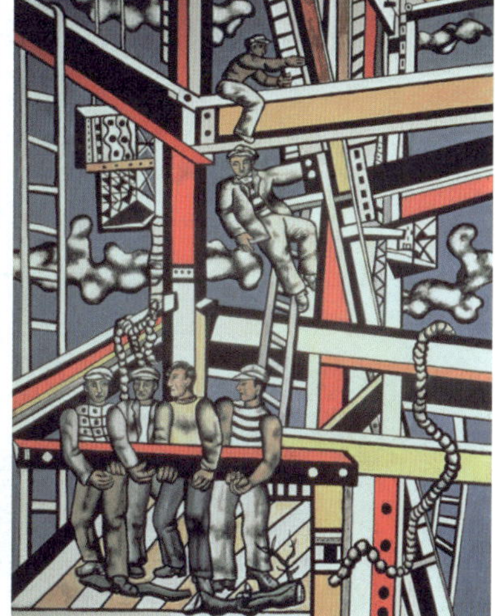

〈건설자들〉, 1950년~1951년

Fernand Henri Léger, 1881~1955)는 미래파의 영향을 받으면서 다이내믹 입체파 경향을 선도했다.

미래주의 미술의 선두주자라 할 수 있는 보초니의 〈공간 연속성의 독특한 형태〉는 속도감을 조각으로 실현한 작품이다. 뛰어가는 사람의 움직임을 정지 화면으로 표현했다. 언뜻 보기에는 만화 영화에 나오는 로봇 같은 느낌을 수지만, 잘 늘여다보면 머리, 어깨, 나리에서 뒤쪽으로 불꽃이 뷔어 나가는 듯한 모습을 볼 수 있다. 달리는 사람의 역동성을 표현한 것이다. 사람을 마치 기계처럼 의도적으로 묘사했다.

한편 레제는 미래파 영향을 받으면서 기계 문명의 역동성과 명확성에 이끌려 산업화의 희망에 열광하는 새로운 인간상을 표현했다. 〈건설자들〉은 거대한 철근 구조물을 짓는 노동자를 그렸다. 고된 노동에 지치기보다는 희

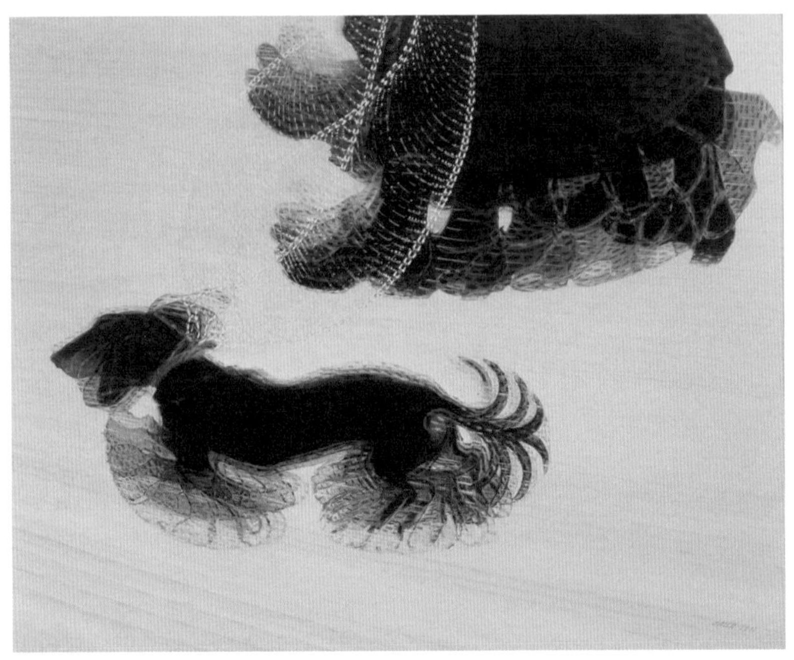

〈끈에 묶인 개의 역동성〉, 1912년

망에 찬 모습이다. 불끈거리는 근육이 철근과 어우러져 하나가 된 느낌이다. 철근을 잡은 노동자들의 모습은 위태로워 보이기는커녕 당당해 보인다. 그림을 뚫고 철근이 부딪치는 소리, 망치 소리, 노동자의 희망에 찬 숨소리가 들릴 듯하다. 당시에는 철근과 콘크리트로 가득한 대도시 빌딩 숲을 인류의 진보로 바라보기도 했다. 그는 단순화된 형태에 대담한 색을 사용해 역동적인 기계의 이미지를 구현한, 이른바 '기계 미술' 양식을 개발했다. 그는 철근만이 아니라 톱니바퀴, 베어링, 용광로, 철도 등 기계 문명의 산물을 매혹적인 미술 소재로 사용했다.

발라는 움직임 자체에 초점을 두면서 추상 표현으로 나아갔다. 〈끈에 묶인 개의 역동성〉은 동작 분석을 통해 움직임의 작동 원리를 묘사하려는 시도다. 강아지의 사실적 외형보다는 움직임의 사실성에 더 주목한다. 강아지의 발과 꼬리 그리고 목줄이 움직임에 따라 어떤 궤적을 그리는지를 추적해 표현한다. 역동적 운동성을 연속적으로 그려 미래주의 미술 이론을 극단으로까지 밀어붙였다.

Philosophy
공리주의·실증주의·실용주의 윤리 철학

공리주의, 유일한 도덕 원리는 쾌락 총량을 중심으로 한 공리성

벤담은 쾌락 중심의 공리성 말고 다른 도덕 원리는 없다고 주장한다. "쾌락은 자체로 선이다. 고통이 없음을 제쳐 둔다면 유일하게 선이다. 고통은 자체로 악이다. 예외 없이 유일한 악이다." 보편적 도덕 원리 입장에서는 본질상 선하거나 악한 동기를 전제한다. 하지만 벤담이 보기에 보편적 동기는 편의적으로 갖다 붙인 구분일 뿐이고, 그 자체로 나쁜 동기는 없다. 만일 동기가 좋거나 나쁘다면 오로지 결과 때문이다. 쾌락을 낳거나 고통을 피하는 경향 때문에 좋고, 고통을 낳거나 쾌락을 피하는 경향 때문에 나쁜 것이다.

도덕은 동기가 아닌 결과에 주목해야 한다. 동기는 좋은 기질에 대한 어떤 말도 하지 않는다. 좋은 행위이지만 동기가 이기적이라면 동기는 좋은 기질에 대해 아무것도 말하지 않는다고 한다. 마찬가지로 나쁜 기질에 관해 말하지도 않는다. 예를 들어 제빵업자가 배고픈 사람에게 빵을 줄 때, 제빵업자의 동기는 금전적 이득을 보려는 상업 동기다. 그렇게 보면 제빵업자가 거래에서 어느 이웃 사람보다 더 좋거나 나쁘다고 추정할 근거는 별로 없다. 어떤 행위의 옳고 그름은 가능한 미래에 실제로 일어날 결과에서 찾아야 한다. 그러므로 도덕적 비난이나 처벌도 행위자의 행위 자체를 보복하는 성격을 가져서는 안 된다. 미래의 폐해 방지라는 결과를 중심으로 접근해야 한다.

밀도 기본적으로 행복 증진과 고통 회피를 도덕의 기준으로 삼는다. "효용과 최대 행복 원리를 도덕의 기초로 삼는 이 이론은, 어떤 행동이든 행복을 증진시킬수록 옳은(right) 것이 되고, 행복과 반대되는 것을 낳을수록 옳지 못한(wrong) 것이 된다는 주장을 편다." 실제 결과가 행복을 증진하는 데에 이를 때 도덕적으로 선하다고 할 수 있다. 동기를 두고 어떤 행동을 하는 사람의 값어치를 판별할 수는 있을지언정, 동기와 행동의 도덕성은 아무 상관이 없다.

결과 중심의 도덕을 실현할 때에도 행복의 총량이 가장 중요하다. 인류 전체의 쾌락을 증진하는 데 기여하는 행위에 도덕이라는 이름을 붙일 수 있다. 반대로 삶을 불만족스럽게 만드는 첫 번째 원인은 이기심이다. 그러므로 전체의 쾌락 증진을 위한 개인이나 소수의 희생은 선으로 정당화할 수 있다. 개인 행복보다 더 소중하다고 여기는 무언가를 위해 자발적으로 일해야 한다. 행복 총량을 늘리지 않거나 늘릴 경향이 없는 희생은 낭비에 지나지 않기 때문에 희생 자체가 목적일 수는 없다. 행복 총량을 늘릴 수 있다면, 자신에게 가장 소중한 것마저 희생할 수 있어야 한다. 그리고 이런 희생은 인간 사회에서 볼 수 있는 최고의 미덕이다.

타인에게 직접 해를 입히는 것은 비도덕적 행위로서 단죄해야 할 대상이 된다. 즉 타인의 자유에 부당하게 간섭하는 것을 금지하는 도덕 규칙은 인간 복리를 이루는 데 중요한 역할을 한다. 이 역시 사회 평화라는 전체의 행복을 늘리기 위한 필수 요소다. 사회의 평화 유지를 위해서는 타인이 자신을 해치지 않으리라는 믿음이 언제나 중요하다. 따라서 각 개인이 다른 사람들로부터 직접 해를 받지 않게 또는 자기 이익의 자유로운 추구를 방해받지 않게 막아 주는 도덕성을 지녀야 한다.

사회의 간섭과 통제는 오직 항구적 이익을 주는 광의의 공리에 기초한다. "첫 번째 격률은, 개인은 그의 행위가 그 자신을 제외한 어떤 사람의 이익과도 관련되지 않는 한, 그의 행위에 대해 사회에 책임을 지지 않는다는 것이다." 타인의 이익에 피해를 가져올 때는 전체 이익을 위해 개인의 자발성이 외부 통제에 구속된다. 자신에게만 피해를 주는 행위를 처벌하는 것은 정당화할 수 없다. 만약 진정으로 타인에게 직접 피해를 주는 행위만 제재 대상이 된다면 자유의 폭을 획기적으로 넓힐 수 있다. 하지만 밀은 예절에 도전하는 것처럼 미풍양속에 해를 끼치는 행동이 정당하게 금지될 수 있다고 함으로써 자유를 제한한다. 예절이나 미풍양속이 지배층의 이해가 반영되는 사회적 통념과 관습의 산물이라는 점을 고려할 때 특정 집단의 이익을 위해 자유를 얼마든지 제한할 가능성을 열어 놓았다.

실증주의, 감정을 매개로 개인성에 우선하는 사회적 도덕을 추구하다

공리주의가 개인 이익에 우선하는 전체 이익을 강조하듯이 콩트의 도덕관도 사회적 목적을 우위에 둔다. "사랑에 대한 이기심의 종속은 윤리 문제"라는 말은 언뜻 보면 그냥 듣기 좋은 얘기처럼 들린다. 하지만 여기서 사랑은 그렇게 막연한 개념이 아니다. 이기심은 개인성으로, 사랑은 사회성으로 연결된다. 심지어 생물학이라는 과학의 권위를 빌려, 실증주의의 이름으로 이를 정당화한다. 동물적 삶은 개인성에, 유기적 삶은 사회성에 연결된다. 여기서 동물적 삶이란 본능적으로 개체 이익을 추구하는 경향이다. 유기적 삶은 의식적 노력에 따른 사회 구성이 인간의 본질이라는 의미를 내포한다. 결국은 사회적 필요를 도덕 기준으로 삼아야 한다는 주장이다.

전체가 부분에 앞서기 때문에 개인은 사회를 위해 희생해야 한다는 논리, 즉 도덕에 대한 아리스토텔레스의 논리가 적용된다. 이러한 도덕관이 "철학의 목표이자 정치의 출발점"이라는 점에서도 아리스토텔레스의 문제의식을 꽤 많이 받아들였다고 볼 수 있다. 인식에서 형이상학의 보편주의를 비판하지만 도덕과 정치 영역의 실천적 결론에서는 다시 전통적 도덕관으로 되돌아가는 보수적 경향을 보인다. 나름대로 다음과 같이 형이상학 도덕과 구분하려 하지만 실제 내용에서는 구차하다. 실증주의 도덕은 사회적 감정을 우선하고 보편 원칙으로 한다. 이 보편 원칙은 공적·사적인 인간의 행복이 감정의 비약이 발전하는 데에 있다고 보았다. 그런데 이는 형이상학이 강조하는 이성 개념을 사회적 감정으로 바꾸었을 뿐 기본 맥락이나 실천적 결론은 거의 일치한다. 아무리 인간 행복의 관대한 감정이나 형이상학과 구분을 강조해도 전체를 위한 개인의 희생으로 귀결한다는 점에서 같은 뿌리 위에 있다고 볼 수 있다.

콩트는 실증주의 도덕관의 독자성을 정당화하기 위해 기존 형이상학과 신학을 왜곡하기에 이른다. 형이상학과 신학의 정신은 모두 개인적이며 개인성 위에 세워진다. 하지만 고대 그리스 주류 철학이나 근대 합리론과 관념론 등의 형이상학은 물론이고 중세 신학조차도 개인성은커녕 당시의 사회적 필요, 더 정확하게는 지배 계급의 이해를 직접 반영하는 점을 부인하기 어렵다. 콩트는 왜곡된 해석으로 변형된 형이상학과 신학을 비판하고, 실증주의와 구별 정립하면서 전형적 허수아비 논증의 오류에 빠지고 있다.

가족의 확대된 결과로 사회를 인식하는 데서도 그리스 철학 이래의 낡은 전통에 젖줄을 대고 있다. 여기에서도 개인에서 가족을 거쳐 사회로 나가는 위상 확대의 매개를 이성에서 감정으로 바꾸었을 뿐 기본 맥락과 실천적 결론은 같다. 자식·형제·부부·어버이의 감정이라는 가족 사이의 감정이 이기심과 보편적 박애 사이의 매개자라는 것이다. 가족 내부에 생긴 감정을 매개로 개인과 사회가 연결된다. 그러므로 도덕 교육도 자식으로서 느끼는 감정, 상호성과 헌신에 기초한 부부 사이의 감정에서 시작된다. 개인을 넘어서는 가족적 연대의 우위를 매개로 도덕 교육을 실시해, 개인을 사소한 행동까지 인류 전체에 복종하는 데에 익숙하게 해 준다. 실증주의의 우위는 개인적 도덕의 사회적 도덕으로의 쇄신 과정으로 입증한다. 사회의 우위를 가족 관계로 정당화하는 낡은 전통을 반복하고 있다.

실용주의, 주관주의에 기초한 탐구 방법으로서 도덕

제임스는 도덕에서 주관주의자가 도덕적 느낌이 자신에 대한 사실과 어긋날 때 민감성을 누르고 언제든 조화를 추구할 수 있다면서 '도덕의 주관주의'를 주장한다. 이에 반해 도덕 절대주의자는 자신의 이해관계가 세계와 부덧칠 때 이상적 관계를 희생하면서 조화를 얻는 데에서도 자유롭지 못하다. 결국 독단적으로 제정된 윤리 철학은 자신의 원리와 일치하지 않는 현실을 발견했을 때 불화로 치달을 수밖에 없다. 최후의 인간이 모든 것을 경험하고 자기주장을 할 때까지는, 물리학에 최종적 진리가 없는 것과 마찬가지로 윤리학에도 궁극적 진리는 없다.

요컨대 개인의 주관적 느낌에서 분리해서는 절대적 윤리를 설정할 수 없다. 선, 악, 의무와 같은 단어는 절대적 본성을 뜻하지 않는다. 그런 단어는 느낌과 욕망의 대상이며 정신을 떠나서는 어떤 발판이나 버팀대를 가지지 못하기 때문이다. 게다가 세계가 도덕적 질서로 구성되어 있다고 상정할 수도 없다. 자연은 열쇠 두 개를 주었는데, 그 열쇠를 가지고 우리는 자물쇠를 테스트할 수 있다. 도덕적 열쇠를 시도하고 그 열쇠가 맞는다면 세계는 도덕적 자물쇠라고 한다. 비도덕적 열쇠가 맞는다면 세계는 비도덕적 자물쇠다. 다른 종류의 증거나 증명을 전혀 생각할 수 없다. 도덕이 개인에게 정해진 운명의 길을 강제하는 것은 아니다. 아무리 조그맣고 미약한 힘이라 하더라도 궁극적으로 개인이 판단과 행위의 기준이 된다.

쿠르베의 〈센 강변의 처녀들〉을 바라보는 시각도 주관적 느낌에 따라 달라진다. 하나의 고정된 도덕적 잣대로 규정할 수 없다. 작품을 보면, 두 여성이 강변 나무 그늘에 누워 있다. 한 여인은 꽃다발을 가슴에 안고 비스듬히 누워 강을 바라본다. 다른 여인은 게슴츠레한 눈을 뜨고 풀밭에 엎드려 있다. 쿠르베는 이 작품을 살롱에 출품했으나 그림 속 여자들의 표정이나 자태가 음란하다는 이유로 비난을 받았다. 소풍을 즐기는 평범한 장면인 듯하지만, 자세히 보면 몇몇 상징이 숨어 있다. 강기슭에 나룻배가 있고 여인의

〈센 강변의 처녀들〉, 1857년

머리맡에 또 하나의 꽃다발이 있는 것으로 봐서 근처에 함께 온 두 명의 남성이 있음을 짐작하게 한다. 으슥한 곳에 남성들과 함께 있으면서 요염한 자세를 취하고 있어서 성적 상상을 자극한다. 아마도 이런 이유 때문에 음란하다는 비난을 받았던 것 같다. 하지만 주관주의 도덕관에 따르면 강변에 남성들과 함께 놀러 가서 누워 있는 행위 자체만으로 도덕의 잣대를 들이댈 수는 없다. 도덕의 기준은 당시 이 장면 속에 있는 사람들이 갖는 느낌이고, 또한 화가가 어떤 욕구를 가지고 그림을 그렸는지에서 찾아야 한다. 더군다나 누워 있는 여성의 게슴츠레한 눈이 의미하는 바가 무엇인지도 보는 사람에 따라 다르게 느껴질 수도 있다.

도덕이 개인의 느낌이나 욕망과 떨어질 수 없기 때문에 도덕의 진보라는 주장도 설득력이 떨어진다. 도덕적 지평은 우리의 움직임을 따라 움직인다. 각 시대를 대표하는 도덕관은 우월과 열등으로 구분해 줄을 세우는 게 아니라 대조의 대상일 뿐이다. 광범위한 다양성으로 윤리의식은 비옥해질 수 있다. 이러한 점에서 듀이도 도덕의 주관성과 상대성을 주장한다. "도덕적 행위가 요구되는 모든 사례는 다른 사례와 동등한 중요성과 긴급성을 갖게 된다." 상황이나 조건과 무관하게 어떤 하나의 가치를 다른 가치에 우선하는 것으로 상정할 수 없다. 독단론적 도덕관에서는 건강이 선의 영역에 해당하지 않지만, 만일 특정한 상황의 필요와 결함이 건강의 향상을 목적과 선으로 삼는다면, 그 상황에서 건강은 궁극적 최고선이 된다.

모든 행위에 절대적으로 적용될 기준을 찾는 노력은 허망한 시도다. 도덕이 주관성과 상대성 위에 서 있는 이상 각 상황에 맞는 기준을 만드는 탐구 방법이 중요하다. "도덕에서의 필요는 탐구와 고안에 관한 특정한 탐구 방법에 대한 것이다. 즉 난점이나 악의 소재를 밝히기 위한 탐구 방법, 그것을 다루기 위한 유효한 가설로 사용될 계획을 세우기 위한 고안 방법에 대한 것이다."

규칙과 고정된 목적 추구로부터, 특별한 사례에서 구제를 필요로 하는 악을 감지하거나 그것을 다루는 계획과 방법을 조직하는 데로 도덕적 삶의 부담을 옮겨야 한다. 실용주의 도덕은 일반 개념에 몰두하는 관심을 효과적 탐구 방법을 개발하는 문제로 이전시키는 데 초점을 둔다. 이를 통해 불필요하고 소모적인 도덕 논쟁에서 벗어나 당면한 실천적 긴급성에 도움이 되는 결론을 이끌어 낼 수 있다.

탐구 방법에 주목하면 도덕 철학의 가장 큰 해악인 비관주의와 낙관주의에서 벗어날 수 있다. 세계가 전반적으로 악이라고 선언하는 비관주의는 특정한 악을 치료할 수 있는 원인을 발견하려는 노력을 쓸데없는 시도로 만든다. 이 세계가 가능한 최상의 세계라고 말하는 낙관주의도 현실의 악을 제거해 세계를 더 낫고 행복하게 만들려는 노력을 허망하게 만든다. 실용주의적 도덕은 어느 순간에 존재하는 특정한 조건이 상대적으로 악하든 선하든 간에 어떻게든 나아질 수 있다는 믿음으로서 개선론이다. 이론적 도덕 개념에서 탐구 방법으로 도덕의 과제를 전환하면서 선의 적극적 수단 및 그 수단의 실현에 방해가 되는 것을 연구하고, 조건을 개선하기 위해 노력한다.

듀이는 공리주의 도덕관이 목적과 선에 관한 고전적 이론을 오늘날 가능한 이론으로 전환했다는 점에서 긍정적이라고 평가한다. "공리주의는 인간을 외적인 법칙에 종속시키는 대신 법칙을 인간의 성취에 종속시켰다." 제도가 인간을 위해 만들어졌지, 인간이 제도를 위해 존재하지 않는다고 가르치면서 적극적으로 개혁 과제를 나아가게 하는 능동적 역할을 했다. 하지만 공리주의가 구체적 행위와 특별한 관심을 그 자체로 가치 있는 것이나 행복의 구성 요소로 취급하지 않고, 단순히 쾌락을 얻기 위한 외적 수단으로 취급하는 오류를 저질렀다고 비판한다. 그 결과 낡은 전통의 지지자들이 공리주의가 덕뿐만 아니라 예술과 시, 종교와 국가마저도 감각적 쾌락을 얻기 위한 비굴한 수단으로 만들었으며 쉽게 비판할 수 있는 길을 터 주었다. 쾌락의 총량 증가만을 제시해 구체적 문제를 구체적으로 진단하고 개선하는 도덕의 능동적 작용을 의미 없게 만들었다는 지적이다.

Philosophy
공리주의·실증주의·실용주의 정치 철학

공리주의, 정부의 처벌과 보상으로 행복 총량을 늘리다

벤담은 법의 목적과 정부의 책무도 공리성 원리에서 이끌어 낸다. 정부는 행복을 늘리기 위해서 적절하게 처벌과 보상을 해야 한다. 정부가 추구해야 할 행복의 기준은 당연히 쾌락의 향유와 고통으로부터 구제하는 것이지만 개인 각자의 쾌락에 직접 관여하지는 않는다. 모든 법령은 공동체 전체의 행복을 목적으로 두어야 한다. 또한 정부의 직접적 과제는 공리성의 일반 원리와 마찬가지로 행복 총량의 관리다. 벤담은 공리성을 구현하기 위해 계몽된 정부는 물론이고 나아가서는 보통 선거·비밀 선거에 입각한 선거권 확대가 필요하다고 보았다.

공리성 원리에 근거한 국가 이론은 근대 철학이 의존하던 자연권이나 사회 계약론 비판을 포함한다. 권리는 다른 사람에게 부과된 의무의 결과로 누리는 이득인데, 자연권은 권리에 상응하는 의무가 아예 존재하지 않기 때문에 성립할 수 없다. 더군다나 권리가 영구적이라는 점에서 자연권은 애초에 성립이 불가능한 개념이다. 중요한 것은 특정 권리가 현실에서 얼마나 공리성을 만들어 낼 수 있는지다. 경험적으로 확인될 수 있는 공리성이 정부의 필요와 책무를 규정짓는 핵심 기준이다.

사회 계약론이 주장하는 원초적 계약도 허구적이기는 마찬가지다. 경험적 현실은 끊임없이 변하는데, 한 번의 추상적 합의로 국가에 복종하기를 정당화할 수 없다. 정부에 복종하는 것은 추상적이고 허구적인 계약이 아니라, 복종함으로써 발생하는 폐해가 복종하지 않음으로써 발생하는 폐해보다 적다는 공리성에 기초해야 한다. 구체적 현실에서 공리성 충족 여부를 따져야 합의할 수 있다. 그렇기 때문에 다시 복종의 정당성은 공리성의 충족 여부로 되돌아간다.

국가가 처벌하는 것도 공리성 원리에 따라야 한다. 처벌은 고통이 따르기 때문에 그 자체로 악이다. 그래서 피할 수 없는 경우로 최소화해야 한다. 다만 더 큰 악, 특히 사회적 악을 완화해야 할 필요성을 충족한다면 행복의 총량을 늘리기 위해 정당화할 수 있다. 처벌할 때도 행위를 보복하는 것이 아니라 위법자가 폐해를 발생시키지 않도록 억제하려는 동기가 유발될 수 있는 방향으로 조정해야 한다.

그래서 죄에 해당하는 고통을 범죄자에게 그대로 안겨 주는 방식이 아니라, 고통을 완화하는 방향으로 가야 한다. 인간에게 자유를 뺏는 방법이 꼭 고통을 겪거나 하는 벌을 내리는 것만 있지 않다. 예컨대 구금이라는 조치처럼 자유를 뺏는 것 그 자체가 범죄를 억제하는 데에 효과를 보일 수 있다. 그러므로 그 이상의 신체적 보복은 없어야 한다. 수감자에게 일을 시켜 경제성을 살리되, 수감자의 일상적 건강 혹은 생명에 해를 끼치거나 치명적 신체 고통을 가해서는 안 된다. 처벌을 할 때 정부는 원형 감옥과 같은 감시 장치로 구금이 범죄를 억제하는 것에서 효율성을 극대화하는 일을 과제로 갖게 되는 것이다.

밀은 자연적 감정인 사회적 감정을 공동체 성립의 근거로 제시한다. "사회적 감정이란 주변의 다른 사람들과 하나가 되고자 하는 열망인데, 이것은 이미 인간 본성 속에서 강력한 원리로 작동하고 있으며 다행스럽게도 굳이 인위적으로 가르치지 않더라도 문명이 발전하면서 그에 비례해 점점 강해진다." 이성적 사회 계약으로 공동체를 구성하는 것이 아니라 자연적으로 지닌 사회적 감정에 의해 구심력이 만들어진다. 사회에 살고 있다는 사실은 각자가 다른 사람을 대하는 행동에서 일정한 방침을 준수해야 함을 필수 불가결하게 만든다.

모든 인간에게 있는 사회적 감정이 공동체를 구성하는 원동력이지만 사회를 발전시키는 힘은 개인에게서 나온다. 평범한 사람들이 구성한 정부가 평범한 정부로 전락하는 것은 필연이다. 군중의 사고는 신문 등으로 전달되는 군중 심리의 틀 안에 있기 때문이다. 다수의 주권자가 대단한 재능과 교육을 받은 소수의 충고와 영향에 스스로 지도받기를 청하는 경우에만 평범함을 능가하는 사회 발전을 실현할 수 있다.

실증주의, 공화제로 도덕적 정치 질서를 실현하다

콩트는 실증주의 정신에 부응하는 정치 체제로 공화제를 주장한다. 정치는 개인성보다는 사회성을 우세하게 만드는 도덕적 기술의 실현이어야 한

다. 강제와 폭력으로 개인을 전체에 복종하게 했던 절대 군주제는 도덕적 질
서로 인정되지 않는다. 공화제는 특징상 자발적으로 개인을 사회에 복종하
게 한다는 점에서 사회성을 실현하는 도덕적 질서다. 국민 의회는 국민 참여
라는 지적·도덕적 토대를 지니기에 강력한 힘으로 정치적 반동을 막는다.

실증주의는 공화제의 전제 조건인 표현과 사상의 자유를 보장해 준다.
실증주의는 선험적 절대 진리를 부정함으로써 다양한 견해가 토론의 장에
나올 수 있게 한다. 즉 실증주의는 오직 토론으로 경험과 증명을 거친 논의
에만 권위를 주기 때문에 표현과 사상의 자유를 뒷받침하는 강력한 지원군
역할을 한다는 것이다.

콩트는 대혁명을 거친 프랑스를 중심으로 서구 공화국을 수립하기를 바
랐다. 중세 교회 권력과 근대 절대 군주제로 왜곡되었던 정치 체제가 정상으
로 전환될 수 있는 동력은 지역적인 한계를 넘어 확장될 때 생겨난다는 것이

〈공화국〉, 1848년

었다. 요컨대 그는 대혁명을 거쳐 공
화제를 먼저 실현한 프랑스가 공동
의 정치적·도덕적 발전의 본거지가
되고, 이를 서유럽 전체로 확장하는
방식으로 서구 공화국이 출현할 수
있다고 보았다. 그는 공화국 국기에
인류의 상징으로 흰색 바탕의 한쪽
면에는 아들을 팔에 안고 있는 30세
정도의 여성을 그릴 것을 제안하기
도 했다.

도미에의 〈공화국〉은 콩트가 제안한 서구 공화국 국기에 꽤 가까워 보인다. 공화국은 자애롭고 강인한 어머니의 모습으로 나온다. 공화국이라는 어머니의 품에서 개인은 어린아이로 표현된다. 어머니의 품에 안겨 젖을 먹는다. 그 보호 아래에서 편안함과 안전함을 느낀다. 그림의 여성은 모든 외적 위협에서 지켜 줄 것만 같은 건강함을 갖고 있다. 공화국 삼색기를 움켜쥔 손은 정의의 상징처럼 보인다. 다른 한 손은 어린아이를 어루만진다. 눈길은 이상을 향한 투지로 불타는 듯하다. 이 작품은 국민 의회로 도덕성을 공인받은 국가의 보호 아래 사회성을 실현하는 공화국의 이미지를 구현하고 있다.

실용주의, 개인 간의 상호 작용으로 소규모 연합을 형성하다

듀이는 전통적 사회관과 실증주의 사회관 모두를 비판한다. 전통적 관점은 사회적 습관과 충성심에 구속되어 지나치게 도덕적 규칙으로 가득 채워 넣어서 문제다. 특별한 근원적 기원으로 공중을 정의해 절대적인 것을 가정한다는 점에서도 문제다. 고대와 현대, 서양과 동양 국가의 공통적 구조글 찾으려는 시도는 아주 무익하다. 유일하게 지속되는 사회 기능은 개인의 결합의 이해관계를 돌보고 규제하는 것이다. 그렇다면 결론은 일시적·지역적 다양화가 정치적 조직의 주요한 특징이며 이러한 특징을 분석해 정치 이론을 만들어야 한다. 요컨대 실증주의 사회관은 전통적 사회관과 반대된다. "실증주의적 지식은 물리적인 유용성하고만 관계하며, 선조의 희생과 동시대인들의 숭배에 의해서 신성하게 된 열렬한 신념의 연합을 결여하고 있다. 그 제한되고 구체적인 특성 때문에, 실증적 지식은 건조하고, 딱딱하며, 차갑다." 사회적 감정이라는 막연한 근거만 있을 뿐 나머지는 현실 제도를 실증적으로 조사하고 검토해야 한다. 요컨대 공화제를 형식적으로만 인정하고 개인의 복종에 이를 뿐이다.

듀이가 보기에 국가는 형식적이고 단순한 문제가 아니다. 국가는 서로 다른 사람과 살아가는 인류의 실천적이고 복합적인 문제이기 때문이다. 실증주의 주장처럼 공화제라는 완성된 정치 체제의 선언으로 끝나는 문제가 아니다. 역사가 끝나고 국가의 다양한 형태를 모두 조사할 때까지는 최선이라 말할 수 있는 국가의 형태는 없다. 민주주의를 공화제와 같은 특정 정치 형태에 한정해 이해하는 실증주의적 단견에서 벗어나야 한다. 여기서 민주주의는 보통 선거권, 주기적 선거, 다수결 원칙, 대통령제 및 의원 내각제 정부 등과 같은 제도로 구현되는 것보다 더 넓고 충만하다. 민주주의는 단지 지적인 의미에서 하나의 이상, 즉 완성된 것으로서 최종적 극한에 이르는 어떤 경향과 운동이다.

그런데 보통 선거와 의회 제도에 기초한 현실 정치 체제는 민주주의 이념과 충돌하는 면이 있다. 경제적 계급에 기초한 과두 정치 체제는 자아실현을 가로막는 빈곤이나 실업을 생기게 하고, 기계화된 노동으로 인간 소외 문제가 나타난다. 개인주의와 자유주의에 기초한 정치 이론은 이 문제를 해결할 수 없다. 많은 나라의 자유주의 정당은 정부의 규제를 저항하기는 하지만 이미 상업과 금융의 이해관계를 드러낼 뿐이다. 이들은 현실 유지를 원하고, 사적 근면이나 검소만을 가지고 금전적 결실을 언급할 뿐이다. 마르크스주의와 같은 급진적 방식도 민주주의를 체제의 형식으로 해결할 수 있다고 믿는다는 점에서 비슷한 오류를 반복하고 있다고 비판한다.

듀이의 대안은 개인과 개인 사이의 작용으로 연합하는 데 있다. 현대 산업 사회 문제 해결을 위해 우선 필요한 것은 체제나 구조 개선이 아니라 공중의 민주적 조직화다. 가장 기본적인 소규모 지역 공동체, 즉 면 대 면 공동체를 재구성해서 개인 간 상호 작용을 활성화하는 데서 대안을 찾아야 한다. 고립된 행위자로서 개인이 아니라 서로 작용해 연합하는 개인을 대안적 정치 주체로 설정한다. 현대의 특징인 불안정, 해체 등은 바로 지역 연합적 삶이 외부의 조절되지 않은 외부 기관에 침해되거나 파괴되는 것에서 비롯한다. 지역적 공동생활이 회복되지 않는다면 공중은 가장 긴급한 문제를 적절하게 해결할 수 없다. 일상적 삶에 기초한 의사소통의 민주 정치를 부활시켜야 한다.

이를 위해 가장 중점을 두어야 할 부분은 교육이다. 교육으로 젊은이를 공동체적 전통과 전망으로 끌어들여야 한다. 과두 정치를 막으려면 자유롭고 지속적인 교육이 필요하다. 교육만이 타인의 움직임과 상태를 이해하고 공감하는 능력을 만들 수 있다. 다수결의 규칙은 단지 다수의 규칙이 아니다. 다수가 다수이게 만드는 수단이 더 중요하다. 다수결에 앞서는 논쟁, 소수 의견을 받아들이는 견해 수정 등의 과정이 더 중요하다. 이는 본질적으로 논쟁과 토론, 설득 방법과 조건의 개선, 즉 의사소통 같은 상호 작용으로 습득한다. 요컨대 교육은 민주주의 유지와 발전을 위해 필요한, 의사소통을 통한 자유로운 참여와 교섭 경험을 효율적으로 주기 때문에 민주주의의 가장 중요한 수단이다.

〈봉기〉, 1899년

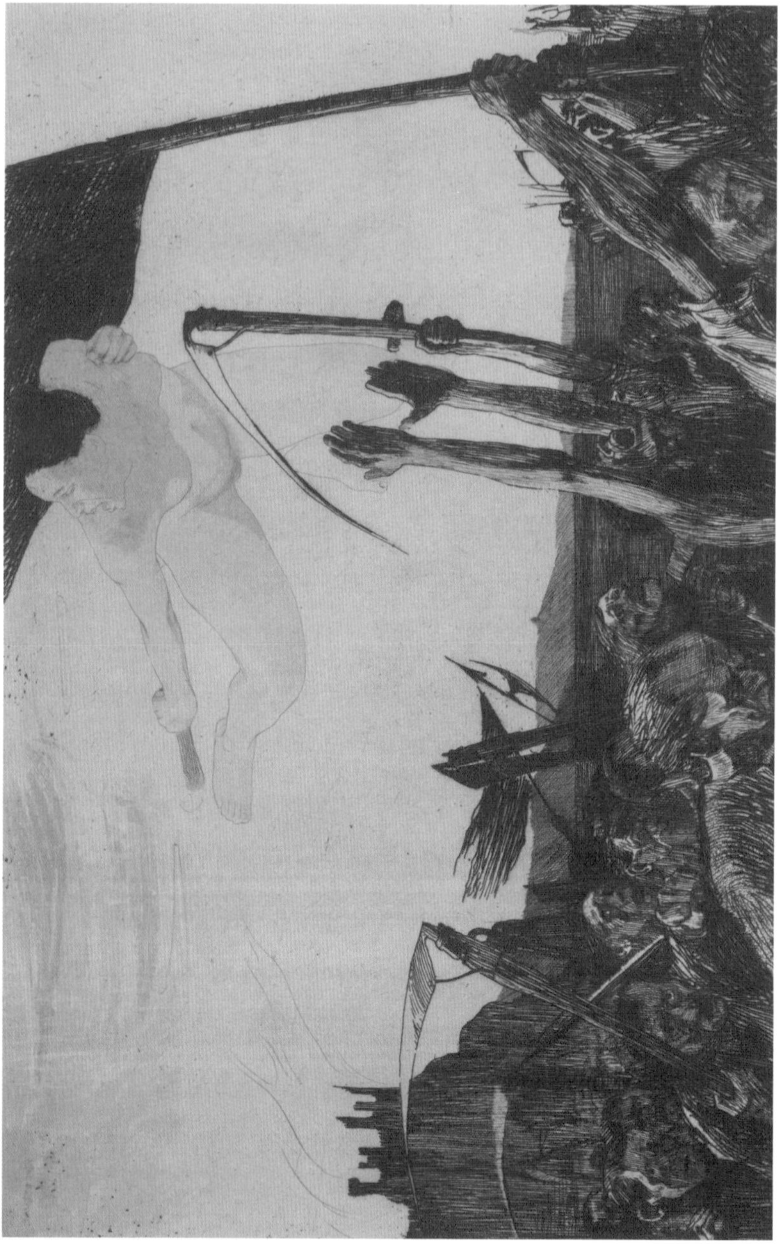

마르크스주의

Philosophy
실천 철학과 변증법적·사적 유물론
+
Art
마르크스주의 미학과 리얼리즘·추상주의·구성주의 미술

Philosophy
마르크스주의의 존재론과 인식론

실천 철학과 세계의 변혁

마르크스주의 철학은 근대 이후 현대 철학에 이르기까지 철학사의 주요 흐름 중 하나가 되었다. 발전적 극복이든 비판적 극복이든, 마르크스 문제의식을 논의하지 않고 철학 체계를 제시하는 것이 어려울 만큼 큰 영향력을 지금까지 발휘하고 있다. 또한 마르크스주의 철학 자체가 이후 여러 갈래의 변화 과정을 겪어 오기도 했다.

카를 마르크스(Karl Marx, 1818~1883)는 '실천'의 역할을 중심으로 기존 철학의 한계를 넘어서려 했다. 그는 기존 철학을 관념론과 유물론으로 구분했다. 하지만 두 흐름 모두 세계 해석에 머물렀다. 관념론은 선험성 혹은 개념의 자기 운동에 매몰되면서 세계를 변화시키는 실천 역할을 회피했다. 기존 유물론도 대상 파악에 한정된 경험에 기초한다는 점에서 마찬가지였다. 그래서 이제 세계를 변화시키는 실천의 힘으로 새로운 지평을 열어야 했다.

마르크스가 보기에 세계를 변화하게 하는 일차 원동력은 물질적 힘이다. 하지만 철학은 실천성을 얻으면서 물질적 힘의 하나로 작용한다. 철학은 세계 변화로 자신을 실현하고, 또한 세계 변화는 철학에서 무기를 발견한다. 그런데 철학이 비판의 무기로 역할을 한다고 해서 현실을 지배하는 물질적 힘 관계를 대신할 수는 없다. 사회를 경제적·정치적으로 지배하는 힘은 그에 대립하는 힘으로 극복할 수 있다.

요컨대 철학은 현실의 힘에 저항하는 피지배 계급의 정신적 무기로서 세계 변화에 영향을 주기 때문에 물질적 힘이 된다. 철학이 현실의 힘 관계를 지양하면서 자기를 실현하듯이 저항하는 계급은 철학의 실현으로 억압 상태를 지양한다.

케테 콜비츠(Käthe Kollwitz, 1867~1945)의 〈봉기〉는 피지배 계급의 실천적 힘을 보여 준다. 〈직조공의 봉기〉 연작 중 하나인데, 저마다 낫·도끼·꼬챙이 등 무기가 될 만한 도구를 들고 행진한다. 굶주림에서 벗어나려는 절박한 표정이다. 뒤편으로는 불타는 성이 보인다. 대열의 선두에 선 사람이 치켜올린 깃발 아래로 봉기의 성공을 기원하려는 듯 여신을 그려 넣었다. 마르크스는 직접적이고 물리적인 노동자의 저항이야말로 현실을 바꾸는 가장 강력한 힘이라고 보았다. 하지만 이론의 지원을 받지 못하는 자연 발생적·무계획적 봉기는 한계가 분명하다. 그래서 손에 든 무기와 이론의 무기를 함께 지녀야만 세계 변혁을 할 수 있다.

마르크스주의 철학은 기본적으로 이성 신뢰에 기초한다. 여기서 문제는 어떤 이성인지다. 근대 철학자들은 현존하는 모든 것을 유일하게 심판하는 것은 이성이라고 주장했다. 프리드리히 엥겔스(Friedrich Engels, 1820~1895)가 보기에 그들은 이성 국가, 이성 사회 수립과 이성에서 벗어난 모든 것을 제거하기를 주장했다. "이 영원한 이성이란 사실상 바로 그 시기에 부르주아로 발전하고 있던 중간 시민의 이상화된 오성에 불과하였다." 그는 마르크스의 주장을 영원한 이성으로 현실 계급 지배를 영구화하려는 시도라 비판한다. 이성은 자기 발전이 아니라 역사적 산물일 뿐이다. 특히 근대의 이성은 새로운 지배 계급으로 부상하는 부르주아지의 이해를 대변한다. 그러므로 마르크스에게 근대 철학의 극복은 현실의 억압적 지배 질서를 변혁하는 실천적 과제였다.

마르크스주의 철학은 크게 마르크스와 엥겔스, 레닌(Lenin, 1870~1924)을 중심으로 한 정통 마르크스주의와 러시아 사회주의 혁명 이후 정통 마르크스주의를 비판적으로 극복하려 한 서구 마르크스주의로 구분할 수 있다. 후자는 에두아르트 베른슈타인(Eduard Bernstein, 1850~1932)와 죄르지 루카치(György Lukács, 1885~1971)를 비롯해, 일명 프랑크푸르트학파라 불리는 막스 호르크하이머(Max Horkheimer, 1895~1973), 테오도어 비젠그룬트 아도르노(Theodor Wiesengrund Adorno, 1903~1969), 에리히 프롬(Erich Fromm, 1900~1980), 허버트 마르쿠제(Herbert Marcuse, 1898~1979) 등이 대표적이다.

서구 마르크스주의는 몇 가지 방향에서 정통 마르크스주의의 한계를 보완하거나 수정하는 방향으로 나아갔다. 먼저 마르크스 철학의 가장 큰 특징인 변증법적 사고 형성에 큰 영향을 준 헤겔 철학을 바라보는 태도가 다르다. 베른슈타인은 마르크스 철학에서 헤겔을 제거하는 방향으로, 루카치와 프랑크푸르트학파는 서로 다른 방식으로 헤겔을 재구성하면서 한계를 넘어섰다. 특히 프랑크푸르트학파는 정신 분석학 문제의식을 비판적으로 받아들여 마르크스주의 철학의 지평을 새롭게 열었다.

객관 세계에 대한 이해

정통 마르크스주의 : 물질의 운동과 모순의 객관성

마르크스는 물질에 우선 주목한다는 점에서 경험론 문제의식을 받아들인다. 하지만 다른 한편으로 기존 형이상학 한계에서 벗어나지 못한 부분을 지적한다. 베이컨의 유물론은 발전의 가능성을 가지면서도 신학적으로 자가당착에 빠져 있다.

자세히 살펴보자면, 경험론은 경험적으로 인식할 수 있는 물질에서 출발한다는 점에서 유물론의 입구라 할 수 있다. 기존 형이상학의 사변적 '물자체' 개념에서 벗어났기 때문이다. '물자체'라는 발상은 풍부한 현실의 구체적이고 특수한 규정을 얻지는 못한다. 감각으로 접하는 물질에서 벗어나는 순간, 아무리 객관 존재를 강조해도 결국은 상상 속 물질에 머물게 된다. 베이컨은 시각·감각적 광채, 즉 경험으로 확인 가능한 물질에서 출발해 사변적 존재론에서 벗어나는 문을 열었다.

하지만 베이컨의 경험론은 발전의 맹아에 불과한 소박한 유물론 단계를 벗어나지 못한다. 소박하다는 것은 단순하고 평면적인 유물론 단계를 의미한다. 마르크스가 보기에 경험론의 소박성은 무엇보다도 먼저 물질의 운동을 깊게 이해하지 못한 데서 비롯한다. 모든 실체는 운동에 따라서만 존재한다. 운동하지 않는 절대적 존재란 그 자체로 형용 모순이다. 또한 물질의 운동 개념은 사회의 계급 관계를 포함하는 역사적 운동을 포괄할 때 철학적 지평으로 넓어진다. 생산력 발전을 근간으로 하는 인간 사이의 관계, 즉 생산관계의 변화도 물질의 운동 개념으로 이해할 때 인간과 사회를 고찰하는 철학의 본질적 과제에 제대로 복무할 수 있다. 하지만 경험론은 운동을 중심으로 물질을 이해하는 데에 밀착하지 못했기 때문에 정태적 상태의 유물론이고, 또한 경제라는 물질적 관계 위에서 사회의 의식 활동을 규명하지 못했다. 그래서 낮은 단계의 유물론, 즉 소박한 유물론에 머물게 된다.

엥겔스는 마르크스의 문제의식을 더 체계화하고 세밀하게 가다듬었다. 그는 물질의 일차성을 정신과의 관계에서 더 명확하게 규정한다. 스스로가 속해 있으며 감각으로 지각하는 물진 세계만이 유일한 실재다. 사유와 의식은 물질과 신체 두뇌의 산물일 뿐이다. 칸트와 헤겔은 세계가 존재하기 이전에 논리적 차원의 존재로서 물자체나 절대 이념을 제시하지만, 이는 창조자에 대한 믿음이 만들어 낸 환상에 불과하다. 모든 존재는 논리적 시간 개념이 아니라 현실적·경험적 시간과 공간을 전제로 한다. "모든 존재의 기본형태는 시간과 공간이다." 시간 밖의 존재는 공간 밖의 존재와 마찬가지로 완전히 불합리하다. 그렇기 때문에 물질이 정신의 산물이 아니라 정신이 물질의 가장 높은 산물이다. 새로운 철학의 과제는 개념에서 현실을 끌어내는 근대 사변 철학의 기형적 자세를 거꾸로 세우는 것, 자신이 딛고 섰던 머리를 되돌려 발로 서게 만드는 데 있다.

엥겔스는 운동을 중심으로 물질을 이해하는 마르크스의 문제의식을 구체화한다. "운동이 없는 물질이란 물질이 없는 운동과 마찬가지로 생각할 수 없다. 따라서 운동은 물질 그 자체와 마찬가지로 생각할 수 없다. 따라서 운동은 물질 그 자체와 마찬가지로 창조될 수도 없고 소멸될 수도 없는 것이다. … 온갖 정지, 온갖 균형은 상대적일 뿐이며 그것은 어떠한 일정한 운동 형태에 대하여서만 의미를 가진다." 모든 물질은 운동을 전제로 존재한다.

<즉흥 1913 장마>, 1913년

거대한 우주도 개별 천체와 물질의 역학적 운동, 열 또는 전류나 자기류로서의 분자의 진동, 화학적 분해와 화합, 유기적 생명 등으로 존재한다. 물질은 다양한 운동 형태 중 어느 하나, 혹은 여러 운동 가운데 있음으로써 비로소 자신을 실현한다. 외적으로 정지한 듯 보이는 현상도 내적으로는 부단한 운동의 한가운데 있다. 그러한 의미에서 정지와 균형은 상대적·순간적 상태에 불과하다.

바실리 칸딘스키(Vasilii Kandinskii, 1866~1944)의 <즉흥 1913 장마>는 물질의 역동적 운동을 회화적으로 구현했다. 질서 정연해 보이던 강물이 일순간 혼돈에 빠지는 홍수의 격한 움직임을 담았다. 사물의 형태는 사라지고 운동만이 전면에 나타난다. 평온을 깨면서 모든 사물을 흔적도 없이 삼켜

버리는 홍수 이미지가 추상화 형식과 잘 어우러져 있다. 자연은 한순간도 머물러 있지 않다. 멈추어 있는 듯 보이지만, 물은 언제나 운동의 한가운데 있다. 단단해 보이는 돌도 풍화 작용으로 생기는 변화를 벗어날 수 없다. 모든 물질은 형태만 다를 뿐 운동의 결과물로 생겨났고 운동으로 끊임없이 변화한다.

물질만이 아니라 정신 활동, 나아가서는 인류 역사에도 정지 상태는 없다. 고립된 상태로는 존재하지 않는다. 정도 차이만 있을 뿐 연관과 상호 작용에 뒤엉켜 유동적 상태에 있다. 즉 어떤 것이든 있는 그대로의 사물이나 장소 상태에 머무르지 않고 운동하고 변화하며 생성하고 소멸한다. 여기서 생성과 소멸은 아무것도 없는 데서 생겨나고 아무것도 아닌 것으로 사라진다는 의미가 아니다. 운동 없는 물질을 생각할 수 없듯이 물질 없는 운동도 생각할 수 없다. 운동은 물질과 마찬가지로 창조나 파괴가 없다. 기존의 낡은 형이상학은 사물을 완결된 대상으로 상정했다. 낡은 형이상학과 연관을 맺는 기존 자연 과학도 개별 사물을 고립적 존재로 여겼다. 하지만 이제 자연이든 사회든 모든 탐구든 상호 연관과 변화에 주목해야 한다.

물리학·화학·생물학 등 각 분야의 경계는 갈수록 모호해졌다. 세포 발견으로 유기체의 발전과 성장이 일반 법칙에 따라 진행된다는 점이 인정되었고, 또한 다윈이 발견했듯이 인간을 포함해 자연의 유기적 산물 전체가 화학적 수단에 따라 원형질과 단백질에서 생겨난 몇몇 단세포 배아로부터 장구한 진화 과정을 거친 결과라는 점도 자연 과학 각 분과 사이의 상호 연관성을 입증해 준다. 특히 에너지 전환 법칙의 발견은 사물 사이의 관계와 변화의 특징을 구체적 시간과 공간 속에서 잘 드러나게 해 파악할 수 있도록 한다.

모든 운동은 모순 상태에서 비롯된다. 갈등과 상호 침투가 없다면 변화 동력은 없다. 낡은 형이상학에서 제기하는 반론, 즉 모순은 무의미하며 현실 세계에 존재할 수 없다는 주장은 운동을 부정하고 절대 존재를 정당화하려는 궤변이다. "이러한 모순의 부단한 발생과 동시적인 해결이야말로 곧 운동이다." 기존 형이상학은 모순을 인정하더라도 오직 정신 작용 속에만 있다고 한정한다. 하지만 엥겔스가 보기에 모순은 정신과 무관하게 객관적으로 존재한다. 운동 자체가 곧 모순이다. 단순한 장소 이동도 한 물체가 같은 순간에 주어진 장소에 있으면서 동시에 다른 장소에 있기 때문에 비로소 실현될 수 있다. 공이 날아가는 상태에는 정지하려는 경향과 나아가려는 경향이 동시에 존재하듯이 말이다. 장소 이동조차 모순을 담고 있으니 유기체의 변화나 발전은 더 말할 나위도 없다. 생명 현상도 순간순간 삶과 죽음의 과정이 모순 상태로 맞물려 있다. 모순의 중지는 곧 생명의 중지며 죽음이다.

레닌은 물질과 운동이 소멸한다는 물리학 이론에 반박했다. 당시 원자가 탈(脫)물질화되며 물질은 소멸한다는 새로운 물리학 이론이 나왔다. 그전까지 빛을 파동으로 생각했을 때 이 파동을 전파하는 매질로 에테르(ether)라는 물질이 있다고 생각해 왔다. 그러다 에테르가 고체 성질을 갖는 미립자라는 생각에서 점차 물질성을 부정하는 방향으로 나아갔다. 현대 과학에서 에테르는 존재하지 않는 것으로 판명되었고 논의 대상이 되지는 않는다.

레닌은 질량을 갖는 고체 물질이 아닌 기묘해 보이는 자연 현상이 있어도, 이것이 철학에서 물질과 운동의 근원성 부정은 아니라고 봤다. 왜냐하면 철학에서 물질 개념은 원자의 구체적 상태 실험을 의미하지 않기 때문이다. 물질의 개념은 인간 의식과 떨어져 독자적으로 존재한다. 철학적 유물론이 인정하는 물질의 유일한 성질은 우리의 의식 밖에 존재하는 성질, 즉 객관 실재라는 성질일 뿐이다. 철학적 견지에서 우리의 질문은 전자·에테르 등이 인간의 의식 밖의 객관 실재로서 존재하는지, 아닌지에 있어야 한다는 것이다. 물질이 질량을 갖는지를 둘러싼 논의는 철학적 물질 개념에서 벗어난다. 변증법적 유물론은 자연에 절대적 한계가 없다는 점, 운동하는 물질은 일정한 상태에서 다른 상태로 전화한다는 점을 인정한다. 전자기나 에테르와 같은 기묘한 자연 현상은 운동의 한 양태일 뿐이며 구체적 입자 상태나 질량의 유무가 철학적 물질 개념의 전제가 되지 않는다. 그래서 이를 근거로 철학적 물질 개념을 부정하고 물질의 소멸을 주장하는 것은 타당하지 않다.

서구 마르크스주의 : 물자체와 객관에 대한 정통 마르크스주의의 오류

서구 마르크스주의는 마르크스 유물론 철학의 경직성을 비판했다. 물질 개념을 중심으로 한 존재론에서도 칸트와 헤겔을 비롯한 기존 근대 철학의 문제의식을 기계적으로 이해하는 오류가 나타난다고 비판한다. 루카치는 마르크스와 엥겔스가 칸트의 물자체를 이해하는 데에 문제가 있다고 한다. 그는 완전한 인식 또한 구조적으로 한계를 가진다고 보았다. 즉 총체성과 내용 사이의 이율배반을 넘어설 수 없다는 것이다. 마르크스는 칸트의 물자체 개념이 경험적 물질을 '그 자체'라는 발상 안에 두면서 상상 속의 것으로 변질시켰다고 비판했다. 엥겔스는 물자체를 논리적 차원의 존재에 불과한 환상적 사고라고 비판했다.

루카치가 보기에 마르크스와 엥겔스의 비판은 칸트의 물자체를 오해한 데서 비롯되었다. 물자체는 플라톤의 이데아처럼 개별 물질과 따로 존재하는 본질적 실체가 아니다. 환상적인 물자체 개념에 개별 물질을 하위 단위로 종속시킴으로써 자연 과학 발전을 지체시키거나 인식의 구체적 확장 가능성을 약화하려는 시도도 아니다. 방법론상으로 칸트가 당시로서는 최고로 발전된 자연 과학인 뉴턴의 천문학에서 출발했고, 그 발전 가능성에 발맞추어 인식론을 정립했던 사실에 비추어 볼 때 과학적 방법의 무한한 확장 가능성을 지향했음은 어찌 보면 당연하다.

칸트가 물자체 개념으로 강조했던 바는 우리가 아무리 현상 전반을 구체적·체계적으로 탐구해도 총체적 본질에 도달할 수 없고 결국은 현상적 인식에 그칠 뿐이라는 점이다. 즉 총체성과 개별 내용의 관계에서 발생하는 인식의 구조적 한계를 통찰한 것이다. 마르크스와 엥겔스는 칸트의 문제의식을 풍부하게 이해하지 못함으로써 총체적 본질과 현상적 인식 사이의 관계를 기계적으로 연결하는 한계를 보였다는 지적이다.

프랑크푸르트학파는 정통 마르크스주의가 객체의 사실성과 우선성을 기계적으로 적용하는 오류를 보인다고 비판한다. 아도르노는 객관적 존재인 객체가 인식 외부에 독립적으로 존재한다는 의미에서 순수한 사실성이나 사물성에 한정되지 않는다고 보았다. 객체가 사실성과 사물성이라는 한정된 이해에 갇혀 있을 때 인식의 과제는 감각 자료의 취합과 이해라는 난선적 과정으로 전락한다. 객관 세계를 사실성과 사물성 안에 가둘 때, 사회적 생산 관계를 사물 탓으로 돌리는 오류를 범한다. 상품의 물신적 성격을 규명할 때 잘못된 주관적 의식은 배제되고, 오직 경제적 교환 과정만 주목하게 된다. 물질적 경제 요인이 일차적 요소가 되고 의식은 이를 뒤따라가는 잘못된 관계가 형성된다. 아도르노가 보기에 물질적 영역인 경제의 우선권은 결코 불변 요인이 아니다. 철학적 측면에서 객관이란 이미 자체 안에 주체와 객체가 모순을 매개로 변증법적 관계를 맺고 있다.

그러므로 모순이 객관 세계에 존재한다는 모순의 객관성도 주체와 분리된 기계적 과정으로 이해해서는 안 된다. 분명 모순은 헤겔의 논리학처럼 위로부터 모순을 구성하고 해소를 통해 진전해야만 하는 것은 아니다. 역편향으로서 모순을 우리의 판단 외부의 독립적인 것으로 이해해서도 안 된다. 변증법적 인식에서 모순은 객체로서 사물과 주체적 인식의 부적합성을 추적하고 경험한다. '나'라는 말조차도 여러 사람 가운데 하나인 자신을 가리킨다는 점에서 객체와 분리될 수 없다. 주관성은 주체가 스스로의 절대적 존재로서 논증하려는 어떠한 객관을 이미 가지고 있다. 주체와 완전히 분리된 객관 또는 모순의 객관성을 설정하는 정통 마르크스주의는 사물과 의식의 관계를 단순화하는 오류에 빠지게 된다.

호르크하이머와 공동 집필한 《계몽의 변증법》에서 아도르노는 인식에서 독립해 있는 객관 세계라는 이해가 데카르트에서 비롯되는 근대 이성 개념에서 벗어나지 못한 한계를 보인다고 비판한다. 데카르트의 발상, 즉 사유를 수학적인 장치로 바꾸는 것, 그 속에는 있는 그대로의 세계를 승인함이 숨겨져 있다는 것이다.

수학적 형식주의가 직접성의 가장 추상적 형태인 숫자를 수단으로 삼으면서 사유를 단순한 직접성에 묶어둔다면, 정통 마르크스주의의 경직된 유물론은 물질적 조건에 사유를 묶어둔다. 있는 그대로의 세계에 대한 파악은 '주어진 것'을 사람이 알아볼 수 있도록 추상적 시간·공간적 관계 속에 넣는 것이다. 이러한 상태에서는 '사실성'만이 정의로 인정되며 인식은 사실성의 단순 반복으로 제한되고 사유는 '동어 반복'이 된다. 인식이 사실의 반영쯤으로 전락한다.

객체의 순수한 사실성과 사물성을 통한 주체와 객체의 분리는 자연에 대한 왜곡된 태도로 이어진다. 계몽이 사물에 하는 행태는 독재자가 인간에게 취하는 행태와 같다. 요컨대 인식에서 독립한 객관 세계로서 자연은 인식 대상, 개조 대상으로 전락한다. 호르크하이머가 지적하듯이 이런 식의 근대적 자연관은 "서양 문명 전반을 특징짓는 실용적 태도의 변형"이다. 그 결과 현대 세계에서 동물의 운명은 예를 들어 아프리카에서 종종 코끼리나 다른 동물 무리 때문에 비행기 착륙에 어려움을 겪는다는 식으로, 즉 동물이 교통 장애물로 전락하는 방식으로 결론을 맺게 된다.

인간에 대한 이해

정통 마르크스주의 : 유적 존재의 인간

마르크스는 인간을 유적(類的) 존재로 파악한다. 여기에서 '유적'이라는 말은 고유한 속성을 갖는, 다른 유와 구별될 수 있는 특성을 의미한다. 결국 인간이 다른 모든 존재와 구별된다는 말이다.

'인간이 자신의 유를 대상으로 삼는다'는 것은 인간의 의식적 활동을 의미한다. 의식적인 활동은 동물적 활동에서 인간을 구별짓는다. 동물은 자신의 활동과 구별되지 않는다. 생존을 위한 본능과 구별되지 않는다는 점에서, 동물은 자신의 활동이다. 인간은 활동 자체를 의식 대상으로 삼는다. 자연만이 아니라 자신의 생활조차 대상화해 사고하므로 의식적 생활 활동을 가진다고 볼 수 있다. 의식으로 자기 생활을 대상으로 설정하기 때문에 자유로운 존재며, 또한 이러한 특성을 모두가 갖고 있기 때문에 보편적이다. 그만큼 마르크스에게 유적 존재란 자연적 존재이자 사회적 존재로서 인간의 보편적 존재방식이다.

인간은 노동, 즉 생산 활동으로 자신을 실현한다. 인간은 자연을 비롯해 노동 대상이 되는 세계를 유용하도록 가공하는 과정에서 자신을 실현한다. 노동은 자연을 대상화할 뿐만 아니라 그 과정에서 자신의 정신적·육체적 에너지도 대상화함으로써 자연을 의식적 산물로 바꾼다. 이를 통해 동물과는 다른 의식적 존재, 자유로운 존재로서 자신을 실현한다. 여기서 의식은 실질적인 생활 속에서 형성된다. 생활이 의식을 규정한다. 의식은 현실 생활에서 독립해 나타나거나 발전하지 않는다. 도덕·종교·형이상학처럼 고도한 정신 활동도 자립적이지 않다. 정신 자체로는 아무런 역사도 갖지 못하며, 어떠한 자립적 발전도 하지 않는다. 물질적 생산과 교류를 발전시키는 인간이 현실과 함께 사유를 변화시킨다.

하지만 인간은 역사적 현실에서 노동 대상을 빼앗기게 되면서 유적 존재로서의 특성을 잃어버린다. 역사적 과정에서 노동 대상과 생산 수단을 사적으로 소유하면서, 인간은 주체적 노동의 성격 상실 즉 소외된 노동에 빠지게 된다. 소외된 노동은 인간의 고유한 능동적 기능을 앗아간다. 원래 인간은 동물과 달리 생존이라는 육체적 욕구로부터 자유로워지면서 진정한 생산 활동을 하는 유적 존재임을 실현했다. 하지만 사적 소유 때문에 노동 대상과 노동 생산물에 대한 권리를 빼앗긴 사람에게 노동은 생존을 위한 생활 수단

으로 전락한다. 육체도 정신도 모두 노동의 도구가 된다. 그리하여 자유로운 존재, 의식적 존재로서의 주체적인 유적 본질을 잃는다.

콜비츠의 〈밭 가는 사람들〉은 소외된 노동으로 유적 본질을 잃어버린 채 생존을 위한 수단으로 전락한 인간의 실상을 보여 준다. 이 작품은 〈농민 전쟁〉 연작으로 두 사람의 농부가 쟁기를 끈다. 어깨에 끈을 연결하여 소도 힘든 쟁기질을 사력을 다해서 하는 중이다. 앞의 농부는 묵묵히 자기 몸으로 갈아야 할 밭을 응시한다. 뒤편의 농부는 이미 기력을 잃었는지 힘을 짜내는 기색이다. 죽을힘을 다해 밭을 갈지만 정작 경작물의 대부분은 땅 주인인 지주의 몫이다. 노동의 대가는 가족 생존에도 미치지 못할 정도로 미미하다. 자연과 자신을 대상화하는 자유로운 의지나 의식은커녕 생존을 위한 노동 수단으로 전락해 있다는 사실조차 느끼지 못하는 상태일 것 같다. 거의 땅에 붙어 있는 두 농부의 모습은 이미 땅의 일부인 듯하다.

유적 존재의 인간은 사회적 존재를 의미하기도 한다. 데카르트를 비롯해 근대 철학이 인간을 규정할 때 외부 관계에서 독립해 있는 '나'를 상정하는 데서 출발한다면, 마르크스가 보기에 그러한 원자화된 인간은 현실의 인간을 전혀 반영하지 못한다. 시민 사회의 성원은 원자가 아니다. 시민 사회의 이기적 개인은 자신을 원자로, 즉 연관이 없는 자족적 존재로 착각한다. 소외된 노동이 인간의 유적 성격을 약하게 만들지만 사회적 성격을 없애지는 못한다. 경제생활을 하는 시민 사회 속에는 다양한 이해관계가 존재하고, 이러한 이해의 차이가 각 구성원을 연결한다.

엥겔스는 진화론 관점에서 인간을 설명한다. 인간을 비롯한 모든 존재의 생명 현상은 물질 작용에 근거한다. "우선 단백체가 주위환경에서 적당한 다른 물질을 섭취하여 동화하고 이와 동시에 단백체의 보다 낡은 부분은 분해하여 배설된다는 데 있다." 생명이란 단백체(세포 속에 존재하는 단백질의 총합)의 존재 방식이다. 존재 방식은 본질상 단백체의 화학 성분이 부단히 자기 갱신을 하는 데 있다. 죽음은 생물체가 해체이며 실체를 이루는 화학 성분 말고는 아무것도 남지 않는 것이다. 이를 이해한 사람에게 영혼 불멸에 관한 엉터리 이야기는 제거된다.

정신도 물질 작용의 결과물이다. 초감각적으로 보이는 의식이나 사유도 뇌의 산물일 뿐이다. 하지만 정신이 물질의 최고 산물임을 밝히는 것만으로는 아직 초보적 유물론에 머문다. 문제는 어떻게 인간의 고유한 정신 활동이 만들어졌는지를 이해하는 일이다. 의식의 발전은 역사적 전개 과정과 맥락을 같이한다. 수십만 년에 걸친 고투 끝에 직립 보행으로 발에서 손으로 변하게 됐을 때, 인간은 원숭이와 갈라져 나왔고 음절을 나눈 말과 두뇌 발달의 기초를 마련했다. 손을 자유롭게 사용하면서 특유의 활동, 즉 도구를 사용해 자연을 변형하는 생산이 가능해졌다. 동물도 도구를 사용하지만 다만 신체의 일부분일 뿐이다. 인간은 직접 도구를 만들고 사용한다는 점에서 동물과 구분되고, 이를 통해 정신 발달을 이루어 냈다.

서구 마르크스주의 : 총체성과 개별성으로 인간을 이해하다

베른슈타인은 의식이 생산 활동과 사회적 관계로 규정된다는 정통 마르크스주의 입장을 비판한다. 마르크스가 정한 유물론자의 주장에 따르면 물질의 운동은 필연성으로 규정된 법칙을 따라 움직이며, 물질적 원인이 작용하지 않는 일도 존재하지 않는다. 물질 운동이 이념 형성과 의지의 방향을 결정하므로 결국 인간 세상의 모든 일도 필연성의 틀 안에 있게 된다. 그러한 의미에서 정통 마르크스주의가 주장하는 유물론은 신만 갖지 않은 칼뱅주의자와 비슷하다. 현실에서 일어나는 모든 일이 기존 물질 전체와 그 부분 사이의 관계로 미리 결정된다는 점에서 예정 조화설 발상과 연결되어 있다는 비판이다.

루카치는 마르크스가 물질과 의식의 관계를 일방적 관계로 파악했다는 베른슈타인의 입장을 반박한다. 마르크스는 감

베른슈타인

성과 대상 그리고 현실과 같은 것을 인간의 감성적 활동으로 이해해야 한다고 말한다. 즉 대상이나 현실은 인간 활동과 무관하게 무조건 주어진 것이 아니라, 감성 활동의 하나로 파악할 때 문제의식에 올바로 접근할 수 있다. 현실의 총체적 인식이 프롤레타리아 즉 노동자의 직접적·자연적 생활과 계급적 입장에서 발생한다는 점은 분명하지만, 그렇다고 해서 이러한 인식이나 태도가 계급으로서 노동자에게 저절로 주어진다는 말은 결코 아니다. 인간은 이 과정에 개입하지 않는 방관자가 결코 아니다. 반대로 칸트처럼 객체가 될 수 없다는 의미에서, 주체로서 인간을 설정하는 시도도 타당하지 않다. 노동자는 자연 발생적·무의식적 행위에서 시작해 끊임없는 사회적 투쟁 속에서 점차 계급으로서 형성되었다. 이렇듯 인간은 주체이자 동시에 객체라는 총체적 시각에서 파악해야 한다.

루카치의 비판은 한편으로 베른슈타인 입장을 향하지만, 다른 한편으로 점차 물질과 의식의 일방적 관계로 향하던 동유럽 사회주의 국가의 경직성을 향하고 있었다. 인식을 사실의 기계적 반영으로 파악하는 당시 경향에 대한 비판이었다. 편협한 경험주의는 모든 주어진 통계 수치나 경제생활에서 중요한 사실을 발견할 수 있다고 믿는다. 하지만 사회생활에서 나타나는 개별 사실을 역사적 총체성 속으로 통합시킬 때 비로소 사실의 인식은 현실의 인식이 될 수 있다.

루카치가 보기에 자본주의 체제는 사물화된 인간을 만들어 낸다. 테일러 시스템은 노동 과정을 단순하고 반복적인 여러 과업으로 나눈 후, 각 과업의 기준 설정과 달성도에 따른 임금을 준다. 이렇게 노동 강화와 생산성 향상을 실현함으로써 20세기 대량 생산 방식을 뒷받침했다. 이는 노동자의 심리적 속성마저 전체 인격에서 분리한다. 인간이 계산 가능한 특수 전문 체제의 한 부분으로, 마치 생산 과정 속 기계 부품이나 원료처럼 사물로 전락한다. 기계 밑으로 인간을 굴복하게 한다.

프랑크푸르트학파의 아도르노는 실존주의 철학이 강조하는 '존재에 대한 숭배'를 비판하면서 마르크스의 문제의식 즉 구체적 사회생활, 생산 활동에 유기적으로 결합한 인간을 회복하려 한다. 마르틴 하이데거(Martin Heidegger, 1889~1976)의 실존주의는 사실에 대한 존재의 우위로 나타나면서, 역사적 토대와 분리된 채 존재에 대한 숭배, 존재 신앙에 빠져들었다. 사회생활의 생산과 재생산에서 분리된 존재 탐구는 단순한 동어 반복에 그친다. 존재론은 존재를 단지 그 자체로 규정할 수밖에 없다. 왜냐하면 개념으로 파악할 수 없으며, 현실 생활로 매개되지 않는 감각적 확실성의 모델에 따라 직접 나타나지도 않기 때문이다. 그리하여 존재에 대한 비판 장치 대신에 순수한 명칭의 반복이 등장한다. 현실 생활에서 분리되어 정신적으로 매개된 존재를 단순히 받아들이기만 하는 직관에 빠지면서 실존주의 인간 이해는 천박한 비합리주의적 생철학으로 수렴된다. 순수한 존재자 개념은 그릇된 존재 개념의 그림자일 뿐이다. 요컨대 구체적 시간과 공간에서 비로소 진정한 인간 이해에 접근할 수 있다.

실증주의는 실제 생활에 주목한다는 점에서는 실존주의 한계를 넘어서지만 다른 면에서 문제를 안고 있다. 철학은 인간 생활을 체계적으로 분석하고 현실적 예측 능력을 사용해 완성을 향해 변화시키는 도구여야 한다는 콩트의 실증주의와 생각될 수 없는 영역에 엄격한 한계를 긋는 비트겐슈타인의 논리 실증주의는 모두 확실성 틀 안에서 인간과 철학을 사고한다. 하지만 아도르노가 보기에 철학은 표현 불가능한 것을 표현하려는 욕구에 주목한다. 철학은 오히려 확실하다고 긍정하는 순진한 인식을 반성하면서 엄밀성을 찾는다. 하지만 확고부동한 것에만 매달리게 된다면 영원히 실패의 역사로 끝날 뿐이다. 철학은 인간을 확실한 이성만으로 설명하려는 시도에서 벗어나 이성적 접근에서 배제되거나 간과된 부분을 표현하려는 욕구를 가져야 한다. 이러한 문제의식에서 프랑크푸르트학파는 지그문트 프로이트(Sigmund Freud, 1856~1939)의 무의식 영역을 철학의 틀 안에 비판적으로 받아들인다.

호르크하이머는 근대 철학이 추구해 온, 이성을 통한 자율적 주체로 인간을 이해한 것을 비판한다. 근대 이성은 삶의 최고 목표와 같은 가치 판단을 부정하고, 수학적·과학적으로 사고하는 방법 문제로 이성의 의미를 제한했다. 즉 사고 방법이라는 측면에서 이성의 도구적 성격만 남겨 놓았다. 인간은 도구적 이성으로 자기 이외의 모든 것을 과학적 분석 대상으로 삼는다는 의미에서 주체일 뿐이다. 자연과 사회를 비롯해 세계는 목록으로 만드는 사실의 지위로서만 의미가 있게 된다. 이성이 주관화되어 가면서 세계와 통일적 관계인 인간 존재의 의미는 사라져 버렸다.

자연은 객체로 여겨질 때 지배 대상으로 전락한다. 인간은 자연의 주인이 된다. 자연은 인간이 개조하고 지배해야 할 대상이다. 이러한 자연 지배 사상은 환경 파괴 문제를 낳지만 또한 인간 지배를 포함한다는 점에서도 문제다. 모든 주체는 외적 자연 지배에 가담할 뿐만 아니라, 이를 위해 자신 안에 있는 자연을 지배한다. 지배는 지배를 위해 내면화된다. 자신 안에 있는 자연 지배는 육체에 대한 지배로 나타난다. 인간과 자연의 분리, 정신에 따른 자연 지배는 자연에 속하는 육체 활동을 열등한 것으로 여기게 한다. 그 결과 하층민에게 착취되는 육체는 악으로, 상류층 사람이 즐기는 정신은 최고선으로 여겨진다. 상류층이 하층민을 지배하는 것을 당연하고 자연스럽게 받아들인다. 또한 육체는 열등하고 예속된 것으로서 경멸받고 거부되지만, 동시에 금지된 것, 물화된 것, 소외된 것으로서 갈망의 대상이 된다.

합리성·효율성을 특징으로 하는 도구적 이성의 지배를 받으면서 개인은 발전은커녕 오히려 몰락의 길로 들어선다. 이성이 인간이 추구해야 할 목적이나 가치 판단이 아니라 과학적·합리적 사고방식이라는 수단적 성격으로 전환되면서 인간 자신이 합리성의 대상으로 전락한다. 주체로서 자기 보존은 사라지고 합리성·효율성 실현 대상으로 규정됨으로써 개인 위상은 급격히 위축된다. 과거 형이상학에서는 이성이 자아 형성의 유일한 통로라는 점에서 인간의 자기 숭배가 나타났다면 이제는 자기 격하가 나타난다. 개별성의 주요 특성 중 하나인 자발적 행위는 자본주의 사회에서 경쟁으로 배제되면서 사라지기 시작한다. 예를 들어 경쟁의 효율성 극대화가 만들어 낸 컨베이어 벨트 생산 방식은 철저히 분업화되고 규격화된 노동 과정을 강제하면서 자발성과 다양성을 근간으로 하는 개별성의 근거를 뿌리째 뽑아 버린다. 이제 인간은 언제든지 교체 가능한, 규격화되고 파편화된 기계 부품처럼 동일성 속에서만 다루어진다.

막스 베크만(Max Beckmann, 1884~1950)은 개인주의를 표방하는 자본주의 시대에 역설적으로 개별성을 잃고 규격화된 부품이 되어 버린 인간의 현실을 상징적으로 그렸다. 그는 산업 도시로 자리 잡은 베를린 밤거리 풍경을 작품에 담았다. 번화한 도시의 불빛이 가득한 거리를 사람들이 가득 채우지만, 어디에도 개별적 존재로서 사람은 보이지 않는다. 자본주의 사회의 대도시 거리에서는 환한 낮에도 개인의 고유성을 잃은 익명의 군중을 만날 수 있다.

자본주의는 개인의 고유성을 허물어뜨리기도 했다. 아무리 저마다 다른 옷을 입고 서로 다른 영역에서 활동하고 있더라도 사회적으로 효율성 극대화를 위한 대상으로 취급된다. 사람들은 생산성을 높이기 위한 도구가 된다. 도구적 이성이 이미 주어진 목적으로 여기는 합리성의 강제 안에서, 개인의 가치는 의미 없는 비합리적 의미 추구로 여겨질 뿐이다.

에리히 프롬은 자본주의 사회에서 생겨나는 개별성 상실을 자유의 전반적 위축으로 설명한다. 근대 이후 신분제가 사라지고 자유로운 개인이 역사적으로 탄생했지만, 개인은 고립되고 무력한 존재가 되었다. 개인주의는 공허한 껍질이 되고 말았다. 개인이 주체가 되지 못하고 고립되는 이유는 소수의 숨은 지배력과 사회의 비합리적·무계획적 성격 때문이다. 이러한 상태가 개인을 새로운 속박으로 자진해서 들어가게 한다. 개인주의 사회가 만들어 낸 고독감이 강한 집단에 자신을 속하게 해 귀속감 심리와 자발적 복종을 만들어 낸다. 프롬은 개인주의가 발달한 유럽에서 나치즘을 열광적으로 추종하게 된 원인을 복종을 통해 고립감으로부터 벗어나려는 것에서 찾았다.

에리히 프롬은 인간을 이해하는 데서 프로이트의 무의식 이론을 비판적으로 받아들인다. 프로이트는 합리주의 기초를 무너트리는 데 크게 기여했다. 서양 관념론 전통을 뒤흔들었고 윤리학에도 영향을 미쳤다. 프로이트의 무의식 발견은 인류의 지적 활동에서 꽤 고무적 사건이었다. 데카르트는 인간의 본질은 의식적 사유에 있으며, 무의식은 육체에 속하기 때문에 정신 활동과 무관하다고 여겼다. 그러나 무의식의 발견은 서양 관념론 전통만이 아니라 윤리학 분야까지도 온통 흔들어 버렸다. 전통 윤리학은 의식 영역에 기초하는데, 무의식이나 욕망이 행위 동기가 되는 순간 윤리가 들어설 자리는 지극히 좁아진다.

하지만 프로이트의 관점은 인류의 지적 활동에 큰 해악을 미치기도 했다. 무의식의 위상이나 무의식과 의식과의 관계, 무의식의 원인과 사회적 역할에서 심각한 오류를 보인다. 즉 성적 욕구는 유년 시절부터 있는데, 이 시절의 성애와 이성적 사고의 갈등을 생각과 존재 사이의 갈등으로만 한정했다는 점이다. 성적 충동의 유발과 강도는 대부분 성애라는 생리적 하층이 아니라 성적인 것과 거리가 먼 전혀 다른 충동의 산물이다. 성욕은 나르시시즘, 사디즘, 복종적 마음, 단순한 권태로움 등으로 생겨날 수도 있다. 그리고 권력과 부가 성욕을 일으키는 중대한 요소라는 사실은 이미 널리 알려져 있다. 그런데 프로이트는 인간에게 의식적 지향과 무의식적 지향 사이에 일어나는 갈등이 다양함에도 이를 무시하고 무의식의 형성 원인이나 사회적 의미에서만 진단했다.

베크만의 〈파리 사교계〉는 현대인의 의식과 무의식에 직접 영향을 미치는 다양한 조건과 충동을 그리고 있다. 작품은 이른바 상류층의 사교 파티 장면을 담았다. 고급 턱시도를 입은 남자들과 화려한 드레스 차림의 여자들이 서로 자신의 지위를 뽐내며 어울린다. 대화가 오가는 와중에도 각자의 시선은 자기의 욕망을 채워 주기에 적합한 상대를 찾는 느낌이다. 일상적인 만남은 물론이고 성적인 관계도 상류층의 생활과 문화 안에서 이루어진다. 성적인 욕구조차 여러 사회적 조건과 맞물린다. 특히 자본주의 사회에서 성적

〈파리 사교계〉, 1931년

인 충동과 취향은 돈이나 권력과 상당히 밀접하게 연관된다. 유년 시절의 본능적 욕구와는 전혀 다른 기준이 만들어진다. 요컨대 개인의 의식과 무의식에는 성적인 부분만이 아니라 다양한 사회적 환경이 영향을 준다.

대도시의 삶은 각박한 경쟁과 위계화된 질서가 그물처럼 촘촘하게 개인을 옭아맨다. 그리고 겉으로 드러난 의식적 활동만이 아니라 그 뒤에 있는 무의식에 작용한다. 피라미드 구조의 경쟁 대열에서 언제 낙오될지 모른다는 두려움, 성을 상품화해서라도 생존을 해야 하는 절박함, 신분 상승을 향한 전력 질주 등이 강박 관념을 만들고 이것이 현대인의 무의식 형성에 적지 않은 영향을 미친다는 것이 에리히 프롬의 문제의식이다.

마르쿠제는 자본주의 사회에서 나타나는 개별성 상실과 자유 위축을 '일차원적 인간' 현상으로 설명한다. 지배는 관리로 변했다. 과거에는 직접 지배로 지배 계급이 우위를 유지했다면 현대 사회에서는 간접 관리로 구성원을 일차원적 인간으로 만든다. 일차원적 인간은 생활의 안락함만 추구하고 노동 생산성을 높이는 기술 기구에 복종한다. 이는 사회를 비판하거나 문제를 제기하지 않는 순응형 인간을 의미한다. 과거의 지배는 신분적 억압이나 폭력으로 직접 강제하는 방식이었다. 하지만 현대 사회에서는 관리로 생기는 자발적 복종이 그 자리를 대신하게 된다.

예를 들어 정규직과 비정규직을 구분하거나 연봉제·성과급제로 노동자가 스스로 경쟁에 몰두하도록 한다. 소비 사회에서 할부 제도·영업 조직·광고 등으로 더 많은 소비에 몰두하도록 하는 것도 같은 맥락이라 할 수 있다. 자신의 삶을 스스로 결정하는 자율적 존재가 기술적으로 불가능하다고 말한다. 이성을 통한 합리화와 그 상징인 기술 기구가 만들어 낸 그물망이 일차원적 인간을 의식적·무의식적에 걸쳐 운명으로 받아들이게 한다. 요컨대 이는 관리로 순종을 강제하는 사회 구조를 극복할 때만 가능하다.

프랑크푸르트학파 2세대인 위르겐 하버마스(Jürgen Habermas, 1929~)는 인간의 특징을 논변에 참여할 수 있는 능력으로 규정한다. 인간은 이 능력을 가지고 있으며, 인간이 사회적 존재인 이유도 이러한 논변 능력에 근거한다. 논변으로 합의될 수 있고 또 사회적 공동체를 구성할 수 있다. 논변 합의는 두 가지 사항으로 이루어진다. 하나는 '예' 또는 '아니오'를 말할 수 있는 양도 불가능한 개인의 권리고, 다른 하나는 자기중심적 관점을 극복할 가능성이다. 개인은 양도할 수 없는 자율성을 지닌 동시에, 주체와 대상이 의사소통이 가능한 상태를 의미하는 상호 주관성으로 공유되는 관계망의 구성원이다.

마르크스주의 인식론

정통 마르크스주의 : 변증법적 유물론

마르크스는 철학적 인식 방법을 헤겔과 마찬가지로 변증법에서 찾는다. 하지만 헤겔과는 반대 방향에서 접근한다. 헤겔은 사유 과정을 이념 아래 독립된 주체로 여겼다. 하지만 마르크스에게 이념은 두뇌에 번역된 물질 그 이상 그 이하도 아니다. 즉 사유와 현실의 관계를 뒤집어 놓는다. 현실의 물질이 정신에 우선한다고 보았다. 그러므로 사유는 독립적 자기 발전이 아니라, 현실을 반영하면서 변화하는 과정에 놓여 있다.

그렇다고 해서 물질세계를 상대로 감각을 통한 인식을 주장하는 기존 유물론을 반복하는 것은 아니다. 기존 유물론에 기초한다면 인식은 단순히 현실을 반영하는 수동적 역할에서 벗어날 수 없다. 인간의 능동적인 면을 무시했기 때문에, 능동성은 철학적으로 반대 진영인 관념론에서 발전하는 현상을 보였다. 관념론이 현실적 감성의 역할을 제대로 인정하지 못하기 때문에 능동성은 추상적 발전의 한계를 보였다. 그 정점에 변증법으로 사고의 능동적 발전을 제시한 헤겔이 있다. 마르크스는 현실과 사유의 관계를 역전시켜서, 즉 유물론을 변증법의 기초로 삼으면서 기존 유물론과 관념론의 한계를 동시에 넘어서려 했다.

먼저 인간이 능동적으로 세계를 구성하고 변화시킨다는 점을 인정한다. 하지만 주어진 환경과 무관한 능동성이 아니다. 인간은 역사적으로 주어진 상황에 제약받으면서 능동성을 실현한다. 그리고 능동성 실현의 핵심 역할을 실천 행위에서 찾는다. 객관 세계에서 출발하되 사유로 진리를 규명하는 과제는 이론이 아닌 실천적 문제다. 실천에서 고립된 사유의 현실성이나 비현실성에 관한 논쟁은 공허한 말씨름이다.

정치·법률·도덕·종교·형이상학 등에 표현되는 정신적 생산물로서 이념 역시 물질적 활동과 교류, 현실적 생활에 직접 연관된다. 구체적 표상·이념을 인간이 만들어 내지만, 자립적 과정은 아니고 사회의 생산력과 그에 조응하는 인간관계 조건에 맞물리면서 형성된다. 인간은 의식이 현실 생활에서 실천하는 존재에 기반한다는 의미에서 '의식된 존재'다. 그리고 현실 사회에서 인간은 지배와 피지배 관계에 있기 때문에, 정치·법률·도덕·종교·형이상학에서 누구에게나 타당한 이념이나 사상이란 존재할 수 없다. 지배 계급의 사상이 그 시대를 지배한다. 즉 계급은 사회의 지배적이며 물질적인 힘이 된다. 물질적 생계 수단을 마음대로 처분하는 지배 계급은 동시에 정신적 생산 수단도 마음대로 처분하며, 그 결과 정신적 생산 수단이 박탈된 계급의 사상은 대체로 지배 계급에 종속된다. 지배적 사상이란 지배적·물질적 관계의 관념적 표현, 즉 사상으로서 파악된 지배적·물질적 관계 이상의 아무것도 아니다.

지배 계급의 사상이 지배적 사상이기 때문에, 이념은 과도기적 성격을 갖는다. 이념이나 범주는 영원하지 않다. 다만 역사적인 산물일 뿐이다. 사신의 물질적 생산성에 대응하면서 사회적 관계를 확립하는 인간은 또한 사회적 관계에 조응해 원리·이념·범주를 만들어 낸다. 생산력에는 끊임없는 성장 운동이, 생산 관계에는 끊임없는 파괴 운동이, 이념에는 끊임없는 형성 운동이 존재한다. 오직 모든 객관 세계와 의식이 한순간도 머물지 않고 운동한다는 사실만이 변하지 않는다.

엥겔스는 유물론에 기초한 변증법적 인식 방법을 체계화하려 했다. 먼저 인식에서 실천의 역할을 강조하는 점에서 같은 출발선에 선다. 태초에 행동이 있었다. 인간은 논증에 앞서 행동을 먼저 했다. 심지어 이성이 자체의 창조물인 듯 주장하는 순수 수학조차 현실 요구에 대응한 실천의 결과로 발전했다. 수나 도형 개념은 현실 세계에서 가져왔다. 인간이 처음으로 산술적 셈을 하면서 사용한 열 손가락이 결코 이성의 자유로운 창조물이 아님은 확실하다. 마르크스도 강조했듯이 단순한 반영은 아니고 여기에 정신의 능동적 개입이 필요하다. 셈을 하려면 셈을 할 대상이 있어야 할 뿐만 아니라 대상을 고찰할 때 대상의 수 이외의 일체 다른 속성은 버릴 줄 아는 능력이 필요하다. 그런데 이러한 능력조차 정신이 애초에 완결적으로 갖고 있지는 않았다. 인간이라는 종이 생기고 생존을 위해 현실에 대응하는 경험이 축적되면서, 즉 역사적 발전의 결과로서 이루어진 것이다.

엥겔스는 유물론에 기초한 변증법적 사고를 구체화하는 과정에서 모순과 부정의 부정 역할을 강조한다. 객관 세계와 마찬가지로 사유 영역에도 모순이 존재하며 모순으로 발전한다. "그러나 이 모순은 세계와 인간이라는 두 요인의 본성에 내재하는 모순일 뿐만 아니라 그것은 또한 일체 지적 진보의 중요한 공간으로서 예컨대 어떤 수학문제가 무한급수나 연분수에서 해결되는 것과 같이 나날이, 부단히 인류의 무한한 진보적 발전을 통하여 해결되는 것이다."

인간의 인식 능력은 한계가 없다. 하지만 이 능력은 추상적 인간 전체가 아니라 구체적 개별 인간을 거쳐 발휘된다. 그런데 개별 인간은 역사적으로 제한된 경험과 시대적 조건에 규정받는 인식의 한계에서 벗어날 수 없다. 이 모순은 끝없는 시대 변화 속에서 축적과 갱신 과정을 통해 더 진전된 내용을 향해 나아가는 변증법적 발전 과정을 거친다.

발전 과정에서 '부정의 부정'이 결정적 역할을 한다. 변증법적 발전은 부정의 부정 과정으로 이루어진다. 부정의 부정은 동물·식물계, 지질학, 수학, 역사나 철학에 적용되는 법칙이다. 여기에서 부정은 모순 관계를 갖는 상대방 존재 자체의 부인이나 임의적 방법을 통한 파괴가 아니다. 부정은 갈등으로 모순을 형성하는 쌍방의 동시 부정으로 나타난다. 갈등으로 새로운 질적 성격을 갖는 상태로 나아간다. 자연에서 나타나는 부정의 부정을 보리의 예를 통해 설명한다. 한 알의 보리가 조건이 적합한 땅에 떨어지면 발아한다. 그러면 보리알로서는 소멸하고 부정되지만 성장하고 개화하며 결실을 맺어 끝내는 또다시 보리알을 만들어 낸다. 그리고 보리알이 성숙하자마자 줄기가 사멸해 부정된다. 이와 같은 부정의 부정 결과로 한 개가 아니라 10배에서 30배의 수로 보리알이 생긴다.

부정의 부정이 역사에도 적용된다. 엥겔스는 이를 토지 소유 방식 변화로 설명한다. 모든 민족은 토지의 공동 소유에서 출발하지만, 점차 사적 소유로 바뀐다. 하지만 사적인 자원 동원과 노동력 투여는 다시 비약적 농업 발전을 가로막는 요인으로 작용하고, 이면에는 토지의 사적 소유를 부정하고 다시금 공동 소유로 바꾸려 한다. 그러나 이 요구는 원시적 공동 소유의 부활이 아니라 훨씬 더 높고 발전된 형태, 현대의 화학적 발견과 기계적 발명을 충분히 이용하는 형태를 의미한다.

사유 영역도 마찬가지 원리가 적용된다. 사유에서 모순과 운동을 부인하는 절대성·궁극성은 존재하지 않는다. 사유는 구체적 역사 전개와 맞물리면서 낮은 것에서 높은 것으로 나아가는 과정에 있다. 그러므로 지식의 특정한 발전 단계는 오직 시대 상황에 비추어서만 정당하다. 그러므로 진리는 궁극적일 수 없고, 오직 변증법적 사유로 도달하는 상대적 진리의 의미만을 가지게 된다.

하지만 부정의 부정 법칙은 무조건적 필연성이 아니다. 그간 변증법적 발전 법칙을 역사에 적용하거나 비판하는 과정에서 필연성만이 지배하는 사고방식으로 잘못 해석하는 경우가 많았지만, 이는 마르크스와 엥겔스의 문제의식과는 꽤 거리가 있다. 엥겔스는 자유란 필연성의 인식이라는 헤겔의 주장을 옹호한다. "필연성은 다만 그것이 이해되지 않는 한 맹목적이다. 자유란 자연법칙으로부터의 가상적인 독립에 있는 것이 아니라 그 법칙의 인식에 있으며 그 인식과 더불어 주어지는, 자연법칙을 일정한 목적을 위하여 계획적으로 작용시킬 수 있는 가능성에 있는 것이다."

우리는 양면에 주목해야 한다. 한편으로 마치 자유 의지가 객관 세계와는 무관한 완결적 능력인 것처럼 흐지부지하게 하는 관념론에 대한 경계다. 다른 한편으로 오직 객관 세계의 필연성만 있을 뿐 자유 의지는 존재하지 않는다는 기계론적 편향이다. 자유와 필연성은 상호 관계에 있다. 필연성은 저절로 인간을 규정하지 않는다. 인간의 이해와 판단에 따른 결정을 함께 가질 때 비로소 의미가 있다. 의지가 자유로울수록 판단 내용은 필연성을 규정한다. 그러므로 역사적 사건은 표면으로는 우연이 지배하는 것처럼 보여도 사실은 항상 내적으로 은폐된 법칙의 영향을 받는다. 여기서 법칙 발견이 중요한 문제가 된다. 하지만 법칙의 일방적·무조건적 적용은 아니다. 인간은 모든 사람이 자신의 의식적 목적을 따른다는 점에서, 결과가 어떠하든 자신의 역사를 만든다. 역사의 구성하는 것은 각기 다른 방향으로 움직이는 수많은 의지, 이것이 외부 세계에 미치는 다양한 영향의 결과다. 따라서 많은 개인이 바라는 것이 무엇인지가 중요한 문제가 된다.

레닌은 자유와 필연성은 상호 관계를 맺으므로 사회적 존재와 사회적 의식이 같지 않다고 주장한다. 예를 들어 노동자라고 해서 저절로 노동자 의식을 갖고, 여성이라고 해서 기계적으로 여성 해방에 대한 의식을 갖는 것은 아니다. 특정 계급 안에서 사회적 관계를 갖는다고 해서 이것이 곧바로 계급의식을 갖게 하지는 않는다. 사람들은 교제할 때 대부분 어떤 사회관계가 만들어져 있는지, 어떤 법칙으로 발전하고 있는지 등을 생각하지 않는다. 즉 일상적·자연 발생적 의식은 법칙을 이해하는 것과 구분된다. 자유 의지가 법칙을 이해하고 서로 관계를 맺을 때 비로소 사회적 존재와 사회적 의식은 일치한다.

서구 마르크스주의 : 헤겔과 프로이트에 대한 서로 다른 수용

베른슈타인은 마르크스와 엥겔스의 철학적 오류는 헤겔 변증법을 수용하는 데에 있다고 비판한다. 헤겔 변증법은 마르크스 교의에서 이율배반적인 것이며 사물의 올바른 관찰을 방해하는 함정이다. 마르크스와 엥겔스는 변증법을 개념의 자기 진화 과정으로 파악한 헤겔을 비판하고, 현실 세계의 변증법적 운동이 의식에 반영된 것으로 파악해 헤겔 변증법을 뒤집어 세웠다. 하지만 변증법을 뒤집어 세우는 작업이 간단하지 않다. 아무리 사물이 현실 속에서 움직인다고 하더라도 경험으로 확증된 사실 영역에서 벗어나 사고하는 순간 엉뚱한 개념의 세계로 빠져들기에 십상이다. 이 위험은 논의 대상이 복잡해질수록 더욱 커진다. 단순한 대상에서는 경험과 논리적 판단력만으로 잘못된 변화 가능성을 결론으로 내릴 위험을 피하며 '부정의 부정'이라는 법칙적 사고를 적용할 수 있다. 그러나 대상이 점점 복잡해져서 구성 요소 수가 점점 많아지고, 성질과 역관계가 다양해질수록 부정의 부정이라는 명제의 진화 과정에 대해 우리가 말할 가능성은 더욱 줄어든다. 그러면 처음에는 경험적 사실에서 출발해도 개념의 자기 진화라는 헤겔의 오류가 끼어들 수밖에 없다. 마르크스와 엥겔스가 바로 이러한 오류에 빠졌고, 헤겔의 변증법적 방법론을 자신의 중요한 철학적 기반으로 하는 이상 이 오류에서 빠져나올 수 없다.

루카치는 베른슈타인의 수정주의를 비판한다. 베른슈타인은 헤겔 변증법을 상기시키는 모든 것을 마르크스주의에서 추방하려 했는데, 헤겔적 전통에 주목하는 노력은 혁명적으로 마르크스에 복귀하는 일이다. 마르크스가 함축하는 혁명적인 점들을 헤겔 변증법 혁신과 개발로 다시 생동하도록 활성화하는 작업을 자신의 과제로 삼았다. 하지만 마르크스를 무조건적으로 추종하는 데에는 단호하게 반대한다. 마르크스의 연구 결과를 무조건적으로 인정하거나 믿어서는 안 된다. 마르크스에서 살려 내야 할 것은 변증법적 사고방식이라는 방법이다.

루카치는 마르크스와 엥겔스를 구분한다. 엥겔스는 마르크스의 풍부한 문제의식을 단순화했다. 변증법은 하나의 규정에서 다른 규정으로 움직이며 이행하는 끊임없는 과정이고 대립물의 중단 없는 지양이며 상호 침투다. 그런데 엥겔스는 주체와 객체의 상호 작용을 일면적이고 경직된 인과 관계로 변질시켰다. 루카치가 보기에 엥겔스는 모든 인간적 관계를 자연 법칙성

수준으로 전락시켰다. 자연 과학 방법론에 해당하는, 독립적 대상에 대해 주체가 갖는 순수 관찰자적 태도를 일반적으로 적용할 수 있는 변증법적 방법으로 규정해 인간적 관계에서 나타나는 상호 작용을 제대로 인식하지 못하는 오류에 빠졌다. 엥겔스가 심각하게 오해하는 이유는 산업과 실험 활동을 변증법 철학에서 실천으로 여기기 때문이다. 현실의 객관적 연관을 기하학적 틀에 맞추어서 산출하는 것은 불가능하다.

루카치는 주체와 객체의 역동적 상호 작용에서 출발할 때 기계론적·법칙적 사고에서 벗어날 수 있다고 강조한다. 역사 변화는 자연법칙과 달리 저절로 이루어지지 않고, 주체의 능동적 작용을 필요로 한다. 특히 주체 의식이 중요하다. 프롤레타리아의 자각적 의지는 인류를 파국에 빠지지 않게 할 수 있다. 사회 본질을 정확하게 통찰하는 것이 가장 중요한 힘의 요인이며 결정적 무기다. 역사 법칙이나 객관적 상황은 단지 가능성일 뿐이다. 해결은 오직 의식적 행위의 열매다. 청년 마르크스의 노력이 대부분 목표로 했던 바는 여러 잘못된 의식론을 반박하고 역사 속에서 의식이 맡는 역할을 올바르게 파악하는 것이었다.

실천이란 주어진 역사적 조건에서 물리적 힘을 행사하는 단선적 과정이 아니라 주체 의식의 각성 과정을 동반해야 한다. 현실의 착취의 단순한 반응인 저항은 여러 차례 반복되더라도 질적 변화를 일으키는 데 한계가 있다. 착취와 억압의 본질을 체계적으로 이해하고 실천을 의식적으로 준비하는 과정을 거칠 때 노동자 계급은 진정한 역사의 주체로 다시 새롭게 태어난다. 그래서 루카치는 경제적 투쟁과 사회의식을 둘러싼 투쟁은 함께 이뤄져 왔으며, 사회를 의식하는 것이 사회를 지도할 가능성과 같다고 강조한다.

루카치는 주체와 객체의 상호 관계에 기초한 인식론을 헤겔을 근거로 두어 '총체성의 논리학'을 제시한다. 과거에는 독립적 주체가 대상으로서 객체를 파악하는 정태적·직접적 인식론에 머물렀다. 하지만 헤겔에 이르러 주체와 객체가 서로 변증법적 연관성을 갖고, 나아가서는 주체와 객체 자신도 이 과정에서 변증법적 발전을 하는 총체성을 이해하게 되었다. 헤겔의 변증법적 방법을 발전시킨 마르크스에 따라 '역사적 사유에서 사유와 존재의 상호 일치가 드러나는 지점'을 정확히 이해할 수 있게 됐다.

예를 들어 노동자는 객체로서 생산 과정과 분리되어 자신을 주체로 정립할 수 없다. 사회적 존재를 인식할 수 있을 때는 노동자 스스로가 상품이라고 인식할 때다. 즉 객체로의 생산 과정과 관계하고, 그 안에서 노동자 자신 및 자본과 자신의 관계를 인식할 때 비로소 주체가 된다. 노동자가 자신을 상품으로 인식하는 것은 그 안에서 이미 주체와 대상의 관계를 총체적으로 의식하는 것이고, 그러한 의미에서 주체와 객체의 상호 관계, 사유와 존재의 상호 일치를 실현하는 것이다. 이러한 인식은 그 자체로 실천적이다.

프랑크푸르트학파는 몇 가지 점에서 마르크스주의 철학을 보완한다. 모순성의 주목, 철학 대상의 확장, 무의식의 비판적 수용 등이다. 먼저 루카치가 변증법의 총체성을 강조했다면 아도르노는 변증법의 비동일성, 즉 모순성을 철학적 실마리로 여긴다. 변증법은 모든 대상 또는 개념 차이 속의 동일성을 지향하지 않는다. 그는 변증법의 논리를 와해의 논리라고 말한다. 관념론과 기존 마르크스주의 철학 모두가 동일성 비판의 대상이다. 관념론적 논리학은 모순을 부정함으로써 동일성에 빠지거나 아니면 변증법을 논리적 사고 방법이라는 측면에만 주목해 하나의 교양물로 전락시켰다. 기존의 마르크스주의 진영은 변증법을 독단으로 타락하게 했다. 건설된 사회주의 국가를 정당화하는 과정에서, 즉 자본주의 체제 모순의 궁극적 해결을 강조하는 과정에서 모순 그 자체보다는 모순이 지양된 상태로서 동일성을 중시하는 소련 중심의 마르크스주의 철학 경향을 비판한 것이다.

아도르노가 보기에 변증법은 동일성, 즉 궁극적 해결에 도달한 상태를 자신의 목표로 할 수 없다. 변증법은 비동일성, 즉 모순에 대한 일관된 의식이다. 개념을 완성된 것에서 비동일적인 것을 향하게 만든다는 의미에서 부정적 변증법이어야 한다. 인식하는 주체가 대면하는 개념의 완성된 형태를 와해시키는 논리다. 그러므로 자본주의 체제는 물론 사회주의 체제에서도, 나아가서는 마르크스주의 안에서도 철학의 과제는 현실의 모순과 사상의 모순을 밝히고 끊임없이 부정으로 향하는 데 있다. 이러한 의미에서 철학은 구제를 약속하지는 않지만, 항상 비판적 역할이자 증대하는 타율성의 견제 세력 역할을 해야 한다.

다음으로 철학의 관심 대상을 크게 넓힌다. 플라톤 이래 철학은 개념화할 수 없는 것을 덧없고 사소할 뿐이라며 배척했다. 헤겔도 개념화할 수 없는 대상을 '쓸모없는 실존'이라며 무시했으며 무언가 사회적으로 거대하고 이른바 이론으로 정교하게 체계화할 수 있는 대상에만 관심을 두었다. 이제 철학은 우발적으로 일어나거나 사소한 현상으로 치부되어 온 것, 그리하여 철학적 시민권을 얻지 못했던 것으로 시선을 돌려야 한다. 기존의 개념 안에서 체계화할 수 없었던, 추상화 과정에서 삭제되었던 것을 오히려 절박하게 여겨야 한다. 왜냐하면 실제 인간의 삶과 사고는 사소하고 일상적인 것에 직접 영향을 받으며 이루어진다. 그럼에도 그동안의 철학이 이를 배제해 본래의 실천적 역할을 회피했다. 아도르노의 문제의식은 이후 현대 서양 철학 전개에 큰 영향을 준다. 소비, 일상생활, 성 문제 등 기존 철학에서 배제했던 영역을 철학이 규명해야 하는 주요 주제로 끌어올리는 데 많은 자극을 주었다.

철학의 관심 대상을 확장하는 가운데 프로이트 심리학을 비판적으로 받아들인다. 기존 철학이 무시했던 대표적 영역 중 하나가 무의식을 비롯한 심리 분야다. 철학은 오직 의식 안에서 이루어지는 작업이었다. 무의식은 정신은커녕 정신 활동을 방해하는 요소로 여겨졌다. 그러므로 개인의 성격은 물론이고, 정신 질환을 비롯해 흔히 사회가 비정상이라 규정하는 분야까지 프로이트의 문제의식은 철학의 확장이라는 과제에서 매우 중요했다.

무의식은 인간의 의식, 나아가서는 행위에 미치는 지배적 영향력을 고려할 때 철학이 앞으로 나아가기 위해 놓쳐서는 안 될 문제의식이다. 특히 프로이트의 정신 분석은 무의식에 결정적 영향을 미치는 초자아가 내면화된 사회적 규범임을 폭로해 심리학의 가능성을 넓혔다. 하지만 프로이트 정신 분석학이 지니는 숙명론적 한계의 극복을 전제로 받아들여야 한다. 정신 분석학은 무의식 형성 요인을 기존 사회에서 무비판적으로 끌어내는 경향이 있다. 초자아를 비판하는 것은 이를 만들어 내는 사회 비판으로 되어야만 한다. 이에 침묵하게 되면 정신 분석은 지배적 사회 규범에 순응하는 결과에만 머문다.

에리히 프롬이 보기에 프로이트의 가장 큰 오류는 사회 구조적 측면을 무시하는 데에 있다. 사회적 성격 안에는 협력과 조화의 정열이 지배적인 문화가 있는가 하면 극단적 소유욕과 파괴성이 지배하는 문화도 있다. 여러 가지 형태의 사회적 성격이 만들어질 때 경제적·지리적·역사적·유전적 조건

이 어떻게 작용했는지를 이해하기 위해서는 특정 사회를 상세하게 분석해야 한다. 예컨대 먹을 것이 충분하지 않은 부족은 호전적이며 공격적인 성격을 띤다. 충분한 식량을 생산할 수 있는 부족은 너그럽고 협력적인 성격을 지닌다. 인생의 극적 요소는 비생물학적 정열에 근거를 두고 있으며 배고픔이나 성욕에 근거를 두지 않는다. 심지어 성적 욕구나 그 표현 형식의 차이조차 어느 정도 사회 구조와 밀접하게 연관된다. 자본주의 사회에서는 성적 욕구나 표현이 성 상품화 현상의 강화와 맞물리는 경향이 있다. 관련 산업이 폭발적으로 증가하고 사람들의 성 의식에도 깊이 스며들어 있다.

베크만의 〈몬테 카를로의 꿈〉은 자본주의 사회에서 성 상품화 현상이 왜 더 강화되는지에 대한 하나의 단서를 제공한다. 몬테 카를로는 카지노와 도박장으로 유명한 도시다. 꽤 규모 있는 카지노에 도박에 몰입해 있는 사람들이 작품 속에 가득하다. 위의 두 남자는 칼을 들고 있다. 화가는 일확천금을 노리는 그들을 목숨을 걸고 전쟁터에 나선 전사의 모습으로 그렸다. 아래의 여자들은 가슴을 거의 다 드러내고 있다. 요염한 자세로 누워 있어서 도박과 성의 긴밀한 관계를 암시한다.

도박은 일확천금을 노리는 황금만능주의의 가장 극단적인 방식이다. 현대 사회는 도박성이 강해지고 있다. 금융의 지배력이 막강한 자본주의 체제로 접어들면서 '카지노 자본주의'라는 말이 상식으로 통할 만큼 경제 전체에 도박성은 빠르게 퍼졌다. 일상의 모든 것을 상품으로 취급하는 자본주의에서 성 역시 상품의 하나로 여겨지기 쉽다. 성이 일상적·구조적으로 상품화된 사회에서 성에 대한 의식과 표현은 허영심과 말초 신경을 자극한다. 프로이트가 사회적 성격의 개념에 도달하지 못한 이유는 애초에 성욕이라는 좁은 기초 위에서 그와 같은 개념이 발달할 수 없었기 때문이다. 사람들이 무엇을 하기를 바라고 있는지는 특정한 사회 체제의 필요나 요청으로 만들어진다.

프랑크푸르트학파는 모순성 주목, 철학 대상 확장, 무의식 수용으로 마르크스주의 철학을 비판적으로 보완하면서 기존의 근대 이성을 넘어서려 했다. 근대적 기술 문명과 대중사회를 체계적으로 비판하고 사회 비판과 이성 비판을 통합해 비판 이론을 정립했다. 특히 호르크하이머는 근대와 현대 사회를 지배하는 이성관을 주관주의 이성으로 규정하고 비판한다.

이성은 주관화·형식화되었다. 이는 이론과 실천에 매우 큰 영향을 주었다. 근대와 현대 철학에서 이성은 자신의 고유한 객관적 내용을 폐기하는 경향을 드러낸다. 근대 이전의 주류 철학, 즉 플라톤·아리스토텔레스·스콜라 철학 등은 객관적 이성의 토대 위에 만들어졌다. 객관적 이성 이론은 인간과 인간의 목적을 포함해 존재하는 모든 것의 객관적 체계와 질서를 확립하고 발전시키려 했다. 한 인간의 삶이 얼마나 합리적인지는 이러한 총체성과 조화를 이루느냐에 따라 규정될 수 있었다. 객관적 이성 개념은 수단보다는 목적을 더 많이 강조했다.

하지만 근대 이후 주류 철학에서 유일하게 주체만이 본래 의미의 이성을 가질 수 있게 되었다. 주관적 이성은 주어진 목적에 합당한 수단을 계산하는 능력으로 나타났다. 주관적 이성은 사유 구조의 추상적 기능, 즉 가르기 능력과 추론 및 연역 능력, 즉 합리적 사고 수단을 이성으로 제한한다. 이성적 목표는 없으며, 어떤 한 목표가 다른 목표보다 더 앞서는지를 토론하는 것은 의미가 없어진다. 이상적인 것을 수용할 가능성, 우리 행위와 신념에 대한 기준, 윤리학과 정치학을 이끌어 가는 원칙, 이 모든 것과 관련된 최종 결정은 이성이 아닌 다른 요인으로 이루어진다. 그것은 이제 개인적 기호와 선택 문제며, 실천저·도더적·미학적 결정 과정에서 진리에 관해 말하는 것은 무의미한 일로 전락한다.

여기서 가장 문제가 되는 경향이 실증주의와 실용주의다. 실증주의는 과학을 실체화하는 경향으로 나타난다. 과학적 사고는 철학이 해결하려 했던 모든 문제가 무의미하다고 하기도 하고 현대적 방법으로 해결할 수 있다고도 말한다. 철학의 자리를 과학적 사고가 대신하게 된다. 실증주의는 전통적 사변으로 해결할 수 없었던 문제를 과학에 떠넘기면서, 과학이라는 도구를 진보를 옹호하는 자로 여겼다. 수학에 대한 배타적 믿음을 사회 구성원의 선결 조건으로 내세운다. 실용주의는 모든 이해를 단순한 행위라고 여긴다. 그래서 실용주의 관점에서는 이론적 통찰이 단순히 물리적 사건에 붙여진 이름이거나, 아니면 그저 무의미한 것이 된다. 오직 유용한 행위만이 기준이다. 실증주의와 실용주의를 따른 이성의 형식화는 과학적 사고 방법이라는 수단적 성격을 뛰어넘는 모든 객관적 가치를 무시하는 결과를 불러왔다. 정의·평등·행복·관용을 비롯해 오랜 기간 이성에 들어 있거나 이성으로 인정했던 모든 개념의 정신적 뿌리를 제거했다. 객관적 이성 개념이 힘을 잃을수록 사회 구성원은 지배 계급의 이데올로기 조작이나 가장 뻔뻔한 속임수에 더 쉽게 굴복한다.

호르크하이머는 당면한 철학의 과제가 주관적 이성과 객관적 이성을 선택하는 문제가 아니라고 말한다. 즉 철학은 이성 개념이 또 다른 이성 개념 사이에서 비판을 증진하고, 두 개념이 정신 영역에서 화해하는 것을 준비해야 함을 과제로 가진다. 합리론과 경험론 분쟁과 연관해서 칸트가 내세운 '비판적 도정만이 여전히 유일하게 열려 있다'는 준칙은 현재 상황에도 잘 들어맞는다. 이성은 자기비판으로 두 가지 대립적 이성 개념의 한계를 인식해야 한다. 현실적으로는 우리 시대에 고립된 주관적 이성이 곳곳에서 치명적 결과를 함께하면서 승리를 거두고 있기 때문에, 비판은 객관적 이성을 강조하면서 수행되어야 한다. 또한 실천적으로 비판 이론은 단순히 지식 자체의 증대만이 아니라 노예화하는 모든 사회적 관계로부터 인간을 해방하는 것을 목표로 한다.

Art
마르크스주의 미학과
리얼리즘·추상주의·구성주의 미술

마르크스주의 미의식

정통 마르크스주의 : 예술의 상대적 자율성과 리얼리즘

마르크스와 엥겔스는 미학에 관한 독립적·본격적으로 연구하지 않았다. 다만 여러 저작에 흩어져 있는 관련 내용으로 문제의식에 접근할 수 있을 뿐이다. 마르크스는 미를 인간의 고유하고 본질적인 요소로 파악한다. 동물은 자신이 속한 종의 척도와 욕구를 따라 꼴을 만든다. 이와 다르게 인간은 객관적 대상을 미의 척도에 따라 평가하고 표현하는 능력을 가지고 있다. 이는 본능적 욕구로부터 자유로운 관계를 유지하는 인간의 내적 특징을 반영한다. 또한 미의 법칙에 따라 척도를 만드나는 섬에서 아늠나움을 객관화할 가능성을 인정한다.

하지만 미의 객관화는 역사를 초월하는 절대적 의미가 아니고, 생활 조건이나 정신에서 일방적으로 주어진 관계도 아니다. 먼저 예술은 물질적 조건의 단순 반영이 아니다. 사회의 물질적 모든 변화를 의식하고 해결을 위해 실천하는 과정에서 미적 감성이 만들어진다. 그러므로 미적 감정과 법칙은 초역사적 기준일 수 없다. 구체적인 역사 과정의 특수한 구조에서 형성되기 때문에 시대 변화에 따라 서로 다른 척도를 갖는다.

다음으로 미적 감정과 척도는 독립적으로 형성·발전되지 않는다. 법이나 종교와 마찬가지로 예술은 독립적 역사를 갖지 않는다. 역사 발전 단계를 무시한 미적 감정의 설정에는 무리가 따른다. 마르크스는 호메로스(Homeros, ?~?)의 《일리아스》를 예로 들어 그리스 예술과 현대 사회의 비교 속에서 설명한다. 신화에 기초한 미적 감정은 인간이 자연력을 극복하고 현실적으로 지배하면서 힘을 잃는다. 아킬레우스가 화약과 탄환과 함께 있을 수 없게 되었다. 요컨대 인쇄기 발명과 함께 서사시의 필요조건은 많은 부분이 사라진다.

결론적으로 주체의 미적 가치와 객체로서의 물질적 조건은 상호 작용 관계에 있다. 예술은 법이나 종교와 함께 상부 구조의 하나로서 경제적 토대로 많은 규정을 받지만 일방적 관계를 맺는 것은 아니다. 이를 그리스 예술과 서사시가 아직 우리에게 예술적 향유를 가져다주고, 어떤 점에서는 규범과 도달할 수 없는 모범으로서 통용된다는 '난점'으로 설명한다. 왜 이러한 상황이 생기는 걸까?

여기서 어른과 어린이 관계를 예로 들어 보자. 어린이는 미발전 단계의 그리스 사회를 반영하는 그리스 예술이고 어른은 현대 사회의 미적 감정이다. 어른이 다시 어린이가 될 수 없지만 어린이의 천진난만함은 어른을 기쁘게 한다. 그래서 어떤 시대든 자연적이고 진실한 어린이의 본성을 그리워하고 되살리려 한다. 인류의 역사적 유년기에 가장 조숙한 어린이였던 그리스 예술을 향유하려는 감정은 이해할 만하다는 지적이다. 결국 마르크스는 미적 가치가 경제적 토대에 기반하지만, 완전한 독립성·자율성까지는 아니라 하더라도 상대적 자율성을 지닐 가능성 정도는 열어 놓고 있다.

또한 마르크스의 논리에 따르면 같은 예술 작품이어도 모두에게 같은 미적 감정을 불러일으키는 것은 아니다. 어느 계급에 속해 있는지에 따라 다른 방식으로 나타난다. 인간 의식이 아니라 사회적 존재가 의식을 결정하고 규정한다. 즉 어떤 사회 계급에 속에 있는지에 따라 의식의 형성 기반이 달라진다. 미적 감정도 의식이기에 이 논리를 예술에 적용할 수 있을 것이다.

그러면 마르크스가 강조하는, 노동자 계급에 바람직한 미의 척도란 무엇일까? 한 편지에서 마르크스는 희곡 《지킹엔》을 비평하면서 리얼리즘을 강조했다. 주인공 지킹엔은 권모술수 때문이 아니라 시대의 흐름을 거슬렀기에 몰락했다. 그래서 종교 개혁 당시 개인적·선언적 저항으로 전통 기독교 사상에 회귀할 것을 추구한 루터를 유토피아적 공산주의를 추구한 사람보다 높게 평가하는 오류에 빠졌다. 농민과 도시 혁명적 분자의 대표자 역할을 적극적으로 강조했어야 했다. 개인이 시대정신을 외치는 것이 아니라 시대의 구체적 상황과 갈등에 밀착해야 한다는 것이다.

또한 인물 묘사도 현실주의 위에 서야 한다. 마르크스는 창작 방법이라는 측면에서 인물 묘사의 추상적·관념적 한계를 지적한다. 등장인물은 단순히 시대를 반영하는 것이 아니다. 개인의 성격을 드러낼 때 진정 살아 있는 인물로서 현실성을 지닐 수 있다. 즉 보편 이념을 통해 개별 인물을 묘사하는 것이 아니라, 반대로 특정한 시대의 사회 갈등 안에 있는 인물의 개별 성격으로 역사적 과제가 드러나는 방식이어야 한다. 리얼리즘에 입각할 때 이념의 표명은 물론 진정한 예술적 성취도 가능하다.

〈행진〉, 1897년

콜비츠의 〈행진〉은 마르크스가 강조한 리얼리즘의 두 요소를 구현하고 있다. 직조공들이 도끼나 곡괭이 같은 '무기'를 들고 봉기에 나서는 장면이다. 구호를 외치는 사람도 보이지만 대체로 묵묵히 결연한 자세로 앞을 향해 나아가는 중이다. 먼저 개인의 영웅적·지사적 행동이 아니라 시대적 갈등의 주축인 평범한 노동자를 주인공으로 설정한다는 점에서 마르크스의 문제의식에 가깝다. 또한 문학과 달리 제한적 장면 안에서 표현해야 하는 회화의 한계를 고려할 때 개인의 성격을 집약적으로 묘사하고 있다. 무리를 지어 행진하는 모습이지만 개인을 단순히 군중 속의 구별할 수 없는 한 사람이 아니라 나름대로 개별 성격을 드러내 표현했다. 인물들을 보면 서로 다른 표정과 몸짓으로 개인의 특색이 살아나도록 배려했다. 특히 잠든 아기를 업은 여인을 보면 어떤 인생을 살아왔는지가 한눈에 그려지는 듯하다. 평생 밭일과 출산·육아의 반복 속에서 불만 한번 제대로 표현해 본 적이 없는 소극적인 여인은 가족의 삶이 송두리째 위협받는 상황에서 등에 아이를 업고 행진 대열에 합류했을 것이다. 하지만 분노만큼이나 앞으로 벌어질 상황에 대한 근심도 가득하지 않을까 싶다.

엥겔스도 마르크스와 마찬가지로 예술과 경제적 토대의 상호 작용 그리고 리얼리즘을 강조한다. 정치·법률·철학·종교·문학·예술의 발전은 경제적 발전에 기초를 하지만 또 반대로 경제 기초에 반작용도 한다. 경제가 예술의 변화에 영향을 미치는 주요 요인임은 분명하지만, 경제만이 능동적이고 다른 모든 상태는 수동적 작용에 불과하다는 발상에는 반대한다. 말 그대로 궁극적 차원에서는 경제적 필연성이 자신을 관철하려는 경향이 있지만, 현실에서는 각 영역의 상호 작용으로 나타난다.

엥겔스는 한 소설 비평에서 리얼리즘에 대한 문제의식을 드러낸다. 그는 "개인을 시대정신의 단순한 메가폰으로 바꾸어 버렸다는 것"을 비판한 마르크스의 생각과 일맥상통한다. 리얼리즘은 새로운 이념과 계급의 강조에서 오는 것이 아니다. 설사 작가의 견해가 새로운 이념과 거리가 있다 해도 나타날 수 있다. 예컨대 작가가 개인적으로 귀족을 흠모한다고 할지라도 상황 속에서 구체적으로 역사의 흐름을 짚어 내고 이를 체현한 전형적 인물을 만들어 냈다면 훌륭한 리얼리즘 작품이 될 수 있다.

예술에서 사회주의 지향은 기계적인 과정과는 거리가 멀다. 사회주의를 지향하지 않았다고 해서 리얼리즘에서 벗어난 것은 아니다. 경향성은 오히려 작가의 직접적 견해가 감추어져 있을수록 훌륭해진다. 독자에게 이념을 던지는 방식이 아니라 구체적 상황에서 나와야 한다. 리얼리즘은 전형적인 상황 속에서 전형적인 인물의 충실한 재현을 뜻한다. 즉 상황을 통해 개인의 성격을 묘사해 전형적 인물이 만들어질 때 리얼리즘이 이루어진다. 심지어 현실주의란 작가의 견해와 무관하게 드러날 수도 있다.

레닌은 마르크스와 엥겔스가 가능성을 열어 놓은 예술의 상대적 자율성과 리얼리즘에 대한 유연한 태도를 경직화 방향으로 돌려놓았다. 예술에서 당파성, 노동자의 계급적 이해를 크게 강화하는 방향이었다. 문학은 개인적이지 않다. 사회주의적 노동 계급에 따라 수행되고 통제되어야 한다. 그는 "프롤레타리아의 당 사업 중 문학이 다른 부문과 기계적으로 동일시될 수 없음"을 인정하기는 하지만 지극히 부분적으로만 숨통을 여는 정도다. 문학 활동이 무조건적으로 그리고 어느 경우든 사회민주주의 당 사업의 다른 부분과 결합해야 한다는 원칙을 반박하는 것은 아니라고 강조한다. 그러나 필자는 반드시 당 조직에 속해야 한다. 출판사 창고, 서점과 도서실, 도서관과 책 판매 등은 모두 당의 통제 아래 두어져야 하며 당에 보고할 의무를 지닌다. 이제 예술가에게 사회주의 경향성을 직접 요구한다. 문학은 사회주의 이념으로 무장된 전위의 활동으로, 리얼리즘은 사회주의 이념을 직접 담는 사회주의 리얼리즘으로 의미가 제한된다.

레닌의 예술에서 당파성과 사회주의 리얼리즘을 보는 입장은 이후 집권자들에 의해 더욱 굳어진다. 미술과 연관해서는 사회주의 리얼리즘에 일치하지 않는 작품 경향을 배제하고 탄압하는 방향으로 치닫는다. 니키타 세르게예비치 흐루쇼프(Nikita Sergeevich Khrushchyov, 1894~1971)는 사회주의 혁명 직후 러시아에서 일대 부흥기를 맞았던 추상 회화를 노골적으로 거부한다. 그가 보기에 예술은 사람들을 교육해 사회주의 정신으로 육성하는 것을 사명으로 한다. 사회주의에 적합하도록 예술적 취향을 형성하는 데 진지한 주의를 기울여야 한다. 좋지 않은 예술적 취향에 대해서는 단호하게 투쟁을 선언해야 한다.

서구 마르크스주의 : 예술의 자율성과 리얼리즘·표현주의 논쟁

베른슈타인은 경제적 토대를 예술의 결정 요인으로 강조하는 데서 마르크스의 오류가 시작된다고 비판한다. 과학이나 예술, 그리고 많은 사회적 관계에 경제적 요인이 과거보다 더 큰 역할을 한다는 견해는 착각에 불과하다. 이런 착각은 경제적 동인이 과거에는 온갖 종류의 지배 관계와 이데올로기 때문에 은폐되어 있었으나 오늘날에는 자유로워졌기 때문에 생겼다. 하지만 근대 이후 오히려 경제의 영향을 받지 않는 이데올로기가 이전 사회보다 더 풍부해졌다고 강조한다. 하지만 베른슈타인의 비판은 위에서 살펴보았듯이 마르크스와 엥겔스의 풍부한 문제의식에 대한 기계적 해석에 기초하고 있다는 점에서 한계가 분명하다.

루카치는 경직되는 동유럽 사회주의 진영이 미학을 경계하며, 예술의 상대적 자율성과 마르크스와 엥겔스의 리얼리즘 문제의식을 되살린다. 먼저 마르크스가 언급한, 그리스 예술이 하나의 모범으로 지속되는 문제를 구체화한다. 일반적 현실의 사회관계와 예술 작품에 묘사된 사회관계는 차이가 있다. 일반적 사회관계는 경제적 요인이 규정하는 힘이 꽤 크다. 하지만 예술에 묘사된 인간의 사회적 관계는 자연 관계처럼 더 오랫동안 계속된다. 끊임없는 변화 속에도 자연 관계의 밑바탕에는 사회적 형태의 영원성이 있다. 자연 관계는 사회적 형태의 다양하고 심층적인 변화보다 더 지속될 수 있기 때문이다. 마르크스가 어린이와 어른으로 비유해 비교했듯이, 그리스 예술이 자연의 진실성을 지닌 어린이의 본성을 그리워하고 되살려 내려는 욕구를 반영하면서 사회 변화하는데도 미적 가치를 유지하듯이, 예술은 사회적 생활 근거로부터 상대적 독립성을 지닌다.

리얼리즘 문제에서도 마르크스의 문제의식을 강조한다. 예술은 객관 현실의 반영이긴 하되, '특수한' 반영이다. 단순한 사실 재현에 머물지 않는다. 대상을 정말로 인식하려면 완벽하지는 못하더라도 모든 측면과 모든 연관성, 모든 매개를 파악하고 연구해야 한다. 이를 통해 경직된 태도와 주관적 태도 모두에서 벗어날 수 있다. 예술 작품에서 전형성은 개별성에 매개된 보편성, 보편성에 매개된 개별성이라는 총체성 위에서 성립한다. 그러므로 개인 속의 사회적인 것, 특수한 것 속의 보편성, 우연적이고 구체적인 것 속의 필연적이고 본질적인 것을 찾아내어 예술적으로 표현해야 한다. 현상과 본질의 올바른 변증법적 통일성을 인식하는 일이 무엇보다 중요하다. 특정한 사회주의 경향성이라는 보편성을 개별 인간이나 상황에 일방적으로 적용하는 방식은 진정한 리얼리즘이 아니다.

1930년대 초반에 소련과 유럽에서는 창작 방법론을 둘러싼 논쟁이 벌어졌다. 핵심 논쟁점은 작가의 옳은 세계관 덕분에 리얼리즘 작품이 생성되는지, 아니면 틀린 세계관에도 불구하고 리얼리즘 작품이 생성되는지의 문제였다. 루카치는 마르크스와 엥겔스의 문제의식을 계승하며 후자의 입장에 섰다. 리얼리즘의 전형성은 우연성·개별성·구체성과 총체적으로 결합해야 한다는 점에서 사회주의 경향의 단선적 전달과는 거리가 있다는 주장이다. 이러한 관점에서는 아카데미즘의 형식적 이상화를 거부하고 땀 흘려 일하는 농부·노동자·도시 빈민의 전형적 모습을 그린 도미에·쿠르베·밀레 등 초기 인상주의 미술가의 시도는 나름대로 긍정적이다. 하지만 사회적 갈등과 구체적 생활 조건에서 벗어나 공원과 도시 유흥가, 해변 휴양지처럼 생산에서 떨어진 유행을 묘사한 모네·마네·드가 등 후기 인상주의 미술 경향은 퇴행적 시도라 볼 수 있다.

루카치는 현실의 구체성을 잃고 추상성으로 치닫는 당시 표현주의 경향을 신랄하게 비판한다. 철학과 예술에서 추상의 역할 자체를 반대하는 것은 아니다. 표현주의처럼 현실에서 추상으로 아예 벗어나는 경향이 문제다. 표현주의 미술이 당시 사회 현상을 현상적으로 비판하는 입장을 갖더라도 본질적으로 현실 문제를 은폐한다.

표현주의 미술의 한 흐름인 '청기사파'의 화가 알렉세이 폰 야블렌스키(Alexej Georgewitsch von Jawlensky, 1864~1941)가 그린 〈생각에 잠긴 여인〉은 루카치 문제의식의 이해에 도움이 될 듯하다. 제목 그대로 턱을 괸 채 깊은 생각에 잠겨 있는 여인의 모습이다. 눈과 코 그리고 입을 간단하게 표현한 것 말고는 전체적으로 몇 개

〈생각에 잠긴 여인〉, 1912년

로 분할한 면을 색으로 채웠다. 청기사파는 정신을 직접 표현하기에는 순수한 추상 형태가 적합하다고 여겨 생각에 빠지거나 명상에 잠긴 인물을 단순하게 그렸다. 유난히 푸른색이 많은 것도 우연이 아니다. 이들은 푸른색을 현대의 물질주의에 대항하는, 순수한 정신의 근원을 표현하는 색으로 보았다. '청기사파'로 불리게 된 이유이기도 하다.

루카치의 비판적 시선에서 보자면, 청기사파의 그림은 본질을 시간적·공간적 인과 관계에서 떨어트린 작품에 불과하다. 그림의 여인은 강한 추상성으로 어떤 시간과 공간에서 무슨 생각을 하고 있는지, 자산가인지 노동자인지 알 수 없다. 실제의 삶에서 겪게 되는 사소하고 구체적인 경험도 접하는 게 불가능할 만큼 전형적 특성이 사라져 있다. 그 결과 생각에 잠겨 있다지만 사회적으로 어떤 의미를 가진 생각인지 드러나지 않고, 그저 막연한 의미의 '정신'을 보여 줄 뿐이다. 루카치의 말을 빌리자면 개인이 가져야 할 "현실의 본질을 은폐"한 허무한 그림이다. 루카치는 표현주의의 가장 큰 오류를 추상성과 형식주의라 지적했다. 추상으로 현실에서 떨어지면서 유치하고 무의미한 것을 본질이라고 강조한다. 예를 들어 폭력 문제도 인간과 폭력 사이의 관념적·추상적 대립 관계에만 주목해 혁명적 폭력까지도 부정하는 결과를 불러온다. 막연하게 전쟁을 거부하면서 제국주의 전쟁뿐만 아니라 계급 투쟁마저도 반대한다. 또한 표현주의자들이 내세우는 '반(反)시민성'도 부르주아지 계급의 경제적 토대와 분리된 추상성 때문에, 구체적 계급 투쟁과 무관한 방향을 제시해 혼란을 주었다.

베르톨로 브레히트(Bertolt Brecht, 1898~1956)는 루카치에게 반대하며 리얼리즘 논쟁을 벌인다. 루카치는 부르주아 사회의 진보적·긍정적 유산인 비판적 리얼리즘 전통을 사회주의 리얼리즘의 토대로 확립하려 했다. 이를 통해 한편으로는 노동 계급 중심의 배타적 미학 이론을, 다른 한편으로는 19세기 리얼리즘 전통을 파괴하는 표현주의·추상주의·초현실주의 등 전위 예술을 경계했다. 하지만 브레히트는 소련에서 사회주의 혁명이 성공했고, 파시즘이 증가하는 20세기 상황에서 19세기 리얼리즘 형식의 답습은 이미 리얼리즘에서 벗어난 태도라며 비판한다. 계급 중심의 미학적 투쟁에 기여한다면, 몽타주를 비롯해 새롭게 나타나는 전위적 예술 기법이 비록 기존 사실주의와 차이가 있어도 개방적 태도로 보아야 한다.

예컨대 특정한 역사적 소설 형식만을 리얼리즘적이라고 하면서 형식적·문학적 기준을 세우는 것을 경계한다. 그런 점에서 소련에서 나타난 경향과 브레히트는 구별할 필요가 있다. 소련의 사회주의 리얼리즘은 계급성을 강조하면서도 표현 형식에서는 20세기에 새롭게 등장한 기법을 배척하고 완고하게 기존의 전통적 사실주의에 집착하는 방식으로 나타나기 때문이다. 루카치는 나중에 이를 '국유화한 자연주의'로 비판한다.

에른스트 블로흐(Ernst Bloch, 1885~1977)는 브레히트와 또 다른 면에서 루카치를 비판한다. 브레히트가 계급성을 중심으로 했다면 블로흐는 예술성에서 주관성을 강조하며 루카치의 총체성 논의에 반박한다. 루카치는 표면적 연관 관계를 파괴했다. 그리고 그 빈자리에서 새로운 것을 찾으려는 모든 예술을 주관주의적 파괴로 여기면서, 이를 타락과 동일하게 생각했다. 루카치는 총체성 개념에서 현실의 연관 관계에 지나치게 집착한다. 이는 독일 고전주의가 지니는 이데올로기적 반동성에도 불구하고 고전주의를 높이 평가하는 루카치의 태도와 관련이 있다. 그의 리얼리즘은 고전주의의 속성에 해당한다. 총체성 개념 아래에서는 새로운 예술 형식이 개발될 수 없다. 블로흐가 보기에 예술은 우선 자아의 주관적 경험을 표현하는 것이다. 새로운 예술은 주체의 직접적이고 자유로운 자기표현 욕구에서 비롯되며, 필연적으로 '작품'이라는 틀을 넘어선다. 주체의 자유로운 표현 욕구는 몽타주와 같은 전위적 표현 기법, 표현주의 등에 적극적이다. 오히려 몽타주 기법으로 낡은 연관 관계를 해체하고 새로운 연관 관계를 창조해 새로운 방식의 총체성을 실현한다.

프랑크푸르트학파도 기본적으로 루카치의 미학에 비판적이다. 아도르노는 무엇보다도 루카치가 만들어 낸 또 다른 경직성을 지적한다. 그는 루카치를 특정 리얼리즘 공식을 만들고 여기에서 벗어나는 경향, 예컨대 현대 문학을 퇴폐주의라고 악평 붙인다. 이렇게 독선적 태도를 보인다는 점에서 유연성과 역동성을 잃었다.

특히 형식의 문제를 좁게 바라보는 루카치의 관점을 비판한다. 루카치는 형식에 주목하는 경향을 관념적이라고 비판하고 내용의 객관성을 중시하면서 다양한 표현 형식이 미학적으로 객관적 기능을 할 수 있음을 놓치고 있다. 아도르노는 표현주의와 초현실주의 등 새로운 표현 방식을 루카치가 거부한 것에 대해 회의적이었다. 루카치와 같은 태도는 러시아 혁명을 전후한 시기에 뿜어 나온, 추상주의와 표현주의 그리고 초현실주의 등과 같은 새롭고 과감한 전위적 표현 형식의 발전을 가로막았다. 표현주의와 초현실주의 같은 새로 얻은 자유의 왕국을 금기로 여기면서 동유럽의 사회주의 리얼리즘만을 유일한 기준으로 여기는 명목적 질서로 후퇴하게 되었다는 비판이다.

주관성을 소홀히 하는 점도 문제다. 루카치는 객관적 시간은 모두 옳고 주관적 시간은 퇴폐주의에서 비롯하는 왜곡이라고 말했다. 그런데 현실 사회의 사물처럼 소외되고 무의미하게 된 시간은 견딜 수 없다. 여기서 주관적 시간으로서 체험적 시간 이론을 제시한 베르그송의 관점은 충분히 주목할 만한 문제의식이다. 예술은 기본적으로 정신에 꽤 밀착해 있다. 예술 작품은 사실성만으로는 성립할 수 없다. 정신을 매개로 한 비사실성이 결합할 때 예술 작품으로서 가치를 지닌다. 그런 점에서 예술 작품의 정신은 사물이나 감각을 초월한다. 하지만 아도르노의 관점을 관념론으로 연결 짓는 것은 섣부르다. 초월을 가능케 하는 정신도 사물적 요인이나 감각적 현상을 계기로 할 때 가능하다는 점에서 그러하다. 관념론과 칸딘스키와 같은 추상주의 미술 이론가들은 이러한 정신의 미학적 개념을 잘못 이해해 예술을 정신의 독립적 작용으로 보는 오류에 빠졌다. 막연하게 예술에서 주체와 객체가 관계를 맺는다는 일반적 논의가 아니다. 사물과 감각은 예술의 계기고, 주체의 매개가 예술의 의미를 특징짓는 핵심 요소다. 객관성은 이를 통해 얻어진다.

다만 비판 과정에서 루카치를 편협하게 이해하거나 왜곡하는 것은 경계할 필요가 있다. 예를 들어 아도르노는 루카치가 예술을 현실의 반영으로 보는 점을 비판한다. 하지만 반영론 문제에 대한 아도르노의 비판은 과도한 면이 있다. 단순한 반영과 재현을 반대하면서 개별성과 보편성의 변증법적 통찰을 강조한 그의 문제의식을 필요 이상으로 폄하하고 있다. 그 역시 예술 작품을 현실 사회와 같은 수준에서 보지는 않았다. 그런 면에서 마치 루카치가 이념의 일방적 전달로서 예술을 바라보기라도 한 것처럼 비판했다. 이는 다분히 루카치를 왜곡한 것이다.

프로이트의 정신 분석학이 예술에 미치는 영향에는 가능성과 한계 모두를 고려한다. 이는 예술을 절대정신 영역에서 끌어내리는 데에 어느 정도 도움을 주었다. 작가의 사회적 성격을 예술 작품으로 알 수도 있다. 그런데 관념론은 예술을 사회적 현실이나 인간의 충동과 무관하게 여기면서 더 높은 차원에서 격리하고 보호하려 한다. 정신 분석학은 예술이 인간의 기본 충동과 얽혀 있다는 사실, 즉 예술 내부에 자체로서는 예술적이지 못한 요인이 어떻게 작용하는지를 밝혀 예술의 신비적 이론을 허물어뜨린다. 또한 작가 개인의 성격 규명 과정에서 사회적 성격을 연관시킨다는 점에서도, 정신 분석학은 관념론 예술 이론에 타격을 입힌다.

하지만 예술 작품을 작가의 심리적 사실로만 여긴다는 점에서 한계와 오류 또한 분명하다. 무엇보다도 작품을 사실로만 보기에 인간에게 나타나는 심리적 현상은 설명할 수 있지만, 예술이라는 현상 자체는 설명하지 못하는 한계를 지닌다. 또한 본능적 충동이나 심리적 현실에만 시야를 한정하기 때문에 비판적 충동이나 비심리적 현실에 기초한 예술 작품에 대해서는 접근할 수 없다. 심지어 자신의 이론 틀에 맞춰 기형적으로 왜곡하는 현상도 나타난다. 예술 작품을 오직 작가의 무의식 투사로만 여겨서 작가를 단순한 신경증 환자로 다룬다. 또한 예술 작품이 꿈과 비슷하다고 생각해 허구적 요인을 지나치게 강조한다.

예를 들어 정신 분석학 예술 이론에 따르면 베크만의 〈배우〉에서 보이는 자살 장면은 작가의 무의식을 표현하는 심리적 사실로 다루어진다. 작가의 성장 과정에서 형성된 억압적 무의식의 발로로 해석한다. 특히 여인이 보는 앞에서 칼로 자기 가슴을 찌른다는 점에서 개인의 유년 시절 성격 형성

〈배우〉, 1942년

과정에서 겪은 성적 억압을 짐작해 볼 수 있다. 하지만 만약 《자살론》으로 잘 알려진 에밀 뒤르켐(Émile Durkheim, 1858~1917)이 작품을 본다면, 자살을 심리적 사실이 아닌 사회적 사실, 집단의 가치가 개인을 압도해 생긴 타살로 규정할 가능성이 크다. 혹은 급격한 지위의 하락에서 나타나는 도덕 붕괴로서 아노미적 자살로 규명하려 할 것이다. 정신 분석학 예술 이론의 문제는 이렇게 다양할 수 있는 사실을 심리적, 그것도 성적 억압에서 한정적으로 찾으려 한다는 점, 고유한 예술 형식 고찰로 나아가지 못하는 점에 있다.

아도르노는 예술 심리학의 가능성을 인정하면서도 새로운 방향을 제시한다. 예술 작품이 단순히 무의식을 표현하는 주관적 언어일 뿐이라는 시각을 넘어서야 한다. 무의식을 형성하는 사회적 요인을 더 깊이 통찰하고 비심리적 요인을 고려하며, 나아가서는 더 나은 세계를 만들려는 예술의 소망 등으로 인식을 넓혀야 한다.

프랑크푸르트학파는 자본주의 사회에서 예술이 무의미해져 가는 현실을 분석한다. 예술 개념이 사실상 사라지고 문화 산업으로 단순한 오락물로 전락하는 현상을 탈(脫)예술화로 설명한다. 마르쿠제는 탈예술화를 프로이트의 정신 분석 개념을 활용해 탈승화로 설명한다. 만족의 증가라는 물질적 기반 위에서, 현대 자본주의 사회에서 예술 작품은 상품과 서비스를 통해 대중문화로 통합된다. 문화 산업이 관리하고 통합되는 오락물로 전락하게 되는 것이다. 승화란 사회적으로 인정되지 않는 내면의 충동을 예술이나 문화와 같은 활동으로 전환해서 충족시키는 것을 의미하는 프로이트 개념이다. 하지만 자본주의 사회에서 예술적 승화는 이미 확립된 현실 원리와 조화될 수 없는 상태에 이른다. 현실 원리 역시 프로이트 개념으로 현실에 적응하기 위해 욕구의 충족을 미루거나 단념하는 자아 작용을 의미한다. 상품과 서비스에 의한 물질적 기반에서 예술적 욕구 충족을 단념하는 현실 원리가 지배적이기 때문에 예술적 승화가 허용될 수 있는 자리가 없어진다. 특히 대중 매체는 예술을 상업과 뒤섞으면서 문화 영역을 상품이라는 공통분모로 끌고 간다. 결국 상품 구매로 직접 만족이라는 물질적 기반에 지배당하면서 승화의 의미는 사라지거나 줄어든다.

비판적 리얼리즘, 추상주의·구성주의 미술 그리고 사회주의 리얼리즘 미술

비판적 리얼리즘

비판적 리얼리즘(Critical Realism)은 막심 고리키(Maksim Gor'kii,

1868~1936)가 처음 사용한 용어다. 사회주의 리얼리즘이 주로 사회주의 사회의 창작 원리라면, 비판적 리얼리즘은 통상 자본주의 사회에서 자본주의 생활 형태를 사실주의에 기초해 비판하는 창작 방법이다. 직접 사회주의 경향성을 지니지는 않더라도, 자본가(부르주아) 계급의 대두와 몰락을 반영해 리얼리즘의 승리할 수 있다는 엥겔스의 관점을 기반으로 한다.

예를 들어 장 루이 에르네스트 메소니에(Jean-Louis-Ernest Meissonier, 1815~1891)는 직접적으로 사회주의 사상을 옹호한 화가는 아니었다. 그는 17세기에서 18세기에 그려진 네덜란드 풍속화의 영향을 받았으며 심지어 나폴레옹 회고 작품을 남기기도 했다. 하지만 그의 대표작 중의 하나인 〈바리케이드〉는 비판적 리얼리즘을 보여 주는 작품으로 인정할 만하다. 그림은 1848년 파리에서 일어난 현장을 생생하게 보여 준다. 농업 위기와 경제 공황, 정치적 혼란 외중에 2월 노동자 봉기가 일어났다. 그 후 정부의 정책은 사회에 활기를 불어넣는 듯 했다. 그러나 정부는 노동자를 몰아내려 했다. 그리고 정부군과 노동자는 바리케이드를 사이에 두고 시가전을 벌이게 된다. 이때 희생된 사람은 셀 수 없이 많았다. 거리가 며칠 동안 시체로 뒤덮였다.

〈바리케이드〉, 1848년

그림은 정부군이 바리케이드를 무너트리고 봉기에 참여한 노동자들을 학살한 직후의 광경을 담았다. 전면에 돌로 쌓은 바리케이드가 부서져 널브러진 시신과 뒤섞여 있다. 돌무더기 너머로 프랑스 혁명을 상징하는 삼색기의 붉은색과 푸른색, 흰색 옷을 입은 주검들이 처참한 모습으로 여기저기에 흩어져 있다. 검붉은 핏빛 색조가 풍기는 칙칙한 분위기의 거리는 학살 당시의 참상을 표현하는 듯하다. 이 작품에서 작가는 사회주의 지향을 직접 드러내지는 않았으나 정부군의 무자비한 살육 장면으로 자본가 계급에 기반한 정부의 폭력성과 추악함을 드러낸다는 점에서 리얼리즘의 성취라고 평가할 만하다.

비판적 리얼리즘은 다양한 지역에서 다양한 형식의 표현을 매개로 나타났다. 여기에서는 편의상 서유럽·미국·러시아의 비판적 리얼리즘으로 구분해 접근하겠다.

• 서유럽의 비판적 리얼리즘

서유럽 비판적 리얼리즘을 대표하는 화가로는 케테 콜비츠를 비롯해 신즉물주의 경향을 보인 조지 그로스(George Grosz, 1893~1959), 베크만 등이 있다.

콜비츠는 노동자·도시 빈민·농민 등 억압받고 소외된 자의 편에서 평생 작품 활동을 했다. 사회주의도 적극적으로 지지하는 편이어서 자신의 예술이 노동 계급에 도움이 되길 원했고, 러시아 혁명도 옹호했다. 표현주의의 영향을 받으면서 당시 노동자·농민의 비참한 삶의 현실과 저항을 담은 판화 제작에 몰두했다.

〈빈곤〉은 당시 노동자·도시
빈민의 궁핍한 삶을 사실주의에
기초해 표현한다. 전면에 아이가
침대에 누워 있다. 오랜 기간 병을
앓고 죽음을 앞둔 상황인 듯하다.
어머니가 고통스러운 듯 두 손으
로 머리를 감싸고 아이를 내려다
본다. 어린 자식이 죽어가는데도
아무런 조치도 취할 수 없는 무력

〈빈곤〉, 1893년~1894년

한 모습이다. 뒤로는 침통한 표정의 아버지가 비쩍 마른 또 다른 아이를 안
고 할 말을 잊은 듯 어두운 방 안을 응시한다. 방 여기저기에 직조기가 흩어
져 있다. 허리가 부러져 나갈 정도로 쉴 새 없이 일을 해도 아이들에게 최소
한의 음식조차 주지 못하는 현실을 보여 준다. 대부분의 사람들은 신분제가
폐지된 19세기 후반에 이르러서도 여전히 궁핍한 삶에서 벗어나지 못했다.
작품을 통해 작가는 노동자의 분노와 저항의 필요를 호소하는 듯하다.

직조공의 분노와 저항은 〈폭동〉으로 나타난다. 행진을 거쳐 노동자들은
자본가의 저택에 도착한다. 화려한 저택의 모습은 직조공 가족이 사는 음습
한 방과 극적으로 대조된다. 한눈에 봐도 거대한 규모의 저택이다. 석조 건
물은 부를 자랑하는 듯이 화려한 조각으로 치장되어 있다. 행진 대열이 그
앞에 도착했지만 높은 벽과 철문이 가로막는다. 문을 잡고 흔드는 사람, 촘
촘히 박힌 돌멩이를 파내 앞치마에 담아 남자에게 건네주는 여자, 우는 아이
의 손을 잡고 이 광경을 보는 여자 등이 사태의 절박함을 보여 준다.

〈폭동〉, 1897년

주제와 함께 눈길을 끄는 것은 경지에 오른 사실주의적 표현 기법이다. 콜비츠는 정형화된 표현에 집착하는 아카데미즘, 자본가 취향의 아틀리에 예술을 넘어 삶의 현장으로 다가서야 한다고 강조한다. 예술이 일반 관객을 위해 평이할 필요는 없다. 다만 그들은 소박하고 참된 예술을 알아본다는 점이 사실일 뿐이다. 그래서 마치 노동자의 삶과 투쟁 현장에 함께 있는 착각을 느낄 정도로 사실적이어야 한다.

이 그림만이 아니라 그녀의 판화에 나오는 노동자에게는 고된 노동과 찌든 삶이 뚝뚝 묻어난다. 봉기의 함성이 들리고 실패가 주는 처참함이 가슴을 무겁게 짓누른다. 마치 살아 있는 듯한 사실적 표현이 주제만으로는 전달하기 힘든 공감을 만들어 낸다.

이 작품의 전면에 보이는 여인들의 모습과 들라크루아의 〈민중을 이끄는 자유의 여신〉에 등장하는 여인을 한번 비교해 보자. 들라크루아의 작품에는 대열 앞에서 건강하고 풍만한 가슴을 드러낸 여인이 프랑스 혁명을 상징하는 삼색기를 들고 있다. 그리스 조각상에 색을 입힌 듯하다. 온몸에 힘이 불끈 솟고 거칠 것이 없는 듯하다.

하지만 〈봉기〉의 여성 방직공은 아이에게 먹일 젖도 없이 바짝 말라버린 가슴, 원래 그렇게 태어난 듯 굳어진 구부정한 허리를 가졌다. 죽음과도 같은 노동에 찌든 모습 그대로다. 조금의 과장도 허세도 없는 현실 그대로의 모습이다. 섬뜩할 정도의 현실감 속에서 동정과 연민을 넘어서는 힘을 본다. 이것이 리얼리즘의 진정한 힘이다. 허리를 구부리고 앞치마에 보도블록을 주워 모으는 여인이, 구부정한 허리로 한 손에는 우는 아이를 잡고 다른 손에는 지쳐 곯아떨어진 아이를 안은 여인이 약해 보일 수는 있다. 하지만 가는 팔뚝과 구부정한 허리를 지닌 그들이 역사를 움직였다. '노예근성'에 찌들어 살 듯한 그들이 움직일 때 산이 움직였고 하늘이 변했다. 리얼리즘은 관념의 소산이 아니라 현실의 소산이다.

진지함으로 가득한 콜비츠와는 달리, 1920년대에서 1930년대에 풍자적이고 냉소적으로 자본주의 현실을 비판한 신즉물주의 경향이 나타난다. 이는 경제 성장과 민주주의 발전이라는 장밋빛 전망을 제시했던 자본주의가 실제로 보여 준 대공황과 전쟁이라는 현실에 냉소적으로 대답하는 방식이었다. 자본주의가 불어넣은 환상을 내려놓고 풍자와 세밀한 묘사로 날카롭게 현실 비판에 나선다. 기존의 표현주의가 사회 비판적 성격을 지니되 개인의 내면적 감정 표현에 밀착하면서 사실주의와 거리를 두는 방식이었다

면, 신즉물주의는 정확한 소묘에 기초해 직접 자본주의 사회의 퇴폐적 단면
인 빈곤과 전쟁, 고립과 소외 등 현실 문제에 밀착하는 경향을 보인다. 현실
비판적 요소 때문에 퇴폐 미술로 낙인을 찍히기도 했다.

그로스는 제국주의 전쟁의 추악함과 타락상을 충격적 장면으로 담아냈
다. 제1차 세계 대전 이후에 자본주의가 불러온 폭력과 탐욕·부패 등 추악한
실상을 더욱 비판적으로 화폭에 담았다. 실업자와 장애인, 그리고 빈민굴과
매음굴의 가난하고 소외된 사람들의 고통을 예리하게 묘사했다.

• 미국의 비판적 리얼리즘

벤 샨(Ben Shahn, 1898~1969)은 미국의 비판적 리얼리즘을 대표한
다. 어린 시절 미국으로 이주한 후 슬럼가에서 성장했다. 특히 20세기 초반
대공황을 겪으면서 사회 문제에 관심이 깊어졌다. 다큐멘터리 사진 작업 경
험을 토대로 슬럼가에서 살아가는 빈민의 삶을 사실적으로 묘사했다. 단순
히 빈곤 상태를 드러내는 데 머물지 않고 고독하고 삶에 지친 내면을 보여주
면서 자본주의가 어떻게 인간을 파괴하는지 고발했다.

〈광부의 아내들〉은 노동자의 비극적 사건을 담았다. 1947년 일리노이
주 남부 광산에서 폭파 사고로 광부가 사망하는 사건이 발생했다. 벤 샨은
당시의 참혹한 실상을 몇 점의 작품으로 남겼다. 이 그림은 그 가운데 하루
아침에 가족을 잃고 남겨진 사람들을 보여 준다. 남편을 잃은 아내가 참담한
표정으로 어딘가를 응시한다. 눈물을 흘리거나 통곡할 힘도 남지 않은 모습
이다. 다만 붉은색으로 묘사된 배경의 분위기가 가족의 분노를 대신한다. 할
머니 품에 안겨 있는 아기의 운명은 더 암울할지도 모른다. 문밖에는 목숨을

〈광부의 아내들〉,
1948년

잃은 동료의 가족을 걱정하는지 두 남성이 서 있다. 그 뒤로 이윤 극대화를 위해 최소한의 안전장치조차 제대로 마련하지 않아 수많은 노동자를 흙더미에 묻혀 죽게 만든 광산 회사 건물이 흉물처럼 버티고 있다.

벤 샨은 대공황 이후 길거리에 넘쳐나는 실업자의 모습도 자주 그렸다. 단순히 가난에 찌든 초라한 모습이 아니다. 비록 복장은 초라하고 빈궁한 삶이 주는 고통이 묻어나더라도 좌절에만 머물지 않는다. 분노가 서린 표정으로 폭풍전야의 분위기를 만들어 냈다. 우리를 응시하는 광부 아내의 시선이나 실업자들의 분노 어린 표정이 빈곤을 개인 능력이나 불운이 아니라 부당한 사회 구조 문제로 인식할지는 아직 미지수다. 그런 점에서 사회주의 이념을 그림으로 그대로 전달하는 방식은 아니다. 하지만 사회적 의식으로 나아 갈 가능성은 느낄 수 있다.

• 러시아의 비판적 리얼리즘

1870년에 결성된 이동파는 러시아 비판적 리얼리즘의 상징이었다. 미술이 귀족의 전유물인 현실을 거부하고 민중 속으로 들어가 작품을 감상할 수 있는 기회를 주려 했다. 그래서 여러 지방으로 옮겨 다니며 전시회를 열었고 그 때문에 이동파라는 이름이 붙었다.

이들은 민중적 시각에서 농민과 노동자의 삶은 물론이고 역사적 사건을 그림으로 풀어냈다. 인상주의가 빛의 묘사로 형식적 측면에서 미술의 새로운 지평을 열었다면, 이동파는 민중의 생생한 삶에 사실적으로 접근해 내용적 측면에서 러시아 미술의 새 장을 열었다. 대표적 화가로 니콜라이 이바노비치 크람스코이(Nikolai Ivanovich Kramskoj, 1837~1887), 레핀(Il'ya Efimovich Repin, 1844~1930), 바실리 이바노비치 수리코프(Vasilii Ivanovich Surikov, 1848~1916), 바실리 그리고리예비치 페로프(Vasilii Grigorievich Perov, 1834~1882) 등이 있다.

크람스코이의 〈늙은 농부〉는 이동파가 무엇을 지향하는지를 잘 보여 준다. 그는 이 작품에서 러시아 농부의 모습을 진솔하게 그렸다. 농부의 머리카락과 수염이 덥수룩하다. 낡은 외투는 수십 년은 족히 입었을 듯하다. 농기구 자루를 움켜쥔 손은 농사일에 평생 시달린 흔적이 역력하다. 서유럽과 달리 자본주의가 발달하지 않은 러시아는 아직 농민이 민중을 대표하고 있었다. 더욱이 절대 군주의 통치 아래에서 이중적 억압과 고통 속에 살아야

〈늙은 농부〉, 1872년

〈아무도 기다리지 않았다〉, 1884년~1888년

했다. 이 작품은 배경을 모두 생략하고 농민을 회화의 주인공으로 삼았다. 이러한 시도 자체가 뼛속까지 귀족사회 문화가 지배하던 러시아에서는 혁명적 변화였다.

레핀의 〈아무도 기다리지 않았다〉는 사회 체제에 저항한 혁명가의 한 단면을 보여 준다. 혁명 운동에 참여한 집단인 나로드니키(Narodniki)의 혁명가가 오랜 시베리아 생활을 마치고 집으로 막 돌아온 장면이다. 나로드니키는 아직 노동자 계급 형성이 열악한 러시아 상황에서 농촌 공동체나 농민의 습관·심성을 기초로 사회주의의 실현을 추구한 지식인 집단을 일컫는다. 아마 차가운 시베리아에서 고통스러운 나날을 보내며 가족의 품으로 돌아갈 날만 손꼽아 기다렸을 것이다. 하지만 아무도 그를 반기지 않는다. 오히려 불안한 경계의 눈빛을 보낸다. 그의 아내는 문고리를 놓지 않은 채 상황을 주시한다. 어머니는 굽은 허리만큼이나 어정쩡한 모습이다. 탁자에 앉아 있는 어린 딸의 표정과 자세에 두려움이 묻어난다. 그 옆의 아들도 낯선 아버지를 쳐다볼 뿐이다. 혁명가도 다음 발걸음을 어디로 내디뎌야 할지 망설이는 듯하다. 가족이 보여 주는 경계와 배제의 눈길은 그를 이방인으로 만들기에 충분하다.

실제로 혁명가의 삶은 그리 낭만적이지 않았다. 그의 활동으로 가족이 받아야 하는 극심한 고통, 현실과 이상 사이의 갈등, 투쟁에 대한 단호한 결의와 인간의 내적 연약함 사이의 모순을 순간순간 겪으면서 살아야 했을 것이다. 레핀은 대상의 외적 형태를 관찰하는 데에만 머물지 않고 내면도 관찰해 섬뜩할 정도로 깊이 있는 리얼리즘을 실현하고 있다.

레핀의 〈배 끄는 인부들〉은 가축 취급을 당하는 노동 현실을 무겁게 다룬다. 열 명 남짓한 일꾼이 배를 끈다. 당시 러시아에서는 노동자들이 강에서 밧줄로 배를 끌어 올렸다. 레핀은 강변을 산책하다 더럽고 해진 옷을 입은 사람들이 큰 배를 끄는 모습에 충격을 받고, 이후 몇 차례 다시 찾아가 수

〈배 끄는 인부들〉, 1870년~1873년

많은 스케치를 거쳐 이 작품을 완성했다. 그만큼 현장의 사실성에 기초해 개인의 특색이 살아나게 그렸다. 가슴과 어깨를 가로지르는 끈을 매달고 무거운 배를 끄는 동작에 힘겨운 기색이 역력하다. 그들의 자세만 봐도 몸에 남은 마지막 힘을 짜내고 있음이 느껴진다. 작가의 세밀하고 날카로운 관찰력을 엿볼 수 있다.

이들은 역사적 사건도 회화로 표현해 민중적 해석을 시도했다. 수리코프의 〈대귀족부인 모로조바〉는 러시아 종교의 대분열 사건을 통해 차르(tsar')지배에서 벗어나려는 변혁 움직임을 표현했다. 러시아 정교 우두머리를 뜻하는 차르는 교권을 넓혀 권력을 강화했다. 민중을 중심으로 평신도와 성직자·귀족 등이 반대파를 만들어 맞섰다. 수많은 사람이 분신자살을 포함해 격렬한 저항에 나섰는데, 차르는 반대파를 파문하고 주동자를 화형에 처하게 했다. 반대파의 저항은 비록 실패로 끝났지만 이후 수백 년 차르에 저항하는 흐름에는 큰 영향을 주었다.

작품은 당시 차르에 저항한 대표적 귀족인 모로조바의 모습을 담았다. 쇠사슬로 양손이 묶인 그녀가 허름한 마차에 실려 유형 길에 오른다. 한 손을 들어 자신을 지지하는 민중에게 무언가 호소하는 듯하다. 오른편에는 저항 운동을 옹호하는 평민과 성직자 그리고 귀족이 안타까운 표정으로 떠나보내고 있다. 왼편으로는 차르를 지지하는 몇몇 귀족이 그녀를 조롱하며 웃는다. 러시아 곳곳을 이동하며 민중 속에서 전시회를 열었던 이동파 방식을 떠올리면 이 그림이 어떤 역할을 했을지 어렵지 않게 이해할 수 있다. 입에서 입으로 민중에 전해져 온 이야기를 그림을 통해 극적으로 되살려 차르에 저항하는 불씨를 다시 불길로 확대했다.

러시아 추상주의와 구성주의

비판적 리얼리즘이 주관적 표현주의를 넘어서기 위해 객관적 사회 현실을 비판하고 저항했다면, 1910년대에 예술가의 주관성을 다시 확대한 추상주의가 나타났다. 서유럽에서는 피터르 코르넬리스 몬드리안(Pieter Cornelis Mondriaan, 1872~1944)처럼 기하학적 경향이 두드러졌다면, 러시아에서는 칸딘스키를 중심으로 표현주의적 경향이 강했다. 파울 클레(Paul Klee, 1879~1940)도 대표 화가로 꼽을 수 있다.

칸딘스키는 초기에 '뜨거운 추상' 경향을 보였다. 구체적 형태가 사라지고 선·면·색의 세계를 펼친다. 기쁨의 감정을 부드럽고 유동성이 많은 선, 비교적 따뜻한 계열의 색을 주로 사용해 표현했다. 경계가 분명하지 않은 면을 이용하고 다양한 색이 겹치는 효과로 편안한 느낌을 전한다. 후기에는 날카로운 이지적 공간에 초점을 맞춘 '차가운 추상'에 주목한다. 직선과 각이 날카로운 면을 주로 사용하고, 면과 색의 경계를 분명하게 해 팽팽한 긴장감을 풍긴다.

몬드리안처럼 선·면·색을 통한 기하학적 공간 분할을 보이지만 작지 않은 차이가 있다. 몬드리안이 사각형 중심의 면 분할로 정적인 분위기를 풍긴다면, 칸딘스키는 날카로운 삼각형과 사각형을 비대칭적으로 사용해 역동성을 더했다. 차가운 추상은 새로운 세계를 향한 힘찬 도약이라는, 화가의 주관적 느낌으로 공감을 불러일으킨다. 역사적 상황의 이해 위에서 해석할 때 공감할 수 있다.

1917년 사회주의 혁명을 전후해 러시아 미술계는 미래파·큐비즘·추상주의·구성주의 등 이른바 러시아 아방가르드가 만개하며 예술적 에너지가 폭발했다. 기존의 낡은 질서를 부정하고 사회주의 혁명의 분위기가 솟구치는 상황에서 이에 부응하며 새로운 것을 창조하려는 예술적 욕구와 실험이 뿜어져 나왔다. 무엇보다도 추상 회화를 보는 레닌의 적극적 태도가 영향을 주었다. 레닌은 아방가르드 예술 사조에 상대적으로 관대했다. 정치 영역만이 아니라 예술에서도 '새 술은 새 부대에' 담으려는 노력이 필요하다는 태도였다. 이러한 분위기에 힘입어 칸딘스키를 비롯해 실험적 예술을 지향하는 화가들이 러시아로 대거 몰려들고 러시아 미술이 크게 부흥했다.

레닌이 추상화 애호가는 아니었다. 그가 스스로를 야만인으로 부르면서 미술 작품을 이해하지 못하며 어떤 기쁨도 느끼지 못한다고 토로했을 정도다. 하지만 그 때문에 오히려 당은 예술이나 문학 영역에서 자유로운 경쟁을 할 수 있었다. 한 집단이 홀로 갖게 할 수는 없었기 때문이다.

러시아 구성주의는 '붉은 미술'로 불린다. 노동 계급의 요구와 사회주의 열망의 실현이라는 목표를 갖고 있었다. 기계적 생산과 건축 공학, 기하학적으로 표현한 그래픽과 사진 등에 의존해 사회주의 지향을 직접 드러냈다. 산업 생산 속에서 미술과 디자인의 통합을 추구했다. 복잡한 장식적 미를 거부하고 순수하고 단순한 기본 형태로 진보를 향해 나아가는 노동 계급과 역사의 동력을 설명했다. 예술가도 노동자라 주장하면서, 예술가의 미학적 형식보다는 소비에트에 이익이 되는 작품을 만들어야 한다고 주장했다. 대표적 미술가로 엘 리시츠키(El Lissitzky, 1890~1941), 타틀린(Vladimir Evgrapovich Tatlin, 1885~1953) 등이 있다.

리시츠키의 〈붉은색 쐐기로 흰색을 쳐라〉는 반혁명 세력을 공격하는 사회주의 혁명의 대의를 형상화한 작품이다. 날카로운 삼각형 쐐기 모양의 붉은색이 흰색의 공간을 파괴하는 느낌이다. 커다란 삼각형만이 아니라 몇 개의 작은 붉은색 삼각형도 동시에 흰색 공간을 공격한다. 다분히 당시 러시아 사회주의 혁명을 위해 절체절명의 과제였던 내전에서 붉은 군대의 승리를 기원하는 이미지를 담고 있다. 1917년 혁명 직후 시작되어 1923년까지 이어진 내전은 서유럽 제국주의 외세와 소수 민족 정부의 지원을 받는 반혁

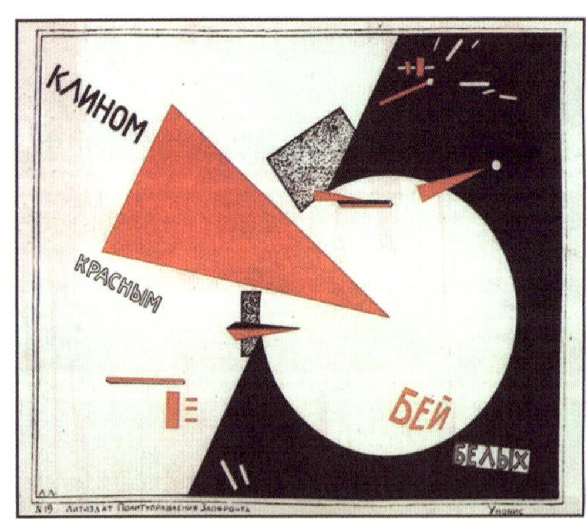

〈붉은색 쐐기로 흰색을 쳐라〉, 1919년~1920년

명 세력 중심의 백군과 볼셰비키 붉은 군대 사이의 충돌로 나타났다. 내전이 가장 격렬했던 1918년에서 1920년 사이에 제작된 작품이라는 점에서 혁명 세력이 반혁명 세력을 척결하려는 의지를 담았음을 알 수 있다. 리시츠키는 구성주의 그래픽 디자인 방향 설정에서 핵심 역할을 했다. 건축학을 공부한 그는 구조적·수학적 건축의 특성을 회화에 반영했다. 그는 개인적

제3인터내셔널 기념탑 모형, 1920년

감상이나 복잡한 표현 형식을 구시대의 미학으로 규정하고 단순하고 명쾌한 도형으로 사회주의적 이상을 실현하려 했다.

타틀린의 〈제3인터내셔널 기념탑〉은 사회주의 국제 연맹 조직인 제3인터내셔널의 발전을 추상적으로 구현했다. 나선형 모양으로 목조 구조물을 기본으로 하고 철골과 유리로 보완했다. 중앙에 원통이나 반구 모양의 유리 구조물을 넣었다. 철근·나무·유리 등 재료의 예술적 조합으로 여러 공간을 구축하는 방식이다. 나선형 역사의 점진적·지속적 진보를 의미하고 최종적으로 사회주의 사회에 이르는 길을 의미한다.

타틀린은 물질을 흉내 내는 회화의 가상 공간 대신에 직접 물질을 사용하는 실제 공간을 통해 유물론적 세계관을 미술에 반영할 수 있다고 보았다. 미술이 사회주의 사회의 향상하는 데 직접 기여해야 한다고 말했던 구성주의자답게, 실제로 이 탑을 396미터 높이의 건축물로 세우려 했다. 중앙의 유리

입방체들은 제3인터내셔널 강당과 사무실, 라디오 방송국 시설로 사용할 예정이었다. 하지만 철근 부족과 기술적 문제 때문에 모형으로만 남게 된다.

사회주의 리얼리즘 미술

1924년에 레닌이 병으로 사망한 후 이오시프 비사리오노비치 스탈린(Iosif Vissarionovich Stalin, 1879~1953)이 정권을 잡으면서 소련의 미술 정책은 큰 변화를 겪는다. 레닌이 예술의 자율성을 완전히 옹호한 것은 아니었지만 적어도 정치적으로는 새롭게 등장한 경향을 어느 정도 허용했다. 하지만 스탈린 통치 시기에는 이전과 다른, 매우 엄격한 예술 검열과 통제 정책을 시행했다. 소련 예술의 기본을 사회주의 리얼리즘에 두고 예술가들에게 역사적 구체성으로 그릴 것을 요청했다. 그리고 여기서 벗어나는 미술을 가차 없이 탄압했다. 그 속에서 칸딘스키를 비롯한 많은 미술가가 서유럽으로 망명했다. 인상주의 미술조차 대학 강의가 금지되고 작품이 미술관에서 철거되는 상황에서 추상 회화가 설 자리는 더욱 없었다.

새로운 창작 기준으로 사회주의 리얼리즘(Socialist Realism)이 필요했다. 사회주의 리얼리즘은 '현실'과 '낭만주의'라는 핵심 개념에 기초했다. '현실'은 혁명 발전의 기치, 이념적 변화와 사회주의 사상 교육 임무를 반영했다. '낭만주의'는 영웅적인 소비에트 인물 묘사에 혁명 미래의 긍정적 표현을 반영했다. 민족주의·당원주의·이념주의를 내세웠는데, 모든 예술 작품은 지역 고유 사상 및 그 지역 주민과 긴밀히 연계할 것, 공산당 특징을 반영할 것, 사회주의 이념과 사상·태도를 표명해야 했다. 표현 기법에서는 표현

〈노동절 시위〉,
1934년

주의·추상주의·구성주의 등을 배제하고 전통적 사실주의를 강요했다. 형이상학적·주관적인 예술 기법을 자본주의 예술로 규정하고 관련 작품과 예술가를 탄압했다. 리얼리즘을 대표하는 화가로 이사크 브로드스키(Isaak Brodsky, 1884~1939), 알렉산드르 미하일로비치 게라시모프(Aleksandr Mikhailovich Gerasimov, 1881~1963), 아르카디 플라스토프(Arkady Plastov, 1893~1972) 등이 있다.

브로드스키의 〈노동절 시위〉는 노동 계급의 영웅적인 모습과 역사적인 사명을 강조한다. 세계 노동자의 가장 큰 행사인 '노동절'을 기념한 대규모 행진 대열을 사실적으로 묘사하고 있다. 큰 거리를 가득 채우고 끝없이 이어지는 노동자 대열 위로 혁명을 상징하는 붉은 깃발이 펄럭인다. 새로운 시대와 세상의 주인으로서 노동 계급의 힘을 과시하고, 사회주의 혁명의 대의를 내세우려는 화가의 의도가 뚜렷하다.

리얀지나는 사회주의 체제 아래에서 일하는 노동자를 자주 묘사했다. 희망찬 표정과 힘찬 팔뚝으로 사회주의를 향한 중단 없는 전진이라는 메시지를 집약적으로 전한다. 요컨대 사회주의 리얼리즘은 인물을 묘사에서 강인한 노동 영웅의 모습에 주목한다. 한 치의 망설임이나 두려움 없이 오직 주어진 과제에 헌신적으로 복무하는 강철 같은 민중의 모습을 원한다. 갈등하고 고뇌하는 개인은 사라진다. 그러한 의미에서 특정한 상황 속에서 판단하고 행위하는 현실의 개인이라기보다는 소비에트 구성원이 가져야 할 이상적 덕목을 체현한 집단의 일원일 뿐이다. 이를 위해 작품에 등장하는 주인공의 표정은 언제나 밝고 희망에 차 있어야 한다. 신체는 남성은 물론이고 여성도 불끈 솟아오른 근육에서 풍기는 강인함으로 가득해야 한다. 항상 사회주의를 향한 소비에트 정신과 기상을 간직한 전형적 노동자와 농민을 묘사해야만 한다.

사회주의 혁명을 진두지휘한 혁명가야말로 사회주의 리얼리즘의 일차적 묘사 대상이었다. 브로드스키의 〈레닌과 붉은 군대〉는 혁명의 한순간을 담았다. 1920년 5월, 내전의 긴박한 상황에서 폴란드 전선을 향해 출전을 앞둔 군인 앞에서 레닌이 연설을 한다. 스탈린 정권이 어느 정도 안정기에 접어든 시점에서 자신의 구미에 맞게 상황을 변경해 이상화했다. 원래 작품의 모델이 된 사진과는 달리 팔을 들고 열정적으로 연설하는 모습으로 수정하고, 연설대 주위의 플래카드를 새롭게 추가했다. 조용히 경청하던 군중도 손을 들어 열렬히 호응하는 모습으로 바뀠다. 특히 원래 사진에 당시 군을 사실상 지휘하던 레온 트로츠키(Leon Trotsky, 1879~1940)가 있었으나, 스탈린 시대에 반혁명 분자로 몰린 후 그림에서는 없어졌다. 브로드스키는 일련의 수정 작업을 거쳐 사회주의 혁명을 성공으로 이끈 정치 지도자의 모습을 영웅의 전형적 모습으로, 당시의 정치적 이해관계에 맞게 표현했다.

레닌이 병으로 급작스럽게 죽은 후에 새롭게 권력을 장악한 스탈린은 자신을 영웅으로 형상화하는 일에 적극적이었다. 소련의 주요 화가들은 당의 확고한 지도자로서 스탈린의 초상화를 자주 그렸다. 주로 소련과 공산당을 상징하는 붉은 깃발을 배경으로 스탈린이 확신에 차서 당 사업 계획을 제안하는 모습을 담았다. 나라를 구하고 사회주의 발전을 성공시킨 영웅 이미지에 초점을 맞췄던 것이다. 무엇보다도 대규모 피의 숙청을 일으킨 장본인임에도 인자함이 가득한 아버지의 모습으로 그려졌다.

〈레닌과 붉은 군대〉, 20세기

Philosophy
마르크스주의 윤리 철학

지배 계급 이데올로기로서 도덕

마르크스의 윤리관은 시대 변화와 계급에 따른 상대성을 갖는다. 언제 어디서나 보편적으로 적용되는 윤리관이란 애초에 없다. 한 사회의 지배적 정신은 그 사회를 물질적으로 지배하는 계급이 규정한다. 생산 수단을 비롯해 물질적 수단을 장악하고 지배하는 세력이 도덕을 비롯한 정신적 수단도 자유롭게 지배한다. 그러한 의미에서 새로운 사회의 도덕은 기존의 종교나 도덕을 철폐한 뒤에 형성된다.

가족 도덕도 마찬가지다. 가정 안에서 여성에게 요구하는 도덕 기준은 그 시대의 물질적 소유 관계를 반영하며 변화한다. 수렵과 채취, 공동 생산과 공동 분배에 기초해 생활하던 원시 공동체 사회에서 가족 구성원 내부의 관계는 평등했다. 당연히 남성과 여성 사이에 위계적 도덕 질서는 없었다. 하지만 농경·목축과 함께 가족 내부에 분업이 나타나면서 새로운 국면이 시작되었다. 남성이 주요한 사회적 생산을 담당하고, 여성의 역할이 가정 내의 노동으로 국한되면서 불평등한 노동과 노동 생산물 분배가 생겼다. 이제 아내와 아이는 가부장제 아래에서 사실상 소유물로 전락하고, 주인에게 복종하는 노예의 도덕이 강요됐다. 자본주의 사회도 가부장제의 기초가 유지되면서 아내를 단순한 생산 도구로만 본다.

베크만의 〈가족〉은 불평등한 관계와 도덕률이 지배하는 가족 관계를 보여 준다. 전등과 촛불이 켜져 있는 것으로 봐서 저녁 식사 이후의 시간인 듯하다. 남편은 긴 의자에 누워 악기를 만지작거리며 느긋하게 휴식을 즐긴다. 탁자에 앉아 턱을 괴고 있는 아내는 아직도 앞치마를 두르고 있다. 가뜩이나 고단한 몸이지만, 밤이 되었어도 끝나지 않은 집안일에 시달리고 있음을 알 수 있다. 남성이 밖에서 사회적 노동을 담당하고, 여성이 집에서 육아·가사를 전담하는 가부장제 분업 구조를 보여 준다. 가족 내부의 분업은 자식들에게도 이어진다. 아들은 미래를 준비하는듯 공부에 열중한다. 딸은 거울을 보며 외모 가꾸기에 여념이 없다.

자본주의 사회에서 일부일처제 윤리는 필요하지만, 사실상 여성에게만 윤리가 강제된다. 남성은 여성의 주인으로서 일부일처제 윤리로부터 상대적으로 자유롭다. 여성에게는 엄격한 일부일처제 윤리를 강제하면서 정작 자산 계급 남성은 윤리의 틀을 넘어, 여러 종류의 매춘과 서로의 아내를 탐하는 방식으로 자유분방하게 성을 즐긴다.

가부장제 사회가 시작된 이래 자본주의 사회에 이르기까지 매춘 행위는 가족 윤리에서 자유로운 남성의 상징이었다. 전통 신분제 사회에서는 매춘이 귀족의 전유물이었다면, 자본주의 사회에서는 계급과 계층을 떠나 대부분 남성에게 일상적 행위가 된다. 요컨대 매춘은 남성이 여성을 소유하는 가장 극단적 형태다. 특히 부를 전제로 한 소유라는 점에서 자본주의적 여성

〈가족〉, 1920년

소유의 특징을 단적으로 보여 준다. 그러한 의미에서 신분제 사회는 물론 자본주의 사회에서도 사실상 아내 공유제가 이어졌다. 그러므로 남녀 사이에 평등한 관계와 이에 기초한 도덕률은 단순한 생산 도구로서 예속된 여성의 지위를 폐기할 때 실현된다. 자본가가 모든 생산 수단을 사적으로 소유하는 자본주의 생산 관계를 폐기할 때 아내 공유제, 즉 매춘도 없어질 것이라고 한다.

엥겔스 역시 절대적 윤리관을 부정한다. "사람들은 의식적이건 무의식적이건 간에 결국 자기의 계급적 처지의 기초가 되는, 실천적 관계 즉 생산과 교환이 진행되는 그 경제적 관계에서 자기의 도덕관을 취한다는 결론만을 지을 수 있을 뿐이다." 도덕적 교리를 변하지 않는 영원한 도덕률로서 강제하려는 모든 요구는 성립할 수 없다. 종래의 모든 도덕이란 결국 경제적 사회 상태의 소산이다. 그러므로 모든 도덕은 필연적으로 특정 계급의 도덕일 수밖에 없다.

그렇다고 해서 전면적인 도덕의 상대성을 주장한 것은 아니다. 도덕의 진보는 인정한다. 기존의 지배적 도덕이 지배 계급의 도덕이었다면, 계급 대립을 뛰어넘는 진정한 인간적 도덕의 실현이 우리의 목표여야 한다. 현재의 변혁을 대표하는 도덕, 미래를 대표하는 도덕, 즉 노동(프롤레타리아) 계급의 도덕이 영속성을 약속하는 요소를 가장 많이 가지고 있다. 이를 위해서는 계급 대립을 극복할 뿐만 아니라 또한 생활에서 그것을 완전히 잊어버린 사회 단계가 필요하다. 가족과 관련한 도덕도 일반 사회의 도덕과 마찬가지로 지배와 종속 관계의 극복으로 실현된다. 공산주의 사회 질서는 남녀 관계를 사회의 간섭이 필요 없는, 즉 당사자만이 관계하는 순전히 사적인 관계로 만든다. 사적 소유를 없애고 자녀를 공동으로 교육한다. 그러면서 남편에게 종속된 아내, 부모에게 종속된 일을 없앤다.

프랑크푸르트학파의 아도르노도 사회관계와 분리된 순수한 정신으로서 도덕관을 거부한다. 사람이 악할 필요가 없게 된 세상이 아직 없다는 점은 가장 큰 재앙이다. 선이나 악은 독립적이고 완결적 상태가 아니다. 도덕은 개인적이기보다는 사회적 성격을 지닌다. 악도 인간의 본성이거나 개인의 특성이 아니라 사회 상태를 반영한다. 악은 사람들 자신의 부자유다.

칸트를 비롯해 완결적 도덕론을 향한 근대 철학의 노력은 허망한 시도일 뿐이다. 전통 사회에서는 종교에서 도덕의 근거를 끌어냈다. 하지만 근대 이후 신의 자리가 사라진 상황에서 지배 계급은 신을 대신해서 지배를 쉽게 할 새로운 도덕관 형성의 필요성을 절실하게 느낀다. 근대 철학은 이를 이성의 법칙으로 마련했다. 그러한 의미에서 계몽사상의 연장선에서 제시된, 이성에 따른 보편적 도덕론 자체가 근거 없이 당위성만으로 강제되는, 하나의 폭력이다.

아도르노와 호르크하이머는 자본주의 사회 도덕률의 기만성을 더 상세하게 분석한다. 자본주의 사회는 범죄와 같이 직접 타인에게 피해를 주는 경우는 법적 처벌로 대응한다. 그런데 범죄 행위는 아니지만 자본주의 지배력에 장애가 되는 요소는 비도덕 딱지를 붙이고 이를 통해 사회적 통제를 강화한다. 예를 들어 경제적 경쟁력이 부족한 사람, 가난한 사람은 단지 경제적 상태로만 다루어지는 것이 아니라 도덕적 차원에서도 경계 대상이 된다. 오늘날 가난한 사람은 근면과 성실이라는 자본주의 도덕관에서 벗어나 있는 의심스러운 대상이 된다.

도덕은 이성에서 근거를 마련함과 동시에 정신이 도덕을 체현하는 공간이며 육체는 도덕을 혼란에 빠뜨리는 주범으로 여긴다. 하층민의 육체는 악으로 상류층의 정신은 최고선으로 여긴다. 도덕은 주로 사회에서 정신의 역할을 담당하는 소수 계층의 영역으로 한정된다. 육체노동을 하는 대다수 노동자는 도덕적 계몽이 필요한 대상으로 전락한다. 도덕에서 정신과 육체의 분리는 육체를 두고 모순적 태도를 만들기도 한다. 육체가 무언가 열등하고 예속된 것으로서 경멸받고 거부되는 경향은 동시에 금지·물화·소외된 것으로서 음흉한 갈망을 만들어 낸다. 육체 숭배가 마치 사회의 엄숙한 도덕관에서 벗어나는 길이라는 착각을 널리 퍼트린다. 이를 통해 정신과 육체의 분리는 이중적 기만에 다다른다.

Philosophy
마르크스주의 정치 철학

정통 마르크스주의, 계급 지배 수단으로서 국가와 계급 혁명

마르크스는 사회 구성원 모두의 공통 이해를 대변하는 보편적 영역으로서 국가를 부정한다. 국가는 단지 지배 계급의 통치 수단일 뿐이다. 요컨대 현대의 국가 권력은 부르주아의 사무를 처리하는 위원회 그 이상 그 이하도 아니다. 지배 계급, 즉 부르주아란 그 시대의 생산 수단을 배타적으로 소유한 계급을 의미한다. 국가는 고대 그리스나 로마와 같은 노예제 사회에서는 노예주, 중세 봉건 사회에서는 귀족과 지주, 마찬가지로 자본주의 사회에서는 자본가 중심의 지배 계급의 이익을 수호하기 위한 기구에 불과하다.

국가는 사회 안의 계급이나 계층 구별을 강화한다. 출신성분이나 신분, 직업 등을 폐지하기보다 이를 전제로 존재하는 것이 국가다. 그리고 여러 대립 안에서만 정치적 국가로 느끼고 보편성을 완성하게 된다. 우리는 흔히 국가 안에서 '하나'라고 생각한다. 예를 들어 국가 대항 스포츠 경기라도 열리면 계급과 계층의 구분을 넘어 동질감을 느끼곤 한다. 하지만 국가 안에서 공동 존재로 느끼는 감정은 정치 사회 영역에 국한된다. 국가는 정치 사회로만 구성되지 않고, 아래로부터 정치 사회와 긴밀하게 연결된 시민 사회 영역도 가진다. 즉 정치 사회와 시민 사회 속에서 이중생활을 하게 된다. 시민 사회는 물질적 생활과 긴밀히 결합해 있다. 물질생활은 생산 수단 소유를 둘러싸고 구분되는 다양한 계급과 계층을 전제로 한다. 그렇기 때문에 국가는 사회 구성원 내의 여러 구별을 전제로 해서 존재한다. 정치적 국가는 시민 사회에 대해서 마치 천상이 지상을 대하듯이 정신주의적으로 군림한다.

정치·언론·종교 등 사회의 상부 구조를 이루는 여러 영역은 군사력이라는 폭력을 기본 수단으로 갖고 있을 때 힘을 발휘한다. 정신적 지배는 물리력을 동반한 두려움을 근간으로 할 때 비로소 힘을 갖기 때문이다. 흔히 국민을 나라의 주인이라고 말하지만, 사실 실질적인 주인은 따로 있다.

역사 전개 과정에서 생산 수단을 독점한 지배 계급이 피지배 계급을 직접 억압하는 일은 점차 곤란해졌다. 전통 사회에서는 신분제와 폭력에 근거해 직접 지배하는 방식이 상대적으로 쉬웠으나, 시민 혁명 이후 형식적 민주주의가 도입되면서 자본가들이 노동자를 비롯한 피착취 계급을 노골적으로 직접 지배하는 방식이 곤란해졌다. 사회 구성원의 다수를 차지하는 노동자와 농민, 빈민의 저항에 직면하기에 십상이기 때문이었다. 그래서 자본가들은 직접 통치에 나서는 방식이 아니라 국가를 외견상 자신에게서 독립적이고 중립적인 기구처럼 보이게 할 필요가 생겼다. 그래서 이제 형식적으로 통치의 전면에 나서는 것은 자신의 이해를 대변하는 정당과 이를 정신적·문화적으로 뒷받침하는 TV나 신문을 비롯한 언론 그리고 종교 등이다.

이러한 의미에서 마르크스는 노동자들에게 조국이 없다고 말한다. 조국은 노동자를 비롯한 민중이 자본가 중심의 지배 계급 이익을 침해할 때 망설

〈포위된 파리〉, 1870년

이지 않고 적으로 여겼다. 처음에는 점잖게 교화하지만, 결정적으로 자신의 이해에 반한다고 생각이 들 때 국가의 이익과 안전이라는 구실로 폭력적 탄압에 나선다.

메소니에의 〈포위된 파리〉는 노동자에게 조국이 없다는 마르크스의 말이 과장만은 아님을 잘 보여 준다. 작품 속 배경은 1871년 파리다. 1870년에 나폴레옹 3세는 프러시아에 선전 포고를 한다. 그러나 공작 오토 에두아르트 레오폴트 비스마르크(Fürst von Otto Eduard Leopold Bismarck, 1815~1898)의 덫에 걸려 끝내 항복했다. 하지만 파리 시민은 자치 정부인 코뮌(commune)을 구성하고 시민군을 조직했다. 프랑스 자본가들은 프러시아에 항복하는 것은 받아들일 수 있었다. 하지만 파리가 노동 계급의 손안에 있는 현실은 받아들일 수 없었다. 프랑스 지배 계급은 적국인 독일과 비밀 협상을 했다. 독일군이 파리 외곽을 포위한 가운데, 독일에서 돌려받은 군대로 같은 국민인 프랑스 시민군을 학살했다.

작품은 군대가 자국인 프랑스의 민중을 학살하는 처참한 모습을 묘사한다. 여기저기에 수많은 시체가 널려 있다. 죽은 남편을 부여잡고 울부짖는 여인도 보인다. 그 옆에는 한 어머니가 죽은 아이를 안고 넋이 나간 얼굴로 하늘을 원망하듯 쳐다본다. 중앙에 삼색기를 배경으로 서 있는 전쟁의 여신이 하늘에서 내려오는 죽음의 악마를 두 눈 부릅뜨고 노려보지만 이미 전세는 돌이킬 수 없는 상황이다. 당시 수만 명에 이르는 프랑스 민중이 죽임을 당했고, 10만여 명이 체포됐다. 노동자에게는 조국이 없었다.

자본가의 지배에서 벗어나기 위해서, 프롤레타리아 즉 노동자는 스스로 정치 지배권을 휘어잡고 국민적 계급으로 올라서서 정립해야 한다. 하지만 정치권력을 장악한다고 해서 승리하는 것은 아니다. 자본가 지배를 무너뜨리기 위한 물질적 조건이 만들어지지 않는 한 승리는 일시적인 것에 지나지 않는다. 자본주의적 생산 방법과 사적 소유를 폐지할 때 궁극적 승리로 나아간다. 마르크스는 이러한 변화를 필연적인 것으로 이해했다. 생산 양식은 영원한 법칙이 아니며 생산 관계의 변화를 불러온다. 물질적 생산력은 끊임없이 발전하려 한다. 그리고 생산력의 발전 단계에 조응하는 생산 관계, 즉 생산 수단의 소유를 둘러싼 인간과 인간의 특정한 관계를 만든다. 예를 들어 역사적으로 노예주와 노예, 봉건지주와 농노, 노동자와 자본가의 관계가 여기에 해당한다. 하지만 사회의 물질적 생산력은 특정 발전 단계에서 현존 생산 관계, 또는 그의 법률적 표현에 지나지 않는 소유 관계와 모순을 일으킨다. 즉 생산 관계가 일정한 단계에서 계속 발전하려는 생산력을 가로막는 요소로 바뀌게 된다. 이때 사회 혁명이 시작된다. 경제적 기초의 변화와 더불어 거대한 상부 구조 전체가 서서히 혹은 급속히 변혁된다. 그러므로 "지금까지의 모든 역사는 계급 투쟁의 역사다." 자본주의 사회에서는 노동 계급이 계급 관계의 철폐로 나아가는 계급 투쟁의 주체가 된다. 프롤레타리아는 자신의 생활 조건을 지양하는 데서 스스로의 해방을 이룰 수 있다. 노동 계급의 목적과 역사적 행동은 자신의 생활 상태 속에 그리고 오늘날의 자본주의 사회의 조직 전체 속에 확연하게 그려져 있다.

기본적으로 계급 대 계급의 투쟁은 정치 투쟁이다. 국가 권력 장악을 둘러싼 투쟁으로 나아갈 수밖에 없다. 이때 권력을 장악한 노동 계급은 모든 관념을 변혁하기 위해 불가피하게 일정 기간 계급적 독재를 해야 한다. 하지만 독재 자체가 목적은 아니다. 노동 계급의 독재는 예상되는 자본가 계급의 반혁명을 제압하고, 자본주의적 소유를 폐지해 새로운 사회의 근간을 형성하는 기간으로 한정된다. 그러한 의미에서 독재 자체는 모든 계급의 지양과 무계급 사회에 이르는 과도기 형태를 이루는 데 지나지 않는다.

마르크스는 궁극적으로 국가의 폐지를 제시한다. 국가의 폐지는 계급을 폐지하는 데서 오는 필연적 결과다. 계급이 폐지되면 한 계급이 다른 계급을 억압하기 위한 조직적 권력의 필요성도 스스로 없어진다. 문맥을 잘 보면 개인과 개인을 연결하는 공적 기구 자체를 부정하는 것은 아니다. 계급 지배 기구로서 정치적 성격을 잃을 뿐이다. 개인과 공동체의 발전이 하나로 결합하는 공동 사회가 사회 질서를 관장한다.

여기서 마르크스가 사적 소유의 폐지에 관한 대안으로 국유화만을 제시했다고 여겨서는 안 된다. 마르크스가 직접 쓴 저작 중에서 국유화를 명시적으로 밝힌 것은 《공산당 선언》뿐이다. 몇 가지 혁명적 방책으로서 아주 간략하게 언급한 정도였다. 그나마 1872년 독일어판 서문에서 이에 대한 수정할 필요가 있다고 밝혔다. 그가 보기에 국유화를 중심으로 하는 방책은 많은 수정을 해야 한다. 또한 방책의 근거가 되는 원칙은 획일적이지 않고 항상 구체적·역사적 조건으로 변경할 수 있다. 국유화를 근본 대안으로 제시한 것도 아니다. 국유화를 포함해 몇 가지 방책을 제시한 다음에 바로 이어지는 문장에서 소유 문제에 대한 본질적 대안으로 협동 단체를 만든 개인의 손에 모든 생산이 집중되어야 함을 제시한다. 즉 국가에 의한 소유가 아니라 생산자 개인의 협동 단체에 생산이 집중되어야 한다. 《자본론》에서 대안적 방향으로 내놓은 '연합된 생산자들의 소유'와 일맥상통한다. 노동자 스스로가 조직적으로 국가의 통제에서 벗어나 소유와 관리를 책임지는 주체로 서야 한다. 전체 사상을 고려할 때 마르크스는 국가주의를 지지하지 않는다. 오히려 일관되게 국가의 통제를 반대한다.

엥겔스의 정치 철학도 대부분 마르크스의 문제의식을 체계화·구체화하는 방향이었다. 국가는 외부에서 사회에 강요된 것도, 헤겔의 주장처럼 '윤리적 이념이 현실화된 것'이거나 '이성이 형상화되고 현실화된 것'도 아니다. 국가는 일정한 발전 단계의 사회적 산물이다. 국가는 '경제적으로 지배하는 계급'의 국가다. 하지만 실제의 역사 전개 과정에서 예외적인 상황이 발생할 수 있다. 예를 들어 귀족과 자산가 세력이 서로 비등했던 17세기에서 18세기의 절대 군주제가 대표적이다. 또한 자산가에 대해서는 노동 계급을, 노동 계급에 대해서는 자산가를 사주한 프랑스 제2제국의 보나파르티슴(Bonapartisme)도 마찬가지다.

국가의 폐지에 대해서도 유토피아적 발상과는 일정한 선을 긋는다. "사람들에 대한 관리 대신에 물건에 대한 관리와 생산과정에 대한 지도가 나타난다. 국가는 폐지되는 것이 아니라 그것은 조락한다." 마르크스도 강조했지만 모든 공적 기구의 폐지를 말하는 것은 아니다. 억압 기구가 폐지되고 사물의 관리와 생산 과정의 지도 등 공동 사회의 질서를 유지하기 위한 기능은 존재한다. 사회주의 혁명이 평화적 방법으로 가능할 것인지에 대해서도 문제의식을 밝힌다. 평화로운 방법을 반대하는 것이 아니다. 혁명은 당파나 계급 전체의 의지와 지도에 의존하지 않는 정세의 필연적 결과다. 그래서 폭력은 사회주의 혁명의 전제 조건이 아니다. 혁명은 구체적 정세에 따라 다양한 방식으로 나타난다. 그는 평화적 방법을 배제하지 않지만, 만약 노동 계급의 발전이 폭력적으로 억압되는 상황이라면 말이 아니라 행동으로 과업을 옹호할 것이라고 주장한다.

레닌은 노동 계급의 독재와 폭력 문제에 더 완고한 태도를 보인다. "계급 투쟁의 승인에 지나지 않는 자는 아직 마르크스주의자가 아니다. … 계급 투쟁의 승인을 프롤레타리아트 독재의 승인으로 확대하는 사람만이 마르크스주의자다." 계급 투쟁의 인정만으로는 자본가 정치의 테두리에서 아직 벗어나지 못할 수도 있다. 계급 투쟁에 관한 학설로 한정하는 것은 마르크스주의를 축소하고 왜곡해 자본가도 받아들일 수 있는 것으로 격하하려는 시도다. 자본주의적 국가 형태는 다양하지만, 본질은 오직 자본가의 독재다. 그러므로 사회주의 체제로 이행하는 것은 다양한 정치 형태로 나타나지만 불가피하게 노동 계급 독재를 거쳐야 한다. 혁명 과정에서, 특히 노동 계급 독재 과정에서 폭력 사용은 피할 수 없다. 폭력으로 쟁취하고 유지될 수 있으며 어떤 법률에도 구속받지 않는 권력이 된다. 국가가 존재하는 한, 어느 사회나 통치·지휘·지배해 권력을 유지하기 위해서는 물리적 강제로 기구를 장악해야 한다. 사회주의 혁명도 폭력으로 국가 권력을 장악하고 계급이 독재를 하는 과정이 필연적이다.

서구 마르크스주의, 현대 자본주의 사회에서의 혁명과 자유

베른슈타인은 전체적으로 마르크스주의 혁명 이론과 정치 원리에 회의적인 편이다. 무엇보다도 마르크스의 계급 양극화 논리 자체가 현실에서 부정되고 있다고 비판한다. 현실에서 엄청난 사회적 부가 늘면서 자본가의 숫자는 줄지 않고 있으며 오히려 여러 계층의 자본가들이 함께 늘어나고 있다. 자본가와 노동자 사이의 중산층도 두터운 편이어서 사회적 갈등의 폭발을 제어하는 역할을 한다. 그러므로 자본주의 사회의 붕괴를 예상한 마르크스의 생각은 현실에서 근거를 잃었다는 비판이다.

혁명 과정에서 노동 계급 독재에 대해서도 "계급 독재는 저급한 문명에 속하는 것"이라는 점에서 분명하게 거부한다. 실현 가능성도 문제지만 무엇보다도 현대 정치에 사용될 수 없는 방식이다. 기본적으로 계급 독재는 전통 사회의 유물일 뿐이다. 만약 현대 사회에서 독재를 고집한다면 이는 정치적 복고주의에 불과하다.

현대 사회가 이룩한 민주주의의 기본 방법, 즉 선거를 무시한 방식으로
는 혁명은 합목적성과 실현 가능성 모두에서 문제가 된다. 과거에 노동자가
사회 구성원 중 다수를 차지하지 못하고 낮은 교육 수준에 머물렀던 상황에
서는 보통 선거권이 단지 자신을 지배할 사람을 선택하는 수단에 불과할 수
있다. 하지만 노동자의 수가 비약적으로 증가하고 인식 수준도 높아지면서
이제 선거가 민중의 대표자를 지배자로부터 참된 민중의 봉사자로 바꾸는
도구가 될 수 있다. 사회주의의 전제는 민주주의다. 이는 수단이자 실체가
된다. 민주적 제도와 전통이 없었다면 오늘날 사회주의 이론이나 사회주의
정당도 존재할 수 없다. 그러므로 사회주의 정치 세력은 보통 선거권의 토대
인 민주주의 위에 교의를 세우고, 여기에 맞춰 전술을 채택해야 한다.

루카치가 보기에 혁명 과정에서 독재와 폭력 자체를 반대하는 베른슈타
인의 견해는 전형적인 기회주의에 속한다. 폭력은 단순히 물리적 속성만을
지닌 것이 아니다. 역사 속에서 폭력은 경제적 힘이라는 점에서 계급의 지배
를 유지하기 위한 유력한 수단이다. 혁명은 폭력과 무관한 과정일 수는 없다.

콜비츠의 〈무기를 들고〉는 계급과 계급의 충돌 과정에서 나타나는 폭력
상황을 다룬다. 〈농민 전쟁〉 연작 중 하나로 농민이 무기를 들고 무장봉기에
나서는 장면이다. 투쟁 대열을 이룬 사람들 대부분이 농사 도구로 쓰는, 그리고
작은 낫이나 곡괭이는 물론이고 나름대로 창 모양의 무기를 들고 공격에 나
서고 있다. 영주·대지주의 집이나 관청을 공격하는 듯하다. 나선형 계단을
휘돌아 오르는 구도가 무장봉기의 역동성을, 햇볕이 비추는 밝은 곳에서 터
널처럼 어두운 계단으로 밀려드는 구도가 긴장감을 한껏 높인다. 모두의 시
선은 계단 위를 향하고 있는 듯하다.

〈무기를 들고〉, 1906년

동서양을 막론하고 혁명이 정점에 달했을 때 무장 투쟁 양상을 보이게 된다. 유럽에서 봉건 체제가 흔들리던 18세기에서 19세기에 집중적으로 농민의 무장봉기가 일어났다. 우리나라도 마찬가지였다. 조선 후반기에 갑오농민전쟁을 비롯해 여러 차례 농민의 무장봉기가 터져 나왔다. 처음부터 폭력 양상을 보인 경우는 극히 드물다. 대부분 생존을 위한 농민의 간절한 호소에서 시작했지만, 뒤따르는 귀족이나 지주의 무자비한 보복을 겪으면서 무장봉기로 바뀌었다. 다시 말해 혁명 과정에서 불가피하게 폭력을 동반하게 되는 경우가 많았다.

하지만 루카치는 폭력을 유일한 혁명의 경로로 설정하는 발상도 위험하기는 마찬가지라고 경고한다. 합법성과 비합법성, 폭력과 비폭력은 고립적 영역이 아니다. 둘 중 하나를 고정하는 방식은 모두 극복해야 할 대상이다. 합법주의도 문제지만 대부분의 혁명 운동에서 나타나는 비합법성의 낭만주의도 사회주의 운동에서 나올 수 있다. 성숙한 운동은 폭력과 비합법을 유일한 전략이 아니라 구체적 상황 속에서 판단해야 할 전술의 일부로 여겨야 한다.

정통 마르크스주의가 노동 계급의 혁명성을 규명하는 데 초점을 맞췄다면 프랑크푸르트학파는 자본주의 사회가 어떻게 노동 계급의 혁명성을 둔하게 하는지에 주목한다. 이는 상반된 태도를 지녔다는 의미가 아니다. 프랑크푸르트학파는 노동 계급의 혁명성이 현실 자본주의에서 어떤 장치로 교묘하게 왜곡되는지를 추적했다. 그리고 그 속에서 혁명성을 되살릴 방법을 찾으려 한 것이다.

허버트 마르쿠제(Herbert Marcuse, 1898~1979)는 《일차원적 인간》에서 자본주의가 구축한 소비 사회가 노동자 의식을 왜곡하는 과정을 추적한다. 그는 사람들이 자동차나 전축, 주택과 주방 같은 상품 속에서 자신을 확인하며 거기서 영혼을 발견한다고 말한다. 이런 지배는 풍요와 자유를 가장하는데, 사적 생활과 공적 생활을 포함하는 영역으로 넓어지면서 모든 반대를 통합하고 모든 대안을 빨아들인다. 요컨대 산업 사회는 풍요로운 소비를 약속하면서 억압적 기능을 유지한다. 과소비라는 정신적 마취로 착취를 기꺼이 받아들이도록 만든다. 누구나 대량 소비의 주체가 될 수 있다고 호도하는 기술적 합리성 믿음을 근거로 사회와 자연, 정신과 육체를 영원히 이용하는 전체주의적 세계를 창조한다.

직접적 지배에서 간접적 관리로 통치 형태가 변화한다. 사회의 억압적 관리가 합리화·생산화·기술화·전면화할수록 관리를 받는 개인은 노예 상태를 부수고 자유를 얻는 수단과 방법을 상상할 수 없게 된다. 즉 저항을 무력화시킨다. 즉 물질적 풍요, 안락한 생활을 최신의 가치로 여기는 일차원적 인간을 대량 생산해 정치적 반대 계급을 통합하고 수렴한다. 그런데 수렴과 통합은 일정한 물질적 근거를 갖고 이루어진다. 먼저 기계화는 노동으로 소모하는 힘의 양과 강도를 계속해서 줄어들게 한다. 그러면서 착취당하는 느낌을 줄인다. 특히 자동화는 생산력이 노동자의 생산이 아니라 기계에 따라 결정되는 듯 보이게 한다. 대중 매체의 보급도 계급적 통합을 촉진한다. 기계화와 자동화로 양적으로 증가하는 상품과 서비스의 생산 및 분배가 순종을 합리적·기술적 태도로 만드는 한 자유의 쇠퇴와 억압은 쉽게 유지된다.

에리히 프롬은 현대 자본주의 사회가 개인주의를 공허한 껍질로 만들어 사회 구성원 스스로 자유를 포기하게 만든다고 주장한다. 그는 적극적 자유와 소극적 자유를 구분한다. 소극적 자유는 전통적 권위에서 해방되어 '개인'이 되는 것을 의미한다. 전통적 권위란 신분적 권위를 비롯해 근대 이전의 억압적 질서를 의미한다. 우리가 흔히 '~부터의 자유'라고 말하는 것이 여기에 해당한다. 예를 들어 '종교적·신분적 억압으로부터의 자유'라고 이해하면 된다. 그 결과 근대적 의미의 '개인'이 탄생했다.

문제는 그렇게 탄생한 개인이 고립되고 무력한 존재, 외재적 목적의 도구가 되었다는 점이다. 왜 신분적 자유를 얻고 자유로운 개인이 역사적으로 탄생했는데 고립되고 무력한 존재로 전락했을까? 에리히 프롬은 개인주의가 공허한 껍질이 되었다는 점에서 그 원인을 찾는다. 개인이 주체가 되지 못하고 고립되는 이유는 소수의 '숨은 지배력' 때문이다. 인간을 정보의 늪 속에서 허우적거리게 만들고, 전문가의 진단에 자신을 맡기게 만들고, 전체와의 연관성이 사라진 개별 사실에 매몰되게 만드는 사회적 조작이 개인을 고립되고 무력한 존재로 만든다.

이러한 상태는 개인이 새로운 속박에 스스로 따르게 만든다. 신분적으로 자유로운 존재가 된 개인은 고립된 존재가 되었다. 그리고 고립 속에서 무력감을 느낀다. 문제는 사람들이 고립감에서 벗어나는 길을 자유 확대에서 찾지 않고 오히려 새로운 속박으로 자진해서 복종하면서 해결하려 한다는 점이다. 개인주의 사회가 만들어 낸 고독감이 강한 흐름에 자신을 속하게 해

귀속감을 느끼려는 심리를 만들어 내고 자발적으로 복종하게 만든다. 개인주의가 발달한 유럽에서 나치즘에 열광적으로 복종하는 경향을 만들어 낸 원인도 복종으로 고립감에서 벗어나려는 경향 때문이다.

　에리히 프롬이 개인주의 자체를 비판하는 것은 아니다. 그는 개인주의 실현에 민주주의의 미래가 달려 있다고 봤다. 그래서 개인주의를 더 발전시키면서, 자유를 확대하기 위한 몇 가지 대안을 제시한다. 먼저 소극적 자유에서 벗어나 적극적 자유로 나아가야 한다. '~로부터의 자유'에서 더 나아가서 적극적이며 창조적 자유인 '~에로의 자유'로 나아가야 한다. 개인의 개체성이 존중되는 방향으로의 자유, 개인이 수단이 아닌 목적으로 여겨지는 자유로 가야 한다.

　적극적 자유를 가진 새로운 인간의 출현을 위해서는 사회적 조건이 충족되어야 한다. 요컨대 경제 체제의 근본을 변혁해야 한다. 병든 인간을 제물로 삼아 건강을 유지하는 오늘날의 경제적 상황에 종지부를 찍어야 한다. 이 목표를 향한 중요한 첫걸음은 '합리적 소비'를 지향하는 생산의 수행이다. 합리적 소비는 전적으로 기업 이익과 성장 관점에서 생산을 결정하는 경영인과 주주의 권리를 과감하게 제한해야만 비로소 가능해진다. 산업적·정치적 참여 민주주의가 완전히 실현되는 한에서만, 소외적 실존 양식에서 벗어날 수 있다.

<두 명의 프리다>, 1939년

정신 분석학

Philosophy
무의식의 발견
+
Art
정신 분석 미학과 초현실주의 미술

Philosophy
정신 분석학의 존재론과 인식론

인간과 정신에 대한 코페르니쿠스적 발상의 전환

정신 분석학은 현대 철학은 물론 사회·문화 영역에서도 막강한 영향력을 발휘한다. 누구나 프로이트를 서구식 사고방식 전체를 뒤집어엎은, 코페르니쿠스적 발상 전환을 이루어 낸 선구자로 인정한다. 프로이트가 뛰어난 이유는 의식 영역만을 학문적 탐구 대상으로 삼던 전통적 사고방식을 뒤흔들고 정신이 욕망과 충동에 연관된 무의식에 규정 받는다는 점을 밝혔다는 것이다. 여기에 그치지 않고 그는 이론적 설명을 넘어 꿈 해석과 신경증 임상 실험으로 증명하려 했다. 현대 철학은 프로이트를 무시하고는 정신을 논의하기 어려운 상황에 이르렀다.

프리다 칼로(Frida Kahlo, 1907~1954)의 〈두 명의 프리다〉에서 보이듯이, 무의식이 정신에 큰 영향을 준다면 그동안의 철학은 심각하게 다시 검토하지 않을 수 없다. 이 작품은 화가의 자화상이다. 한 명이 또 한 명의 자신과 손을 붙잡고 있다. 하지만 같은 사람은 아니다. 유행하는 드레스를 입은 오른편은 현재의 칼로다. 멕시코 전통 복장을 한 왼편의 칼로는 심장에 큰 상처를 입었고, 손에는 수술 도구가 들려 있다. 두 사람은 핏줄로 심장이 연결어 있다. 이는 과거의 경험과 전통적인 규범·문화에 뿌리를 두고 있는 무의식이 오늘 칼로의 정신과 행위에 밀착해 있음을 초현실주의적으로 표현한 것이라 볼 수 있다.

프로이트 이전의 서구적 사고방식은 의식 중심이었다. 특히 이성에 대한 확고한 믿음이 지배적이었다. 의식에서 벗어난 모든 요소는 망상이나 광기로서 정신 외적인, 비정상적 영역에 불과했다. 연구 대상이기보다는 거의 전적인 배제 대상이었다. 모든 인간 행위는 의식에 따른 계획적 성격을 가져야 했다. 특히 데카르트가 이성을 예측과 계산 가능한 합리적 사고방식으로 확립하면서 의식의 절대성은 더욱 분명하게 여겨졌다. 합리적 사고에 기초한 근대적 주체라는 발상은 학문을 규정하는 기준이었다.

그러므로 무의식 발견은 철학의 기반 자체를 흔들어 버렸다. 프로이트는 의식이 수면 위에 떠 있는 빙산의 한 부분처럼 마음의 얇은 표면에 불과하고, 표면 아래에 있는 무의식이 정신의 많은 부분을 차지한다고 보았다. 무의식으로 드러나는 충동을 제어하지 못할 때 신경증 증상이 나타난다. 무의식이 의식과 갈등하면서 사고와 행위를 규정한다는 문제의식은 인간에게 접근하는 새로운 길을 열었다. 철학을 비롯해 학문 활동 전 영역에서 새로운 접근을 필요로 하게 된다. 또한 문화·예술 영역에서 새로운 표현 욕구와 표현 방법을 자극했다.

정신 분석 이론과 심리학을 대표하는 사상가로는 프로이트를 비롯해 알프레트 아들러(Alfred Adler, 1870~1937), 카를 구스타프 융(Carl Gustav Jung, 1875~1961) 등이 있다. 자크 라캉(Jaques Lacan, 1901~1981)은 정신 분석 이론에서 뺄 수 없는 사상가이기는 하지만 구조주의 바탕 위에서 접근하기 때문에 뒤의 구조주의 철학에서 다루기로 하겠다.

자연 과학과 정신 분석학의 관계

정신 분석 이론은 개인의 내적 영역에 관심을 집중하기 때문에 존재 일반에 대해서는 관심이 별로 없었다. 서양 철학의 전통적 관심 영역인 객관 실재 문제에 대해서는 체계적 접근이나 논의가 없었다. 하지만 물질 영역이나 과학 분야와 무관하게 전개되지는 않았다. 근대 이후 과학이 이룩한 성과와 긴밀하게 연관되어 있다.

정신 분석 이론은 과학 발전에 힘입은 바가 크다. 특히 다윈의 진화론은 문제의식 형성에 결정적 영향을 주었다. 다윈 이전에는 인간을 동물과 무관한 독립적 존재로 여겼다. 이성을 중심으로 한 영혼이 인간을 특징지었다. 하지만 다윈의《종의 기원》은 전혀 다른 접근 가능성을 열었다. 인간 정신도 자연 진화의 결과라는 점에서 생존과 생활, 환경 요소와 긴밀하게 맞물린다. 동물이 본능적 욕구에 맞닿아 있듯이 인간의 정신 또한 본능적 욕구에 맞닿아 있다. 본능적 충동과 정신의 관계를 중시하는 정신 분석 이론의 기본적 발상을 제공했다.

프로이트는 본능이라는 용어를 매개로 심리학과 생물학이 긴밀하게 연결되어 있다고 말한다. 나아가 진화론의 원리는 그의 정신 분석 이론에 큰 영감을 주었다. 자연환경 변화와 관련된 생존 경쟁 과정으로 개체에 나타난

변이가 종의 진화를 이끈다는 원리는 인간 정신에도 적용된다. 개인 경험 속에서 쌓인 무의식이 인간이라는 종 전체의 특징을 변하게 한다. 에너지 보존의 법칙도 많은 영향을 주었다. 에너지 보존의 법칙에 따르면 인간 활동도 에너지 활동의 하나다. 정신 활동도 에너지 작용의 연장선이다. 프로이트는 감정이나 충동도 에너지 활동이라고 본다. 불쾌감은 욕구가 충족되지 못했을 때 생기게 된다. 에너지가 사라지지 않고 형태만 바꿔 보존된다면, 정신 에너지도 성장 과정과 함께 사라지는 않고 다른 모습으로 계속 남아 사고와 행위에 영향을 미친다는 것이다. 이는 본능적으로 지니는 성적 에너지인 리비도(libido) 개념 형성에 영향을 주었다.

양자 물리학은 무의식 세계와 더욱 긴밀하게 연관된다. 융의 영향을 받은 심리학자 마리-루이제 폰 프란츠(Marie-Louise von Franz, 1915~1998)는 현대 물리학의 불확정성 원리와 무의식의 관계에 주목했다. 미시 물리학에서 이뤄지는 실험에 얼마나 관찰자의 영향이 미치는지 측정할 수도 없고 제거할 수도 없다고 말한다. 단지 통계적 확률로 말할 수 있을 뿐이다. 그래서 과학 실험에 실험 주체의 심리 요소도 함께 생각해야 한다는 것이다.

또 물리학자인 베르너 카를 하이젠베르크(Werner Karl Heisenberg, 1901~1976)는 양자역학 이론의 핵심인 불확정성 원리에 따르면, 미시적 세계에 입자성과 파동성이 공존한다고 말한다. 그러므로 관찰자가 입자와 파동 중 어느 측면에서 보느냐에 따라 다른 측정값이 나온다. 결국 확률에 따른 답만 얻을 수 있다. 요컨대 실험 주체의 심리적 요소를 고려하지 않고는 객체를 객관적으로 기술하는 것은 불가능하다.

인간에 대한 이해

인간은 의식적 존재인가?

프로이트는《정신 분석 강의》에서 인간을 의식에 기초한 정신적 존재로 보는 관점을 부정한다. 정신 과정은 무의식적이다. 프로이트의 독창성은 인간 존재를 무의식 세계에 초점을 맞추어 탐구하는 데 있다. 기존의 서양 철학은 정신과 의식을 거의 같은 단어로 사용했다. 무의식은 쓸모없는 한순간의 감정이거나 심지어 광기로 치부되었다. 프로이트는 여기에 도전장을 던진다. 정신의 중심은 의식이나 이성이 아니라 감정·사고·의지다. 여기에는 의식적 부분과 무의식적 부분이 모두 있다.

폴 델보(Paul Delvaux, 1897~1994)의 〈잠자는 비너스〉는 의식과 무의식이 공존하는 정신세계를 표현했다. 뒤편과 좌우의 배경에 등장하는 그리스 신전은 그리스 정신의 핵심 영역, 즉 이성의 세계를 상징한다고 볼 수 있다. 낮의 세계는 아폴론적 이성의 세계다. 하지만 밤은 벌거벗은 비너스와 이를 찬양하는 여인의 모습과 같은 감성과 욕망의 세계다. 밤이 없이 낮의 세계가 존재하지 않듯이 인간에게도 감정에 지배되는 무의식이 없는 정신은 있을 수 없다. 왼쪽에 있는 해골은 아득한 옛적부터 의식과 무의식이 정신 안에서 공존해 왔음을 상징하는 듯하다.

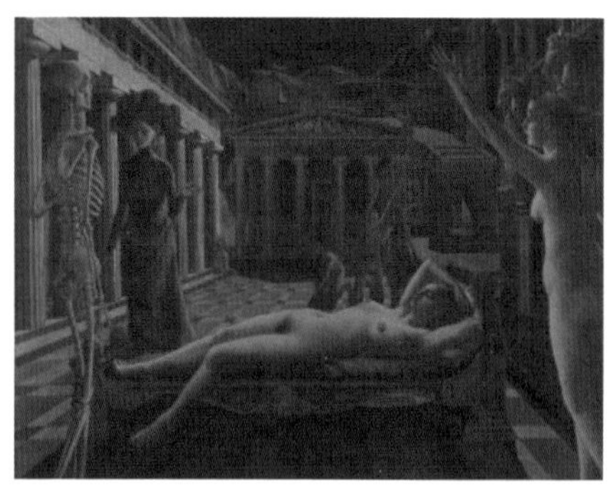

〈잠자는 비너스〉, 1944년

프로이트가 보기에 무의식은 욕망, 그 가운데 특히 성적 욕망에 직접 연결된다. 정신 분석은 성적인 것으로 칭할 수 있는 본능 충동이 신경증 또는 정신 질환을 불러일으킨다고 말한다. 무의식적 욕망은 사라지지 않는다. 욕망이 없다면 이미 유기체는 파멸된 것이다. 그런데 욕망은 성적 요소와 직결되는 유아기 경험으로부터 많은 영향을 받는다. 아동은 처음부터 풍부한 성생활을 갖는다. 그래서 유아기의 성적 욕구와 이를 억압하는 문제를 중요하게 추적해야 한다.

욕구를 억압당하는 주체는 본질적으로 결핍을 경험한다. 욕망은 잃어버린 것에 대한 갈구에서 시작된다. 문제는 억눌린 욕망이 무의식 상태에 액면 그대로의 내용과 형태로 드러나지 않는다는 점이다. 즉 굴절되고 왜곡된 형태로 발현된다는 것이다. 기존 철학은 무의식을 인간 본질을 규정하는 핵심 영역으로 삼지 않았다. 그들에게 무의식은 신비롭고 정신과 불투명한 관계를 맺는 이해와 증명이 불가능한 어떤 것이었다. 정신과 의식을 동일시하고, 무의식은 정신의 통로일 수 없다는 전제에서 출발했다. 하지만 보이지 않는다고 해서 활동하지 않거나 확인 불가능한 것은 아니다. 결론적으로 무의식은 현실에서 나타나는 현상에서 추론 과정을 거쳐 심층적 본질로 접근하는 방식이어야만 한다.

아들러는 무의식에 대한 기본 문제의식은 받아들이되 몇 가지 점에서 프로이트와는 전혀 다른 관점을 제시하면서 새로운 정신 분석 이론을 전개했다. 프로이트는 성적 욕구를 사고와 행동을 이해하는 핵심 고리로 삼았지만, 아들러가 보기에 본능적 충동은 여러 차원으로 나타나고 작용한다. 그는 불안을 억제된 성욕이나 출산의 경험의 결과라고 보지 않았다. 단지 감정이 목표를 달성하기 위한 방향으로 흘러가거나 이에 대응해 발달하는 사실을 보게 될 뿐이라는 것이다.

칼로는 자신의 작품에 성 문제와 잔혹한 출산 경험이 작용한 무의식 세계를 그렸다. 그녀는 6세 때 소아마비로 왼쪽 다리를 쓸 수 없게 되었다. 그리고 18세에 교통사고로 온몸이 만신창이가 되었다. 살아 있다는 사실에 의사가 놀라워했을 정도로 참혹한 사고였다. 멕시코 벽화 운동의 선두 주자이자 왕성한 성욕을 가진 사람과 결혼하지만, 온통 망가진 그녀의 몸은 성생활에 큰 장애였다. 이런 갈등은 둘 사이를 파국으로 몰아가 이혼과 재혼의 고통을 겪게 했다. 또한 몇 차례 유산 경험은 칼로에게 절망감을 더해 주었다.

아들러도 성이나 출산으로 받는 억압이 무의식에 미치는 영향을 부정하지는 않았다. 하지만 절대적 요인이 아니라 개인적·부분적 소재에 불과하다고 보았다. 성적 요인보다는 감정으로서 사랑, 특히 유아기에 겪는 가족의 사랑을 중시했다. 신경증 환자나 정신병자, 알코올 의존자, 성도착자 등은 동료 의식과 사회적 관심이 모자라기 때문에 실패했다. 사랑을 경험하지 못하고 자란 아이는 직업이나 우정 또는 성생활에서 노력을 통해 해결하려는 것에 확신을 갖지 못한다. 관심도 자신에게만 한정된다. 신경증을 불러일으키는 동인은 성적 억압이 아니라 열등감, 그중에서도 특히 육체적 열등감에 있다고 할 수 있다. 열등감을 감추고 보상하려는 심리가 신경증의 정체다.

융은 프로이트와 아들러의 문제의식 모두를 받아들이면서 정신 분석 이론을 넓힌다. 프로이트가 주장한 성적 억압만이 아니라 아들러가 강조하는 다양한 욕구는 모두 무의식 형성에 반영된다. 성적 가설이나 권력 가설은 주요 본능이기 때문에 무시할 수 없는 설득력을 가진다. 이는 개인의 특성을 규정하고 정치적, 사회적 밑바닥에 있는 충동을 증명해야 하는 대상으로 불러온다. 본능과 무의식은 다양한 감정과 욕구를 포함하는 전체 안에 들어 있다. 그래서 이 각각을 분리하면 개인의 통일성과 전체성은 파괴된다.

융은 프로이트와 아들러의 차이가 사람의 서로 다른 두 가지 기질을 표현한다고 보았다. 프로이트는 대상, 즉 객체에 주목해 외적 억압 중심의 이론을 펼쳤다. 객체는 주체의 쾌락 욕구를 촉진하거나 방해하는 식으로 작용한다. 아들러는 자신을 안전하게 하고, 대상과 사물을 지배하려는 주체에 주목해 열등감이나 보상 심리를 중요하게 여겼다. 결국 인간의 두 가지 유형, 즉 대상에 더 집착하는 외향적 유형과 자신에 더 집착하는 내향적 유형에 각각 해당하는 것이 프로이트와 아들러 이론이며, 두 이론은 각각의 의미와 역할이 있다. 나아가서 융은 집합적 무의식 개념으로 독립적 개인 의식 중심의 인간 이해를 공격한다.

〈멕시코와 미국의 경계에 선 자화상〉은 무의식에 작용하는 집합적 층의 가능성을 보여 준다. 칼로의 오른편에는 현대 사회를 살아가는 사람들의 정신에 직접 작용하는 미국 자본주의의 사회 체제와 사고방식이 묘사되어 있다. 미국 국기와 함께 고도로 발달한 산업 시설 그리고 대량 소비의 공간인 대도시 빌딩이 보인다. 현대인의 의식과 무의식에는 미국으로 상징되는 산업 사회의 근대화·성공·경쟁 논리가 어려서부터 스며들어 강력한 영향력을 발휘한다. 왼편으로는 16세기 초 스페인이 지배하기 전까지 명맥을 유지했던 마야 문명의 유적지가 있다. 칼로가 태어나기 훨씬 전부터 조상 대대로 이어져 온 전통 사회의 집합적 사고방식과 관행이 무의식 깊이에 자리 잡고 있음을 표현한 듯하다.

〈멕시코와 미국의 경계에 선 자화상〉, 1932년

무의식은 개인적일 뿐 아니라, 계승된 집합적 원형을 내포한다. 융은 개인의 심리에는 인류의 조상이 대대로 물려준 것, 그들이 되풀이해서 경험한 인간 생활의 흔적과 유산을 포함한다고 보았다. 중세나 고대, 선사 시대의 사고방식은 없어진 것이 아니라 지금도 여전히 우리에게 남아 있다. 여러 가지 보편적 인류의 기본 특성이 개인의식에 덧붙여진다. 요컨대 신화를 비롯해 여러 근원적 유형을 따라 형성된 집합적 무의식이 인간 정신의 바탕이며 뿌리다. 만약 정신이 집합적 무의식을 많은 부분 포함한다면, 원자화된 개인의 이성을 전제로 인간의 본질을 규정하려던 서양 철학 전통은 자기 근거를 잃게 된다.

인간은 자율적 주체일까?

프로이트가 보기에 무의식이 사고와 행위의 가장 중요한 영역이라면 주체의 자율성은 설 자리가 별로 없다. 서구의 전통적 이성관이나 합리주의에 따르면, 주체의 자율성은 의식적 현실 파악, 자기 선택에 따른 행위와 책임을 의미한다. 하지만 프로이트의 주장처럼 무의식이 정신을 좌우한다면, 선택과 행위의 자율성은 성립할 수 없다. 또한 선택과 행위로 어떤 문제가 생겼을 때, 손쉽게 무의식 탓으로 책임을 돌릴 수도 있다.

인간은 행위 의미와 가치를 스스로 만들어 내기보다는 오히려 정해진 원칙이나 규율에 의지하고 따른다. 심지어 자아가 스스로 왜곡하기도 한다. 자신의 행동이 자율적·합리적 판단에 기초한다고 여긴다. 하다못해 부모가 자식을 때릴 때도 합리적 이유에 따랐다는 믿음을 가진다. 사랑하기 때문에, 발달을 돕기 위해 때린다고 굳게 믿는다. 하지만 이는 자기기만일 수 있다.

부모의 행동이 가학적 욕망의 단순한 합리화에 불과할 수 있다. 무의식적으로 때리는 행위에서 쾌감을 얻거나, 그러한 욕망이 부분적으로라도 섞였을 수 있다.

정신을 과학적·수학적·논리적인 것으로 한정하는 합리주의에서 자기 분열에 빠진 주체는 관심 대상에서 배제된다. 하지만 프로이트가 보기에 생각하고 예측하는 '내'가 곧 진정한 존재라는 동일성 원리는 현실을 망각한 것이다. 간섭과 영향 없이 스스로 판단한다고 믿지만, 현실에서 '나'라는 존재는 내가 구성하는 것이 아니라 '구성되고' 있다. 뚜렷한 목적의식 없이 수행하는 역할, 변덕·착오·공포증, 물신화된 요소 등이 정신과 행위를 지배한다. 주체 자체가 분열되어 있다면, 확고한 이성이나 자율적 자아는 의심스러울 수밖에 없다.

이는 자유 일반을 부정한 것은 아니다. 우리는 무의식으로 비로소 진정한 자유에 도달할 수 있다. 오히려 합리주의가 자유를 제한한다. 합리주의에 기반한 문명 발달은 본능적 욕망을 억누르는 방식으로 개인의 자유를 약하게 만든다. 법과 제도를 사회 정의 기준으로 삼고 모든 사람이 그 제한에 복종할 것을 요구한다. 그런데 자유에 대한 욕망은 아직 문명에 길들지 않은 충동에서 나왔을 가능성이 있기 때문에 문명에 분노와 증오를 느끼는 토대가 될 수도 있다. 무의식적 욕망은 자유를 자극하고 문명의 억압적 형태나 요구에 저항할 수 있게 한다.

프로이트는 특히 성적 충동이 훨씬 완강하게 자유로운 충족을 요구하는 경향이 있다고 한다. 성욕 즉 리비도는 배고픔처럼 본능을 드러내는 힘이다. 배고픔과 같이 성욕은 성적 충동을 일으키는 힘이 된다. 문명은 가장 동물적이고 원시적인 충동, 즉 성적 자유를 더욱 체계적으로 억압한다. 서유럽 문명에서 전형적으로 나타나듯이 유아가 성욕을 드러내는 것을 우선 금지한다. 유년 시절에 기반이 마련되지 않으면, 어른의 성욕을 제한할 수 있는 가능성이 없기 때문이다.

요한 하인리히 퓌슬리(Johann Heinrich Füssli, 1741~1825)의 〈잠자는 두 여성을 떠나는 악령〉은 무의식의 뿌리에 연결된 성적 욕망을 암시한다. 그림의 배경은 본능과 감정이 충만한 밤의 세계다. 두 여성이 꿈에서 막 깨어났지만 아직은 현실과 꿈속 사이에서 헤매는 것으로 보인다. 창밖으로 달아나는 꿈속의 악령은 무의식에 작용하는 억압을 상징한다. 욕구가 현실에서 억압되어 발현되지 못한 채 무의식에 잠재해 있다가 꿈을 매개로 모습을 드러냈던 듯하다. 꿈에서 벗어나 현실과 의식의 세계로 돌아오는 순간 악령의 모습을 한 억압의 실체는 흐릿해짐을 보여 준다. 그런데 앞의 여성은 맨몸을 거의 드러낸 모습이다. 손가락은 마치 애무를 하는 듯 묘하게 휘어져 있고, 뒤틀린 몸과 갈망의 눈빛을 담은 표정을 짓고 있다. 성적 본능과 욕구에 근거한 무의식이 사고와 행동을 조종하는 숨겨진 힘이라는 메시지를 담은 느낌이다.

합리주의자들은 문명 발전과 함께 판단과 선택의 자유가 확대되었다고 느꼈다. 하지만 실제로는 착각인 경우가 대부분이다. 사회의 구조적 조건 때문에 어쩔 수 없이 따를 때가 많다. 진정한 의미에서 주체가 자율성을 확보하는 방법은 실질적 자유를 제한하는 구조적 조건과 장애물을 인식하고 변화시키는 것이다. 프로이트의 정신 분석은 바로 이러한 작업의 가능성을 주었다. 무의식 분석으로 심리적 현실이 어떻게 작동하는지를 인식하고 내면

〈잠자는 두 여성을 떠나는 악령〉, 1793년

의 정신적 갈등과 장애를 치유할 수 있다면, 주체는 선택과 행위의 범위를 더욱 넓힐 수 있다. 그러므로 무의식의 작동은 자유의 침해가 아니라 자유의 확장이라 할 수 있다.

아들러 역시 자율적 주체 발상을 부정한다. 유아기에 가족 관계에서 형성된 감정이 미치는 영향을 중시하는 그의 견해에서 볼 때 현재의 행위는 그렇게 하도록 무의식 속에 저장되어 있다. 아이가 경험하는 최초의 협동은 부모인데, 만약 부모와 협동하는 것을 경험하지 못했다면 아이 스스로 협동을 터득할 수 없고 파괴적 경향을 지니게 된다. 살인범을 비롯한 범죄자의 성향도 많은 부분 성장 과정에서 협동을 경험하지 못한 것과 연관되어 있다.

융의 집합적 무의식 이론도 자율적 주체를 인정하지 않는다. 우리가 흔히 자율적·의식적 개인이라고 부르는 존재는 집합적 마음의 어느 한 부분이다. 독립적 개성은 단지 스스로 있다고 믿는 가면, 즉 페르소나일 뿐이다. 가면은 다른 사람이나 본인 자신을 개성적이라고 믿게 하는 것인데, 실제로는 집합적 마음이 스스로를 꾸미고 출현한 역할에 불과하다.

정신 분석학의 인식론

프로이트는 정신 분석 이론이 기존 철학처럼 정교한 인식론 체계를 갖기는 어렵다고 보았다. 무의식에는 마음속 깊이 억압된 사고와 감정·기억이 저장되어 있다. 모든 정신 과정은 무의식 단계 또는 절차로 있다가 의식 단계로 옮아간다. 무의식은 직접 알 수는 없지만 행동으로 추측할 수는 있는데, 가장 대표적 방법이 꿈을 통한 이해다. 꿈은 무의식적 욕구나 소망, 갈등을 상징적으로 표현한다. 심리 현상은 주로 무의식적 동기에서 비롯된다. 하지만 무의식의 토대가 되는 본능적 충동이 그대로 드러나지 않고 내적 저항 과정을 거쳐 굴절하고 왜곡된 방식으로 나타난다.

이 모든 접근과 해명 과정은 지극히 의식적이다. 모든 지식은 의식과 연관되어 있다. 그런데 무의식 영역을 무의식으로 분석할 수는 없는 일이다. 프로이트는 무의식 영역을 과학적으로 해명할 수 있다고 여겼다. 그런 점에서 이성이 중심인 근대의 계몽주의적 사고방식을 전면적으로 비판하면서도 역설적으로 계몽주의 전통에 의존하는 모습을 보인다.

의식·전의식·무의식 그리고 자아·초자아·이드

• 의식·전의식·무의식

무의식과 의식 관계 분석을 위해서는 우선 억압을 이해해야 한다. 무의식은 의식에 직선적으로 연결되지 않는다. 정신 안에는 무의식과 의식이 머무르는 각각의 방이 있다. 그런데 만약 무의식적 충동이 방문턱까지 왔는데 문지기가 이를 제지하게 되면 의식할 수 없다. 이를 '억압되었다'고 한다.

억압은 관념이 의식화되기 전에 존재한다. 억압된 무의식은 의식적 정신분석 작업에 저항한다. 억압과 저항을 받은 무의식은 두 종류로 나뉘게 된다. 잠재되어 있으나 의식화할 수 있는 무의식, 그리고 억압되어 있어서 자체로는 의식화할 수 없거나 의식화가 어려운 무의식이 있다. 무의식을 두 종류로 나누면 정신 구조를 세 개의 층으로 구분할 수 있다. 의식과 전의식, 그리고 무의식이다. 잠재되어 있으나 의식화할 수 있는 것이 전의식이다. 전의식은 의식 쪽에 가깝다. 또 내용은 쉽게 의식에 접근할 수 있고, 일시적으로만 무의식적이다. 그런데 무의식 내용은 전의식으로 자유롭게 흐르지 않는다. 둘 사이에 억압과 검열이 작동하기 때문이다. 전의식은 무의식과 의식 사이에 있기 때문에 한편으로 성적 본능을 비롯한 일차적 요소에 영향을 받지만, 다른 한편으로 의식처럼 언어와 논리적 사고를 사용하는 이차적 과정에 따라 작용하는 경향이 있다.

의식이 언어와 논리적 사고를 사용한다고 해서 감각이나 감정과 다른, 별도의 독립적 통로로 스스로를 완성한다는 의미는 아니다. 기본적으로 의식도 무의식과 마찬가지로 경험과 감정에 의존한다. 의식은 외부 세계의 자극을 감각적 경험으로 접촉하는 과정에서 만들어지는데, 이때 즐거움과 불쾌감이라는 감정이 중요한 역할을 한다. 다만 의식은 감각과 감정으로 걸러진 정보를 언어를 사용해 논리적으로 재구성한다.

의식과 무의식은 시간과 맺는 관계에서도 구별된다. 의식은 현재의 시간과 공간에 긴밀하게 연결되어 있다. 하지만 의식과 달리 무의식은 시간의 제약에서 벗어나 있다. 칸트를 비롯해 근대 철학의 주류는 정신이 시간과 공간이라는 기본 틀 안에서 이루어지는 활동이라는 전제에서 출발한다. 하지만 프로이트가 보기에 무의식은 무(無)시간적이다. 우선 무의식 안에 시간적 질서가 없다는 의미에서 그러하다. 무의식을 형성하는 억압된 욕구는 시간의 순서에 따라 나열되거나 나타나지 않는다. 기억도 못할 만큼 아득한 과거에 강제된 억압이 최근의 불안을 느끼게 하는 가장 중요한 요인이 될 수 있다. 또한 시간이 무의식을 변화시키지 못한다는 점에서도 무의식은 시간에서 벗어나 있다. 시간이 흘러 나이가 든다고 해서 무의식의 힘이 옅어지거나 사라지지 않는다. 그만큼 무의식에 논리적 시간과 공간 개념이 들어설 자리가 없다.

살바도르 달리(Salvador Dali, 1904~1989)의 〈기억의 지속〉은 시간의 논리성이 사라진 무의식 세계의 단면을 회화로 묘사한다. 흔히 시간은 정확성을 상징한다. 적어도 지구 안이라면 어디에서나 1분의 길이는 같고, 언제나 과거에서 현재를 거쳐 미래로 향한다. 말 그대로 규격화된 규칙성이 지배한다. 하지만 그림에서 시간은 정확성의 신화를 벗어던진다. 자연의 나무 위든, 인공적 사물 위든 흘러내리는 시계 속에서 시간은 본래의 규격화된 틀을 유지하지 못한다. 시간과 공간에 기초한 현실성이나 일관된 논리성을 찾아볼

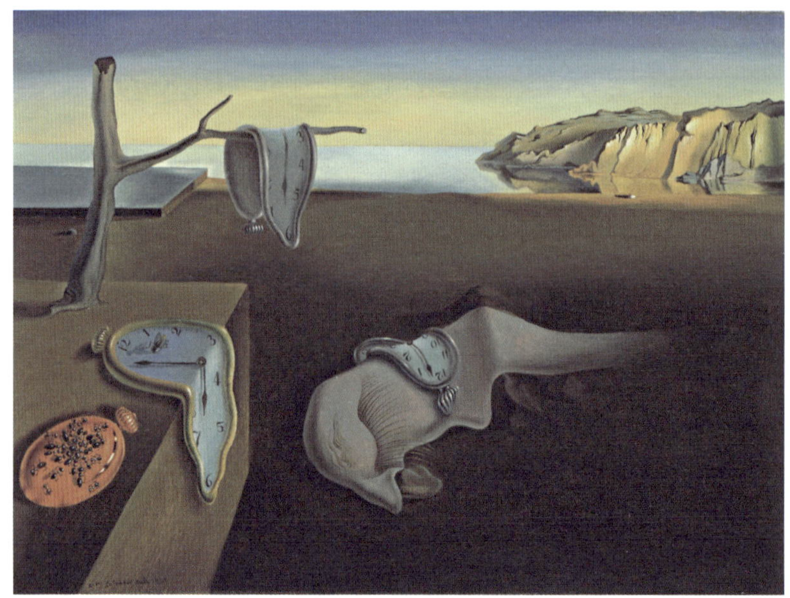

〈기억의 지속〉, 1931년

수 없다. 태곳적 모양을 간직한 듯한 생명체 위에 널브러진 시계도 여지없이 흘러내린다. 인류가 생긴 이래 현재에 이르기까지 무의식의 세계 안에 시간의 자리가 없음을 보여 주려는 의도인 듯하다.

• 자아·초자아·이드

의식에 영향을 미치는 전의식과 무의식의 작용으로 마음은 복잡한 구조를 갖게 된다. 우리가 흔히 자아라고 부르는 것이 곧바로 마음을 대표하지 못한다. 자아는 무의식의 영향을 받는 이드(id)와 초자아 사이에서 부분적으로만 마음에 영향을 미칠 뿐이다. 이드는 본능적 에너지, 즉 리비도의 저장고로서 쾌락을 추구하고 불쾌함을 피하는 쾌락 원리만을 따른다. 오로지 본능 욕구를 충족하기 위한 충동만이 있게 된다. 도덕도 선악도 없으며 논리적 사고도 작용하지 않는, 생물학적 과정과 밀접하게 연결된 무의식 영역이다. 성적 에너지의 지배 아래 있으므로 시간 관념에서도 벗어나 있다. 초자아(超自我)는 사회나 이상과 관계를 맺는다. 인격의 사회적 가치와 양심·수치감·후회, 가족이나 그 밖의 집단이 추구하는 공동의 이상 등은 모두 초자아의 기능적 측면이다.

자아는 이드와 초자아에 둘러싸여 있다. 자아는 외부 세계, 초자아, 이드라는 세 주인을 섬겨야 한다. 이를 만족시키기 위해, 즉 셋에 동시에 복종하기 위해 애를 쓴다. 세 개의 서로 다른 방향에서 조여 들어오는 힘을 느끼면서 세 가지 위험에 노출되어 지나친 압박을 받으면 불안 공포로 반응한다. 자아와 초자아는 모두 이드에서부터 발전한 것이다. 초자아도 자아보다는 이드에 더 연관성이 있다. 초자아는 대부분 무의식적이다. 그런데 자아와 초자아가 모두 이드에 젖줄을 대고 있더라도 같은 원리에 근거하지는 않는다. 자아는 현실 원리, 초자아는 도덕 원리의 지배를 받는다. 초자아는 내부에서 선악 판단을 내려 행동을 촉진하거나 제약하는데, 그러한 선악 판단과 도덕 원리는 서양 주류 철학의 견해와는 달리 의식에서 나오지 않는다. 성적 욕망과 연관된 오이디푸스 콤플렉스가 도덕 감정의 근원이다. 오이디푸스 콤플렉스가 어떻게 도덕 감정을 형성하는지는 뒤에서 자세히 다루려 한다.

그렇다고 해서 자아가 이드보다 무력하다고 생각해서는 안 된다. 자아는 이드와 초자아에 적극적으로 개입한다. 자아는 외부와 내면의 자극을 받아들인다. 또 외부와 내면이 주는 즐거움과 불쾌함을 수단으로 삼아 정신적 사건이 즐거움의 원칙과 일치하도록 애를 쓴다. 그런 점에서 자아는 무력하지 않다. 이드의 욕구가 현실적으로 모두 충족될 수는 없기 때문에, 자아는 에너지가 사회에서 받아들여질 수 있는 형태로 발산되도록 발전시킨다. '방어 기제'가 본능적 에너지를 받아들여지는 형태로 전환한다. 자아는 이드와 초자아의 요구를 중재하고 통제한다.

정신 분석의 과제는 무의식에서 출발하되 의식으로 향한다. 무의식을 의식으로 대신하는 일이 우리에게 쓸모 있다. 프로이트는 무의식을 의식 차원으로 끌어올려 억압과 함께 신경증의 조건을 제거할 수 있다고 주장한다. 나아가서 병의 원인으로 작용하는 갈등 역시 해결이 가능한 정상적 갈등으로 전환할 수 있다. 이를 통해 이드가 지배하는 쾌락 원칙에서 자아의 현실 원칙으로 나아간다. 이는 자아가 발달하는 과정에서 보이는 가장 중요한 진보라 할 수 있다. 자아가 현실 원칙을 따르도록 하는 데 초점을 맞춰야 한다. 현실 원칙도 근본적으로는 쾌락을 얻기 위해 노력한다. 그때의 쾌락은 비록 지연되거나 감소된 것이지만 현실에 따라 보장된 것이기도 하다.

• 성적 억압의 작용

프로이트는 히스테리 환자의 임상적 경험과 꿈을 분석해 억압받고 굴절된 충동이 본질적으로 성적인 것이라고 결론지었다. 더 나아가 신경증의 여러 증상이 성적 충동과 정신적 방어 사이의 갈등에서 비롯되었다고 본다. 공포나 불안 그리고 분노 같은 정서도 히스테리를 불러일으킬 수 있다. 하지만 병리 결과를 가져오는 가장 중요한 것은 성적 요인임은 분명하다. 그만큼 성적 욕구는 정신 분석에서 매우 중요하고 특별하다.

권력을 향한 의지를 강조한 아들러의 문제의식을 비롯해, 성적 욕구와 관련이 적다고 여겨지는 권력이나 특권 같은 요소의 영향을 부정하지는 않는다. 문제는 이러한 동기들이 지배적 역할을 한다는 점을 인정할 수 없다는 점이다. 다양한 요소 중에서 가장 핵심적 요소는 단연 성적인 동기다. 여기서 성적 충동을 정신 질환만이 아니라 사회 영역으로 확대 적용한다. 성적 충동은 문화뿐만 아니라 예술 그리고 사회적 창작에도 큰 영향을 끼쳤다. 하지만 사회는 의도적으로 성적 충동과 정신 질환의 관계를 부정하거나 피해 버린다. 사회는 법과 제도 등 인위적 요소가 지배한다. 사회는 의식적·이성적 성곽에 둘러싸여 있다. 사회에서 볼 때 성적 충동은 의식이나 이성을 허물어뜨릴 수 있는 괴물이다. 사회는 성적 충동을 적대적인 것으로 여기고 사람의 관심이 멀어지도록 힘쓰면서도 정신 분석학이 연구를 토대로 내린 결과를 받아들이지 못한다. 그러면서 결과를 혐오스럽고 도덕 관점에서 벗어났으며 비난을 받아 마땅하며 위험하다고 낙인을 찍는다.

성적인 즐거움을 죄악으로 여긴 가장 극단적인 시대가 바로 서양 중세다. 러시아 화가 카를 파블로비치 브륨로프(Karl Pavlovich Bryullov, 1799~1852)의 〈수녀의 꿈〉은 성을 가장 적대시해야 할 죄악으로 여기는 수녀원의 도덕률을 배경으로 한다. 성곽처럼 폐쇄적 구조로 창문까지 철망으로 봉쇄한 수녀원 건물은 성에 대한 최소한의 인간적 욕구조차 지옥에 떨어질 잘못으로 규정한 중세 교회의 태도를 그대로 보여 준다. 문을 열고 방 안을 살피는 수녀원장은 성을 일상적으로 감시함을 상징한다.

그런데 서양 중세 사회는 정도의 차이만 있을 뿐, 수도원의 성적인 도덕률을 일반 사회에도 적용했다. 아이를 낳기 위한 목적의 성만을 제한적으로

〈수녀의 꿈〉, 1831년

인정하고, 성적 유희는 사회적으로 매우 엄격하게 제한했다. 하지만 그림은 억압으로 성적인 욕망이 사라지는 것이 아님을 알려 준다. 비록 현실에서는 철저하게 억압되었지만, 무의식 공간인 수녀의 꿈에서는 청년과 달콤한 유희를 즐긴다.

확실히 인류가 의식의 견고한 성(城)을 쌓는 동안 무의식이 배제되었고, 욕망이나 충동의 역할이 부당하게 억압당했다는 비판은 큰 의의가 있다. 특히 문화와 예술 영역에서 욕망과 충동이 큰 역할을 했음을 부정할 수 없다. 고대에서 현대에 이르기까지, 동서양을 막론하고 인간은 성적 욕망을 문화와 예술로 표출했고 이 과정에서 예술 형식의 발전에 많은 기여를 했음을 부정할 수 없다.

프로이트가 성적 욕구나 억압을 강조할 때 사용하는 성 개념은 포괄적이면서 동시에 구체적이다. 예컨대 남자와 여자가 대립하거나 쾌락을 바라는 것, 생식하는 것으로 종합해 이해한다면 일상생활에 필요한 실천적인 요구는 충족된다고 본다. 즉 성 개념을 어떻게 정하느냐에 따라서 성에 대한 이해가 크게 달라지게 된다. 만약 특정 내용이나 방식으로 제한하면 이를 넘어서는 모든 사고와 행위는 비정상적 일탈 행위, 범죄 행위로 규정되어 버리게 되는 것이다.

기독교적 엄숙주의가 지배한 중세 유럽에서는 성을 생식 기능으로 제한했다. 그러면 자위행위나 입맞춤처럼 출산과 직접 관련이 없는 성행위는 비정상으로 치부했다. 남성과 여성의 차이와 관련된 모든 사태라는, 일반 규정은 아무 말도 안 한 것이나 마찬가지다. 그래서 좀 더 넓혀서 남녀 대립, 쾌락 희구, 생식 기능 등으로 이해하면 실용적이긴 하지만 부족함은 여전하다. 동성애자는 어떻게 분류해야 하는지도 문제로 남는다.

프로이트는 성을 몇 단계로 세분화하고 성격 형성과 관련한 과학적 분석을 시도한다. 성적 욕구는 최초에 입을 거쳐 항문으로 나아간다. 아기가 어머니의 가슴을 빠는 행위처럼 최초의 성적 욕구는 입에서부터 시작된다. 이후 항문·성기로 나아가지만 입은 오랜 기간 무의식에 영향을 미친다. 이러한 현상은 언어에도 흔적을 남겼다. 예컨대 사람들은 사랑하는 대상을 맛있어 보인다고 표현하기도 하고 또 좋아하는 사람을 사탕에 비유한다. 단것은 성적 만족을 상징한다고 본다.

여기서 프로이트는 성적 욕구와 연관된 인간의 성격을 네 가지 유형, 즉 구순애-수용적 성격, 구순애-사디즘적 성격, 항문애-사디즘적 성격, 성기애적 성격으로 구분한다. 입과 항문, 성기를 중심으로 한 성적 욕구로 구분하고 여기에 각각의 성격 구조를 대입한다. 정상적으로 발달하는 사람은 네 단계를 모두 거친다. 그러나 대부분 중간 단계에 머물고 성인이 된 후에도 이전 단계의 특색을 그대로 지녀서 문제가 생기게 된다.

구순애-수용적 성격은 물질적·정서적으로 양육되기를 기대한다. 구순애-사디즘적 인물도 필요한 모든 것이 외부에서부터 주어져야 한다고 여기지만, 다른 사람에게서 힘으로 뺏으려는 약탈적·착취적 성격을 갖는다. 항문애-사디즘적 성격은 새로운 것이 생기지 않는다고 믿으며, 자기 것을 보호하는 일이 가장 중요하다고 생각한다. 성기애적 성격이 사람에게 주어지는 사랑하고 일하는 능력의 기초다. 현실의 사랑·증오·야심·권력욕·탐욕·잔혹성 등은 이러한 여러 종류의 성적 에너지, 즉 리비도와 연관을 맺고 나타난다.

성기에 갖는 관심이 완전한 정상을 의미하지는 않는다. 성기에 관심을 가지면서 아이는 거세 콤플렉스에 시달린다. 3세쯤 성적 흥분이 성기에 집중되고, 성기를 사용하는 자위행위가 중요해진다. 남자아이는 거세 콤플렉스의 영향을 받는데 이는 건강할 때는 성격 형성에, 병에 걸렸을 때는 신경증에 영향을 미친다. 소녀는 소년이 지닌 것을 부러워하며 남자가 되고 싶다는 욕망을 갖는데, 후에 여성으로서 역할을 제대로 못 할 때 신경으로 나타난다.

• 프로이트 억압 이론 비판과 심리학 확장
융은 억압 원인과 억압이 미치는 힘에서 프로이트와 큰 차이를 보인다.

융은 프로이트가 억압 원인으로 다
양한 사례를 제시했지만, 성욕 말
고 다른 요인은 억압 원인으로 인
정하려 들지 않았다고 지적한다.
융은 정신을 생리적 충동에 예속
시키지 않고 독자적 실체로 다루려
했다.

독일의 화가 바르톨로메오스
호퍼(Bartholomäus Hopfer,
1628~1699)의 〈우울〉은 성적 욕

〈우울〉, 1643년

구로 제한되지 않는 다양한 신경증의 원인을 담고 있다. 한 남성이 우울함에
사로잡힌 표정으로 우리를 응시한다. 그의 주변에는 밑바닥을 알 수 없는 우
울 감정에서 허우적거리게 만든 여러 원인이 둘러싸고 있다. 벽에 붙어 있는
그림에는 벌거벗은 남성과 여성이 끌어안고 있다. 성은 여러 면에서 우울의
원인이 된다. 인간의 본원적인 본능 욕구에 해당하는 이상, 충족되지 않을
때 마음에 문제가 생긴다. 여기서 주인공이 노인이란 점을 눈여겨야 한다.
마음의 욕정은 여전한데 육세는 늙어간다. 이때 우울 이라는 감정이 찾아온
다. 혹은 인생을 거치며 끊임없이 새로운 상대를 찾았지만 되풀이되는 권태
속에서 실망에 잠겼던 기억이 우울감을 만들어 낼 수도 있다.

하지만 이 작품의 주인공이 느끼는 우울의 원인이 성으로만 제한받지는
않는다. 탁자 왼편에 금은보화가 보인다. 더 많은 재산을 소유하려는 욕구는
무한한데, 대다수 사람이 겪는 현실은 깊은 실망으로 끝난다. 오른편의 해골

은 인간으로서 필연적으로 마주치는 노화와 죽음을 상징한다. 젊은 시절에는 자신이 늙으리라는 것을 실감하지 못하지만, 어느 순간 죽음을 향한 발걸음이 되돌릴 수 없는 상태에 이른다는 것을 깨닫는다. 학문을 상징하는 탁자 위 책도 마찬가지다. 오랜 기간 인류는 절대적 진리를 추구했지만, 때로는 시대의 변화 때문에, 때로는 새로운 문제의식에 늘 뒤로 밀려나 실망을 느낀다. 요컨대 인간이 살아가면서 갖는, 재산·죽음·인식을 비롯한 다양한 욕구가 가로막힐 때 우울은 찾아온다.

융은 억압의 소재만이 아니라 억압이 무의식에 발휘하는 힘의 정도에서도 다른 의견을 보인다. 억압으로만 마음을 이해하면, 인간은 억압이 제거됐을 때 아무것도 잊지 못하는 신비로운 기억을 지닌 존재가 되어 버린다. 무의식 내용에는 억압된 소재 말고도 의식에 미치지 못하고 있는 모든 심적인 것이 있다. 그러한 의미에서 과거의 상처가 현재의 장애를 절대적으로 결정하지는 않는다.

프로이트가 무의식을 전의식과 무의식으로 구분하고 여기에 초자아와 이드를 배치했다면, 융은 무의식의 자리에 그림자, 아니마(Anima) 또는 아니무스(Animus), 자기(Self)를 둔다. 집합적 무의식을 주장하는 융으로서는 프로이트와 다른 무의식 구조를 설정하는 게 당연했다. 그림자는 인류 초기 조상으로부터 전해진 원시적 동물 본능을 포함하기 때문에 가장 근본적이다. 그러므로 사회가 억제하려는 충동을 지닌다.

하지만 그림자를 전적으로 억압할 때 근원적 본능이 지니는 자발성·창의성이 차단되면서 무기력해진다. 아니마와 아니무스는 각각 남성에게 나타나는 여성적 측면, 여성에게 나타나는 남성적 측면으로서 원형을 말한다.

이 역시 남녀가 수없이 많은 세대에 걸쳐 함께 생활하며 이성의 성격을 일부 습득하면서 만들어진다. 자기는 통일성·통합성·전체성을 지향하며 균형을 유지하려는 궁극적인 자기실현 욕구를 의미한다. 그러한 의미에서 의식과 무의식의 중간 정도에서 통합을 이루려 노력한다.

융은 자기의 통합 욕구로 무의식과 의식의 균형을 강조했다. 무의식과 의식이 분열을 하면 심리적인 장애를 일으킬 수 있다. 프로이트에게 무의식은 억압된 충동이 소용돌이치는 곳이었다. 하지만 융이 보기에 무의식은 의식과 분열을 지양하고 하나의 인격을 실현하는 능력, 비정상을 정상으로 바꿀 능력을 지닌 곳이다. 무의식과 의식의 인과론적 관계만이 아니라 균형과 정상을 향한 미래지향적·목적론적 파악의 중요성을 강조한다.

에릭 홈부르거 에릭슨(Erik Homburger Erikson, 1902~1994)은 융의 문제의식을 확장하기에 이른다. 그가 보았을 때에도 유아기·아동기 경험은 중요하다. 그런데 정체성은 억압된 성적 욕구보다는 부모와 맺는 관계나 사회와 맺는 관계에서 주로 만들어진다. 극단적 상황에 있는 소녀가 아니라면 모든 소녀에게 성적 억압과는 별개의 내면적 공간을 가진다.

그러므로 심리학은 임신과 출산뿐만 아니라 충만함과 따뜻함 및 관용성을 시사하는 수유와 네싱 구조의 모든 풍부한 면을 동시에 고려해야 한다. 그렇기 때문에 단일한 성적 요인을 넘어서 다양한 요인을 헤아리면서 전체적 접근이 필요하다는 것이다. 또한 프로이트가 어린 시절 꿈·사고·기억의 분석을 중시한다면, 에릭슨은 사회적 경험으로 이루어진 자아 분석을 중시한다. 그러므로 성인이 되면서 성격 형성이 끝나는 것이 아니다. 성인 역시 과정 속에 있다.

정신 활동 이해 방법으로서 꿈 해석

- 심리적 현상으로서 꿈

프로이트에게 꿈은 정신 분석의 핵심 통로다. 무의식이 매우 중요하더라도 이를 확인할 장치가 없다면 막연한 추측에 불과하다. 다시 말해서 '무의식을 알 수 있는가?'라는 물음이 중요해진다. 꿈은 무의식을 해석하는 중요한 인식 수단이다. 꿈을 중요한 심리적 현상으로, 정신생활 맥락에서 다룬다. 꿈은 중요한 심리적 행위다. 이러한 꿈의 원동력은 성취해야 하는 소원이다. 사람들의 내적 바람이 꿈이라는 형식을 띠고 나타난다. 그런데 소원이 그대로 꿈으로 반영된다면 꿈을 해석할 일은 없다. 그냥 꿈에 나타난 그대로를 보면 된다. 문제는 꿈이 사진처럼 대상을 그대로 전달하지 않고 굴절되거나 심지어 매우 엉뚱한 방식으로 나타난다는 점이다. 이는 꿈이 소원 성취만이 아니라 검열의 지배도 동시에 받기 때문이다. 소원 성취와 검열은 다른 방향으로 작용한다.

프로이트는 모리츠 폰 슈빈트(Moritz von Schwind, 1804~1871)의 〈죄수의 꿈〉이라는 그림을 설명한다. 이 작품은 죄수가 탈출을 꿈꾸는 장면을 담았는데, 여기서 프로이트는 죄수가 창문으로 탈출을 이루려 한다는 점을 재미있다고 말한다. 창문으로 새어 들어오는 햇빛은 죄수의 잠을 깨울 것이다. 그럼에도 죄수는 창문으로 탈출하기를 바란다. 난쟁이들이 겹겹이 쌓여 올라가고 있는 모습과 톱으로 창살을 자르는 난쟁이의 모습은 죄수가 하고 싶은 행동을 나타낸 것이다. 이는 꿈꾸는 이가 처한 상황에서 꿈이 만들어진다는 점을 화가가 얼마나 사실적으로 포착하고 있는지를 보여 준다. 당연히 죄수의 소원은 감옥 밖으로 나가는 것이다. 세상으로 나가려는 욕구는 꿈의 동기가 된다. 그림에서 죄수가 눈을 뜨고 있는 점도 주목할 만하다. 그만큼 화가는 죄수의 소원이 막연한 바람이 아니라 강렬한 현실적 욕구라는 점을 보여 주려 했던 게 아닌가 싶다. 요컨대 죄수는 자신이 직접 쇠창살을 끊지 않는다. 심리적 검열 때문에 소원 성취는 꿈을 통해 은유적인

〈죄수의 꿈〉, 1836년

변형 과정을 거쳐 나타난다. 난쟁이와 천사, 창으로 들어오는 빛이 그 상징이다.

소원 성취와 검열을 이해하기 위해서는 정신 활동의 요소와 방향을 구분해야 한다. 정신 활동에 봉사하는 기구, 예긴대 사진기나 현미경은 렌즈를 통해 외부 물체의 상을 단계적으로 보여 준다. 인간도 눈으로 물체를 보고 신경을 거쳐 뇌에 이를 전달하며 다시 뇌가 신체를 통해 반응한다. 이 상식적인 과정을 정신 활동 내부의 설명에 적용해 보자. 정신 활동은 감각을 받아들이는 지각 조직에서 출발해 기억하는 조직을 거쳐 의식적으로 어떤 반응을 수행하는 운동성 조직에 다다른다.

여기서 꿈을 증거로 사용하기 위해서는 무의식과 전의식을 구분해야 한다. 소원 성취를 앞으로 나아가게 하는 꿈-형성의 원동력은 무의식에 있고, 이를 비판하고 검열하는 기능은 전의식이 담당한다. 정신 활동은 무의식과 전의식, 의식으로 구분할 수 있다. 정신 활동은 무의식에서 전의식을 거쳐 의식으로 나아간다. 무의식은 끊임없이 의식으로 나아가는 통로를 확보하려는 경향을 갖는다. 그런데 전의식은 무의식이 의식에 이르지 못하도록 통로를 병풍처럼 가로막고 검열한다. 그러므로 꿈에서 무의식이 상징화되거나 왜곡·굴절된 형태로 나타난다.

• 퇴행 과정으로서 꿈

꿈은 과거로 돌아가는 퇴행이고, 어린 시절을 지배한 충동과 표현 방식의 재생이다. 퇴행이란 정신 활동이 의식에서 전의식, 무의식에서 기억 조직들, 또 지각 조직으로 역행해, 사고와 표상이 감각적 원재료로 해체되는 과정이다.

예컨대 히스테리, 편집증자의 환각, 정신이 건강한 사람의 환영을 퇴행으로 본다. 여기서 유아기의 기억이 영향을 미친다는 점을 그냥 넘겨서는 안 된다. 유년 시절에 강한 감각 자극과 인상을 남긴 체험은 기억 조직에 흔적을 새겨 놓으며, 전의식의 검열로 억압된 소망은 기억 흔적과 결합해 환각을 구성한다. 퇴행이 발생하는 이유는 두 가지다. 하나는 무의식이 의식에 진입하는 것을 막으려는 전의식 기능 때문에 사고와 논리가 감각으로 후퇴하면서 나타난다. 또 다른 하나는 기억 가운데 감각 자극을 강하게 갖고 있는 것이 사고를 다시 감각으로 이끌기 때문에 나타난다.

이러한 개인의 유년기 배후에서 계통 발생학적 유년기, 즉 인류의 발전을 인식할 수 있는 가능성이 열린다. 꿈을 분석해 정신의 근원을 인식할 가능성을 확대할 수 있다. 그런데 꿈에서도 유아기 욕망이 지배적 역할을 한다. 특히 유아기의 성적 체험이나 이에 근거한 공상이 결정적 영향을 미친다. 그렇기 때문에 꿈은 전이를 거쳐 변한 유아기 사건의 대체라고 할 수 있다. 유아기에 겪은 성적 체험이나 욕망은 원래대로 부활할 수 없으므로 꿈으로의 재현에 만족해야 한다. 여기서 꿈 또는 병적 퇴행 사례에서 일어나는 에너지 전이의 과정이 정상적인 정신생활의 퇴행과 다르다는 점을 기억해야 한다. 에너지가 전이 과정을 거치면서, 지각 조직이 리비도에만 집중할 가능성이 있기 때문이다.

표면적으로 보기에 악몽이나 수면을 방해할 만큼 고통스러운 꿈처럼 성적 소원 충족과는 거리가 멀어 보이는, 일반적인 불만이나 공포에 해당하는 꿈도 있지 않느냐는 반론이 있을 수 있다. 실제로 많은 사람이 악몽을 많이 꾼다. 그리고 현상적으로는 성적 소원 성취와 관계가 멀어 보인다. 하지만 이와 관련해서 두 가지 점을 고려할 필요가 있다. 하나는 꿈이 전의식의 검열을 거쳐 굴절된 형태로 나타남을, 다른 하나는 성적 욕구가 흔히 생각하는 일반적 성 경험에만 제한되지 않는다는 점을 떠올려야 한다.

영국 화가 존 앤스터 피츠제럴드(John Anster Christian Fitzgerald, 1819~1906)의 〈꿈의 재료〉는 꿈의 미묘하고 복잡한 단면을 보여 준다. 꿈의 세계가 방 안에 펼쳐진다. 어떤 남성과 예의 바르게 격식을 차린 대화를 하는 장면이 펼쳐지고 있다. 하지만 잘 살펴보면 겉으로 드러난 화사한 분위기 이면에 온갖 형상의 괴물 모습을 한, 거의 악몽에 가까운 꿈의 재료가 동

〈꿈의 재료〉, 1858년

시에 나타난다. 괴물이 여자에게 손을 내미는 장면이 보인다. 사회적으로 강제하는 도덕률에서 벗어난 일탈 행위를 상징한다. 침대 위의 여자는 겉으로 청순함을 가득 담고 있지만, 꿈을 매개로 내면의 한구석에서 꿈틀거리는 육체적 욕망을 무의식으로 풀어낸다.

　침대 주변에 정체를 알 수 없는 온갖 종류의 이미지와 잔상이 펼쳐진다. 악몽처럼 뇌리에 달라붙어 괴롭히는 조각이 있고, 나팔을 불고 북을 치며 기분을 흥겹게 북돋는 조각도 있다. 그 외에도 정체를 알 수 없는 잔상처럼 보이는 조각들이 둥둥 떠다닌다. 무의식의 조각들이니 스스로 무엇을 의미하는지 분명하게 구별하기 힘들다. 또한 각각의 조각과 조각 사이의 관계가 무엇인지를 구분하는 일은 더욱 어렵다. 프로이트 관점에서는 그림의 상징은 대부분 성적 요소와 관련된다. 풍경과 정원은 여성 성기로, 과일은 여성의 가슴을 상징한다고 한다. 산과 바위, 칼·창·검 등과 총포류의 무기, 지팡이·우산·몽둥이·나무, 야수 등은 남성 성기를 상징한다. 결국 이 그림에서 야수에 가까운 기괴한 괴물이 무리를 지어 등장하는 것은 육욕에 몸부림치는 여인의 무의식을 보여 주는 것이라고 할 수 있다.

성적 본능은 파괴 본능과 겹친다. 자기 보존, 종족 보존 성격을 갖는 성적 욕구는 파괴 욕구를 동반한다. 이 두 가지 욕구는 같은 분량은 아니더라도 언제나 공존한다. 아무리 다정한 사랑이라도 무의식중에 공격적 욕구를 가질 수 있다. 사디즘이나 마조히즘이 여기에 해당한다. 사디즘은 대상에 고통을 가하면서, 마조히즘은 고통을 받으면서 성적 만족을 이룬다. 모든 본능 충족은 이러한 본능이 융합되어 구성된 것이다.

성적 본능을 동반하는 파괴 욕구가 현실에서 해결되지 못하고 억압된 상태로 있게 된다. 당연히 소원 성취가 제한받거나 부분적으로만 표출되는 데서 오는 불만은 쌓일 수밖에 없다. 이렇게 쌓인 불만이 꿈의 검열 장치를 거쳐 공포의 감정과 결합한 악몽과 같은 꿈으로 나타난다. 아몽도 여전히 성적 소원 성취의 연장선 위에 있고, 꿈을 통해 대리 충족된다. 다만 검열 장치를 이해 못했기 때문에 단순한 악몽으로 느껴질 뿐이다.

• 프로이트 꿈 이론 비판과 심리학 확장

프로이트는 꿈이 과학적으로 이해될 수 있다는 입장이었다. 하지만 아들러는 프로이트의 꿈 이론이 몇 가지 점에서 과학적 태도를 잃었다고 비판한다. 아들러가 보기에 프로이트 이론은 꿈과 현실에 거리를 둔다는 점에서 과학적 태도를 잃었다. 자고 있을 때와 깨어 있을 때, 또 꿈의 사고와 낮의 사고를 대립과 모순으로 취급하는 어떠한 이론도 비과학적이다. 꿈과 낮의 차이점은 절대적인 게 아니다. 둘 사이에 고정된 경계 따위는 없다. 꿈은 현실과 맺는 관계가 배제되어 있지만, 이는 단절을 의미하지는 않는다. 잠을 자면서도 현실과 접촉한다. 현실에서 여러 문제로 고민하고 있다면 잠을 자면서도 고민은 연장된다. 현실에서 어떤 욕구가 있다면 꿈에서도 자신을 만족시켜 줄 것을 찾는다. 그러므로 과학적 견지에서 볼 때 꿈을 꾸는 사람과 깨어 있는 사람은 같은 인간이며, 꿈의 목적은 이 한 사람의 일관된 개성에 적용할 수 있어야 한다.

프로이트 이론의 또 다른 오류는 꿈을 주로 성적 배경으로 분석하는 데 있다. 만약 이것이 사실이라면 꿈은 개성 전체가 아닌 일부가 될 뿐이다. 꿈은 단순히 억눌린 성적 욕구가 아니라 모든 문제를 대상으로 안이한 해결책을 얻으려는 것이며, 용기를 내야 할 일에 실패했음을 명확하게 보여 주는 것이다. 성적 본능이 개입하는 때도 있지만, 자기주장 욕구나 권력 의지와 연관된 지배 욕구도 폭넓게 포함한다. 현실에서 주장 욕구나 지배 욕구가 좌절당할 때 꿈으로 보상을 얻으려는 방식으로 나타난다. 그렇기 때문에 꿈의 열쇠는 성적 장애가 아니라 열등감에서 찾아야 한다. 노이로제나 꿈은 열등감을 감추고 보상하려는 상징적 방식이다.

융도 성적 요소로 꿈을 분석하는 프로이트의 한계를 지적한다. 융은 꿈에 나타난 것을 전혀 다른 심리적 문제일 수도 있다고 말한다. 예컨대 프로이트가 대표적인 성 이미지로 꼽는 열쇠나 몽둥이의 경우를 설명한다. 어떤 남성이 열쇠를 구멍에 꽂는 꿈을 꾸거나 무거운 몽둥이를 휘두르고 문짝을 망치로 때려 부수는 꿈을 꾸었다면 프로이트의 분석처럼 성적 비유라고 생각할 수 있다. 하지만 프로이트의 문제는 분석이 여기에 머무른다는 데 있다. 그럼에도 눈여겨야 할 점은 그의 무의식이 여러 이미지 가운데 어떤 하나를 선택했다는 사실이다. 요컨대 정신 분석으로 정말 알아내야 할 과제는 왜 몽둥이보다 열쇠가, 혹은 망치보다도 몽둥이가 선택되었는지를 이해하는 것이다.

더 나아가서는 정신 분석에서 꿈이 차지하는 비중을 과도하게 설정했다는 점에서 프로이트를 비판한다. 프로이트에게 꿈은 정신 분석의 출발점이자 핵심 통로였다. 하지만 융이 보기에 꿈은 무의식이 제공하는 풍부한 내용에 접근하는 데 매우 제한적 역할을 할 뿐이다. 꿈 말고도 명상이나 그림·문자 등 아주 사소해 보이는 상징을 이용한 대화를 통해서도 무의식에 접근할 가능성이 열려 있다.

융은 꿈 해석에서 상징의 역할을 강조한다. 상징은 다른 어떤 심리적 현상보다 중요하다. 특히 집합적 무의식을 형성하는 원형은 이미지와 긴밀하게 연결되어 있다. 이미지와 상징이 함께 있을 때 그것을 원형이라 부를 수 있다. 상징으로서 이미지는 인류의 축적된 생활에서 오는 "욕망과 비슷한 것"이다. 상징은 심적 에너지가 만들어 낸 욕망을 표현한다. 자연의 물리적 에너지 자체는 보거나 만질 수 없기 때문에 에너지의 작용으로 생기는 어떤 현상으로부터 실체를 인지할 수 있다. 마찬가지로 심적 에너지도 자신의 모습을 그대로 드러내지 않는다. 에너지가 표현하는 상징으로 인식할 수 있다.

무의식에 연관된 상징은 주로 자연에 관한 것이다. 의식 세계에서 접하는 문화적 상징과는 다른 차원이다. 예컨대 십자가와 같은 종교적 상징은 문화적 상징의 대표적 경우다. 의식 발전의 오랜 과정을 거쳐 문명사회가 받아들인 보편적 이미지다. 하지만 무의식에서 나온 상징은 인위적·의식적 요소가 덧씌워지지 않은, 원시적 이미지로 나타난다. 아니마와 아니무스 같은 집단 무의식은 모성애의 표상, 영웅의 표상, 성적인 매력이 있는 여성의 표상 등 특정한 모양으로 마음속에서 나타난다. 세계의 표면이 미신적이고 비합리적인 요소를 깨끗하게 없앴다고 하더라도 진정한 내적 세계가 원시성에서 해방되었다고 하는 것은 또 다른 문제다.

그림자는 무의식의 이미지다. 자아의식으로서는 결코 있을 수 없는 성격, 가장 싫어하기 때문에 절대로 그렇게 되지 않으려고 노력해 온 바로 그 성격이 그림자의 정체다. 성격 안의 열등하고 부정적이며 숨기고 싶은 부분, 의식의 입장에서는 숨기고 싶은 부분, 즉 부정적·원시적인 부분을 의미한다. 의식이 빛이라면 이 그림자와 통합되면서 정상적인 한 사람이 된다. 분석 치료가 그림자를 의식화하면서 분열과 긴장이 만들어진다. 긴장을 느끼는 쪽은 통합으로 타협을 꾀하는데, 이를 중개하는 것은 바로 상징이다. 의식은 험악하고 비굴하거나 야비한 자신의 그림자를 보고 대립과 분열의 감정을 느낀다. 그러나 그림자를 대면하고 인정할 때 통합을 향한 발걸음을 내딛을 수 있다.

빛과 맺는 관계에 따라 굴절되고 왜곡된 모습으로 나타난다는 점에서, 그림자와 무의식은 닮은 구석이 많다. 정신에도 빛과 그림자의 영역이 있다. 타인 앞에서는 의식의 세계가 주인 역할을 한다. 보여 주고 싶지 않은 자신의 어두운 부분은 그림자가 되어 평상시에는 숨어 있다가 특정한 순간에 전의식의 검열로 굴절되어 나타난다.

프란츠는 그림자에 대한 자각을 더 알기 쉽게 설명한다. 예컨대 친구가 나의 결점을 비난할 때 심하게 분노가 끓어오른다면 스스로가 의식하지 못했던 그림자를 발견했다고 말한다. 여기서 마음속에 일어나는 분노는 의식이 회피하려 하는 자신의 부정적·원시적 측면으로서 무의식을 반영한다. 여러 이유로 자세히 들여다보려 하지 않았던 자기 인격의 한 면을 만나는 순간이다. 그림자와 친구가 되느냐 적이 되느냐는 전적으로 자신에게 달려 있다. 일상생활에서 사람들과 어울려 살아가듯이 그림자를 대해야 융이 강조하는 의식과 무의식의 통합 가능성이 열린다.

조지프 루이스 헨더슨(Joseph Lewis Henderson, 1903~2007)은 영웅 상징에 주목한다. 영웅이라는 상징은 자아가 강화되어야 할 때 필요성이 있게 된다. 즉 의식의 힘만 가지고 과제를 해결할 수 없을 때 생겨난다. 영웅 상징은 매우 활동적 형태의 원형이다. 억압된 성향에 대한 자아의 승리라는 원형적 주제를 선명하게 강조한다. 대부분의 사람에게 인격의 어둡고 부정적인 면은 의식되지 않은 채로 남는다. 그러나 영웅은 오히려 그림자의 존재를 인정하고 거기에서 힘을 끌어낼 가능성을 준다. 예컨대 미녀와 야수 상징도 영웅 상징의 하나다. 교육을 받고 확고한 개성을 발전시켜 나가는 소녀도 이제 영웅 신화에 참여한다. 즉 미녀와 야수 이야기를 자각을 표현한 세계 공통 신화로 볼 수 있다.

헨더슨은 정신의 초월적 기능도 상징으로 분석한다. 아이는 완전성의 감각을 지니지만 자아의식이 출현하면서 점차 잃어버린다. 성인이 되어 완전함의 감각을 되찾으려면 무의식과 의식을 결합해야 한다. 이렇게 결합이 이루어지면 융이 말한 '정신의 초월 기능'이 생겨난다. 이 기능을 갖춰야 인간은 비로소 가장 높은 목표에 도달할 수 있다. 여기서 새가 중요한 초월의 상징을 담당한다. 새는 다른 어떤 것 보다 초월을 가장 잘 드러내는 상징이다. 새는 직관의 성질을 표현하는데, 그 성질은 영매를 거쳐서 작용한다. 이때 영매란 황홀경에 빠진 상태에서, 먼 곳에서 일어난 일이나 의식적으로 모르는 사실을 알아내는 사람을 말한다. 초월의 상징은 자기 가능성을 완전히 실현해 목표에 도달하려는 노력을 나타낸다.

Art
정신 분석 미학과 초현실주의 미술

소망과 현실의 갈등이자 승화로서 예술

과거의 예술은 의식 작용의 한 부분이었다. 하지만 정신 분석 이론이 제시된 이후 창작에서 무의식의 역할이 주목받기 시작했다. 나아가서는 현대 사회에서 미술이 심리 치료의 한 방법으로 자리 잡기도 했다. 프로이트가 보기에 예술은 기본적으로 예술가와 예술 작품, 그리고 이 둘 사이의 관계로 구성된다. 만약 예술이 객관 세계의 반영에 불과하다면, 예술가의 기능이 복제 작업에 불과하다면 창조성은 의미가 없다. 예술의 핵심은 창조 과정이고 무의식은 바로 여기에 개입한다. 훌륭한 예술 작품에 감동하는 이유는 겉으로 드러난 작품 이면에 존재하는 어떤 것이 우리를 자극하기 때문이다.

예술을 인간 생활과 연관된 대부분 영역과 직접 관계를 맺는 것으로 설정하면 예술의 고유성은 거의 사라진다. 일반적 정신 활동이나 생산 활동과 차이가 없는 행위로 풀어져 버린다. 예술의 고유함은 예술가와 예술 작품의 관계에서 얻을 수 있다. 그러므로 관심을 가져야 하는 것은 예술가다. 예술 작품의 특성은 창조자의 특성에 의존한다. 예술가의 특성이 내면에 속한다는 점에서 정신 분석적 해석이 필수다. 한 사람의 개성은 어린 시절의 강한 정서적 관계와 아픈 경험으로 만들어진다. 이 때문에 예술 작품을 정신 분석적으로 해석할 가능성이 열리게 된다.

기본적으로 예술 작품은 예술가의 무의식 안에 있는 소망과 갈등의 표출이다. 예술도 정신 활동과 마찬가지로 소망과 현실의 갈등을 기반으로 한다. 억압된 소망과 환상이 예술 작품으로 드러난다는 것이다. 현실 원리와 쾌락 원리, 의식과 무의식의 갈등이 표현되는 장이 바로 예술이다. 자기 욕구를 추구하고 쾌감을 얻으려는 무의식의 쾌락 원리와 현실 적응을 위해 욕구 충족을 미루거나 단념하는 현실 원리가 갈등하는 과정을 포함한다.

예술은 소망을 좌절시키는 현실과 소망을 충족시키는 환상 사이의 중간 지대를 구성한다. 이때 전의식의 검열이 작용하는 것도 마찬가지다. 마치 꿈을 통해 굴절된 무의식이 드러나듯이 예술 작품도 나르시스적 욕구가 은유와 환유로 실현된다. 그러한 의미에서 예술 역시 승화 작용이다. 예술에서도 성적 충동을 둘러싼 갈등과 승화가 중요한 역할을 한다. 본래 성 본능이었던 것이 더 이상 성적인 것에서 만족을 얻으려 하지 않고 사회적이고 윤리적인 가치를 찾는 성과에서 만족을 얻으려 한다. 즉 사회적으로 인정되지 않는 내면의 충동을 예술이나 문화로 전환해서 충족한다. 예술가는 작품으로 자기 승화에 이르며, 작품은 다른 사람에게 소통되면서 영향을 끼친다. 그 대신 예술이 소망과 환상 사이의 중간 지대고, 은유와 환유로 드러나기 때문에 무의식적 소망의 특징을 누그러뜨리며 소망의 개인적 소재를 감춘다. 이 과정에서 미학적 규칙을 지키기 때문에 감상자가 죄책감이나 수치심, 과도한 개인적 좌절과 분노, 또는 부담을 느끼지 않으면서 쾌감 원리를 마주할 수 있다.

　그렇다고 해서 작품을 통해 작가를 모두 이해한다는 의미는 아니다. 《햄릿》을 통해 윌리엄 셰익스피어(William Shakespeare, 1564~1616)를 모두 파악할 수 있다거나, 혹은 셰익스피어의 성장 과정에 대한 자료를 보고 그의 작품 전체를 완벽하게 이해할 수 있다고 주장하는 것은 아니다. 아무리 개인사에 대한 자료가 충분하고 심리를 확실하게 다룰 수 있다 하더라도 개인의 충동과 억압, 무의식을 다 알 수는 없다. 어린 시절의 기억은 사실과 맞지 않는 경우가 적지 않다. 또한 자료가 증명할 수 없거나 자료의 신빙성을 당사자가 대답할 수 없는 경우에 분석 작업은 큰 한계에 부딪친다.

　그럼에도 예술이 정신 활동의 하나라는 점에서, 예술가를 이해하는 일은 예술 작품 이해에서 다른 어느 요인보다 결정적이라 할 수 있다. 정신 분석적 전기(傳記) 연구의 의미는 인간을 역사적 존재로 이해하려는 데 있고, 예술가 개인이 겪은 삶의 역사성 속에 무의식적 소망·환상 등이 어떻게 연결되는지를 밝혀 생각·느낌·행동 등이 새로운 맥락 속에서 이해될 수 있다는 데 있다.

　프로이트는 레오나르도 다빈치(Leonardo da Vinci, 1452~1519), 미켈란젤로 등 잘 알려진 예술가로 구체적 분석을 시도한다. 다빈치의 작품을 어린 시절에 형성된 성적 억압으로 설명한다. 다빈치는 유넌기에 형성된 성충동을 성공적으로 직업 활동으로 우회시켰다. 프로이트는 그가 동성애자였다는 점에서 분석을 시작한다. 다빈치는 재능이 아니라 외모를 기준으로 제자를 선택했고, 미모를 지닌 소년 제자가 아프면 자신의 어머니가 그를 애지중지하듯 돌보았다고 한다. 여성을 부정하지 않았다는 점에서 양성애 경향을 지녔다고 진단한다.

<세례자 요한>, 1513년~1516년

다빈치의 작품에 등장하는 많은 인물들은 남성인지 여성인지 구분하기 어려울 정도로 양성의 특징을 모두 지닌다. 여성을 묘사할 때는 남성 이미지, 남성의 경우는 여성 이미지를 섞어 놓는 경향이 나타난다. 특히 남성을 여성의 부드러운 신체와 동작 그리고 표정으로 표현하는 경우가 많다. 실제로 다빈치의 작품을 보면 그런 경향을 어렵지 않게 발견할 수 있다.

다빈치의 <세례자 요한>은 남녀 양성의 특징을 잘 보여 준다. 세례자 요한은 들판의 유언자다. 사실주의적 표현을 추구했던 다빈치로서는 요한을 당연히 들판의 풍파를 겪은 거친 모습으로 표현했어야 마땅하다. 하지만 그림 속의 요한은 제목을 보지 않고 그림만 봤다면 여성을 그린 누드화로 여길 만큼 요염한 모습이다. 매혹적인 눈길은 남성 이미지와는 거리가 멀다. 입술 꼬리가 살짝 올라간 모습이나 가는 입술 선이 영락없는 여성이다. 치켜든 손가락은 가녀린 여성의 손처럼 섬세한 표정을 짓는다. 가슴에 올려놓은 손 또한 전형적으로 여성을 묘사한 그림이나 사진에서 흔히 볼 수 있는 모습이다. 긴 곱슬머리와 부드럽게 흐르는 어깨선 또한 마찬가지다.

다빈치가 동성애자였다는 점을 몇 가지 기록으로 추측할 수는 있다. 그는 24세 때 17세의 소년 모델에게 '불경스러운 짓'을 저질렀다는 죄목으로 기소되어 견책을 받았다고 한다. 또 10세 남짓의 귀엽게 생긴 소년을 데리고 살기도 했다. 그는 도벽이 있는 이 소년을 '작은 악마'라고 부르면서 도둑질을 너그럽게 넘겼다고 비망록에 기록하기도 했다. 다빈치는 20년 동안 그 소년을 모델로 수많은 그림을 그렸다.

프로이트는 작품에서 나타나는 다빈치의 억압된 성적 욕구를 어머니와 그의 관계로 분석한다. 다빈치는 사생아로서 어머니의 특별한 애정 속에서 성장했다. 프로이트는 어린 시절 경험, 무의식을 지배하는 어머니에 대한 성적 욕구로 연결해 정신 분석 방식으로 작품을 분석한 것이다. 그런데 모든 사람이 무의식적 환상을 지니더라도 예술로 승화시키지는 못한다. 예술가는 충동적 억압을 따라가는 특이한 성향, 또한 초기에 형성된 충동을 승화시키는 비범한 적응력을 소유해야 한다. 예술가는 충동이나 환상을 승화해 미학적으로 표현해 낼 능력을 타고난 사람이다. 만약 일반 사람처럼 현실 원리가 더 강하게 작용한다면 예술적 표현 욕구가 분출되기 어렵다. 쾌락 원리 작용이 강해서 본능적 충동을 표현하려는 열망이 용솟음칠 때 창조성이 자극을 받는다. 그러한 의미에서 예술가는 노이로제 환자와 연관성이 있다.

예술가는 또한 충동을 미학적 형식에 맞게 표현할 능력이 있는 사람이다. 충동적 욕구를 그대로 드러낼 때 사회화된 사람에게 거부감을 느끼게 할 수 있다. 예술가는 충동의 사적 성격이나 금지된 출처가 잘 드러나지 않도록 형식적으로 완화하는 능력이 있다. 충동을 승화의 형식에 맞게 가공하는 방법을 안다. 어떤 소재가 자기의 환상과 똑같은 것이 되도록 이 소재에 특별한 형태를 부여하는 능력이 있다. 무의식적 환상의 표현에 쾌감을 연결하는 방법을 알고 있어서, 억압이 잠시 이 표현에 압도되도록 한다. 그래서 감상

자들이 예술 작품으로 억압을 넘어서는 즐거움, 즉 무의식이라는 즐거움의
원천에서 위로와 위안을 거부감 없이 얻을 수 있다.

프로이트는 예술의 역할로, 자신과 감상자에게 억압을 넘어서는 즐거움
과 위안을 주는 점에 주목한다. 예술가의 의도는 강렬한 힘으로 우리를 사
로잡는다. 예술가에게 강력한 동력을 주는 정신적 조화가 감상자에게도 재
현되어야만 한다. 그런데 예술이 인간 현실의 고통을 잊거나 넘어서게 하지
는 않는다. 다만 예술 작품을 통해 삶의 고통에서 약간 벗어나 마취 상태에
들어가는 정도가 된다. 그런 점에서 예술은 유익하고 아름답다. 예술로 현실
원리와 쾌락 원리가 일시적이긴 하지만 화해하게 되고 이때 상대적 안정을
느낄 수 있다. 오랫동안 억압된 충동을 예술 작품으로 마주하면서 위로를 받
는다.

융과 그를 지지하는 심리학자들은 예술에서 상징의 역할에 주목한다. 아
니엘라 야페(Aniela Jaffé, 1903~1991)는 이를 무의식적으로 상징화하는
인간의 경향에서 찾는다. 인간은 모든 사물에 상징적 의미를 부여한다. 돌·
동물·인간, 산과 골짜기, 해와 달, 바람·물·불 등 자연물은 물론이고 심지어
숫자·삼각형·사각형·원 등 추상적 형태도 상징적 의미를 지닐 수 있는 것이
다. 요컨대 전 우주가 잠재적 상징인 셈이다. 그리고 이 상징을 종교나 미술
로 표현하게 된다.

예술은 단순히 구체적이고 자연스러운 감각 세계의 영역이나 개인의 영
역을 표현하는 작업이 아니다. 현대 예술가의 목표는 인간의 내적 환상이나
생명의 바탕이 되는 정신 또는 세계를 표현하는 것이다. 이를 위한 가장 유
용한 접근이 바로 상징이다. 상징으로 보편성을 얻는다. 개인에게는 표현 양

식, 품격 등이 남게 된다. 초현실주의자들은 나뭇결이나 구름 모양 등을 환상적 회화의 출발점으로 삼으려고 노력한다. 이를 통해 그들은 우연을 본질적인 것으로 만들려는 소망을 실현한다.

예술 작품에서의 구체적 사례는 추상적 상징인 도형으로 확인할 수 있다. 그는 현대 예술에서 원은 마음을 상징한다고 말한다. 정사각형이나 직사각형은 땅에 뿌리 내린 물질, 즉 육체와 현실을 상징한다. 그런데 현대 미술 작품에서 원과 사각형이라는 두 가지 근본적 형태는 대개 서로 관련이 없거나 어설픈 관계를 맺는 방식으로 묘사된다. 이는 현대인의 분열된 무의식 상태를 보여 준다. 융의 문제의식으로 이를 설명하자면, 이성을 중심으로 한 의식을 극대화해 그림자를 부인하고 무의식과 의식의 통합이 현대인의 내적 분열상을 표현했다는 분석이다.

초현실주의 미술

정신 분석 이론의 문제의식을 회화적으로 표현한 대표적 흐름이 초현실주의 미술이다. 초현실주의는 20세기 초반 프랑스에서 시작된 이후 근래까지 이어지는 전위적 미술 운동이다. 의식 중심의 예술을 정면으로 거부하고 무의식 세계를 미술의 가장 중요한 묘사 대상으로 삼았다. 꿈과 무의식 세계를 상상력의 기반으로 삼아 필연보다는 우연을, 정상적 상태보다는 광적인 증상을 표현하려 했다. 이를 위해 서양 회화를 지배하던 원근법과 투시법 등 사실적·입체적 표현 형식을 완전히 부정했다.

프랑스 시인 앙드레 브르통(André Breton, 1896~1966)은 초현실주의 예술을 본격적으로 제안한 인물이었다. 프로이트를 만나고 정신 분석 이론에 동의한 브르통은 1924년 〈초현실주의 선언문〉을 발표했다. 이를 기점으로 초현실주의 미술이 본격화된다. 선언에서 브르통은 이성의 억압을 부정하고 완전한 자유를 갈구한다. 그는 자유라는 단어만이 그의 충동을 일으킨다고 말한다. 이성의 제어와 도덕적 강박 관념에서 벗어나면서 진정한 자유에 도달할 수 있다. 초현실주의는 이성과 감성의 대화이자 현실·꿈·철학·예술·통일·자유·순수한 직관·과학적 기하학·대지와 우주의 교감이다. 이를 실현하는 가장 중요한 통로가 바로 프로이트의 정신 분석 이론이었다.

프로이트의 무의식 발견에 흥미를 느낀 브르통은 내면에서 억압된 욕망과 꿈, 잠재의식을 자유롭게 표현하는 작업을 예술의 주요한 방향으로 제시했다. 초현실주의는 손을 거쳐 흘러나오는 마음의 형상을 그대로 남겨야 한다. 이성으로 걸러진 예술이 아니라, 무의식을 포함하는 실제의 마음을 자동적으로 드러내는 방식이다. 이는 이성의 영향에서 벗어나 심미적이고 도덕적인 배려를 제외한 것이다. 즉 마음을 원래 그대로 받아쓰는 작업이라 할 수 있다. 요컨대 꿈과 무의식에 대한 하나의 예술적 권리 선언으로 볼 수 있다.

브르통의 초현실주의 선언에 공감하는 많은 미술가가 새로운 전위적 미술 운동에 동참했다. 조르조 데 키리코(Giorgio de Chirico, 1888~1978), 르네 마그리트(René Magritte, 1898~1967), 달리, 막스 에른스트(Max Ernst, 1891~1976), 레메디오스 바로(Remedios Varo, 1908~1963), 호안 미로(Joan Miró, 1893~1983), 델보, 이브 탕기(Yves Tanguy, 1900~1955), 칼로 등을 대표적 초현실주의 미술가로 꼽을 수 있다.

낯선 장소에 현실의 사물을 조합해 환상을 창조하다

브르통은 전혀 어울리지 않는 두 가지 이상의 소재를 뒤섞어 놓으라고 한다. 초현실주의 미술의 주요 표현 방법, 즉 데페이즈망(dépaysement)을 강조한 내용이다. 전치, 전위법 등으로 번역되는데, 사물을 본래 용도·기능·의도에서 떼어 내어 엉뚱한 장소에 나열해 초현실적 환상을 창조하는 기법이다. 초현실주의 시인 로트레아몽(Comte de Lautréamont, 1846~1870)의 장편 산문시 〈말도로르의 노래〉의 한 구절에 나오는 해부용 탁자 위의 재봉틀과 우산이 우연히 만나는 것에서 영감을 받아 대표적 표현 기법으로 자리 잡았다. 에른스트는 용도가 정해진 현실, 즉 재봉틀이 해부대에 있다면 또 다른 현실인 우산은 소박한 용도나 신분을 벗어날 수 있다고 말한다. 즉 현실이 의식이 만들어 낸 합리성과 상식에서 벗어나 우연과 무질서로 나아가 새로운 의미를 얻게 된다는 것이다.

키리코의 〈사랑의 찬가〉는 새로운 표현 방법을 회화적으로 개척한 작품이다. 생뚱맞게도 아폴론 석고 두상과 빨간색 장갑이 함께 걸려 있다. 배경도 서로 어울리지 않기는 마찬가지다. 앞에는 고대 양식의 건축물이, 뒤로는 현대식 건물이 낯선 배경을 이룬다. 어디 한 군데 논리적인 구석을 찾아볼 수 없다. 비상식적·비논리적 상

〈사랑의 찬가〉, 1914년

황이 만들어 내는 황당함 자체가 화가의 의도일 것이다. 야페는 이 작품이 우연적 그림, 우연적 조합을 떠올릴 수 있다고 평가했다.

키리코는 근대 합리주의 전통에 반기를 든 쇼펜하우어와 니체의 철학에 공감했다. 그는 쇼펜하우어와 니체를 두고 무의미가 어떻게 예술로 바뀌는지 알려 준 사람들이라고 평가했다. 그들이 찾은 공허는 물질에 바친 영혼 없는 아름다움이자 마음을 혼란하지 않게 하는 아름다움 그 자체다. 키리코의 작품은 의식 위에서 합리성의 견고한 성을 쌓고 있던 근대 서양 미술 전통에 내던져진 통쾌한 도전장이었다. 키리코는 초현실주의 회화의 새 장을 열었고 초현실주의 화가들에게 영향을 주었다.

무의식 세계에서 끌어낸 모습을 도발적 변형으로 표현하다

사물을 원래 모습에서 벗어나 전혀 다르게 묘사하는 것도 초현실주의 미술이 즐겼던 방법이다. 특히 화가 자신의 무의식 세계를 표현할 때 의도적 변형이 자주 나타난다. 사물 고유의 모습을 파격적으로 바꾸는 작업 자체가 합리주의 전통을 거스르는 일이기도 하다. 아름다움의 의미를 사실적으로 표현하고 인위적 균형과 조화에 맞췄던 회화 전통에서 벗어나기 위한 출구를 도발적 변형에서 찾았다. 그래서 브르통은 아름다움을 '발작적인 것'으로 봤다. 정신 분석 이론이 강조하는 상징의 역할을 회화에 도입하기 위해서도 변형은 유용한 방법이다.

칼로의 〈상처 입은 사슴〉은 파격적 변형이 무의식 표현에서 얼마나 효과를 극대화하는지를 잘 보여 준다. 칼로의 얼굴을 한 사슴이 화살에 맞아 피를 흘린다. 목에서 엉덩이에 이르기까지 여러 대의 화살을 맞아 쓰러지기 일보

〈상처 입은 사슴〉, 1946년

직전이다. 바닥에 꺾여 널브러진 나뭇가지는 다가올 운명을 암시한다. 오른편 나무는 굵은 가지가 무자비하게 꺾여 나간 모습은 그녀의 상처가 얼마나 깊은지를 가늠하게 해 준다. 몸에 화살이 꽂힌 채 정면을 응시하는 화가의 얼굴이 인상적이다. 내면의 표현이 외부 세계를 압도한다.

만약 단순한 과장이라면 신기한 느낌에만 그쳤을 것이다. 그녀의 삶과 내면이 진솔하고 소박하게 표현되었음을 알게 되는 순간 등골이 오싹해지는 전율을 느낀다. 앞서 언급했듯이, 칼로는 유아기와 청소년기에 소아마비와 교통사고 등 계속되는 신체적 고통으로 늘 침대에 누워 있어야 했다. 엎친 데 덮친 격으로 피부가 썩는 괴저병 증세로 오른쪽 발가락을 잘라야 했고, 척추 수술 중에 세균에 감염되어 여러 번 재수술을 받았다. 그녀는 오랫동안 의료용 코르셋과 목발에 의지해 살았다고 한다. 병원에서 칼로는 침대 천장에 큰 거울을 붙여 파괴된 자신을 응시하며 그리곤 했다. 칼로는 가장 잘 아는 주제인 '자기 자신'을 그린다고 말했는데, 이는 가장 인간적인 신음이라 할 수 있다. 요컨대 〈상처 입은 사슴〉은 운명적 고통이 일상을 지배하는 그녀에게 일기장과 다름없는 그림이라 할 수 있다. 대부분의 작품이 자화상으로 가득한 그녀의 그림 전체는 더는 솔직하기 힘든 자서전이고 일기장이다.

현실과 비현실을 동시에 배치해 초현실적 환상을 그리다

현실과 비현실을 그림 안에 뒤섞어 의식의 허구성을 드러내고 무의식의 입구로 안내하는 방식을 사용한다. 우리는 시각을 통해 사물을 인식하고 여기에 확실성을 부여하곤 한다. 하지만 실제의 인간은 카메라와 같은 기계적 작용이 아니라 주관적으로 형성된 어떤 마음 상태를 반영하며 사물을 본다. 그 마음에 의식과 함께 무의식이 공존한다면 현실은 이미 비현실과 뒤섞여 있을 수밖에 없다.

마그리트는 이러한 이율배반적 이미지로 현실과 의식의 허구성을 드러낸다. 대표작이라 할 수 있는 〈빛의 제국 2〉는 그의 의도를 잘 드러낸다. 언뜻 보면 흔한 밤 풍경이다. 짙은 밤인 듯 집과 주변의 나무는 세부 형체를 식별하기 어려울 정도로 컴컴한 어둠 속에 있다. 희미한 불빛이 새어 나오는 창문과 가로등 빛에 비친 대문과 담벼락이 어렴풋이 보일 뿐이다. 하지만 하늘은 화창한 한낮의 풍경이다. 푸른 하늘에 흰 구름이 넘실댄다. 태양의 빛이 작열하는 낮의 야경인 셈이다. 그림 안에서 시간이 뒤죽박죽 섞여 있다.

〈빛의 제국 2〉,
1952년

　우리는 밤 풍경을 보고 있는 것일까, 아니면 낮 풍경을 보고 있는 것일까? 마그리트는 이미지와 시각을 배반해 인식과 실재 사이의 거리를 드러낸다. 그는 확실한 대상과 확실한 주체라는, 서구의 근대적 인식 틀에 대한 근원적 의문을 던진다. 우리는 흔히 감각과 의식에 따라 시간과 공간을 구분하고 자신의 내부와 외부의 세계를 구분한다. 마그리트는 의식이 자유롭고 독립적이라는 뿌리 깊은 사고방식에 비웃음으로 답한다. 정신 분석 이론이 강조하듯이 무의식에서 시간 구분은 의미를 잃어버린다. 유아기의 경험, 심지어 아득한 옛날 초기 인류의 경험이 최근의 마음을 지배하기도 한다. 마그리트는 시간의 경계를 허물어뜨려 합리주의 전통에 균열을 내려 했다. 또한 낮이 상징하는 의식과 밤이 상징하는 무의식이 공존하는 인간의 마음을 보여 주려는 의도도 담아냈다.

신화로 초현실 세계를 묘사하다

프로이트나 융을 비롯해 많은 심리학자는 신화를 통해 인간이 처한 조건과 마음 상태를 통찰할 수 있다고 여겼다. 프로이트가 부친 살해, 영아 살해, 근친상간 등 인류에게 각인된 억압된 성적 욕구를 드러내는 수단으로 신화에 관심을 가졌다면, 융은 집합적 무의식의 원형을 탐구하기 위해 신화에 주목했다. 초현실주의 화가들 역시 빈번하게 그리스·로마 신화를 중심으로 신화적 소재로 무의식 세계를 표현하려 했다.

정신 분석학에서는 나르키소스 신화를 빌려, 자기 육체나 자아가 사랑의 대상이 되는 자기애 경향을 나르시시즘(Narcissism)이라 부른다. 프로이트가 보기에 인간은 유아기에 자신을 관심이 집중되는 1차 나르시시즘 단계에 있다가 점차 외부 대상인 어머니나 이성으로 향한다. 그러나 애정 생활이 위기에 직면해 상대를 사랑할 수 없게 될 때, 자신에 대한 사랑으로 돌아가는 2차 나르시시즘 단계에 들어간다. 달리가 어렴풋한 모습에서 견고한 형태로 변모하는 과정을 묘사한 것이 나르시시즘 단계 변화를 보여 주려는 의도가 아닐까 싶다. 2차 나르시시즘 단계는 누구나 겪는 1차 단계와는 판이하다. 정상에서 벗어나 자아의 중요성이 너무 과장되어 장애에 이른 상태, 자아 감각의 팽창 상태라는 점에서 병리적 증상이다.

나르키소스는 화가 자신일 수도 있다. 달리는 스스로 정상적 인간에 적응하지 못하고 끊임없이 자신으로 향하는 정신적 장애를 인식했다. 하지만 자신의 비정상적 측면과 장애를 사랑했고 심지어 자랑했다. 브르통과의 불화로 초현실주의 그룹에서 제명당했을 때 스스로가 초현실주의 그 자체이기 때문에 누구도 내쫓을 수 없다고 말했을 정도다.

기호로 조형적 초현실주의를 표현하다

상징은 프로이트 특히 융의 정신 분석에서 중요한 역할을 한다. 당연히 초현실주의 미술 작품 안에는 다양한 방식의 상징이 등장한다. 히스테리 증상을 분석하기 위해 심리학자들이 꿈을 분석해야 하듯이, 초현실주의 미술 작품은 수수께끼와 같은 상징을 분석해야만 하는 경우가 많다. 상징 가운데서 가장 이해하기 어려운 장치가 도형을 비롯한 추상화된 기호다.

미로의 〈어릿광대의 사육제〉는 기호가 벌이는 축제와 같다. 수많은 종류의 도형과 직선, 곡선이 어지럽게 뒤섞여 있다. 꼼꼼하게 살피면 몇몇 군데에서 새와 물고기, 곤충, 기괴한 모습의 어릿광대 등을 확인할 수 있다. 하지만 그 외에는 알 수 없는 도형과 선이 어지럽게 널려 있다. 놀이하듯 자유롭게 미끄러지는 검은 선과 강렬한 원색의 추상적 기호가 인상적이다. 이 그림은 미로가 경제적으로 너무 어려워 제대로 먹지도 못하던 시절, 굶주림에 혼미한 의식 상태에서 천장 위에 떠다니는 초현실적 환상을 그림으로 완성했다고 한다.

브르통은 미로를 "가장 초현실주의적인 화가"라고 극찬했다. 브르통이 강조한 초현실주의 표현 기법에 가장 근접한 화가이기 때문이었을 것이다. 앞서 살펴보았듯이 브르통은 억압된 욕망과 꿈, 잠재의식의 자유로운 표현을 위해 "사고의 실제 과정을 표현하려고 의도하는 순수한 심적 자동주의"에

〈어릿광대의 사육제〉, 1924년~1925년

기초해야 한다고 강조했다. 오토마티즘(automatism)으로 알려진, 이성적으로 생각하지 않고, 마음에 떠오른 대로 받아쓰는 방식으로 표현하는 자동적 묘사를 말한다. 무정형의 기호로 가득한 미로의 그림은 자동주의에 꽤 근접했다는 점에서 브르통의 구미에 가장 잘 맞았을 것이다. 미로는 그림을 오직 신체에 물결치는 에너지이며 손의 자성이라고 말했다고 한다. 여기서 미로 스스로 브르통과 연관된 자기 그림의 특징을 이해하고 있었음을 추측할수 있다.

Philosophy

정신 분석학의 윤리 철학

무의식은 종교와 문명의 뿌리

프로이트는 무의식이 개인의 신경증만이 아니라 문명, 즉 사회와 문화를 형성하는 직접적 원동력임을 규명하려 했다. 사회는 공동체 유지와 확대를 위해 개인의 본능적 충동을 억제한다. 원시적 충동을 그대로 방치할 때 사회 질서 유지가 어렵기 때문이다. 프로이트는 이를 승화 개념으로 설명한다. 충동을 문화적으로 드높은 양식으로 바꾸는 것, 법과 제도와 같은 질서를 받아들이는 것이 승화 과정으로 이루어진다. 문명과 종교는 본능 억압을 거치고 승화한 산물이다. 충동 가운데 가장 중요한 요소로 성적 욕구를 꼽는다. 인간이 생존이나 번식의 굴레에서 벗어날 수 없는 이상 원초적 욕구는 성적 에너지다. 성적 충동의 억압을 오이디푸스 콤플렉스라는 문제의식으로 확장하면서 단계적으로 문명 발전의 과정을 밝힌다.

많은 사람이 문명에 깊은 불만을 품고 있다. 법이나 제도가 삶에 행복을 준다고 믿는 사람은 많지 않다. 오히려 개인의 일상생활을 불필요하게 강제하거나 통제한다고 생각한다. 이런 믿음은 특정 시대에만 나타나는 현상이 아니다. 인간이 문명을 만든 이후에 계속 나타나는 뿌리 깊은 불신이다. 만약 문명이 욕망 충족의 결과라면 개인이 문명에 불만을 가질 이유가 전혀 없다. 두 손 번쩍 들고 반길 일이어야 한다. 문명이 요구하는 온갖 금지를 불편하게 여기는 사람이 많다는 것은 그만큼 문명이 욕망을 억누른 위에서 만들어졌음을 보여 준다. 문화적 욕구에 대한 불만은 사회관계를 지배한다. 만약 문명이 욕망 충족으로 행복해졌다면, 현대 사회에서 스트레스와 정신병과 같은 신경증이 왜 급격하게 증가하는지를 설명할 방법이 없다. 스트레스나 신경증은 이루어지길 바라는 욕망을 단념할 때, 이를 견디지 못하는 사람에게서 나타나는 전형적 증상이다. 문명을 욕망의 실현 결과로 보는 관점은 현실에 대한 비판적 분석이라곤 눈곱만큼도 없는 단견이다.

도덕과 오이디푸스 콤플렉스

프로이트 : 죄의식과 양심의 뿌리인 오이디푸스 콤플렉스

프로이트는 인간의 본성을 상대적으로 악에 가까운 것으로 설정한다. 현실에 만연한 추악한 행위만 보더라도 악이 훨씬 더 많은 자리를 차지한다. 세계 대전을 생각해 보면 인간의 잔인성과 폭력성, 기만성을 쉽게 확인할 수 있다. 과연 대다수 사람은 선한데, 오직 소수의 양심 없는 야심가 때문에 이 모든 악행이 생겼을까? 프로이트는 인간의 정신적 자질에 들어 있는 악을 제외하고는 현실에서 벌어지는 일상적·대규모적 악행을 설명할 수 없다고 주장한다.

인간은 도덕성을 갖고 태어나지 않는다. 그는 어린아이를 예시로 든다. 어린아이의 마음은 쾌락과 충동에 지배받는다. 그런 면에서 이기적 본능만을 지닌다. 타인을 고려하는 죄의식이나 양심은 외부적 힘, 즉 부모의 권위로 만들어진다. 특히 처벌은 아이의 몸에 가해지는 고통만이 아니라 사랑을 잃어버릴 수 있다는 두려움을 동반하며 행동을 제어한다. 처음에는 외적인 처벌로 시작된 억제가 점차 내면화되면서 부모의 역할 대신 초자아가 등장한다. 이 초자아가 자아를 관찰하고 조절하며 위협한다.

프로이트는 도덕이 만들어지는 것을 오이디푸스 콤플렉스의 작용으로 이해한다. 개인적 차원만이 아니라 사회적 차원에서도 종교·도덕의 출발은 오이디푸스 콤플렉스다. 오이디푸스 왕을 다룬 그리스 전설에 기초한 주장인데, 신화 내용을 간략하게 소개하면 다음과 같다. 오이디푸스는 신탁을 모면하기 위해서 모든 노력을 다했지만 어쩔 수 없는 운명에 따라 아버지를 죽이고 어머니를 아내로 삼았다. 남편이 아들의 손에 죽고, 아들과 결혼해 네 명의 아이를 낳았다는 사실을 알게 된 왕비 이오카스테는 자살로 생을 마감한다. 자신도 알지 못하는 사이에 두 가지 범죄를 저질렀음을 뒤늦게 알게 된 오이디푸스는 스스로 눈을 찌른다.

프랑스 화가 알렉상드르 카바넬(Alexandre Cabanel, 1823~1889)의 〈이오카스테에게 작별을 고하는 오이디푸스〉는 이 비극적 상황을 회화로 연출했다. 비극의 효과를 극대화하기 위해서였는지 방 안이 아닌 궁전 바깥으로 비극의 장소를 옮긴다. 이미 숨을 멈춘 이오카스테를 시녀들이 끌어안고 있다. 오이디푸스가 그녀의 늘어진 손을 붙들고 영원한 이별에 슬퍼한다. 딸이 아버지의 품에 안겨 슬픔을 나눈다. 주변으로는 테베 시민들이 무슨 영

<이오카스테에게 작별을 고하는 오이디푸스>, 1843년

문인지 몰라 우왕좌왕하는 중이다. 오이디푸스는 이오카스테의 옷에 꽂혀 있는 황금 브로치를 빼낸 후에 이 모든 상황을 보고 있는 자신의 눈을 찌른다.

프로이트는 남자아이가 유아기에 어머니와 친밀한 관계를 쌓는데, 아버지를 경쟁자로 보고 증오심을 갖게 된다고 보았다. 신화에서는 아버지를 죽이는 행동으로 옮기지만, 현실에서는 아버지를 부정하거나 극복하고 자신을 아버지와 동일시하는 현상으로 나타난다. 이 콤플렉스는 인간에게 보편적으로 존재하는 생물학적인 것이다. 성적 에너지로서 리비도는 어머니와 많은 부분 연관되어 있다. 프로이트는 어머니에 대한 아들의 욕망을 리비도에서 나오는 자연 발생적인 것으로 설명한다. 많은 사람이 근친상간은 본능적·생리적으로 거부하게 되어 있다고 생각하지만, 프로이트가 보기에 이는 전혀 근거가 없다. 현실적으로 근친상간을 규제하는 법과 도덕이 있다는 것은 반대로 이런 현상이 일상적으로 이루어져 왔음을 증명한다는 것이다.

보통 사춘기를 거치면서 아들은 어머니를 향한 성적 욕망에서 벗어나 욕망을 다른 현실의 대상을 통해 실현한다. 그런데 이러한 과제를 자연스럽게 해결하는 사람이 많지 않다. 겉으로는 드러나지 않지만, 내면적으로 해결이 되지 않은 채 살아가는 사람이 많다. 성장 과정에서 독립 과제를 해결하지 못하는 사람에게서 신경증 증상이 생겨난다. 이러한 경향이 인류에게 원초적 죄의식을 만드는 원인으로 작용한다. 이 죄의식에서 종교나 도덕규범이 만들어진다.

여기서 기원에 해당하는 문제와 현실적 문제를 구분할 필요가 있다. 현대 사회, 혹은 근대 사회에서는 여러 복잡한 사회적 조건이 인간의 사고와 행위에 연결된다. 하지만 무의식의 기원은 당장 일어나는 복잡한 현실의 근원을 파고 들어가는 방식이어야 한다. 예를 들어 강 하류의 물이 오염되었다면 오염원을 추적해서 근본 원인을 찾아내야 하는 것과 마찬가지다. 무의식의 원인인 성적 욕구의 억압도 기원을 밝히는 과정이어야 한다. 다윈이 진화론을 연구하는 문제의식이나 과정과 비슷한 면이 있다. 지구에서 생명이 어디에서 시작되었는지를 보기 위해서는 현실의 다양한 생물 종에만 머물지 말아야 한다. 다윈은 진화론을 설명하면서 "개체발생은 계통발생을 반복한다."라는 명제를 제시했다. 이 명제는 생명체의 진화를 연구할 때 상식처럼 여겨지고 있다. 요컨대 모든 진화는 개체 변화에서 시작된다. 개체 변화가 체계적인 종의 변화나 생명체 전체의 변화를 끌어내는 기원이다.

프로이트는 인류와 문명의 변화 과정도 이와 같은 방식으로 접근해야 진정한 원인에 도달할 수 있다고 주장한다. 오이디푸스 콤플렉스를 극복하는 과정에서 종교와 도덕적 억제가 나타났고, 사회적 감정은 젊은 구성원 사이에 남아 있는 경쟁 심리를 극복하려는 데서 나온 것이다. 즉 종교와 도덕, 사회 감정은 같다. 이를 이해하기 위해 우리는 원시 공동체의 인류로 거슬러 올라가야 한다. 인류 공동체의 원형에 대한 많은 정보는 신화에서 얻을 수 있다. 오이디푸스 신화는 그 일부에 불과하다. 그리스 신화의 초기로 거슬러 올라가 보면 역시나 아버지를 살해하는 것은 중요하게 등장한다. 예컨대 크로노스의 반란과 제우스의 반란이 대표적이다. 크로노스는 아버지인 우라노스를 거세하고 어머니인 가이아를 구하면서 권력을 쟁취한다. 다음에는 제우스가 자식들을 삼키는 크로노스를 몰아내고 형제들과 어머니를 구하면서 권력을 쟁취한다. 이 과정에서 형제들 사이의 권력 다툼이 벌어진다.

신화 형식으로 등장하는, 아버지를 살해하고 권력을 얻는 것은 당시 현실의 공동체를 반영한다. 원시 공동체에서는 무제한의 권력을 갖는 족장은 모든 여성을 소유하는데, 이 소유를 지키기 위해 아들을 경계한다. 그러다가 아들이 아버지의 질투라도 자극하면 목숨을 잃거나, 거세되거나, 공동체 밖으로 쫓겨난다. 나중에 늙게 된 아버지는 어리기 때문에 경쟁자로서 위험이 덜한 막내에게 권력을 넘겨주지만, 아버지에게 쫓겨난 여러 아들이 힘을 모아 아버지 살해를 저지른다. 아버지를 죽인 후에는 여성을 독차지하는 아버지 자리와 상속 문제를 놓고 여러 아들 사이에 다툼이 생긴다. 그런데 이러한 싸움이 서로를 멸망 속으로 몰아넣을 것을 우려해 상호 의무와 권리, 도덕 규정 등을 포함하는 하나의 사회 계약을 형성한다. 계약에 따라 각 아들은 분쟁의 원인이 되는 어머니와 누이에 대한 사랑과 소유를 포기하게 되는데, 여기에서 근친상간의 금기와 족외혼이 생겨난다. 이를 통해 드디어 사회 조직과 사회 제도가 탄생한다. 그렇기 때문에 콤플렉스가 문화적 현상을 지배하며 문화적 현상에 선행하는 원천이라는 것이다.

콤플렉스는 사회적 금지를 만들어 낸다. 앞서 언급했지만, 대다수 사회에서 근친상간을 금지하는 것은 문화적·사회적 금지 조치 이전에 이미 욕망되고 있기 때문이다. 욕망과 실제의 행위에 뒤이어 근친상간을 금지하는 명령과 법이 만들어진다. 그리고 억압과 억제는 점차 내면화되면서 자아 형식을 띠기 시작한다. 도덕 이전에 욕망이 있고, 이에 대한 억압이 있다. 욕망은 외부 조건이 아니라 내부로부터 나온다. 그 핵심에 리비도가 자리 잡고 있다.

아들러와 융 : 오이디푸스 콤플렉스 비판

아들러는 모든 아이에게 어느 정도 오이디푸스 콤플렉스가 있음을 인정한다. 하지만 신경증 대부분을 차지하는 것은 아니다. 아이의 발달 과정을 잘 살펴보면 오이디푸스 콤플렉스란 어머니의 모든 의식을 독점하고 다른 모든 사람을 배제하려는 하는 아이에게만 나타난다. 어머니에게 응석을 부리고, 세상의 다른 사람에게는 결코 농료 의식을 갖지 않는 아이의 경우에만 생긴다.

또한 오이디푸스 콤플렉스가 성적인 원인에서 비롯된 것도 아니다. 문제는 스스로가 겪은 경험에서 생겨난 것이다. 주로 성장 과정에서 어머니와 아버지와 겪었던 경험이 작용한다. 어머니가 아이의 응석을 받아주고, 아이가 관심을 오로지 어머니에게만 쏟고 있으며, 아버지가 무관심하거나 냉담하다면 오이디푸스 콤플렉스는 자연적으로 생긴다. 성적인 욕구가 아니라 어머니를 자신에게 복종시켜 완전히 지배하려는 욕구라는 것이다.

범죄도 성장 과정에서 경험한 부모와 가정의 조건에서 비롯될 수 있다. 범죄자는 두 유형으로 나눌 수 있다. 하나는 우정과 사랑을 경험한 적이 없는 사람이다. 그러한 범죄자는 다른 사람에게 적대적 태도를 취한다. 다른 하나는 응석받이로 자란 아이다. 흔히 범죄자들이 어머니가 자신을 냅둬서 이렇게 되었다고 주장하기도 하는 경우가 이에 연관된다고 볼 수 있다.

융은 오이디푸스 콤플렉스를 성적 원인에서 찾는 프로이트 입장을 거부한다. 프로이트는 여러 원인을 생각하지 않는다. 여기서 융은 더 나아가 도덕을 문명을 위한 외적 억제로 만들어졌다고 보는 프로이트의 견해에도 조심스럽게 반론을 펼친다. 도덕은 외적 억제에 반응하는 의식의 결과물만은 아니다. 프로이트는 억압의 영향으로 형성된 초자아가 도덕관념을 이룬다고 보았다. 의식적 도덕규범이 무의식적 과정 전체를 지배한다는 생각은 오류다. 도덕적 평가 작업은 의식 없이도 기능을 발휘한다. 도덕과 관련해 무의식 자체에 어느 정도의 자율성이 있다고 봐야 한다.

이를 이해하기 위해서는 도덕적 반응과 도덕률을 구분해야 한다. 도덕적 반응은 정신의 근원적 태도이고, 도덕률은 그 뒤에 생긴 것으로 도덕적 태도가 문장으로 굳어지면서 생긴 현상이다. 융은 우리가 경험할 수 있는 사례로 이를 뒷받침한다. 진실을 말해 한 인간을 재앙으로 끌어들일 것인가, 아니면 생명을 구하기 위해 거짓말을 해야 할까? "그대는 거짓말을 하지 마라."라는 문장을 고집했다면 결코 양심을 좇는 것이 아니다. 단지 도덕규범을 따른 것이다.

도덕이나 양심이 인간의 선천적 경향이 아니라는 프로이트 핵심 문제의
식 자체를 부정한 것은 아니다. 선과 악에 대해 갖는 생각은 경험적일 뿐 선
천적이거나 이론적인 것이 아니다. 선과 악에 관한 감정이 경험적이기 때문
에 조심스럽게 도덕의 상대성도 검토할 수 있다. 그러나 경험적이라고 해서
선과 악을 상대적으로 취급하지는 않는다. 분명히 어떤 행위가 나쁘다고 알
고 있더라도 구체적인 상황과 조건에서는 옳은 것이 될 수는 있다. 융은 환
자에 따라 나쁜 경향을 따르는 것이 더 옳은 결과를 낳는 경우가 적지 않다
고 설명한다. 그러므로 심리학자는 선과 악의 문제를 구체적인 상황에서 경
험적으로 다루어야 한다.

Philosophy
정신 분석학의 정치 철학

국가 권력과 전쟁의 본질

프로이트 : 파괴 본능과 에로스적 본능

프로이트는 인류 문명의 가치 평가에 적극적인 편은 아니었다. 하지만 그렇다고 해서 문명 예찬론자는 전혀 아니다. 그는 문명이 귀중한 재산이라 주장하는 선입견을 경계하면서, 자유는 문명의 결과물이 아니라는 점을 분명히 했다.

문명에 대한 특정한 가치 판단에 기초해서 당장 어떻게 사회 체제를 변화시켜야 하는지를 연구 과제로 설정하지 않는다. 그의 관심은 사회 구조 속에서 집단화된 계급이나 계층이 아니다. 직접적으로 개별 인간이 관심사다. 개인의 사고와 행동을 무엇이 지배하는지, 어떤 억압 때문에 불만족과 고통 상태에 이르는지, 어떻게 개인은 신경증적 불안에서 벗어나 안정과 행복에 이를 수 있는지를 탐구하는 데 관심이 있을 뿐이다. 단지 이 과정에서 욕망을 자제하고 본능 만족을 단념하면서 생기는 인간의 내적 불행에 주목한다. 그리고 욕망 성취를 가로막는 가장 중요한 요인으로서 문명을 규명했다. 인

<전쟁의 결말>, 1637년~1638년

간의 욕망이나 자유는 추상적·집단적 인간 개념이 아니라 구체적 개인 속에서 검토해야 할 문제다. 그런데도 인간이 지니는 공격 본능이 문명과 결합하면서 불러일으킬 위험성에는 각별하게 주의한다.

인류는 문명의 발달이 인간을 공격하는 본능과 자기를 파괴하는 본능이 공동생활을 방해할 때 이를 억누르는 데 성공하는지, 만약 성공한다면 어느 정도 성공할 것인지의 문제를 숙명식으로 묻는다. 특히 전쟁이 문제다. 인류는 과학 기술 발전으로 자연력을 지배해 왔으며, 이제는 별 어려움 없이 최후의 한 사람까지 서로 죽일 수 있을 정도의 무기를 개발했기 때문이다.

바로크 화가 루벤스의 <전쟁의 결말>은 전쟁이 불러일으킬 참혹한 결과를 잘 보여 준다. 17세기 초중반에 유럽을 잿더미와 피의 살육으로 만들어 버린 '30년 전쟁'을 비유적으로 묘사한 그림이다. 가운데는 그리스·로마에서 아테나와 함께 전쟁의 신으로 여기던 아레스가 위용을 뽐낸다. 아레스는 주로 파괴적이고 황폐하게 만드는 힘을 상징한다. 아래 쓰러진 사람들은 대규모 살육을, 뒤에 불타는 도시는 전쟁에 뒤따르는 방화와 파괴를 보여 준다. 바닥 에는 책과 악기가 나뒹굴고 있어서, 전쟁이 문화를 후퇴하게 함을 고발하고 있다. 전쟁을 얼마나 두려운 현실로 느끼고 있었는지를 잘 보여 준다.

전쟁은 인류를 끊임없이 괴롭혀 왔다. 현대 사회에서도 마찬가지로 전쟁 은 거대한 재앙과 같다. 프로이트는 1933년에 알베르트 아인슈타인(Albert Einstein, 1879~1955)과 전쟁 문제에 대한 의견을 적은 편지를 주고받기 도 했다. 당시에 아인슈타인은 전쟁의 위협에서 인류를 해방하게 하는 방법 에 관해 문제를 제기했다. 프로이트를 향해서는 "인간이 증오와 파괴를 열망 하는 이상 심리에 저항할 수 있도록 인간의 정신 발달을 통제하는 것은 과연 가능한가?"라는 질문을 던지기도 했다.

프로이트는 전쟁 문제를 이해하려면 먼저 대다수 사람의 착각에서 벗 어나야만 한다고 봤다. 우리는 흔히 정의로운 사회를 만들어서 전쟁과 같은 폭력 상태에서 벗어날 수 있을 거라고 기대한다. 하지만 먼 옛날로 돌아가 서 살펴보면, 정의가 폭력에서부터 생겨났음을 알 수 있다. 작은 군집을 이 룬 초기 공동체에서 누가 물건을 소유하고 누구의 뜻에 따를 것인지를 결정 한 것은 강한 근육이 힘이었다. 그러다 곧 도구 사용이 근육의 힘을 보완하 고 대신했다. 상대보다 성능이 좋은 무기를 가진 사람이 승자가 됐다. 야만 적 폭력이나 지적 능력의 뒷받침을 받은 폭력이 지배하는 상태였다.

이후 사회가 변하면서 폭력에서 정의나 법으로 가는 길이 열렸다. 공동 체는 위험을 미리 막기 위해 법을 정하고 법을 집행할 권력 기구를 설치한다. 공동체가 이러한 문제의 중요성을 인식하면, 집단 구성원 사이에 감정적 유대가 강해진다. 이 감정이야말로 공동체가 가지는 힘의 원천이다. 그런데 공동체의 정의는 내부에서 만들어진 불평등한 힘의 관계다. 지배자가 법을 만들어 냈기 때문에 지배 아래 있는 사람의 권리는 없어진다. 결국 사회에 정의를 실현하면 전쟁을 없앨 수 있다는 믿음은 근거가 없다. 정의의 뿌리에 갈등과 전쟁의 근원인 폭력이 자리 잡고 있기 때문이다.

여기서 문제는 폭력이 인간의 본능에 해당한다는 점이다. 인류의 역사에서 확인할 수 있는 것은 폭력으로 갈등을 해결했다는 것이다. 인간의 본능은 두 종류, 즉 보존과 통합을 추구하는 본능과 파괴와 죽음을 추구하는 본능뿐이다. 첫 번째 본능을 에로스적 본능, 또는 성에 대한 통상적 개념을 의도적으로 확대한 성적 본능이라 부른다. 두 번째 본능을 공격 본능이나 파괴 본능으로 분류한다. 이 두 본능은 똑같이 필수 불가결하다. 생명 현상은 둘이 협력하거나 서로 반발할 때 생겨나기 때문이다. 어느 한쪽 본능만 따로 분리된 상태에서는 거의 작용할 수 없다.

폭력은 파괴 본능으로부터 나오기 때문에 피할 수 없다. 이 본능은 생명체 내부에서 작용하며, 생명체를 파괴해 원래의 물질 상태로 환원하려 애쓴다. 따라서 이것은 죽음의 본능이라 밀릴 수 있다. 에로스적 본능은 생명 지향의 노력이다. 죽음의 본능이 신체 기관의 도움을 받아 외부 대상으로 향하면 파괴 본능이 된다. 생명체는 외부 대상을 파괴해 자기 생명을 보존한다. 그렇기 때문에 공격적 성향을 제거하려고 애써도 소용이 없다. 전쟁을 피하려는 계획은 불가능하다. 조건을 개선해 전쟁 문제를 해결하려는 시도는 모두 실패했다. 이제는 전쟁을 대하는 새로운 태도가 필요하다. 먼저 전쟁은 죽음과 파괴 본능의 생물학적 근거를 가지며, 피할 수 없다. 그래서 자연스러운 일로 받아들여야만 한다. 인생에서 수없이 부딪치는 고통스러운 재난 가운데 하나이다. 공격적인 충동을 전쟁이 아닌 다른 방향을 향하도록 애써야 한다. 전쟁을 막을 수 있는 방법은 에로스가 저항하게 하는 것이다.

아들러와 융 : 권력 욕구와 복종 욕구

융도 권력 지향과 전쟁을 인간이 본래 지닌 마음, 특히 집합적 무의식에서 찾았다. 이러한 융의 주장을 두고 인류 문제와 개인 무의식을 무리하게 연결한다는 의문을 제기할 수도 있겠다. 프로이트와 마찬가지로 개인으로부터 인류의 특징을 연결하는 논리를 사용해 해명한다. 개인은 인류를 구성한다. 그렇기 때문에 개인의 심리학이 곧 인류의 심리학이 될 수 있다. 권력을 향한 개인의 의지가 여러 국민 사이의 제국주의를 만들어 내는 장본인이다.

융은 아들러가 강조하는 권력 의지를 무의식 형성의 매우 중요한 요소로 봤다. 에로스가 아닌 자아 권력이 막대한 힘의 정체다. 억압된 대상은 에로스가 아니라 권력 의지다. 권력 의지는 에로스와 마찬가지로 본원적이다. 그가 보기에 프로이트도 이와 같은 권력 충동을 전혀 모르고 있지는 않았으나 성욕 충동보다 부차적으로 여겼다는 점에서 한계가 있다. 권력 원리에 기초해 신경증의 본질을 주장한 아들러의 견해는 심리학 진전에 크게 기여했다.

융은 권력을 향한 의지를 복종과 대립 관계로만 여겨서는 안 된다고 봤다. 위신은 집합이 타협한 결과물이다. 위신을 갖고 싶어 하는 사람과 자신의 위신을 누군가에게 줄 대중이 공존한다는 점을 이해해야 한다. 단순히 개인적 권력욕 하나로 권위주의·제국주의 권력이 만들어지지는 않는다. 위신

형성은 집합적인 문제다. 집단 전체가 마술적 힘을 발휘할 수 있는 인물을 원하기 때문에 개인의 권력 욕구와 많은 복종 욕구가 결합해 권위적 위신을 실현하게 한다. 즉 복종으로 집단적 권력 욕구를 실현한다. 집합적 무의식은 이러한 모방 능력에 따라 성립할 수 있다. 요컨대 사회 질서를 만드는 것은 법률이 아니라 모방이다.

에릭슨도 권력 추구를 인간 본성에서 찾는다. 전체주의는 보편 인간에 잠재성에 근거를 둔다. 그래서 모든 면에서 관련된다. 전체주의는 무의식적 동기에서 찾아야 한다. 인간이 지닌 권력 의지가 심리적 토대를 형성하고 있다가 통신과 조직의 기술 진보라는 조건과 맞물리면서 전체주의 국가에 관한 광신적 관념을 불러일으켰다는 주장이다. 또한 그는 아동기와 청년기의 경험이 어떻게 인간을 전체주의에 기울게 하는지에 주목한다. 이 과정에서 융이 강조하는, 권력 욕구와 결합한 복종 욕구라는 문제의식을 받아들인다. 성장 과정에서 형성된 의존 상태가 전체주의의 추종을 낳는다. 아동기와 청년기에 경험하는 성인 대 아동, 남자 대 여자라는 양극화가 중요한 역할을 한다. 양극화된 조건은 인간을 지배·피지배 관계, 착취·피착취 관계에 익숙한 심리로 이끈다. 의존하는 자에 대한 어린이의 무력감, 고독감, 창피함, 양심의 가책이 아닐 길 버릇 들이기 위해 체계적으로 이용된다. 이러한 과정에서 지배와 피지배 관계를 자연스럽게 받아들이는 심리적 의존성이 만들어진다.

〈절규〉, 1893년

실존주의

Philosophy
세계 속에 내던져진 실존
+
Art
실존주의 미학과 표현주의·추상 표현주의 미술

Philosophy
실존주의 존재론과 인식론

절망의 현대 사회에서 실존이라는 방공호를 찾다

뭉크의 〈절규〉는 불안이나 절망에 대한 동화를 자아낸다. 그림을 볼 때면 덩달아 초조해지거나 고함을 지르고 싶은 충동이 생긴다. 하늘도 땅도 사람도 현기증을 일으킬 정도로 너울거린다. 날카로운 비명으로 가득할 것만 같다.

뭉크는 어느 저녁 해가 붉게 물들인 풍경을 보고 비명을 들은 듯한 느낌을 받고 이 작품을 그렸다고 한다. 색의 날카로운 비명을 그렸던 것이다. 여기서 배경을 이루는 하늘이나 땅, 강은 단순한 자연이 아니다. 엄습해 오는 불안이 자연조차 일그러뜨렸다. 요컨대 예술은 인간 결정(結晶)의 충동으로 내면에서부터 온다. 그 절정에 이른 기념비적 작품이 바로 〈절규〉다. 이와 비슷한 장면을 담은 뭉크의 그림만 50여 점에 이른다고 한다. 불안과 절망이 얼마나 깊숙이 내면을 지배하고 있는지를 실감할 수 있다.

실존주의는 불안과 절망의 늪에서 허우적대는 인간 존재를 정면으로 응시하는 데서 출발한다. 하지만 당장 어떤 두려움의 대상을 눈앞에 마주한 상태에서 나타나는 불안은 아니다. 태곳적부터 내면에 본성적으로 자리 잡은 신비스러운 무언가를 의미하지도 않는다. 실존주의 관점에서 불안은 인류가 현실에서 마주하고 있는 세계와 연관된다. 20세기 초중반, 전쟁과 대공황, 원자 폭탄 등 과학 기술에 대한 기대가 현기증을 일으킬 만큼 실망과 가공할 공포로 인류에게 다가오던 시기와 맞물려 있다. 과학 기술 발달과 산업화로 경제가 부흥했고 이는 인류에게 부푼 희망을 안겨 주는 듯했다. 하지만 내적으로 정신적 불안이 자라났다. 특히 두 번에 걸친 세계 대전과 원자 폭탄으로 인류 절멸 가능성은 끝 모를 불안감을 퍼트렸다.

기술의 지배적 영향 아래서 수단으로 전락해 소외 상태에 빠진 인간은 곧 실존 상실을 의미했다. 그렇기 때문에 기술적 합리성을 거부하고 실존 회복을 추구한 실존주의 바탕에는 합리적 이성주의에 저항하는 힘이 자리 잡고 있었다. 세계 대전 이전부터 합리적 이성주의는 이성의 도구화로 인간을 형식 안에 가두었다. 쇠렌 오뷔에 키에르케고르(Søren Aabye Kierkegaard, 1813~1855)는 빈틈이 없는 체계를 세웠다고 해도 그 속에서 살지 않는다면 무슨 의미가 있겠냐고 일기에 적기도 했다.

실존주의는 비합리주의로 기우는 몇몇 경향에도 회의의 눈길을 보낸다. 이성의 절대화를 비판하며 역동적 변화 과정에 있는 삶에 주목한 생철학, 내면에 꿈틀대는 무의식에 주목한 정신 분석학은 실존주의 철학자들에게 적지 않은 영감을 주었다. 하지만 의지나 무의식을 강조하려는 시도가 역으로 비합리적 영역으로 달아나면서 일면적 성격을 갖게 되었다고 비판한다. 실존주의는 합리주의와 비합리주의의 일면성을 실존을 매개로 극복해 각각 분리되고 고립된 두 영역을 상호 의존과 통일로 나아가도록 했다.

실존주의의 대표적 철학자로 키에르케고르, 카를 야스퍼스(Karl Jaspers, 1883~1969), 하이데거, 장 폴 사르트르(Jean Paul Sartre, 1905~1980) 등을 꼽을 수 있다. 에드문트 후설(Edmund Husserl, 1859~1938)은 실존주의로 구분할 수 없으나, 현상학적 인식 방법으로 실존주의 철학자들에게 깊은 영향을 주었다는 점에서 중요하게 고려할 필요가 있다.

사르트르 말고는 대부분 자신의 철학을 실존주의로 규정하는 데 반감을 품었다. 보편적 철학 체계보다는 개인의 실존을 중시했기 때문에 실존주의자라는 규정이 달가울 리가 없었다. 하지만 기술이 지배하는 세상에 내던져진 인간 존재의 현실에 주목하고, 자유로운 결단과 선택으로 자신의 존재와 미래를 정립하려는 문제의식과 실존 중심의 사고방식에 공감한다는 점에서, 또한 이미 철학사에서 하나의 역사적 이름으로 자리를 잡았다는 점에서 실존주의로 규정하려 한다.

사물과 세계에 대한 이해

실존주의 존재론은 서양 철학의 전통이던 존재 증명과는 다른 각도에서 접근한다. 어떤 것의 존재함 자체를 논리적으로 증명하는 방식을 벗어난다. 키에르케고르는 한 개의 돌이 존재한다는 것을 증명하는 게 아니라 여기에 있는 돌이 어떤 무엇이라는 것을 증명할 뿐이라고 말한다. 존재 증명은 도달할 수 없는 신기루다. 법정에서 범죄자의 존재 증명이 아니라, 거기 있는 피고가 범죄자임을 밝히는 것도 마찬가지다. 돌이든 범죄자든 왜 '없음'이 아니라 '있음'인지를 증명하는 방식은 추상적 개념의 전개에 머무를 뿐이기 때문에 결코 증명될 수 없다.

후설의 현상학도 사변적 존재 증명을 거부하고 존재의 인정에서 출발한다. 현상학의 대상은 존재하는 것으로서 정립할 수 있다. 모든 자연과 현상을 인식과 무관한 외부 존재로 파악한 데카르트와 다른 문제의식이다. 데카르트에게 자연의 물체는 인간 정신과 독립해 객관적으로 존재하는, 길이·높이·크기·깊이 등 연장을 특징으로 하는 독립적 실체다. 하지만 철학적 측면에서 보자면, 자연의 물체는 객관적이기만 한 것이 아니다. 사물은 동식물 그리고 인간과 인간이 만들어 냈다. 이는 모두 주관적이며 상대적이다. 각 사물은 우리의 의식과 무관한 독립적 실체가 아니다. 사물은 주어져 있기는 하되 '의식되는 것'으로서 주어져 있다. 세계는 어떠한 '나타남'으로 우리에게 주어지는데, '나타남'은 주관적 작용과 분리되지 않는다. 그러한 의미에서 세계는 주관적·상대적으로 존재한다. 이 점이 바로 자연 과학적 객관성과 철학적 객관성의 근본적 차이다.

에른스트 루트비히 키르히너(Ernst Ludwig Kirchner, 1880~1938)의 〈다보스의 여름〉은 주관적·상대적으로 존재하는 사물의 세계를 회화적으로 반영한다. 뒤로 꽤 높은 산봉우리들이 이어져 있고, 산자락을 따라 촘촘하게 다양한 모양과 색의 집이 들어서 있다. 시원하게 물을 뿜는 분수가 있는 아름다운 정원도 보인다. 후설의 관점에서 볼 때 이 모든 사물은 독립적으로 존재하지 않고 '나타남'으로 우리에게 주어져 있다. 화가가 본 풍경은 화가의 의식과 연관을 맺으며 드러난다. 색은 물론이고 사물과 사물의 거리,

〈다보스의 여름〉, 20세기

예를 들어 집과 산, 산과 산 사이의 거리도 화가의 선험적이고 주관적인 의식과 맞물려 나타난다. 주관적으로 의식된 객체이기 때문에 화가에 따라 다르게 표현된다. 녹색이 감도는 푸른색 하늘, 붉은색·푸른색·보라색으로 구분한 근경·중경·원경의 산은 키르히너의 의식에 결합한 표출이다. 그렇게 사물은 의식된 객체로 존재한다. 만약 의식된 객체가 아니라면 결코 현실적이지 않다.

야스퍼스도 주관과 분리된 독립적 실체로서 객관 세계를 부정한다. 세계는 우리와 대립해 있는 객관이 아니다. 세계는 인간이 인식하고 있는 것으로서 존재한다. 의식으로 대상화하고 현실적 존재로 나타난다. 또한 세계 자체는 이해할 수 없기 때문에 인식 대상이 아니다. 의식과 연결된 세계는 세계 일반이 아니라 잘린 일부일 뿐이다. 부분적 현상이 보여 주는 광경이지 사물의 근거도, 전체로서 세계도 아니다. 우리는 항상 세계에서 여러 대상을 소유하지만, 보편화·일반화된 세계와 마주하지는 않는다. 세계는 자신의 본질이나 실체를 보여 주지 않는다.

하이데거는 키에르케고르와 야스퍼스의 문제의식을, 의식이 거리를 없애거나 방향을 잡는 방식으로 사물과 필연적으로 결합해 있다는 점에서 구체화한다. "매우 가깝게 있다'고 말할 수 있는 것이 '우리로부터' 가장 가까운 거리에 있다는 것은 아니다. … 그래서 우리는 우선 거리상으로 가장 가까운 것'을 지나쳐 들으며 지나쳐 보게 된다." 의식은 거리를 없애는 작용으로 대상에 개입한다. 예를 들면 안경을 쓴 사람에게 안경은 거리상으로 코 위에 놓여 있을 정도로 가깝지만, 맞은편 벽에 걸려 있는 그림보다 훨씬 멀리 떨어져 있다. 가까이 있는 안경을 거쳐서 멀리 있는 사물을 보는 순서로 의식되지 않는다. 눈에 먼저 들어오는 것은 안경이 아니라 먼 곳의 사물이다. 안경은 가깝기는커녕 발견되지도 않는다.

나아가서 사물은 존재하지만 실존하는 것이 아니다. 오직 인간만 실존한다. 이는 모든 사물이 비현실적이며, 인간이 만든 가상 혹은 표상에 불과하다는 의미가 아니다. 사물은 어찌 됐든 현실에서 존재하기 때문에 비현실이거나 가상은 아니다. 하지만 실존은 자신을 대상화할 수 있고, 스스로에 대한 의식을 가질 수 있는 존재에 국한된다. 식물과 동물은 주어진 환경만이 자신의 세계고, 언어와 의식을 자유롭게 사용할 수 없기 때문에 실존의 의미를 지니지 못한다. 오직 이런 점에서 인간만이 실존 영역에 있다.

사르트르는 실존주의 존재론의 의의를 서양 철학의 고질적 경향인 이원론의 극복, 즉 존재와 의식을 분리하는 관점을 극복하는 데에서 찾는다. 실존주의는 현상학을 통한 일원론을 지향한다. 전통적 형이상학은 사물 외면과 인간 내면을 대립시키는 이원론에 머물렀다. 하지만 사물의 외면을 참된 본성이나 실재로 여길 수는 없다. 그렇다고 해서 사물의 감추어진 실재나 본성은 예감하거나 상상할 수는 있어도 도달할 수는 없다. 하지만 실존주의가 주목하는 사물의 현상, 즉 '나타남'은 사물의 외면과 본성이 같은 가치를 지니며 함께 드러난다는 점에서 통합적·일원론적 파악을 가능하게 한다.

'나타남'은 사물과 인간의 의식을 유기적으로 연결한다는 점에서도 일원론적 관점이다. '나타남', 즉 사물의 현상은 추상적이기 때문에 의식과 긴밀하게 연결될 수 있다. 현상은 의식에 나타나야 하기 때문에 추상적인 것이라 말할 수 있다. 예를 들어 어떤 사물이 빨간색을 띤다고 할 때, 그 '빨강'은 추상적이다. 현상이 추상적이기 때문에 마찬가지로 추상적 특징을 갖는 의식과 연결될 가능성이 성립한다. 의식과 세계의 현상이 추상으로 연결되면서, 하이데거가 세계-내-존재라고 부른, 인간과 세계의 특수한 결합을 지닌 세계 속의 인간이 성립한다.

인간에 대한 이해

인간론은 실존주의의 가장 중요한 영역이다. 대부분의 논의가 여기에 집중되어 있다 해도 과언이 아니다. 인간학이라는 이름 아래서, 실존주의는 모든 학문과 맺는 관계에 문제를 던진다. 그래서 사르트르는 실존주의를 곧 인간학이라고 규정한다.

인간은 내던져지고 불안한 존재

키에르케고르는 인간을 불안한 존재로 규정한다. 인간은 인간이기에 불안하다. 즉 인간이 불안한 이유는 정신적 존재이기 때문이다. 정신은 머물지 않고 쉴 새 없이 스스로 새로운 가능성을 향해 나아가는 특징을 가지고 있다. 하지만 그 가능성은 잡으려 하자마자 곧 빠져나간다. 동물에게는 불안이 없다. 동물은 본능적 충동이 지배할 뿐, 정신으로 규정될 수 없는 존재다. 어떤 가능성을 향해 스스로 나아가지 않기 때문에 가능성이 실현되지 못하는 데 대한 불안도 없다. 정신이 적으면 적을수록 불안도 적다.

불안은 공포와는 다른 개념이다. 공포는 일반적으로 특정 대상에서 오는 감정 상태다. 예를 들어 범죄의 대상이 되거나 높은 낭떠러지 앞에 섰을 때 공포를 느낀다. 특정 대상이 만들어 내는 감정이기 때문에 대상이 없이지면 공포도 사라진다. 하지만 불안은 정신의 가능성에서 오기 때문에 뚜렷한 대상을 전제로 하지 않는다. 정신 자체의 특성에서 오는, 불확정적이고 일상적 성격을 갖는다. 그래서 불안

키에르케고르

으로부터 달아날 수 없다. 불안은 정신의 자유에서 오기 때문에 허물이 아니다. 불안이 깊다는 것은 그만큼 자유의 가능성이 크다는 의미다.

야스퍼스는 현대 사회에서 인간이 처한 상황으로 불안의 조건을 구체화한다. 인간 존재의 본질은 정신에 있지만, 합리주의가 만들어 낸 사회가 정신을 질식시키는 방향으로 가고 있다. 이성이 대량 생산과 대량 소비를 위한 수단으로 전락하고, 그 결과 현실의 인간은 물질적 만족에 자신을 내맡긴다. 자유와 민주주의의 선두주자 역할을 했던 유럽에서 전체주의가 자라나고 전쟁은 자유를 결정적으로 괴멸하려 한다. 이러한 상황에서 현존재는 자기 붕괴 의식에서 헤어나지 못하고 있다.

키르히너의는 자본주의 사회에서 실존을 잃어버린 사람들의 모습을 작품에 담았다. 키르히너가 베를린에 정착했을 때 놀렌도르프 광장은 이미 술집과 바가 모여 있는 대표적 유흥가로 자리 잡았다. 산업화로 이룬 경제 성장에 힘입어 표면적으로는 활기가 넘치는 듯했지만, 도시의 이면에는 어두운 그림자가 가득했다. 거리는 사치와 향락에 젖은 도시인과 창녀로 가득했다.

당시 유럽을 휩쓴 세계 대전으로 도시 곳곳에 부상자가 넘쳐났다. 많은 사람들이 노동력을 잃은 채 도시 빈민으로 전락해 뒷골목을 전전하며 구걸로 목숨을 유지했다. 전쟁은 인간의 존엄을 짓밟았고, 사람들은 삶의 의미를 찾지 못한 채 어두운 시대의 터널을 통과하는 중이었다. 인간의 상실이라는 나락으로 굴러떨어지는 시대 속에서, 실존주의는 본래의 인간을 회복하고 비약하기를 추구했다.

하이데거가 보기에 현존재로서 인간은 세계 안에 삶과 정신이 거주한다는 의미에서 '세계-내-존재'다. "현존재의 이러한 존재규정은 무엇보다 먼저 우리가 세계-내-존재라 부르는 존재구성에 의거해 여겨지고 이해되어야 한다. 현존재 분석작업의 올바른 실마리는 이 존재구성을 해석하는 일에 달려 있다." '세계-내'를 이해하기 위해서는 우선 세계의 구조와 이념을 규명해야 한다. '내-존재'는 그 안에 있는 현존재의 실존을 가리킨다. 결국 인간의 실존을 파악하기 위해서는 세계를 이해하는 것이 필수다.

그래서 현실의 세계를 규정하는, 합리주의 원리가 지배하는 기술 세계에서 현존재가 처한 상황에 주목한다. 효율성이 지배하는 현실 사회에서 사람들은 계산 가능성의 지배를 받으면서 분주하게 계획을 세우고 실행에 옮겨야 한다. 성과를 내야 한다는 강박 관념과 언제든지 경쟁에서 탈락할 수 있다는 파국적 절망감이 정신을 옭아맨다. 현존재의 본질인 정신이 자기 내면을 향해 시선을 둘 여유도 없다. 결국 현대인은 사유로부터 도망친다.

현대인의 모든 생활을 규정하는 경쟁과 합리성의 원리이기 때문에 모든 사람이 불안 속에 있다. 또한 영원히 기술 세계에서 벗어날 수 없다는 점에서 일상적 불안이 지배한다. 결국 인간은 기술 세계에 끊임없이 내던져진 존재다. 그런데 불안은 두려움의 대상에서 곧바로 비롯되지 않는다. 키에르케고르가 강조했듯이 불안은 인간이 정신적 존재이기 때문에 나타난다. 즉 공포를 두려워하는 것은 두려워하는 존재자 그 자체가 현존재이기 때문이다, 세계는 불안의 조건일 뿐이고 불안의 핵심은 인간 자신에게 있다.

키에르케고르나 하이데거가 규정하는 불안이 다분히 추상적이고 막연할 수밖에 없다. 시대적 상황은 단순히 조건으로만 작용할 뿐 불안의 본질이 정신 내부에 있기 때문이다. 이들이 보기에 불안은 인간의 내재적 특성에서 비롯하기 때문에 뭉크의 〈불안〉에서 볼 수 있듯이 모든 사람에게 언제나 나

〈불안〉, 1894년

타난다. 그림을 보면 불안은 특정 개인에게 한정된 문제가 아니다. 가장 먼저 눈에 띄는 앞의 소녀는 당장에라도 숨이 막힐 듯 불안에 떨고 있다. 하지만 불안에 떠는 모습은 뒤편의 신사, 그리고 뒤로 끝이 없을 듯 이어지는 사람 모두 마찬가지다. 또한 이들의 배경에는 오직 하늘과 땅 등 자연만 있을 뿐이어서 인간 자신 말고 다른 불안 요인은 찾아볼 수 없다. 스스로에게서 비롯되는 불안이기 때문에, 모든 인간은 뭉크의 그림 속에 등장하는 인물들이 그러하듯이 숙명처럼 일상에서 그 불안을 짊어져야 한다.

불안 개념을 어떻게 규정하는지의 문제는 사회적 실천에서 다양한 차이를 만들어 내는 주요 원인이다. 자유를 향한 정신의 가능성에서 불안을 이끌어 낸 키에르케고르의 논리 안에는 종교적 해결로 향할 수밖에 없는 요인이 숨어 있다. 하이데거는 세계가 연관되어 있지만, 조건일 뿐이고 불안은 근본적으로 규정할 수 없는 무엇이라고 봤다. 인간은 이 시대에 본래 일어나는 상황을 깊게 사유해 사태에 알맞게 논의하고 해명하고 해결할 수 있는 능력이 없다. 그렇기 때문에 하이데거는 사회적 측면과 종교적·초월적 측면 사이에서 끊임없이 동요할 수밖에 없다고 보았다.

사르트르의 불안 개념은 키에르케고르나 하이데거에서 출발하지만, 내용 전개 과정에서 차이를 보인다. 먼저 사르트르는 불안이 인간에게서 비롯되었음을 인정한다. 두려움은 세계 존재에 대해서 느끼는 두려움이며 불안은 자기와 연관해서 불안이다. 그리고 자유를 향한 정신의 특성이 불안의 기반이라 말한다. 예를 들어 현기증이 불안인 것은, 높은 절벽에서 혹시 떨어지지 않을까 하는 마음에서 오는 두려움 때문이 아니다. 내가 스스로 절벽에서 몸을 던지지 않을까 두려워하기 때문에 불안한 것이다.

두려움의 감정과 불안의 감정으로 나눌 수 있는데, 여기에는 미묘한 차이가 있다. 불안을 인간이 상황에 작용하는 것으로 볼 때 인간과 상황의 직접 연관을 전제로 한다는 점에 주목할 필요가 있다. 불안 개념을 구체화하는 과정에서 미묘한 차이가 더 분명하게 드러난다. 그는 불안을 정적이나 숙명처럼 떠안는 무위와 구별한다. 불안은 행동과 밀접하게 연결되며 사회 구성원에 대한 책임과 연결된다는 점에서 실천적 개념이다. 이를 사르트르는 부대장과 병사의 관계를 예로 들어 설명한다. 부대장이 공격의 책임을 지고 병사 몇 명을 죽음의 땅에 보낼 때, 상부의 명령과 자신의 판단이 작용한다. 그 판단이 여러 생명을 좌우하기 때문에 결정하면서 불안을 느낄 수밖에 없다. 자유로운 선택이지만, 다른 인간에 대한 책임에 이어지면서 실천적 행동에 직결될 수밖에 없다.

그런 점에서 사르트르의 자유는 막연한 정신의 가능성을 강조한 키에르케고르와 구별된다. 인간은 그가 되려고 하는 것 말고는 아무것도 아니며 이는 실존주의의 가장 첫 번째 원리라 할 수 있다. 무엇을 이루려고 하는 구체적 실천과 연관된 자유다.

사르트르는 불안 개념을 매개로 마르크스주의의 굳어 버린 인간 이해를 비판한다. 엥겔스는 인간을 구체적 개인이 아니라 경제적 토대에 기반한 계급 구성원으로 이해한다는 점에서 매우 추상적 상태에 머문다. 관념적 마르크스주의는 인간을 최종 분석에서 경제적 조건에 따라 완전히 결정되는 수동적 산물이며 조건 반사의 결과로 이해한다. 이러한 논리대로라면 우연히 어떤 계급이나 계층에서 태어났다는 사실이 한 인간을 결정해 버린다. 개인의 구체적 경험과 사고는 부차적 지위로 전락한다. 그래서 실제의 삶을 우연한 출생에 맡기려는 관점을 거부한다. 현실에서 인간은 직접 노동자로서 일을 할 나이가 되기 전에 이미 우선 부모의 노동을 거치면서 아이로서 소외와 사물화를 체험한다. 인간은 동일한 계급에 속한 가정에서 태어났다 하더라도 성장기의 특정 단계에서 다양한 굴곡을 겪으며 개인의 특수한 성격을 지니게 된다.

뭉크의 〈사춘기〉는 개인으로서 인간이 성장하면서 겪는 한 단면을 잘 보여 준다. 사춘기 소녀가 침대에 걸터앉아 있다. 잔뜩 웅크린 어깨와 팔, 그리고 다리가 무언가 위축된 모습이다. 그녀의 뒤로 드리워져 있는 검은 그림자가 불안한 상태를 드러낸다. 어린 소녀가 앞으로 겪게 될 상황과 변화의 불투명함 혹은 죽음이라는 막연한 두려움에서 오는 불안을 나타낸 듯하다. 그만큼 아직 모든 것이 불확실하고 기대만큼이나 걱정도 많은 시기다. 화가 자신도 그러했듯이 현실의 인간은 성장 과정에서 마주치는 경험으로부터 개별

〈사춘기〉, 1894년~1895년

적 성격이 만들어진다. 하지만 관념적 마르크스주의는 개인의 삶에 다양하게 영향을 미치는 요인을 사실상 배제한다.

사르트르가 보기에 마르크스가 사용하는 개념, 즉 착취·소외·물신화·사물화 등은 실존적 구조를 가리키는 개념으로 중요한 의미가 있다. 하지만 생산력이나 생산 관계와 같은 사회적 요인만이 아니라, 성(性)을 비롯해 성장 과정에서 다양한 요소를 고려하는 실존주의 입장에 설 때 마르크스주의와 정신 분석학 등 다양한 사유 방법을 통합할 수 있다. 성을 매개로 인간이 자기 계급에 동화되는 지점, 즉 보편적 계급과 개인 사이의 매개로서 개별 가족을 찾아내기 때문이다. 마르크스주의가 인간을 바탕으로 그 속에 다시 통합하지 않게 된다면 마르크스주의는 비인간적 인간학으로 쇠퇴한다.

인간은 죽음을 향한 존재

키에르케고르는 불안과 함께 절망을 정신적 존재로서 인간이기 때문에 가능한 영역으로 여긴다. 절망은 정신의 병이다. 그래서 스스로의 정신을 전제로 한다. 스스로의 절망이 모든 절망의 공식이 된다. 외부적 요인이 절망을 만들어 내지는 않는다. 예를 들어 어떤 소녀가 연인의 죽음이나 배신으로 힘겨워하고 있다면, 그 소녀는 연인이 옆에 없다는 사실 자체에서 절망을 느끼는 것이 아니다. 그녀는 자신에 대해 절망한다. 만일 그가 그녀의 연인이 되었더라면 사랑의 감정에 휩싸여 자신을 생각하지 않는 시간을 보낼 수 있다. 하지만 지금은 그 남자 없이 자신을 마주해야 하기 때문에 고통스럽다.

절망은 자신을 정면으로 마주하는 순간이다. 인간으로서 자기를 찾기 위한 통로라는 점에서 능동적 의미가 있다. 절망과 거리를 두고 기분 좋고 한

가하게 세상을 살아간다면, 오히려 자신에게서 멀어진 상태다. 예를 들어 누군가가 다른 사람에게 칭찬과 존경을 받고, 또 명성을 얻으며 현실에서 만족스러운 삶을 살고 있을 수 있다. 하지만 그들은 자신을 잃었다. 정신은 내부로 향한 것, 즉 자신과 관계하는 것인데 절망 없이 현실의 일상에 만족한다면 내면을 돌아볼 기회도 없어지며 그만큼 정신으로서 자신도 잃게 된다.

그래서 모든 절망은 개념상으로 말하면 정신에 따라 '스스로 의식된 상태'다. 키에르케고르는 절망, 특히 죽음을 향한 절망을 적극적으로 촉구한다. 그는 인생과 죽음을 대비하는데, 여기서 인생이란 죽음을 생각하지 않고 일상에 빠진 상태를 의미한다. 인생은 일상의 만족이라는 늪에 빠져 있기 때문에 자신을 심각하게 되돌아볼 기회를 주지 않는다. 그러한 의미에서 인생은 존재를 결박할 줄 모른다. 죽음을 자기 문제로 마주하면서 진정 자기 존재에 접근할 기회가 생긴다. 그렇기 때문에 죽음은 그 무엇보다도 설득력이 있다.

하이데거는 더 적극적으로 죽음의 문제를 실존을 위한 필수 영역으로 끌어들인다. 불안이 개인의 실존을 위해 가장 적극적 역할을 할 수 있는 영역이 죽음이다. "죽음에 임하는 불안은 개개인에게 우연히 나타나는 '나약한 심정'과는 다르다. 이 불안은 현존재(본질)로부터 비롯된 근본적 심정의 표출이자, 현존재가 스스로의 종말(완전성의 종말)에 임하도록 내던져진 대가로 세계 속 존재로서 실존하고 있다는 점에서 비롯된 불안이다."

인간은 죽음이라는 종말을 '향해' 실존한다. 단순히 인간은 모두 죽는다는 일반적 내용이 아니다. 죽음을 '향해' 있다는 점에서 능동적 작용이다. 죽음을 자신의 실제 현실 가능성으로 가져온다는 점에서, 죽음으로 미리 달려가는 것이다. 진정한 실존은 죽음을 향한 존재에서 드러난다. 우리는 흔히

‘사람은 죽는다’는 사실에 무관심한 평온을 갖는다. 흔히 삼단 논법을 얘기할 때 사람은 죽는다, 소크라테스는 사람이다, 소크라테스는 죽는다는 식으로 논증한다. 사람이 죽는다는 것은 너무나 명백한 전제다. 하지만 ‘사람은 죽는다’는 말은 역설적으로 죽음은 실질적이지 않은 어떤 것이라는 의미다. 여기서 ‘사람’은 내가 아니라 불특정한 인간을 가리키는 말이기 때문이다. 즉 ‘나는 죽는다’가 아니다. 소크라테스가 옛날에 죽은 것은 분명하지만, 그게 ‘나의 문제는 아니’라는 생각이다.

대부분 죽음을 애써 자신의 문제로 생각하려 하지 않는다. 예를 들어 주변에 심각하게 아픈 가족이나 친구가 있어도 우리는 죽음을 그다지 심각하게 여기지 않는다. 아픈 사람에게 습관적으로 이제 곧 괜찮아질 테니까 걱정하지 말라고 위로한다. 원래의 안정된 삶으로 돌아가게 될 테니 안심하라고 말한다. 이런 식으로 죽음을 회피하는 마음의 안정감을 마련해 준다. 그런데 이 안정감은 병들어 죽어 가는 사람에게만 해당하는 게 아니다. 자신을 위로하는 것이다. 병에 걸려도 의지만 있으면 나을 수 있다는 위안을 스스로에게 한다. 이를 통해 죽음을 회피하고 무관심한 상태로 돌아간다.

문제는 죽음을 생각하지 않는 관성적 삶이 순종을 부른다는 점이다. 죽음을 생각하지 않음은 오늘의 내 생활이 계속되리라는 생각과 같다. 말 그대로 일상의 반복 속에 자신을 맡기는 생활이다. 죽음이 없다고 생각할 때 끊임없는 미래만을 생각한다. 오늘이 무한하게 반복될 수 있으니 오늘의 소중함은 뒷전으로 밀린다. 오늘 현실에서 자신의 실존이 갖는 소중함을 망각할 때 순종이 스며든다. 그저 합리성이 지배하는 사회에서의 경쟁 규칙만 충실히 따르는 삶만 남는다. 소리 없는 명령에 순종하는 삶이다.

〈죽음과 삶〉, 1908년~1915년

대다수 사람은 구스타프 클림트(Gustav Klimt, 1862~1918)의 〈죽음과 삶〉에서 보이듯이, 죽음이 자기 옆에 바짝 다가와 있는지 모르거나 애써 회피하며 산다. 그림에서 죽음과 삶은 어두운 공간을 경계로 분리되어 있다. 사람들이 의식적으로 그어 놓은 벽일 것이다. 삶의 영역에서 사람들은 편안한 듯한 모습이다. 위쪽에는 아이가 엄마의 품에 안겨 평화롭게 잔다. 아래로 고개를 숙인 남녀는 생활에 쫓기며 사는 피곤한 일상을 보여 주는 듯하다. 그 주변으로 욕망에 들뜬 표정, 무언가 골똘히 생각하는 듯한 표정 등 다양한 삶의 단면을 보여 주는 얼굴이 있다. 대부분 자신의 삶이 이 상태로 영원히 지속될 것이라 착각하며 산다. 죽음을 상징하는 해골이 언제나 옆에 바짝 다가와 있는지 전혀 생각하지 못한 채 일상의 반복에 적응하며 산다.

뭉크의 〈죽음과 삶〉은 죽음에 결박되어 있는 현실을 잘 보여 준다. 소녀가 죽음을 상징하는 해골과 포옹한다. 해골은 몸을 빼지 못하도록 등 뒤로 팔을 휘감고 소녀에게서 눈을 떼지 않는다. 왼쪽으로 솟아오르는 정자들이 보이고, 오른쪽으로는 엄마 자궁 속의 모습인지 갓 태어난 모습인지 모를 아기가 있다. 죽음이 출생에서 살아가는 매 순간에 이르기까지 항상 그림자처럼 따라다님을 보여 준다. 죽음에 대한 불안에 일상적으로 사로잡혀 있는 화가의 내면이 고스란히 드러나는 듯하다. 뭉크는 일상을 둘러싸고 있는 죽음이 주는 절망을 토로했다. 그리고 죽음 앞에서 느끼는 불안이 그를 삶과 예술에 파고들게 했다.

하이데거는 죽음을 향해 미리 달려가면서 실존에 다가서고, 새로운 삶을 열 수 있다고 주장한다. 죽음을 나의 현실 문제로 생각할 때 진정한 자신을 찾게 된다. 우리는 평소에 무엇이 소중한지 잊고 살아간다. 하루하루를 살면서 내가 오늘 잘 살고 있는지를 별로 생각하지 않는다. 일상생활만이 지배하는 상태에서 진지하게 삶의 의미를 되돌아볼 기회가 없다. 죽음은 그렇게 앞을 향한 질주밖에 모르는 생활을 잠시 멈추고 삶의 의미와 가치를 되돌아보게 하는 적극적 역할을 한다.

〈죽음과 삶〉, 1894년

사르트르는 죽음을 실존주의 인간 이해의 핵심으로 여기는 하이데거의 관점에 꽤 비판적이다. 하이데거는 죽음은 개인의 죽음이며 현존재를 개별화했다. 그러나 사르트르는 죽음이 누구도 나를 대신해서 할 수 없는 유일한 것이라는 말은 전혀 근거가 없다고 지적한다. 현실에서는 누구든 상관없는 누군가가 나를 대신해서 죽을 수 있다. 예를 들어 교화나 증언, 혹은 조국을 위해 죽는다는 명목으로 얼마든지 가능하다. 나의 죽음에만 특별히 있는 인격 구성적 능력이란 처음부터 존재하지 않는다. 즉 죽음으로부터 인간 존재의 가능성이 나오는 것이 아니다. 죽음은 탄생과 마찬가지로 단순하고 우연한 사실일 뿐이다.

에곤 실레(Egon Schiele, 1890~1918)의 〈임신한 여인과 죽음〉은 탄생과 죽음을 동시에 다룬다. 오른편의 만삭 여인이 평온한 표정이다. 아기가 이 여인에게서 태어나는 일은 지극히 우연적 사실이다. 언제 어디서 태어날지는 전적으로 우연에 의존한다. 여인과 아이 앞에 바짝 다가서 있는 죽음의 그림자도 누구나 겪는 우연적 사실이라는 점에서 탄생과 같다. 이 그림은 자신에게 닥칠 탄생과 죽음을 예견하는 듯하다. 우여곡절 끝에 결혼한 아내가 임신 6개월쯤 되었을 때, 유럽에 퍼진 악명 높은 스페인 독감으로 사망하고, 화가 자신도 며칠 뒤 죽음을 맞이했다고 한다.

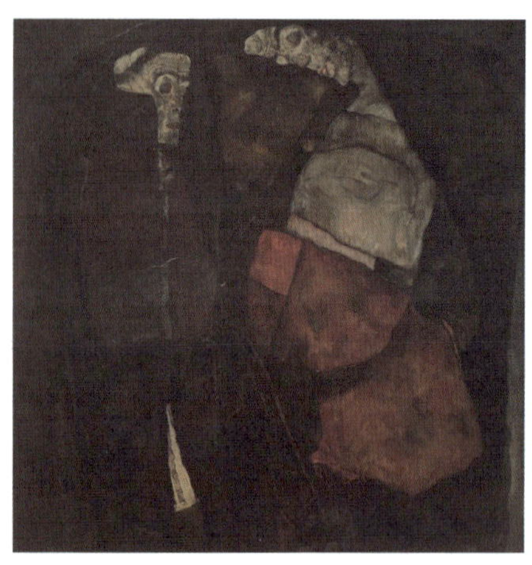

〈임신한 여인과 죽음〉, 1911년

죽음은 존재를 향한 가능성이기보다는 오히려 나에게서 벗어나는 것이다. 우리는 자기 죽음을 발견할 수 없다. 죽음은 자신을 타인들에게 맡겨지도록 하는 것이기에 자신에게서 벗어나 외면적인 것으로 남을 뿐이다. 여기서 문제는 하이데거의 관점이 인간을 지나치게 개별화한다는 점이다. 여기서 코기토(Cogito), 즉 데카르트의 '나는 생각한다.'는 정신적 가능성이 개별적 존재 수준으로 고립되는 문제가 생긴다. 자기로 다가서는 것은 죽음이 아니라 끊임없는 기대다. 이는 단순히 여러 대상을 기대한다는 의미를 넘어선다. 기대 대상을 얻을 수 있다는 의미가 아닌 목적 실현에 대한 기대라는 점에서 기대의 기대, 즉 자신에 대한 내적인 기대다. 인간의 자유도 기대로부터 온다. 자유는 주관성에서 오는데, 죽음은 자신에게서 벗어나는 사건이기 때문에 주관성과는 거리가 멀다. 진정한 주관성은 기대에서부터 만들어지게 된다.

자유와 유대로서 인간

실존주의를 순수하고 고립된 개인으로의 후퇴로만 여긴다면 한 면을 이해하는 데에 머문다. 키에르케고르는 개인과 인류가 동시에 연결되어 있다고 강조한다. 인간이 자신이면서 동시에 인류임은 모든 순간으로 밀릴 수 있는데, 이는 곧 모순이기도 한 것이다. 현실의 인간은 이 모순으로 자신을 인류와 결합한다.

후설은 개인과 인류의 연결을 지각 작용으로 구체화한다. 우리는 지각 작용으로 다른 사람과 연계할 수 있다. 이는 단순히 인간이 무리를 지어 삶을 영위한다는 의미가 아니다. 지각에 합당한 것을 같이하는 집단이 된다는 점에서 의식적 작용이다. 인간은 공통적으로 경험할 수 있는 것에 대해 언어와 묘사 능력으로 물음을 던지고, 추론·논증·확증을 거쳐 결단을 내린다. 이 과정이 의식적 삶의 공동체 안에서 전개된다는 점에서 지각 작용을 통한 유대 안에 있다.

야스퍼스는 유대를 실존을 위한 필수 요소로 규정한다. 실존은 다른 실존으로, 또 다른 실존과 함께 자신이 될 때 나타난다. 즉 실존은 고립 상태가 아니다. 개별자로서 홀로 있는 인간은 인간일 수 없다. 서로가 의식적으로 이해될 수 있는 공동체에 따라서만 자신이 될 수 있다. 상호 의식적 이해는 사귐이라는 인간의 보편적 조건과 연관된다. 사귐은 인간의 본질에 속하기 때문에 의식 작용은 사귐에서 분리할 수 없다. 여기서 사귐과 유대가 개별성을 부정하는 것은 아니다. 인간의 가치는 역사적 개별자에 있다. 실존주의의 기본 목표는 어느 때나 개인으로서 독립성을 가지는 일인데, 이때 독립성으로 진정한 유대로 나아갈 수 있다.

여기에서 인간이 개인과 동시에 인류임은 곧 모순임을 의미한다는 키에르케고르의 규정이 생명력을 얻게 되는 것이다. 생물학적 집단성이나 생존을 위한 협동의 유대를 넘어서 언어를 통한 정신적 유대, 적극적 사귐의 과정이 바로 이런 그의 주장을 뒷받침한다. 각자는 주관성을 갖춘 개별적 주체이지만, 동시에 언어로 질문을 던지고 논의를 전개할 능력이 있기에 의식적으로 공통분모를 갖는다. 이러한 특징이 모든 인간에 속한다는 점에서 개인과 인류가 연결될 수 있다.

하이데거는 개인이면서 동시에 인류인 인간의 특성은 인정하되, 유대에 대한 강조가 개별 존재의 실존을 훼손하는 방향으로 나아갈 가능성을 경계한다. 휴머니즘에 반대하는 것도 비슷한 이유에서다. 이는 다분히 실존주의를 휴머니즘으로 규정하는 사르트르의 문제의식을 비판하는 성격을 지닌다. 그러나 휴머니즘을 반대한다고 해서 비인간적인 것을 변호하는 것은 아니다. 문제는 휴머니즘이 현실에서는 대중성의 형식으로 현존재의 개별성을 무력화하는 방식으로 나타난다는 점이다.

하이데거는 "실존은 본질에 앞선다."라는 사르트르의 주장도 반대한다. 그가 보기에 사르트르의 주장은 플라톤 이후로 "본질은 실존에 앞선다."라고 하는 형이상학적 본질과 실존 개념의 연장선 위에 서 있다. 단지 명제의 주어와 술어를 바꾸어 놓았을 뿐 실존과 본질을 분리했다는 점에서 같은 한계를 보인다. 존재가 세계 속에 내던져 있음은 본질에 속한다. 그러므로 인간은 본질로 실존한다. 사르트르가 '실존주의'라는 명칭을 고집하면서 실존과 본질 사이에 벽을 쌓았다는 비판이다.

사르트르는 자유로부터 인간에 접근한다. 신이 없다면 인간은 고정된 인간성이나 의존에서 벗어나 고독한 상태에서 무엇이든 시도할 수 있고, 거기서부터 진정한 자유에 접근할 수 있다. 하지만 고립된 존재로서 자유는 아니다. 데카르트가 "나는 생각한다."라면서 고립적 주체를 세웠다면, 사르트르는 반대로 타인과 마주 선 '우리'를 파악한다. 타인도 나와 마찬가지로 확실한 존재다. 나에게만 특권이 있는 것이 아니다. 나와 타인의 경험적 자아는 동시에 세계 속에 나타난다.

"실존은 본질에 앞선다."라는 명제에 대한 하이데거의 비판은 다른 본질 개념 이해에 근거한다는 점에서 성급한 면이 있다. 본질은 있던 것과 행위를 설명하는 성격의 전체다. 반대로 사르트르는 과거에 있던 것으로 본질을 설명한다. 과거에 어떤 개인에게 있던 것으로, 존재를 설명하기 위해 사용되는 과거의 사실이다. 실존이 과거의 것으로 설명될 수 없는 것, 즉 본질 판단 이전의 것이라는 점에서 본질에 앞선다는 의미다. 하이데거가 제기한, 세계 속에 내던져 있다는 의미의 본질과는 다른 맥락인 것이다.

사르트르는 즉자 존재와 대자 존재를 구분해 자유로운 인간을 구체화한다. 즉자 존재는 있는 그대로, 즉 자기 자체로 충만한 상태다. 다른 존재와의 구별에서 자신을 정립하지 않는다. 그러므로 어떠한 외부나 부정성도 없는 우연성 자체다. 대자 존재는 즉자 존재가 결여하고 있던 부정성에서 시작한다. 무(無)는 존재에 따른 '존재의 문제화'로 의식 혹은 대자라 할 수 있다. 그런데 무는 부정적 판단에서 생겨난다. 예를 들어 카페에서 A라는 사람을 찾을 때 그를 제외한 대상물, 즉 카페를 장식하고 있는 온갖 시설이나 장식은 물론이고 여기저기 앉아 있는 다른 사람들은 A가 아닌 것, 혹은 배경이나 필요조건으로서 의식에서 사라진다. 즉 무화(無化) 과정이다. 또한 대자 존재는 다른 존재와 구별하면서 정립한다. 여기서 자신이 어떤 존재인지 의식하기 위해 '무엇이 아닌지'라는 부정성이 필수적이다. 왜 동물이나 타인이 아니고 자신으로서 존재하는지 근원적 질문이 나올 수 있는 한에서 대자는 존재한다.

부정이 나로부터 왔기 때문에 이는 곧 의식이며 자유다. 자유는 진정한 자신을 찾는 데서 생겨난다. 있는 그대로의 즉자 존재가 아니라 대자 존재로 나아갈 때 자유가 나타날 수 있다. 자유는 무와 부정성으로 현실이 된다. 자유의 거부는 자기를 즉자 존재로 파악하는 시도다. 여러 결정론은 인간에게서 부정성과 자유를 앗아가면서 오직 즉자 존재로 남아 있게 만든다.

자유로 비로소 대자 존재, 즉 진정한 의미의 인간으로 향한다. 인간은 스스로 무언가를 이루려는 기도로 규정된다. 인간은 조건을 끊임없이 극복한다. 노동과 행동 등으로 상황을 넘어서면서 드러내고 또 결정한다. 결국 인간은 무를 채우기 위해 끊임없이 무언가를 기도하면서 미래를 향해 스스로를 던지는 '투기(投企)'로서 존재다.

초월자와 극복에 대해

불안·절망과 함께 세계에 내던져진 인간은 어디에서 활로를 찾아야 할까? 키에르케고르는 신앙에서 희망을 찾는다. 불안은 불안으로 끝나지 않는다. 불안은 정신에서 오는데 이는 자유의 가능성, 절대자를 향한 길을 연다. 이때 신앙으로 원 상태로, 진정한 자신으로 복귀할 수 있다. 불안으로 절대자로 나아가면서 인격의 분열을 치유하고 불안에서 벗어날 가능성을 얻는다.

야스퍼스는 실존주의가 허무주의로 전락하지 않는 방법을 초월 존재에서 찾는다. 신앙을 부정하며 현실 인간을 신격화하고 거기에서 희망을 찾으려는 시도는 또 다른 허무주의를 낳을 뿐이다. 인간에게 희망을 발견하는 과정에서 영웅에 의존해 인간의 신격화로 향하지만 결국 환멸을 느끼고 또 다른 허무주의에 빠진다. 어느 순간 다만 인간에 불과하다는 경험을 하면서 더 깊은 허무주의에 빠진다. 실존주의는 허무주의를 극복해야 한다.

불안을 벗어난 안정은 오직 초월 존재를 거쳐야만 실현될 수 있다. 인간은 시간성이라는 한계가 있기 때문에 불안에서 벗어나지 못한다. 시간 속에서 지속되는 안정은 인간에게 허용되지 않는다. 현실은 시간 속에서 움직이고 변화한다. 그래서 순간적인 안정을 느낄 뿐, 다시 불안으로 빠져든다. 안정은 시간의 끝에서만 찾을 수 있다. 시간을 넘어설 수 있는 유일한 존재는 초월자다. 여기서 초월자는 전통 신앙의 신과는 다른 개념이다. 예수와 석가를 절대자로 신봉하고 이를 통해 신의 계시와 기적을 실현하려는 기존 신앙과 다르다. 성인군자는 역사적 존재, 즉 인간이었다. 그래서 보편타당성을 기대할 수 없다. 문제 제시와 질문으로 궁극적인 인간 가능성을 실현했을 뿐이다. 다시 말해 초월자로 안정에 이를 수 있다는 가능성을 우리에게 제시한 것이다.

뭉크의 〈골고다〉는 절대자의 예수보다는 절대자를 향한 예수를 보여 주는 듯하다. 대부분의 성화에서는 십자가에 묶여 처형당하는 예수가 화면의 중심을 차지한다. 또한 고요와 평온 상태에 있는, 절대자로서 예수를 그렸다. 하지만 이 작품에서는 십자가 주변으로 모인 사람들이 더 시선을 끈다. 예수와 사람들은 불안에 휩싸여 있는 듯하다. 원색에 가까운 붉은색·푸른색·노란색으로 이루어진 강렬한 색채 대비와 거친 형태 묘사로 고요보다는 격정이 가득한 분위기다. 신성보다는 인간성, 안정보다는 안정을 희망하는 인간을 보여 주는 듯하다.

초월자는 존재 증명으로 접근할 대상이 아니다. 초월자는 아득히 멀고 숨겨진 신, 증명할 수 없는 신이다. 세계 안에 있는 존재인 인간은 불안을 넘어 안정으로 가려는 초월적 열망과 함께 존재한다. 신앙을 가진 사람은 초월적인 것에 순종하는 삶으로 내적 안정을 향한다.

하이데거도 실존에서 출발하는 신의 개념을 강조한다. 신은 인간 자신에 따라, 자신의 근거를 근본적인 자기 원인에서 찾을 때 마주하는 개념이다. 자기 원인 앞에서 무릎을 꿇거나 경외하는 마음은 무의미하다. 하물며 자기

〈골고다〉, 1900년

원인에게 기도하거나 제물을 바치는 일, 악기를 연주하거나 춤을 추는 일을 할 수는 없다.

사르트르는 초월자나 신앙을 거부한다. 실존주의는 두 갈래로 나뉜다. 하나는 야스퍼스를 중심으로 한 기독교적 실존주의, 다른 하나는 무신론적 실존주의다. 둘의 공통점은 실존을 중시하고 주체성에서 출발한다는 것뿐이다. 진정한 실존주의는 인간에게서 출발해 인간으로 향한다. 실존주의는 휴머니즘이어야 한다. 야스퍼스가 비판하는 인간의 신격화와 다른 의미다. 인간은 끊임없이 무언가를 이루려 하고 더 높은 목적을 추구하면서 존재한다. 부단히 현실 이상의 것을 추구한다는 점에서 인간 자체를 목적으로 삼지 않는다.

실존주의 인식론

선험적 주관성으로 현상을 인식하다

키에르케고르에게 주관성을 배제한 객관적 인식은 허구다. 실존에 관계하는 인식만 본질적 인식으로 본다. 인식은 주체가 실존하면서 자신의 진리를 심원하게 만드는 과정이다. 진리란 주체가 받아들여 소화하는 것이다. 개별 사물에 대한 지식은 순수한 직접성일 뿐이다. 약간의 반성을 포함하더라도 무한한 내적 의식과는 거리가 멀다. 인식은 내적이고, 불안과 절망에 휩싸여 있는 자신을 향하고, 또한 그러한 자신에게서 나온다는 점에서 주관적이다.

후설은 자연 과학적 인식과 구별되는, 선험적 주관주의로서 현상학적 인식을 주장한다. 자연적 사고는 일상생활이나 학문에서 인식 가능성의 어려움에 관해서는 무관심하다. 그렇기 때문에 인식 가능성 문제에 접근하는 인식 비판을 수행할 수 없다. 이와 비교해 현상학적 인식은 인간이 본래 가지고 있는 주관적 의식에서 출발한다.

예를 들어 어떤 현상 변화를 인식할 때 의식이 전제된다. 현실의 세계와 사물은 고정되어 있지 않고 항상 변화하면서 존재하는데, 변화는 시간 속에서만 일어난다. 그런데 시간은 세계와 사물 자체에서 생기는 개념이 아니다. 오직 주관적 의식에 따라 주어진다. 그러므로 인간은 선험적으로 지니는 주관성에 의존한다. 또한 인식은 '이다'와 '아니다', '같음'과 '다름', '단수'와 '복수', '그리고'와 '또는' 등 다양한 선험적 범주로 이루어진다는 점에서도 주관성에 의존한다고 볼 수 있다.

현상학의 목적은 체험 탐구다. 사물이나 인간 행위는 언제나 체험 안에 나타난다. 체험을 거치지 않는 현상은 없다. 그런데 체험은 시간성이나 판단 수단 등의 주관성과 분리될 수 없다. 체험의 밑바탕에 놓여 있는 주관성은 이성적인 것이다. 그러므로 현실 속에서 작용하는 주관성을 탐구 대상으로 삼아 이성을 밝히는 것이 현상학의 목적이다. 하지만 단순한 객관주의 반대가 아니다. 체험 안에 객관과 주체가 통일되어 있다는 점에서 이원론적 분리를 넘어 일원성에 도달한다.

클림트의 〈철학 최종〉은 근대에 이르기까지 서양 철학이 추구한 객관적 진리에 비웃음을 보낸다. 대학 강당에 그린 벽화 중 중 하나로, 왼편의 벌거벗은 인물들은 생성·결실·소멸을 보여 준다. 맨 위의 세상을 향해 태어난 아이는 생성을 상징한다. 중간에는 키스를 나누며 사랑하지만, 고개를 숙여 불안과 두려움에 떨기도 하는 현실이 그려져 있다. 그 밑으로 늙어서 쭈글쭈글해진 사람들이 절망감에 머리를 감싸고 있다. 맨 아래는 검은 옷을 입은 죽음의 여신이 기다린다. 클림트가 보기에 철학은 세계 속에 우연히 태어나고, 삶을 영위하면서 결국은 인간의 유한성에 불안과 절망에 휩싸여 살아야 하는 인간을 탐구하는 작업이다. 보수적인 대학 교수들은 이 작품을 정통에 대한 이단으로 여겨 비판했다. 전통적 형이상학에 갇혀 객관적 진리 추구에 매달려 있던 철학자들에게는 달가운 작품이 아니었다.

야스퍼스는 과학적 인식 방법으로서 현상학의 유효성을 인정하고 받아들인다. 어떤 현상을 체계화된 이론 틀이라는 좁은 통로로만 보지 않고, 현상이 의식에 나타나는 그대로 파악하고 기술하려 한다. 후설과 마찬가지로 그 과정에서 선험적 주관성이 핵심 역할을 한다. 새로운 철학으로 등장한 마르크

〈철학 최종〉, 1899년~1907년

스와 프로이트도 객관 대상에 대한 경험 과학이라는 점에서 객관주의 전통이 지니는 오류를 반복하고 있다.

마르크스와 프로이트의 철학은 외면적으로 대립하는 듯 보이지만, 개념적 구별에 따라 연관된 상황과 의미를 분석하고 사실을 확정하는 인식 방법을 사용한다는 점에서 공통적이다. 그러나 관찰과 구성 방식으로 대상과 주체를 분리하고, 이성으로 객관적 대상의 본질을 파악할 수 있다는 사이비 과학적 태도다. 즉 궁극적 본질을 규명하려 한다는 점에서 독단적 학설이다. 의식은 오직 현상에만 접근할 수 있다. 세계든 인간이든 나타나는 현상 그대로 접근하는 것만이 과학적 인식이다. 그러한 의미에서 철학은 완성이 아닌 과정이다. 그런데 본질로 나아가지 못하는 것은 시간이라는 한정된 조건 속에서 살아가는 인간의 숙명이다. 요컨대 실존을 받아들이는 인간 존재가 역사적으로 현실화된다.

의식에 나타나는 그대로를 엄밀하게 파악하기 위해서는 이성에 근거해야 한다. 이성과 실존은 분리될 수 없다. 인간은 이성을 지녀서 세계나 사물과 달리 실존하고, 실존은 오직 이성으로만 분명해진다. 하나를 잃게 되면 다른 것도 잃게 된다. 이성 없이 내면을 보지 못하기 때문에 이성 없는 실존은 애초에 성립하지 않는다. 또한 실존을 잃어버린 이성은 풍부한 체계를 갖춰도 의식의 단순한 지적 운동, 사변적 관념론에 빠진다. 헤겔이 추구한 정신의 자기 변증법은 실존을 상실하고 이성이 지적 일반자로 전락해 이성이라 볼 수 없는 상태에 이르렀다.

하이데거는 "철학은 보편적인 현상학적 존재론이라고 할 수 있다. 철학이란 현존재의 해석학에서 출발하는데, 이 해석학은 실존의 분석론으로서 모든 철학적인 물음을 이끌고 가는 수단이 되는 실의 끝을 그 물음의 발원지, 곧 되돌아가야 하는 곳에 단단히 묶어놓았다. … 후설이 쌓아올린 기반 위에서만 가능했다. 그의 《논리학 연구》에 의해, 현상학의 돌파구가 처음으로 열린 것이다."라면서 현상학적 방법을 옹호한다. 추상적으로 구성되고 증명된 듯이 보일 뿐인 개념의 자기 전개에 반대한다. 현상을 거쳐서만 철학이 성립한다. 여기서 중요한 인식 방법은 이해다. 사변적 개념 구성과 달리 이해는 결코 허공을 떠다니지 않는다. 언제나 구체적으로 처해 있는 바를 이해한다. 이해는 자신에게 무엇이 문제인지를 어떻게든 알고 있게 한다는 점에서 실존적 인식 방법이다.

인식론은 실존 범주 안에서 이루어져야 한다. 그가 보기에 프로이트의 심리학, 마르크스의 사회학을 비롯해 새롭게 대두된 문화 인류학 등은 인간을 대상으로 설정한 뿐, 인식 방법에 존재의 관점이 빠졌다는 점에서 철학의 종말이다. 철학은 자연 과학과 마찬가지로 인간에 관한 경험적 학문으로 전락한다. 주체성으로 모든 객체성을 자신에게 타당한 구조로 정립하는 현상학적 인식 방법만이 종말에서 철학을 구원할 수 있다.

사르트르 역시 실존에 기초한 인식을 강조한다. 의식은 존재의 도움을 받아 생긴다. 의식이 드러날 때는 이미 존재하는 것으로서 주체를 드러내 보인다. 기존의 객관주의적 인식은 원시적 착각 속에서 작업했다. 예를 들어 그들은 인식을 먹는 작업으로 봤다. 인식된 대상을 삼켜 배를 가득 채워 충실하게 만들고 소화하면서 동화하는 것이다. 인식은 하나의 형식적 작용에 불과했다. 하지만 감각도 세계 속에 존재하는 인간을 전제하기 때문에 인식은 주관성과 필수 불가결하게 결합하게 된다.

사르트르는 제2차 세계 대전을 경계로 마르크스주의를 실존주의적 인식과 변증법적 유물론을 결합해 이해했다. 변증법은 이성의 결과물인 개념을 대상으로 구성 작업에 몰두하는 방식이어서는 안 된다. 이성을 독립적 체계로 여길 때 텅 빈 정신으로 전락한다. 이성은 주체가 그 안에 있는 세계를 따라 구성된다. 그렇기 때문에 이성은 합리적 인식으로서 특성을 유지해야 하지만, 역사적으로 정립된 합리주의에서 벗어나야 한다. 그가 보기에 마르크스는 존재를 사유로 환원할 수 없음을 주장하면서, 사유를 인간 활동의 한 종류로 통합하는 일원론적 견해를 지녔다. 하지만 현실 마르크스주의자들은 존재에서 출발하는 사유에 대한 변증법적 운동을 포기하고, 사유를 보편적·일반적 변증법에 녹여 버렸다. 즉 인간이 없는 변증법으로 전락했다. 사르트르는 실존주의로써 마르크스가 원래 의도했던, 존재와 사유의 통일적 관계 회복으로 나아갈 수 있다고 보았다.

직관과 판단 중지, 상호 주관성

후설은 현상학적 인식에서 직관을 중시한다. 현상학은 고정된 체계를 갖춘 이론화 작업이나 계산 가능한 수학적 작업으로 객관화를 지향하지 않는다. 모든 체험, 특히 지적 체험은 직관으로 이루어진다. 체험은 직관에 절대적으로 주어진다. 비교와 구분, 결합 등의 작업을 직관 안에서 수행한다. 가능한 한 오성의 제한적 사용과 순수 직관의 적극적 사용을 주문한다.

후설은 선험적 주관성을 통한 현상 인식은 직관과 함께, '판단 중지' 작업에 따라 과학적으로 전개된다. 판단 중지는 순수한 의식 현상만을 파악하기 위해 경험적 세계와 관련된 사항에 대해 괄호를 쳐서 모든 판단을 중지하는 작업이다. 이러한 현상학적 환원으로 선험적이고 순수한 자아에 도달한다. 하지만 판단 중지가 탐구 대상을 부정하는 것은 아니다. 다만 그들의 이론적 타당성이 괄호로 묶일 뿐이다. 이는 데카르트의 방법론적 회의와 비교할 수 있다. 후설은 방법론적 회의가 지닌 중요한 의의를 인정한다. 의심의 가능성이 조금이라도 있으면 부정하고, 더는 의심할 수 없는 것을 근거로 논의의 여지가 없는 지식 체계를 구축하려는 시도가 엄밀한 학문적 기초로 작용한다. 하지만 후설이 보기에 데카르트의 방법은 아직 철저하지 못하다.

데카르트의 한계는 크게 두 가지로 나눌 수 있다. 하나는 판단 중지의 범위로, 인간을 포함한 세계 전체를 대상으로 하지 않았다는 점이다. 예를 들어 세계를 감각으로 경험할 수 있는 세계와 수학에 연관된 순수한 세계로 구분하고, 전자에 대해서는 회의를, 후자에 대해서는 전제로 인정하는 불철저함으로 보았다. 그 결과 연역적 사고리는, 특정한 인식 방법을 전제하는 오류를 보였다. 더 철저한 엄밀성을 위해서는 육체적 경험만이 아니라 순수 수학이나 논리학, 나아가서는 연역적·귀납적 사고 방법을 포함한 모든 이론적 요소도 판단 중지 대상에 포함해야 한다. 모든 입장을 환원해 더는 환원될 수 없는 상태에 도달할 때 비로소 순수하고 선험적인 자아에 이를 수 있다. 다른 하나는 환원으로 도달한 자아 자체를 주목하지 못하는 한계다. 데카르트처럼 회의를 거친 수학적 사고라는 사고 방법론으로 달려가 버리는 게 아니라, 절대적으로 정립된 자아로 나아가야 선험적 주관성을 중심으로 한 순수한 영혼에 이를 수 있다.

극단적 환원으로 도달한 선험적 주관성이 자아의 고립을 의미하지는 않는다. 후설은 '상호 주관성'이라는 발상으로 개별 인간과 인류를 인식론적으로 연결한다. 서로의 이해에서 경험과 성과가 삶과 비슷한 연계 속에서 관계를 맺는다. 불일치가 나타나기도 하지만 서로의 토의와 비판으로 일치가 성립한다. 모든 사람에게 공통적인 보편적 지평으로서 세계를 끊임없이 타당하게 하는 과정으로 참된 진리에 다가선다.

하이데거와 야스퍼스, 사르트르는 대체로 후설 현상학의 핵심 문제의식을 공감하고 받아들인다. 하이데거는 인식에서 직관이 차지하는 위상을 강조한다. 직관은 그리스 철학에서 오늘에 이르기까지 인식의 모든 해석을 주도했다. 사르트르도 직관의 중요성을 인정한다. 직관적인 인식 말고 다른 인식은 없다고 단언한다. 인식의 다른 수단은 직관에 이르는 순간 사라진다.

야스퍼스는 후설의 상호 주관성을 사귐 개념으로 받아들인다. 이성은 의식적 사귐의 과정에 침투한다. 실존은 정신 위에 서 있기 때문에 개별 존재의 사귐 과정, 즉 본질에서 본질로 통하는 전달이 생긴다. 진리는 사귐과 전달로 나타난다.

사르트르도 인간의 속성 안에 상호 주관성이 들어 있다고 주장한다. 이는 우연적이며 일시적인 집합에서 표현될 수 있다. 예를 들어 누군가가 강물 위로 몸을 기울이면 주위의 사람도 택시나 버스에 타고 있던 사람도 이들의 행위에 주목한다. 같은 호기심 때문에 다수가 하나로 통일된다.

야스퍼스가 명상의 중요성을 강조했다는 점이 독특하다. 그는 명상법에 관심을 두었다고 한다. 그는 명상으로 의식을 더 높은 차원으로 끌어올릴 수 있다고 보았다. 명상으로 몰입해 시간과 공간의 제약을 받는 합리적 사고는 단순한 의식의 상태를 넘어 초월적 경험으로 승화된다.

〈명상〉, 1936년

야블렌스키의 〈명상〉은 고요와 몰입의 상태를 회화적으로 묘사했다. 추상화된 이미지를 중시한 청기사파의 표현 방법이 명상의 의미를 전달하는 데 적합한 듯하다. 색을 띤 몇 개의 세로 선과 가로 선으로 공간을 채워, 정적의 한가운데서 깨달음을 추구하는 명상가의 얼굴을 표현했다. 이미 깊은 몰입의 경지에 들어간 듯 현실의 온갖 분열에서 벗어나 초월에 이른 모습이다. 같은 제목으로 여러 점의 작품을 제작한 것으로 봐서, 야블렌스키 또한 명상 방법에 특별한 관심을 기울인 것을 짐작할 수 있다.

야스퍼스는 철학적 명상의 특징을 두 가지로 설명한다. 먼저 철학적 명상에는 성스러운 대상이나 장소, 고정된 형식이 없다. 오직 내적으로 자유롭게 움직이는 가능성만 있다. 자신이 그날 한 것, 생각한 것, 느낀 것을 떠올리면서 자기반성에 이른다. 또한 시간에 제약되지 않는 영원한 것을 확인하고 나의 자유로 존재 자체에 다가선다는 점에서 초월에 도달한다.

실존주의에서 출발하는 변증법적 인식

키에르케고르에서부터 사르트르에 이르기까지 변증법적 사고는 실존주의 인식론의 중요한 부분을 차지한다. 그는 인간의 특성을 변증법적 통일로 마련된다. 인간은 육체의 유한성이나 시간적 제약만으로 설명할 수 없는 존재다. 마음과 육체, 시간적인 것과 영원한 것과 종합한 것이다. 종합이라는 것은 둘 사이의 관계를 뜻하는데, 정신으로 둘 사이의 관계가 만들어지고 적극적인 제삼자로서 인간 존재가 정립된다.

인간이 처한 절망도 변증법적 통일로 이해할 때 의미가 전달된다. 현실에서 절망하고 있음은 최대의 불행·비참함·파멸이다. 하지만 다른 한편으로 절망은 고귀하고 숭고한 정신의 산물이라는 점에서 인간의 뛰어남을 보여 준다. 절망은 정신의 한 규정으로서 영원한 것에 연관되고, 어느 정도 영원한 것을 포함한다.

야스퍼스도 인간 존재를 대립물의 통일로 파악한다. 실존주의는 외견상 통합할 수 없어 보이는 것이 본질상 통합되어 있음에 주목한다. 존재와 무(無)가 대립처럼 보이지만, 실제로는 비존재 없이 존재가 성립할 수 없다는 점에서 둘은 통일적 관계다. 또한 믿음에 관계하는 신앙과 이성에 기초한 불신앙이 서로 배척하고 결합하면서 철학적 신앙의 기반이 마련된다. 초월은 초월로 얻어지는 것이 아니다. 현실성으로 초월을 손에 넣으며, 시간의 한계로 시간의 소멸에 다다를 수 있다.

더 나아가 실존주의에 변증법적 운동 개념을 연결한다. 고정된 것, 완성된 것은 스스로 진리와 무관함을 드러낸다. 그런데 진리는 시간 가운데 언제나 도상에 있고 운동 속에 있다. 어떤 판단이나 결정도 궁극적일 수 없다. 삶도 유한한 것에서 안전을 바라고 소유와 지속을 모색한다면 그저 체념하는 삶에 머물게 된다. 이에 반해 본래의 삶, 고양된 삶은 제한 없는 요구와 큰 위험을 동반하는 모험을 한다.

사르트르는 더 적극적으로 변증법을 실존주의와 결합한다. 실존주의 입장에서 마르크스주의를 받아들이는 과정은 현상학적 인식에 기초해 변증법적 사고를 정립하는 것이다. 특히 변증법적 운동 개념으로 실존주의와 마르크스주의의 역동성·실천성을 강화한다. 그는 실존주의를 전진과 후진, 분석과 종합으로 규정하고 이를 시대와 시대 사이의 왕복 운동으로 보았다. 개별은 고립을 벗어나 전체와 관계를 맺는다. 개별 대상만이 아니라 전체 역시 운동 속에 있음으로써 역사성을 지닌 전체가 된다. 요컨대 시대와 대상의 무기력한 병렬 관계가 갑자기 활기찬 갈등 관계로 바뀐다.

마르크스주의 변증법이 화석처럼 굳어진 것도 개별과 전체 사이의 역동적 운동에서 벗어났기 때문이다. 마르크스는 변증법적 방법을 '추상에서 구체적인 것으로 거슬러 올라가는' 탐구라고 강조하며 그릇된 보편성에서 벗어나려 했다. 하지만 현실의 마르크스주의는 개별 인간의 구체적 행동과 실제 생각에 주목하지 않는다. 단지 겉모습을 관찰하고 특수한 것을 보편적 틀에 맞춰 녹여 버린다. 단지 겉모습과 겉모습의 관계를 구성한 후 진리로 환원했다고 착각한다. 개별 인간이 사라진 역사의 법칙을 구성하고, 이를 현실에 적용하려 든다. 하지만 이러한 방식의 연관과 변화는 역동적 변증법과 거리가 멀다. 사실상 현실에 대한 주관적 개념의 규정일 뿐이다.

클레의 〈새로운 천사〉는 마르크스주의자인 발터 베냐민(Walter Benjamin, 1892~1940)에게 영감을 주었다. 베냐민은 그림의 천사로 역사

〈새로운 천사〉, 1920년

의 진보를 설명한다. 천사는 크게 눈을 뜨고 벌어진 입에 날개를 펼치고 있다. 베냐민은 이것을 역사의 천사라고 말한다. 그런데 이 천사는 과거로 눈을 돌린다. 이때 진보, 즉 강풍은 등진 미래 쪽으로 천사를 이끈다. 역사는 과거로 향하려는 경향이 있다. 역사의 천사는 우리 자신일 수도 있다. 하지만 역사의 진보는 우리의 의지와는 무관하게 우리를 미래로 향하게 만든다. 즉 역사의 진보는 필연적 역사의 법칙으로 작용한다.

그러나 사르트르가 보기에 이러한 의미의 역사 발전 법칙은 허구고 속박이다. 필연성을 속박과 헷갈리면 안 된다. 개인에게서 벗어난 필연성은 자유로운 실천을 방해하는 속박으로 작용한다. 그가 보기에 마르크스주의는 모든 것을 한 곳에 구겨서 넣고 실제 인간을 신화의 상징으로 만들며 철학을 꿈으로 변형한다. 우리의 출발은 구체적이고 생생한 개인이어야 한다. 추상적 마르크스주의자는 사소한 것에는 감동하지 않고 개별적인 것에는 무관심하며 거대한 이론적 틀에 집착한다. 인간 존재의 복합성에 관심을 두는 실존주의를 단지 좁은 시야라고 매도한다. 하지만 진정한 필연성은 개별성에서 출발한다. 필연성은 외부에서 주어지지 않는다. 자신을 객관화하는 작업에서 출발한다. 필연성으로 나아가는 개별적 체험은 실천의 자유로 실현될 수 있을 뿐이다.

Art

실존주의 미학과 표현주의·추상 표현주의 미술

실존주의 미의식

후설은 예술 작품이 예술가 자신의 범주 속에서 완성되기 때문에 곧 목적 그 자체라 말한다. 사회적 목적이 곧바로 예술 작품을 규정할 수 없다. 예술은 사회적 실천을 위한 수단이나 소재가 아니다. 예술 작품은 적어도 제작에서 자체로 시작하며, 그 자체로 끝난다. 다만 만들어진 예술 작품에 상호 주관성이 작용해 사람들이 그 작품을 이해하고, 예술을 누리는 체험을 하며, 이를 통해 인간으로서 드높아진다.

야스퍼스는 실존과 초월을 담을 때 진정한 아름다움이 나타난다고 주장한다. 아름다움과 초월적 존재는 같다. 또한 예술의 가시성으로 존재를 나타내는 형이상학적 예술이 위대한 예술이다. 만약 예술이 실존이나 초월과 무관하게 단지 감각적 매력이 있는 경험 대상을 묘사하는 데 그친다면 단순한 장식에 그치게 되는 것이다. 철학과는 아무 상관도 없는, 재주는 있으나 품위가 없는 기능에 지나지 않는다. 요컨대 진정한 아름다움은 형이상학적이어야 한다.

특히 불안과 절망의 가운데 있는 실존에서 초월에 이르므로 예술에서 비극의 묘사는 특별히 중요하다. 인간 존재는 좌절에서 나타나는데, 어떠한 지식도 구체적 형태로 볼 때 시대를 초월해 보편적일 수는 없다. 그러므로 불안과 절망에 연관된 비극적 지식은 역사성을 포함해야 한다. 슬픔은 삶과 죽음 그리고 부활의 영원한 순환과 지식으로 저절로 받아들여진다. 좌절에서 존재는 사라지는 것이 아니라 완전하고 결정적으로 감지되며 그 속에서 초월로 향한다.

하지만 예술 작품이 담아야 할 불안과 공포는 과거의 숭고미와는 다르다. 칸트 미학과 낭만주의 미술에서 중시한 숭고미는 대상에서 왔다. 칸트는 측량하기 어려울 정도의 압도하는 능력이 있는 자연의 힘이 사물의 형식을 뛰어넘는 위력을 제공하는데, 그 위력이 감상자에게 직접 해를 미치지 않을 때 숭고함을 느낀다고 보았다. 하지만 야스퍼스가 보기에 숭고미에서 느끼는 공포는 주체가 빠진 껍데기다. 구경하듯 보기만 하면 내용을 잃게 된다. 실존의 의미는 주체와 결합할 때 비로소 생긴다. 오로지 바라보면서 탐미적으로 즐기는 데 머물지 않고 '내가 참여하는 일'이 중요하다. 묘사로 나타나는 지식을 자신과 관련된 것으로 받아들이는 관점이 중요하다.

하이데거 역시 작품에 존재가 드러난 때 진정한 예술 작품이라고 강조한다. 만약 경험 대상의 소재를 담는 데에 그친다면 그저 형식 묘사에만 그치게 된다. 대상의 질료와 형식을 그대로 옮겨 그리는 기술적 제작 행위에 불과하다. 그러면 사물의 진정한 아름다움조차 사라진다. 아름다움은 오직 선험적 주관성을 지닌 주체에서부터 온다. 묘사 대상이 사물이라 하더라도 주체의 의미와 결합할 때 비로소 서로의 존재가 드러나고 형식을 넘어 내용을

〈구두 한 켤레〉, 1886년

얻는다. 예술 작품의 작품다움은 여기에서 비롯된다. 결국 작품이란 주체와 사물, 내용과 형식의 통일이어야 한다. 작품은 사물 자체가 아니다. 작가의 주관적 느낌만으로도 진정한 작품이 성립하지 않는다. 예술 작품은 사물로 실현되는 하나의 의미다.

고흐의 〈구두 한 켤레〉를 보자. 그냥 낡은 구두를 그렸다. 배경이 없어서 무엇을 할 때 신는 신발인지 알 수는 없다. 너무 낡아서 비라도 내리면 물이 곧바로 스며들 것 같다. 구두끈도 몇 번쯤은 끊어졌을 듯하다. 하이데거는 도구다움을 이해하려면 실제로 도구가 쓰이는 상황을 살펴야 한다고 말하면서 실존주의 입장을 보였다. 하이데거의 미학적 견해에는 단연히 철학적 이해가 깔려 있다. 그는 경험주의와 합리주의, 나아가서는 이에 기초한 미학을 모두 비판한다. 고흐의 작품 〈구두 한 켤레〉를 예로 들어 보자. 경험주의 관점에서 보면, 구두는 그냥 구두일 뿐이다. 가죽이라는 재료로 만들어졌고, 바닥에는 흙이 묻어 있을 것이다. 하지만 하이데거가 보기에 그것은 아무 의미 없는 관찰이다. 구두를 그저 응시하는 한, 도구 존재가 진실로 무엇인지를 경험할 수 없다. 다른 한편으로 그는 구두를 보면서 근심과 기쁨, 대지를 느낀다. 합리주의에 따르면, 진리의 세계는 존재의 체험과 분리된 곳에서 찾을 수 있다. 하이데거는 구두가 구두 너머의 세계, 즉 자연과 인간의 삶에 대한 인식에 도달함을 보여 주면서 합리주의적 관념론을 넘어선다고 보았다. 단지 소재로서 구두가 아니라 작품에서 구두가 존재를 밝힐 때 작품의 의미가 살아난다. 세계 안에 있는 인간의 실존을 자극하고 떠올리게 할 수 있을 때 진정한 예술 작품일 수 있다.

사르트르는 창조 행위를 하는 예술가의 주관성에 주목한다. 화가에게 미리 정해진 규칙이란 없다. 전통적 서양 회화의 명암법이나 원근법과 같은 형식적 규칙, 혹은 어떤 내용을 담아야 한다는 내용적 규칙은 무의미하다. 그렇게 그려야 하도록 정의된 그림은 있을 수 없다. 미리 정해진 미학적 가치를 강제해서도 안 된다. 아무도 내일의 그림이 어떤 것이 될지 말할 수 없다. 그림은 그려진 다음에야 비로소 평가된다. 중요한 것은 그리는 과정을 거쳐 작가가 스스로 존재를 드러내고 자신과 하나가 되는 일이다. 그리고 인간이 정신으로 실존하는 한, 존재를 드러내는 작품은 정신성을 표현한다. 모든 예술 작품은 하나의 사상이자 이념이며 정신적이다.

사르트르는 화가와 작품의 관계에만 주관성이 적용되는 것이 아니라고 생각했다. 작품과 감상자의 관계에서도 나타난다. 그림은 가능성을 줄 뿐이다. 그림의 존재는 보는 사람에게 달려 있다. 또한 그림 감상이 실증주의적 태도 위에서 이루어질 필요는 없다. 작가가 속했던 시간과 공간이라는 구체적 사실 영역과 엄밀하게 일치하는지를 감상해야 하는 것도 아니다. 작품이란 작가의 손을 떠나는 순간 작가의 독점물일 수 없는, 자체의 존재 의미를 지닌다. 감상하는 사람의 입장과 처지에 따라 얼마든지 변신할 수 있다. 감상자는 그림을 통해 자기 나름의 실존과 만난다.

표현주의 미술

표현주의 미술은 대공황과 세계 대전으로 얼룩진 20세기 초중반의 암울한 사회적 배경, 생철학과 실존주의 철학, 베네데토 크로체(Benedetto Croce, 1866~1952)의 미학 등 다양한 방면에서 영향을 받으며 여러 표현 형식으로 나타났다. 기본적으로 합리주의적 이성의 신화에 깊은 환멸을 느끼던 유럽인의 정신적 상황에서, 불안과 절망의 세계에 내던져진 존재로서 인간을 탐구하는 실존주의 문제의식은 예술가들에게 적지 않은 공감을 불러일으켰다. 특히 후발 자본주의 국가이고 두 번에 걸쳐 일어난 전쟁의 소용돌이 한가운데 있었던 독일은 파국적 불안이 지배적이었다. 독일 예술가들에게는 절망과 죽음을 매개로, 세계와 연결된 예술가 개인의 주관적 정신성과 직관을 강조한 실존주의 미의식이 친근하게 다가설 가능성이 컸다. 또한

"예술은 곧 직관, 직관은 곧 표현"이며, 선이나 진실처럼 객관적 본질의 묘사가 아니라는 크로체의 미학도 실존주의와는 다른 맥락에서 표현주의 미술가들을 자극했다.

현실 세계와 철학에서의 다양한 영향은 객관적 사실의 충실한 '재현'보다 사물이나 사건이 일으키는 주관적 감정과 반응을 직관에 의존해 '표현'하는 표현주의 미술로 이어졌다. 표현주의 미술가들은 인상주의에서 벗어나려는 시도, 특히 뭉크의 표현 방법과 회화적 메시지에서 큰 영감을 받았다.

뭉크는 스스로 수렁에 빠진 듯 헤어나지 못하고 있던 불안의 정체를 밝혀내기 위해 문학 서적과 철학 서적을 탐독했다. 그가 소장한 책 중에는 니체 전집과 키에르케고르 전집이 있다고 한다. 키에르케고르의 《불안의 개념》을 여러 번 읽은 흔적이 발견되었는데, 이를 통해 그가 자신을 비롯해 인간이 빠져 있는 불안의 본질을 추적하는 데 몰두했음을 알 수 있다. 그만큼 불안과 연관된 수많은 작품에 실존주의가 미친 영향을 어렵지 않게 예상할 수 있다.

뭉크의 〈생 클루의 밤〉은 스스로 벗어나지 못하고 있던 불안의 그림자를 음울하게 보여 준다. 뭉크가 평생을 몰두했던 불안이라는 주제의 연장선에 있는 작품이다. 한 남자가 달빛이 비치는 창가에 앉아 골똘히 생각에 잠겨 있다.

〈생 클루의 밤〉, 1890년

방 안을 가득 채운 어둠과 창을 통해 스며드는 빛이 어우러지면서 묘한 긴장을 만들어 낸다. 이 남자는 어둠의 한 부분으로 빛과 대비되어 있고, 한밤중에 실내에 있는데도 모자를 쓰고 있어서 안정되지 않는 상태를 보여 준다. 실존주의자들이 주목했던 불안과 마찬가지로 남자의 불안도 분명한 대상에서 오는 두려움과 다른 분위기다. 손을 턱에 괴고 있는 데서 짐작할 수 있듯이 정신적 요인과 결합해 있는 불안이다. 또한 창으로 밖을 응시하는 모습으로 세계 안에 있는 존재로서 느끼는 불안을 보여 주고 싶었던 듯하다.

생철학과 실존주의 철학, 뭉크를 비롯한 표현주의를 개척한 화가들의 영향을 흡수하면서 다양한 표현주의 경향이 나타났다. 다리파와 빈 분리파, 청기사파 등이 유럽에서 표현주의 부흥을 이끌었다. 다리파를 대표하는 화가로는 키르히너, 에리히 헤켈(Erich Heckel, 1883~1970), 오토 뮐러(Otto Müller, 1874~1930), 에밀 놀데(Emil Nolde, 1867~1956) 등이 있다. 빈 분리파는 클림트, 오스카어 코코슈카(Oskar Kokoschka, 1886~1980), 실레 등이 주축이었다. 칸딘스키의 자극으로 시작된 청기사파는 프란츠 마르크(Franz Marc, 1880~1916), 클레, 야블렌스키, 아우구스트 마케(August Macke, 1887~1914) 등을 꼽을 수 있다.

다리파

키르히너, 헤켈 등 네 명의 독일 건축학과 학생이 "현재와 미래를 잇는 다리 역할"을 맡아 '다리파'라는 미술가 그룹을 결성하면서 시작된 흐름이 바로 다리파다. 키르히너는 다리파 강령에서 "미래를 짊어질 젊은이인 우리는 편안하게 자리를 잡은 늙은 세력에 반대해 팔과 삶의 자유를 마련하고자 한

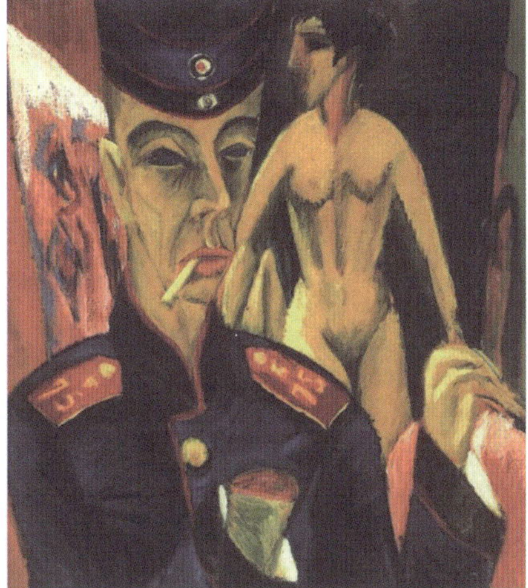

〈베를린 거리〉, 1913년

〈자화상〉, 1915년

다.”라면서 전통을 벗어나 자유로운 표현에 기초한 미술의 혁신을 강조했다. 이들은 19세기 말 급격한 산업화와 도시화, 전쟁의 소용돌이 속에서 파괴되는 인간의 실존적 현실을 암울하게 그려 냈다. 다른 한편으로는 그러한 굴레에서 벗어나려는 열망을 정신적 자각과 자연 교감으로 표현하려 했다.

키르히너의 〈베를린 거리〉는 산업화가 만들어 낸 대도시에서 실존을 잃음 채 살아가는 현대인의 모습을 냉소적 시선으로 담아냈다. 프랑스의 인상주의 화가들이 즐겨 다룬 파리의 풍경과 꽤 대조적이다. 그들이 나뭇잎 사이를 뚫고 내리쬐는 햇볕 속에서 활기찬 도시인의 일상을 담았다면, 키르히너는 고독과 차가운 기운을 그림에 담았다. 베를린 거리를 걷는 도시인은 마치 가면을 쓰고 있는 듯 아무런 표정이 없어서 내면의 흔적을 발견할 수 없다. 거리를 매운 수많은 군중 속에서 오히려 개인은 익명의 존재로 더 큰 고독

〈숲속의 세 여인〉, 1920년

감을 지닌 채 살아간다. 혼잡스러울 정도로 캔버스 가득 사람으로 채워서 꽉 막힌 답답함을 느끼게 된다. 전체 분위기와 함께 서로 어울릴 것 같지 않은 강렬한 색의 사용, 격렬하고 거친 붓질 등이 삶 속에서 느끼는 날카로운 긴장을 보여 준다.

그의 또 다른 작품 〈자화상〉은 직접 화가의 불안한 내면을 보여 준다. 화가는 배경의 누드 여인을 그리려 하지만 정작 붓을 잡아야 하는 손이 없다. 손목에서 시뻘건 피가 배어 나온다. 그가 입은 군복은 전쟁으로 입은 정신적 상처를 보여 준다. 그는 독일이 제1차 세계 대전의 중심이 된 상황에서 군대에 갔으나, 정신적 문제로 다시 돌아온다. 전쟁의 피바람이 사회를 뒤덮던 시기에 화가로서 그림을 그린다는 것은 너무나 어려운 일이었을 것이다. 눈은 초점을 잃었다. 입에 문 담배는 초조함에 떨리는 듯하다. 당시 전쟁으로 열정과 자유를 거부당한 자신의 고통을 자화상에 담아낸 것으로 보인다. 그는 산업화한 도시의 그늘과 전쟁의 공포 속에서 자아를 잃은 채 살아야 하는 사람들에게 메시지를 던지고 싶어 했다.

뮐러는 정신을 파괴하는 산업 도시의 생활에서 벗어난 안정을 자연 속 인간에게서 찾았다. 〈숲속의 세 여인〉은 누드로 인간의 순수성을 표현할 수 있다고 여긴 표현주의 미술가들의 생각을 담았다고 볼 수 있다. 뮐러는 기계화된 문명에 오염되지 않은 순수한 정신의 회복을 추구했다. 그림에서 세 여인은 실오라기 하나 걸치지 않는 자연 그대로의 모습이다. 어디에도 문명이나 도시의 흔적을 발견할 수 있는 물건은 없다. 자연과 동화된 원시적 순수성을 표현하려 했던 것 같다. 키르히너가 날카로운 선과 색으로 도시인의 불안을 묘사했다면, 뮐러는 부드러운 곡선과 온화한 색조로 순수한 인간의 안정을 대비시킨다.

빈 분리파

빈 분리파의 출발점이 되었던 클림트의 영향은 실레의 그림 곳곳에도 배어 있다. 표현 형식에서, 인간의 신체를 왜곡해 굴절된 자아를 표현했다. 색채 대비는 다리파에 비해 훨씬 온건해서, 야수파의 영향에서 확실히 벗어나 있다. 강렬한 원색보다는 중화된 느낌의 대비로 한결 편안한 느낌을 주었다. 내용상의 특이한 점은 사랑과 성에 관한 특별한 관심에서 찾을 수 있다. 클림트와 실레는 에로티시즘을 미술의 독자적 영역으로 확립하려 했다. 이는 연애와 성 자체를 정신적 작용과 예술로 이해한 야스퍼스의 생각과 일맥상통하는 면이 있었다. 야스퍼스는 연애가 정신을 형성하는 무한한 보물 창고로 보았다.

클림트는 에로티시즘을 대표하는 작가로 자리 잡았다. 물론 도발적 성격으로는 실레를 따라가기는 힘들다. 두 사람은 에로티시즘이라는 측면에서 영향을 주고받았다. 아무래도 선구자는 클림트라 할 수 있다. 하지만 두 사람의 표현 방식은 사뭇 달랐다. 클림트가 금기의 경계선에 있었다면 실레는 금기의 경계선 저 너머로 치달았다. 클림트는 인물의 표정이나 묘한 분위기로 묘사했다. 하지만 실레는 흔히 생각하는 교태의 표현을 넘어서 노골적이고 생생한 자세를 인물을 통해 그대로 보여 주었다. 그런 점에서 클림트가 감춤의 미학을 추구했다면 실레는 드러냄의 미학을 추구했다고 할 수 있다.

〈다나에〉에서 보이듯이 클림트는 인간 신체의 아주 작은 부분을 세밀하게 묘사해 관능을 극적으로 표현한다. 이 작품은 신화를 소재로 한 그림이

〈다나에〉, 1907년~1908년

다. 다나에의 매력에 빠진 제우스가 황금 비로 변해 사랑을 나누는 장면이다. 다나에의 몸 위로 쏟아지는 황금 비와 그녀의 휘어진 다리는 남녀의 성행위를 상징한다. 손가락 하나하나가 황홀경에 빠진 그녀의 느낌을 그대로 전해 준다. 또한 붉은 뺨과 입술이 묘한 매력을

내뿜는다. 약간 일그러진 듯이 살짝 벌린 입술 사이로는 하얀 치아가 드러난다. 지극히 한 부분에 불과하지만, 작은 움직임이 그림 전체에 관능적 분위기를 만들어 낸다.

실레의 〈앉아 있는 연인〉은 더 직접적으로 성을 드러낸다. 하반신을 거의 다 드러낸 남자는 화가 자신이다. 한바탕 격렬한 섹스 후의 분위기를 담은 듯하다. 뒤에서 실레를 안고

〈앉아 있는 연인〉, 1915년

있는 여인은 몸에 남아 있는 느낌을 되새기는 듯 아직 얼굴에 홍조가 남아 있다. 하지만 남자의 다분히 풀어진 자세와 표정에서는 권태로움이 묻어난다. 실레의 그림에서는 성을 묘사하더라도 대부분 그리 밝지 않다. 그가 에로티시즘에 권태를 실어 표현한 데는 기계적인 도시 생활에 대한 실망이 깔려 있다. 그는 한 편지에 도시가 주는 정신적 아픔을 토로하기도 했다. 외설 작품이라는 이유로 감옥에 갔을 정도로 자유로운 성적 묘사에 몰두하기도 한 그는 이러한 묘사가 솔직한 자아 표현의 한 방법이다 생각했다. 그리고 뒤틀린 육체와 성이 현대인의 정신적 아픔을 적나라하게 보여줄 수 있다고 보았다.

청기사파

청기사파는 다른 표현주의 그룹보다 훨씬 더 단순하고 추상화된 화면을

구사했다. 칸딘스키를 비롯해 청기사파의 중심인물이 지니고 있던 정신적 태도와 연관이 깊었다. 칸딘스키는 종교나 과학 그리고 도덕이 흔들리고 무너질 위험에 처했을 때, 인간은 외적인 것에서 눈을 돌려 스스로를 향한다고 말한다. 물질적 요소가 어느 정도 쓸데없이 느껴지고 자신의 정신을 직접 표현하려는 경우, 순수한 추상 형태로 대체할 수 있다고 봤다. 단순화와 추상화 과정을 통해 형태를 잘 알아볼 수 없어도 색채가 작가의 생각을 표현하면서 감동을 전달할 수 있다고 여겼다. 청기사파 화가들은 전통적 표현 방식으로는 현대인의 정신을 표현하기에 많은 한계가 있다고 보았는데, 칸딘스키가 준 영감을 받아들여 파격적이고 독특한 화면을 펼쳤다. 단순하고 추상적인 표현으로 정신적 가치를 드러내는 순수 추상 회화를 개척하고 이후 미국의 추상 표현주의 미술을 자극하는 역할을 했다.

클레의 〈세네치오〉는 어릿광대의 얼굴을 단순한 면과 색으로 묘사한다. 커다란 원 속에 몇 개의 작은 원과 사각형으로 구분된 공간을 배치했다. 여기에 어릿광대에게 어울릴 만한 선명하고 밝은색 구성으로 맛을 살리고 있다. 다른 표현주의 경향보다 훨씬 더 평면적이고 기하학적인 면이 두드러진다. 그는 회화가 사물의 재현을 거부하고 내적인 본질이 드러나도록 해야 한

〈세네치오〉, 1922년

다고 보았다. 특히 색을 활용한 내면 접근을 중시했다. 선과 색면 그리고 공간을 회화의 기본 요소로 보았고, 이를 통해 화가의 정신을 표현할 수 있다고 여겼다.

야블렌스키는 캔버스 가득 얼굴이 들어가는 방식으로 수많은 작품을 남겼다. 그만큼 얼굴에 나타나는 표정이 정신세계 표현에 적합하다고 생각했다. 클레가 색에 주목했다면 야블렌스키는 선에 매력을 느꼈다. 단순한 몇 개의 선으로 풍부한 내면을 드러내려 했다. 명상과 사색을 주제로 수많은 작품을 제작했음을 고려할 때, 정신이 도달해야 할 초월의 경지에 큰 관심을 가졌던 것으로 보인다.

추상 표현주의 미술

표현주의 미술, 특히 청기사파에서 맹아가 나타난 단순화와 추상화로의 방향은 제2차 세계 대전 이후 캔버스에서 사물이나 인간의 형태를 제거하는 '앵포르멜(informel)', 즉 추상 표현으로까지 나아갔다. 앵포르멜은 부정형 또는 비정형, 즉 정해진 형태가 없다는 의미를 지녔다. 미국에서 제2차 세계 대전을 전후해 활성화된 추상 표현주의와 연결된다. 형태를 제거해 산업화와 전쟁의 그늘에서 신음하는 사회적·정신적 불안에서 벗어나 순수한 정신과 예술의 본질에 접근할 수 있다고 생각했다. 시대 상황과 연결되어 생기는 불안·소외·부조리를 자각하고 정신적 초월로 극복하기를 지향한다는 점에서 실존주의와 공통분모를 가진다.

추상 표현주의는 감각적 형태를 제거해 화가 개인의 내면으로 다가선다는 점에서 매우 지적인 미술 운동이었다. 미국의 추상 표현주의는 미술 비평가인 해럴드 로젠버그(Harold Rosenberg, 1906~1978)와 클레멘트 그린버그(Clement Greenberg, 1909~1994)가 이론적 토대를 마련했다. 로젠버그는 제2차 세계 대전 직후 잭슨 폴록(Jackson Pollock, 1912~1956)과 빌럼 더코닝(Willem de Kooning, 1904~1997) 등이 시도한, 그림의 형식보다 그리는 행위를 중시하는 경향을 '액션페인팅'으로 불렀다. 그리고 캔버스가 표현보다 행위를 하는 장, 즉 투기의 장이 되었다며 액션페인팅을 옹호했다. 작품보다는 행동에 주목하면서 작가 개인의 실존적 고투를 통한 자아 표출에 의미를 부여했다. 이에 대해 그린버그는 자전적인 의미만을 가지는 행위의 잔여물을 왜 전시하고 감상하며 구입하는지 설명하지 않았다고 지적한다. 그린버그의 관점은 작품 자체의 형식에 비중을 둔다. 미술은 단순히 실존적 행위를 드러내는 수단이 아니라, 작품 자체로서 순수하고 독창적인 내용을 확보해야 한다고 생각했다. 전체적으로 균질적 특징을 지닌 색과 평면성으로 순수한 정신에 도달할 수 있다고 여겼다.

작지 않은 차이를 보이지만 작품으로 작가의 개성적 정신을 드러내야 한다는 것, 작품과 예술가의 실존적 합일을 추구했다는 것에는 공통점이 있다. 특히 로젠버그는 미국에 새롭게 일고 있는 경향, 강철·유리·알루미늄·공업 안료 등 대량 생산되는 공업 제품을 사용하며, 제작 공정을 전문 직인의 기술에 맡겨 버리면서 작가의 개성적 흔적을 최대한 배제하는 방식을 비판했다. 이제 미술은 내용이 없다. 새로운 미술에 대한 집착으로 일상 사물이나 광고 게시판, 연재만화의 한 부분으로 전락한 미술 안에는 공허함만이 남아 있다. 그린버그도 기술적 작업이나 대량 생산 방식으로 흐르는 현대 미술의 한계를 지적하면서, 예술 작품을 창조할 때 따라하거나 복사할 수 없는 유일한 요소를 영감이라고 말한다. 기술은 누구나 배울 수 있지만 영감은 그렇지 않기 때문이다. 요컨대 두 사람 모두 작품에 내재한 작가 개인의 순수성과 고유성을 강조했다.

두 사람의 서로 다른 경향은 추상 표현주의 미술의 두 흐름, 즉 액션페인팅과 색면추상을 반영한다. 액션페인팅 화가로 폴록과 더코닝 등이, 색면추상에서는 마크 로스코(Mark Rothko, 1903~1970)와 바넷 뉴먼(Barnett Newman, 1905~1970) 등이 활발한 활동을 했다.

액션페인팅

폴록은 액션페인팅의 선구자다. 초기에 표현주의적 경향을 보이다가 극단화된 추상으로 나아가는 추상 표현주의의 새 장을 열었다. 이젤을 세우고 그리는 전통적 방법을 거부하고 캔버스를 바닥이나 벽에 고정하고 통에 든 물감을 붓고 뿌렸다. 붓이 아니라 막대기나 나이프로 물감을 다뤘고 때로는 모래·유리 조각을 비롯한 이물질을 섞어 효과를 냈다. 화면 위의 다양한 자국과 색은 여러 방향에서 다가오면서 붓을 흔들고 손목을 돌린 화가의 역동적 행위 기록으로서 의미를 가졌다. 무언가를 재현하는 데서 벗어나 자신의 내면을 행위로 드러낸다고 생각했다. 폴록은 라디오에서 자기 밖에서 주제를 찾을 필요가 없다고 말했을 정도로 이 주제에 흥미를 가졌다.

폴록의 〈Number 20〉은 액션페인팅 기법의 특징을 잘 보여 준다. 대부분 불규칙한 점과 선으로 이루어져 있는데, 위에서 페인트를 붓거나 뿌린 흔

〈Number 20〉, 1949년

적이다. 짧은 시간 떨어뜨리거나 흩뿌린 것은 점으로, 흘리며 지나간 자리는 여러 형태의 선으로 남았다. 무수히 많은 점과 선이 겹쳐져서 하나의 작품을 이뤘다. 그는 작가가 작업한 행위가 시간 안에 쌓여 나타나기 때문에 그림과 친숙해진 뒤에야 어떤 행위를 했는지 알게 된다고 말한다. 작가는 그림이 완성되기를 허용할 뿐이다. 단지 그림에 '자신의 삶이 드러나게 하려고 노력'한다. 다분히 현실의 시간 자체가 자신의 실존을 증명하고, 로젠버그가 강조한 "예술의 자기 동일성"을 실현한다.

더코닝은 행위로 자신의 내적 에너지 표출에서는 공통적이지만 행위 방식에서 차이를 보인다. 뿌리는 작업 위주의 폴록과 달리, 휘두르듯 붓을 격렬하게 사용하는 방식을 보여 준다. 추상 회화지만 일정한 형태와 의식적 구성이 더해진 점도 다르다. 그는 추상적 형태일지라도 유사성은 가져야 한다고 생각했다. 인체와 풍경도 묘사 대상에 포함하면서, 전적으로 추상에만 의존할 때 화가의 흔적만 남게 되는 한계에서 벗어나려 했다.

색면추상

색면추상은 넓고 단순한 색면을 강조한다. 그린버그는 평면성과 단순성이 회화의 순수성과 독자성을 실현한다고 보았다. 전통적 회화는 하나의 그림으로 보기보다는 그 안에 무엇이 그려져 있는가를 먼저 보게 된다. 하지만 모더니스트 회화는 극도의 단순성으로 하나의 그림으로서 먼저 보게 된다. 극도의 단순성을 실현할 방법은 선과 면, 그리고 단일하게 펼쳐진 색이었다. 색면추상을 대표하는 로스코와 뉴먼은 직선과 색만으로도 자신을 드러낼 풍부한 표현 수단을 확보할 수 있다고 강조한다.

로스코는 색면만으로 충분히 정신을 표현할 수 있다고 생각했다. 그의 작품 중 하나는 진한 청색과 주황색을 사용해 위아래로 나뉜 두 개의 면으로 구성되어 있다. 면과 면의 경계는 뚜렷한 선이 아닌, 두 가지의 색이 스며드는 방식으로 구분이 무효하게 표현했다. 색과 면으로 오직 정신에 다가섰다. 그는 관람자와 작품 사이에 어떤 것도 놓여 있어서는 안 되며 설명을 달아서도 안 된다고 말한다. 관객을 마비시킬 뿐이기 때문이다. 그래서 그는 오직 침묵만을 지킨다.

밝은색이 주를 이루는 로스코의 초기의 작품은 후기로 갈수록 검은색을 비롯해 어두운 색조가 중심이 되었다. 추상 표현주의 화가들은 검은색을 즐거 사용했는데, 검은색이 깊은 불안과 고독에 빠진 인간의 내면을 보여 주기에 적합하다는 생각 때문이었다. 로스코는 평생 외로움과 고독 속에 살다가 자살로 삶을 마감했는데, 미술의 가장 중요한 계기는 좌절의 표현에 있다고 보았다.

뉴먼도 기교를 철저히 배제한 평면성과 단순성을 특징으로 한다는 점에서 로스코와 공통적이다. 하지만 형식적인 면에서 약간의 차이가 있다. 로스코가 주로 색과 면을 통해 캔버스를 위아래로 구분한다면 뉴먼은 좌우로 나눈다. 또한 로스코의 선이 색이 스며들어 면의 경계가 불분명하다면 뉴먼은 선과 날카로운 단면을 지닌 색띠를 이용해 선명하게 구분한다. 뉴먼 역시 아름다운 것보다는 신비로운 숭고함을 표현할 수 있는 미술을 지향한다면서 미술이 지녀야 할 정신성을 강조했다. 그는 정신적인 면 가운데도 주로 현대인의 내면에 자리 잡은 공포와 비극을 중심에 두었다.

Philosophy
실존주의 윤리 철학

초월로서의 도덕, 자유로서의 도덕

실존주의 철학자들은 대체로 도덕을 보편 영역보다는 개인 차원에서 접근한다. 키에르케고르는 헤겔이 선과 양심의 문제에서 인간을 개체로만 규정하는 옳은 일을 했다고 보았다. 그러나 이성으로 제시한 절대적 윤리 원칙은 고대의 신탁보다도 믿을 수 없는 교활한 타산이다. 보편화된 윤리 규정에 충실해지려 애쓰면 참된 자신에서 멀어진다는 점에서, 실존은 위협을 받는다.

이런 점에서 죄를 이기성에서 찾는 견해는 잘못이다. 고대에서 근대에 이르기까지 죄는 이기적인 것으로 설명되곤 했다. 이기성이란 개인에 속하는데, 이러한 점에서 구본 한계가 있다. 그래서 죄가 이기적이라는 규정은 학문적으로 말한다면 내용이 전혀 없어서 아무런 의미도 없다. 이기성은 죄의 규정이기보다는 죄 때문에 나타나는 결과로 이해해야 한다.

뭉크의 석판화 〈죄〉는 라르센이라는 여성을 대상으로 죄를 묘사한다. 여인은 눈동자가 다 보일 정도로 눈을 부릅뜨고, 입을 꼭 다물고 있어서 이기적·편집증적 분위기를 물씬 풍긴다. 머리카락은 흐트러져 있어서 히스테

〈죄〉, 1902년

리 상태를 짐작할 수 있다. 벌거벗은 몸은 욕망에 들떠 있는 감정을 보여 준다. 뭉크는 이러한 요소를 죄의 본질로 이해한 듯하다. 다분히 화가 자신의 경험과 감정이 반영된 내용이다. 뭉크는 이기적이고 집착적 성격이 강한 라르센이라는 여자를 만났다. 가정을 이루어 구속받기를 거부한 뭉크는 결혼을 원치 않았지만, 그녀는 집요하게 결혼을 요구했다. 어느 날 권총을 꺼내 들고 결혼하지 않으면 자살하겠다고 위협을 가했다. 그러다 뭉크의 왼쪽 손가락을 총알이 뚫고 지나가게 된다. 이 사건으로 큰 충격을 받은 뭉크는 여자에 대한 혐오감·거부감이 더욱 강해졌다. 뭉크가 보기에 죄는 라르센이 보여 준 이기적 집착과 탐욕의 다른 이름이었다.

하지만 키에르케고르가 보기에 이기성은 현상이지 원인이 아니다. 이기성이란 근본적으로 개인의 행위 동기 문제다. 어떤 결정이나 행위가 이기적 동기에 기초하는지의 문제는 전적으로 개인 내면에 속한다. 그런데 개인 내면은 학문적으로 객관화할 수 없는 영역이다. 당사자만이 안다는 점에서 객관적으로 확인할 수 없는 한계를 지닌다. 그러므로 이기성은 동기와 결부된 원인으로 이해하기보다는 현상으로 나타나는 결과로 여겨야 한다.

이성에 따른 보편적 규칙에 순응하는 윤리적 실존을 넘어, 신 앞에 홀로 선 단독자로서 종교적 실존을 중시한다. 죄도 종교적 실존 아래에서 규정된다. 인간은 동물과 달리 신 관념이 있다. 동물은 신 관념이 없기에 죄도 성립하지 않는다. 인간은 신 앞에서 지나친 나약함이나 반항이 있으므로 불신에 이르고 절망에 빠진다. 절망이 깊을수록 죄가 깊어진다. 그러므로 "죄의 반대는 덕이 아니라 신앙이다." 죄를 두렵게 여기는 것은 죄가 신 앞에 있기 때문에 그러하다.

야스퍼스는 개인 행위에 속한 죄와 인간 전체와 연관된 죄를 구별한다. 인간 최대의 죄는 탄생했다는 사실 그 자체다. 현존한다는 사실만으로 재난을 일으킨다는 점에서 죄가 나타난다. 걷거나 숨 쉴 때마다 미세한 생물을 죽이고 있다는 사실을 강조한 인도 사상으로 인간 자체의 죄를 설명한다. 어떤 행위든 다른 현존재를 제한하는 결과를 낳는다는 점에서 죄에 물들어 있다. 살아 있거나 계속 살아갈 수 있다는 것 자체로부터 죄가 성립한다. 그는 죄에서 벗어나는 길을 초월에서 찾는다. 단순히 속죄로 해결되지는 않는다. 인간의 죄는 근본적인데, 속죄는 이성으로 규정된 도덕성에 한정된 틀 안에서 이루어지는 한계가 분명하다. 초월자를 향할 때 인간 존재 자체에 속한 죄를 통찰하고 넘어서려는 노력도 가능하다.

다른 실존주의 철학자와 마찬가지로 하이데거도 체계적·독립적 영역으로 윤리학을 정립하지는 않았지만 윤리학의 필요성을 인정한다. 실존주의 철학이 세계 안에 내던져진 현존재의 실존 상황을 분명히 하는 데 일차적 관심을 두었기 때문에 체계적 윤리학 정립에 크게 관심을 두지 않았다. 기술 세계에서 오는 실존의 위기를 극복하는 것이 더욱 긴급한 문제였기 때문에 윤리학은 그다음 과제로 설정했다. 기술에 대해 믿을 만한 안정성에 도달할 때 윤리학으로 유대에 모든 관심을 기울일 수 있다고 여겼다. 하지만 해결

방향은 신앙이나 초월과는 거리를 둔다. 구원과 분노는 존재 안에서 본질적으로 있기 때문이다.

사르트르는 보편적 도덕은 없다고 보았다. 도덕 감정은 선험적으로 만들어질 수 없다. 감정은 행동함으로써 만들어지기 때문이다. 그러므로 보편적 도덕 법칙을 미리 정해, 이에 합당하게 행동하도록 요구할 수 없다. 모든 사람에게 충고할 수 있는 말은 단 하나밖에 없다. 사람은 근본적으로 자유로운 존재이기 때문에 스스로 선택하고 창조하라는 것이다. 요컨대 창조로서 도덕이어야 한다. 우리가 해야 할 바를 선험적으로 결정할 수는 없다. 자신의 도덕을 선택하면서 스스로 율법을 만들어가야 한다.

실레의 〈추기경과 수녀〉는 선험적 도덕 원칙을 거부하고 예술과 도덕에서 자유와 창조성을 강조한 사르트르의 논리와 연관성이 있다. 성적인 금기의 상징인 추기경과 수녀의 키스라는 소재 자체가 도발적이다. 어딘지 모를 불안과 긴장이 느껴진다. 두 사람의 시선이 눈에 띈다. 남자는 눈을 치켜뜨고 여인은 뒤쪽을 본다. 주변을 살피는 경계의 시선이 역력하게 느껴진다.

〈추기경과 수녀〉, 1912년

서로의 몸을 끌어안고 있지만 굳어 있다. 두 사람의 쭉 펴진 손가락도 어색함을 그대로 보여 준다. 붉은색 신부복과 검은색 수녀복의 극적 대비도 긴장감을 높이는 데 한몫을 한다. 실레는 노골적인 섹스 장면을 묘사하기도 하고 여인의 국부를 그대로 드러내기도 한다. 그는 어린 소녀를 유혹해 에로틱한 그림을 보여 주고 도덕적으로 타락시켰다는 죄명으로 감옥에 갇히기도 했다. 그는 에로틱한 작품도 예술 가치를 가진다면 외설이 아니라고 옥중 일기에 적기도 했다. 실레에게 규범이나 당위에 예속된 자유라면 본질이 파괴된 화석화된 개념에 불과하다. 예술은 개인적 자유의 다른 이름이었다. 얼마나 내면을 솔직하게 드러내는지가 예술의 가치를 재는 유일한 척도다.

사르트르도 윤리 문제에는 상당히 제한적 문제의식 정도만 밝힌다. 먼저 존재론을 중심으로 하는 실존주의에서 독자적·체계적 윤리학의 정립에 회의적이다. 존재론은 도덕 율법을 세울 수 없다. 존재론은 오로지 존재하는 것에 대해서만 관련을 갖기 때문에, 있어야 할 것 특히 추상적 도덕 원칙 정립을 자신의 과제로 하지 않고 적절하지도 않다. 현상학적 인식에 기초하는 실존주의에서 명령법을 끌어내는 것 자체가 불가능하다. 하지만 도덕에 어떠한 전망도 필요 없다고 주장한 것은 아니다. 주어진 그대로 행동하는 즉자 존재가 아닌 한, 이성으로 판단하고 행위를 결정하는 대자 존재인 한 여러 행위는 실존적 정신 분석 대상이다. 의식된 행위는 모두 자기 원인을 갖기 때문이다. 왜 그런 행위를 했는지에 대해 깊이 있는 정신 분석이 가능하다. 도덕이 하나의 가치인 한, 실존적 정신 분석으로 자신이 가치를 통찰하고 책임 의식을 가질 수 있다. 하지만 그러한 책임도 기존의 도덕관이 요구하는 보편적 의식이 아닌 자기 책임으로서의 도덕이어야 한다.

국가, 자유로운 합의인가, 계급 지배 기관인가

실존주의 철학자들은 사르트르를 제외하고는 정치에 대해 명시적인 이론 제시에 소극적이었다. 야스퍼스는 아예 키에르케고르와 니체가 어떤 정치적 개혁 계획도 세우지 않았다고 말한다. 현존재가 처한 상황을 탐구하는 실존주의는 순수한 진실성과 부정성에서 출발하는 비판에 초점을 두었지, 구체적인 세계를 전망하지는 않았기 때문이다. 그런데도 논의가 현실에서 분리될 수 없기에 국가와 정치에 대한 나름의 이해를 드러낸다.

야스퍼스는 현실의 국가를 구성원 이익을 위한 자발적 의지의 통일로 이해한다. 통일은 오직 복종으로만 이루어진다. 국가와 사회는 개인과 인류가 연결되는 사귐에서 온다. 위험에 대처하기 위해 개인이 의지의 통일을 지향하고 이를 위해 스스로 복종을 선택한다. 여러 통치 형태는 서로 이해하면서 그때그때 많은 사람이 모여서 결정을 내리기 위해 노력하는 다양한 조직으로 결정된다. 상호 주관성도 적극적으로 영향을 미친다. 개인과 사회는 서로가 대화 기술을 발달시켜 개인의 주관성을 극복한다. 끊임없는 절충으로 공동체를 이어간다. 상호 주관성을 통한 절충의 전제 조건은 주관성을 보장하는 개인의 자유다. 사상의 자유와 공개 토론의 보장으로 구성원 공통 의지를 집결시키는 정치를 주장한다.

이러한 논리에서 출발할 때 의미 있는 정치 형태는 두 가지로 나뉜다. 힘의 정치와 합의의 정치다. 이 둘은 서로 대립한다. 정치는 두 개의 극으로 나뉘는데, 한쪽에는 폭력, 다른 쪽에는 자유로운 상호 관계가 지배한다. 야스퍼스가 지향하는 이상적 정치 형태는 합의의 정치다. 이 체제 아래서 자유로운 상호 관계가 제도와 법률로 하나의 공동체를 이룬다. 이는 정치의 본질을 지배를 위한 독재와 폭력에서 찾는 마르크스주의와는 명확히 구분한다. 정치적 권력을 폭력에 따른 권력으로 생각하는 것은 착각이다. 하지만 폭력을 전적으로 배제하는 것은 아니다. 폭력은 정치에 있을 수 없는 요소라고 생각한다면 순진함에 불과하다. 중심은 합의의 정치지만, "사실은 폭력이 언제나 한계와 배경으로서 존속"한다. 법의 힘과 개인의 자유를 위하여 정치는 폭력을 억제해야 한다. 대화, 조약, 공동 의지의 형성 등 합법적 방법으로 폭력을 억제해야 한다. 그러므로 참된 대중 지도자는 폭력을 증오한다. 다만 국가 유지를 위해 폭력이 언제든지 사용할 수 있음이 배경으로 작용한다는 설명이다.

사르트르는 국가에 대해 야스퍼스와는 전혀 다른 접근을 한다. "계급의 기관으로서 국가"를 국가의 본질로 규정한다는 점에서 마르크스주의와 가깝다. 전체 사회 구성원이 개인의 자유에 기초한 합의로 국가를 구성한다는 야스퍼스의 기대는 현실의 계급 관계에 무지한 환상일 뿐이다. 자본주의 사회에서 국가는 기본적으로 자본가의 기구다. 물론 자본가 계급 안에도 다양

〈법학 최종〉,
1903년~1907년

한 이해관계가 있어서 다른 정당으로 정치적 차이를 드러내지만, 자본가 계급의 지배라는 공통의 이해관계에서는 국가로 통일성을 견지한다.

클림트의 〈법학 최종〉은 국가 형식을 대변하는 법과 제도가 자유로운 토론과 공정한 합의에 따른 구성이 아니라, 억압과 폭력이 지배하는 현실이라는 점을 날카롭게 고발한다. 그림에 등장하는 세 여신은 각각 진리·정의·법을 상징한다. 몇몇이 뱀으로 둘러싸여 있어서 복수의 여신 상징도 지니고 있다고 볼 수 있다. 전면에는 벌거벗은 한 남성이 뒷짐을 지고 양손이 묶인 채 온몸을 휘감아대는 문어 때문에 고통을 받고 있다. 법이 진리와 정의에 기초한 합의는커녕 처형과 폭력으로 유지되는 현실을 보여 준다. 법과 제도 안에서 개인은 무력하다. 클림트는 이 작품에서 법과 제도, 나아가서는 국가의 위선과 억압성을 드러내려 했다. 클림트는 '외설적이며 과도한 성도착적 표현'이라는 이유로 기소된다. 스스로 그림 속에서 고통을 당하는 사람 처지가 된 것이다. 클림트는 검열을 받고 분노했고 이후 국가의 대규모 주문에 응하지 않았다고 한다.

사르트르는 심지어 철학도 계급 지배와 긴밀하게 연관된다고 보았다. 이후 키에르케고르와 야스퍼스의 기독교적 실존주의도 이와 비슷한 역할을 했다. 기독교적 실존주의는 초월적인 것을 부활시켜 현실의 계급적 착취와 억압, 소외와 부조리를 은폐하려는 부르주아지 세력의 음험한 의지와 확실히 일치한다는 것이다. 그는 현실 사회주의 국가에서 나타나는 오류를 냉정하게 비판한다. 특히 문제가 되는 것은 계획 경제다. 자신의 잘못을 깨닫지 않으려는 관료가 실시한 계획 경제는 현실에 가해진 폭력이 되었다. 사방으로 포위되어 고립된 소련이 거대한 산업화 노력을 기울여야 했던 현실적 조건을 무시할 수 없다. 결국 관료적 계획 경제로 치달으면서 세계를 변화시키는 실천 철학이 되려 했던 마르크스주의의 생명력은 사라져 버렸다.

〈빨강, 파랑, 노랑의 구성〉, 1930년

구조주의

Philosophy
언어와 구조 안의 인간
+
Art
구조주의 미학과 신조형주의·구성주의·입체주의 미술

Philosophy
구조주의 존재론과 인식론

기호로 구조를 분석하다

잘 알려진 몬드리안의 〈빨강, 파랑, 노랑의 구성〉은 몇 개의 선과 색으로 구성되어 있다. 색도 무채색인 검은색과 흰색을 제외하면, 삼원색이라 일컫는 빨강·파랑·노랑뿐이다. 현실에서 우리는 셀 수 없이 많은 색을 만난다. 자연과 인공의 온갖 색으로 둘러싸여 산다 해도 과언이 아니다. 삼원색이 섞이거나 무채색을 더해 그 많은 색을 만들어 낸다. 이처럼 몬드리안의 그림에 사용된 몇몇 색은 모든 색의 질서를 규정하는 기본 단위다. 직선과 면도 마찬가지다. 직선과 면도 온갖 모양을 만들어 내는 기본 단위다.

구조주의는 자연만이 아니라 인간 사회나 의식도 단순하고 근원적인 요소의 영향을 받는 구조로서 분석하고 해명할 수 있다는 문제의식을 보인다. 비록 거칠게 단순화한 면이 있지만, 현상의 다양성 아래 작동하는 질서를 규명하려 했다. 실존주의 철학자들이 그러했듯이 구조주의에 연관된 철학자들도 스스로 구조주의와 거리를 두려 했다. 구조주의 창시자로 불리는 클로드 레비스트로스(Claude Lévi-Strauss, 1908~2009)조차 자신의 작업과 구조주의는 별 관련이 없다고 말할 정도였다. 미셸 푸코(Michel Foucault, 1926~1984)나 루이 알튀세르(Louis Althusser, 1918~1990)도 구조주의에 연결하는 경향에 매우 부정적이었다. 푸코는 어느 대담에서 구조주의자가 아니냐는 반문에 화를 내기까지 했다. 구조라는 용어가 갖는 고정된 질서 느낌이 강해서 이들이 생각하는 유동성을 담아내기 적합하지 않다는 불만이 작용한 듯하다. 하지만 실존주의 구분에서 그러했듯이, 구조주의 철학자들 사이에 격차가 있음에도 개별 요소보다 전체 체계를 우위에 두었다는 점, 복잡한 현상의 기원으로 작용하는 질서를 찾아내려 했다는 점, 또한 이미 철학사에서 어느 정도 역사성을 획득한 규정이라는 점을 고려해 무리함을 무릅쓰고 사용하기로 한다.

구조주의는 '주체의 철학'이라 불릴 정도로 주관적·선험적 직관에 의존하는 실존주의와 대립 선을 그었다. 구조와 질서에 대한 문제의식은 학문에서 엄밀성과 책임을 회복하려는 노력과 연결되어 있다. 특히 페르디낭 드 소쉬르(Ferdinand de Saussure, 1857~1913)의 언어학에 영향을 받으면서 언어를 비롯한 기호의 과학적·구조적 분석을 강조했다. 기호를 다루는 방법이 서로 다르지만 기호 체계로 우연성 이면에서 작용하는 코드를 읽어 내려 했다.

일반적으로 구조주의를 대표하는 철학자로 레비스트로스, 알튀세르, 라캉, 푸코 등을 꼽는다. 이들은 기호 체계로 현상을 형성한 구조를 밝히되, 서로 다른 방향에서 작업했다. 레비스트로스가 인류학에서 구조주의를 발견하고 응용했다면, 알튀세르는 마르크스주의 구조를 파헤쳐 자체에 속한 모순을 규명하고 핵심 문제의식을 부활시키려 했다. 라캉은 프로이트의 무의식 구조를 기호 분석으로 새롭게 확장했다. 푸코는 현실의 다양한 소재에서 출발해 억압의 기원을 규명하고 해방의 가능성을 검토했다. 소재나 접근 방법을 넘어 구조주의 내에서 구조주의를 흔든다는 의미에서 라캉과 함께 구조주의와 후기 구조주의의 경계선에 있다. 구조주의 철학자에게 이론적 영감을 준 소쉬르는 언어학자지만 특별히 함께 이야기하려 한다.

객관 세계에 대한 이해

스스로 존재하는 세계, 인간이 의미를 부여한 세계

구조주의 철학자들은 실존주의와 마찬가지로 '객관'이나 '세계'에 대한 존재론적 증명에는 관심이 없다. 즉 '있음'을 사변적 개념과 논리로 증명하는 방식을 거부한다. 레비스트로스는 세계를 인간 없이 시작하고 인간 없이 끝날 것이라고 단언했다. 이는 세계가 인간 의식과 무관하게 거기 있음을 말한다. 하지만 세계의 '의미'를 논한다면 달라진다. 의식적 과정을 통해 창조적으로 개입하지 않는다면 세계로부터 어떤 의미도 생겨나지 않는다.

인간은 자연과 접하면서 능동적으로 의미를 부여한다. 자연은 그 자체로 모순된 것이 아닌데, 인간 활동과 관계를 맺으며 모순이 생기게 되는 거이다. 인간은 자연을 결코 수동적으로 파악하지 않는다. 의식으로 개념화한 후 다시 골고루 혼합해 하나의 체계를 만든다.

예를 들어 흔히 원시 부족의 신화나 토테미즘은 자연 현상을 단순히 묘사한 것으로 이해한다. 하지만 신화 안에서 자연 현상은 원시 부족이 논리 체계를 위해 수단으로 사용한 것이다. 신화는 지리적 환경 등 자연조건의 단순 반영이 아니라, 능동적으로 논리 체계를 세워 더 높은 추상 작용으로 연결하는 작업의 결과다. 그러한 의미에서 인간이 지닌 의미 체계의 주요 기능이 발휘된 결과라 할 수 있다.

문제는 여기에서 인간의 배타적 지위를 끌어내려는 시도다. 창조적·의식적 개입이 인간의 특별한 지위를 보장하지는 않는다. 여기서 이성적 의식 작용을 근거로 인간이 자연보다 우월한 지위에 있음을 정당화하려는 합리주의적 사고방식과 구분한다.

알튀세르는 에피쿠로스(Epicouros, 기원전 341~기원전 270)의 원자론, 즉 세계가 형성되기 이전부터 무수한 원자가 허공 속에서 떨어졌고 이러한 원자의 운동으로 세계가 형성되었다는 이론을 근거로 인간의 의미 부여 이전에 자연이 물질로서 존재했음을 강조한다. 원자론은 인간이나 혹은 어떤 초월적 힘의 의미와 무관하게 스스로 존재했음을 보여 준다.

그러면 세계는 어떻게 형성되었을까? 원자로부터 구체적 형태를 가진 현실의 세계가 어떻게 만들어졌는가? 여기에서 알튀세르가 특별히 에피쿠로스의 원자론을 선택한 이유가 드러난다. 알튀세르는 치우침에 주목했다. 그가 주목한 치우침은 운동 과정에서 발생하는 원자가 서로 충돌해 세계가 생성되었다는 에피쿠로스의 주장에 근거한다. 또한 에피쿠로스의 제자가 운동 시작점을 원자의 일탈로 설명한 내용과도 연관된다.

일탈과 충돌은 치우침이 있기 때문에 가능하다. 만약 원자가 서로 평행으로만 움직인다면 새로운 변화나 원자의 복합체가 만들어질 수 없다. 치우침에 따른 일탈과 충돌은 원자의 운동이 정해진 목적이나 방향이 없고, 세계가 우연의 산물임을 의미한다. 어떤 방향이 개입하지 않는다는 점에서 모든 목적론적 사고를 부정한다. 플라톤 이후 서양 주류 철학에서 일탈이나 우연은 필연성에서 파생된 부스러기일 뿐이었다. 하지만 치우침과 충돌이 세계의 기원으로 자리 잡으면서 목적이나 필연성에 기초한 철학은 설 자리를 잃는다. 철학은 사물의 근원보다 우연성의 이론이라고 하는 것이 더 맞다. 필연성이 우연성에 굴복한다.

자연과 인간의 동등한 상호 관계

세계에 대한 인간의 의미 부여가 특별한 지위를 정당화하는 논리로 이어질 수 없다는 레비스트로스의 생각은 자연과 인간의 서로 동등한 관계라는 문제의식으로 이어진다. 그 전형적 모습을 원시 부족의 사고와 삶에서 발견할 수 있다. 어느 원시 부족에서는 가축을 잡아먹지 않으며 심지어 달걀도 먹지 않는다. 이동할 때는 걸을 수 있는 짐승을 제외하고 가축 전부를 짐 보따리와 함께 싣고 간다. 기후 영향으로 식량이 모자라는 시기가 닥쳐도 가축의 먹을거리는 반드시 챙긴다. 그 대가로 동물은 이 집단을 위해 심심풀이와 기분 전환의 계기가 되어 준다.

그런데 레비스트로스가 찾은 아마존 열대림은 이미 서구 문명이 심각하게 훼손한 상태였다. 자연을 정복 대상으로, 대규모 파괴를 효율적 이용으로 보는 서구적 자연관이 초래한 재앙의 그림자가 짙게 드리워 있었다. 말레비치(Kazimir Severinovich Malevich, 1878~1935)의 〈나무꾼〉은 대규모 벌목 장면을 보여 준다. 입체주의 영향을 받으며 러시아 구성주의미술을 선도한 그는 모든 사물을 원통 모양으로 단순화했다. 잘린 나무와 나무꾼의

〈나무꾼〉, 1911년

몸이 기호화된 이미지의 숲을 이루고 있다. 빈틈이 없을 정도로 빽빽하게 쌓여 있어서 잘린 나무의 양이 만만치 않음을 알 수 있다. 원시 부족도 나무를 베거나 가공 작업을 했다. 생존에 필요한 범위 내에서 이용일 뿐이어서 자연 훼손과는 거리가 멀다. 그러나 기계 문명은 20세기 초반의 대규모 벌목 작업으로 수십 년 만에 지구의 허파인 아마존 열대림을 거의 치유가 불가능한 상태로 만들고 있다.

푸코는 근대의 합리주의적 이성이 어떻게 자연을 철저히 대상화했는지를 규명한다. 이제 자연은 이름을 붙이고 체계적으로 분류하는 대상으로 이해된다. 칼 폰 린네(Carl von Linné, 1707~1778)가 만든 분류 체계에 따라, 모든 생물은 동물계와 식물계로 구분되면서 문·강·목·과·속·종이라는 분류 체계 속에 편입되는 대상일 뿐이다. 아무런 매개 없이 사물에 적용된 말로 자연의 역사를 구축했다. 외형적 동일성과 차이로 획일적 구조를 강제했다.

예를 들어 고양이를 생각하면 장난을 치며 놀거나 따사로운 햇볕에 몸을 맡기고 누워서 졸고 있는 모습, 혹은 날랜 몸짓으로 담 위로 뛰어올라 걷는 모습이 떠오른다. 하지만 린네 분류법으로 정의된 고양이는 전혀 다른 의미로 다가온다. 고양잇과의 야행성·육식성 포유동물이다. 좀 더 계통적으로 구분하면 동물계, 척살동물문, 포유류강, 식육목을 거쳐 고양잇과에 이른다. 고대 이집트에서 고양이가 신성한 동물이었다거나 오랜 세월 인간과 맺어진 관계 등이 끼어들 만한 틈이 없다. 오직 말할 수 있는 것은 생물의 보편적 분포에 따라 분류학상의 의미로 이해된 특정 용어다. 전적으로 묘사의 네 가지 변수, 즉 형태·수·기질·크기를 기초로 구축된 변수는 언어와 시선으로 거의 일률적으로 탐색된다. 분류가 가능하다는 것이 생물의 속성이 된다. 이 과정에서 생명은 생생한 내용을 잃고, 단지 분류상의 단순한 경계로 표시된다. 인간은 분류 주체로서 특권적 지위를 얻는다.

라캉은 시선의 상호 관계로 특권적 지위를 벗어던지고 사물과 인간의 관계를 회복하려 한다. 시선은 사유와 관계를 드러낸다. 시선의 지배는 곧 관계를 지배하는 질서다. 인간이 자연이나 사물을 대상화하는 시선은 특권적 지위의 단적 표현이다. 하찮아 보이는 통조림 깡통조차 라캉이 보기에 시선의 관점에서 일방적 대상이 아니다. 인간의 시각이 빛의 기능에 의존하듯이, 빛의 점에서 사물과 우리는 서로를 응시하는 상호 관계다.

인간에 대한 이해

우연성 안의 인간, 흔들리는 주체로서 인간

레비스트로스는 인간의 특징을 정신을 통한 창조 능력에서 찾는다. 창조는 정신과 연관될 때만 의미를 가진다. 만약 정신이 존재하지 않는다면 즉시 무(無)로 빠진다. 사실 이런 접근법은 서양 철학 전통에서 지겨울 정도로 자주 봤기 때문에 그 자체로는 특별할 게 없다. 특별함은 내용, 즉 창조 능력과 정신의 의미에 주목할 필요가 있다.

근대에서 현대에 이르기까지 대부분 이성이라 할 만한 정신의 출발점을 플라톤, 기껏 더 거슬러 올라가 봐야 자연 철학에서 찾았다. 원시 부족의 삶이나 사고는 이성과 상반된 감각이나 본능으로 다루어졌다. 신화는 더욱 의심의 대상이었다. 막스 베버(Max Weber, 1864~1920)는 아예 이성에 기초한 학문의 특징을 탈(脫)마법화에서 찾는다. 학문은 주술이나 신화에서 벗어나는 곳에서 시작한다. 모든 신비적 사고를 거부하고 기술과 예측으로 대신하는 데서 정신은 비로소 자신의 안식처를 구한다.

하지만 레비스트로스가 보기에 정신은 주술과 신화를 공통의 자궁으로, 감성과 함께 성장했다. 먼저 주술은 느리 질서한 체계 안에서 작동한다. 그래서 질서에서 벗어날 때 주술 효과는 사라진다. 주술적 사고나 의례란 결정론적 작용을 전체적 양식으로 추측하고 활용하는 일이다. 그러므로 주술과 과학은 총체적·포괄적 결정론을 전제하느냐, 아니면 여러 개의 차원을 구분하고 그 가운데 일부에만 결정론 형식을 부여하느냐의 차이가 있을 뿐 기본적으로 체계적 결정론에 근거한다는 점에서는 비슷한 면이 있다.

신화에 나타나는 원주민의 사고도 불확실하고 우연적인 미신으로만 치부할 수 없다. 오히려 현대인의 광기와 대비되는 지혜의 흔적을 발견할 수 있다. 신화에서 창조의 근거와 정신을 규명해 인식의 새로운 지평을 연다. 우리는 원주민 신화에서 현대 철학의 문제의식과 맞닿아 있는 지점을 발견할 수도 있다. 또한 현대인과 매우 다른 생활 조건 아래 있으면서도 이야기는 내적 성찰에 비슷하게 도달해 있다. 현상적으로는 다른 주제에 대해 서로 연관성이 없는, 산발적이고 우연한 내용을 버무려 놓은 비합리성의 덩어리로 보인다. 하지만 구조 분석으로 전혀 다른 결론에 이르게 된다.

라캉은 프로이트의 무의식을 다시 끌어들여 합리주의적 인간 이해를 거부한다. "나는 생각한다. 그러므로 존재한다."라는 데카르트의 명제는 독립적·초월적 주체의 선언이었다. 나에 대해 생각하는 내가 존재하는 한 나는 확실히 존재한다고 말할 수 있다고 여겼다. 하지만 확실하다고 여기는 자기 배후에서 무의식을 발견하게 되면서 주체의 확실성은 설득력을 잃는다.

라캉은 무의식이 존재의 근원이라고 규정한다. 데카르트의 명제는 다음과 같이 변경되어야 한다. "나는 내가 아닌 곳에서 생각한다. 그러므로 나는 내가 생각할 수 없는 곳에 존재한다." 무의식의 지배적 영향 아래 있는 한, 인간은 자유자재로 사고할 수 없다. 반대로 의식적으로 사고할 수 없는 곳에서 나는 나일 수 있다. 무의식적 욕망은 소멸하지 않는다. 무의식적 욕망이 사라진다면 유기체 자체의 파멸을 의미할 뿐이다.

라캉은 두 개의 단계를 거쳐 무의식 구조가 만들어진다고 봤다. 바로 거울 단계와 상징계다. 거울 단계는 상상계라고도 한다. 생후 6개월에서 18개월 사이의 아기는 거울 속에 비친 모습을 보고 환호성을 지르며 반가워한다.

이 단계가 바로 거울 단계다. 아이가 일단 거울을 통해 자신의 이미지를 습득하면, 놀이 과정에서 그 이미지로 가정된 행동과 주변 상황의 관계를 경험한다. 즉 상상으로 가정된 자신과 상황 사이의 허구적 합성물을 경험하면서 자아는 사회화되기 이전에 허구적 성향을 갖는다.

거울 단계는 언어와 질서의 세계인 상징계로 진입하면서 사회적 자아로 굴절된다. 사회화 과정에서 거울 단계가 사라지는 것이 아니라, 잠정적으로는 비활동성 상태로 자아에 연결되고 고착된다. 심한 경우 거울 단계에서 자신과 대상을 일치시켰던 상태, 즉 자아와 상황을 구별하지 못하고 자신과 타자의 욕망을 구별하지 못하는 상태에서 빠져나오지 못한다. 자아의 허구적 성향은 개별 차원에서 해결할 수 없는 것으로 남는다. 정신 분석학은 허구적 이미지에 사로잡힌 주체를 인정하면서 고착에서 빠져나오게 하고 존재의 본질을 읽도록 안내하는 역할을 한다.

결국 의식적 사고와는 아무 관계없는 시기부터 인간이 자신을 인식한다는 점에서, 독립적 이성으로 인간을 규정하려는 시도는 성공할 수 없다. 거울 단계 경험이 주체가 주어진 것이 아니라 형성된다는 것을 보여 주기 때문이다. 무신론은 이제 '신이 곧 무의식이다'라고 말해야 할 것이다. 프로이트가 코페르니쿠스적 변혁을 가져왔다면, 그 내용은 주체가 거처하는 곳으로서 무의식 장의 확실성을 단언했다는 점이다.

한스 홀바인(Hans Holbein, 1497?~1543)의 〈대사들〉은 데카르트적인 주체의 확실성과 관련해 홍미로운 이야깃거리가 가득하다. 르네상스에서 근대에 이르기까지 회화적 표현의 주요 수단이었던 원근법은 데카르트적 주체와 긴밀하게 연관되어 있다. 라캉이 보기에 원근법은 주체의 절대성

〈대사들〉, 1533년

위에 세워진 견고한 탑이다. 원근법은 철저히 독립적 주체의 시점에서 사물의 거리와 관계를 규정하는 방식이라는 점에서 데카르트와 맞닿아 있다.

하지만 홀바인의 그림은 전혀 다른 문제의식을 보인다. 가장 먼저 근엄한 표정의 두 대사가 보인다. 두 개의 단으로 나뉜 선반에는 온갖 물건이 가득하다. 위로는 온갖 별자리가 표시된 천구의가 있다. 그 옆으로는 나침반, 해시계, 원통 달력 등 천체 관측과 연관된 과학 측정 기구와 발명 성과물이 놓여 있다. 나무 손잡이가 달린 지구본도 있다. 위도와 경도를 따라 몇몇 대륙을 알아볼 수 있을 만큼 상세하게 그려져 있다. 이성과 과학을 상징하는 물건들이 무대 중앙을 차지하고 있다면 의외의 장소에 의외의 상징이 숨어 있다. 그림을 꼼꼼하게 살피면 왼쪽 맨 위에 녹색 장막이 살짝 열려 있다. 그

틈으로 반쯤 가려져 있는 예수 십자가상이 보인다. 화려한 색채로 가득한 그림 구석에 무채색으로 그린 점도 특이하다. 왜 구석에 보일 듯 말듯 작게 그렸을까? 아마도 신의 자리를 인간 이성이 차지하면서 새로운 주체의 탄생을 조심스럽게 암시하려는 게 아니었을까 싶다.

라캉은 이 그림에서 주체의 소멸을 발견한다. 새로운 단서는 화려하게 치장하고 얼어붙은 것처럼 뻣뻣하게 서 있는 두 사람 사이를 가로지르는, 생뚱맞기도 하고 어떤 면에서는 기괴해 보이기도 하는 물체에서 온다. 공중을 나는 것처럼 보이기도 하고 약간 기울어져 있는 것처럼 보이기도 한다. 이른바 '왜상(歪像)', 즉 왜곡된 형상으로 불리는 그림이다. 왜상은 관람자가 정면으로 보기에는 물건이나 얼룩으로 보이지만 보는 자리를 바꾸거나 비스듬히 옆으로 기울여 볼 때 특정 의미를 가진 형상으로 보이도록 만들어진 이미지다. 르네상스 시기에 시작되어 바로크 시대에 유행했고 18세기까지도 빈번했다. 자리를 바꿔 바라보는 순간, 우리는 이 물체가 해골임을 발견할 수 있다. 화가는 화면이 거의 안 보일 만큼 그림 오른쪽 가장자리로 가서 해골을 내려다보는 지점에 이 물체가 제대로 보이는 시점을 설정해 두었다.

라캉은 왜상이 주는 문제의식을 주체의 소멸로 연결한다. 확실하다고 자신하던 주체의 시선은 그림 속 왜상 앞에서 부너신나. 성상식 위지에서 오히려 혼돈에 빠져든다. 오히려 자신과 무관하게 만들어진 응시의 덫에 빠진다. 라캉은 응시를 강조한다. 응시는 일상적 시선에서는 드러나지 않지만, 항상 은폐된 모습으로 몰래 숨어 있는, 하지만 언제든지 드러날 수 있는 시선이다. 주체는 독립적 시선이 아니라 만들어진 응시 안에 갇혀 있다. 주체의 독립성·확실성은 의심스럽고 흔들리는 위치에 놓인다.

　　푸코는 진정한 의미에서 생동하는 인간은 비교적 최근에 형성됐다고 주장한다. 생명으로서, 또한 자연과 맺는 관계에서 노동력을 발전시키는 존재로서, 나아가서는 언어 안에서 사유하는 존재로서 인간은 19세기에 들어서야 본격적 논의 대상에 올랐다. 중세에는 신의 피조물로서, 근대에 접어들어서는 데카르트의 코기토, 즉 '나는 생각한다'는 이성의 틀 안에서만 비로소 이해되는 존재였다. 현대에 이르기까지 강력한 영향을 미치는 코기토 아래서 인간은 한쪽 발을 딛고 있는 비이성과 단절된다. 이성을 벗어난 영역, 혹은 미성숙한 사유는 정상적인 인간 범주에서 제외되고 광기로 규정된다. 이성과 비이성의 관계를 끊고 비이성을 광기·질병·범죄와 연결하면서 이성은 비이성을 명백하게 정복했다.

　　푸코는 코기토에 기초한 합리주의적 인간관을 넘어설 때 진정으로 인간을 이해할 수 있다고 강조한다. 사유 안에서 인간은 제한되지 않는다. 인간의 사유는 객관적이기보다는 인간 스스로에 따라 언제나 휩쓸릴 수 있고, 이성을 넘어서는 것으로부터 자신을 상기하기도 한다는 점에서 몰이해의 장소다. 즉 사유는 신화나 무의식, 혹은 광기처럼 흔히 비(非)사유라고 말하는 형태로 존재할 수도 있다. 그렇다고 해서 사유와 무관하다고 할 수도 없다. 사유는 사유되지 않는 것과 관계를 맺는다. 사유의 열린 틈에서 깜빡거릴 뿐 사유에 따라 결정적으로 제시되지 않는 존재로서 인간을 이해해야 한다. 그러한 의미에서 인간은 불확실하고 흔들리는 주체다. 주체로서의 인간 지위에 대해 암울한 전망을 하기도 한다. 예상치 못한 어떤 사건 때문에 바닷가 모래 위에 그린 그림처럼 순식간에 사라질 수도 있다.

관계와 구조, 규칙 안의 인간

레비스트로스는 독립적 이성으로 원자화된 인간을 가정하는 합리주의적 인간 이해를 비판한다. 인간은 고립된 자아로 존재할 수 없다. 어떤 선택을 할 때 순수한 개인이 아니라 사회 구성원의 일부라는 점에서 자유로울 수도 없다. 집단도 마찬가지다. 개인이 집단 속에서 혼자 존재하는 것이 아니듯이 각 사회도 여러 사회 가운데 혼자 존재하지 않는다. 결국 개인은 자기가 속한 집단과 또한 그 집단에 연관된 여러 사회의 영향을 받으며 산다. 하지만 일방적 관계는 아니다. 둘 사이의 갈등과 투쟁에 끊임없이 관여하는 존재다.

그는 원시 부족의 생활을 규정짓는 친족 관계로 기본 구조의 의미를 설명한다. 친족의 기본 구조란 친족 범위와 혼인 범위가 결정되는 체계를 의미한다. 현상적으로는 집단과 사회에 따라 복잡한 관계를 갖고 살아가는 듯하지만, 내적 구조 측면에서 정리를 해 보면 몇 가지 원형적 체계가 있음을 알수 있다. 구조에 따른 기본 결정은 허용과 금지라는 두 가지 개입으로 이루어진다. 구조는 개인이 집단의 체계 안에 내적 일관성을 갖고 정돈되도록 한다. 그렇기 때문에 구조를 파악해 개인이 어떻게 반응하고 행동할 것인지 예측할 수 있다. 개인 행위는 이러한 장치에 종속되어 있어서, 상지로 행위글 이해할 수 있다.

레비스트로스의 문제의식은 실존주의 인간 이해와 뚜렷하게 구별된다. 실존주의가 고립된 개인을 주장하는 것은 아니다. 하이데거나 사르트르는 개인이면서 동시에 인류인, 유대 관계로서 인간을 주장했다. 그렇기 때문에 코기토로 나타나는 고립적 주체에 반대해 타인과 마주 선 '우리'를 강조했다.

하지만 레비스트로스가 보기에 유대라든가 우리, 인류라는 설정은 막연하고 추상적이어서 사실상 개별 존재의 실존으로 함몰될 수밖에 없다. 개별 존재와 연결된 타인은 단순히 유대나 인류가 아니라, 체계적 구조를 갖추고 일상을 에워싸고 있는 계급·사회·국가·문명이다. 개인은 기본적으로 그 구조 안에서 규정 받으며 사고하고 행동한다.

현대인이 길에서 매일 마주하는 도시의 기차나 버스 정류장, 혹은 신호등이 있는 길거리는 모두 비슷한 분위기다. 사람들은 버스나 기차가 오면 정해진 규칙대로 기다리거나 내리거나 올라타고 표시된 안내판에 따라 이동한다. 신호등 앞의 건널목에서도 마찬가지다. 바쁜 걸음을 멈추고 무표정한 얼굴로 신호등 색깔이 바뀌기만 기다린다. 그러다가 다시 분주한 발걸음이 도로를 메운다. 신호등 옆의 작은 녹색 삼각형 숫자가 줄어들면 걸음은 더 빨라진다. 다시 빨간색 등이 켜지면 일제히 다시 동작 정지 상태로 들어선다. 허용과 금지로 만들어진 질서와 구조는 아주 자연스럽게 소리 없이 다가오고 개인의 일상을 지배한다. 대다수 사람은 여기에 자신을 적용시키며 코드화된 행위를 한다.

레비스트로스는 연구 목표를 구조의 이론, 대신 경제적 토대에 해당하는 하부 구조가 아닌 상부 구조 이론을 정립하는 데 둔다. 현실 마르크스주의는 관습적 행동이 직접 실천에서 나온다고 너무 쉽게 결론을 내렸다. 하지만 실천과 관습적 행동 사이에는 그러한 행동이 나타나도록 유도하는 구조적 조작이 개입한다. 여기에는 경제적 하부 구조와 정신적·문화적 상부 구조가 모두 영향을 미치는데, 인류학에 심리학 특성이 있다는 점을 고려하면서 상부 구조 이론을 정립하는 데 초점을 두겠다는 문제의식이다.

레비스트로스가 인류학적 견지에서 문화적 측면에 주목했다면, 알튀세르는 이데올로기 구조를 통한 상부 구조 이론 정립과 인간 이해에 접근한다. 사람들은 스스로 진리를 소유하고 있다고 믿지만 실제로는 무엇을 알고 있는지, 혹은 모르고 있는지를 구별하지 못한 채 살아간다. 자신도 모르게 유도하는 보이지 않는 구조 안에서 행동한다. 철학의 역할은 사람들이 보고 말하며 행하는 것, 아는 것이 무엇인지를 말해 주는 것이다.

처음부터 체계나 구조가 있었던 것은 아니다. 출발은 우발적 마주침에 있다. 어느 존재가 있으려면 마주침이 먼저 있어야 한다. 모든 마주침은 우발적으로 일어난다. 기원으로 거슬러 올라가면 주사위 놀이와 같은 우발성과 마주침이 있다. 마주침이 반복되면서 응고 과정이 나타나고 규칙적 법칙이 생겨난다. 법칙이 누구나 마땅히 따라야 하는 이데올로기로 자리 잡으면서 사람들은 규칙을 따르고 법칙에 복종한다. 하지만 중요한 것은 법칙이 존재한다는 사실이 아니라, 이데올로기 구조를 파악해 그 법칙을 드러내고 저항의 가능성을 만들어 내는 철학의 과제다.

그러한 의미에서 철학의 공간은 철학 안에 있다. 사람들의 사회적 실천의 방향과 방식을 규정하는 이데올로기 구조를 규명하려 한다. 철학은 정치적 문제가 추상 안에서 완성되는 이론적 실험실이라 할 수 있다. 철학의 공간이 철학 안에 있다고 해서 세상 밖에, 즉 역사적 갈등이나 사건 밖에 있다는 의미가 아니다. 한 사회의 주된 이데올로기는 지배 계급에 따른 이데올로기적 권력의 반영이라는 점에서 세상과 맞닿아 있다. 이데올로기가 내적으로 고유한 이론적 범주와 기법으로 재생산된다는 점에서 사회를 직접 분석과 행위 대상으로 하는 일반적인 사회적 실천과는 구분된다.

소외가 일반화된 사회에서 주체는 현실의 인간이기보다는 소외를 만들어 내는 구조적 과정 그 자체다. 소외 과정이 자기 목적을 추구하기 때문에 특정 개인을 주체로 설정할 수 없다. 마르크스의 《자본론》은 주체 없는 과정을 전형적으로 보여 준다. 자본론 어디에도 소외를 만들어 내는 특정 주체는 등장하지 않는다. 상품이라는 단위에서 시작하는 처음부터 재생산 구조를 거쳐 마지막에 이르기까지 철저하게 구조와 과정이 어떻게 현실의 소외를 만들어 내는지에 집중한다.

라캉은 무의식 구조를 규명해 자율적 주체의 환상과 거리를 두고 구조 안의 인간에 주목하도록 안내한다. 그는 프로이트의 무의식을 받아들이면서 구조주의 성과를 도입한다. 무의식은 특정 구조를 갖추고 있는 이론적 장소다. 거울 단계와 상징계는 무의식을 지배하는 구조의 하나다. 거울 단계에서 아이는 물에 비친 자기의 모습을 보며 행복해하는 나르키소스처럼 거울에 비친 모습과 자신을 동일시한다. 거울 속의 자신, 좀 더 나아가야 엄마와 합일된 허구적 자아다. 그러한 착각을 지닌 채 상징계로 들어서면서 자아 형성의 고통스러운 과정을 겪는다.

상징계에서 아이는 거울 속 자신이나 엄마 이루려던 합일이 깨지는 것을 경험한다. 그리고 타인, 즉 이차적 관계인 아버지, 사회적 규칙 등과 만난다. 자아는 타자와 맺는 관계, 타자에 따라 형성된 규칙 안에서 자기를 정립해야 하는 어려운 과제에 맞닥뜨린다. 거울 단계의 착각에서 출발해, 상징계에서 '나'라는 것과 분열을 거친다. 그리고 허용과 금지로 코드화된 행위를 필요로 하는 상징계의 규칙으로 들어가면서 주체로 재정립된다. 허용과 금지라는 규칙 안에서 진실과 거짓이 구분되고, 억제된 것에 대한 욕망이 자라난다.

　푸코 역시 구조주의라는 표현은 완강히 거부하지만, 구조에 따라 정의되는 주체의 위치를 추적했다. 현실의 인간은 주어진 상황과 프로그램화된 정보 안에서 사건과 사물을 바라보고 판단한다. 어떤 면에서는 프로그램 안에서 정의된 특성의 목록이나 기술적 방식에 의존한다.

기호와 언어 안의 인간

　소쉬르에 따르면 인간이 정신적 존재일 때, 그리고 정신이 언어로 규정될 때 인간은 말하는 존재다. 문제는 언어 때문에 주체의 자율성이 의심스러운 위치에 놓인다는 점이다. 언어는 개인이 수동적으로 얻은 것이다. 우리는 흔히 언어를 자기 생각의 표현 수단 정도로 여긴다. 하지만 주의할 것은 언어는 주체의 선택적 기능이 아니라는 점이다. 일반적으로 미리 깊이 생각하는 행위를 전제로 언어를 사용하지 않는다. 오직 언어 자체에 대해 학문적으로 분석하고 분류할 때 성찰이 끼어들 뿐이다. 아무리 개인이 원한다고 하더라도 주어진 언어의 규칙에서 벗어나거나 변경할 수 없다. 심지어 하나의 단어조차 어찌할 수 없는 위치에 있다. 요컨대 대중은 있는 그대로의 언어에 매여 있을 뿐이다.

　언어를 구성원의 동등하고 자발적으로 합의한 결과라고 보기도 어렵다. 언어는 한 집단이 어쩔 수 없이 받아들인 것이다. 그렇기 때문에 언어는 개인적 측면과 사회적 측면을 분리해서 생각할 수 없다. 또한 현재와 과거를 포함하는 영역으로 둘 사이에서 나온 산물이다. 언어는 사회적 필요에 따라 변화 과정을 겪는다. 하지만 언어의 현재와 과거는 너무나 긴밀하게 연결되어 있어서 분리해서 파악하는 것이 너무나 어렵다.

레비스트로스는 소쉬르의 문제의식을 기본적으로 받아들이면서, 한발 더 나아가 언어를 지배 체제 확립을 위한 수단으로까지 확장한다. 문자는 인간을 쉽게 예속화했다. 지배 체계를 세우는 데에 없어서는 안 되는 존재가 되었다. 사람들은 생활 조건과 무관하게 자신의 신조를 선택하는 것이 아니다. 반대로 생존 형태가 이데올로기에 의미를 부여한다. 그런데 언어는 생활 조건에 심오한 변화를 불러일으킨다. 문제는 그 변화가 정신의 만족이라든가 공정한 목적으로 사용되기보다는 지배 세력을 강화하고 체제 모순을 은폐하는, 적극적인 이데올로기로 기능한다는 점이다.

말레비치의 〈모스크바의 영국인〉은 언어가 개인은 물론이고 더 나아가 사회적으로 지배적인 힘을 발휘하고 있음을 느끼게 한다. 당시 유럽 전체에서 가장 큰 영향력을 가진 영국의 숨은 지배력을 가려진 얼굴로 보여 준다. 전면에는 언어가 자리 잡고 있다. 긴 칼과 붉은색 화살표가 중앙을 가로지른다. 화살표는 언어를 매개로 한 지배력의 일방적인 성격을, 긴 칼은 권력·권위로서의 성격을 상징하는 듯하다.

라캉은 언어의 지배적 역할을 무의식 구조에 초점을 맞춰 규명한다. 주체는 언어 구조에 속해 있다. 주체를 공동 사회 경험으로 설명하려는 시도는 허무할 수밖에 없다. 왜냐하면 사회 구성원의 공동 경험조차 언어로 형성된 담론 전통에서 벗어나지 못하기 때문이다. 무의식에 작용해 권위를 행사하는 언어를 상정하지 않고는 주체를 설명하기 어렵다.

여기에서 시니피앙(signifiant, 기표)과 시니피에(signifié, 기의)의 관계가 중요한 역할을 한다. 기의는 기표로 존재할 수 있다. 기표는 기의의 모든 욕구를 채워 준다. 인간은 언어를 통하지 않고는 사고할 수 없는 존재인

〈모스크바의 영국인〉,
1914년

데, 언어 자체는 확실성을 지니지 못한다. 라캉은 이를 소쉬르의 언어학을 인용해 기표와 기의 관계로 규명한다. 기표란 언어의 형식이고, 기의는 그 형식으로 부여되는 의미다. 그런데 우리의 정신을 지배하는 것은 기표다.

예를 들어 두 개의 문 위에 '남'과 '여'라는 단어가 있을 때 우리는 거의 자동으로 남자 화장실과 여자 화장실을 떠올린다. '남'이니 '여'가 갖는 본래 의미, 즉 기의는 뒤로 젖혀지고 형식으로서 기표가 우리의 무의식과 의식을 지배한다. 기의와 대응 관계를 벗어나 기표가 절대적 지위를 차지한다. 무의식은 기원과 본능으로 설명할 수 없는 기표로 되어 있다. 즉 기표가 무의식을 지배하기 때문에 무의식은 언어처럼 구조화되어 있다는 것이다. 최종적으로는 의식으로까지 영향력을 발휘한다. 인간은 언어를 떠나서 사고하거나 생각을 표출할 수 없으므로 주체는 기표에 지배를 받는다. 그만큼 자율적이고 확고한 주체라는 설정은 성립할 수 없다. 심지어 주체조차도 기표로 변질된다. 오직 주체를 하나의 기표로 되돌아가게 할 때 기표는 그 기능을 한다. 기표는 의미 효과로 주체를 출현하게 한다. 기표가 주체에게 주체로서 말하고 기능하도록 한다. 최종적으로 주체를 기표에 따라 움직이는 존재로 굳어버리게 한다.

그러므로 애초에 "나는 생각한다. 그러므로 나는 존재한다."라는 데카르트의 명제는 성립할 수 없다. 데카르트가 주장하는, 의심할 수 없이 확고하고 자율적인 주체는 허상에 불과하다. 현대인은 자기 확신이라는 덫에 걸려 주체의 확실성이라는 신기루를 좇았다. 우리는 확고한 생각에서 존재의 근거를 찾을 수 없다. 구조화된 언어에 지배당하는 무의식으로 존재한다. 그러한 의미에서 우리는 우리가 생각할 수 없는 곳에 존재한다. 자유자재로 사고할 수 있는 곳에서 나는 내가 아니며 의식적으로 사고할 수 없는 곳에서만 나는 나일 수 있다.

은유와 환유 방식으로 굴절되는 욕망에 대해서도 언어를 매개로 설명한다. 기표의 의미화의 한쪽에는 환유, 다른 한쪽에는 은유가 있다. 언어가 그러하듯이 욕망도 하나의 기표에 불과하다. 실제의 의미는 감추어지거나 왜곡되고, 변질된 형식이 이를 대신한다. 우리는 기표로서 욕망에 지배를 받는다. 그렇기 때문에 겉으로 드러난 욕망, 즉 환유의 방식으로 변신을 한 욕망을 충족시키려고 뛰어드는 것은 신기루를 잡는 행위와 같다. 손에 잡는다고 한들 충족은 저만큼 물러난다. 겉으로 드러난 욕망을 충족하면 결핍이 사라질 것이라고 믿지만 실제로는 결핍의 재생산에 머문다. 그 결과 진정한 대상에서 벗어나 굴절된 욕망에 대한 왜곡된 집착을 반복하는 삶을 살게 된다. 문제의 해결은 언제 어디에서 어떻게 억압이 이루어졌는지를 분석해 현실의 욕망과 차이가 나타나는 지점을 찾아내는 일에서 시작된다. 정신 분석은 이 일을 할 수 있다. 그리하여 무의식과 의식 사이에서 발생하는 차이와 억압을 인식하고 왜곡된 집착에서 벗어나야 한다.

푸코도 언어와 의식의 관계를 통해 주체로서 인간에 회의의 눈길을 보낸다. 언어 체계는 인간의 이해 이전에 형성되었기 때문에 이해를 넘어선다. 그래서 언어의 주체가 인간일 수가 없게 된다. 이제 인식의 가능성이 아니라 근본적 몰이해의 가능성이 인간을 지배하는 상황에서 자율적이거나 확고한 주체는 의심스러워진다.

애초에 언어가 시작되었을 때 기표와 기의는 통합되어 있었다. 언어는 기표가 지칭하는 사물과 비슷했기 때문에 확실하고 투명한 사물의 기호였다. 예를 들어 힘이 사자 몸통에, 패권이 독수리 시선에 새겨지듯이, 명칭은 지칭되는 사물에 유사성 형태로 놓여 있었다. 하지만 어느 순간 언어와 사물의 투명한 관계는 파기되었다. 언어의 일차적 존재 이유였던 사물과의 유사성이 점차 사라지고 기표가 주도권을 잡기 시작했다.

마그리트의 〈이것은 파이프가 아니다〉는 언어와 사물의 투명성이 사라진 현실을 상징적으로 보여 준다. 캔버스 가득히 담배 파이프를 정밀하게 묘사해 놓았다. 책상 위에 놓여 있는 것도 아니고, 뿌연 배경색 위에 마치 둥둥 떠 있는 것만 같다. 그런데 특징적인 것은 그 아래 쓰여 있는 글귀다. 파이프를 그려 놓고 재미있게도 그 밑에 '이것은 파이프가 아니다'라는 문장을 썼다. 언뜻 보면 장난스러움이 뚝뚝 묻어난다.

<이것은 파이프가 아니다>, 1929년

　푸코는 그림 제목과 같은 《이것은 파이프가 아니다》라는 책에서 마그리트의 작품을 분석했다. 푸코는 이 그림을 보면서 파이프'이다'라고 말할 수 있는 사람이 누가 있겠느냐고 묻는다. 사실 파이프를 나타내는 그림이 그 자체로 파이프는 아니다. 그런데 그림을 보면서 파이프를 떠올리는 이유는 무엇일까? 그는 '파이프'라는 기표가 기호와 이미지에 불과함에도 의식을 지배하는 현실을 지적한다. 우리는 단지 파이프 그림으로 파이프를 참조하는 것이 아니다. 곧바로 파이프 자체를 떠올린다.

　의식은 결국 이미지와 언어의 감옥 속에 갇혀 있고, 인간은 더는 자유로운 주체가 아님을 폭로한 것이다. 이 그림은 파이프를 단지 '그린' 것일 뿐 파이프 자체가 될 수 없기 때문이다. 나아가 파이프라는 말도 대상을 표현할 뿐이며 대상 자체는 아니다. 이처럼 이미지와 언어는 우리를 속인다. 인간이 시각으로 사물을 인식한다는 말은 반만 그럴듯한 얘기다. 인간은 어떤 인식과 그 반영으로서의 이미지를 갖고 사물을 바라본다. 사물에 대한 이미지를 전제로 바라본다. 그러므로 특정 사물에 대한 이미지는 그 사물을 제대로 보는 것을 가로막기도 한다. 인간이 만들어 낸 이미지가 역으로 인식을 배반하는 상황이 나타난다.

푸코는 기표에 묶여 있는 인간의 현실에서 '주체의 희박화'라는 문제의식을 끌어낸다. 흔히 우리는 어떤 책을 볼 때 저자와 텍스트 내용의 통일성을 예상한다. 그의 개인적 삶과 체험, 독자적 사유가 텍스트에 담겨 있으리라 생각한다. 하지만 현실에서 저자는 언어로 구조화된 담론의 질서 안에 갇혀 작업한다. 필요로 하는 특정 조건을 만족시키지 못한다면 담론의 질서로 들어가지 못한다. 담론의 질서는 허용과 금지라는 방식으로 말하는 주체를 자기 구조 안에 가둔다. 담론의 질서 안에서 주체는 희미해지고 불분명해진다.

구조주의 인식론

언어와 상징, 체계로 구조를 분석하다

개별 요소에 대한 체계의 우위를 언어로 분석하는 구조주의 인식 방법을 파악하기 위해서는 무엇보다 소쉬르가 제기한 기표와 기의의 관계에 대한 이해가 필요하다. 기표는 기의와 자의적 관계이며, 현실에서 아무런 자연적 관계도 갖지 않는다. 자의적이라는 말은 화자의 자유로운 선택에 의존한

소쉬르

다는 의미가 아니다. 한 사회에 채택된 표현 수단으로서 언어는 원칙적으로 집단적 습관, 즉 일종의 규약에 의존한다. 기표는 그것을 사용하는 언어 집단으로부터 강요된 것이다. 기호에 내재하는 어떤 가치로서 기의가 아닌 기표의 사용 규칙이 지배적 역할을 한다는 점에서, 기의와 맺는 특별한 관계를 전제로 하지 않는다는 점에서 자의적이다. 그러므로 언어의 구체적 실재는 스스로 우리 눈앞에 나타나지 않는다. 무수한 경우에서 기표의 변질, 더 정확히 말하자면 기표와 기의 사이의 관계 변질이 개념과 체계의 변질을 불러일으킬 뿐이다.

하지만 기표의 변질이 나타난다고 해서 본체를 부정하는 것은 아니다. 기본적으로 언어 본체는 기표와 기의 연합에 따라서만 존재한다. 만약 기표만을 고려하면 구체적 사물은 사라지고 오직 추상적 기호만이 남고, 본체의 일부만으로 전체 본체를 파악했다고 착각하게 된다. 기표의 변질로 언어의 구체적 실재가 스스로 우리 눈앞에 즉각 나타나지는 않지만, 이 실재를 파악하려 노력한다면 언어 현실에 도달할 수 있다. 나중에 기표의 절대적 우위, 기의로부터 독립하는 데까지 나아갈 가능성을 모색하는 라캉이나 푸코와는 다른 문제의식이다.

레비스트로스는 상대적으로 소쉬르의 문제의식에 충실한 편이다. 그는 원시 부족 언어로 친족 체계의 원형을 규명하려 한다. 즉 혼인 규칙과 친족 체계를 개체와 집단 사이에서 일어나는 소통을 가능하게 하는 전제로 생각한다. 혼인 규칙과 친족 체계, 즉 개채와 집단은 현실에서 곧바로 일치 상태로 나타나지 않는다. 일정 단계에서 변질, 즉 조작이 작용해 일어난다고 본다. 하지만 그러한 변질이 언어와 실제 친족 관계의 동일성 자체를 훼손하지는 않는다.

　본체에 접근하기 위해서는 현실의 복잡한 체계와 언어를 단순화하고 관계를 규명해 구조 파악으로 들어가야 한다. 그는 신화를 매개로 구조 분석을 수행한다. 구조 분석은 연구 대상의 실제적인 모든 양상을 성공적으로 철저히 고찰하는 데 있기 때문에 복잡한 현상에서 눈을 떼어서는 안 된다. 하지만 여기에 머문다면 미로를 헤매다 길을 잃고 만다. 형식적 관점에서 보면 다양한 신화는 서로 다른 모습과 내용을 담고 있다. 하지만 면밀하게 관찰하면 서로 다른 신화 안에 불변적인 것으로 남아 있는 특성인 '골조'를 발견할 수 있다. 각 신화가 이러한 특성에 부여한 기능의 체계를 '코드'라 하고, 신화의 내용을 '메시지'라 부를 수 있다. 하나의 신화에서 다른 신화로 옮아갈 대 골조는 그대로이지만 코드는 변형되며 메시지는 전도된다. 신화 속에서 코드는 골조와 곧바로 일치 관계로 나타나지 않는다. 기표가 그러하듯이 코드는 변질 과정을 거치면서 마치 골조와는 상관없는 것처럼 보인다. 하지만 각 신화에서 반복적으로 나타나는 골조로 코드 내용을 확인할 수 있다. 이를 통해 전도된 메시지의 원래 내용을 복원할 수 있다. 그래서 신화를 분석할 때 꼭 형식 분석을 해야 한다. 형식 분석은 외면상으로 이상하고 도저히 이해할 수 없을 듯이 보이는 신화 안에 숨어 있는 논리적 골조를 밝혀 낼 유일한 방법이기 때문이다.

<회색 나무>,
1911년

몬드리안의 <회색 나무>는 레비스트로스가 제안하는 구조 분석 과정을 이미지로 이해할 수 있게 한다. 몬드리안이 입체파 구성 원칙을 자연의 나무에 적용한 초기 작품에 속한다. 현실의 나무는 수많은 가지와 잎으로 복잡한 모양을 갖추고 있다. 또한 서로 다른 종의 나무 사이에도 엄연한 차이가 존재한다. 그래서 재현 작업에 충실한 기존 회화를 보면 외형으로 보이는 개별 나무의 차이와 모습을 담는 데 열중한다. 작품에서 볼 수 있듯이 현실의 복잡함은 수평 및 수직 구조로 단순화시킬 수 있다. 이 단계에서 배경은 완전히 사라지고, 아직 나무의 모습은 남아 있지만 굵고 가는 면과 선으로 구분된다. 짧은 직선과 곡선으로 이루어진 최소한의 단위로 압축된다.

이와 비슷하게, 레비스트로스는 다른 신화 사이에 반복적으로 나타나는 단순한 형식, 즉 골조를 구분한다. 분류하려는 속성은 어느 쪽으로 가든지 극한까지 갈 수 있다. 그런데 이 극한은 대부분 이분법적 대비로 이루어진다. 그러므로 구조의 단순화 과정이 극한에 이를 때 두 가지 항의 대립 형태를 추출할 수 있다. 몬드리안이 골조를 발견하고 그 자체를 표현하는 데 머문다면 레비스트로스는 골조로부터 특정 코드를 읽어 내는 작업으로 나아간다. 변질된 코드가 원래 내용을 찾아가면서 애초에 신화가 전달하려 했던 숨겨진 메시지를 찾아낸다. 레비스트로스가 신화에 대한 구조 분석으로 전도되기 전의 메시지를 찾아냈다면, 알튀세르는 마르크스 저작의 구조 분석으로 마르크스가 의도한 철학적 문제의식을 찾아내는 데 주목한다. 자본주의 생산 양식을 연구하고, 궁극적으로 계급 투쟁에 관련된 과학적 지식만 취급하는 텍스트에서 논리적 골조를 찾아내고, 코드를 읽어 내면서 마르크스 고유의 철학적 메시지를 발굴할 수 있다는 생각이다.

이는 철학의 본질적 특성과 연관된다. 진정한 철학은 개념과 개념, 사변과 사변 사이의 추상적 널뛰기가 아니다. 철학은 구체적인 사회적 실천과 분리될 수 없다. 하지만 사회적 실천을 그대로 이론화한다고 해서 철학이 될 수도 없다. 철학은 다른 사회적 실천들이 분해되었다가 재조립되어, 철학의 모든 작용에 의미를 부여하는 질서 안에 분배되는 세계다. 마르크스의 역설적 작업이 그러하다. 전문적으로 철학 교육을 받은 그는 독립적인 철학 저작을 쓰지 않았다. 하지만 현실의 구체적 실천에 밀접히 연관된《자본론》을 써서 실재 생김을 이해하게 하는, 철학적 발언을 했다는 점에서 역설적이다.

마르크스를 이해하기 위해 구조 분석으로 저작에 숨겨진 열쇠를 찾아야 한다.《자본론》의 구조, 상품에서 시작해 교환 과정과 화폐, 화폐의 자본으로의 전환을 거쳐 잉여 가치 분석, 임금에서 자본 축적과 회전, 잉여 가치에서 이윤으로 전환되는 과정을 다룬 서술 순서는 철학적 인식을 반영한다. 또한 각 장 안의 내용을 펼쳐 나가는 논리적 과정도 철학적 문제의식의 흐름으로 이해할 수 있다. 《자본론》 자체가 철학적으로 연구돼야 하고, 마르크스의 철학적 방법으로 되돌아가야 한다.

알튀세르는 후기로 가면서 텍스트 분석으로 체계와 질서보다는 점차 무질서로 시선을 돌린다. 에피쿠로스에서 마르크스에 이르기까지 유물론적 기초를 무질서의 다른 이름인 '마주침'에서 찾았다고 한다. 원자의 우연한 치우침과 충돌에서 출발하는 에피쿠로스의 원자론처럼 세계의 기원을 무(無)에서 찾을 때 본질과 이성, 질서는 거부된다. 철학은 세계든 내적 이성이든 모든 체계적 조립 상태와 거리가 먼 곳에 자리 잡는다.

푸코가 보기에, 질서 자체는 부정할 수 없다. 자연적 질서 아래 사물이 있다는 점, 다시 말해 질서가 존재한다는 점은 부인할 수 없다. 철학은 왜 질서가 존재하는지, 질서에 어떤 일반 법칙이 작용하는지, 어떤 원리에 따라 질서가 해명되는지를 설명하는 작업이다. 질서는 개별 요소들의 체계를 내적으로 지닌다. 요소들의 체계는 유사성과 차이, 변이 등 다양한 방식으로 나타날 수 있다. 당연히 각 요소가 존재한다는 점은 경험의 작용을 전제로 한다. 대신 철학은 경험 과학이 아니기 때문에 어떤 실제적 조건과 경험 자체를 분석해 질서를 세우는 데 초점을 맞추기보다는, 인식을 위한 가능 조건의 역사가 드러나는 담론의 질서에 주목한다. 그러한 의미에서 푸코는 자신의 작업을 역사보다 고고학에 가깝다고 설명한다. 어느 특정한 시대의 학문 분야나 지식을 대상으로 추출할 수 있는 담론의 질서를 규명하기 때문이다.

푸코는 디에고 로드리게스 데 실바 이 벨라스케스(Diego Rodríguez de Silva y Velázquez, 1599~1660)의 〈시녀들〉을 예로 들어 질서가 어떻게 작동하는지를 설명한다. 벨라스케스는 궁정 화가로서 왕족·신하·시녀

<시녀들>,
1656년~1657년

는 물론이고 궁정의 어릿광대·난쟁이 등 다수의 초상화를 그렸다. 이 작품은 그의 대표작이다. 가운데에 있는 황녀를 비롯해 국왕 부부, 왼편의 화가 자신, 시녀와 시종 등 총 11명의 인물이 등장한다. 푸코는 각 인물의 특성보다는 이들을 서로 연결하는 시선의 구조로 숨어 있는 질서를 찾아낸다. 단순히 그림을 보는 우리와 캔버스 앞에서 직입하고 있는 화가의 시선이 마주치는 장면만을 의미하지 않는다. 그림 안에서 금방 발견할 수는 없지만, 대면 과정에서 서로 마주친 눈길, 서로 교차하면서 겹치는 시선의 망이 조밀하게 연결되어 있다.

시선은 캔버스 앞의 화가에서 출발한다. 캔버스 앞 화가의 시선에서부터 시작해 캔버스 이면, 벽면 그림, 가운데 거울, 열린 출입문, 오른쪽 끝의 창문을 지각할 수 있다. 여기까지가 재현 과정으로 나타난 가시적 영역 안의 구조다. 이 모든 가시적 시선은 질서의 중심이면서도 보이지 않는, 하나의 비가시적 영역에 종속되어 있다. 재현 영역 전체를 가로지르고, 모든 시선의 바깥에 머물러 있는 중심은 거울 속에 흐릿하게 표현된 국왕 부부다. 주위 사람들의 시선으로 그들이 있음을 알 수 있다. 정작 국왕 부부는 그림 외부에, 비가시성 영역으로 물러나 있다. 그런데도 등장인물들이 보여 주는 시선의 구조에서 재현 전체에 질서를 부여하는 중심 역할을 한다. 질서의 중심을 찾아내기 어려운 것은 겉으로 드러난 현상, 혹은 언어 안에서 기의와 분리된 기표의 숲속에 본체가 숨어 있거나 변질되어 있기 때문이다. 구성의 진정한 중심은 복잡한 현상 속에 은폐되거나 변질되어 있어서 보이지 않지만, 코드화된 구조를 추적하면서 나타난다.

〈서재의 돈키호테〉, 1863년

푸코가 보기에 문학 작품도 마찬가지다. 소설 《돈키호테》는 기표와 기의의 일치가 무너진 상황을 보여 준다. 돈키호테는 텍스트의 주인공이자 증인으로서 그가 읽었던 텍스트의 진실성을 보여 주어야 했다. 그러한 의미에서, 그는 자신이 오랜 시간 방에 틀어박혀 읽었던 온갖 텍스트의 현실과 얼마나 비슷한 관계에 있는지를 증명하려 한다.

프랑스 판화가 도레(Paul Gustave Doré, 1832~1883)의 〈서재의 돈키호테〉는 읽은 책 내용이 곧 현실이라고 믿는 돈키호테의 모습을 극적으로 표현한다. 왼쪽 맨 앞에는 흉악한 거인의 얼굴이 덩그러니 있다. 오른편 앞에는 어떤 악당이 공주를 거칠게 납치하려 하자 돈키호테에게 팔을 뻗어 간절하게 구원을 요청하는 모습이 나온다. 위에는 전투를 위해 진격하는 기사들의 용맹스러운 모습이 보인다. 당장이라도 화면을 뚫고 나올 것 같다. 방여기저기에는 읽다 놓은 책이 굴러다닌다. 돈키호테는 책을 암송하다가 감정에 복받친 듯 칼을 높이 쳐들고 호령한다. 삽화 전체를 압도하는 정밀한 선은 피카소가 그 세밀함에 매혹당한 게 우연이 아님을 보여 준다.

하지만 《돈키호테》는 문자와 사물, 즉 텍스트로 나타난 기표와 기의가 얼마나 기만적 관계인지를 입증한다. 풍차에 달려들고 수도사를 공주 납치범으로 몰아 공격하며 양 떼를 군대로 착각해 돌진하는 돈키호테를 예시로 텍스트의 언어가 사물을 나타내지 않는다는 점을 드러낸다. 문자와 사물은 더는 비슷하지 않다. 문자와 사물 사이에서 돈키호테는 발길 닿는 대로 떠돌아다닌다. 이제 언어는 애초에 자신을 만들어 낸 현실과 분리되어, 담론 성격과 효력만을 지닌다.

그러므로 철학은 기표 집합으로서 언설 구조를 규명하는 작업에 주목해야 한다. 요컨대 언설을 특이성 속에서 기술하고, 그들을 작동시키는 규칙이 어떤 점에서 다른 것으로 환원 불가능한지를 보여 준다. 이를 위해 언설을 구성하는 각 요소를 정의하고, 요소 사이의 경계선을 규명하고, 특이한 유형의 관계와 법칙을 도출해 계열화해야 한다. 나아가서는 다른 계열 사이의 관계를 기술하면서 구조화된 표를 구성하는 접근이 필요하다.

초이성주의와 초합리주의

레비스트로스는 자신의 연구 방법을 감성의 속성과 이성적 추론을 통합하는 초이성주의에서 찾는다. 그는 마르크스주의·지질학·정신 분석학을 자신의 세 스승이라고 한다. 세 경향은 모두 주관적 체험과 실재 사이의 불연속성을 인정하고 실재에 도달하기 위한 객관적 총합을 주장하는 점에서 공통적이다. 이를 인식 방법의 주요 교훈으로 받아들였다. 현상학과 실존주의가 문제인 것도 체험과 실재 사이의 연속성을 찾으려는 태도, 주관성의 환영에 대한 호의적 태도 때문이다.

여기서 레비스트로는 객관적 총합을 위한 경험과 관찰의 중요성을 강조한다. 그가 직접 경험으로만 제한한 것은 아니었다. 여기에서는 철저한 문헌 조사를 비롯해 간접 경험으로 얻은 정보를 엄밀하게 분석하는 것을 포함한다. 그런 면에서 루소를 존경한다고 거듭 표명한다. 결코 먼 지역을 여행해 보지도 않았지만, 그의 문헌 조사는 시대의 제한된 시대 조건 안에서는 완벽했다는 것이다.

경험으로 얻은 논리적 범주를 추상적 이론에 결합하는 방식으로 감성과 이성의 통합을 추구한다. 경험적 관찰과 신화 분석으로 얻은 경험적 범주, 이전의 형이상학에서는 개념 도구로 쓰인 적이 없는 범주를 사용해 법칙 효력을 지닌 이론으로 전개한다. 신화에서 출발하되, 줄거리 내용을 배제하고 각 신화에서 반복적으로 나타나는 고정된 논리 구조를 뽑아내게 된다. 혼돈 뒤에서 질서를 찾아내는 과정으로 볼 수 있다. 이를 통해 날것과 익힌 것, 신선한 것과 부패한 것 등, 경험적 범주에 따른 대립 쌍을 찾아내고 의미를 밝힌다.

알튀세르는 실천과 이론의 종합이라는 점에서 합리주의 전통과 거리를 둔다. 합리주의에 따르면 비판이란 참된 것을 거짓된 것에서 구출한다는 논리적 개념이다. 마르크스는 계급 투쟁에 기초를 둔 완전히 다른 기능을 비판에 부여했다는 점에서 이전의 철학적 의식을 청산했다. 또한 의식과 무의식의 종합이라는 점에서도 합리주의 전통과 구분한다. 철학적 무의식의 심급을 배열하고 무의식적 담론이 자기 자리를 찾도록 해야 한다.

레비스트로스가 경험적 범주를 강조했다면, 알튀세르는 경험을 벗어난 추상적 범주의 불가피성을 강조하고 중요한 철학적 대상으로 설정한다. 그가 열거한 범주들은 실제로 철학 외부의 경험적·사회적 범주가 아니다. 순수하게 철학적 추상으로 도달할 수 있는 개념이다. 알튀세르는 이들 범주 자체가 철학적 대상일 수 있고, 이를 엄밀하게 분석해 사회적 실천에 부과하는 논리 체계를 세울 수 있다고 보았다.

라캉은 무의식을 엄밀한 철학 영역으로 끌어들여 합리주의적 인식을 넘어선다. 무의식도 의식과 마찬가지로 정교한 기능을 하므로 철학의 엄밀성 안에 있다. 무의식은 신비롭거나 이해할 수 없는 장소가 아니다. 무의식을 의식 이전의 불투명하고 혼란스러운 것과 연관을 짓는 통념에서 벗어나야 한다. 무의식은 의식이 주체에게 하는 것과 비슷한 방식으로 주체를 규정한다.

의식의 영역과 마찬가지로 무의식도 구조 분석의 대상이 된다. 무의식은 시간 구조 속에서 파악해야 한다. 무의식은 존재하는 것도 아니고 존재하지 않는 것도 아니다. 무의식은 그 틈새로 순간적으로 모습을 드러낸다. 그러므로 고정된 공간을 차지하고 안정된 방식으로 나타나지 않는다. 극히 짧은 순간에 나타나기 때문에 시간적 구조 속에서 파악해야 접근할 수 있다. 만약

〈붉은 모델〉,
1935년

시간적 구조를 무시한다면 틈새가 금방 닫히고 무의식은 달아나 버린다. 그러한 어려움 때문에 무의식은 진정한 의미에서의 구조로서 해명된 적이 없었다고 해도 과언이 아니다.

마그리트의 〈붉은 모델〉은 틈새에 순간적으로 나타나는 무의식의 특성을 보여 준다. 신발과 발이 중첩된 모습으로 그려져 있다. 뒤로는 나무 벽이 빠져나갈 틈 없이 가로막았다. 아래는 작은 돌이 깔린 흙바닥이다. 신발과 발이 중첩된 모습은 여러 '틈새'를 우리에게 보여 준다. 자세히 보면 신발과 발의 형태와 색이 중간에 섞여 있다. 변화의 한순간을 보여 주는 듯하다. 발의 모습이 드러났다가 다시 구두 속으로 사라져 버릴 것만 같다. 구두 바깥과 안의 틈새가 나타난다. 가시적으로 보이는 것은 신발과 발이지만 좀 더 들어가면 현실과 비현실의 틈새일 수 있다. 각 소재는 현실이지만 두 가지가 섞이면서 비현실을 만들어 낸다. 그러한 의미에서 존재와 비존재의 틈새이기도 하다. 무의식은 의식의 뒷면이라는 점을 말하려는 것일까?

여기에서 그치지 말고 주변을 더 꼼꼼하게 살피면 억압된 현실과 욕망 사이의 틈새와도 연관성이 있음을 알 수 있다. 오른쪽 바닥에 거의 아무것도 입지 않은 여성의 사진이 실려 있는 신문 조각이 나뒹군다. 왼쪽으로는 낡은 동전 몇 개가 떨어져 있다. 나체와 동전은 성과 부라는, 인간의 전형적 욕망 대상이다. 동전과 신문 조각 사이에 꺼진 성냥 두어 개가 있어서 실현되지 못하고 억눌린 욕망을 보여 주는 듯하다. 주변의 장치를 고려할 때 신발과 발이 섞여 있는 것도 문명이 만들어 낸 규칙으로서 신발과 날 것 그대로의 욕망인 발이 충돌하는 낯선 순간을 보여 주려는 게 아닌가 싶다.

억압된 것에서 순간적으로 튀어 나오는 징후다. 그런 면에서 정신 분석학의 제1원리라 할 수 있는 '억압된 것의 회귀'를 보여 준다. 마그리트는 현실에서 불가능한 낯선 장면과 역설로 의미와 무의미의 경계를 드러내는 작업을 했다. 작업 방식은 매우 논리적이고 이지적이다. 이는 비논리적으로 여겨지는 무의식에서 논리적 요소를 규명하는 마그리트의 작업과 연관된다고 볼 수 있다.

변증법적 사고로 구조를 분석하다

레비스트로스는 원시 부족의 생활과 사고를 근거로 인류학적 구조 분석이 변증법과 긴밀한 관계에 있다고 여긴다. 과거와 미래는 기계적으로 분리되어 있지 않고 변증법적으로 연결되어 있다. 우리는 단지 현재의 시간과 공간에서만 살아가는 것이 아니다. 현재 속에 과거의 축적된 요소나 체계, 또한 미래의 가능성을 지닌다. 우리가 통과했던 단계들은 없어지지 않고, 새로운 단계가 그 위에 포개어져 있다. 그런 면에서 우리는 동시에 어느 곳에나도 존재한다. 원시 부족 연구가 지극히 현실적 의미를 지니는 이유다.

연구 과정에서의 인식 방법도 변증법에 근거할 때 실재에 더 가깝게 다가선다. 상부 구조의 변증법은 구성단위를 먼저 세워야만 한다. 개별 요소에 매몰되지 말고, 요소 사이의 관계로 하나의 질서를 이루는 구성단위 파악으로까지 나아가야 한다. 이때 구성단위를 변증법적으로 대립하는 쌍으로 대비시킨다. 즉 모순 관계를 중심으로 구성단위를 세워야 한다. 이때 의미가 생긴다.

예를 들어 신화에서 웃음이라는 요소가 있을 때 그 자체만으로는 어떤 의미를 가지기 어렵다. 일상생활에서 나타나는 하나의 현상에 불과하다. 신화 속에서 웃음이 불행이나 죽음과 연결된 쌍으로 구성될 때 어떤 의미로의 접근 가능성이 생긴다. 그래서 레비스트로스는 날 것과 익힌 것, 날 것과 썩은 것, 건조한 것과 습한 것, 고여 있는 물과 흐르는 물, 높은 것과 낮은 것 등 두 극의 대립 항을 설정하는 방식으로 신화에 접근한다. 하나의 사고가 다른 사고에 영향을 미치는 두 사고의 이중적 반성 운동이 사고 구조에 접근할 수 있게 하기 때문이다.

말레비치의 〈절대주의〉에서 볼 수 있듯이 상이하고 다양한 요소가 서로 맞물릴 때 어떤 의미가 생긴다. 긴 선과 짧은 선, 선과 면, 원과 다양한 모양의 사각형, 수평과 수직의 배열, 나아가서는 몇 가지에 불과하지만 서로 다

른 색이 캔버스 안에서 만난
다. 각각의 도형과 선 사이
의 간격도 천차만별이어서
우연한 충돌의 순간으로 보
인다. 다른 요소가 만나면서
원은 더는 원으로, 사각형은
사각형으로 머물지 않는다.
우리는 각각의 도형이 마주
치고 배열되면서 만들어 내
는 전체적 이미지에 시선을

〈절대주의〉, 1917년

둔다. 그리고 나름의 의미를 해석하려 한다. 그 순간 각 도형은 기하학의 차
갑고 건조한 이미지를 넘어서는 생명력을 얻는다. 본래 의미란 고립된 사물
이나 사건이 아니라 다른 것과 맺는 관계로 나타나기 마련이다. 그래서 변증
법은 각 요소가 연관 관계 위에 있다는 전제에서 출발한다.

구성단위 안이나 사이에서 나타나는 모순은 대립에 머물지 않고 종합을
지향한다. 정신은 경험적 다양성에서 개념적 단일성으로 나아가고 이는 다
시 유의미한 종합으로 나아갈 수 있다. 대립 쌍 형식으로 마련된 구성단위를
사용해 체계를 만들어야 한다. 그런데 체계 형성을 위해서는 추상화 작업이
필요하다. 경험적 사실을 기호로 변화시켜 사실과 관념을 종합한다. 단순화
과정으로만 이해하면 안 된다. 이는 난해함을 좀 더 쉽게 이해할 수 있는 복
잡함으로 바꾸는 일이다. 인식 과정도 단순하지 않다. 일직선으로 뻗어 나가
는 과정이 아니라 나선형의 복잡한 축을 따라 진행한다.

알튀세르는 추상적 관념과 구체적 계급 투쟁 사이의 변증법적 관계를 중심으로 마르크스주의에 접근한다. 관념은 그 자체로 능동적일 수 없다. 오직 계급 투쟁 안에서 대중 이데올로기 형태일 때만 역사적으로 능동적일 수 있다. 마르크스의 철학은 단순히 사실과 관념의 조합으로 나타나는 이론에 머물지 않는다. 마르크스가 수행한 변증법적 통일은 사실과 관념이 기계적 결합을 넘어 새로운 차원인 이데올로기로 종합이 이루어진다는 데 있다. 그가 보기에 마르크스는 자신의 관념을 현상에 대한 설명 원리로 여기지 않았다. 계급 투쟁에 직접 영향을 미치는 이데올로기 효과에 주목할 뿐이다. 문제는 세계를 변화하게 하는 것이라는 마르크스의 명제도 같은 맥락에서 이해할 수 있다. 알튀세르는 '세계의 변화'라는 실천의 의미를 이데올로기 효과 측면에서 설명한다. 철학에서 이론에 대한 실천의 우위는 토픽, 즉 이론화된 이데올로기를 대상으로 삼아 실천하면서 계급 투쟁에 영향을 미치는 과정에서 나타난다. 정치 차원에 직접 현실 대상으로서 계급 투쟁이 있다면, 인식 차원에는 지식 대상으로서 이론화된 이데올로기인 토픽이 있다. 마르크스의 철학적 명제는 토픽이라는 형태로 스스로를 실현해 실천의 우위를 설정했다. "철학과 이론이 이데올로기의 형태로 행동을 실행"할 때 철학의 실천성이 확보된다.

푸코는 '지식의 고고학'이라고 이름 붙인 작업 과정에서 변증법적 모순에 일차적으로 주목한다. 지성사를 이루는 언설은 모순에서 모순으로 이어진다. 언설은 모순에서 또 다른 모순으로 가는 길이다. 철학은 언설을 분석해 그 구조 안에 존재하는 모순을 발견한 후 모순을 해소하는 방향으로 나아가지만 결국 또다시 모순으로 나타나게 하는 작업이다. 철학은 모순이 언설 속

에서 행하는 놀이를 보여 준다. 그러므로 철학은 모순과 연관된 개념과 범주
에 각별한 관심을 기울인다. 사유·개념·인식에 관계되는 역사적 분석을 할
때 불연속·비약·문턱·극한·계열·변환과 같은 범주를 사용한다는 점에서
지성사는 '암살의 역사'라 할 수 있다. 가장 경계해야 할 인식 방법은 연속성
을 중심으로 언설을 반성 없이 조직하는 작업이다. 요컨대 연속성의 직접적
형태를 의심에 부쳐서 모든 영역을 해방해야 한다.

Art

구조주의 미학과 신조형주의·
구성주의·입체주의 미술

구조주의 철학의 미의식

구조주의와 미술

레비스트로스는 구조주의 인식과 가장 가까운 예술 영역으로 음악을 꼽는다. 색채와 형태가 수단인 미술은 소리와 리듬을 가지고 창작하는 음악과 달리 구조주의 철학 방법을 표현하기에 한계가 적지 않다. 채색된 존재나 물체가 있기 때문에 색깔이 존재한다. 음악은 음표를 비롯한 제한된 기호로 다양한 멜로디와 화음을 만들어 낼 수 있다는 점에서 구조주의와 성질이 비슷하다. 하지만 미술은 자연의 형태와 색깔에 많이 의존하기 때문에 독립적 코드 법칙을 따르며 작업하기가 어렵다.

비구상화는 자연 형태와 무관하기 때문에 감성적 경험에서 독립한 코드 법칙에 따라 음악처럼 자유롭게 표현할 수 있지 않느냐는 반론이 있을 수 있다. 하지만 레비스트로스는 여전히 기본 한계에서 벗어날 수 없다고 보았다. 추상 과정을 거쳐야만 형태나 색깔이 자연적 토대를 일정하게 떠날 수 있고, 분리된 체계의 요소로서 취급될 가능성 자체는 인정한다. 하지만 정도의 문제에서 걸림돌이 생긴다. 언어나 음악처럼 적은 수의 구성단위를 지닌 기호로 특정한 코드를 만들어 내야 하고, 나아가서는 일반화된 규칙으로까지 확장되어야 한다. 그런데 미술의 메시지는 기호화된 코드가 아니라 미적 지각과 지적 지각으로 받아들여진다는 점에서 언어나 음악과는 꽤 다르다. 설사 비구상화가 어느 정도 단순한 기호를 만들어 내더라도 일반적 코드로 작용할 수 없고, 일반적 의미를 얻을 수 없다.

몬드리안의 〈빅토리 부기우기〉는 미술이 구조주의와 결합할 가능성과 한계를 동시에 보여 준다. 몬드리안은 몇 가지 단순한 선과 면, 그리고 색으로 나름의 기호화된 표현 체계를 구축했다는 점에서 구조주의 문제의식과 비슷한 점이 꽤 있다. 그래서 구조주의 철학자들이 자신의 철학을 회화적으로 표현할 가능성을 몬드리안에서 찾으려 했다. 게다가 이 작품은 회화에 음악적 요소를 끌어들이려 했다는 점에서, 음악과 미술의 차이를 강조한 레비스트로스의 주장과 연관해서 흥미로운 시사점을 준다. 몬드리안은 말년에 뉴욕 화단의 초청으로 뉴욕을 방문하고 재즈에 심취하게 된다. 친구들과 할렘에서 흑인의 재즈 연주를 즐겨 들었으며 많은 음반을 구입하기도 했다. 제목에 사용된 '부기우기'라는 표현은 그가 재즈의 어떤 면에 주목하고 있는지를 잘 보여 준다. 부기우기는 블루스 피아노 연주에서 왼손으로 한 마디 8박자를 잡으면서 오른손으로는 자유롭게 연주하는

〈빅토리 부기우기〉, 1944년

스타일을 가리킨다. 몬드리안은 재즈의 즉흥성과 자유분방한 표현에 매력을 느꼈던 것 같다.

그림을 보면 그 영향이 금방 눈에 띈다. 기존의 몬드리안 그림과 비교할 때 몇 가지 변화가 나타난다. 먼저 선과 면으로 수직과 수평 표현만을 고집하던 그는 이에 적합한 정사각형이나 직사각형 캔버스를 고수했다. 하지만 이 작품에서 처음으로 마름모 모양의 캔버스를 사용한다. 또한 면과 색의 경계를 검은색 띠로 구분하던 방식에서 벗어나 면과 면, 색과 색이 직접 만난다. 더 나아가서 다양한 색으로 구성된 가늘고 긴 색 띠를 작은 사각형으로 나누고, 한 면 안에 작은 색면을 겹쳐 끼워 넣는 방식으로 이전보다 훨씬 자유롭고 과감하게 즉흥적 요소를 끌어온다. 짧게 끊어지는 악기의 경쾌한 음과 무한한 자유 변주가 특징인 하는 재즈의 특성을 반영한다고 볼 수 있다.

비교적 엄격한 기하학적 구성을 넘어서 몇 가지로 유형화된 선·면·색으로 더 자유로운 표현을 찾아내고 재즈의 특성을 어느 정도 회화적으로 반영한다는 점에서 구조주의 철학과 미술이 접점을 마련할 가능성을 살펴볼 수 있다. 하지만 실제의 재즈 연주와 이 그림을 연결해 생각하면 레비스트로스가 지적한 한계를 실감할 수 있다. 재즈 음악의 생동감과 예측하기 어려운 변화 느낌을 담아내기에는 회화적 수단의 제한이 뚜렷해 보인다.

미술에서 시선에 대한 응시의 승리

라캉은 그림이 재현 영역이 아니라 그 이상의 다른 목적을 갖는다는 점을 강조한다. 그림은 사물의 재현이라는, 모방으로 적용하기를 목적으로 하지 않는다. 작품에는 항상 응시가 나타난다. 시선을 따라 재현된 것처럼 보이는 인물화나 풍경화에서조차 응시의 구조로 화가의 욕망을 표현한다. 그런 점에서 화가는 '보는 사람'이며 동시에 '보이는 사람'이다.

예를 들어 성화는 그림 속에 나타난 신의 응시로 인간의 절대적 믿음이라는 신의 욕망을 드러낸다. 관객은 단순히 그림을 바라보는 자신의 시선만이 아니라 그림이 보여 주는 신의 응시 아래서 어떤 감정을 느낀다. 심지어 화가의 자화상도 마찬가지 기능을 한다. 자화상에서 화가는 단순히 관객 입장에서 보이는 재현의 결과물에 그치지 않는다. 그림 안에서 관객을 바라보는 인물이라는 점에서 우리는 자신의 시선을 넘어 응시를 경험한다. 이를 통해 공감이나 전율을 느낀다. 우리의 시각은 보기만 하는 시선이 아니라 응시라는 보여짐이 함께 하는 중첩적인 것이다. 응시 구조에 길들여지는 효과가 나타나게 된다. 그러한 의미에서 독립적 주체에 따른 보는 시선만 있고 보이는 응시를 생각하지 않은 데카르트식 사유는 눈먼 사유다.

라캉은 시선과 응시의 관계, 시선에 대한 응시의 승리를 고대 화가인 제욱시스(Zeuxis, ?~?)와 파라시오스(Parrhasios, ?~?) 이야기로 설명한다. 두 화가는 누가 더 실물처럼 그릴 수 있는지를 놓고 내기를 했다. 새들이 날아와 제욱시스가 그린 포도를 쪼아 먹으려 해서 처음에는 그가 우위를 차지하는 것처럼 보이다 득의에 찬 제욱시스는 베일을 걷어 파라시오스의 그림을 보자고 말한다. 하지만 파라시오스의 그림은 바로 그 베일이었다. 이는 시선에 관한 응시의 승리를 보여 준다. 우리는 흔히 자신이 보는 시선이 확실하다고 여긴다. 하지만 우리가 보고 싶어 하는 것, 혹은 보고 있다고 느끼는 것과 실제로 보이는 것 사이에는 거리가 있다. 그리고 그림에서는 응시가 더 큰 효과를 발휘한다.

〈시녀들〉, 1957년

응시는 시선과 달리 단선적 방식으로 다가오지 않는다. 모방의 효과는 위장으로 드러난다. 마치 전쟁에서 사용하는 위장술처럼 응시의 구조를 숨긴다. 예컨대 피카소의 〈시녀들〉로 새로운 모방과 해석 속에서도 응시가 어떻게 여전히 존속하는지를 살필 수 있다. 우리는 앞에서 푸코를 통해 벨라스케스가 어떻게 〈시녀들〉에 나타나는, 서로 교차하면서 겹치는 시선의 망으로 숨겨진 질서를 만들어 냈는지를 보았다. 피카소는 벨라스케스의 그림을 입체주의 방식으로 재해석한 작품을 내놓았다. 전체적으로 창문의 빛을 광원으로 하는 명암법이 자취를 감췄다. 그림 안에서 색의 차이는 거의 사라졌고 시선을 끌던 형태는 단순화됐다. 벨라스케스가 감춘 장치, 직접 보이지 않아도 비가시성 영역에서 국왕 부부가 진정한 중심 역할을 하던 전체 질서는 사라진 듯이 보인다. 공주와 시녀 그리고 광대의 시선이 단순화 과정을 거쳐 사라졌다. 더 이상 숨겨진 응시가 없는 것처럼 보인다.

하지만 라캉의 문제의식을 적용하면 새로운 응시가 나타난다. 벨라스케스에서 피카소로 응시의 주체가 바뀌고, 그에 따라 새로운 화가의 욕망으로 바뀌었을 뿐 응시는 여전히 존재한다. 그렇다면 피카소는 굳이 다른 화가의 그림을 매개로 하면서까지 우리에게 무엇을 보여 주고 싶었던 걸까? 이를 이해하기 위해서는 라캉이 지적하는 화가의 욕망과 연결할 필요가 있다. 피카소는 자신이 개척한 입체주의 미술의 가능성과 효과를 단순화의 순차적 과정으로 보여 주고 싶었던 듯하다. 단순화의 양상이 등장인물에 따라 다른 수준과 방식으로 이루어지고 있음을 주목해야 한다. 그림 중앙의 공주와 시녀는 아직 본래의 형태가 어느 정도 남아 있다. 왼편의 화가는 불규칙한 선으로 단순화했다. 그러다가 오른편의 광대들로 오면 몇 개의 도형화된 이미지가 대신한다. 이제 국왕 부부라는 질서의 중심은 의미가 없어지고, 입체주의 시도를 보여 주려는 화가의 욕망이 응시 구조를 새롭게 만든다.

신조형주의 미술

구조주의와 연관된 미술은 구조주의 철학을 명시적으로 분명하게 드러내면서 경향을 형성하는 방식으로 나타나지 않았다. 구조주의가 강조하는 우연성, 기표와 기의 구분, 기표의 능동적 역할 등이 현대 미술의 반구상적 충동을 자극해 다양하게 형식주의 경향에 영향을 주었다는 점 정도를 지적할 수 있다. 그러므로 구조주의의 직접적·사후적 영향 아래 제작된 작품으로 설명하기보다는 구조주의 철학자들이 친근하게 느끼는 미술 경향을 중심으로 접근하는 방식이 더 유용하다. 이와 관련된 경향으로 몬드리안을 중심으로 한 신조형주의, 말레비치를 중심으로 한 러시아 구성주의, 피카소를 중심으로 한 입체주의 등을 꼽을 수 있다. 먼저 신조형주의를 대표하는 미술가로는 몬드리안, 테오 판 두스부르흐(Theo van Doesburg, 1883~1931), 빌모스 후사르(Vilmos Huszàr, 1884~1960), 바르트 반 데르 레크(Bart Van der Leck, 1876~1958) 등이 있다.

적지 않은 구조주의 비평가들이 몬드리안의 작업을 구조주의 미술의 대표적 방법으로 여긴다. 물론 몬드리안의 작품은 구조주의 철학 이전에 만들어졌다. 그의 작업에 대한 구조주의적 관심으로 본 것은 1970년대에 이르러서다. 여기에는 몬드리안이 검은색 수평선과 수직선, 원색의 크고 작은 평면 등 몇 가지 제한된 목록의 조합에 따라 다양한 작품 속에서 무수한 의미를 만들어 낸다는 점이 작용한다. 그림에서 군더더기를 제거하고 몇몇 색채와 색면, 그리고 이들 사이의 비례 관계만 남겨 놓았다. 스스로 이러한 점을 의식적으로 추구했다.

〈생강 단지가 있는 정물 II〉은 단순화된 기본적 형태를 향해 나아가는 과정을 보여 준다. 구상 예술로부터 비구상 예술이 어떻게 가능한지를 작업 과정으로 드러낸다. 중앙의 단지 하나만 곡선이 남아 있고 나머지는 길고 짧은 직선과 직선의 조합으로 이루어진 사각 도형이다. 뚜렷한 형태를 지닌 현실의 사물에 기초한 구상 예술의 표현 방식을 넘어 비구상으로 나아가는 과

〈생강 단지가 있는 정물 II〉, 1912년

정이다. 형상을 지닌 대상에서 출발하되 모든 대상성과 구상성을 버리는 과정은 미술의 발전과 맥락을 같이 한다. 예술은 본질상 보편적인데 이를 실현하기 위해서는 개별 사물에서 벗어날 필요가 있기 때문이다.

몬드리안은 신조형주의 형식의 최종 단계를 보여 준다. 입체감과 원근감은 완전히 사라지고 직각으로 교차하면서 화면의 흰 면을 나누는 수직선과 수평선의 엄격한 효과가 두드러진다. 극도의 단순화에 다다른 형태를 구성에 활용해 일정한 균형을 보여 준다. 빨강·노랑·파랑의 세 가지 순색만을 사용한 사각형 사이에 만들어진 비례 관계가 다양한 질서와 의미를 만들어 낼 가능성을 마련한다. 몇 가지로 제약된 사항만으로, 다양한 작품으로 무한히 복합적인 체계를 만들어 낼 수 있음을 보여 준다. 이렇게 제한된 수의 회화적 요소를 사용해 다양한 연작을 만들어 낸다는 점에서, 현상에 반복적으로 나타나는 코드를 통한 질서의 규명을 강조한 구조주의와 접점이 생긴다.

미술 작품에서 자연의 재현 요소를 없애고 단순한 조형 요소에 이르러야 한다는 몬드리안의 주장에 공감하면서 신조형주의 경향이 만들어졌다. 몬드리안의 엄격한 미술 원칙에 공감한 두스부르흐는 몬드리안의 기본적 문제의식에 동의했으나, 회화적 표현에서는 차이를 보였다. 몬드리안이 극단적으로 단순하고 고정적인 형식을 고집했다면, 그는 제한된 조형 요소로 더 화려하고 역동적인 방향을 추구했다. 몬드리안은 오직 직선과 수평선의 조합만을 원칙으로 제시했지만, 그는 대각선의 역동적 측면을 중시했다. 그리고 결국 두 사람의 긴밀한 관계는 끝을 맺었다.

〈구성 IX〉에서 볼 수 있듯이 두스부르흐의 그림은 무채색의 선과 단순화된 색면을 사용하되 몬드리안에 비해 화려하게 표현했다. 기본 도형을 사각형에 두고 있으나 크기나 모양이 훨씬 다양하다. 특히 'ㄱ'이나 'ㄴ'자 모양처럼 꺾인 형태, 십자가 모양으로 변형된 형태 등 몬드리안과는 달리 도형의 형태와 조합이 풍부하다. 특히 몬드리안이 녹색을 자연을 떠올리게 한다면서 거부했는데, 두스부르흐는 곳곳에 녹색 계열의 색을 사용했다.

〈구성 IX〉, 1917년~1918년

〈산술적 구성〉에서는 과감하게 대각선 구도를 시도한다. 왼쪽 위 끝에서 오른쪽 아래 끝으로 대각선을 따라가면서 사각형의 크기가 점점 커져 역동적 변화 과정을 보여 준다. 심지어 몬드리안이 전통 회화의 흔적이라며 질색하는 원근의 느낌까지 전달한다. 몬드리안은 평생에 걸쳐 대각선을 거부했고

〈산술적 구성〉, 1929년

이 때문에 두스부르흐와 관계를 끊기까지 했으나 말년에 〈빅토리 부기우기〉에서 볼 수 있듯이 대각선 구도를 받아들이게 된다.

러시아 구성주의 미술

형식주의 혹은 절대주의로도 불리는 러시아 구성주의는 문학에서 시작되어 미술로 영역을 넓혔다. 문학에서 텍스트의 문학성이란 그 형식 구조의 산물이라는 문제의식에서 출발했다. 작가의 삶이나 의도, 작품의 역사적 맥락이나 이념적 내용에서 벗어나서 작품 내부의 형식적 구조로 텍스트의 문학성이 결정된다는 시각이었다. 미술에서도 비슷한 맥락을 지니면서 구성주의 운동이 일어났다. 대표적 화가로는 선구자 역할을 한 말레비치를 비롯해 타틀린 등이 있다.

〈눈보라 후 마을의 아침〉, 1912년

〈농촌 소녀의 머리〉, 1912년~1913년

처음에 말레비치는 입체주의와 미래파의 영향을 받으며 작품 활동을 했다. 입체주의 회화로부터 기호의 임의적 속성을 발견하고 이를 적극적으로 받아들였다. 입체주의로 구체적 현실에 닿아 있는 구상적 요소와 도형화된 비구상적 표현을 결합하는 방식에 주목했다. 문학에서 기호로서 언어와 대상 사이에 놓인 차이가 문학성을 형성하듯이, 도형으로 기호화된 회화 형식과 경험적 대상 사이에 놓인 차이, 혹은 형식이 주는 방해가 미술 작품의 회화성을 실현한다는 생각이었다. 형식과 대상 사이에서 생기는 차이가 만드는 '낯설게 하기'가 오히려 우리를 의미로 인도하는 것이다.

말레비치의 〈눈보라 후 마을의 아침〉은 입체주의와 미래파의 영향을 짐작하게 한다. 두 명의 여성이 눈이 수북이 쌓인 동네 어귀로 들어선다. 옷이나 언뜻 비치는 담벼락의 색 말고는 온통 흰색과 회색의 대향연이다. 사람은 물론이고 집이나 나무와 같은 사물도 원통형의 입체적 도형으로 묘사되어서 유럽에서 나타난 초기 입체주의 경향이 보인다. 또한 사람과 사물을 마치 기계 모양처럼 차갑게 표현한 데서 미래파의 영향도 어렵지 않게 살필 수 있다. 〈농촌 소녀의 머리〉에서는 기본 도형을 통한 구조 분석이 더 진전된 방식으로 나타난다. 농촌 소녀의 모습인데, 앞의 그림과 달리 아예 대상의 현실적 형상이 거의 사라진 상태로 추상화됐다. 눈을 짐작할 수 있는 두 개의 구멍 말고는 모두 삼각이나 사각 원통이어서 대상과의 직접 연관성은 이제 거의 사라진다.

몬드리안의 〈검은 사각형과 붉은 사각형〉에 이르러서는 입체주의 영향에서 완전히 벗어나 극단적 비구상으로 나아간다. 하얀색 바탕에 검은색 혹은 붉은색 사각형이 있을 뿐이다. 몬드리안이 도달한 단순화를 훌쩍 넘어선다. 단색조의 평면 추상으로 그가 주장하는 '절대주의'에 이른다. 나중에는 아예 색조차 완전히 배제한, 흰 바탕 위의 흰 정사각형을 묘사해 절대주의의 종결로 치닫는다. 이는 러시아 형식주의의 핵심적 방법이었던 '낯설게 하기'의 연관성이 있다. 검은 사각형으로 가득한 그림이 던지는 낯선 느낌 앞에서 우리는 어떤 의미를 찾으려는 사고를 시작한다. 작가의 내면적 삶이나 정서에서 기초한 칸딘

〈검은 사각형과 붉은 사각형〉, 1915년

스키의 추상과는 다르다. 말레비치는 조형 형식 자체에서 의미의 출발점을 찾으려 했다. 스탈린 통치 아래서 사회주의 리얼리즘이 유일한 예술 형식으로 강제되면서 말레비치의 생각이나 표현 형식은 사회 질서 파괴로 여겨져 억압당했다. 하지만 이후 미니멀리즘의 효시로 평가받았으며 색면 추상에도 큰 영향을 주었다.

입체주의 미술

조르주 브라크(Georges Braque, 1882~1963)와 피카소를 중심으로 한 입체주의 미술도 구조주의 비평가들이 주목하는 경향이다. 후기 구조주의 사상가인 롤랑 바르트(Roland Barthes, 1915~1980)는 피카소의 입체주의를 "구조주의적 활동"으로 규정한다. 특히 기호화된 요소의 관계와 상호 변화 가능성을 모색한 피카소의 시도는 구조주의와 비슷하다. 소쉬르가 강조한 최소한으로 압축된 표현의 기표와 비슷한 역할을 할 가능성을 열었다는 점에서 연결점이 있다.

브라크의 〈레스타크의 집〉은 사물을 입방체로 전환해 파악하는 입체주의 초기 단계를 보여 준다. 집과 나무 말고 모든 요소를 캔버스에서 제외했다. 모든 집을 사각 입방체를 중심으로 한 단순 형태로 압축했다. 원구·원통·원추 등 입방체(정육면체)로 사물을 파악한 세잔의 시도가 브라크에 이르러 전면적으로 나타난다. 단순한 구조물로 바뀌어 사물은 서로 독립적 요소로 파악되고 전체 관계는 재구성 차원에서 질서를 형성한다.

브라크는 후기 작품에서 개별 요소를 입방체 구조로 파악하는 것을 넘어서 평면에 여러 시점을 중첩하는 방식으로 입체주의의 새로운 장을 열었다. 브라크와 피카소는 원근법과 3차원적 공간 표현에서 벗어나면서도, 복수의 시점을 도입해 오히려 단일하고 통일적인 시점보다 더 많은 것을 보여줄 수 있다고 주장한다. 단순화한 사물과 복

〈레스타크의 집〉, 1908년

수 시점 도입으로 전체 구조와 질서를 표현할 수 있다고 여겼다.

피카소의 〈세 명의 연주자〉는 더 단순화된 기호 체계 느낌을 느끼게 한다. 전체 공간을 사각형·삼각형·원 등 몇몇 기본 도형이 채운다. 중간의 연주자는 잘게 나뉜 삼각형, 좌우의 연주자는 큰 모양의 삼각형과 사각형 조합으로 특징을 잡아낸다. 색도 같은 색 안에서 명도와 채도의 차이를 거의 없애고 평면 위에 들러붙는 식으로 사용해 기호의 한 부분처럼 느끼게 했다. 왼편으로 보이는 연주자의 그림자도 인물에 속해 있지 않고 독립적 기호처럼 처리한다. 언어에서 제한된 수의 기호가 무수한 문장을 만들어 내듯이, 기호화된 모양과 색이 코드로 작용하면서 어떻게 조합을 이루느냐에 따라 얼마든지 다양한 현상을 표현할 수 있음을 보여 준다는 점에서 구조주의 문제의식과 연결된다.

〈세 명의 연주자〉,
1921년

또한 피카소는 앞에서 살펴본, 기존 회화에 대한 구조 분석의 하나로 작업한 〈시녀들〉처럼 몇몇 작품에서 회화에서 구체적 대상의 기호화가 어떻게 진행될 수 있는지를 보여 주려 했다. 한 작품 안에서 대상의 형태와 색을 어느 정도 간직한 부분, 신체의 일정 부분만 어렴풋이 본래 가졌던 형상으로 비칠 뿐 나머지는 분해되어 간단한 선·면·색으로 바뀐 부분, 형태의 단서를 이룰 만한 모든 요소는 없어지고 검은색과 몇몇 도형의 조합만으로 남는 부분이 공존하도록 묘사했다. 입체주의는 이렇게 현실의 다양하고 구체적 현상이나 사물을 단계적 절차에 따라 기본 단위로 압축하고, 이들 사이의 관계를 규명해 진정한 체계와 질서에 이를 수 있다고 생각했다.

Philosophy
구조주의 윤리 철학

도덕규범의 다양성과 상대성

레비스트로스는 서구 윤리관을 절대적 기준으로 적용할 수 없다고 보았다. 원주민들은 서구와 다르거나 심한 경우 상반된 윤리를 갖고 있지만 나름의 설득력과 합리성을 지닌다. 예컨대 부족에 따라 일부다처제나 일부일처제 등이 나타나지만, 일부일처제인 경우에도 남성의 여성을 배타적으로 소유하지 않는 경우가 꽤 많다. 남녀의 구별도 엄격하지 않아서 여성들은 사냥 등 모험에 따라가기를 좋아하며, 때에 따라 일을 돕거나 혹은 주인 역할을 한다.

수치라는 감정도 서로 다르게 이해한다. 육체적·성적 의미의 수치는 더욱 그러하다. 벌거벗고 사는 사람들은 수치라는 감정을 알지 못한다. 노출을 얼마나 하는지에 따라 수치를 느끼는 것이 아니라, 흥분과 평정 사이의 마음에 따르는 것이다. 원주민은 그 경계를 다른 곳으로 옮겨 놓는다. 그들은 다른 사람에게 베푸는 친절이나 마음의 평정을 잃고 흥분하는 행위를 수치로 여긴다. 성적인 사랑도 서로 다르게 이해한다. 원주민들의 생각은 '사랑하는

〈누드〉, 20세기

것은 즐겁다'는 간결한 표현으로 요약된다. 성은 최고의 흥미와 호기심을 불러일으키는 즐거운 일이며, 대화 내용 중 많은 부분이 성을 암시하는 등 일상생활이 에로틱한 분위기에 젖어 있다.

타틀린의 〈누드〉는 구성주의 요소가 적용되기는 했지만, 기본적으로 서양의 전형적인 누드 그림의 구도로 그려졌다. 여인의 누드를 묘사한 대다수 작품에서 서구인들이 가지는, 여성의 벗은 몸에 대한 사고방식으로서 도덕 감정이 묻어난다. 타틀린의 그림을 보면 비록 얼굴에 눈·코·입을 묘사하지는 않았지만, 머리카락 부분과 얼굴의 비례를 고려할 때 고개를 아래로 살짝 숙이고 있다. 시선을 돌리거나 내려서 부끄러움의 감정을 표현한 것 같다.

인상주의 미술을 선도한 마네나 표현주의 미술의 실례 등 몇몇 화가가 누드 여성이 스스럼없이 감상자의 눈을 정면으로 보는 작품을 내놓기는 했다. 하지만 이러한 작품들은 도발적이라거나 비도덕적이라는 꼬리표가 늘 붙어 다녔다. 벗은 몸을 보여 주는 행위를 수치로 여겨야 할 판에 눈을 똑바로 뜨고 상대를 바라보는 장면에 불쾌감을 느꼈다. 노출이 도덕적 기준의 하나였기 때문이다. 이에 비해 원주민들의 생활을 다룬 다큐멘터리 프로그램을 보면 여성들은 자신의 벗은 몸에 부끄러움이라는 감정을 갖지 않는 것처럼 보인다. 요컨대 서구인과 원주민은 서로 다른 도덕 감정을 보인다고 할 수 있겠다.

서구인이 자연적 감정이라 부르는, 절대적 윤리에 속한다고 생각하는 영역에서도 다른 태도가 나타난다. 예를 들어 서구적 사고방식에서 출산은 고귀한 행위지만 원시 부족 중에는 출산을 혐오하는 경우도 드물지 않다. 낙태와 영아 살해가 거의 정상적이라고 여겨질 정도다. 자기 핏줄만을 정상적 가족 개념으로 이해하는 서구적 사고방식과는 큰 차이를 보인다. 집단의 존속은 출산이 아닌, 양자로 이루어진다. 그래서 무사들이 원정에 나서는 주요한 목적의 하나는 어린애들을 얻기 위해서였다. 영아 살해를 정당화할 필요는 없지만, 적어도 직접 자신이 낳은 핏줄만을 가족 개념으로 이해하는 방식이 도덕적으로 더 우월하다고 규정할 수는 없다.

그래서 레비스트로스는 도덕 감정의 상대성을 강조한다. 대상이 되는 어떤 사회에서 자기가 속한 사회의 기준으로 볼 때 특징적으로 빈곤이나 잔인성, 또는 부정으로 여겨지는 현상이 나타나더라도 우월과 열등으로 이를 비교하는 것은 곤란하다. 그가 보기에 완전한 사회란 없다. 어떤 사회든 스스로 주장하는 규범과 양립할 수 없는 불순물, 즉 잔인함을 비롯한 부정성을 지닌다. 어떤 사회든지 철저하게 선하지 않다. 그렇기 때문에 다른 집단을 접할 때 자기 집단의 규범에 집착하거나, 반대로 대상 집단에 전적으로 몰두하는 것 모두를 경계해야 한다. 특히 학문적 영역에서는 그러한 편견과 거부가 객관적 태도를 잃게 되는 것으로 이어질 수밖에 없다.

성차별을 넘어 욕망의 해방으로

라캉은 구조주의 방식으로 정신 분석학을 재해석해 가부장제 윤리에 사로잡혀 있다고 비판받는 프로이트 정신 분석을 구제한다. 정신 분석을 대립적 성차별론으로 규정하는 비판에 대해 비교적 상세하게 반론을 펼친다. 그는 프로이트가 강조하는 남근을 생물학적 성 기관이 아닌, 상징적 기표로 이해한다. 남근은 남성 성기나 음핵 같은 실제의 신체 기관을 가리키는 것이 아니다. 프로이트가 신화를 매개로 고대인의 형상 속에 나타난 남근을 이야기한 것에 주목해야 한다.

요컨대 남근은 성적 욕망을 상징하는 기표다. 즉 남근을 남성이나 여성 모두에게 있으며, 똑같이 작용하는 성적 욕구의 상징으로 이해한다. 그러면서 여성이 가진 결핍이라는 발상에서 벗어난다. 여성도 똑같이 남근을 소유하고 싶어 한다는 점에서, 남성을 남근으로 여성을 결핍으로 보는 대립적 성차별론을 극복할 수 있다는 가능성을 제시한다. 프로이트가 남근을 생물학적 성 기관과 상징으로서 복합적으로 사용했다면, 라캉은 상징으로서 남근에 주목한다. 프로이트와 마찬가지로 라캉은 성적 욕망을 남성에게만 있는 것으로 여기지 않았다. 인간의 본능적 욕구라는 점에서 여성에게도 해당된다. 그래서 여성을 남성의 성적 욕망 대상으로만 이해하지 않는다.

라캉의 문제의식은 정신 분석이 사랑을 성적 욕구의 부산물 정도로만 이해한다는 비판에 대항하는 의미 있는 시도다. 그는 요구와 욕구를 구분해 논의한다. 만약 사랑이 성적 욕구의 다른 이름이라면 성적 결합과 함께 사랑이 완성되어야 한다. 하지만 프로이트는 이렇게 주장한 적이 없다. 상식적으로 생각해 봐도 인류의 출현 이래 남녀는 끊임없이 대상을 찾아 헤매고 사랑을 향한 열망은 충족되지 않았다. 성적 결합 이후에도 열망은 여전히 남는다. 성적 충동이 욕구라면 사랑은 요구다. 사랑은 성적 욕구와 긴밀한 관계를 갖지만, 반드시 일치하는 것은 아니다. 사랑은 더 완전한 일치를 향한 열망, 남녀가 합쳐서 하나가 된다는 환상을 포함한다. 그래서 라캉은 욕망이 다시 요구로 환원된다고 강조한 것이다.

현실에서 남성의 욕망이 만족을 거부하고 새로운 대상으로 향하는 이유도 이 때문이다. 남성에게 성적 욕망은 고정되지 않는 기표로서 특성이 있다. 욕구로 시작된 특정 여성과의 관계는 사랑의 대상이라는 요구로 바뀌게 되고 이때 요구는 새로운 탈출구를 원하게 된다. 계속해서 여성이 남근으로 남으려는 남성에게 더는 욕구를 표출하기 어려운 고정된 상태는 견딜 수 없는 일이 된다. 결국 다시 원심 운동이 시작된다. 그렇다고 해서 멈추지 않는 욕망을 남성에게 한정하지는 않는다. 다만 남성에게는 자신의 욕망이 억압된다는 사실이 여성의 경우보다 더 중요하게 인식된다는 점을 지적한 것이라 할 수 있다.

욕구와 요구를 구분하는 라캉의 문제의식은 욕구의 진정한 의미를 복원하면서 욕망이 해방될 가능성을 연다. 욕구는 사랑이라는 요구로 바뀌면서 자신의 특성을 잃어버린다. 욕구가 주체 스스로를 따른 것이라면 요구는 타자와 맺은 관계에 묶인 상태다. 요구로 욕망이 억압되는 상황이 생긴 것이다. 서로에게 인정받고 싶어 하는 사랑의 요구는 서로의 욕구를 완전히 채워 주기는커녕 오히려 주체를 욕망의 회로 속으로 밀어 넣는다. 대부분의 기존 철학은 욕망을 사랑이라는 정상적인 것에서 벗어난 상태로, 일시적이고 불안정한 상태로, 그런 의미에서 억누르고 극복해야 할 대상으로 여겼다. 하지만 라캉은 한편으로 욕망의 원초적·독자적 존립 근거를 마련하면서, 다른 한편으로 욕망으로 회귀가 피할 수 없음을 입증해 욕망 해방의 가능성을 열었다.

푸코도 성적 욕망을 경계하고 억압하는 현실의 도덕규범에 강한 불신을 드러낸다. 현실의 규범은 부부를 중심으로 섹스 이외의 성에 침묵하라고 강제한다. 생식 기능에 부합하지 않는 욕망은 발붙일 곳이 없어졌다. 이러한 강제는 생산성 향상을 바탕으로 하는 자본주의의 원리, 즉 출산으로 노동력을 재생산하는 사회관계의 형태, 요컨대 성을 경제적으로 유용하고 정치적으로 보수적으로 갖게 하는 것에 좌우됐다. 사회는 부부의 성행위만을 유아기에서 노년까지 성적 발달의 표준으로 규정했다. 생식을 목적으로 하지 않는 동성애나 성적 도착은 정신병으로 취급하고 규범적으로 단죄했다.

성적인 욕망과 쾌락을 부정하는 도덕관은 성을 깊숙한 곳에 가두게 했다. 종교를 비롯한 전통적인 사고방식은 결혼과 분리된 성을 도덕적 타락이나 인생의 낭비로 규정한다. 법적·윤리적 규범은 이성이 지배한다. 보편적 원리와 냉정한 적용으로 무장된 규범은 자연적 욕망을 적으로 여긴다. 하지만 욕망은 사라지지 않는다. 특히 무의식 세계에 뿌리를 내리고 시간과 공간을 넘어 끊임없이 우리를 일깨운다. 그렇기 때문에 규범으로 분열된 인간은 우울하다.

동성애와 양성애를 비롯해 합법적 부부 사이의 성관계를 넘어서는 다양한 성적 욕망을 금기로 받아들이게 하는 규범은 담론의 질서로서 의식을 지배한다. 푸코는 강제된 담론, 즉 도덕에 근거한 통제와 치료로 강제되는 질서에서 벗어나야 한다고 말한다. 욕망과 쾌락으로서 성이 정상과 비정상의 구분을 넘어 시민권을 인정받아야 한다. 이는 욕망 해방을 향한 근거를 마련한다.

욕망의 억압과 해방의 문제는 단순히 성적인 면으로만 한정되지 않는다. 역사적으로 볼 때 끊임없이 노동을 강제하는 것은 도덕적 강요 형태로 나타난다. 산업화 시기에 유럽에서 사나운 기세를 떨쳤던 부랑자 처벌은 도덕으로 조치를 정당화했다. 당시 정부 보고서를 보면 빈곤 원인은 재화 부족이나 실업이 아니라 도덕적 기강 약화였다. 근면한 노동을 인류의 위대한 윤리적 협약에 대한 동의로 여겼다. 반대로 언제나 열심히 일해야 한다는 근로의 도덕을 회피하고 게으른 생활을 하거나 여가의 놀이를 중시할 때, 도덕적 비난과 처벌 위협 앞에 서야 했다. 푸코는 끊임없는 노동을 인간의 운명으로 강제하는 도덕률에서 벗어나도록 강조했다. 이런 점에서 욕망 해방을 향한 길을 열었다고 볼 수 있다.

Philosophy
구조주의 정치 철학

서구 중심의 정치의식 극복

레비스트로스는 비서구의 정치의식과 제도를 서구의 합리성과 대비되는 야만성으로 규정한 전통을 비판한다. 원시 부족의 정치 질서는 나름의 합리성, 더 나아가서 현실의 서구적 정치 질서가 갖지 못한 적극적 측면조차 지닌다. 예컨대 족장의 지위는 배타적 의지나 구성원의 일방적 요구도 아닌, 자발적 동의로 형성된다. 새로운 족장으로 지명된 사람은 직책을 반길 것 같지만, 완강하게 거부하는 일도 종종 있다. 족장이 지는 무거운 부담과 여러 책임 때문이다. 만약 후임자로 지목받은 당사자가 거부할 때 다시 족장을 가려 뽑는다.

대부분의 원시 부족에서 관대함은 권력의 본질적 속성이다. 레비스트로스는 연구를 위해 족장의 도움을 받아야 할 일이 많았다. 그래서 부족을 방문했을 때, 가지고 간 물건을 족장에게 선물로 건네기도 했다. 하지만 선물은 하루나 이틀 이상 족장의 손에 있지 않았다. 단 몇 주를 지내고 나면 주민들이 가졌다. 오히려 족장이 물질적으로 빈곤한 경우도 많다. 부는 그의 손을 통했지만, 결코 자신의 소유로 가질 수 없었다. 단지 족장은 집단 활동을 조직해야 하며 또한 자기를 따르는 구성원을 항상 너그럽게 대해야 했다.

족장 지위의 원천인 동의는 일시적이거나 단절적이지 않다. 처음 선정할 때 한번 동의가 이루어졌다고 해서 자동으로 계속되지는 않는다. 일상적으로 권한과 의무가 균형을 이루어야 유지된다. 족장의 자리는 편익과 의무의 균형 아래 있다. 몇몇 부족에서 족장은 일부다처제의 특권을 누린다. 그러나 책무도 함께 가진다. 하지만 집단 구성원에게 음식물을 나눠 주는 역할을 비롯해 적지 않은 의무를 성실히 해야 한다. 그러한 의미에서 권력의 또 다른 기본 속성은 호혜성의 관념이다. 편익과 의무가 일상생활에서 끝없이 갱신되면서 평형이 이루어진다. 그렇기 때문에 족장의 지위는 서구적 의미에서의 권력보다는 권위에 가깝다. 남비콰라족에게 족장은 '통일하는 사람, 결속하게 하는 사람'이라는 뜻이다. 족장이란 특권적 권력이기보다는 집단을 만들고 유지하려는 구성원 전체의 욕구에서 생기는 자연스러운 지위다.

이데올로기적 국가 장치와 이론적 실천

알튀세르는 철학의 핵심을 이데올로기를 통한 실천에서 찾으면서 철학과 정치의 관계를 긴밀하게 연결한다. 권력의 문제는 철학에서 가장 첫 번째의 문제가 된다. 요컨대 철학은 정치적이다. 철학적 관념은 정치적 세력 관계와 무관하지 않다. 모든 권력은 이데올로기로 자신과 정책에 정당성을 부여한다. 그러므로 철학적 관념 사이의 관계는 이데올로기적 세력 관계이자 정치적 세력 관계다. 그러한 의미에서 철학은 정치적이다. 현상적으로는 그 관계가 좀처럼 나타나지 않는데, 본질적 측면의 규정으로 숨겨진 형태로 나타난다.

국가 권력을 고유한 원리로 설명하는 시도는 성립할 수 없다. 권력은 자체를 위한 독립적 의미나 지위를 갖지 않는다. 권력은 행위의 다른 이름이다. 권력을 가진 세력은 어떤 행위를 정당화하면서 권력을 유지·강화하기 때문에, 즉 지배 계급은 권력을 동의에 입각한 것으로 바꾸지 않으면 안 된다. 그렇기 때문에 이데올로기 문제와 결합해 권력의 정당성을 얻는다. 최종적으로는 물리적 계급 투쟁, 즉 힘과 힘의 관계로 나타나지만 이데올로기가 계급 투쟁의 일정 단계에서 사회적 실천에 통일성과 방향을 부여한다는 점에서 중요하다.

〈칼 가는 노동자〉, 1912년~1913년

자본주의 사회에서 계급 투쟁의 최종적 차원에서는 자본가와 노동자 사이의 직접적인 관계가 작용한다. 인류 역사가 이념의 자기 전개 과정일 수 없는 노릇이다. 말레비치의 〈칼 가는 노동자〉는 현실에서 매일 노동에 얽매여 살아가는 노동자의 삶을 다루고 있다. 공장의 연마 기계 앞에서 작업에 열중하는 노동자의 모습이다. 회전 운동을 하는 기계 앞에서 같은 동작을 날마다 반복하면서 노동자 자신도 기계와 한 몸이 된 느낌을 받을 것이다. 작품에서 인간은 기계와 하나가 된 모습이다. 매일 정해진 시간과 규칙에 따라 기계처럼 일하는 노동자들이 현상적으로는 권력이나 투쟁과 아무런 관계도 없어 보인다. 하지만 모순이 쌓여 어느 단계에 다다르게 되면 이들의 행위는 자본가 계급 전체를 위협하는 물리적 힘으로 바뀌게 된다.

하지만 알튀세르가 보기에 자본주의 국가에는 현실의 노동자가 저항과 투쟁으로 나서지 못하도록 만드는, 눈에 보이지 않는 강력한 그물망이 있다. 이데올로기적 국가 장치는 이데올로기적·종교적·도덕적·가족적·법적·정치적·미적 영역에서 제도 형식으로 나타난다. 크게 두 가지 기능으로 나뉜다. 하나는 권력을 장악한 계급이 자기 세력 안의 통일성을 얻는 기능이다. 자본가 사이에서도 자본의 유형과 규모에 따라 다양한 이해관계가 존재하는데, 이를 자본가 계급 전체의 이해관계로 묶는 기능을 한다. 다른 하나는 피착취·피지배 계급이 지배 계급 이데올로기를 자연스럽게 받아들이도록 하는 기능이다. 이데올로기적 국가 장치로 노동자와 민중이 지배 계급 이데올로기를 받아들이면서 현실에서 혁명적 활동을 수행하지 못하는 일이 생긴다.

알튀세르는 철학자로서 자신의 역할을 이데올로기 차원의 이론적 실천에서 찾는다. 철학자에게 이데올로기는 실천과 투쟁의 장소다. 공장이나 거리만을 투쟁 장소로 생각하는 편협한 이해에서 벗어나야 한다. 이데올로기적 국가 장치의 기능 때문에 노동자와 민중은 자신의 생활 조건에서 단선적으로 저항으로 이어지기 힘들다. 지배 이데올로기의 거부를 위해서는 자신의 이데올로기 속에서 스스로를 다시 인식해 혁명적 계급으로 다시 서야 한다.

미시 권력과 지식인의 새로운 정치적 기능

푸코는 현대 사회의 특징으로, 이른바 미시 권력으로 불리는 권력의 분화에 초점을 맞춘다. 여기서 국가 기구와 제도가 작용하게 하는 권력의 미시적 물리학이 중요하다. 미시적 차원에서 권력이 행사되는 대표적 기관으로 학교·군대·감옥·기업·병원 등을 꼽는다. 권력은 일상생활과 분리된 특정 장소에 있는 것이 아니다. 권력은 어디에서나 생기고 어디에나 있다. 권력은 제도나 구조가 아니라, 사람들이 살아가는 현실적 상황에 맞물려 나타난다. 권력은 위가 아닌, 아래에서부터 나온다.

미시 권력이 행사하는 강제는 폭력이나 관념 형태의 수단만으로 나타나지 않는다. 교묘한 방법으로 신체에 머무른다. 필요하다면 직접 처벌하거나 감금할 수도 있지만, 일상적으로는 교묘한 방법을 사용해 길들이는 방식으로 나타난다. 신체에 작용하거나, 건물의 기술적 배치로, 혹은 작업 과정의 조절로 길들인다.

벤담은 일망 감시 시설, 즉 파놉티콘을 예로 들면서 배열·조작·전술·기술·작용의 지배 효과를 설명한다. 주위는 원형의 건물이 에워싸고 있고, 중앙에는 탑이 있다. 탑 속에 감시인 한 명을 배치하고, 각 독방 안에는 광인·병자·죄수·노동자·학생 등을 한 사람씩 가둔다. 역광선 효과를 이용해 독방 안에 감금된 사람의 윤곽이 정확하게 빛 속에 떠오르는 모습을 탑에서 파악할 수 있다. 이 장치는 끊임없이 대상을 바라보고, 즉각적으로 판별해 공간적 단위를 구획 정리한다. 건물의 기술적 구조로 일방적인 감시에 항상 노출되도록 해 감금된 사람이 스스로 감시를 유지하는 사람이 되는 권력 상황으로 편입된다. 단지 구분을 명확히 하고, 출입구를 잘 배치하면 될 뿐 폭력을 사용할 필요가 없다.

이런 맥락에서 가족 제도도 권력 문제로 파악해야 한다. 일부일처제가 중심인 가족 제도 말고도 다른 가족 형태나 성행위 금지는 획일화된 사회 체제를 강제하는 효과를 만들어 낼 수 있다. 즉 한 사회를 지배하는 체제가 영속적·반복적으로 자기 재생산을 하기 위해서는 유동성과 다양성을 억눌러야 하는데, 가족 형태의 획일화도 이에 이바지한다. 정상과 비정상을 구분하고 비정상으로 지목된 행위에 사회적 편견이나 금지를 붙인다.

더 나아가 아름다움·부유함·지식은 정상이고 추함·빈곤·무지 등은 비정상으로 분류한다. 아름다움·부·지식도 결국 권력이다. 여기에 일부일처 제도 권력의 하나다. 이 권력들은 자신과 다른 것을 비정상으로 여기고 억압한다. 심지어 담론도 하나의 권력이다. 어떤 이론적 담론이 특정 지배 세력의 욕구를 드러내거나 숨기는 이데올로기 기능만 하는 것이 아니다. 담론의 영향력이 커가면서 담론 자체가 욕구 대상으로 자리 잡는다. 담론은 현실 권력을 획득하고 유지하거나 반대로 약하게 만든다는 점에서 스스로 권력의 장이다. 담론은 권력을 만들어 내고 강화할 뿐만 아니라 권력을 서서히 좀먹으면서도 노출하며 가로막는 역할도 하기 때문이다. 그러므로 담론 안의 활동이 중요해진다.

미시 권력에 대한 문제의식에서 푸코는 지식인의 실천적 역할을 다시 검토한다. 오랫동안 지식인은 보편적 진리와 정의의 대변인으로서 발언하고 권위를 인정받아 왔다. 그러나 지식인은 이제 더는 이러한 역할을 요구받지 않는다. 현대 사회에서 지식인이 구체적·전문적 직업의 틀에서 살아야 하는 조건이기 때문에 가족·주택·보건·남녀 관계 등의 일상생활에 얽혀 있는 문제에 관여하지 않을 수 없다.

이제 지식인은 보편적 환상을 버리고 구체적 지식인으로서 새로운 역할을 해야 한다. 구체적·전문적 영역에 제한되어 있다고 해서 지식인의 역할을 과소평가해서는 안 된다. 그러한 영역이야말로 바로 미시 권력이 작동하는 공간이기 때문이다. 오히려 미시 권력의 한복판에서 지식인의 정치적 책임은 커졌다. 특히 지식인은 담론의 효과와 밀접하게 연관된다는 점에서도 여전히 막중한 정치적 책임을 지닌다. 정치 체제는 각 사회가 은연중에 받아들이는 담론의 방식, 참된 진술과 거짓 진술을 구분하는 메커니즘, 진리를 얻기 위해 공인된 기술과 절차 등으로 구성되기 때문이다. 지식인은 사회 구조와 기능에 연관되면서 그 가운데서 작업하고 싸우는 존재다. 진리는 사회 구조와 기능에 연결된다.

〈다다 파티 포스터〉는 예술이라는 구체적 영역에서 지배적인 담론을 거부하면서 어떻게 전통적 권위를 무너뜨리는지를 보여 준다. 이 그림은 미술·음악·퍼포먼스 등 다양한 방식으로 표현된 '다다' 경향의 공연을 알리기 위한 포스터다. 제1차 세계 대전을 피해 스위스 취리히로 모인 유럽 예술가들이 기존의 전통적 형식을 파괴하는 파격적 행위를 시도한다. 종이를 이용해 생전 듣도 보도 못한 이상한 옷을 만들어 입고, 아무 의미를 갖지 않는 소리를 지르는 것으로 시 낭송을 대신하기도 한다. 문학·음악·미술 등 기존 예술 영역의 경계가 무너지고 표현 재료나 방법도 '생소한 물건'이 대신한다. 암울한 현실에 절망하며 예술가들은 그 근원적 담론 역할을 한 합리적 이성과 문명 전반을 의심하면서 노골적으로 부정적 감

〈다다 파티 포스터〉, 1922년

정을 드러낸다. 그렇게 하면서 그들은 저항하는 지식인의 역할을 했다.

알튀세르는 정치가 공장, 가족, 일, 쇠퇴하는 국가, 혼란한 교회 안에 있다면서 푸코의 미시 권력을 현상의 한 부분으로 어느 정도 인정한다. 직접적으로 국가 권력을 얻는 전통적 정치 활동만으로는 변화된 현실에 제대로 대응할 수 없다. 그러면 푸코가 제안하듯이 각 미시 권력 영역에서 지식인으로서 대항 담론을 만드는 역할을 하면 되는가? 이에 대해서는 비판적이다. 지식인이 대학이나 연구소 등에 속한 특정 직위에서, 생활에 연관된 문제에서 전문가로서 저항 담론을 만든다고 한들 영향력은 매우 미미하다.

알튀세르가 보기에 단일하고 통일된 가시적 권력으로서 국가 권력이 배타적 지위를 잃은 것을 단순히 미시 권력으로 대체하고 있다는 점은 푸코의 이론이 가진 안일함이라 할 수 있다. 단지 거대한 권력에서 미시적 차원의 권력으로 세분화했다는 데에 주안점을 두고 현실을 파악하고 대안을 마련

한다면 이는 형식적·근시안적 태도라는 것이다. 요컨대 형식적 변화를 넘어서는 질적 변화에 주목해야 한다. 미시 권력은 따로 떨어진 섬이 아니다. 가시적 거대 권력의 위력은 쇠퇴했지만, 이데올로기적 국가 장치로 구체적 생활에 이르는 영역까지 강력한 영향력을 행사한다.

정치 활동의 전략적 중심으로서 정치가 사라진 시대에 살고 있지만, 곧바로 체계적 활동이 무의미하다는 것으로 이어져서는 안 된다. 하지만 뚜렷한 대안을 제시하는 데서 곤란함을 겪는다. 당면한 문제를 비판하는 단계에 있을 뿐, 미래를 예측하고 인류에게 통일적·체계적 대안을 제시하지 못했다.

리처드 해밀턴

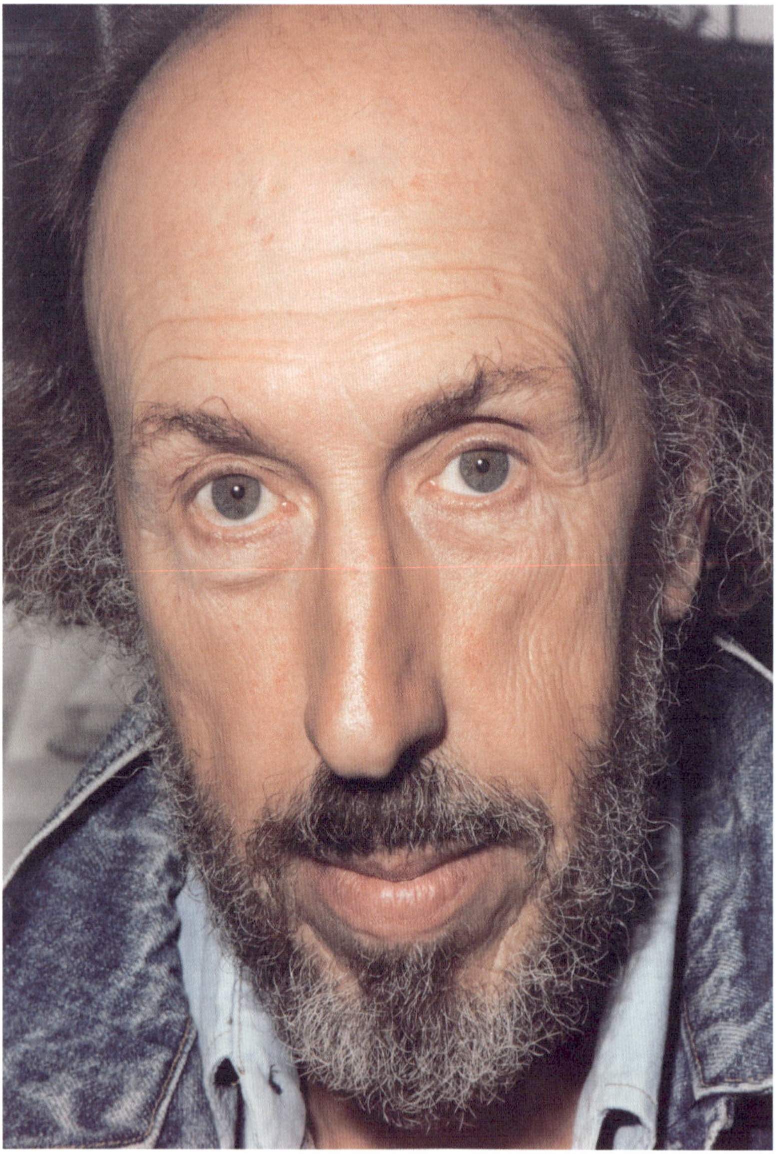

후기 구조주의와 포스트모더니즘

Philosophy
차이 생성과 욕망의 철학
+
Art
포스트모던 미학과 레디메이드·팝 아트

Philosophy

후기 구조주의와 포스트모더니즘의 존재론과 인식론

주체와 대상을 넘어

리처드 해밀턴(Richard Hamilton, 1922~2011)은 팝 아트의 창시자로 잘 알려져 있다. 그는 관습을 넘어선 혁신으로 팝 아트라는 장르를 만들어 냈다. 대체로 팝 아트 화가들은 같은 대상을 다르게 반복하는 작업을 자주 선보인다. 수많은 복사본을 인정하고, 다양한 해석을 허용한다. 반복은 동일성이 아니라 차이를 전제로 한다는 후기 구조주의 핵심적 문제의식과 맞닿아 있다. 같은 대상을 우연하고 다양하게 재현해 단일한 절대 재현을 거부하고, 재현으로부터 벗어난다. 선험적·보편적 구조를 강조한 초기 구조주의에서 벗어나, 구조의 상대성·유동성·불안정성·불확실성을 보여 준다. 자신을 포함한 텍스트를 다양하고 끝없이 해석할 가능성이 열린다.

후기 구조주의와 포스트모더니즘 구분 자체가 논란의 대상이기도 하다. 문화·예술 분야에서 나타나는 다양하고 파격적인 스펙트럼을 근거로 둘 사이를 확실히 떼어 놓으려고 하지만 적어도 철학적으로는 질의 차이가 아닌 정도의 차이로 나눌 수 있다. 이성 중심주의에 기초한 독단적 신념이나 학설에서부터 근본적으로 벗어나려 한다는 점, 중심을 전제로 질서를 거부한다는 점, 주체와 주체 그리고 사물과 사물 마지막으로 주체와 사물 사이의 경계 개념을 무너트린다는 점, 단일하거나 보편적인 의미의 부정과 불확실성을 강조한다는 점을 공통으로 갖기 때문이다. 대표적 사상가로 질 들뢰즈(Gilles Deleuze, 1925~1995), 자크 데리다(Jacques Derrida, 1930~2004), 장 프랑수아 리오타르(Jean-François Lyotard, 1924~1998) 등이 있다.

객관 세계에 대한 이해

들뢰즈는 일관된 질서 개념으로 자연을 이해하는 사고방식을 부정한다. 자연의 법칙이라는 발상도 성립하지 않는다. 세계는 치밀한 계산의 결과물이 아니다. 만약 정확한 계산이 적용됐다면 불규칙한 산과 강의 경계, 종잡을 수 없는 대기 변화 등이 나타나는 현실의 자연은 만들어지지 않았을 것이다. 일사불란한 법칙과는 무관한 우연과 차이, 즉 "고도·온도·압력·장력·전위·강도 차이의 상관항"이 작용했기 때문에 현실의 다양성이 만들어졌다. 세계는 두 개 이상의 불균등하고 비등등한 것이 마주치면서 만들어졌다.

모네의 〈에트르타의 석양〉은 들뢰즈가 강조한, 우연과 차이가 만들어 내는 현실의 다양성을 잘 보여 준다. 에트르타는 그림에서 볼 수 있듯이 코끼리 모양의 절벽 위에서 탁 트인 바다를 둘러보는 풍경으로 유명했다. 그래서 19세기부터 자연의 풍광을 직접 묘사했던, 수많은 인상주의 미술가가 특이한 모양의 코끼리 절벽을 그림에 담았다. 모네도 에트르타의 풍경을 자주

〈에트르타의 석양〉, 1883년

묘사했다. 다른 화가들도 이 장소에서 같은 구도로 석양이 물드는 풍경을 여러 작품으로 남겼다. 하지만 단 한 점도 비슷해 보이지 않는다. 우연과 차이가 만들어 내는 현실의 다양성 때문이다. 지형이 같아도 구름의 상태와 기온과 습도 등의 차이로 석양은 천차만별로 나타나기 마련이다. 그러므로 자연의 법칙이 곧 동일성을 의미하지는 않는다. 반복해서 경험하더라도, 규칙적 법칙과는 어느 정도 거리가 있다.

우연한 마주침과 불균등성이 만들어 낸 부조화의 산물이다. 오랜 세월 그 안에 살면서, 우리는 부조화 상태를 조화라고 생각할 뿐이다. 자연이 조화로운 유기체에서 출발했다는 사고방식은 근거가 없다. 자연은 혼동 속에서 진동하면서 만들어진다. 생성 이후 일정한 리듬과 함께 주기적 반복이 생겨났지만 자연의 법칙과는 거리가 멀다. 일정한 코드가 만들어져도 항상 변환 상태에 있다. 우주는 질서 정연한 체계인 코스모스(cosmos)라는 말보다는 서로 다른 환경의 충돌과 변화 안에서 리듬을 갖는 카오스모스(chaosmos)로 이해해야 한다. 그래서 리오타르도 신과 자연은 무한의 형태로서 붕괴되어야만 한다고 강조하기도 했다.

들뢰즈가 보기에 시간·공간과 인과율의 제약에 물질이 순응하는, 전통 물리학의 세계 관념은 설득력이 없다. 객관 물질로 물리학 법칙을 끌어낼 때, 물질은 기표에 의존하는 언어로 규정된다. 사물 사이에 기계적 법칙이란 없다. 사물의 관계는 물론이고 사물의 운동은 더욱더 언어로 표현된다. 세계에 관한 모든 규정은 함축적·복합적 언어 활동이다. 즉 사실이 아닌 기호가 있을 뿐이다. 그러므로 세계는 고정된 질서를 재생산하지 않는다. 세계에서 객관성은 더 이상 존재하지 않게 된다.

인간에 대한 이해

자립적·이성적 주체의 소멸

구조주의와 후기 구조주의를 가르는 가장 중요한 구분 중의 하나가 주체의 위상 문제다. 이미 둘 사이의 경계에 있는 푸코와 라캉으로 주체는 불확실하고 의심스러운 위치에 처했다. 들뢰즈는 이를 더 밀고 나가 자립적·이성적 주체의 죽음을 선고한다. 우리는 기관 없는 신체다. 그가 규정하는 인간을 이해하기 위해서는 저작 곳곳에서 불쑥 튀어나와 우리를 당황하게 하는 '기관 없는 신체' 규정을 짚고 넘어가야 한다.

돌뢰즈는 인간을 거미에 비유해서 기관 없는 신체의 의미를 설명한다. 거미는 눈·코·입과 같은 감각 기관이 없어서 보거나 냄새를 맡을 수 없다. 뇌 기관이 없어서 지각이나 기억 기능도 없다. 그저 거미줄 꼭대기에 앉아 파장을 타고 몸에 전해지는 미세한 진동을 감지할 뿐이다. 전형적 감각 기관이 없음에도 진동을 느끼자마자 정확히 먹이에 덤벼들어 거미줄을 감아댄다. 거미줄이 전달하는 미세한 진동, 곧 기호는 파장처럼 우리 몸을 통과한다. 각각의 줄을 기호가 건드리고 거미가 비자발적으로 반응하는 방식과 같다.

인간은 정신에서부터 사고가 출발하는 주체가 아니다. 주어진 기호에 반응한다는 점에서 비자발적이다. 감각과 무관하게 독립적 기능을 하는 정신이 성립하지 않을 뿐만 아니라 심지어 스스로 감각 기관 작용으로 객관 사물이나 사건에서 직접 경험적 정보를 가져오는 것도 아니다. 특정 사물이나 현상에 대해 언어로 표현된 기호를 접촉할 뿐이다. 기호가 사실을 그대로 전달하는 것도 아니라는 점에서 더 큰 문제가 생긴다. 현대는 곧 허상의 세계다. 푸코는 기표가 기의에 대해 우위를 차지한 상태 속에 있는 주체를 사고했다. 하지만 들뢰즈는 기표가 기의에서 분리·독립하고 스스로 실체가 된 상태에서, 허상의 세계 안에 있는 주체에 주목한다. 우리는 사실에서 분리된 허구적 기호가 건드릴 때 반응한다. 요컨대 사실과 아무런 관계를 갖지 않는 상태로 특권적 지위를 점유한 기표에 반응하며 사고할 때 우리 자신도 허구일 수밖에 없다.

단순히 일상생활에 발이 묶여 있는 사람들에게만 제한된 논의가 아니다. 철학의 역사에 굵직한 발자취를 남기고, 지금까지도 서양 철학 전반에 막강한 영향력을 발휘하는 대표적 철학자들도 마찬가지다. 들뢰즈는 마르셀 뒤샹(Marcel Duchamp, 1887~1968)의 콧수염을 기른 모나리자를 생각하듯 털 보인 헤겔과 면도한 마르크스를 상상하게 된다고 말했다. 여기서 뒤

〈모나리자 구성〉, 1914년

샹의 〈모나리자〉가 어떠한지 알아야 헤겔과 마르크스에 대해 무슨 말을 하려는지 정확히 이해할 수 있겠다.

현대 미술을 대표하는 화가 중 한 사람인 뒤샹은 1919년의 어느 날 다빈치의 〈모나리자〉가 담긴 엽서에 낙서를 한다. 마치 어린아이가 장난을 치듯 검은색 펜으로 얼굴에 수염을 그린 후 그 밑에 'L.H.O.O.Q'라고 적었다. 프랑스식 발음에 연음을 적용해 읽으면 '그녀는 뜨거운 엉덩이를 가지고 있다'라는 통속적 은어가 된다. 어떻게 보면 단순하게 장난으로 끝날 수 있지만, 뒤샹이 이를 하나의 미술 작품으로 내놓았다는 점에서 또 다른 의미를 생각하게 한다.

사실 뒤샹의 독창적인 시도라고 보기는 힘들다. 이미 몇 년 전에 말레비치가 〈모나리자 구성〉에서 더 파격적인 방식으로 다빈치에게 도전했다. 뒤

샹이 말레비치의 시도를 변형했다고 볼 수도 있다. 그림을 보면 모나리자의 얼굴과 가슴에 붉은색으로 선명하게 가위표를 했다. 모나리자의 이마 윗부분은 사진을 찢은 듯한 느낌을 살려 놓았다. 다분히 현대 사회에서 이런 그림은 예술 작품일 수 없다는 도발로 보인다. 대신 삼각형·사각형 등 몇몇 도형과 색으로 모나리자를 대신하고, 가슴은 거친 검은색 선으로 표시했다.

말레비치가 선도하고 뒤샹도 참여한, 다빈치의 〈모나리자〉에 대한 도발은 어떤 의미일까? 사진을 찢거나 얼굴에 가위표를 하는 행위, 혹은 수염을 그리는 행위는 단지 작품을 훼손하는 것에만 머물지 않는다. 다빈치의 〈모나리자〉는 아름다운 여인의 묘사를 넘어 서양 미술을 대표할 정도의 권위를 지니고 있다. 말레비치와 뒤샹은 도발로 그 권위를 근본적으로 부정한다. 가위표를 하거나 수염을 덧붙이는 행위만으로도 새로운 미술 작품이 탄생할 수 있다는 것, 작가의 예술적 창조란 원래 그런 것이라는 메시지를 담았다. 작가의 독립적 창조 정신으로 예술 행위가 이루어진다는, 예술에 대한 전통적 정의와 관념은 허구에 불과하다. 확고한 주체로서 작가의 유일무이한 독창성과 작품의 현존성은 인정되지 않는다.

들뢰즈는 헤겔과 마르크스에게도 철학적으로 비슷한 작업을 한다. 깔끔한 헤겔의 얼굴에 털을 그리고, 마르크스의 수염을 밀어 버린다. 권위가 형성된 모든 철학자에게 필요한 작업이다. 지금까지 모든 철학자는 명석한 정신에 의존해서 객관 사물이든 아니면 객관과 주관의 통일 상태라고 강변하는 개념이든 사유 대상을 규명하려 했다. 하지만 철학적 사유의 전제로 여겨졌던 주체와 정신 자체는 허구일 수 있다. 이제 정신은 주체도 아닐뿐더러 주체조차 필요하지 않게 되었다.

정신은 관념을 대상으로 작업하는, 독립적 지위를 지닌 무엇이 아니다. 정신 안에 있는 관념의 다른 이름일 뿐이다. 우리가 의도하든 의도하지 않든 기억 안에 들어와 있는 관념의 활동이 곧 정신이다. 그리고 관념이 언어라는 기호, 즉 기의와 분리된 기표 작용에 지배당하는 게 현실인 한 정신은 이미 주체가 아니다. 주체는 주어진 것 안에서 구성된다. 철학자들은 더 많은 언어와 관념을 지니기 때문에 더욱더 정신을 주체로 세울 수 없다.

기표와 기의의 언어적 관계는 더는 회복하기 어려울 정도로 분리됐고, 기표는 폭군 지위를 차지했다. 그런데 기표는 잉여적이다. 기표의 전제적 지배는 어린 시절부터 시작된다. 언어 활동의 기초 단계에서부터 '됐어?' '예' '계속해' 등 매우 짧은 문구로 이루어진 명령어로 길들여진다. 남성과 여성, 단수와 복수 등 문법의 이원론적 기초가 머리에 새겨지고 그 틀 안에서 사고하도록 강제를 받는다. 정보는 소통과 믿음이 아니라 복종을 위해 사용되고 체화된다. 언어 활동에 대해 정의 내릴 수 있는 것은 명령어와 그 안에 포함된 암묵적 전제의 집합이라는 점이다. 그 결과 기표가 만들어 놓은 틀 안에서 사고하고 행위 하면서 스스로가 독립적 주체라고 착각한다.

현대인은 도시에서 온갖 기호를 접하게 된다. 도로에는 '천천히', '정지', 좌회선이나 우회선을 알리는 화살표, 진행 방향 등을 알리는 온갖 기호가 가득하다. 가운데를 가로지르는 두 줄의 노란색 중앙선은 누구도 넘어서는 안 될 철칙과 같다. 요컨대 길거리의 각종 교통 표지판이 운전자에게 각종 명령을 한다. 명령을 거부할 때 단속 대상이 되고 처벌을 받는다. 교통 기호의 명령에 순종하는 일상이 반복적 습관이 되었을 때 자연스러운 듯 행동한다. 자기 의지에 따라 운전한다고 생각하지만, 사실은 신호등의 지시에 따라 움직일 뿐이다. 신호등과 교통 기호가 명령권자고, 인간은 기호의 명령에 충실하게 따르는 존재가 된 것이다.

그러한 의미에서 인간은 자신의 노예다. 기표라는 전제 군주가 지배하지만 우리는 지배자의 존재를 거의 인지하지 못한다. 지배가 일상적으로 관철되지만, 자율적으로 파악하고 판단한다고 착각한다. 들뢰즈는 기표의 지배는 인간이 자신을 지배하는 형식으로 나타난다. 순수하게 이성적일수록, 즉 기표에 종속되어 있을수록 자신을 정신의 주체로 여기는 경향이 강해진다. "나는 생각한다."는 확신이 더 선명해진다. 그 결과 명령에 대한 복종은 넓고 깊게 각인된다. 우리는 유기체, 의미화, 주체화에 직접 구속받는다.

자신을 모든 감각 기관이 체계적으로 소통하고 완결적으로 통합된 유기체로 여길수록, 언어와 의미 사이의 연관성을 신뢰할수록, 자율적 판단 주체라고 확신할수록 예속 강도는 높아진다. 언어와 정신 활동의 주체라는 확신이 깊어질수록 역설적으로 노예 상태는 심해진다. 그러므로 '기관 없는 신체'는 기표에 지배당하는 인간 존재의 현실을 보여 주지만, 다른 한편으로 유기체·의미화·주체화로 향한 노예의 대열에서 일시적·부분적으로 벗어나는 역할을 한다는 점에서 우리가 지향해야 할 방향이기도 하다. 유기체의 연장과 기관의 조직화 이전, 즉 기표에 따른 의미화나 주체화 이전의 상태로 되돌아가면 기표의 지배력을 완화할 수 있기 때문이다. 당연히 육체적 퇴행이 아닌 발상의 전환과 현재의 의미에서 스스로에 대한 가정이다.

데리다는 음성과 문자를 포함한 모든 언어는 자의적 기호 체계라고 주장한다. 플라톤 이래 서양 철학은 생각과 사물의 정확한 반영이라 믿는 음성 언어를 표현의 한계와 인위적 조작 가능성을 태생적으로 지닌 문자와 구분하면서 이성의 명확성을 옹호하는 근거로 사용했다. 하지만 말과 문자의 질적 구분이야말로 자의적이다. 음성 언어와 문자 언어는 형식의 차이일 뿐 본질의 차이가 아니다. 문자 언어와 달리 음성 언어는 인간의 주체적 작용이라는 점에서 자율적 주체를 뒷받침하는 근거로 생각하는 경향이 지배적이었지만, 음성도 기호에 의존하기는 마찬가지다. 기원적·자연적인 것은 언어로 결코 존재한 적이 없다. 모든 언어는 인위적 기호 체계 안에서 성립한다. 기호로부터 오염되지 않은 언어란 애초부터 존재하지 않는다.

자연적으로 완벽한 언어가 존재한다는 신화를 전제로 한 이성 중심주의는 설 자리가 없어지게 된다. 기호는 기호만 가리키며 기호가 기호를 지시할 뿐이다. 기표가 대상을 지시한다는 믿음이 근거 없음은 물론이고, 기표와 무관하거나 기표를 초월하는 언어도 없다. 세계의 사물 자체가 하나의 기호이기 때문이다. 우리가 사물의 형태나 운동을 관찰할 때, 기표로서 의미 부여가 이루어진 기호 안에서 작업한다. 기호의 생성과 함께 사물이나 현상에 어떤 의미가 생긴다. 그러므로 기표가 없다면 사유도 없다. 주체의 자율성은 물론이고 인간 중심의 모든 사고방식도 자기 근거를 잃게 된다. 더 나아가 인류 역사에서 이성을 통해 그어 놓은 모든 영역의 경계도 설득력을 잃고 허물어진다.

리오타르도 언어가 사물을 반영하거나, 어떻게든 연관성을 지니는 것으로 보는 견해를 거부한다. 언어는 생각을 그대로 전달하는 도구가 아니다. 언어는 기호로서 독자적 규칙 체계를 지닌다. 인간이 말이나 문자로 어떤 문장을 만들 때 기호 체계에 종속된 상태를 전제로 한다. 또한 규칙 체계는 단일하지 않다. 국가나 종족에 따라 다른 언어, 혹은 같은 언어 안에서도 사용되는 분야에 따라 다양한 규칙을 가진다. 그렇기 때문에 어떤 규칙 체계를 따르는 문장을 다른 규칙 체계에서 정확히 사용하거나 이해할 수 없다.

거대하고 복잡한 현대 사회에서는 더욱더 다른 규칙 체계 사이의 소통을 기대하기 어렵다. 당장 학문 분야만 하더라도 수많은 세부 영역으로 분리되었다. 인문학이나 사회학 분야는 물론이고, 특히 과학 분야는 분리 정도가 더 심해서 매우 낯선 규칙 체계가 새로 만들어졌다. 대부분의 사람은 다양한 규칙 체계 중 어느 하나에 구속되어 있다. 실증주의 사고의 영향 아래서 기계적인 방식으로 종속되어 있다. 각각의 작업은 축소되고 구획되었으며 이 때문에 사고도 제한된 틀을 벗어나기 더 어려워졌다. 누구도 모든 분야를 모두 다 배울 수 없다. 일상을 촘촘하게 둘러싸고 있는 언어 현실은 사용자인 인간의 능력을 훨씬 넘어선다. 이제 더 이상 주체는 없다.

차이와 복수성으로서 인간

들뢰즈는 기존 서양 철학 존재론이 하나의 의미로 고정된 인간의 상정 방식에서 벗어나지 않았다고 지적한다. 같은 것이라는 동일성 원리 위에서 존재론 논리를 펼쳤다. 영혼과 인간의 동일성을 주장했던 소크라테스를 비롯한, 생각하는 자신과 존재를 일치시켰던 데카르트도 마찬가지다. 모두 재현으로서 존재론이다. 전통 철학에 따르면 연관성이나 유사성에서 벗어나 일치로 나아가려는 관념의 산물, 즉 재현적 주체가 바로 인간이다.

재현적 주체, 동일성이라는 착각에서 벗어날 때 실제 인간에 다가선다. 동일성을 넘어서는 다양성 안에서 인간을 바라봐야 한다. 기관을 가진 신체와 인간, 감각과 인간, 정신과 인간, 더 나아가서는 무의식과 인간을 동일성 안에서 정의하려는 모든 시도는 실패할 수밖에 없다. 이 모든 관계는 차이에 기초한 다양성 안에서 균열이 일어난다. 모든 것 사이에 문제와 열려 있는 물음이 있을 뿐이다.

개인과 개인 사이의 동일성도 존재할 수 없기 때문에 인류나 일반화된 인간 개념으로 정의하려는 시도도 무의미하다. 타인과 비슷하게 생각을 할 수는 있어도 이를 동일성으로 환원할 수는 없다. 유사성과 동일성은 전혀 다르다. 유사성은 차이를 전제로 한다. 단지 외모나 성격, 사고방식의 차이를 말하는 것이 아니다. 근본적으로 의사소통으로 동일성 형성은 불가능하다. 자의적 기호 체계 아래서 사람들 사이에 합리적 언어는 존재하지 않는다. 사정이 이러니 언어를 사용한 의사소통이 동일성을 만들어줄 리가 만무하다.

들뢰즈와 펠릭스 가타리(Pierre-Félix Guattari, 1930~1992)는 독립적 주체로서 인간, 동일성에 기초한 일반화된 인간 개념의 부정 위에서 다양체, 즉 복수성을 의미하는 인간 개념을 제안한다. 인간은 다양한 이질성이 결합해 만들어진 리좀(rhizome, 이항 대립적이고 위계적인 현실 관계 구조의 이면을 이루는, 자유롭고 유동적인 접속이 가능한 잠재성의 차원) 방식으로 존재한다. 리좀은 원래 줄기가 뿌리와 비슷하게 땅속으로 뻗어 나가는 땅속줄기 식물을 가리킨다. 땅속에서 수평으로 뻗은 덩굴이 새로운 식물로 자라난다. 리좀 모델은 뿌리·줄기·가지·잎 등의 수직 구조, 기존 나무가 씨앗으로 새 나무와 친자 관계를 이루는 서열 구조, 서로 다른 나무와 독립·배척하는 대립 구조를 갖는 수목 모델과 대비된 의미다.

리좀은 이질성이 결합해 만들어진, 하나이면서 여럿이고 여럿이면서 하나인 관계이기 때문에 독립적 주체로서 인간은 없다. 땅속줄기가 어느 방향으로 나갈지 정해진 바가 없다는 점에서 의미화된 실체로서 존재도 아니다. 인간은 복수성을 의미하는 n으로 존재할 뿐이다. 연속적 계열 관계가 아닌 표면에 불연속적으로 다양하게 배치된 결연 관계다. 그러므로 우리는 더는 우리 자신이 아니다.

프로이트는 복수성 존재 양식의 발견 가능성을 스스로 부정했다는 점에서 철학적 후퇴로 돌아갔다. 무의식 발견으로 정신적 존재라는 동일성 족쇄에서 벗어나 차이에 근거한 다양체로서 인간으로 나아갈 수 있었다. 하지만 몇 가지 성적 원리를 중심으로 무의식의 근원을 설정하면서 다시 리좀이 아닌 수목 모델의 뿌리로 돌아갔다. 만약 중심과 근원을 설정하지 않는다면 무의식은 복수성을 향한 소중한 철학적 입구가 될 수 있다. 그러한 의미에서 기관 없는 신체는 프로이트의 실패를 넘어설 수 있는 발상이다. 기관 없는 신체는 조직화된 유기체 사고방식에서 벗어나기 때문에 근원적 구조나 중심의 해체에 닿아 있다.

세잔의 〈다섯 명의 목욕하는 사람들〉은 들뢰즈의 문제의식을 회화적으로 설명하는 데 도움을 준다. 그림 속 사람들은 얼굴을 구성하는 주요 기관이 흐려진 상태다. 코만 흐릿한 형태가 있을 뿐 눈은 그림자처럼 흔적으로만 남아 있고, 입은 거의 사라진 상태다. 귀도 찾아보기가 힘들다. 들뢰즈는 세잔을 자신의 문제의식과 직접 연결한다. 그는 세잔이 진실을 신체에 한정해 기형적인 변화를 이끌어 낸 최초의 화가라고 평가한다. 그림에서 신체 자체는 사라지지는 않는다. 형상이 사라진 추상적 형태로 변하거나 동일성 속에서 일반화하지도 않는다. 개별 인간의 특징은 유지한 채 얼굴에서 감각 기능을 담당하는 주요 기관이 사라질 뿐이다.

〈다섯 명의 목욕하는 사람들〉, 1885년~1887년

기관 없는 신체에서 특히 얼굴의 해체는 중요한 의미가 있다. 얼굴은 감각 기관이 집중된 조직 작용의 핵심 영역이다. 얼굴 안에 기관의 특징 전체가 담겨 있다. 각종 감각 기관과 이를 종합하는 뇌 기능이 모여 있다는 점에서 얼굴은 기표를 통한 의미 작용, 정신적 주체라는 허구적 확신이 집중적으로 거주하는 영역이다. 그러므로 얼굴 해체는 기관 없는 신체의 가장 중요한 시도다. 기관 없는 신체로 개인과 개인 사이를 독립적·배타적 관계로 강제하는 의미화와 주체화에서 벗어나 리좀으로서 결연 관계에 들어선다.

데리다도 인간이 기호로 존재하는 한 동일성 원리는 적용될 수 없다고 한다. 차이 안에서 존재할 뿐이다. 의식은 기호에 따라 의식 바깥으로 추방되어 있다. 사물이 자신을 그대로 드러낼 수 없는 한 우리는 오직 기호라는 우회로를 통해서만 접근할 수 있다. 우리가 사물에 주관적 기호를 주기도 하지만 대부분 이미 오래전부터 부여된 기호에 따라 표상한다. 우리의 의식은 기호이고, 인간이 존재한다면 기호로 유보된 존재일 뿐이다.

기호가 주관적이기도 하지만 문제는 사용 과정에서 변질을 동반하고 정착 과정을 겪는다는 점이다. 그러므로 언어는 언어 체계 이전에 존재했던 생각이나 소리를 갖지 못한다. 타인과 하는 의사소통도 언어 체계에서 비롯하는 차이를 전제로 할 수밖에 없다. 같은 단어를 사용해도 같은 의미의 대화는 아니다. 서로 다른 의식에 머문다. 철학자들조차도 의식에 필연적으로 흐르는 엄연한 차이를 보지 못하고 동일성이라 믿어 버리는 잘못을 범했다. 데리다는 차이를 '차연'이라는 표현으로 대체한다. 기존의 차이라는 말이 주로 공간적 의미의 차이만을 담고, 시간의 흐름에 따른 변질을 반영하지 못하는 면이 많았다. 그래서 데리다는 시간화와 공간화에 따른 차이 모두를 내포하는 신조어로 차연을 사용한다. 인간은 절대적 형식이나 동일성이 배제된, 차연에 따라 결정된 효과 안에서 차연에 의존하며 존재한다.

리오타르도 인간이 개별 자아가 아닌 복잡하고 유동적인 관계망 안에 존재함을 강조한다. 자아는 들뢰즈나 데리다도 충분히 강조했듯이 의식 바깥에 있는 기호를 통해 허구적으로 존재하기 때문에 대단하지 않은 것이다. 더군다나 인류 역사상 가장 극심한 복잡성과 유동성 안에 사는 현대인의 자아는 더욱 대단하지 않다. 고정된 관계 속에서 살아야 했던 전통 사회와 달리 현대 사회에서 인간은 다양한 영역에서 수많은 관계를 날마다 마주치며 살아간다. 더군다나 자율적 의지와는 상관없이 관리자의 요구, 심지어 기계의 타율적 작용에 몸을 맡겨야 하는 것이 현실이다. 고도로 기계화·자동화된 자본주의 사회의 생산 기능과 조절 기능 아래서 기계의 명령에 따라야 한다. 그러므로 어떤 자아도 독립적인 섬으로 존재할 수 없다. 관계의 그물망 안에서만, 관계의 규칙과 사회적 조절 기능 안에서만 자신을 확인한다.

욕망의 인간

들뢰즈는 전통적 인간관과 자아관 극복을 주장한다. 무엇으로 어떻게 극복해야 할까? 하나의 단서는 수목 모델에 대비되는 리좀 모델이다. 다른 하나는 푸코와 라캉이 강조한 바 있는 욕망의 회복이다. 개체화 자체는 부정할 필요가 없다. 문제는 개체를 원자화된 독립적 존재로 여기는 오류, 또한 동일성으로 인간 전체를 하나의 일반화된 원리로 묶으려는 오류다. 인간은 그물망 속에 존재하되 이질적 결합이라는 점에서 개체를 전제로 한다. 자율적·완결적 주체로서 '나'는 극복되어야 하되, 동일화가 아닌 개체의 독특성을 통해야만 한다. 개체화의 핵심은 바로 디오니소스적 요소, 즉 욕망이다.

들뢰즈가 보기에 프로이트는 인간 이해에서 욕망과 쾌락의 중요성을 인정하지만, 다양성을 벗어난 원리적 구조로 환원하기 때문에 동일성의 늪에서 벗어나지 못한다. 프로이트의 이드는 쾌감 원리만을 따르는, 본능적 에너지인 리비도의 저장고다. 어린 아기의 정신은 대부분 이드로 구성되고, 이드의 일부가 외부 세계와 만나면서 자아가 형성된다. 그 결과 쾌락은 개체에 따라 다양하게 나타나는 과정의 성격을 잃고 절대적 원리로 자리 잡는다. 결국 프로이트는 하나의 성적 원리 안에 모든 인간을 동일화하는 오류를 범한다. 디오니소스는 성적 욕망만을 의미하지 않는다. 심지어 자신을 파멸로 이

끄는 욕구조차도 욕망에 포함된다. 성적인 것은 물론이고, 다양한 예술적 욕구, 화폐·권력·지배, 심지어 파시즘도 욕망이다. 디오니소스 세계는 고정된 원리가 아니라 개체 안에서 다양하게 실현된다. 그리고 리좀이 그러하듯이 서로 차이를 지니면서 연결을 맺고 퍼져 나간다.

욕망은 저절로 실현되지 않는다. 이성 중심주의가 일관되게 욕망을 억압하고 인간의 근거를 정신에서 마련해 왔기 때문이다. 욕망 회복은 스스로 욕망 상태로 '되려고' 할 때 실현이 가능하다. 그래서 노래하기, 작곡하기, 그림 그리기, 글쓰기 등은 여러 가지 '되기'를 스스로 과제로 삼아야 한다. 이를 위해서는 이성이 강제하는 합리적 인간의 굴레에서 벗어나, 강렬하게-되기, 동물-되기, 지각할 수 없게-되기 등의 과정이 필요하다. 이 모든 되기는 개체에서 출발하되 서로 다른 다양체 속으로 퍼져 나가는 감정의 운동에 속한다.

그러한 의미에서 들뢰즈의 심리학은 감정과 감정의 마주침 속에서 형성되는 감응의 심리학이다. 심리학의 과제는 절대적 원리에 따라 모든 정신의 구조를 일률적으로 구조화하는 일이 아니다. 욕망이라는 감정을 지닌 개체가 다른 개체나 대상과 마주치면서 만들어지고 변화하는 감정 운동 과정을 탐구해야 하는 것이다.

리오타르는 들뢰즈의 '되기'에서 더 나아가 과학 기술 문명으로 만들어진 욕망조차 받아들인다. 온갖 문명의 산물과 결합한 욕망이 인간 소외를 불러일으킬 것이라는 우려도 일축한다. 먼저 소외 개념에 거부감을 드러낸다. 소외는 기독교 신학이나 자연 철학에서 신에게서 멀어진 상태, 혹은 자연의 원리에서 벗어난 상태를 가리키는 개념으로 강제했다. 신이 죽고 단일한 원리를 따른 과학적 거대 담론이 무너진 상태에서 소외라는 개념도 함께 무덤으

〈오늘날 가정을 색다르게 만드는 것은 무엇인가〉, 1993년

로 갈 필요가 있다. 문명의 산물을 수단으로 다루기만 한다면 이에 대한 욕망은 소외 상태와 아무런 관계가 없다.

해밀턴의 〈오늘날 가정을 색다르게 만드는 것은 무엇인가〉는 과학 기술 문명이 만들어 낸 도구의 숲속에서 일어나는 현대인의 생활을 보여 준다. 팝 아트의 상징이 된, 같은 제목의 1956년 작품과 비슷한 형식을 취하면서도 생활 공간을 채운 개별 요소는 매우 다르게 채웠다. 이전 작품에서는 구석구석에 당시 산업 문명을 상징하는 물건이 가득했다. 예쁜 여자 배우 얼굴이 담긴 텔레비전을 비롯해 녹음기·진공청소기 등의 가전제품, 신문과 대형 햄 통조림, 포드 휘장을 배치했다.

하지만 1992년 작품은 사뭇 다른 풍경이다. 오른쪽 벽에 자신의 이전 작품이 걸려 있어서 시대 변화를 암시한다. 텔레비전 주인공은 로봇이다. 책상에는 컴퓨터와 이동식 전화기로 보이는 물건이 있다. 벽지는 반도체 회로 무늬다. 액자에 인공위성이 보이고, 천장의 등은 우주 행성의 모습이다. 탁자 위에는 전자레인지가 자리 잡고 있다. 사람의 모습도 바뀌었다. 근육질 신체가 남성에서 여성으로 바뀌었고, 책상 앞에 앉은 남성은 다소 왜소하다. 이 작품에서 우리는 현대인의 다양한 욕망을 볼 수 있다. 과학 기술에 대한 무한한 욕망, 편리한 라이프스타일에 대한 욕망, 온라인을 통한 소통 욕망, 현대화된 이미지에 대한 욕망, 신체와 성에 대한 욕망 등이 뒤섞여 나타난다.

리오타르는 이처럼 일상의 삶에 스며들어 자극하는, 과학 기술 문명을 따라 생기는 욕망에 거부감을 가질 필요가 없다고 말한다. 욕구 충족을 위한 수단의 하나로만 사고한다면 말이다. 또한 의식을 좌지우지하는 기호 체계인 언어도 겁낼 필요도 없다. 조심해야 할 것은 오직 하나, 국가에 언어를 넘길 때다. 메시지 변형이 언어로 나타날 때, 국가가 아닌 인간 집합을 따라 복잡하고 불확실한 상태로 나타나는 현상은 소외가 아니다. 메시지 자체가 불안정한 정보 상태이기 때문에 그 안에서 유희하는 생활을 하면 된다.

후기 구조주의와 포스트모더니즘 인식론

감각과 감성의 역할, 의미가 아닌 사용으로서 기계
들뢰즈의 인식론은 기본적으로 경험주의 방법에 기초한다. 하지만 초기 경험주의 방식의 좁은 의미보다는 흄에 가깝다. 관념의 감각적 기원, 즉 사물에 대해 감각을 통한 직접 경험이 의식에 반영되는 방식이 아니다. 관계·경우·착각은 지각에 주어진 것을 넘어서는 경험적 차원에 해당한다. 사물의 관계에 대한 사고, 현상이 서로 다르게 나타나는 경우에 대한 사고 등은 주관의 작용이다. 그 과정에서 우리는 그렇다고 믿는 것이고, 이 믿음은 상상력의 작용이다. 어떤 현상이 상상력 안의 부합되는 관념과 연결되면서 인식이 생긴다. 그러므로 들뢰즈의 경험은 경험을 넘어서는 경험, 초험적 경험주의를 의미한다.

그러면 감각은 감각 기관과 어떤 관련을 맺을까? 기관 없는 신체를 주장했기 때문에 이 점은 특별히 살펴야 한다. 과연 감각 기관이 없어도 감각이 가능할까? 들뢰즈는 유기체라 부르는 기관들, 즉 유기적 구성에 반대한다고 말한다. 즉 기관 없는 신체는 보거나 듣는 것, 만지는 것 자체를 부정하는 것이 아니다. 각 기관의 기능은 인정한다. 하지만 감각의 확실성은 부인한다. 특히 개별 감각이 체계적으로 종합되는 유기체적 감각의 확실성을 부인한다. 기관 없는 신체란 유기적으로 되기 이전의 신체를 의미한다. 실제로 그러한 상태로 회귀할 수 있다는 것이 아니라 인식에서 그렇게 상정해야 한다는 주장이다.

세잔의 〈일곱 명의 목욕하는 사람들〉은 등장인물의 기관, 특히 얼굴에 집중된 감각 기관이 앞에서 본 〈다섯 명의 목욕하는 사람들〉보다 더 흐려져 있다. 각 인물은 신체 덩어리 형상으로 다가올 뿐 유기적 연관성을 가지고 어떤 일관된 이야기를 전달하지는 않는다. 여러 인물이 통일된 맥락 속에 배치되어 있지도 않다. 그렇다고 해서 아무 연관성이 없다고 말할 수도 없다.

〈일곱 명의 목욕하는 사람들〉, 1900년

배경이 되는 색은 하나로 연결되어 있고, 다양한 신체의 변형이라는 점에서 연관성을 찾을 수도 있다. 하지만 분명 각기 다른 인물이고 자세도 다를 뿐만 아니라, 신체 변형의 정도도 다르다. 이 그림의 특징처럼, 감각은 유기체적 종합이 아니라 각각 분리된 사실을 접한다. 그림 속에 다양한 형상으로 나타난 인간처럼 주관적 관념 작용과 연결되어 나타난다. 개별 현상 사이의 관계를 설정하지만, 관념이 결합한 감각을 통해 이루어지기 때문에 객관적 구조로 정의할 수 없다. 왼쪽에서 오른쪽으로 연속적 질서나 위와 아래의 계열적 질서를 규정할 수 없다. 그러므로 감각은 종합적·질적 작용이 아니다.

감각이 관계하는 사실성은 의식에 반영되는 재현적 작용이 아니다. 상상력 안의 부합하는 관념과 연결되면서 인식이 생길 뿐이다.

감각이 감성을 낳는 과정도 일방적·기계적이지 않고 관념 작용과 연결된다. 먼저 대상과 우연하게 마주치고 그 속에서 감성이 나타난다. 하지만 감각에서 직접 수동적으로 주어지지 않기 때문에 감각'될' 수 있는 어떤 것이 아니다. 주관적 작용과 연결되어 나타난다는 점에서 감각'되어야' 할 어떤 것이다. 감정은 주어진 것이 아니다. 오히려 감정을 통해 대상이 주어진다. 감정은 객관적으로 규정되는 질이 아닌, 주관적으로 해석된 기호다.

감각과 감성을 중심으로 하면 형이상학은 어떻게 출현하고 성립할까? 만약 대상 없이 감각만이 사용될 어떤 심적 현상을 마주할 때 감성은 대상을 넘어 초월적 방향으로 나아간다. 감성은 대상과 연관되지 않기 때문에 스스로 좌충우돌하면서 순수한 기호의 유희에 놓인다. 이때 감성 운동은 형이상학의 성격을 갖는다. 형이상학은 생성의 근원으로 파고 들어가면 감성에서 출발하는 기호의 유희에 불과하다.

그러므로 인식의 과제를 객관적 진리나 질서 탐구로 설정하는 것 자체가 오류다. 일차적으로 객관적 조화와 질서가 존재하지 않지만, 설사 부분적으로 있다 하더라도 불안정한 감성과 유희하는 기호에 의지하는 이유가 여기에 도달할 수는 없다. 기호에 의존하는 한 인식은 고정된 의미화가 아닌 단지 사용 문제로 발상이 전환되어야 한다. 들뢰즈는 이를 위해 '기계' 개념을 가져온다. 그는 우리의 신체는 물론이고 욕망과 예술 등 모든 영역에서 사유는 기계여야 한다고 주장한다. 흔히 사용하는 '기계적'이라는 말과는 전혀 다른 뜻이다. 들뢰즈의 기계 개념은 객관적 진리나 완결적 기관, 체계적 논리에 대립한다. 사물이나 현상의 원리를 규명하는 의미화 작용과 상반된, 단순한 사용 문제를 강조하는 개념이다. 각 영역에서 사유를 기계로 파악할 때, 본질적 의미가 아니라 어떻게 하면 올바로 사용하는 것인지에 관심을 두는 발상이다. 예를 들어 자동차에 대해 생각할 때 의미를 묻지 않고 타는 데 사용한다는 점에 주목하는 것과 마찬가지다. 기계화될 때 비로소 사유는 고정된 의미를 넘어 역동적 실행으로 다시 태어난다.

데리다도 형이상학의 성립과 전개 과정을 이성의 고유 작용이 아닌, 감각과 기호의 관계에 주목해 설명한다. 기호는 감각과 감성에 기반을 둔 기억에 연관된다. 기억은 수명을 연장하기 위해 반복을 필수 조건으로 삼는다. 감성은 자신 안에서 더 오래 기억하고 사유의 재료로 쓰기 위해 효과적인 반복 형태를 생각해 낸다. 즉 이분법적 대립 구조를 만든다. 물질적·외부적인 것과 이에 반대되는 모든 것을 대립시키는 방식으로 개념 쌍을 하나의 기호로 인위적으로 고안한다. 자연 대 정신, 자연 대 역사, 자연 대 법 등의 대립이 여기에 해당한다. 대립 구조를 이루는 쌍의 한편에 감각에 밀착된 자연이 자리 잡는다. 여기에서 감성 작용의 일부인 은유로 파생되는, 더 복잡한 여러 쌍이 만들어진다. 관능 대 정신, 지각 대 지성, 감각 대 의미 등이 그것이다. 이를 통해 가장 고도한 단계에 이른 헤겔의 형이상학도 가능해진다.

리오타르는 의미화가 아닌 사용에 초점을 두고 사유의 성격을 모색하는 들뢰즈의 문제의식에 공감한다. 대상과 기호의 일치나 연관성을 입증해 참과 거짓을 구분하는 과정이 중요한 것이 아니다. 언어의 발신자와 수신자 사이의 화용론적 발화의 수행성이 핵심이다. 화용론이란 언어에서 기호와 대상이 갖는 관계의 적합성보다는 실제 현실에서 사용에 주목하는 방식을 말한다. 사유가 참의 문제를 고려한다면 이는 객관적·논리적 의미에서의 참이 아니라 사용 자체에서 찾아야 한다. 자신의 말이 참이라면, 상대방의 말보다 자신의 말을 사용하게 되면서 수월하게 더 많은 것을 이루기 때문이다.

해석과 번역으로서 사유

들뢰즈가 보기에 사유에서 의미화가 아닌 사용이 핵심이라면, 인식의 과제는 구조의 규명이 아닌 사용된 기호의 해석과 번역이다. 기호가 사유를 강요한다. 기호는 번역과 해독, 설명과 전개를 해야 하는 일이다. 사유가 가진 가능성 때문이 아니다. 그런데 우연한 마주침에서 기호가 말하고자 하는 바가 처음에는 숨겨진 어두운 상태에 있기 때문에 막연하거나 혼미한 모습으로 우리 의식에 떠오른다. 그렇기 때문에 기호의 해석과 번역이 사유의 중요한 과제가 된다. 지성은 기호로부터 압박을 받고 기호를 해석하기 위해서만 활기를 띤다.

들뢰즈의 논리대로라면 지성이나 사유에는 오직 비자발적 속성만을 가지는지의 의문이 들 수도 있다. 하지만 사유의 비자발성이란 자발성과 대립 관계가 아니라 같은 능력을 다르게 실행을 가리키는 것이다. 지성이 우리가 가진 다른 능력보다 앞서 오면서 진제 정신이라는 조화를 이루지는 않는다. 지성은 늘 기호에 뒤처져서 온다. 하지만 기호와 우연한 마주침이라는 비자발성에서 시작된 사유가 해석과 번역 과정에서 자발성을 얻는다. 비자발성과 자발성은 맞물려 있다. 그러므로 사유를 통한 창조는 무에서 유를 창조하는 일이 아니다. 오직 기호만이 우리를 둘러싸고 있을 때, 이를 해석하는 일에서 출발한다.

　미국 팝 아트의 선구자 앤디 워홀(Andy Warhol, 1928?~1987)의 〈코카콜라〉도 하나의 기호로서 우리에게 우연히 다가온다. 주변에서 흔히 볼 수 있는 코카콜라 병을 나열한 이 기호가 궁금한 감정을 자극하고 해석을 요구한다. 처음에는 그저 외형만 보이고 해석은 불분명한 상태에 있다. 병을 특별한 변형이나 배열 없이 가로 방향으로 나열해 놓았을 뿐이다. 아래에는 코카콜라의 유명한 붉은색 브랜드 로고가 선명하게 찍혀 있다. 언뜻 보면 생산 공장에서 완성되어 줄지어 나오는 코카콜라 병을 사진으로 찍은 느낌이다. 기호의 자극에 따라 비자발적으로 시작되었지만, 해석과 번역 과정으로 자발적 지성의 사용이 이어진다.

〈코카콜라〉, 1962년

이 작품에서 코카콜라가 미국 소비문화의 상징이라는 점, 여러 병의 코카콜라가 이어지는 느낌을 줌으로써 대량 생산과 대량 소비의 이미지를 준다는 점, 또한 같은 크기의 병이 나열되어서 차이보다는 동등함을 가정한다는 점 등을 일차적으로 해석할 수 있다. 이로부터 대량으로 생산된 상품의 소비로 평등을 이상적 평등으로 여기도록 안내하는 기호의 작용으로 해석할 수도 있다. 실제로 워홀은 부자도 가난한 사람도 같은 콜라를 마신다고 말하기도 했다. 유통되는 콜라가 모두 똑같기 때문에 대통령이나 대기업 사장이라 하더라도 뒷골목 빈곤층 부랑자보다 좋은 콜라를 사지 못한다. 이제 남는 것은 기호 해석에 바탕을 둔 자신의 자발적 판단이다.

해석과 번역 과정에서 해석된 내용과 기호가 일치한다는 생각을 버려야 한다. 들뢰즈와 가타리는 어떤 경우든 내용이 기표로 환원될 수 없다고 강조한다. 언어는 이질적인 실재이자 가변적인 실재다. 기호는 자체로 실재의 위치를 차지하고 있어서 상응하는 내용을 확증하는 기능을 부여할 수 없다. 내용 그리고 형식 이 둘은 상태에 따라 탈(脫)영토화되어 있다. 여기서 영토화란 의미 작용이 부여된 상태를 말하고, 탈영토화란 의미 작용에서 벗어난 상태를 말한다.

그런데 기호는 이미 탈영토화, 즉 의미 작용에서 벗어나 있는 상태로서 스스로 실재 지위를 차지하고 있다. 더 나아가 기호는 실재로서 자신을 새롭게 재영토화하기 때문에 본래 의미를 기호에서 찾으려는 시도는 허무한 결과에 이르게 된다.

장 보드리야르(Jean Baudrillard, 1929~2007)는 들뢰즈와 같은 맥락은 아니지만, 추상과 허구일 수밖에 없는 기호가 의식을 지배하는 현실을 두고 이미지가 사실성의 부재를 감추며 사실성과 관련이 없다고 말한다. 이미지는 순수한 시뮬라크르(simulacre)다. 시뮬라크르는 허구적 이미지가 실재의 위치를 차지한 상태를 말한다. 기호로서 이미지와 사실성은 이제 아무런 관계가 없다. 기호 스스로가 순수한 사실성이 되고 실재의 위치에서 사고와 행동을 지배한다.

그런데 월트 디즈니의 상징이자 마스코트인 '미키마우스'에 대해서는 극히 상반된 태도를 보인다. 미키마우스는 쥐라는 사실성에 기초해 만들어진 캐릭터다. 하지만 미키마우스는 남녀노소를 가리지 않고 많은 사람에게 가장 많은 사랑을 받는다. 누구도 미키마우스로부터 쥐를 떠올리지 않는다. 만약 떠오른다고 해도 상반된 감정을 불러일으킬 정도로 아무런 연관성이 없어 보인다. 미키마우스는 쥐라는 사실성과는 무관한 이미지로 자리 잡은 지 오래다. 미키마우스는 사실성을 지닌 실재로서 독립적 지위를 차지한다.

들뢰즈 주장에 따르면 대부분의 기호는 매우 가변적이기 때문에 더욱 복잡한 해석과 번역을 필요로 하고 결과도 언어의 유희에 머물 가능성이 커진다. 기호는 다른 기호에 영향을 미친다. 기호는 기호로 되돌아가고 되돌아온다. 또한 기호는 스스로 형식을 바꾼다. 하나의 기호가 다른 기호와 연관을 맺으며 또 다른 형식을 만들고 다시 애초의 기호와는 다른 새로운 기호로 되돌아온다. 기호와 기호의 마주침으로 생긴 새로운 기호 역시 스스로 영토화하면서 새로운 얼굴, 즉 실재로서 지위를 강요한다. 기호의 변화는 본질상 "보편적 속임수의 체제"이고, 변화 과정에서 비약이 나타나기 때문에 내용은 물론이고 애초의 기호 상태를 확인하는 일조차 어려워진다. 해석과 번역은 계통적 추적이기보다는 언어를 따른 유희 과정으로 연결된다.

데리다가 보기에 작은 단위인 단어조차 은유 작용이 포함되어 있기 때문에 문장 구조를 갖는 철학적 명제는 더욱 해석 불가능한 허구다. 철학의 언어는 모두 수사가 된다. 관능 대 정신, 지각 대 지성, 감각 대 의미 등 대립 구조를 이루는 대표적 개념 쌍만이 문제가 아니다. 대부분의 철학 개념, 나아가서는 개념과 개념으로 이어지는 명제는 더욱 은유와 수사의 숲을 이룬다.

모든 철학적 표현은 은유에 기초한다. 철학이 가치를 부여할 수 있는 고유 수사는 처음부터 없었다. 그래서 철학자는 은유 개념에서 그가 투입한 것 외에는 아무것도 발견할 수 없다.

언어가 은유라면 은유의 본래 의미를 고정화하고 이를 통해 서로 통일적으로 이해할 수 있지 않느냐는 반론이 있을 수 있다. 하지만 데리다가 보기에 은유의 더 큰 문제는, 마주침 속에서 다른 기호로의 변화를 지적한 들뢰즈의 문제의식과 마찬가지로 수사에서도 비슷한 변화 과정이 나타난다는 점이다. 언어는 추상과 은유로 시작됐을 뿐만 아니라 오랜 세월을 거치면서 수많은 수사의 변화 과정을 겪어 왔다. 단어와 단어 사이의 복합적 관계에서 생긴 수사의 이동은 물론이고 여러 번의 비약까지 포함된 상태에서 고유한 것과 비고유한 것을 구별할 수 없다. 은유는 수사의 이동 과정에서 스스로 위장하거나 심지어 파괴하기에 뿌리로 접근할 수 없다. 즉 은유는 전통적 고유 언어가 될 수 없다. 은유는 죽음을 데려오고 이는 말할 것도 없이 철학의 죽음이다. 최종적으로 데리다는 철학의 죽음을 선언한다.

차이 생성으로서 인식

들뢰즈는 인식의 주요 과제를 동일성 거부와 차이의 생성에서 찾는다. 특히 동일성과 혼동을 일으켰던 반복이라는 개념의 진정한 의미를 탐구해 차이를 규명한다. 서양 철학에서 일반성 혹은 법칙 도출은 동일성이라는 형식을 매개로 정당화된다. 차이를 보이는 현상에 대해 반복 속에서 유사성을 발견하고, 동일성의 범주로 묶으면서 일반화 원리의 근거로 사용한다. 하지만 반복은 일반성이 아니다. 일반성은 한 항이 다른 항과 교환되거나 대체될

〈연못〉, 1899년

〈연못〉, 1899년

때만 성립한다. 하지만 반복은 교환과 대체가 불가능한 독특성, 즉 차이를 전제로 한다.

예를 들어 모네의 수련 연작은 반복이기는 하지만 일반성과는 거리가 멀다. 모네는 무려 200여 점에 이르는 수련 작품을 남겨 '수련의 화가'라 불릴 정도다. 두 점의 〈연못〉을 살펴보면서 반복의 의미를 살펴보도록 하자. 반복이라고 해도 과언이 아닐 정도로 둘은 비슷해 보인다. 하지만 하나의 그림으로 다른 그림을 대체할 수 있을 정도의 동일성을 지닌다고 말할 수 있을까? 일단 연꽃 봉우리가 핀 상태도 다르고 연못을 비추는 햇빛의 정도도 다르다. 좀 더 들어가서 생각해 보면, 오른편 그림의 연꽃이 왼쪽의 그 꽃일 수도 없다. 또한 주변에 무성하게 자란 풀들은 이미 이전의 생명과는 다른 새로운 생명체다. 본질상 그림을 그릴 때 화가의 감성이 각각 어떤 상태였는지도 문제가 된다. 만약 다른 하나를 대체할 수 있다면 화가는 굳이 새로운 그림을 그릴 필요가 없었을 것이다. 누구도 오른편의 그림을 모작이라고 말하지도 않는다.

대체로 일반성을 설정한 후 법칙으로 연결한다. 법칙은 개별 요소 사이의 등가성을 규정한다. 하지만 동일성과 유사성은 어떤 가상이나 착각에 불과하다. 자연에 존재하는 어떤 사물이나 현상도 적어도 가치 영역에서 하나를 다른 것으로 대체할 수 없다. 심지어 일란성 쌍둥이라 하더라도 등가성으로 규정할 수는 없다. 동일성에 입각한 재현적 사고가 반복과 동일성을 연결하는 오류를 반복하게 만드는 주범이다. 반복은 개념이나 재현 안의 동일성 형식으로는 설명할 수 없다.

철학적 범주 구분도 마찬가지 오류에 근거한다. 범주는 일종의 계열화로 그 안에 속한 개념을 동일성 안에서 하나의 묶음으로 처리하는 행위다. 범주도 재현의 세계다. 개념 자체가 이미 동일성에 기초한 재현의 세계다. 특정 개념은 현실의 다양한 현상을 개념이 정한 틀 안에서 이해하고 설명하도록 강제한다. 즉 개념과 현상 사이에 등가성을 필요로 한다. 하지만 들뢰즈가 지적하듯이 절대적으로 똑같은 두 알갱이의 먼지, 똑같은 특이점을 갖는 두 개의 손, 똑같은 방식으로 두드리는 두 대의 타자기, 똑같은 방식으로 총알을 내뿜는 두 개의 권총은 없다. 동일성이 가상이나 착각이라는 점에서 동일성에 기초한 개념과 범주를 주된 작업으로 삼는 철학도 같은 문제점이 있다.

헤겔의 변증법적 모순 관점은 동일성에서 벗어난 시도가 아니냐는 반론이 있을 수 있다. 그러나 모순도 변증법적 부정의 부정 법칙을 거쳐 새로운 조화로 이행하면서 동일성으로 돌아간다. 헤겔에게 오직 동일자에 대한 관계 안에서, 동일자를 중심에 줄 때만 모순은 차이로서 의미를 지닐 뿐이다.

인식은 반복에서 차이를 발견하고 각각 정당한 지위를 부여해야 한다. 이를 위해 이성의 산물이며 동일성 원리인 개념과 거리를 두어야 한다. 반복에서 차이를, 차이에서 반복을 발견하기 위해 동일률의 논리와 긴밀한 혈연 관계를 지니는 이성적 사고를 넘어 상상력에 의존해야 한다. 반복은 상상적인데, 반복적 힘의 계기를 만들어 내는 것이 곧 상상이기 때문이다. 여기서 반복의 의미를 개념 없는 차이에서 구한다고 해서 개념 자체를 부정하는 것은 아니다. 문제는 동일성에 근거해 강제되는 절대적 개념이다. 동일성 논리에서 벗어나기 위해서는 재현적 개념과 대비되는, 차이와 다양성을 전제로 한 개념 창조가 필요하기도 하다. 개념 창조는 그것이 채울 구도를 따라서만 제한받는다. 회화도 마찬가지다. 화가가 갖는 색채 창조를 밀어붙인 결과다. 재현적 개념은 사실주의 회화와 비슷한 맥락으로 이해할 수 있다. 대상을 반영하면서 하나는 개념으로, 다른 하나는 그림으로 나타날 뿐 동일성이라는 재현적 사고에 매달리기는 마찬가지이기 때문이다.

반대로 새로운 개념의 창조는 회화에서 색채의 창조적 사용과 비슷한 맥락이다. 색채 취향이란, '취향'이라는 표현에서 드러나듯 재현을 넘어선 독창성을 의미한다. 고흐의 〈해바라기〉가 하나의 예시가 될 수 있다. 이 작품들은 화병에 담긴 해바라기를 그린 정물화다. 만약 해바라기를 똑같이 그리는 데 목적을 두었다면 평범함으로 남았을 것이다. 하지만 그의 목적은 해바라기를 닮게 그리는 데 있지 않았다. 색채 실험에 가깝다고 보는 것이 적절하다. 그는 노랑을 끝없는 곳까지 밀고 나갔다. 같은 소재와 구도의 그림임에도 오른쪽의 〈해바라기〉는 노란색을 더 극한으로 밀어붙인다. 줄기와 잎을 빼고는 온통 노란색이다. 심지어 배경까지도 노란색이다. 다양한 명도와 채

〈해바라기〉, 1888년~1889년　　　　　〈해바라기〉, 1889년

도를 가진 노란색을 화폭에 쏟아부은 느낌이다. 자신이 설정한 구상에 근접할 때까지 노란색에 집중하면서 재현을 넘어 새로운 창조에 도달한다. 상상력에 기초한 철학적 개념 창조도 비슷한 과정을 거쳐 이루어진다.

들뢰즈와 가타리가 수목 모델을 거부하고 리좀 모델에 주목하는 이유도 반복에서 차이를 찾아내려는 인식 과제와 맞물려 있다. 동일성에 기초한 서양 철학은 대부분 나무 중심이 수목 모델 방식이었다. 나무의 체계적 구조, 특히 뿌리를 근본 원리로, 몇 방향으로 뻗어 나간 굵은 가지 형식으로 상위 범주를 구분하고, 가는 가지로 하위 범주를 계열화해 연결한 다음 최종적으로는 개별 잎으로 현상을 설명하는 사고방식은 동일성에 따른 개념화·범주화의 전형적 인식 체계를 보여 준다. 철학 스스로가 만들어 놓은 재현의 세계에 현실을 꿰어 맞추는 사유의 폭력이다.

사유는 나무보다는 리좀에 가깝다. 리좀은 아주 다른 기호 체제와 비(非)기호 체제를 작동하게 한다. 리좀은 서로 연결되어 있되 계열화된 수직 구조를 갖는 나무와 달리 수평적이다. 또한 각 개체의 차이를 전제로 연결되기에 유사성도 재현도 없다. 그러므로 어디로도 귀속되지 않고 특정 의미화에 종속되지도 않는다. 중요한 것은 선 사이의 횡적 소통이다. 인식이 리좀의 특징을 자신의 내적 문제의식으로 받아들일 때 비로소 반복에서 차이를 발견하고 차이와 차이를 연결할 기회를 잡는다. 리좀 안에서 모두가 주체이자 대상이라는 점에서, 인식은 드디어 주체와 대상의 이분법적 구분도 넘어선다.

공간적 차이에 시간적 차이가 더해진 데리다의 차연 개념도 비슷한 맥락이다. 차연은 올바른 시작과 출발의 절대 시점 개념을 문제로 삼는다. 우리는 보통 차이를 논할 때 같은 시점에서 복수의 대상 사이의 차이, 즉 공시적 차이에 주목한다. 데리다는 여기에 통시적 차이, 즉 시간의 흐름 속에서 나타나는 차이가 결합할 때 차이의 진정한 의미가 생성된다고 강조한다. 그러므로 차연은 출발의 절대적 시점이라는 시간적 차원의 문제에 주목한다. 흔히 철학은 현상의 근원을 파고 들어가는 방식으로 사유를 전개한다. 여기에서 근원은 의미에서의 근원이지만, 다른 한편으로 시간적으로 발생 원천의 추적 과정이기도 하다. 이러한 사고방식은 어떤 하나의 근원이 있어서 이로부터 계통적으로 나머지가 파생되었다는 발상을 전제로 한다. 데리다의 차연은 이러한 추적을 무의미한 시도로 규정한다. 이미 시간 흐름에서 기호는 비약을 동반하는 변이 과정을 거쳤기 때문에 동일성으로 묶어 계열화할 가능성을 스스로 제거했다. 파생 개념이나 현실을 통제하는 근원적 원칙 자체가 없다. 오직 차이만 있다.

리오타르는 유사성에 근거해 개별 지식을 거대 지식으로 통합하는 서사 지식이 불가능함을 강조한다. 대서사는 어떤 통합 양식을 사용하든지 간에 신뢰성을 잃게 된다. 거대 지식은 애초에 통합되지 않는 차이를 지닌 지식을 통합했기 때문에 존재 의미나 타당성을 인정할 수 없다. 지식에 대해 할 수 있는 일은 오직 다양성 인정이다. 다양한 종의 동식물을 보고 놀라듯이 담론의 다양한 종을 경이롭게 바라보는 것이다. 형이상학처럼 사변적 성격의 지식만 문제가 아니다. 해방 서사, 즉 인류의 당면한 문제와 연관된 실천적 지식 역시 같은 운명이다.

동일성에 근거한 보편성 실현이라는 근대 기획은 비판되거나 포기된 것이 아니라 스스로 파멸했다. 그러므로 이론으로 되돌릴 수 있는 문제가 아니다. 그렇다면 어떤 점에서 스스로 파멸에 이르렀을까? 먼저 근대 이성과 연관된 사변적 서사를 보자. 리오타르는 '아우슈비츠'를 거론한다. 수백만 명에 이르는 유대인 학살은 이성의 신화를 산산이 부쉈다. 과학 기술 발전, 근대적 교통망, 체계적 관료제 등과 같은 이성의 결과물, 또한 최소 투여로 최대 산출을 만들어 내는 효율성 원리가 어떻게 대량 학살로 연결되는지를 보았다. 과학 기술 발전은 생화학 무기라는 대량 살상 무기를, 근대적 교통망은 전국에서 유대인을 신속하게 실어 나르는 역할을, 관료제는 유대인을 한 사람도 놓치지 않고 관리·감시하는 역할을, 효율성은 최소 인력과 재원으로 최대 인원을 살상하는 원리를 주었다. 인류는 이성이 어떻게 괴물로 변하는지를 명백하게 확인했다.

해방 서사도 마찬가지다. 해방이라는 거대 이야기가 지난 시간 동안 기본 원리의 무효화 과정을 겪고 있다. 마르크스주의도 여기에서 예외가 아니다. 자본주의 사회의 모순과 병폐의 극복을 위해 이성적으로 고안된 사회주의도 노동자와 대중으로부터 따로 떨어지면서 억압 도구로 전락했다. 동유럽 사회주의 국가에서 일어난 대중 운동은 억압에 대한 저항이자 자유와 민주주의 확대를 위한 몸부림이었다. 하지만 소련 공산당이 자유와 민주주의 확대는커녕 무력으로 진압해 사회주의 대의도 설득력을 갖기 어렵게 되었다. 노동자 권력이라는 사회주의 이론과는 반대로 노동자 스스로가 공산당에 맞서는 현실이 나타났다.

자본주의가 자랑하는 대의제 민주주의와 시장 경제 이론도 현실에서는 부정되었다. 프랑스의 68혁명은 대의제 민주주의 아래에서도 개인의 일상적 삶이 철저히 억압적일 수 있음을 보여 주었다. '국민에 의한다'는 대의제가 국민의 자율성을 어떻게 부정하고 억압하는지를 적나라하게 확인해 주었다. 또한 1929년 대공황은 수요와 공급이라는 '보이지 않는 손'이 얼마나 허망한 것인지, 물질적 풍요는커녕 얼마나 극심한 빈곤과 재앙을 가져다주는지를 증명했다. 대공황에 대한 교훈으로 나타난, 생산 중심의 논리에서 수요의 창출을 중시하는 존 메이너드 케인스(John Maynard Keynes, 1883~1946)의 이론도 얼마 가지 못했다. 지난 수십 년간 나타난 스태그플레이션과 주기적으로 반복되는 경제 위기는 수요 관리를 통한 경제적 번영의 허약성을 여실히 보여 주었다.

리오타르는 20세기 들어 인류가 만들고 제시한 거대 이론이 예외 없이 다 무너졌는데, 아직도 거대한 이론 체계에 대한 미련을 버리지 않고 있다면 무모하거나 미련한 짓이라고 질타한다. 단지 위에 열거한 개별 거대 이론만이 문제가 아니다. 인류가 가지고 있던 이성이나 계몽적 사고에 대한 확신,

과학 기술에 대한 희망처럼 근본적 사고방식은 한계에 도달했다. 이성은 자연과 사회의 모든 현상을 하나로 꿰어서 설명할 능력이 없다. 우리에게 남은 유일한 방법은 해체와 다양성 인정이다.

Art
포스트모던 미학과 레디메이드·팝 아트

후기 구조주의와 포스트모던 미학

차이와 사용의 생성을 통한 형상의 길

들뢰즈가 보기에 예술도 하나의 기호다. 대신 다른 기호보다 우월한 기호다. 그는 예술이 비물질적이기 때문에 다른 기호보다 우월하다고 봤다. 여기서 비물질적 기호라는 말은 질료나 감각에서 분리되어 있다는 의미보다는 창조적 작업이라는 데 강조점이 있다. 예술 작업 자체는 질료와 분리할 수 없다. 본질은 질료로 구체적 모습을 드러낸다. 예술은 색깔·소리·언어를 사용하는 점에서 질료 속에서 작업하지만, 물질적 제한을 넘어 정신적 영역으로 나아간다. 색깔·소리·언어와 같은 예술의 재료는 변형이 쉽다. 쉽게 반죽이 되고 가늘게 풀어 헤쳐질 수 있기 때문에, 완벽하게 창조적·정신적인 것이 될 수 있다. 예술가는 정서를 제시하는 사람이자 창안하는 사람이며 창조하는 사람이다. 작품으로 특정 정서를 만들어 낸다는 점에서만 창조성이 아니다. 예술은 단어·색채·소리·돌을 사용한 감각의 언어로 우리를 새로운 생성으로 이끈다는 점에서 능동적 창조성을 가진다.

그렇다면 어떻게 생성으로 이끌까? 먼저 예술은 본질상 재현을 넘어 차이로 나아가 생성으로 이끈다. 존재를 사유하고 이해하도록 해주는 것이 바로 차이인데, 예술은 전형적으로 차이를 생성해 내는 작업이다. 아무리 같은 대상을 묘사한 그림이라 하더라도 모든 미술 작품은 어느 한순간의 동일성도 없이 차이로 향한다. 미술의 역사를 통틀어 단 한 번도 같은 작품이 존재한 적이 없다. 예술 작품은 진부한 예술론을 스스로 부정한다. 학문이 동일성의 늪으로 우리를 끌어당긴다면, 예술은 다양성을 제공한다. 특히 비슷한 소재와 형식 속에서도 정신에 따라 차이를 만들어 낸다는 점에서 내재적·본질적 차이로 인도한다. 우리가 진정한 반복의 의미를 깨닫게 한다.

예술은 의미를 넘어 사용으로 이끈다는 점에서도 생성 작업이라고 할 수 있다. 현대 예술 작품은 오랜 기간 발이 묶였던 의미화 영역에서 인간을 해방시킨다. 현대 미술 작품은 하나의 의미에 머물지 않는다. 이것일 수도 있고 저것일 수도 있다. 원하는 바대로 결정할 수 있기 때문에 개방적이다. 예술은 오직 생산할 뿐 어떤 의미 안에 갇혀서 의미의 한 부분을 구성하지 않는다. 그런 점에서 예술은 생산 기계다. 단지 작품 생산이 아니라 새로운 기호를 생산하고 새로운 사유를 생산한다. 또 상상력·기억력·지성 능력을 자극하고 강제로 사용하게 한다. 이때 예술가와 그를 따르는 독자는 엉킨 것을 풀고, 다시 구체화하는 사람이다. 예술 작업에서 사용된 사유가 다수의 사유를 생산한다.

이를 위해 화가는 모방에 의존하는 구상 작업에서 벗어나야 한다. 재현은 애초에 불가능한 것에 매달리는 어리석은 행위다. 전통적 회화는 구상적·삽화적·서술적 성격에 사로잡혀 의미화의 주변을 서성거렸다. 하지만 근본적으로 회화에는 재현할 모델이나 스토리가 없다. 즉 현대의 회화는 무신론적인 유희일 뿐이다.

미술이 구상적·삽화적·서술적 성격에서 벗어나는 두 가지 길이 있다. 추상적 형태로 향하는 길과 형상으로 향하는 길이다. 들뢰즈는 이 가운데 형상의 길에 주목한다. 예술 언어가 감각의 언어일 때 진정으로 구현하는 방식이 형상이기 때문이다. 형상은 감각에 결부되어 느끼는 형태이기 때문에 감각의 언어에 적합하다. 형상의 길은 재현에 집착하는 구상과는 다른 방식이다. 비록 그림 속에 신체를 그려도 대상 재현이 아닌 감각 작용이다. 미술에서 신체는 자신을 향해 작업하기 때문에 동시에 대상이고 주체다. 색도 감각도 모두 신체 속에 있다. 감각을 거쳐 색이나 모양으로 이미지화되어 그려진 신체는 본래의 신체와는 별개의 기호로 나타난다.

클레는 형상의 길이 구상의 방법과 어떤 차이를 보이는지를 보여 준다. 얼굴의 사실적 특징을 구성하는 눈·코·입·귀의 형태를 흐트러트리고 전체로서 이미지만 남긴다. 기존의 구상 회화 방법은 개인의 특징을 재현하기 위해 얼굴과 몸의 각 기관 묘사에 고도로 집중했다. 하지만 형상 방법은 화가의 감각으로 재조명된 이미지를 그린다. 클레가 신체를 변형하고 형상을 통합시켰음에도 오히려 그림으로 나타내려 했던 감정을 전달하는 데는 부족함이 없다. 클레에게 캔버스에 묘사해야 할 사실이란 대상을 모방하는 재현이 아니라 자기가 느끼는 감각과 감정이다. 그는 이를 기호로 표현했다.

리오타르는 예술의 창조성과 정신성을 강조한다. 예술 작품은 단순한 분석 대상이 아니다. 우리는 예술 작품 그 자체로서 갖는 위상에 주목해야 한다. 예술 작품은 어떤 실재의 모상으로서 종속된 위치에 있는 것이 아니다.

서양 철학은 진리에 해당하는 것과 미와 쾌락에 해당하는 것을 부당하게 분리해 왔다. 예술을 현실에서 벗어난 특수한 공간, 예술가와 이에 관심이 있는 사람의 제한된 공간 정도로 여겼다. 특히 프로이트를 비롯한 정신 분석학 경향은 예술 작품을 정신 분석 대상으로 치부하면서 예술 영역을 증후군 영역과 통합시켜 버렸다.

이제는 예술 작품의 위상 자체가 변화해야 한다. 예술 작품을 내용과 구별되는 단순한 이미지로 취급해서는 안 된다. 어느 한 편에 따라 일방적으로 분석하는 것이 아니라, 예술 그 자체를 창조적 사유 과정으로 이해해야 한다. 철학에 부여하는 권위와 예술을 구별할 필요가 없다.

목적과 중심 그리고 서사에서 벗어난 다양성으로서 미술

데리다는 목적은 물론이고, 목적 없는 합목적성을 중심으로 아름다움을 정의하는 관점도 거부한다. 일차적으로 예술을 특정 이념이나 종교적·정치적 목적의 수단으로 여기는 견해를 거부한다. 나아가서는 특정 목적을 거부하는 대신 일반화된 합목적성의 예술을 주장하는 칸트와도 거리를 둔다.

칸트는 '목적 없는 합목적성'을 주장하며, 자연적 미, 전적으로 야생적인 미가 이를 실현한다고 믿었다. 미적 판단 이전 자연의 아름다움에서 느끼는 즉각적 흥미야말로 선한 영혼의 징후라는 점에서 자연적 미를 강조한다. 또한 모든 튤립이 아름다운 것이 아니라 여기에 있는 이 튤립만이 아름답다고 말한다. 특정한 시공간 속에서 느끼는 즉각적 흥미라는 점에서 칸트에게 미라는 것은 단 한 번만 아름다울 수 있다. 자연적 미와 단 한 번으로 고착된 미가 합목적성의 핵심이다.

하지만 데리다가 보기에 순수한 자연적 미라는 합목적성도 예술에 일정한 방향성을 갖는 목적을 부여하기는 마찬가지다. 특히 고착된 미를 추구하기 때문에 일관성·절대성까지 더해지게 된다. 순수한 것이 순수하지 않은 것보다 더 가치 있다고 여기는 사고방식이 문제다. 최대한의 순수, 순수 자체는 존재하지 않는다. 시간의 흐름에서 분리한 단 한 순간의 순수한 고착도 없다. 두 가지 모두 관념의 절대성 위에서만 존재하는 합목적성일 뿐이다.

예술 작품에서 중심과 부차의 구분에도 비판적이다. 데리다는 여기에 에르곤(Ergon)과 파레르곤(Parergon)의 개념을 가져온다. 에르곤은 완성된 미술 작품, 파레르곤은 작품을 둘러싸는 액자를 의미한다. 그동안 철학이나 미학은 항상 중심과 부차를 구분하고 중심에 의미를 부여해 왔다. 미술에서도 액자는 작품의 한 요소일 수 없었다. 이러한 사고방식은 미술 작품 내의 각 표현 요소에도 그대로 적용됐다. 중심적 인물과 부수적 인물, 중심적 사물과 부수적 사물, 혹은 인물과 배경 등으로 분리하고 한 쪽에 일방적 우위를 두었다. 중심만을 본질상 순수하고 내재적으로 아름답다고 여겼다. 그리하여 부수적인 것은 내재적·본질적 요소가 아니면서, 있어도 되고 없어도 되는 여분, 첨가·부착된 보충으로 여겨졌다. 절대적 원리를 중심에 놓고 파생된 개념과 현실을 계통적으로 배열하는 철학의 편향과 맞물려 있다.

중심과 부수의 구분은 무너져야 한다. 현실 세계의 사물이나 현상에서 중심과 부차, 안과 밖의 경계를 절대적으로 규정하려는 시도는 실패로 끝나기에 십상이다. 건축물만 하더라도 안과 밖을 구분할 수 없는 경우가 많다. 또한 건축물 기둥은 중심인지 부수적인 부분인지 명확하게 구분할 수 없다. 이렇게 시각적으로 확인하는 건축물조차 구별이 어려운데 의식 영역은 더

말할 나위도 없다. 중심을 진리에, 부
수적인 것을 허구에 연결하는 사고방
식 자체가 허구다. 중심과 부차의 구
분 자체가 허구이기 때문에 허구와 허
구만이 있을 뿐이다.

데리다는 루카스 크라나흐(Lucas
Cranach, 1472~1553)의 〈루크레
치아〉로 문제의식을 펼친다. 루크레
치아는 정절을 지키는 여인을 뜻하는
말로, 많은 화가가 즐겨 그린 인기 주
제였다. 크라나흐는 거의 40년에 걸
쳐 수많은 '루크레치아'를 그렸다. 두
그림 모두 목숨으로 정절을 증명하려
는 듯 칼끝이 가슴을 향해 있다. 표정
에는 자기의 목숨을 끊어야 하는 상황
에서 느끼는 슬픔과 결행의 의지가 섞
여 있다. 자세히 보면 한 그림은 몸을
가렸던 외투가 흘러내리고, 다른 그림
은 두 손에 걸쳐 있는 투명 베일이 위
에서 아래로 가로질러 있다. 데리다는
여기에 의문을 던진다. 통념상으로는
여인의 육체가 중심이고 나머지가 부

〈루크레치아〉, 1530년

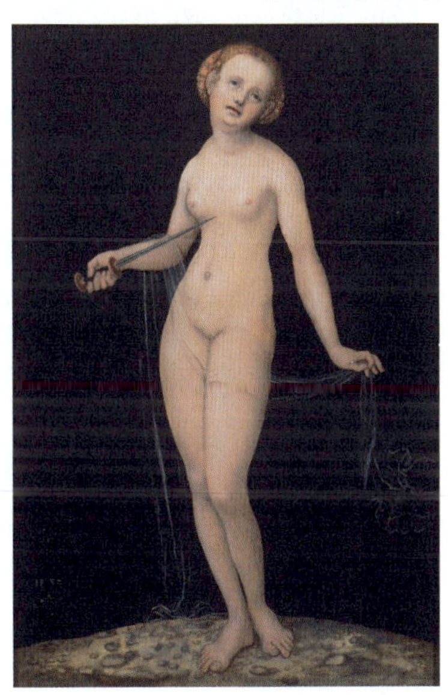

〈루크레치아〉, 1533년

수적 요소라고 하겠지만, 정작 정절이라는 주제와 연관해 보면 가슴을 향한 칼이 중심일 수도 있다. 1530년에 그린 루크레치아는 엄격한 중세적 도덕률을 상징하는 창밖의 교회가 실질적인 강조점일지도 모른다. 이후에 그린 루크레치아는 신화를 비롯해 일정한 제한적 장치를 거쳐 가까스로 알몸을 묘사할 수 있었던 조건을 고려하면 투명 베일이 중심일 수도 있다. 특히 전신을 드러낸다는 점에서 투명 베일의 역할이 더 크게 느껴진다.

보편적 목적이나 중심을 설정하려는 시도에서 벗어나기 위해, 미술은 그동안 순수하지 않은 것으로 여겼던 요소, 중심에 밀려 부수적 수단으로 전락했던 요소에 주목해야 한다. 더 나아가 그림 안의 논리적·체계적 관계를 해체해 개별 요소 사이의 우연적이고 동등한 관계를 인정해야 한다. 개별 요소와 표현 사이의 차이와 다양성을 인정하는 방향으로 가야 한다.

리오타르가 보기에 무엇보다도 미학의 주요 관심에 결정적 전환이 일어났다. 현대의 미학은 이제 '무엇이 미(美)'인지보다 '예술이 된다는 것에 관해 무엇을 말할 수 있는지'가 더 문제다. 기존의 관심은 주로 아름다움의 본질적 의미를 찾는 데 집중됐다. 오랜 기간 재현 방식이 지배적 영향력을 행사했다. 보편 기준을 만들어 예술 작품에 올바른 서사와 표현 형식을 요구했다. 하지만 재현으로서 미술은 그러한 방식을 욕망하는 자에게만 의미 있는, 지극히 일부분의 표현 형식일 뿐이다.

현대 미술에서 기본적으로 미적 판단 기준 자체가 없을 뿐만 아니라 나아가서는 무엇이 예술일 수 있는지에 대한 규칙도 없다. 예술 작품이 규칙 그리고 범주를 찾아낸다. 뒤샹의 작업도 여러 가능성 중의 하나일 뿐이다. 중요한 것은 이제 어떤 서사적 내용을 가져야 한다는 강박 관념에서 예술이 해방되었다는 점이다. 작품에서 화가가 시도한 표현 자체가 미학을 대신한다. '포스트모던한 것'은 표현 자체로 표현할 수 없는 것을 드러낸다. 여기에 보편적으로 권장할 만한 좋은 표현 형식이란 애초에 존재하지 않는다. 취향의 합의도 불가능하다. 예술가의 개별 취향과 관객의 개별 취향이 있을 뿐이다.

레디메이드

후기 구조주의와 포스트모더니즘의 문제의식은 현대 미술에 직접 적지 않은 영향을 미쳤다. 무엇보다도 목적이나 서사의 해체는 내용의 강박 관념에서 표현 형식을 해방시켜 기존 회화 형식을 전면적으로 부인하는 파격적 형식의 춘추 전국 시대를 열었다. 거대 서사가 사라진 자리에 개별적·지엽적 소재가 기지개를 켰다. 무엇보다 정신적 주체가 사라진 상태에서 거리낌 없는 감각의 향연이 봇물 터지듯 나온다. 특히 정신성과 실존의 확실성을 중시한 추상 표현주의에 대한 반발과 맞물리면서 치열한 혁신 경쟁이 불붙는다. 주체의 죽음은 작가도 예외일 수 없어서, 누구의 창작인지는 더는 중요한 문제가 아니었다. 작가를 넘어 작품의 원본성도 회의 대상에서 벗어날 수 없게 되면서 다양한 복제 양식 시도가 줄을 잇는다. 복제의 상징인 사진을 적극적으로 활용하는 것은 물론 한 작품 안에서 다양한 복제 이미지를 구현한다. 아예 화가의 창조적 작업과는 무관해 보이는 기성품이 공간만 바꾸어 예술의 자리를 넘보기도 한다. 복제는 미적 판단 기준을 부인하고 예술을 부정하는 것을 지향하는 근거로 작용한다. 형식과 내용에 걸쳐 현대 미술의 다양한 영역에 영향을 미쳤는데, 대표적으로는 레디메이드(ready-made)와 팝 아트(pop art)를 꼽을 수 있다. 레디메이드 경향을 대표하는 화가로는 뒤샹, 로버트 라우선버그(Robert Rauschenberg, 1925~2008) 등이 있다.

현대 미학의 문제는 더 이상 미의 의미만을 말하지 않고, '예술이 된다는 것에 대해 무엇을 말할 수 있는가'라는 리오타르의 문제의식으로 바뀌어 갔다. 이런 상황을 집중적으로 보여 주는 작품이 레디메이드의 새 장을 열었던 뒤샹의 〈샘〉이다.

1917년, 세상이 러시아 혁명으로 발칵 뒤집혔다면 미술계는 뒤샹의 〈샘〉으로 발칵 뒤집혔다. 그는 시중에서 구입한 변기에 'R MUTT'라는 사인만 한 채 전시회에 출품했다. 작품 전시 문제를 놓고 논란이 벌어졌는데 결국 주최 측은 〈샘〉을 전시 기간 내내 전시장 칸막이 뒤에 방치했다. 한마디로 변기 취급을 받았다. 하지만 이 작품은 레디메이드라는 새로운 경향의 기념비적 작품이 되었다. 주최 측은 〈샘〉이 저급하고 불결하다는 이유로 전시를 거부했다. 뒤샹은 '미국인에게 보내는 공개장'이라는 글에서 화가가 생활용품을

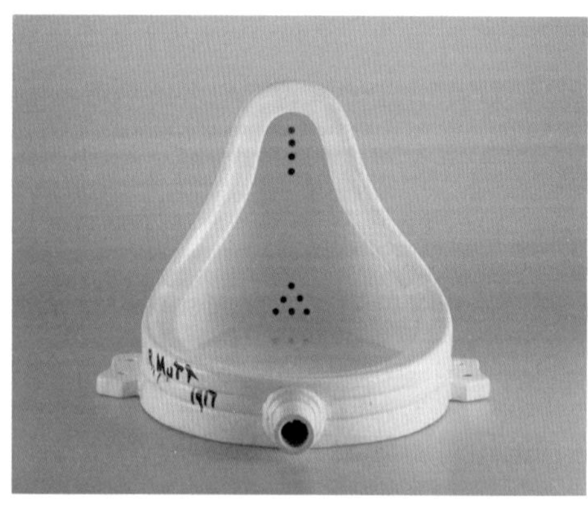
〈샘〉, 1917년

택해 새로운 이름과 관점으로 배치해 새로운 개념을 만들어 냈음을 이야기하면서, 주최 측의 결정에 반박했다. 핵심 쟁점은 아름다움이 아닌, '무엇이 예술 작품이 될 수 있는지'였다. 레디메이드, 즉 기성품을 일상 환경과 장

소에서 다른 곳으로 옮기면 본래의 목적성을 잃어버리게 되고 사물 자체의 무의미함만이 남는다. 그런데 만약 화가가 특정한 시공간에 두면서 새로운 의미를 가지게 되고 이는 또 다른 상상력을 자극한다.

라우션버그는 스스로 '콤바인 페인팅(combine painting)'이라 이름 붙인 작업 방식을 보여 준다. 회화적 요소와 기성품을 결합해 새로운 이미지를 만들어 냈다. 바닥에는 나무판자에 신문이나 잡지에 난 잡다한 사진 또는 그림을 붙이기도 하고, 군데군데 거친 붓질 흔적도 남겼다. 기존의 콜라주 형식과 비슷하다. 여기에서 더 나아가 기성품을 이용해 조각 이미지를 결합했다. 자동차 폐타이어에 박제 염소를 끼워 넣고 염소 머리에도 덕지덕지 물감을 칠하기도 했다. 뒤샹이 그러했듯이 세속적 소재라 할 수 있는 일상 용품을 원래 있던 자리에서 떼어 내어 다시 배치해 가치의 변화를 보여 주었다.

팝 아트

팝 아트가 현대 미술을 대표하는 조류 중 하나임을 부정할 사람은 별로 없다. 팝 아트는 만화·광고 등으로 대중성을 얻은 이미지를 사용해 대중문화의 한 단면을 그려 낸다. 해밀턴이 1956년에 그린 〈오늘날 가정을 색다르고 멋지게 만드는 것은 무엇인가〉는 팝 아트의 시작을 알렸다. 최신 가전제품과 생활 도구로 가득한 현대 가정의 모습을 콜라주 기법으로 표현했다. 보디빌더 남자가 쥔 사탕 포장지의 'POP'이란 글자에 착안해 비평가가 'POP-ART'라는 말을 사용한 후 이러한 경향의 미술이 팝 아트로 불리기 시작했

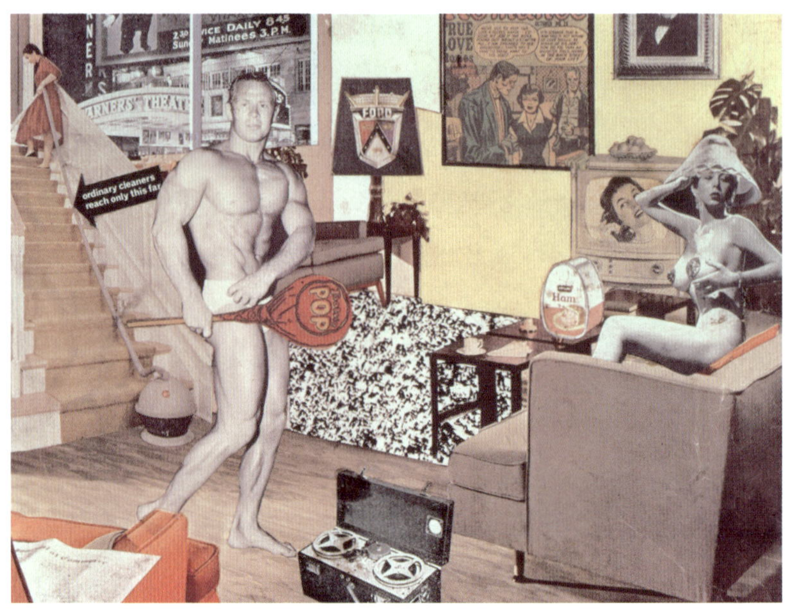

〈오늘날 가정을 색다르고 멋있게 만드는 것은 무엇인가〉, 1956년

다. 해밀턴을 비롯해 재스퍼 존스(Jasper Johns, 1930), 클라스 올든버그 (Claes Oldenburg, 1929~2022), 로이 릭턴스타인(Roy Lichtenstein, 1923~1997), 앤디 워홀 등이 활발한 활동을 했다.

〈오늘날 가정을 색다르고 멋있게 만드는 것은 무엇인가〉를 보면 근육질 의 남자와 늘씬한 몸매의 여성이 자신을 뽐내듯이 정면을 응시한다. 마치 도 색 잡지에 등장할 듯한 남녀가 성적 매력을 내뿜고 있다. 남성은 "당신도 강해 질 수 있습니다."라고 말하고, 여성은 "당신도 저처럼 날씬해질 수 있어요."라 고 속삭이는 듯하다. 구석구석으로 눈을 돌리면 현대 문명의 산물이 가득하 다. 텔레비전, 소파 위에 펼쳐진 신문, 녹음기 등이 보인다. 계단에서는 가정부가 진공청소기로 청소를 한다. 한쪽에는 포드 자동차 휘장이 걸려 있다. 벽면에는 그림인지 사람인지 모를 액자와 그 옆에 그것보다 네 배는 더 커 보이는 만화 표지가 걸려 있다. 창문 밖으로는 대형 극장 간판도 보인다.

팝 아트는 '고상한' 미술에 대한 도전이었다. 흔히 문화를 순수 예술과 대중 예술, 고급문화와 저급 문화로 분류한다. 보통은 저급 문화에 대중 예술을 갖다 놓는다. 다수 대중과 자신을 구분하려는 엘리트주의적 발상의 표현이다. 해밀턴은 대중이 공유하는 감성과 이미지를 작품 안으로 끌어들인다. 나름대로의 방식으로 시대의 단면을 무심히 드러내고 비판하기도 한다. 그래서 팝 아트 작품에는 자본주의 대량 생산과 대량 소비의 상징을 보여 주는 온갖 상품이 등장한다. 텔레비전·라디오·녹음기와 같은 가전제품은 물론이고 통조림·햄버거 등 패스트푸드가 주요 소재로 등장한다. 포드 시스템으로 대량 생산되고 보급된 자동차도 자주 등장한다. 어딜 가나 깜빡이는 신호등, 교통 표지판도 현대를 상징하는 소재다. 해밀턴은 자신이 찾던 소재가 저렴하고, 대량으로 생산되며 젊어야 한다고 말했는데, 이를 통해 스스로가 작업의 의미를 의식했던 것 같다.

팝 아트 화가들은 평소 대중에게 익숙한 디자인을 그대로 빌려 쓰곤 했나. 새스퍼 존스는 성조기를 겹친 모습을 작품에 담았다. 전통적 재료인 왁스에 용해된 염료를 사용해 성조기를 삼단으로 쌓아 올린다. 몇 개의 성조기 연작을 내놓았는데, 국가를 대표하는 권위의 상징을 진열된 상품처럼 취급했다고 볼 수 있겠다. 그는 미술 작품과 사물의 경계, 예술적 이미지와 상품 이미지의 경계를 허물어트려 전통적 예술관에 반기를 들었다. 숫자·과녁·지도 등도 그가 즐겨 다룬 대중적 이미지였다.

올든버그는 현대 사회의 대표적 상품인 햄버거를 그대로 미술 작품으로 전환했다. 그는 하드보드·석고 등의 재료를 사용해 주로 타자기·선풍기·햄버거·담배꽁초 등 일상 용품을 묘사했다. 여기서 다른 작가와 구별되는 가장 큰 특징은 상상을 뛰어넘을 정도로 확대한 작품의 크기다. 실물 햄버거의 크기보다 훨씬 크게 표현해 사람들을 놀라게 한다. 그는 일상 용품을 과장해 낯설게 만든다. 가공할 크기 때문에 감상자들은 작품을 보면서 괴리감을 느낀다.

위홀은 특히 현대 소비 사회 특성과 가장 밀접하게 작업을 한다. 포스터·만화·통조림·전기 제품·자동차 등 대량 소비 시대의 기성품을 주요 소재로 한다. 대량 복제가 가능한 실크 스크린을 이용해 다양한 색채로 반복적 이미지를 보여 주는 작품을 주로 제작했다. 만화의 한 컷, 신문 보도 사진의 한 장면, 영화배우의 초상 사진 등 대중적 이미지를 실크 스크린으로 캔버스에 전사(轉寫) 확대, 즉 그대로 옮겨서 크게 표현하는 방법을 주로 사용한다.

위홀은 미술과 복제 기술의 밀접한 관계를 상징적으로 보여 준다. 특히 실크 스크린 기법은 대량 복제가 가능한 인쇄를 이용해 미술품의 대량 생산을 실현했다. 표현 방법뿐만 아니라 표현 대상에서도 소비 철저히 사회의 논리와 문법에 충실했다. 당시 가장 인기 있던 할리우드 스타 메릴린 먼로(Marilyn Monroe, 1926~1962)가 사망하자 대중의 시선이 쏠렸고, 언론은 연일 그녀의 삶을 소개했다. 대중의 관심이 폭발하자 위홀은 그녀를 작품에 끌어들인다. 실크 스크린으로 얼굴을 연속적으로 늘어놓거나 하나씩 독립적으로 제작했다. 그는 메릴린 먼로 말고도 미디어가 주목하는 할리우드 스타와 유명 인사의 얼굴을 활용한 작품을 집중적으로 쏟아냈다.

앤디 워홀은 '미술의 상업화'와 동시에 '상업의 미술화'를 추구했다. 물론 현대 문화 중에 상품 아닌 것이 없다고 해도 과언은 아니다. 하지만 그는 단지 미술에 바코드를 붙이는 데 머물지 않고, 철저히 상업적인 것을 미술 영역으로 끌어들였다. 어떤 면에서는 상업 미술가로 시작한 스스로에게 솔직했는지도 모른다. 그는 사업과 연관된 예술을 가장 매력적이라고 생각했다. 그리고 그는 미술과 상품의 경계를 허물어 버렸다.

로이 릭턴스타인은 미국 만화나 만화 영화의 정지 장면을 자주 사용한다. 비행기 폭격 장면에 원더우먼이 등장해 마치 텔레비전의 한 장면이 튀어나온 듯한 작품을 만들기도 했다. 그는 《뉴욕 타임스》로부터 미국에서 가장 형편없는 예술가로 혹평을 받았지만, 평론가의 호평과 함께 경제적으로도 성공을 거두었다. 유명한 사회 인사를 다루기도 했는데, 작품 속에서 그들은 슈퍼맨이나 스파이더맨처럼 미국 영화의 주인공처럼 그려졌다. 어디에서도 험한 대장정 과정에서의 비장함이나 고뇌는 찾아볼 수 없다.

Philosophy
후기 구조주의와 포스트모더니즘 윤리 철학

들뢰즈는 선을 인간 본성과 연관시켰던 오랜 편견을 비판한다. 철학이 저지른 잘못은 인간이 자연에 속한 존재로서 자연의 본성에 따라 선한 사고와 행동을 한다는 발상에 있다. 악은 본성에 부여되어 있던 선함이 현실 때문에 왜곡되거나 잊히면서 나타난다. 자연성을 회복해 다시 선의 길로 들어선다는 이러한 사고방식은 윤리의 본질을 지독하게 오해한 것이다. 선은 의무의 법칙에 의존할 뿐이다. 도덕주의자의 자연적 윤리 감정에 대한 기대는 항상 절망으로 끝난다. 의무와 강제로서 본질을 이해하지 못하는 한 윤리학은 실패의 길을 반복할 수밖에 없다.

그동안 윤리는 자연을 빌미로 진정한 자연을 몰아냈다. 들뢰즈와 가타리가 보기에 인간에게 자연이나 본성으로 유일하게 지칭할 수 있는 것은 욕망뿐이다. 인간은 욕망 자체이자 욕망 기계다. 기계란 앞에서도 언급했듯이 어떠한 의미 작용도 없이 사용만 남은 상태다. 무엇이 진정한 욕망인지, 욕망의 보편적 실현 방식이 어떠해야 한다든지 같은 논의는 개입할 여지조차 없는 상태다. 욕망은 의미보다 어떻게 작동하는지가 문제다. 즉 현재 욕망 상태를 실현하기 위해 움직이고 있는지의 문제만을 다룬다.

욕망이 직접 사용의 문제인 한 환상이나 무의식일 수 없다. 프로이트나 라캉의 정신 분석처럼 욕망을 결핍으로 이해하는 견해는 욕망의 현실적 작동을 가로막는 장애물이다. 욕망의 근거가 결핍이라면 욕망은 능동적 생산 활동이 아니라 비어 있거나 부족한 곳을 채우는, 사후적 반응으로 전락한다. 욕망의 상태는 결핍에서 결핍으로 이어지는 상실의 연쇄에 머물게 된다. 무엇보다도 우리 시선이 결핍 주위를 맴돌 때, 욕망을 욕망 자체로 누리지 못하고 결핍의 의미가 무엇인지를 찾아야 하는 의미의 늪으로 다시 빠져들게 된다. 욕망은 과거의 어두운 흔적이 아닌 현재의 욕구이자 즐거운 놀이다. 의미로 과거로 돌아가는 것이 아니라, 사용으로 현실을 실현하고 변화시키는 것이 문제다.

욕망은 개체에서 시작하되 개체를 넘어선다. 욕망하는 기계는 다른 기계와 짝을 이룬다. 요컨대 욕망은 리좀을 이루는 줄기를 타고 자신을 넘어 다른 개체와 호응한다. 대신 같은 욕망을 반복하거나 확대하는 것은 아니다. 욕망을 작동시키는 에너지의 전달일 뿐 개체마다 서로 이질적인 고유 욕망으로 연결된다. 서로 다른 욕망을 보편적 원리에 가두고 공통의 기원을 추적할 때 욕망은 결정적으로 질식한다. ‘아버지-어머니-나’로 이루어진 고정된 틀 안에서 오이디푸스 콤플렉스를 보편적 원리로 설정하는, 프로이트의 정신 분석학은 욕망의 이름으로 욕망을 추방한다.

라캉이 남근의 의미를 기표로 전환하면서 정신 분석학에서 남성 우월주의의 장막을 벗기려 했지만, 데리다가 보기에는 라캉도 본질상 프로이트의 오류에서 벗어나지 못했다. 라캉은 남근을 다른 요소에 우선하는 절대 기표로 삼으면서 오히려 헤겔식 절대화 오류로 빠져든다. 즉 기표를 현실 작용을 넘어 이상화한다. 특정 원리를 이상화해 고유 근원을 더욱 강화한다. 그 결과 남성의 다른 이름인 이성으로 형태만 바꾼 남근 이성 숭배주의로 나타나는 것이다.

들뢰즈와 가타리는 철학이 이중적 차원에서 욕망을 해방하는 데 이바지 해야 함을 강조한다. 벗어나야 할 대상의 하나는 이성 중심주의, 다른 하나 는 프로이트식 정신 분석이다. 두 종류의 장애물이 심어 놓은 윤리학의 감옥 에서 탈출해야 한다. 고대 국가 형성 이래 사회는 여러 차례 질적 변화를 겪 어 왔지만, 적어도 욕망을 길들이고 억압한다는 점에서는 공통적이었다. 그 배후에는 언제나 이성이 도사리고 있었다. 또한 정신 분석은 욕망을 거론하 지만 결국 승화라는 허울 좋은 말로 욕망을 포기하고 기존의 사회적·문화적 질서에 순응하도록 유도했다. 이제 이성적 윤리와 오이디푸스 콤플렉스라 는 족쇄에서 욕망을 해방해 욕망 자체만이 아니라 사회 변화까지 추동하는 길로 나아가야 한다. 요컨대 욕망은 혁명적이기 때문에 사회에 위협적인 것 이다.

Philosophy
후기 구조주의와 포스트모더니즘 정치 철학

미시 권력과 통제사회로의 이행

들뢰즈와 가타리는 전체주의 국가와 파시즘을 비교하면서, 미시 권력에 대한 푸코의 문제의식을 받아들인다. 전체주의는 전체적으로 집중된 국가로 거시적 지배력을 행사한다. 하지만 파시즘 국가는 사회 안의 다양한 부분에서 점과 점으로 연결되고 확장되는 미시적 단위를 생산해 낸다. 국가 전체로서 파시즘으로 집중되기보다는 농촌·도시·지역 차원에서 각각의 조건에 밀착한 파시즘을 만들고, 나아가서는 청년층·노년층, 가족·학교·직장, 심지어 우익·좌익 등 서로 다른 성격의 단위에 서로 다른 방식으로 번식하는 파시즘을 만들어 낸다.

미시 권력이 권력의 중요한 요소로 등장하면서 피지배 계급의 저항과 혁명은 방향을 잃는다. 국가 권력 중심으로 집중된 전체주의는 상대해야 할 대상이 분명하기 때문에 한 곳을 향해 질주하면 됐지만, 분산된 미시 권력 상태에서는 어느 방향으로 갈지 갈피를 잡지 못한다. 심지어 누구와 싸워야 하는지도 불분명한 상태에 처한다. 미시 권력으로 분산된 상태에서 외면상 지배 계급의 장악력은 약화한 듯 보이고 심지어 무능력해 보인다. 하지만 회피로 저항에서 비켜나면서 권력의 안정성과 실질적 지배력은 오히려 높아진다. 사회 각 분야에 마치 모세 혈관처럼 분화된 권력으로 권력의 편재, 즉 어디에나 권력이 있는 상태가 형성되기 때문이다.

권력의 편재는 개별 단위를 넘어 단위에 속한 개인으로까지 파고든다. 권력의 효과는 분자적 단위 내의 구성원으로 침투한다. 군대라는 권력을 유지하는 힘은 이제 모든 권한을 한 손에 틀어쥐고 있는 무서운 장군이 아니라 직접 병사와 생활을 하는 말단의 상급자, 심지어 병사 자신 안에 있다. 학교도 마찬가지다. 교장이나 권한을 가진 교사가 아니라 우등생과 열등생으로 나뉘어 스스로 경쟁의 도가니로 뛰어드는 학생 스스로를 따라 학교의 지배는 행사된다. 억압받는 자 스스로가 권력의 수호자가 된다.

국가 문제에 대한 들뢰즈의 독창성은 미시 권력 규명보다는 운영 원리로서 '통제 사회'를 규명한 데 있다. 푸코가 제시한 징계 사회에서 개인은 닫힌 공간에서 또 다른 닫힌 공간으로 끊임없이 전전한다. 가정에서 학교, 병영과 공장, 때로는 병원이나 감옥으로 이어진다. 이 모든 장소는 독립적 규칙이 있는 감금의 공간이다. 하지만 현대 사회에서 감금의 공간은 폐쇄적 체제를 유지하기 어려워졌다. 여기에는 과학 기술의 발전, 사회와 생활의 민주주의를 추구하는 흐름 등 다양한 요소가 영향을 미쳤다. 폐쇄적 체제에서 징계로 권력을 유지하던 방식에서 통제 방식으로 지배 형태가 변화된다.

징계 사회의 감금과 통제 사회의 통제는 서로 다른 원리에 기초한다. 감금은 꽉 짜인 규율과 일탈에 대한 징계라는 고정된 형식이 지배한다. 하지만 통제 방식은 훨씬 유연하다. 규율은 느슨해지고 징계는 표면에 등장하지 않

〈철강 압연 공장〉, 1875년

는다. 자율적으로 움직이는 것처럼 포장되어 있다. 예를 들어 과거 감금 공간으로서 공장은 세부적 작업 규칙과 정직·감봉 등 제재로 움직였다.

독일 화가 아돌프 프리드리히 에르트만 폰 멘첼(Adolph Friedrich Erdmann von Menzel, 1815~1905)의 〈철강 압연 공장〉은 19세기 유럽의 공장 노동 광경을 잘 보여 준다. 19세기 초반까지는 하루에 15시간이 넘는 장시간 노동이 흔했다. 그럼저럼 철강 산업의 경우 서를 녹이는 뜨거운 불길 옆에 서서 하루 시간의 대부분을 일해야 했다. 식사 시간이라야 고작 십 몇 분이었다. 그래서 노동자들은 공장 한구석에서 허겁지겁 끼니를 때워야 했다. 19세기 중반 이후 관련 법이 제정되면서 영국은 다소 줄어들기는 했지만, 여전히 독일을 비롯한 유럽 대다수 나라에서 12시간에서 15시간에 이르는 장시간 노동을 해야 했다.

노동자들의 건강과 생명은 크게 위협을 받았다. 생산성을 높이고 최대 이윤을 내기 위해서는 노동자를 감시하고 징계하는 일이 필수적이었다. 일자리가 충분하지 않았기 때문에, 해고는 가장 위협적인 징계였다.

현대 기업은 자율적 통제 형식을 지닌다. 성과급이나 상여금 등으로 봉급 크기를 철저히 조절하면서 노동자들은 스스로 경쟁 논리, 근로 도덕을 내면화한다. 노동자가 규율의 감시자이자 자기 통제 역할을 하면서 지배는 안정화된다. 공장의 감금과 징계 체제 아래에서 개인은 노동조합으로 눈에 보이는 감시자이자 징계자인 고용주에게 집단적 저항을 할 수 있었다. 하지만 봉급 제도의 변화로 노동자 내부 경쟁이 강화되면서 계급적 단결과 투쟁은커녕 노동자 사이의 감시와 통제, 이간질이 자리 잡는다. 자기 검열과 자기 통제 논리는 기업을 넘어 학교나 지역 등 전 사회로 확대된다.

같은 통제 원리가 지배하면서 이제 미시 권력 단위와 단위 사이의 경계는 없어진다. 통제 사회에서는 아무것도 끝나지 않는다. 징계 사회는 규율과 징계를 가진 독립적 단위를 전제로 하나에서 다른 하나로 이동하는 방식이었다. 학교에서 병영으로, 병영에서 공장으로 이동해 새로운 규율에 속하는 방식이었다. 하지만 이제는 시작과 끝이 없다. 무한히 지속되는 경쟁과 통제만 있다. 학교에서 학생 사이의 경쟁과 기업의 노동자 사이의 경쟁은 형태가 바뀌었을 뿐 같은 성격의 통제 원리로 작용한다. 바뀌는 것은 없다. 통제의 뫼비우스 띠에서 구분할 수 없는 안과 밖이 있을 뿐이다.

그렇다고 해서 통제 사회로 변하는 것을 두려워할 필요는 없다. 새로운 무기를 찾으면 그만이다. 그러나 노동조합을 비롯해 사회 각 단위가 징계 사회에서 투쟁하던 방식을 통제사회에 그대로 적용할 때 성공을 기대하기는 힘들다. 변화된 지배 원리에 대응하려면 새로운 투쟁 형태를 생각해 내야 한다. 과연 노동조합이 그러한 투쟁 형태에 맞는 조직 단위일지도 고민할 필요가 있다. 노동자 스스로가 생산성 향상을 위한 연수와 평생 교육을 필요로 하는 상황을 넘어서기 위해서는 스스로 무엇에 이용되고 있는지를 알아야 한다. 이는 임금 인상이나 노동 조건 개선을 위한 투쟁으로 가능하지 않다. 전통적 의미의 정치 투쟁도 미시 권력의 지배적 작용 아래에서 나아갈 방향을 못 찾는다.

들뢰즈와 가타리는 뚜렷한 대안을 주지는 않는다. 징계 사회보다 훨씬 어려운 통제 사회의 본질을 파악하는 과제와 새로운 저항 형태를 고안해 제시해 줄 뿐이다.

지식인의 종언

들뢰즈는 철학자를 비롯한 지식인의 역할이 매우 제한적일 수밖에 없다고 봤다. 철학자나 예술가는 민중을 창조하는 일에는 무능하며 단지 민중에게 구원을 청할 뿐이다. 즉 철학자는 현실의 예속과 수치, 용서할 수 없는 것을 향한 분노와 저항을 공유하지만, 주도적으로 문제를 해결해 나갈 능력은 없다. 이론이 기표의 미로에서 헤매는 마당에 현실의 이해도 어려울 수밖에 없다. 또한 애초에 민중의 힘은 완결적 이론이나 특정 지식에 의존하기보다는 가공할 만한 경제적·사회적 고통 속에서만 창조될 수 있기 때문에 지식인의 주도적 역할은 더욱 제한되어 있다.

세상을 바꾸는 힘은 민중에게서 나오며 지식인은 여기에 의존한다. 철학은 재영토화, 즉 새롭게 의미 작용을 받아들이면서 변화를 겪어 왔다. 정치 변혁으로 좁히자면 그동안 철학은 그리스 직접 민주주의와 현대 대의제 민주주의로 의미를 확보했다. 이제는 민중으로 새롭게 의미를 충전해야 한다. 마르크스주의에서 말하는 역사의 주체로서 민중을 인정한다는 주장이 아니다. 단순히 현실을 변혁하는 물리적 힘이 민중에 있다는 언급도 아니다. 그동안 지식인의 역할로 인정했던, 현실의 이해와 변화의 방향·방법 등도 민중에게서 생성된다는 것이다.

리오타르는 더 분명하게 지식인의 위상이 변했음을 강조한다. 기존의 지식인 상, 특히 실존주의의 한 축을 담당한 사르트르는 우리가 희망하는 지식인의 상을 정해 놓고 이를 지식인 개념으로 만들었다. 그런데 현대 사회에서 보편적 지식인이 존재할지는 지극히 의심스럽다. 엄밀하고 정확하게 접근하기 위해서는 희망이 아니라 현실에 기초해야 한다. 현대 사회에서 지식인이 존재하는 형식이나 양태를 사실 그대로 바라봐야 한다. 지식인은 계획 입안자, 전문가 등 행정적·경제적·사회적·문화적 책임을 떠맡고 있거나 여기에 영향을 미치는 사람이다.

지식인으로 불리는 사람들을 학교나 연구소에서 사회적으로 훈련할 때, 보편적 주체의 이념을 구현하기 위한 목적이 아니라 최상의 수행성을 실현하는 데에 초점이 맞추어져 있다. 오늘날 교육은 계몽 시민 육성보다 수행적 직업 교육을 필요로 한다. 지식은 더 많은 수입을 위한 직업 자격 부여일 뿐이다. 더 이상 지식인은 없다. 여기서 '수행적'이라는 단어는 최소 투입으로 최대 산출을 만드는 것, 즉 효율성 극대화로 규정된다. 왜 그렇게 해야 하는

지 혹은 그것이 옳은지, 즉 목적에 대한 고민은 잃어버린 채 재정과 시간의 이득이나 손실, 작동 결과에 대한 평가 등을 포함하는 넓은 의미에서 기술적 기준에 해당하는 지식만을 축적한다. 분업은 피할 수 없는 현실이고 지식인은 이 늪에서 벗어날 수 없는 존재다. 확장된 분업 조건이 그물처럼 촘촘하고 강하게 전문 기술자들을 옭아매고 있다. 이 조건을 벗어나서 전문 기술자는 생존할 수 없는 상황이다. 고전적 의미에서 지식인이 나타날 조건이 사라져 버렸다.

사회적 모순이 폭발한다고 해서 지식인의 보편적 역할이 되살아나지 않는다. 전문 기술자로 전락한 지식인에게 학문적 양심 따위는 사라졌다. 전문 기술자들은 대중이 자신의 견해를 어떻게 생각할지에 대해 별로 관심이 없다. 수신자는 대중이 아니며 예술가 등의 공동체는 더더욱 아니다. 즉 자신의 수신자가 누구인지 모른다. 만약 대중의 반응에 예민하게 신경 쓴다면 그토록 난해하고 어려운 개념이나 문장으로 글을 쓰지 않았을 것이다. 예술가도 마찬가지다. 현대의 전위적 음악이나 무용, 혹은 현대 미술은 일반 대중이 도저히 이해할 수 없는 방식으로 나타난다. 이에 대한 대중의 비난이 제기돼도, 학자나 예술가는 철저하게 무시해 왔고, 점점 더 난해한 방향으로 가고 있다. 그러므로 현실에 어떤 대중적 메시지를 제시하고, 사회와 인간을 변화시킬 세계관을 제기해 대중적으로 설득할 수 있는 보편적 주체란 존재하지 않는다.

푸코는 보편적 지식인의 시대는 끝났다고 단언하지만, 아직 지식인에게 미련이 남아서 자신이 속한 전문적 영역에서 역할을 하는 특수적 지식인이라는 기능을 남겨 놓았다. 하지만 리오타르가 보기에는 그마저도 별로 설득력이 없다. 보편적 영역이든, 특수한 영역이든 지식인의 시대는 끝났다. 보편적 영역이나 특수한 영역을 가리지 않고 무명의 대중이 지식인의 허락 없이 자신의 이야기를 하고 듣고 행동하고 있다. 과거에 지식인 했던 역할을 이제 대중이 스스로 할 것이다.

인용 도서

니체, 《도덕의 계보》, 아카넷, 2021

니체, 《인간적인 너무나 인간적인 Ⅰ》, 책세상, 2021

니체, 《차라투스트라는 이렇게 말했다》, 책세상, 2017

니체, 《바그너의 경우》, 책세상, 2017

니체, 《바그너의 경우·우상의 황혼·안티크리스트 외》, 책세상, 2017

니체, 《즐거운 학문·메시나에서의 유고(1881년 봄 ~1882년 여름)》, 책세상, 2017

듀이, 《경험으로서의 예술》, 책세상, 2021

딜타이, 《정신과학에서 역사적 세계의 건립》, 아카넷, 2009

데카르트, 《정념론》, 문예출판사, 2020

데카르트, 《방법서설 성찰 외》, 동서문화사, 2023

라이프니츠, 《모나드론》, 책세상, 2021

라이프니츠, 《형이상학 논고》, 아카넷, 2010

루소, 《언어 기원에 관한 시론》, 책세상, 2021

루소, 《인간 불평등 기원론》, 책세상, 2018

루소, 《에밀》, 책세상, 2021

루소, 《사회계약론》, 문예출판사, 2016

루카치, 《역사와 계급의식》, 지식을만드는지식, 2015

로크, 《통치론》, 까치, 2023

마르크스·엥겔스, 《공산당 선언》, 책세상, 2018

몽테뉴, 《몽테뉴 수상록》, 문예출판사, 2007

몽테스키외, 《법의 정신》, 문예출판사, 2015

밀, 《공리주의》, 책세상, 2018

밀, 《자유론》, 펭귄클래식코리아, 2009

버크, 《숭고와 아름다움의 이념의 기원에 대한 철학적 탐구》, 마티, 2021

버클리, 《새로운 시각이론에 관한 시론》, 아카넷, 2009

버클리, 《인간 지식의 원리론》, 계명대학교 출판부, 2010

베이컨, 《베이컨 수필집》, 문예출판사, 2007

베이컨, 《학문의 진보》, 아카넷, 2002

베이컨, 《신기관》, 지식을만드는지식, 2004

베르그송, 《웃음-희극적인 것의 의미에 대하여》, 파이돈출판사, 2022

베르그송, 《창조적 진화》, 아카넷, 2005

볼테르, 《캉디드 혹은 낙관주의》, 열린책들, 2011

볼테르, 《랭제뉘》, 지식을만드는지식, 2021

벤담, 《도덕과 입법의 원리 서설》, 나남, 2011

비트겐슈타인, 《확실성에 관하여》, 책세상, 2006

비트겐슈타인, 《철학적 탐구》, 책세상, 2006

쇼펜하우어, 《의지와 표상으로서의 세계》, 을유문화사, 2019

쇼펜하우어, 《도덕의 기초에 관하여》, 책세상, 2004

셸링, 《철학의 원리로서의 자아》, 서광사, 1999

셸링, 《조형예술과 자연의 관계》, 책세상, 2023

스피노자, 《에티카》, 서광사, 2023

스피노자, 《정치론》, 갈무리, 2009

엥겔스, 《반뒤링론 : 오이겐 뒤링씨가 과학에서 일으킨 변혁》, 이성과 현실, 1989

칸트, 《순수이성비판》, 동서문화사, 2023

칸트, 《실천이성비판》, 아카넷, 2002

칸트, 《형이상학 서설》, 아카넷, 2010

칸트, 《판단력비판》, 책세상, 2020

피히테, 《독일 국민에게 고함》, 범우사, 2007

하이데거, 《존재와 시간》, 동서문화사, 2023

흄, 《취미의 기준에 대하여 비극에 대하여 외》, 마티, 2019

헤겔, 《정신현상학 2》, 한길사, 2014
